Ho

Springreiten

Anthony
Paalman

Springreiten

Ausbildung von Pferd und Reiter
für den Springsport
Parcoursreiten,
Parcoursgestaltung

Übersetzt und bearbeitet
von Gisela Holstein

6., bearbeitete und
erweiterte Auflage

Franckh'sche Verlagshandlung
Stuttgart

69 Fotos von Gisela Holstein, Werner Menzendorf, Fritz Peyer, Udo Schmidt, Peter Sweetman, ziel-bild und aus dem Archiv des Verfassers
634 Zeichnungen von Gisela Holstein (613) und vom Verfasser (21)

Umschlaggestaltung von Siegfried Fischer unter Verwendung einer Aufnahme von Erich Baumann

Englische Ausgabe bei J. A. Allen, London
Italienische Ausgabe bei Mondadori, Mailand
Schwedische Ausgabe bei ICA, Stockholm

CIP-Kurztitelaufnahme der Deutschen Bibliothek

Paalman, Anthony:
Springreiten: Ausbildung von Pferd u. Reiter für d. Springsport; Parcoursreiten, Parcoursgestaltung / Anthony Paalman. Übers. u. bearb. von Gisela Holstein. [69 Fotos von Gisela Holstein ...
634 Zeichn. von Gisela Holstein]. – 6., bearb. u. erw. Aufl. – Stuttgart: Franckh, 1986.
Aus d. Ms. übers.
ISBN 3-440-04946-9
NE: Holstein, Gisela [Bearb.]

6. Auflage
Franckh'sche Verlagshandlung, W. Keller & Co., Stuttgart/1986

Printed in Germany / Imprimé en Allemagne / L 9 sp Hrr / ISBN 3-440-04946-9
Gesamtherstellung: W. Röck, Weinsberg

Beglückende Vollendung

Ein großer Teil der Freude am Leben
besteht darin, Dinge, die man unternimmt,
vollendet zu tun . . . oder wenigstens
so gut wie möglich.
Nur wenn eine Aufgabe in allen Teilen
vollständig, exakt und abgerundet ist,
bringt sie Befriedigung und Erfüllung. –
Dies Gefühl wird ein Mensch,
der seine Arbeit nachlässig, gleichgültig
und oberflächlich behandelt,
niemals kennenlernen.
Die bewußte Vollständigkeit macht
aus der Arbeit Kunst.
Die kleinste Kleinigkeit wird, wenn sie
vollendet ist, zum Kunstwerk.

William Mathews

Springreiten

Vorwort

Das alte Sprichwort „Wer die Jugend leitet, leitet die Zukunft“ trifft besonders für die Reiterei zu. Jugendliche müssen gefördert werden. Darum habe ich mich entschlossen, dieses Buch zu schreiben. Außerdem haben mich viele Leser meiner hippologischen Zeitschriftenartikel immer wieder darum gebeten, doch meine Erfahrungen zusammenhängend niederzuschreiben.

Ich bin ein einfacher Pferdemann und Pferdeliebhaber, der mehr als 35 Jahre seines Lebens damit verbracht hat, Springpferde und Reiter in drei verschiedenen Kontinenten auszubilden (Europa, Australien, Mittelamerika) und Parcours für Turniere zu bauen. Dieses Buch soll keine wissenschaftliche Abhandlung werden, denn es ist mir klar, daß viele gute Reitbücher von erfahrenen Pferdeleuten und Ausbildern in aller Welt geschrieben worden sind, lange bevor ich daran dachte, meine Erfahrungen aufzuschreiben.

Ich bin in meinem Leben viel gereist und war glücklicherweise in der Lage, die Ausbildungsmethoden in acht verschiedenen Ländern zu beobachten. So konnte ich im Laufe der Jahre Erfahrungen und Beobachtungen über die Ausbildung von Springpferden zusammentragen, in die Tat umsetzen und auswerten. Ich hoffe, anderen mit diesen Aufzeichnungen viel mühselige Arbeit, Zeit und Geld ersparen zu können!

Es hat mich immer wieder beeindruckt, unabhängig davon, in welchem Land ich arbeitete, daß die meisten berufsmäßigen Ausbilder überzeugt sind, sie allein besäßen die richtige und beste Methode. Sie berufen sich dabei auf ihre Erfolge — und vergessen, daß sie vielleicht bei ihrer Begabung mit anderen Methoden wesentlich größere Erfolge gehabt hätten. Ich muß zugeben, ich wäre vielleicht der gleichen Meinung, wenn ich mein ganzes Leben lang zu Hause geblieben wäre. Aber durch meine Reisen habe ich gelernt, daß man es in der Kunst der Ausbildung nie zur Perfektion bringen kann. Ich bin überzeugt, ein richtiger Pferdemann wird keine Gelegenheit auslassen, aus seinen eigenen Fehlern und denen, die andere machen, zu profitieren; er wird immer für gute Ratschläge aufgeschlossen sein. Selbst wenn er mit vielem, was er in meinem Buch lesen wird, nicht völlig einverstanden sein wird, kann er meine Ratschläge ausprobieren, wenn er einmal in Schwierigkeiten kommt. Er wird dann selber herausfinden, welche Methode für sein Pferd am geeignetsten ist.

Aber nicht nur die Ausbildung des Springpferdes liegt mir am Herzen, sondern auch die reelle Grundausbildung eines jeden Pferdes und Reiters sowie die Parcoursgestaltung auf Turnieren, denn ohne gutgebaute Parcours hat die ganze Ausbildung keinen Sinn.

Ich hoffe, dieses Buch wird eine ehrliche Kritik erhalten — aber erst nachdem es in der Praxis ausprobiert und nicht nachdem es nur gelesen worden ist.

Mein aufrichtiger Dank gilt meiner Schülerin Frau Gisela Holstein, die mir bei der Zusammenstellung dieses Buches unermüdlich geholfen hat und das Geschriebene mit Zeichnungen und Photos verdeutlichte.
Ich bitte meine Frau um Verzeihung, da dieses Buch für sie viele Stunden der Einsamkeit brachte.

Dublin Anthony Paalman

Bedeutung der natürlichen Ausbildungsmethode

Es gibt zwei Methoden, Springpferde auszubilden:
Die eine Methode wird von den Reitern vertreten, die überzeugt sind, ein unfehlbares Auge für den Absprung zu haben, und die deshalb durch Regulieren des Absprunges dem Pferd jegliche Initiative nehmen.
Diese Methode lehne ich entschieden ab, besonders weil sie von vielen Reitern nicht nur auf dem Turnier, sondern auch ausschließlich beim Training zu Hause angewandt wird. Sie ist *unnatürlich,* und Pferde, die so ausgebildet sind, haben große Schwierigkeiten, den richtigen Absprung zu finden, wenn der Reiter einmal verpaßt, das Kommando zu geben. Pferde, die *ohne eigene Initiative* springen gelernt haben, verlassen sich ganz und gar auf den Reiter und wissen sich überhaupt nicht zu helfen, wenn der Zufall es einmal verlangen sollte ... und jeder Reiter kann sich einmal vergucken. – Schlimm ist es, wenn ein solches Pferd an einen Reiter verkauft wird, der nicht dieselben bestimmten Instruktionen gibt oder geben kann.
Ich habe mich mein Leben lang bei der Ausbildung von Pferden an die andere, die *natürliche* Methode gehalten.
Das Charakteristische dieser Ausbildungsmethode ist, daß das Pferd zum *Mitdenken* und zur *Mitarbeit* erzogen wird und daß Schritt für Schritt diejenige Muskulatur des Pferdes entwickelt wird, die es benötigt, um sein natürliches Gleichgewicht wiederherzustellen. Jedes junge Pferd bewegt sich ja, bevor es geritten wird, im natürlichen Gleichgewicht, welches dann beim Einreiten und später beim Einspringen durch das zusätzliche Reitergewicht gestört wird.
In der natürlichen Ausbildungsmethode wird dieses angeborene Gleichgewicht durch logisch aufgebautes Training wiederhergestellt, und zwar nicht nur in der Springdressur in allen drei Gangarten, sondern auch in unebenem und hügeligem Gelände und später beim Springen. Da dieses Ausbalancieren auf natürliche Art und Weise ohne jede Gewaltanwendung erzielt wird, gibt es kein hartes oder verdorbenes Maul, und, was besonders für ein Springpferd ausschlaggebend ist, niemals wird die gleichmäßige natürliche Vorwärtsbewegung gestört. Das Pferd lernt nicht nur seinen eigenen Absprung zu finden, sondern auch gelöst in schöner Manier zu springen und kommt so zur vollen Entfaltung seines Springvermögens.
Ich möchte dem Springreiter und -trainer mit diesem Buch eine Anleitung in die Hand geben, die es ihm ermöglicht, sein Pferd vom *ersten Tag an* nach den Grundsätzen der natürlichen Ausbildungsmethode zu trainieren.

Selbsterkenntnis

Bevor wir uns mit dem Springpferd und seiner Ausbildung beschäftigen, vorweg ein Wort *zur Person* des Trainers, des Trainer-Reiters und des Nur-Reiters.

Die Charaktereigenschaften, Temperamente und Fähigkeiten der einzelnen Ausbilder und Reiter sind so unterschiedlich, daß es einfach unmöglich ist, eine allgemeingültige Gebrauchsanweisung zu geben, die zu jedem dieser Typen passen würde.

Den meisten Männern muß man sagen, weniger Kraft und dafür mehr Einfühlungsvermögen zu investieren, den meisten Damen dagegen, weniger vorsichtig und zaghaft zu sein und lieber energisch durchzugreifen. Es bleibt also jedem einzelnen überlassen, sich selbst zu erkennen und entsprechende Schlußfolgerungen zu ziehen.

Eine solche Selbsterkenntnis kann viel Zeit, Nerven und Kräfte sparen und zu hervorragenden Erfolgen führen.

So gibt es im Pferdesport *erstklassige* Ausbilder, die keine guten Turnierreiter sind — ebenso gibt es sehr talentierte Turnierreiter, die schlechte Ausbilder sind. Beide sind *Spezialisten* auf ihrem Gebiet, auf dem sie zum Teil hervorstechende Leistungen vollbringen. Man findet äußerst selten jemanden, der beide Vorzüge in sich vereinigt.

Von den wenigen Ausnahmen abgesehen, in denen der erfolgreiche Turnierreiter gleichzeitig ein begabter Ausbilder ist, ist es deshalb ratsam, wenn eine Zusammenarbeit entsteht. Das heißt, daß das Pferd von einem Könner ausgebildet wird und daß dieses Pferd dann von einem Turnier-Spezialisten vorgeführt wird. Eine solche Kombination ist in gegebenem Falle weise und wesentlich erfolgreicher, als wenn der Spezialist auf dem einen Gebiet seine Arbeit durch unzulängliche Leistung auf dem anderen Gebiet verringert oder gar zunichte macht.

Der Nur-Trainer bleibt auch in der Öffentlichkeit meistens im Hintergrund, obwohl er in vielen Fällen die Hauptarbeit leistet. Aber ein *guter* Trainer hat an der Ausbildung eines Pferdes mindestens ebensoviel Freude wie an einer vielleicht sieggekrönten Vorstellung in der Öffentlichkeit. Das Training des Pferdes ist gleichzeitig seine Lebensaufgabe, seine Arbeit und sein Hobby. Der Ausspruch Sir Winston Churchills könnte der Leitspruch der meisten ernsthaften Trainer sein: „Keine Stunde des Lebens ist vergeudet, wenn man sie im Sattel verbracht hat."

Von einem *guten Reiter* erwartet man, daß er die Eigenschaften eines guten Trainers in sich trägt, nämlich Geduld, Einfühlungsvermögen, Wissen um die Geheimnisse und Feinheiten der Reitkunst und das Können, dieses Wissen in die Tat umzusetzen. Ein solcher Reiter wird genau wie ein guter Trainer immer ein Verhältnis zu seinem Pferd haben, das auf gegenseitiger Zuneigung, auf Verstehen und Respekt beruht.

Neben diesen guten Reitern gibt es leider viele, die nur aus Geltungsbedürfnis reiten und keinerlei Beziehung zu ihrem Pferd haben. Man kann in allen Klassen, von Anfängerprüfungen bis zu internationalen Prüfungen, immer wieder traurige Beispiele dafür sehen, wie Pferde nur zum Angeben und zur Selbstbestätigung „benutzt" werden oder als Gegenstand, an dem man seine Launen abreagieren kann. Da solche Reiter selten in der Lage sind, ihre Pferde selber zu dem Standard auszubilden, in dem sie sie auf Turnieren reiten, müssen sie entsprechend ihrem „Verschleiß" ein Pferd nach dem anderen kaufen. Solche Reiter geben dann auch immer den Pferden die Schuld an dem Versagen, obgleich das Pferd nur das Zeugnis für die Unzulänglichkeit dieser Reiter ist. Da solche Reiter, wie gesagt, meistens nur aus Geltungsbedürfnis reiten, haben sie am *eigentlichen* Reiten wenig Freude. Glücklicherweise geben sie die Reiterei bei ausbleibendem Erfolg meistens schnell auf und wenden sich anderen „Sportgeräten" zu.

Da es aber glücklicherweise viele Reiter, besonders Jugendliche, gibt, die aus Freude am Reiten mit Eifer bei der Sache sind, hoffe ich, ihnen mit der in diesem Buch gegebenen Anleitung den Weg zu ebnen und Schwierigkeiten vorzubeugen, die durch Unwissenheit entstehen können.

Erster Teil

Theorie

1 Auswahl und Kauf des Pferdes

Es gibt keine Norm dafür, wie ein gutes Springpferd gebaut sein soll, und keine Regel, nach der man sich bei der Auswahl eines Springpferdes richten könnte.
Ich habe in der ganzen Welt erstklassige und erfolgreiche Springpferde gesehen, von den schönsten Modellen bis zu unmöglichen Karikaturen.
Dennoch gibt es einige Anhaltspunkte, an die man sich bei der Auswahl eines Springpferdes halten sollte. Damit ist natürlich noch nicht garantiert, daß ein solches Pferd auch ein erstklassiges Springpferd wird, aber die Chancen sind auf alle Fälle größer, als wenn das Pferd von vornherein Nachteile mitbringt.
Im folgenden werde ich einige Punkte aufzählen, die man bei der Auswahl eines Springpferdes beachten sollte. Wichtig sind

a) ein geeignetes Gebäude
b) freie, gute Bewegungen und
c) Mut und Springfreudigkeit.

Natürlich hofft man immer, ein Pferd zu finden, das alle Eigenschaften in sich vereint, aber allzuoft muß man zugunsten der Leistung und des Charakters auf das schöne Aussehen verzichten.

a) Gebäude

Kopf

Das Aussehen des Kopfes hat mit der Springleistung des Pferdes nichts zu tun. Es heißt, daß große, offene Augen und eine breite Stirn auf Klugheit und Intelligenz schließen lassen, ansonsten soll der Kopf zum Pferd „passen", alles andere ist Geschmackssache.
Wichtig dagegen ist der Kopfansatz, denn ein gut angesetzter Kopf sieht nicht nur harmonisch aus, sondern bereitet auch weniger Schwierigkeiten in der Ausbildung.
Ein schlecht angesetzter Kopf dagegen, mit schweren Backenknochen, bringt zusätzliche Schwierigkeiten, da solche Pferde sich schlecht beizäumen lassen. Außerdem besteht die Gefahr, daß die Ohrspeicheldrüse eingeklemmt wird, was wiederum Maulschwierigkeiten zur Folge hat.

Hals

Ideal für ein Springpferd ist ein schön geschwungener und getragener langer Hals, der gut angesetzt ist. Der Hals und Halsansatz spielt eine große Rolle, da das Springpferd sich mit dem Kopf und Hals ausbalanciert. Dieses Ausbalancieren kann durch einen zu kurzen, schweren Hals erschwert werden. Ein Pferd mit schwerem Hals braucht im allgemeinen mehr dressurmäßige Arbeit, um so elastisch zu werden wie ein Pferd mit besserem Hals.
Ebenso unerwünscht ist ein zu hoher oder Hirschhals, da diese Pferde meistens durch ihre zu hohe Kopfhaltung schwer zu kontrollieren sind und die Nase zu weit vor-

Bild 1 (rechts). Gut getragener Hals. Der höchste Punkt des Widerristes liegt höher als der der Kruppe (Holsteiner „Fresko" von „Frivol").

Bild 2 (Mitte links). Ungünstig angesetzter Kopf; schwerer, kurzer Hals.

Bild 3 (Mitte rechts). Gut angesetzter Kopf und Hals.

Bild 4 (unten). Hirschhals und zu steile Schulter.

strecken. Das Gebiß ruht dann nicht nur auf dem Unterkiefer, sondern drückt auch noch gegen die Backenzähne, wodurch das Pferd ein hartes Maul bekommt.

Außerdem haben Pferde mit Hirschhals von Natur aus meistens einen schwachen Rükken, den sie beim Reiten wegdrücken; als Folge davon gehen die Sprunggelenke zu weit auseinander. Nur durch langes gezieltes Training kann die Rückenmuskulatur eines solchen Pferdes so entwickelt werden, daß es seinen Rücken runden und die Sprunggelenke mehr zusammenbringen und unterschieben kann.

(Zur Probe sollte man selbst einmal den Kopf weit zurücklegen, dann fühlt man, wie der Rücken hohl und steif wird, und gleichzeitig verspürt man einen leichten Druck in der Nierengegend. Genauso fühlt ein Pferd, das den Kopf zu hoch trägt.)

Pferde, die Kopf und Hals zu tief tragen und bei denen die obere Halslinie und der Rücken ungefähr eine Gerade bilden, sind meistens überbaut. Sie belasten dadurch die Vorhand zu sehr und befinden sich nicht im Gleichgewicht. Es ist schwierig, ein so ungünstig ausbalanciertes Pferd durch Training so zu bemuskeln, daß es das Übergewicht, das die Vorhand belastet, auf die Hinterhand überträgt.

Widerrist

Der höchste Punkt des Widerristes sollte möglichst etwas höher liegen als der höchste Punkt der Kruppe. Für einen *zu hohen* Widerrist braucht man einen gut gebauten Sattel, da er sonst leicht drückt. Ein *zu flacher* Widerrist gibt eine schlechte Sattellage, da der Sattel leicht seitwärts verrutscht.

Die Bemuskelung des Widerristes soll kräftig und klar sein. Bei einem *zu fleischigen* Widerrist besteht die Gefahr, daß der Sattel nach vorne rutscht. (Natürlich findet man solch einen fleischigen Widerrist bei den meisten jungen Pferden im ersten Trainingsjahr. Um dann zu verhüten, daß das Pferd hinter den Ellbogen vom Gurt wundgescheuert wird, wenn der Sattel nach vorne rutscht, schlage ich vor, den Gurt durch einen Motorradschlauch zu ziehen. Wenn das Pferd schwitzt, wird das Gummi glatt und schlüpfrig und verhindert Scheuerstellen. Ein Schutz aus Wolle oder Lammfell dagegen wird warm und reizt die Haut noch mehr.)

Schulter

Der Schritt eines Pferdes ist so lang wie die gedachte Verlängerung der Schulter. Mit anderen Worten: je schräger die Schulter ist, desto länger wird die Bewegung sein. Deshalb garantiert eine lange Schulter mit einer guten Schräge vom Widerrist weg eine freie Bewegung mit viel Raumgriff. Eine *zu steile* Schulter, die meistens mit zu steilen Vorderfesseln und leicht rückbiegigem Vorderbein auftritt, wirkt sich nachteilig aus. Die Folge sind schlechte Gänge, das Pferd stolpert leicht, was wiederum den Reiter schlecht sitzen läßt.

Bild 5. Der Raumgriff des Pferdes im Zusammenhang mit der gedachten Verlängerung der Schulter.

Rumpf

Erwünscht ist eine tiefe, breite Brust und viel Gurtentiefe, damit viel Platz vorhanden ist für die Atmungsorgane und das Herz. Ebenso ist auf gute Rippenwölbung zu achten, die jedoch nicht faßbäuchig sein soll.

Rücken

Der Rücken eines Springpferdes sollte weder zu kurz noch zu lang sein, außerdem sollte er nicht *zu gerade* sein, da ein gerader Rücken gewöhnlich steif ist und zu Maulschwierigkeiten führt.
Gegen *Karpfenrücken* habe ich persönlich nichts einzuwenden, wenn dieser Fehler angeboren ist. Wenn er dagegen durch Überanstrengung im Geschirr in der Jugend entstanden ist, macht er das Pferd gebrauchsunfähig und kann nur durch eine lange Ruhepause auskuriert werden. Pferde mit angeborenem Karpfenrücken jedoch bereiten zwar am Anfang Schwierigkeiten, werden aber meistens nach sachgemäßer Arbeit besonders starke Pferde, da sie von Natur aus die Hinterhand vermehrt unterschieben. (Im allgemeinen können schwache und schlecht entwickelte Rücken durch leichte Eggenarbeit verbessert werden.)
Die Muskulatur der *Nierengegend* soll rund und breit und kräftig entwickelt sein.

Kruppe

Die Kruppe soll lang und breit sein, mit starken Hüften und gutem Schweifansatz.

Beine

Den Beinen sollte man beim Kauf eines Pferdes besondere Aufmerksamkeit schenken, denn sie haben beim Springsport großer Belastung standzuhalten. Das Versagen nur eines Beines kann ein langes Training hinfällig machen.
Deshalb soll man darauf achten, daß alle vier Beine des Pferdes gesund und kräftig sind, mit breiter, flacher Vorderfußwurzel und kurzem, starkem Röhrbein und klaren Sehnen.
Auf die *Sprunggelenke* sollte man besonders achten, denn sie sind die im Springsport am meisten beanspruchten Gelenke, die das Pferd wie eine Sprungfeder abschnellen müssen. Man sollte deshalb nur Pferde aussuchen, die ein tief sitzendes, kräftiges Sprunggelenk haben, denn ein Pferd mit steilem, zu leichtem und schlecht entwickeltem Sprunggelenk hat wenig Chancen, den Anstrengungen der Springlaufbahn standzuhalten. Pferde, deren Sprunggelenke nicht einwandfrei sind, die Spat, Gallen und so weiter haben, sollte man von vornherein abschreiben. Dasselbe gilt für Pferde mit faßbeiniger Hinterbeinstellung oder Pferde, die nur in der Bewegung die Sprunggelenke nach außen drehen. Dieses Nach-außen-Drehen der Sprunggelenke bewirkt, daß der Huf sich vor dem Abfußen dreht.
Manche Leute versuchen, das durch Stollen zu verhindern, richten dadurch aber nur noch mehr Schaden an, da sich nun der Huf nicht mehr drehen kann und das Sprunggelenk dadurch doppelt so stark beansprucht wird und entsprechend leidet. Solche Pferde sind nur sehr schwer dazu zu bringen, die Hinterhand vermehrt unterzuschieben, und gehen meist zu sehr auf der Vorhand. Sie bekommen die Vorderbeine beim Absprung schlecht vom Boden und neigen zu Vorhandfehlern, besonders bei Steilsprüngen.
Die *Fesselgelenke* sollen stark sein mit mittellangen, schrägen Fesseln. Nur wenn die Fessel schräg genug ist, hat das Pferd genügend Federung in der Bewegung und beim Landen nach dem Sprung. Da das Pferd beim Landen für einen kurzen Augenblick sein ganzes Gewicht auf einem Bein abfängt, ist besonders auf hartem Boden eine schräge, gut federnde Fessel notwendig. Ist die Fessel kurz und steil, so ist die Federung ungenügend, und der ganze Stoß beim Landen geht in die Sehnen und den Huf, was dann meistens zu Flachhuf und Hufrolle führt. Außerdem ist eine kurze Fessel sehr unbequem für den Reiter und läßt das Pferd leicht stolpern.
Schlecht ist es allerdings auch, wenn die Fesseln zu lang und zu schräg sind, besonders die Hinterfesseln sind dann meistens zu schwach, um beim Springen kraftvoll abdrücken zu können.

Ein altes englisches Sprichwort sagt: „No foot — no horse.“ Das bedeutet: keine gesunden Hufe — kein Pferd.
Das schönste und beste Pferd ist unbrauchbar, wenn seine Hufe nicht in Ordnung sind (mehr darüber im Kapitel Beschlag).

Haarkleid

An dem Fell eines Pferdes kann man seinen Gesundheitszustand und seine Kondition erkennen. Ein gut gehaltenes, gesundes Pferd hat ein glänzendes, glattes Fell.

Wie ich schon vorher sagte, sollen hier nur einige Anhaltspunkte über das Exterieur eines Pferdes gegeben werden, die zwar wünschenswert, aber nicht notwendig sind. Wenn man ein Pferd gefunden hat, das in vielen Punkten anspricht, soll man sich auf sein Gefühl verlassen und nicht zu lange nach Fehlern suchen. Man muß abwägen, ob die Gutpunkte die schwachen Punkte überwiegen.
Wichtiger als die Gebäudemerkmale sind die Bewegungen und der Charakter des zukünftigen Springpferdes.

b) Bewegungen

Den Bewegungen des Pferdes sollte man *größte* Aufmerksamkeit schenken, denn selbst bei einem gut gebauten Pferd kann man nicht einfach voraussetzen, daß es auch gute Bewegungen hat.
Überhaupt sollte man sich bei der Beurteilung der Bewegungen nie von dem ersten Eindruck täuschen lassen, sei es zum Guten oder zum Schlechten, da man sonst hinterher leicht eine große Überraschung erleben kann.
Um sich ein klares Bild über die natürlichen Bewegungen eines Pferdes machen zu können, läßt man jedes Pferd, sei es roh oder geritten, erst frei laufen oder, wenn das nicht möglich ist, an der Hand vorführen.

Bild 6. Beim Vorführen soll das Pferd gelöst gehen und nicht mit der Peitsche angetrieben werden.

Der *Schritt* soll gelöst und raumgreifend sein, die Hinterhufe sollen genügend weit über die Spur der Vorderhufe vorgreifen. Dabei darf das Pferd nicht zu sehr mit der Peitsche angetrieben werden.
Der *Trab* soll schwungvoll, federnd und „rund“ sein, das Pferd soll sich also vom Boden lösen und nicht die Hufe flach über den Boden ziehen.
Schritt und Trab beobachtet man nicht nur von der Seite, sondern auch sehr eingehend von vorne und hinten. Das Pferd soll *gerade gehen*, irgendwelche Abweichungen nach innen oder außen sind unerwünscht.
Der *Galopp* ist für ein Springpferd ausschlaggebende Gangart. Das Pferd soll in natürlichem Gleichgewicht frisch vorwärts galoppieren und auch dann, wenn das Tempo verstärkt wird, seinen Schwerpunkt nicht auf die Vorhand verlagern.
Ein rohes Pferd kann man ja nur in der freien Bewegung beurteilen, ein gerittenes Pferd läßt man sich anschließend auch unter dem Reiter vorstellen und reitet es am besten auch selbst. Wie beim Springen ist es auch bei den Bewegungen zu ebener Erde erstaunlich, wie unterschiedlich die Vorführung an der Hand zu der unter dem Reiter ausfallen kann.

Fehler

Wenn das Pferd entweder an der Hand oder nur unter dem Reiter oder aber in beiden Fällen irgendwelche Störungen oder Schwächen im Bewegungsablauf zeigt, muß

man sich darüber klarwerden, wie schwerwiegend diese Fehler sind und was ihre Ursache sein kann:
Neben *Gebäudefehlern, schlechtem Beschlag* und *Krankheiten* kann die Ursache sein, daß das Pferd einfach von Natur aus wenig Gang hat und deshalb schwunglos und eventuell ohne Takt geht. — Diesen Nachteil kann man durch physisches Training beheben. Pferde, die anfangs überhaupt keinen Gang zeigen, können später sehr ausdrucksvolle und ausgeglichene Bewegungen bekommen, wenn sie erst körperlich dazu in der Lage sind.
Eine weitere Ursache für ein schlechtes Zusammenspiel der Bewegungen kann ein mangelndes Funktionieren des Nervensystems sein. Wie beim Menschen werden auch beim Pferd alle Bewegungen über das Nervensystem vom Gehirn aus geleitet. Wenn da irgendwo ein „Kurzschluß" entsteht, wenn die normale Funktion des Gehirns oder des Nervensystems irgendwie gestört wird, dann geht die Kontrolle über die Bewegungen ganz oder teilweise verloren.
Solche Störungen zeigen sich oft durch Stolpern der Vorhand oder durch „Überkippen" eines der hinteren Fesselgelenke. In manchen Fällen versagt auch nur die Kontrolle über ein bestimmtes Bein, das dann höher oder flacher tritt als die anderen Beine oder kürzere oder längere Tritte macht. (Ein vor dem Start nervöses Pferd kann plötzlich „lahm" gehen, oder ein zusammengeschraubtes, verkrampftes Pferd geht plötzlich ungleich.)
Ein anderer Fall von gestörtem Nervensystem äußert sich in einem unkontrollierbaren, „wabbeligen" *Seitwärtsschwingen* der Hinterhand. In diesem Fall hat das Pferd keine Kontrolle über die Aktion der Hinterhand. Man merkt diesen Fehler beim Reiten besonders bei Übergängen zu einer niedrigeren Gangart, bei Hinterhandwendungen oder beim Rückwärtsrichten. Das Pferd kann dabei den Rücken nicht runden und die Hinterhand nicht unterschieben und „sackt" statt dessen hinten zur Seite weg. Ein höchst unangenehmes Gefühl. Außerdem ist solch ein Pferd für den Springsport denkbar ungeeignet, da ja die Hinterhand, die Triebfeder, nicht kontrollierbar ist.
Solche Störungen des Nervensystems sind entweder angeboren oder durch nervöse, hitzige Reiter „anerzogen".
Um solche Fehler zu beheben und um das Pferd in die Lage zu versetzen, daß es die volle Kontrolle über seine Muskeln wiedererlangt und ausgeglichen im Gleichgewicht geht, muß man die Psyche des Pferdes gründlich verstehen und darauf eingehen können. „Kraftreiterei" kann solche psychischen Schäden nie beheben, im Gegenteil, sie können dadurch sehr leicht hervorgerufen werden. (Deshalb haben bestimmte Reiter immer wieder Pferde, die Pass gehen oder unregelmäßig „strampeln" oder nervös mit dem Kopf schlagen.) — Nur wer die Gedankengänge und Charaktereigenschaften seines Pferdes genau durchschaut und einfühlsam meistern kann, nur der kann ein solch empfindsames Pferd zu schwungvollen, losgelassenen und ausbalancierten Bewegungen trainieren.

c) Charakter

Ein Pferd mit schlechtem oder schwierigem Charakter verursacht unzählige Schwierig-

Bild 7. Aufmerksames, zufriedenes Pferd.

Bild 8. Nervöses, empfindsames Pferd.

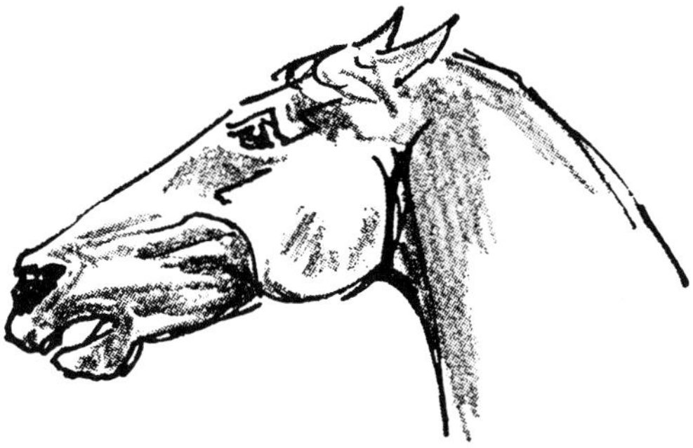

Bild 9. Ängstliches, scheues Pferd.

Bild 10. Beißendes, schwieriges Pferd.

keiten, die nur sehr schwer zu korrigieren sind. Deshalb beurteilt man den Charakter und die Intelligenz eines Pferdes am besten, bevor man es kauft. Man beobachtet sorgfältig das Gehabe des Pferdes, seinen Gesichtsausdruck, das Spiel der Ohren und seine Aufmerksamkeit den Dingen der Umwelt gegenüber. Am Auge, dem Spiegel der Seele, kann man die Gemütsverfassung des Pferdes erkennen.

Wenn möglich sollte man ein junges Pferd auf der Weide zusammen mit anderen Pferden beobachten. Man sollte herausfinden, ob es ein „Anführer" oder ein „Mitläufer" ist, denn ein „Anführer" wird auch später im Parcours mutig darauflosgehen.

Testen der Springveranlagung und des Springvermögens

a) bei einem rohen Pferd

Wenn man ein rohes Pferd springen sehen möchte, bevor man es kauft, sollte man es, möglichst ohne ihm dabei zu helfen, ein kleines Hindernis an der Bande oder am Zaun der Weide springen lassen. Man achte besonders darauf, ob das Pferd beim Angehen des kleinen Hindernisses die letzten Galoppsprünge verlängert, den Kopf fallen läßt, allein den richtigen Absprung findet und schön basculiert. Über dem Hindernis muß der Widerrist und nicht der Kopf der höchste Punkt sein.

Man kann sich aber nur dann ein klares Bild über die Veranlagung des Pferdes machen, wenn das Pferd weder zu sehr angetrieben noch gestört wird.

b) bei einem angerittenen, jungen Pferd

Ein Pferd, das schon geritten ist, aber noch wenig Springerfahrung hat, sollte man zuerst in allen drei Gangarten reiten. Dabei achte man darauf, wie es sich ausbalanciert und ob es auch beim Zulegen des Tempos noch auf seinen eigenen vier Beinen im Gleichgewicht geht.

Bild 11. Einem rohen Pferd soll man beim Freispringen möglichst wenig helfen. Es soll natürlich und gelöst springen. Die meisten jungen Pferde lassen noch die Beine hängen.

Da das Pferd nur wenig Springerfahrung hat, würde man einen falschen Eindruck bekommen, wenn man es „hoch" springen lassen würde.

Man reitet deshalb aus dem Trab ein kleines Hindernis an, vor dem in drei Meter Abstand eine Stange liegt. Über der Stange galoppiert das Pferd an. Nachdem man das zwei- oder dreimal gemacht hat, legt man die Stange sechs Meter vor den kleinen Sprung und reitet wieder in langsamem Trab an.

Danach nimmt man die Stange weg und macht aus dem Hindernis einen kleinen Oxer, der etwa einen Meter hoch und 1,20 m breit sein soll. (Aus Sicherheitsgründen legt man hinten nur eine Stange auf.) Dieses Hindernis reitet man im lang-

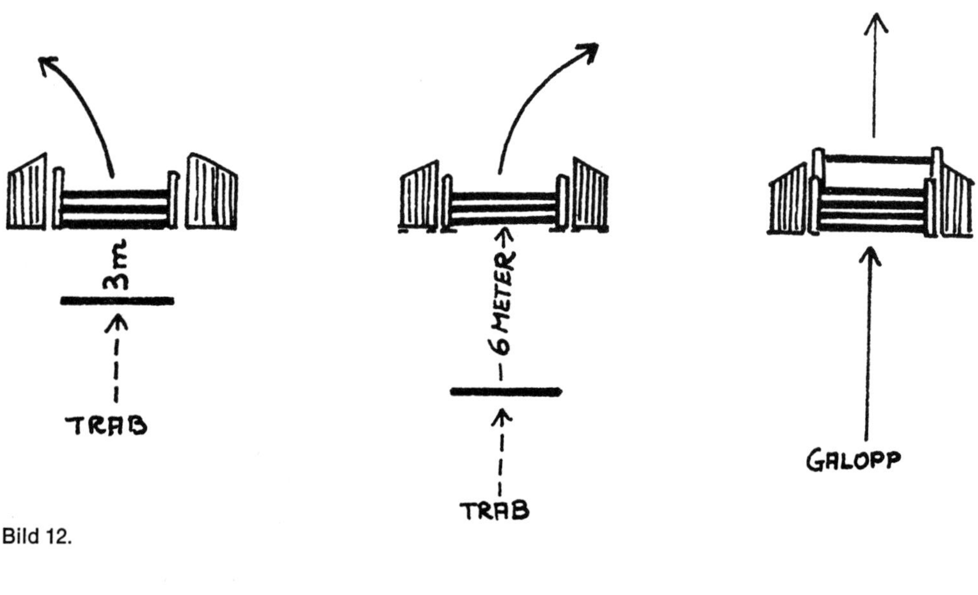

Bild 12.

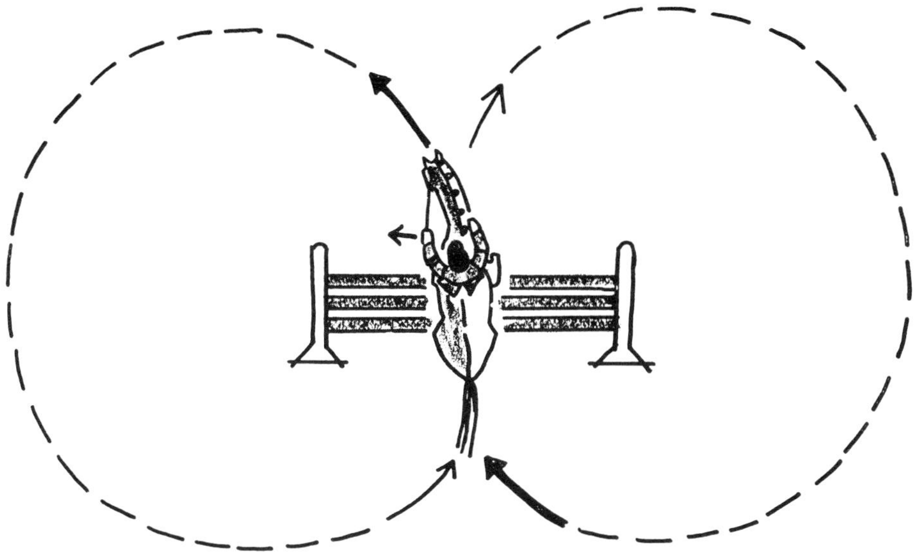

Bild 13. Wenn das Pferd heftig wird, springt man das Hindernis aus einer Acht heraus.

samen Galopp an. — Wenn das Pferd heftig werden sollte, springt man das Hindernis aus einer Acht heraus, das wird das Pferd beruhigen (siehe Bild 13).

Es ist wichtiger — und das beachten viele Reiter nicht genug —, daß einem das Pferd beim Springen ein gutes Gefühl gibt, als daß man herauszufinden versucht, wie hoch es springen kann.

Auf das „Wie“, nicht auf das „Wie hoch“ kommt es an.

c) bei einem älteren Pferd

Bei dem Kauf eines älteren Pferdes kann man sich anhand von Erfolgen auf offiziellen Leistungsschauen ein Bild über das Vermögen und Gerittensein des Pferdes machen. Aber selbst wenn es sich um ein erfolgreiches und sicheres Pferd handelt, wird es für seinen neuen Besitzer nur dann zufriedenstellend gehen, wenn es zu dem Reiter „paßt“.

Ein Rennwagen, von Sterling Moss gekauft, garantiert noch nicht, daß man ein Rennen damit gewinnt. Genauso kann ein internationales Pferd unter einem anderen Reiter besser, schlechter oder auch gar nicht gehen. Es kommt darauf an, daß der Reiter seine eigenen Schwächen und Vorzüge erkennt, dann das in Frage kommende Pferd richtig einstuft und sich überlegt, ob dieses Pferd zu ihm passen wird.

Man kann selbst im großen Sport immer wieder beobachten, daß auch Reiter mit der nötigen Erfahrung noch lange nicht jedes Pferd reiten können.

Wenn der Reiter ängstlich ist, wenig Turniererfahrung und dazu Lampenfieber hat, sollte er sich ein älteres Pferd mit ruhigem Charakter und viel Turniererfahrung kaufen, damit er in dem Pferd einen Lehrmeister hat.

Vollblüter, die sensibel und leicht erregbar sind, eignen sich nicht für nervöse Reiter und Anfänger im Springsport. Diese Reiter spannen und versteifen sich im Parcours, was sich automatisch auf das Pferd überträgt. Das hoch im Blut stehende, empfindsame Pferd wird anfangen zu pullen und über den Parcours zu „laufen“.

Ein junges Pferd gleichzeitig mit einem jungen Reiter auszubilden, ist sehr schwierig, und der Ausbilder läuft Gefahr, beide, Pferd und Reiter, zu verderben. Nur erfahrene Reiter sollten junge Pferde reiten, besonders im Parcours auf Turnieren.

Damen sind besonders geeignet, sensible, hoch im Blut stehende Pferde zu reiten. Sie haben meistens gefühlvollere Hände und vor allem mehr Geduld. Außerdem bemuttern sie die Pferde ein bißchen, was bei nervösen Pferden Wunder wirken kann.

Es ist äußerst schwierig, ein für den Springsport geeignetes Pferd zu finden, aber es ist noch schwieriger, unter diesen Pferden eines auszuwählen, das auch zu seinem zukünftigen Reiter paßt. – Nur eine vertrauensvolle, starke Bindung zwischen Pferd und Reiter kann auf die Dauer gute Leistungen hervorbringen. Dies sollte sich jeder Reiter während der Ausbildung eines Pferdes vor Augen halten und sich hin und wieder fragen, ob das Pferd wohl auch ihn gewählt hätte.

Tierärztliche Untersuchung

Wenn man alle diese Betrachtungen in Erwägung gezogen hat und ein Pferd gefunden hat, das man kaufen möchte, sollte man den Preis mit dem Verkäufer ausmachen und das Zustandekommen des Handels dann von dem tierärztlichen Zeugnis abhängig machen.

Man schickt am besten den eigenen oder einen unabhängigen Tierarzt zum Verkäufer, um das Pferd untersuchen zu lassen. Wenn dem Tierarzt irgendwelche Zweifel kommen, wird er vielleicht noch einen Spezialisten zu Rate ziehen. Nur ein Pferd, das wirklich hundertprozentig gesund und fehlerfrei ist, lohnt eine mühsame und langwierige Ausbildung. (Durch die immer größer werdenden Anforderungen im Leistungssport trifft man heute z. B. häufig Pferde mit Herzfehlern. Es ist erstaunlich, wie viele Pferde mit zu wenig „Ausdauer“ oder dem Unvermögen, ihr „Letztes herzugeben“, in Wirklichkeit Herzfehler haben.)

2 Stallhaltung

Behandlung des Fohlens

Es ist von großem Wert, wenn der Aufzüchter eines Pferdes sich mit der Psychologie des heranwachsenden Pferdes befaßt und es schon während der Weidezeit handzahm macht. Die meisten Züchter sind solche Pferdeleute, daß sie diese Dinge automatisch richtig machen, aber es gibt andererseits viele, die den Fehler machen, ein junges Pferd nach dem Absetzen oder nach dem ersten Winter auf die Weide zu schikken und sich dann monatelang nicht mehr mit ihm zu beschäftigen.

Ein allein gelassenes junges Pferd wächst ohne jede Verbindung zum Menschen auf, ist ihm vielleicht entfremdet und macht besondere Schwierigkeiten, wenn es später eingeritten werden soll. Das Beschlagen eines halbwilden jungen Pferdes ist besonders schwierig. Ich habe Fälle erlebt, in denen wir solchen Pferden Beruhigungsspritzen geben mußten, bevor wir sie beschlagen konnten. In einem besonders schweren Fall mußten wir ein Pferd draußen auf der Weide mit Chloroform betäuben, was nicht nur schädlich für das Herz des Pferdes ist, sondern was auch dazu führen kann, daß das Pferd sich verletzt, wenn es aufwacht und auf die Füße springt. Allen diesen Schwierigkeiten kann man aus dem Wege gehen, wenn das Pferd von klein auf Umgang mit dem Menschen hat. Die ersten Erfahrungen in der Jugend bleiben dem Pferd in Erinnerung und prägen es für den Rest des Lebens. Im Idealfall sollte man sich von Geburt an täglich mit dem Pferd beschäftigen, und zwar ruhig, freundlich und bestimmt, so daß das Pferd Vertrauen zum Menschen faßt.

Man sollte auch, wenn möglich, täglich einmal die Hufe hochheben — auch hinten —, um dem Schmied und sich selbst die Arbeit zu erleichtern. Dieses Hufeaufheben ist nicht schwierig, wenn man weiß, wie. Man kann Reiter beobachten, die gegen das Pferdebein klopfen oder sogar treten, um das Pferd zu veranlassen, das Bein hochzuheben. Solche Methoden sind unlogisch und meistens auch erfolglos.

In der natürlichen Bewegung verlagert das Pferd beim Hochheben eines Beines sein Gewicht auf das andere Bein. Wenn man also zum Beispiel das linke Vorderbein hochheben will, ist es logisch, daß man sich gegen die linke Schulter des Pferdes lehnt, damit es sein Gewicht auf die rechte Vorhand verlagert. Daraufhin wird es willig das linke Vorderbein hochheben. — Ein Hinterbein hebt das Pferd in der Bewegung nach vorne-oben, man wird also keine Schwierigkeiten haben, wenn man es beim Aufheben genauso macht: das Hinterbein erst nach vorne hochhebt und, wenn das Pferd sich dabei nicht verkrampft, das Hinterbein von vorne nach hinten herauszieht. Falls ein Pferd trotzdem Schwierigkeiten beim Beinaufheben macht, verdreht man

die Kastanie fest mit Zeigefinger und Daumen. Daraufhin wird jedes Pferd sein Bein sofort hochnehmen.
Jedes junge Pferd sollte in den Jahren bis zum Einreiten regelmäßig alle vier bis sechs Wochen vom Schmied ausgeschnitten werden. Leider wird das zu oft vernachlässigt, wodurch schwere Hufverformungen und Gangmängel entstehen können.
Führen sollte man das Fohlen von klein an. Es sollte schon ein Fohlenhalfter tragen, während es noch mit der Mutter läuft (die Stute dagegen sollte kein Halfter tragen, da das Fohlen sich mit den Beinen leicht darin verfangen kann, wenn es spielerisch um die Stute springt). Erst führt man das Fohlen hinter der Stute her, später alleine. Ich kenne Aufzüchter, die jedesmal ein oder zwei Jungpferde am Strick um die Weide führen, wenn sie nach dem Vieh sehen, mit dem die Jungpferde laufen — und so zwei Fliegen mit einer Klappe schlagen (Bild 14). Dieses Handzahmmachen des jungen Pferdes ist beileibe keine Zeitverschwendung, sondern macht sich bezahlt, sobald man das junge Pferd zum Einreiten von der Weide holt. Dann wird man von der Verbindung zwischen Mensch und Pferd profitieren.

Fütterung

Bevor wir mit dem Einreiten und der Ausbildung des Pferdes beginnen, möchte ich mich mit einigen theoretischen Fragen beschäftigen. Fütterung, Stallhaltung, Beschlag, Sattelzeug und so weiter stehen in engem Zusammenhang mit der Ausbildung des Pferdes; man kann dabei so schwerwiegende Fehler machen, daß sie sich nachteilig auf das Training auswirken.
Ich führe absichtlich keine Tabelle mit den Futtermengen für Leistungspferde an. — Jedes Pferd muß *individuell* gefüttert werden. Welches und wieviel Futter es bekommen muß, hängt von seiner Veranlagung, seiner täglichen Arbeit und seiner Konstitution ab. Es bleibt jedem Pferdehalter überlassen, sein Pferd zu beurteilen und dann abzuwägen, wie es zu füttern ist. (Die Futterwerte der einzelnen Futtersorten kann man in jedem einschlägigen Fachbuch nachschlagen.) Zu viel Futter ist genauso nachteilig wie zu wenig Futter. Wichtig ist, daß jedes Pferd die ihm angemessene Futtermenge erhält, daß das Futter abwechslungsreich ist, daß es in mindestens drei, besser noch in vier Mahlzeiten gereicht wird und daß das Pferd nach jeder Mahlzeit minde-

Bild 14.

stens zwei Stunden Ruhe hat, um das Futter auch verdauen zu können.
Ich möchte es jedoch nicht versäumen, auf einige allgemeine Punkte hinzuweisen:

Umstellung auf Trockenfutter

Wenn man ein junges Pferd von der Weide in den Stall holt, ist es an das feuchte Gras gewöhnt; — deshalb darf man es nun im Stall nicht plötzlich auf Trockenfutter umstellen, da es dadurch Kolik bekommen kann. In den ersten drei Monaten sollte man ihm mindestens drei- bis viermal in der Woche, am besten täglich, abends ein Naßfutter geben.

Das Naßfutter — auch „mash" genannt — besteht aus Weizenkleie und Leinsamen. Ganzer Leinsamen ist in seiner Zubereitung ziemlich umständlich; er muß einen Tag lang in Wasser eingeweicht werden und dann aufgekocht werden, wozu man in großen Ställen geeignete Kessel hat. Der Leinsamen muß ungefähr eine Stunde kochen, bis sich ein schleimiger Brei gebildet hat und bis man die Körner leicht zwischen zwei Fingern zerdrücken kann. (Man kann sich die Arbeit erleichtern, indem man gleich Vorrat für einige Tage kocht.) Dann brüht man pro Naßfutter-Portion eine große Suppenkelle voll Leinsamenbrei über etwa 1 kg Weizenkleie und läßt das Ganze zugedeckt abkühlen.

Geschroteter Leinsamen ist wesentlich einfacher zu verarbeiten, aber leider ist er in manchen Gegenden schwer zu bekommen, da sich auf Grund des hohen Fettgehaltes die Schrotmühlen leicht zusetzen. — Man nimmt eine Handvoll geschroteten Leinsamen, vermischt ihn mit der Weizenkleieration und überbrüht das Ganze mit kochendem Wasser. Zugedeckt läßt man den „mash" dann quellen und füttert ihn, wenn er genügend abgekühlt ist.

Aber auch wenn man nur ganzen Leinsamen bekommen kann, sollte man die Mühe nicht scheuen, denn der nährstoffreiche Leinsamen regt die Verdauung an und gibt den Pferden ein schönes glänzendes Fell.

Jungen Pferden füttert man während der Zeit des Einreitens den „mash" ohne Hafer, bei älteren, im Training stehenden Pferden mischt man den „mash" mit der angemessenen Portion Walzhafer.

Nervösen und *leicht erregbaren Pferden* gebe ich ebenso wie den jungen Pferden drei- oder viermal in der Woche abends warmen „mash" mit wenig Walzhafer, dafür mit einer Handvoll Grasmehl und etwa zwei Handvoll Maisflocken (Cornflakes). Als Ersatz für die herabgesetzte Haferration gibt man mehr Heu und eventuell „Pferdekuchen".

Um die verringerte Menge Quetschhafer zu ergänzen, sollte man die Hälfte des Hafers durch Gerste ersetzen. Die Gerste soll leicht gequetscht sein, aber nicht in Mehlform, da dies zu Verstopfung führen kann. Falls sie ganz gefüttert wird, muß sie gut gekocht oder über Nacht eingeweicht werden.

Nervöse Pferde sind oft in einem schlechten Futterzustand. Durch Gerstefütterung ist die richtige Ernährung gewährleistet, und die Pferde setzen mehr Fleisch an. Durch Haferfütterung werden sie noch „verrückter", manche Pferde scheinen sogar allergisch gegen Hafer zu sein und nehmen davon weiter ab. Außer diesem negativen Einfluß auf das Temperament kann reine Haferfütterung noch weitere Nebenwirkungen verursachen: angelaufene Beine, Hautausschlag und juckende Ekzeme.

Schwächeren Pferden gebe ich ganzen Hafer und Häcksel (von Haferstroh, niemals von Gerstenstroh). Das veranlaßt das Pferd, besser zu kauen, auch gehen beim Walzen des Hafers wertvolle Bestandteile verloren.

Bei *schlecht aussehenden Pferden* mit stumpfem Haarkleid ist es ratsam, hin und wieder einen Trank mit Leinsamenschrot zu geben. (Man weicht am Abend vorher ein paar Handvoll geschroteten Leinsamen in einem Eimer voll Wasser ein. Am nächsten Tag rührt man erst gut um und gibt den Trank dann dem Pferd.) Den Spruch „Gut geputzt ist halb gefüttert" kann man auch umkehren, denn ein gut und richtig gefüttertes Pferd ist halb geputzt.

Viele Leute machen den Fehler, ihre Pferde zu einseitig zu füttern. Pferde fressen viel besser, wenn man abwechselnd verschiedene Beigaben füttert wie Möhren oder mal eine Zuckerrübe, eine Handvoll Cornflakes oder etwas Melasse. — Wer getrocknete Bohnen füttern will, muß sehr vorsichtig sein und nur sehr wenig geben, und zwar nur morgens; morgens enthält der Magen mehr Säure und verdaut deshalb die Bohnen besser, außerdem wird das Pferd hinterher gearbeitet, was auch zur besseren Verdauung der schweren Bohnen beiträgt. Getrocknete Bohnen müssen eine Nacht vorher eingeweicht werden.

Auf Reisen, in fremden Ställen und nach einem anstrengenden Turniertag fressen manche Pferde schlecht, und dabei brauchen sie gerade dann ihr Futter am nötigsten. Hier helfen frisch geschnittene Weidenzweige, die den Appetit des Pferdes rasch wiederherstellen. Man kann sicherheitshalber Weidenzweige mit auf die Reise nehmen und sie unterwegs in einem Eimer Wasser frischhalten.

Im Winter sollte man zweimal in der Woche allen Pferden ein warmes Naßfutter geben.

Heufütterung

Heu sollte dreimal täglich in kleinen Portionen gefüttert werden. Das ist wesentlich vorteilhafter, als das ganze Quantum in einer oder zwei Portionen zu geben, denn erstens wird weniger Heu vertreten, und zweitens ist das Pferd dann den ganzen Tag über beschäftigt.

Bei Pferden, die von der Weide kommen, und bei Pferden, die husten oder einen Ton haben, *feuchtet man das Heu an.* Bei dämpfigen Pferden überbrühe ich das Heu mit kochendem Wasser und lasse es mit Säcken zugedeckt einige Stunden liegen. Dann haben auch dämpfige Pferde keinerlei Schwierigkeiten, Heu zu fressen, und hören auf zu husten.

Welche Heusorte man füttert, hängt davon ab, in welchem Land man wohnt und welches die dort gebräuchlichste Heusorte ist. Bei *Klee- und Luzerneheu* muß man sehr vorsichtig sein und nur sehr wenig geben, da es sehr viel eiweißhaltiger ist als normales Wiesenheu. Wenn man mit seinen Pferden auf Reisen geht, besonders ins Ausland, sollte man genügend Heu mitnehmen oder versuchen, an Ort und Stelle ähnliches Heu zu bekommen.

Koliken

Koliken sind Störungen der Magen- und Darmfunktionen, die äußerst schmerzhaft sind und zum Teil tödlich enden können. Die Behandlung einer Kolik sollte immer dem Tierarzt überlassen bleiben, den man so schnell wie möglich zu Rate ziehen muß, denn je eher er eingreifen kann, je größer sind die Erfolgschancen.

Ich will hier beileibe keine tierärztliche Abhandlung über Koliken schreiben, sondern nur darauf hinweisen, daß die meisten Koliken durch Nachlässigkeit und Unwissenheit entstehen, durch zu trockene Fütterung oder Überfütterung von Eiweißen. Ich werde mich absichtlich kurz fassen, damit dieser wichtige Teil von allen Reitern gelesen wird.

a) Sonntagskrankheit

Die Pferde haben in den meisten Stallungen sonntags keine Bewegung. Wenn sie an solchen Tagen die gleiche Futterration bekommen wie an normalen Arbeitstagen, riskiert man, daß Koliken auftreten, besonders bei anfälligen Pferden. An „Ruhetagen“ sollte das Pferd deshalb weniger bekommen als normal.

Als Vorbeugungsmittel gebe ich den Pferden am Abend vor einem Ruhetag ein Naßfutter, einen warmen „mash“, mit geschrotetem Leinsamen, Maisflocken und Epsomer Bittersalz.

b) Nervöse Koliken

Eine Kolik kann durch die Einflüsse des Nervensystems auf die Magen- und Darmtätigkeit entstehen. Bei nervösen und empfindsamen Pferden können solche Verdauungsstörungen durch unterschiedliche Einwirkungen auf das Nervensystem entstehen. — Es gibt zum Beispiel Pferde, die schon ein oder zwei Tage vor einem Turnier merken, was los ist. Ich habe Pferde gehabt, denen ich schon Donnerstag und Freitag warmen „mash" geben mußte, wenn es Samstag-Sonntag zum Turnier gehen sollte, da sie sonst mit Sicherheit Kolik bekamen.

Wir hatten sogar nervöse Pferde, die ihr Futter schon verweigerten, wenn sie sahen, daß wir mit den Vorbereitungen für das Turnier begannen, wenn am Tag vor der Reise Schweif und Mähne gewaschen und eingeflochten und die Reisekiste gepackt wurde.

Ich bin überzeugt, daß Turnierpferde, die viel von einem Turnierplatz zum anderen reisen, sich je nach ihrem Temperament nervlich darauf einstellen, genau wie ihre Reiter. — Es gibt olympische Reiter, die vor einer Prüfung nervös und unansprechbar sind, sich aber völlig beruhigen, sowie sie den Parcours betreten. Andererseits gibt es Temperamente, die vor der entscheidenden Prüfung seelenruhig eine große Mahlzeit verzehren oder unter einem Baum einschlafen können. — Die gleichen Eigenschaften kann man bei vielgereisten Turnierpferden beobachten. Es gibt Pferde, die in jedem Stall fressen und sich über nichts aufregen, wohingegen andere Pferde nervös und empfindlich sind und besonders in der ersten Saison lernen müssen, ihr Lampenfieber zu überwinden — es gibt Pferde und Reiter, die das niemals lernen. Pferde mit solcher Mentalität müssen natürlich individuell gefüttert werden, um Koliken zu vermeiden.

c) Wasserkolik

Der Reiter darf seinem Pferd beim Reiten niemals erlauben stehenzubleiben, um zu misten. Gleichgültig, in welcher Gangart man reitet, man sollte sich nur in die Bügel stellen und das Gesäß aus dem Sattel lüften, damit das Reitergewicht nicht das Aufwölben des Pferderückens beim Misten stört. Wenn man nicht von Anfang an darauf achtet, kann das Stehenbleiben zu einer sehr üblen Angewohnheit werden. Ich hatte Pferde zu korrigieren, die sogar in einem Parcours zwischen zwei Sprüngen stehenblieben, um zu misten.

Im Gegensatz dazu sollte man *beim Stallen* das Pferd zum Stillstehen kommen lassen. Wenn der Reiter fühlt, wie das Pferd beim Reiten langsamer wird und versucht stehenzubleiben, um zu stallen, sollte man es gewähren lassen, besonders auf einem langen Ritt. Der Reiter muß sich dann in die Bügel stellen und Pferderücken und -nieren entlasten. Unverständnis und Unachtsamkeit des Reiters, der die Anzeichen nicht versteht und als Ungehorsam bestraft, können zu einer Wasserkolik führen. Ich erinnere mich aus meiner Kavalleriezeit an Pferde, die sich weigerten, unter dem Reiter zu stallen. Bei manchen mußte man den Sattelgurt lockern oder den Sattel ganz abnehmen. Im Manöver gab es Pferde, die unterwegs auf der Straße nicht stallen wollten. Wir mußten sie auf Gras führen oder sogar Stroh unterschieben.

d) Windkolik

Am häufigsten tritt Windkolik bei Pferden auf, die im Stall koppen. Das Koppen kann man in gewissem Grade durch den Kopperriemen einschränken, der unter dem Genickstück mit Lammfell gefüttert sein soll, damit die Mähne geschont wird.

Aber auch bei Pferden, die nicht koppen, kann diese Kolik vorkommen. Um dies zu verhindern, sollte man bei starkem Wind niemals dem Wind entgegenhalten, sondern immer so stehenbleiben, daß der Wind von hinten kommt. — Man kann ja auch beobachten, daß Pferde auf der Weide immer mit dem Rücken zum Wind stehen. — Man sollte auch nie einen schnellen Galopp gegen starken Wind reiten, besonders nicht am Strand.

e) Sandkolik (Erdkolik)

Manche Pferde haben die Angewohnheit, beim Grasen auf der Weide die Grasnabe wegzuscharren und Erde zu lecken, was auch zu Kolik führen kann. Wenn man das beobachtet, sollte man zum Ausgleich des augenscheinlichen Mangels an Mineralien einen Leckstein geben.

Langeweile bringt Untugenden

Viele Pferde gewöhnen sich schlecht an das Alleinsein in der Box, besonders wenn sie nicht genügend Arbeit haben. Schließlich stehen die meisten Pferde ja 23 von 24 Stunden am Tag im Stall, und die Langeweile läßt Pferde auf alle möglichen Untugenden verfallen. Wenn man die Pferde im Stall gut beobachtet, kann man ihnen Untugenden abgewöhnen oder sie verhindern, ehe sie zur Gewohnheit werden.

Streufressen

Manche Pferde gewöhnen sich aus Langeweile an, ihre Streu zu fressen. Besonders wenn das Stroh nicht ganz einwandfrei ist, kann das Pferd Schaden nehmen und seine Atmungsorgane in Mitleidenschaft ziehen. Wenn man merkt, daß ein Pferd seine Streu frißt, sollte man mit der Gießkanne eine *verdünnte* Lösung eines Desinfektionsmittels (Lysol, Kreolin) darübersprühen, das wird dem Pferd den Geschmack an der Streu verderben. Eine andere Möglichkeit ist, das Pferd auf Torf oder Sägespäne zu stellen.

Klopfen

Eine andere schlechte Angewohnheit ist das Kratzen an der Boxtür. Dicke Knie und andere Verletzungen sind die Folge. In solchen Fällen vergittert man die obere Türhälfte, das Pferd steht dann weiter weg von der unteren Türhälfte und kann sich nicht mehr an den Beinen verletzen.

Holz fressen

Das Anfressen von Türen und Fensterrahmen ist eine kostspielige und für das Pferd gefährliche Untugend. Die scharfen, feinen Holzsplitter können das Pferd innerlich verletzen. Ein Anstrich mit einem starken Desinfektionsmittel oder der Paste *Formular DC* (siehe Seite 42) schaffen hier Abhilfe.

Lecksteine

Wenn Pferde außerdem noch ihren eigenen Kot fressen, kann man auf Mineralmangel schließen und legt deshalb einen großen Leckstein in die Futterkrippe. — In manchen Ställen sieht man einen völlig verstaubten Leckstein an der Wand hängen und hört den Besitzer klagen, daß das Pferd sich eben nicht für den Leckstein interessiere. Wenn man demselben Pferd dann

Bild 15. Krippensetzer in Aktion.

 den Leckstein in die Krippe legt, bekommt es beim Fressen automatisch den Geschmack des Salzes und wird sehr schnell anfangen, an dem Stein zu lecken.

Koppen

Diese Untugend entsteht aus Langeweile oder weil ein Pferd es einem anderen nachmacht, das schon koppt. Deshalb sollte man ein Pferd mit dieser Untugend sofort von den anderen Pferden trennen, so daß diese es sich nicht abgucken können. Manchmal lernt ein Pferd koppen, wenn es im Stall zu viel Zucker bekommt. Dann fängt es an, an der Tür oder der Krippe zu lecken, woraus sehr leicht ein Koppen werden kann. (Während des Reitens hingegen kann Zucker nicht schaden, im Gegenteil, er veranlaßt das Pferd, am Gebiß zu kauen, folglich ein nasses und weiches Maul zu haben.) — Die meisten Pferde setzen beim Koppen die oberen Schneidezähne auf die Krippe oder den Türrand auf — dann nennt man das Koppen auch Krippensetzen. Wenn man Pferde beim Koppen nicht auf frischer Tat ertappt, kann man sie an den abgeschliffenen oberen Schneidezähnen erkennen. Andere Pferde koppen ohne aufzusetzen (sogenannte Luftschnapper). Solche Pferde sind wesentlich schwerer zu erwischen, und man kann sie meistens

Bild 16. Kopperriemen.

Bild 17. Die oberen Schneidezähne sind durch das Aufsetzen abgewetzt.

nur an dem typischen Kopperton erkennen. Man kann versuchen, das Koppen mit einem Kopperriemen abzustellen, sonst ist die *Forsell-Operation* in den meisten Fällen erfolgreich. Außer einer kaum sichtbaren Narbe bleibt nichts zurück. Bei Krippensetzern benützt man „Bultricar“ Formular DC auf den Aufsetzstellen (Seite 42).

Weben und Wandern

Ein Weber steht meistens an der Boxtür und verlagert fortwährend sein Eigengewicht von einem Vorderbein auf das andere und schwingt dabei seinen Kopf und Hals hin und her — wie es manchmal festgetüderte Elefanten tun.

Ein Wanderer läuft im Kreis in der Box herum, in unterschiedlichem Tempo, in ex-

Bild 18. Esel als Stallgefährte.

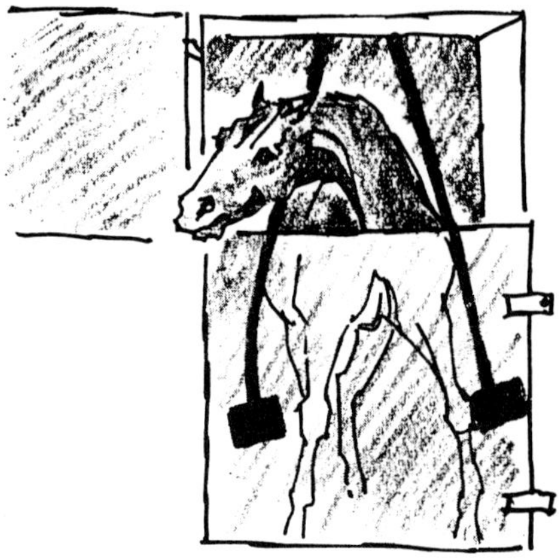

Bild 19. Weben.

tremen Fällen sogar im Trab — und das manchmal für Stunden.
Beide Untugenden kommen nur im Stall vor, Wandern nur in Boxen, Weben oft auch bei in Ständern stehenden Pferden. — Der Verlust an Energie, Kraft und Nerven ist nicht wiedergutzumachen, ganz abgesehen von der Strapaze für die Sehnen der Beine. Man kann ein solches Pferd nie zu einem Leistungspferd machen.
Um ein Pferd vom Weben abzubringen, schlage ich folgende Konstruktion vor: An der Innenseite der Boxtür werden an der Decke zwei Stricke in einem Abstand von 50 cm befestigt. An den Enden der beiden Stricke, in Höhe des Vorderfußwurzelgelenks, werden zwei schwere Holzklötze befestigt. Wenn sich das Pferd nun, wie gewohnt, vor seine Boxtür stellt und anfängt zu weben, berühren die Holzklötze die Pferdebeine. Da dies dem Pferd natürlich unangenehm ist, stellt es das Weben ein (siehe Bild 19). Die gleiche Konstruktion läßt sich selbstverständlich auch in einem Stand montieren.
Diese Untugenden brauchten jedoch gar nicht erst zu entstehen, wenn das Pferd in seiner Box nicht zu großer Langeweile und Einsamkeit ausgesetzt würde. Natürlich reagieren alle Pferde verschieden, aber bei manchen hilft eine enthornte Ziege als Gefährte oder ein kastrierter Esel. Ein bißchen Gesellschaft wirkt in den meisten Fällen Wunder.
Noch einfacher ist es, in die Wände zwischen den Boxen große Fenster mit Gittern zu machen, so daß die Pferde einander sehen können. Es ist schade, wenn ein Pferd, das die Anlagen zu einem guten Sportpferd hatte, durch eine solche Untugend wertlos wird.

Tetanus

Ich möchte an dieser Stelle darauf hinweisen, daß man besonders Springpferde, die sich im Training und auf Turnieren ja doch leicht verletzen können, vorsichtshalber gegen Tetanus spritzen sollte. Es gibt jetzt eine Serie von drei Spritzen, die das Pferd auf Lebenszeit vor Wundstarrkrampf schützen. Man sollte diese Serie von Injektionen durchweg jedem Pferd im Stall geben.

Der Stall

Die meisten Pferde stehen die längste Zeit des Tages im Stall und kratzen aus Langeweile das Stroh nach hinten. Das Ergebnis ist dann, daß das Pferd hinten höher steht als vorne. Durch diese *Bergabstellung* werden die Sehnen der Vorderbeine sehr überanstrengt, da sie jetzt mehr als drei Fünftel des Gesamtgewichtes tragen (wenn das Pferd auf ebenem Boden steht,

Bild 20. Stallboden zur Krippe hin ansteigend.

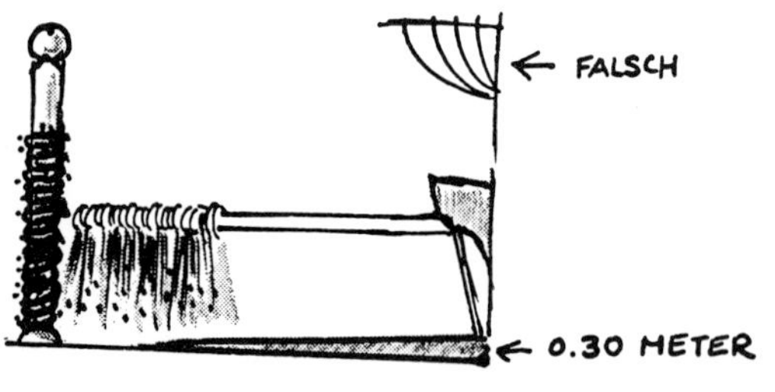

Türhälfte der Box zu hoch ist und das Pferd dann beim Ausgucken den Rücken wegdrückt.
Um solch eine Überbelastung der Vorhand und Versteifung des Rückens zu verhindern, sollte der Stallboden an der Stelle, wo das Pferd meistens mit der Vorhand steht, leicht bis zu dreißig Zentimetern ansteigen. Im *Ständer* sollte der Boden zur Krippe hin ansteigen, damit das Pferd ausgeglichen steht und außerdem leichter aufstehen kann (Bild 20); Pferde stehen ja im Gegensatz zur Kuh mit den Vorderbeinen zuerst auf. (In Australien wird übrigens eine Strafe von etwa DM 50,– über Leute verhängt, die ihre Pferde in Ständern aufstallen. Die Australier meinen, daß Blutzirkulation und Charakter des Pferdes geschädigt werden, wenn es im Ständer angebunden stehen muß, außerdem schwellen die Beine an.)
In der Box soll der Boden innen zur Tür hin langsam um dreißig Zentimeter ansteigen, da die Pferde die meiste Zeit an der Tür stehen und 'rausschauen (Bild 21).

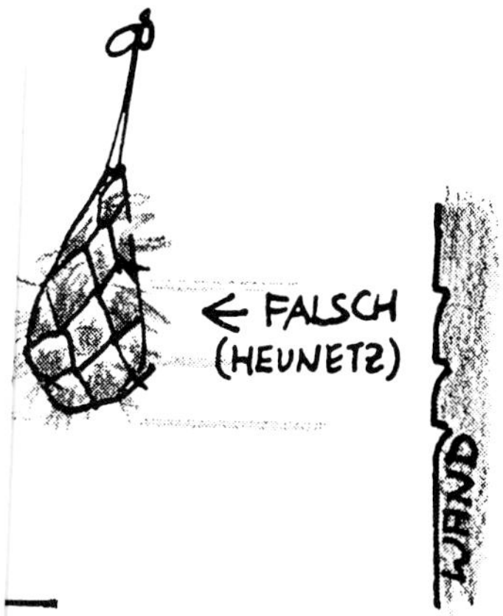

and, damit das Pferd sich nicht

en

ster aus Hartholz ist immer
ale Stallboden. Es ist darauf
ß die Maserung immer senk-
. Gummimatten sind eine wei-
keit, den Betonboden zu be-
)berfläche soll aufgerauht sein,
so daß der Boden nicht rutschig ist.
Beton ist der bei weitem schlechteste Bodenbelag in einem Stall. Kälte und Feuchtigkeit ziehen durch das Stroh auf, und man darf sich nicht wundern, wenn das Pferd morgens vollkommen steif aus seiner Boxe „herausstakst". Die Muskeln werden kalt und verkrampft, und viele Pferde bekommen nach einiger Zeit Rheuma.

Bild 22. Holzpflaster aus Hartholz.

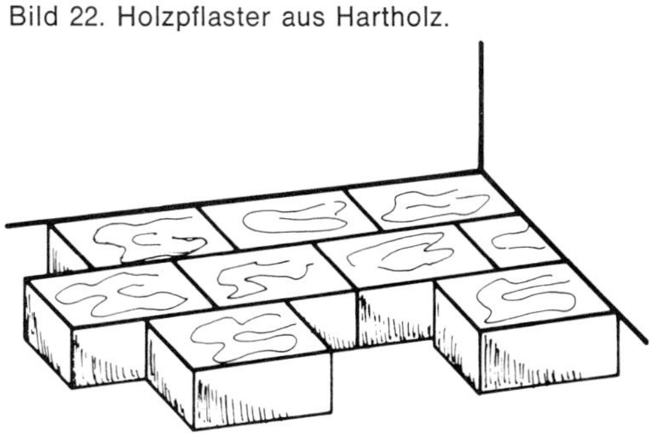

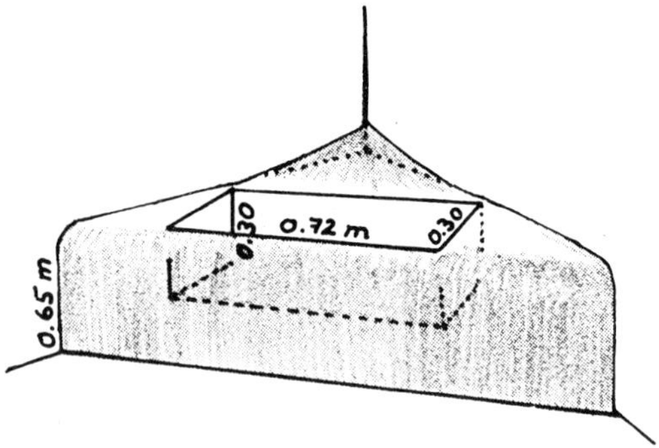

Bild 23. Geräumige Futterkrippe in der Boxenecke.

Die Futterkrippe

Die Futterkrippe soll groß sein, damit das Pferd nicht mit der ersten Bewegung die Hälfte des Futters 'rauswerfen kann (etwa 75 × 30 × 30 cm). — Damit die Pferde beim Fressen nicht mit den Vorderbeinen kratzen und sich dabei die Vorderfußwurzelgelenke verletzen, sollte man die Krippe tief anbringen, etwa 65 Zentimeter vom Erdboden. Das Pferd fängt dann gar nicht erst an zu kratzen. Auch können bei dieser Höhe Fohlen mit der Mutterstute aus einer Krippe fressen und sich so schon früh an Hafer gewöhnen. Außerdem ist diese Freßhaltung günstig für den Pferderücken.

Tränke

Wasser sollten die Pferde immer genügend zur Verfügung haben. *Automatische Tränken* sind ideal, am besten die amerikanischen von Miller's, die man auch abstellen kann, zum Beispiel wenn das Pferd nach dem Training noch warm in den Stall kommen sollte. Es ist ratsam, die Tränke in der Nähe der Futterkrippe anzubringen, da manche Pferde gerne beim Fressen ein Maulvoll Wasser nehmen. Wenn ein Pferd bei automatischen Tränken zu viel Wasser trinken sollte (Nierenleiden), bemerkt man das an der zu nassen Streu.
Wassereimer kann man bei manchen Pferden nicht in der Box stehen lassen, da sie mit den Eimern spielen, sie beschädigen und sich selbst verletzen können. Ebenso gefährlich ist es, Eimer im Stall festzuhaken, da ein Pferd sich darin verfangen kann. Pferden, die keine automatische Tränke in der Box haben, muß man öfters Wasser vorhalten.

Heu

Heunetze halte ich für gefährlich, da das Pferd sich leicht mit den Beinen darin verfängt und sich schwer verletzen kann, besonders wenn das Netz halb leer oder leer herunterhängt (siehe Bild 21).
Heuraufen sind ebenso ungünstig. Wenn sie tief angebracht sind, sind sie zu gefährlich, da das Pferd mit dem Huf dagegenschlagen, die Stangen verbiegen und

Bild 24. Unnatürliche Freßhaltung durch zu hoch angebrachte Heuraufe; Abfälle fallen in die Krippe.

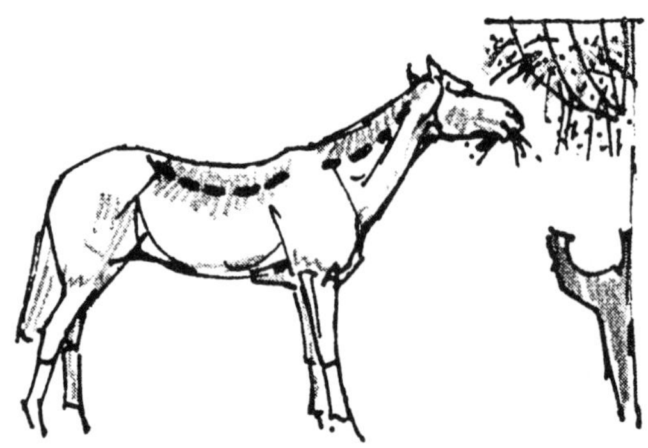

Bild 25. Natürliche Freßhaltung.

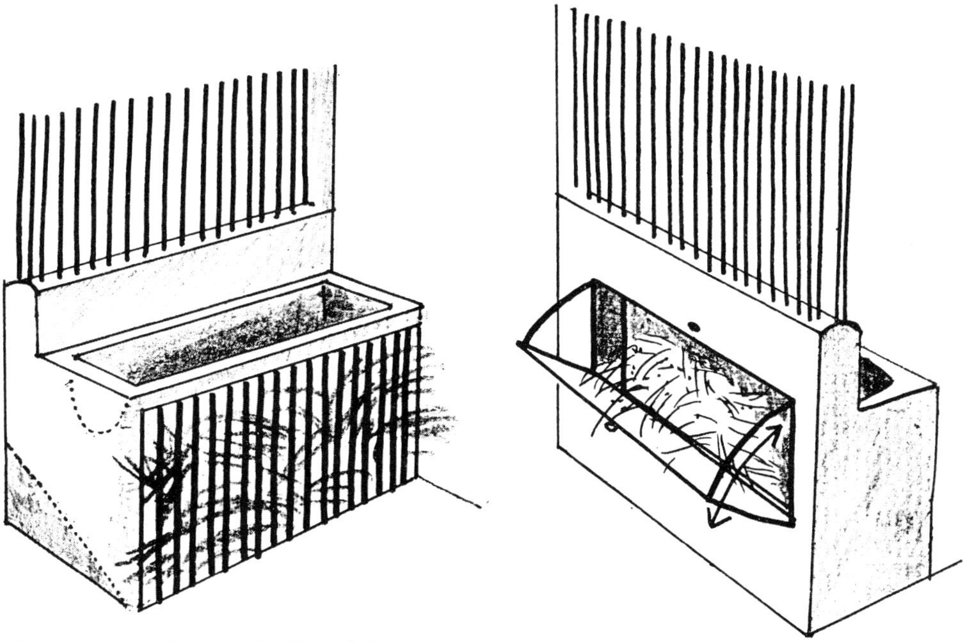

Bild 26. Heuraufe unter der Futterkrippe.

sich darin verfangen kann. Ist die Raufe hoch angebracht, bekommt das Pferd beim Fressen den Heustaub in die Augen, muß den Kopf hochrecken, den Rücken wegdrücken und bekommt Druck auf die Nieren. — Diese Haltung beim Fressen ist unnatürlich und schlecht für die Hals- und Rückenmuskulatur. Auf der Weide nimmt das Pferd Futter vom Boden auf und wölbt dabei den Rücken auf. Diese Rückenwölbung will man ja im Training erzielen, deshalb sollte man schon im Stall damit anfangen und das Heu in kleinen Rationen *vom Boden* füttern.

Viele Vorteile hat eine speziell konstruierte Heuraufe unter der Futterkrippe. Das Pferd nimmt das Heu aus Bodennähe auf, und es geht nichts verloren. Die Gitterstäbe müssen stark sein und eng genug beisammenliegen, so daß das Pferd nicht mit dem Huf dazwischen hängenbleiben kann. Das Heu kann durch eine Klappe von außen eingefüllt werden. Der Boden läuft in Richtung Pferd schräg bergab (Bild 26).

Ventilation

Die Ventilation im Pferdestall ist besonders zu beachten, es darf niemals ziehen und stickig sein, da das Pferd sonst schwere gesundheitliche Schäden erleiden kann. Fenster müssen hoch angebracht sein, besonders wenn sie vergittert sind, damit sich das Pferd nicht an den Beinen verletzen kann, wenn es sich im Stall rollt (in den englischen vorgefertigten Standard-Boxen sind die Fenster viel zu niedrig).

Streu

Als Streu bevorzuge ich die *Matratzenstreu.* Einmal in der Woche wird gänzlich ausgemistet, an den anderen Tagen nur das nasse Stroh entfernt und neues Stroh obenauf gestreut. An den Seiten muß ringsherum ein Wall aufgeschichtet werden, damit das Pferd sich nicht festlegen kann. Wenn man einen neuen Stall baut, kann man ringsherum innen in der Box in den

Putz drei Rillen anlegen, in einer Höhe von 1 bis 1,30 Meter. Falls das Pferd sich dann einmal festlegt, kann es mit den Hufen Halt finden und sich wieder von der Wand abstoßen (Bild 21).

Wichtig ist vor allem, daß das Pferd immer trocken, warm und weich liegt, um Verletzungen zum Beispiel an den Vorderfußwurzelgelenken oder den Ellbogen zu vermeiden.

Decken

Alle Pferde, die im Training sind, sollten im Stall eine Decke tragen: im Winter eine warme und im Sommer eine Staubdecke. Die Decke hält die Muskeln warm und das Fell sauber und staubfrei und spart so eine Menge Arbeit.

Aber immer soll man darauf achten, daß eingedeckte Pferde sich wohlfühlen und die Decke ihnen nicht lästig ist.

Die meisten Deckentypen verrutschen, besonders, wenn das Pferd nachts liegt, oder auf der Weide beim Wälzen.

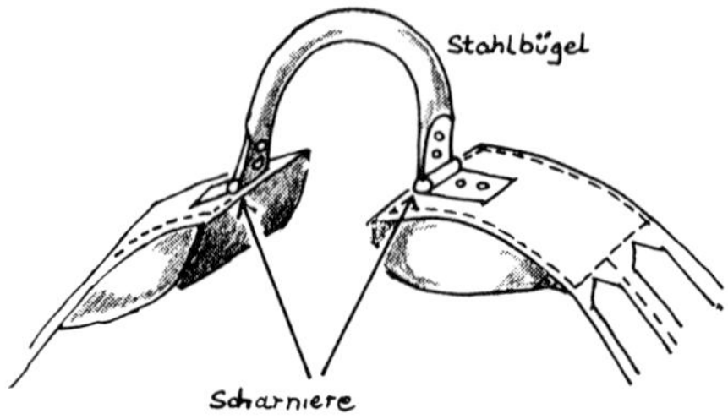

Bild 27. Der Bügel an diesem Deckengurt verhindert, daß das Pferd sich rollt und festlegt.

Außerdem glaube ich, daß die meisten Widerristverletzungen nicht von schlecht passenden Sätteln, sondern von Deckengurten, die zu stramm angezogen wurden, und von schlecht sitzenden Decken herrühren.

Ein Deckengurt ist immer – gleichgültig, welcher Typ von Gurt es ist – unangenehm für das Pferd, da er besonders beim Liegen ständig auf den Rücken und die Lungen drückt.

Manche Leute versuchen, diesen Druck auf den Widerrist zu mildern, indem sie einen zusammengefalteten Sack oder eine Decke

Bild 28. Australische Decke ohne Gurt.

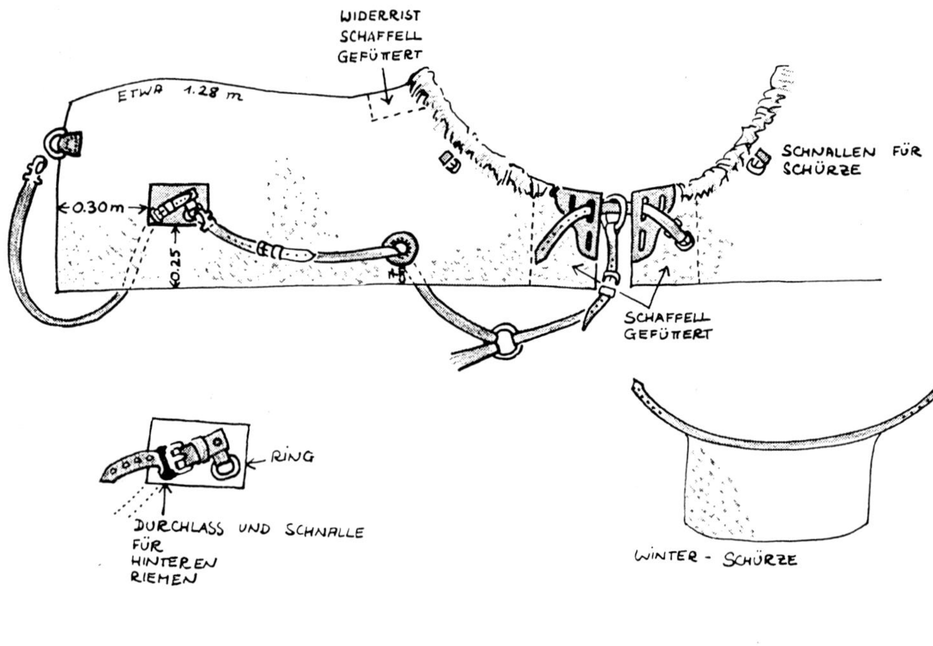

unterlegen. Aber dadurch wird der Druck auf den Knochen noch verstärkt.
Richtiger ist es, einen Gurt mit Polsterkissen auf beiden Seiten zu verwenden oder auf jeder Seite ein dickes Stück Filz oder Schaumstoff unterzulegen, so daß man am Widerrist das Tageslicht noch durchscheinen sehen kann wie bei einem gut gebauten Sattel. So wird der Druck des Gurtes gleichmäßig auf die Muskelstränge zu beiden Seiten des Rückgrates verteilt, und der Knochen selbst wird entlastet. Die gleiche Wirkung hat der Stahlbügel-Deckengurt, der das Überrollen des Pferdes beim Liegen verhindern soll.
Aber ganz gleich, welchen Deckengurt man verwendet — immer bleibt der für das Pferd unangenehme Druck rund um den Körper und besonders in der Lungengegend. Das seitliche Verrutschen der Decke kann man mit einem Gurt doch nicht verhindern.

Die Australische Decke

In Australien habe ich einen Deckentyp kennen- und schätzengelernt, den ich seitdem in vielen Ställen eingeführt habe. Diese Decke kann *nicht verrutschen* und *hat keinen Deckengurt* und wird deshalb von allen Pferden gerne getragen.
Da diese Decke in Europa noch wenig bekannt ist, finden Sie hier ein genaues Schnittmuster, nach dem Sie sich eine solche Decke anfertigen lassen können.

Material

Im Stall trägt das Pferd im Winter diese Decke aus Jute mit Wollstoff gefüttert wie die gewöhnliche Winterdecke. Für den Sommer nimmt man leichten Sommerstoff.
Die Winterdecke für den Weidegang und so weiter wird aus wasserdichtem Segeltuch gemacht und mit Wolle gefüttert. Diese Decke ist jedoch nicht für den Stall geeignet, da das Material nicht porös ist und die vom Pferdekörper aufsteigende warme Luft deshalb nicht verdunsten kann. Fellschäden und Hautreizungen sind die Folgen, die das Pferd veranlassen, sich an der Wand zu scheuern.
Der Widerrist und die vorderen Enden der Decke werden mit Lammfell unterlegt, um Fellabschürfungen vorzubeugen; aus demselben Grund kann man auch den vorderen Rand noch mit Lammfell abfüttern.

Verschnallung

Gehalten wird die Decke von gekreuzten Lederriemen, die für jedes Pferd passend verschnallt werden. Diese Riemen braucht man pro Pferd nur einmal in Jahren anzuschaffen, da man sie von einer Decke auf die nächste umschnallen kann.
Diese Riemenverschnallung mag auf den ersten Blick kompliziert erscheinen, ist aber äußerst einfach zu handhaben, wenn man es einmal ausprobiert hat.
Beim Anpassen der Decke verschnallt man

Bild 29. Riemensystem unter dem Pferdekörper.

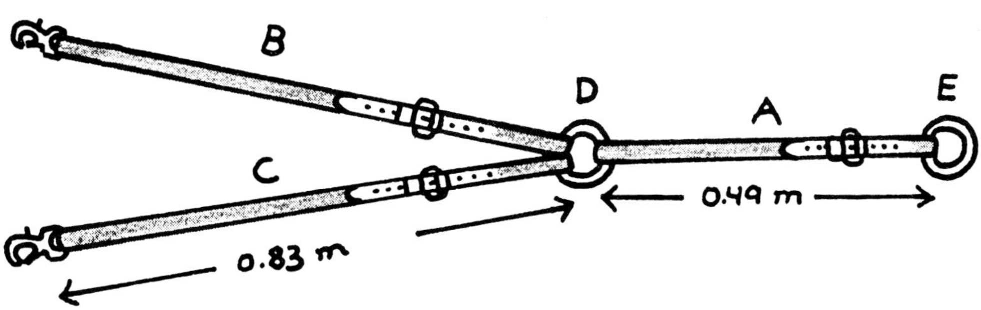

die Riemen einmal so, daß die Decke sitzt. Fortan wird die Decke sicher in der richtigen Position gehalten, ohne das Pferd nur in irgendeiner Weise zu behindern.

Auf Bild 29 sieht man das Riemensystem unter dem Pferdekörper. *Ring D* muß dort liegen, wo beim Reiten der Sattelgurt sitzt.

Riemen A führt zwischen den Vorderbeinen nach vorne, *Ring E* wird beim vorderen Verschluß mitgefaßt. Dieser Riemen A muß so verschnallt werden, daß er ziemlich straff sitzt.

Riemen B und C werden durch die seitlichen ledergefaßten Löcher an jeder Seite der Decke nach hinten-außen geführt. Diese ledergefaßten Löcher sitzen da, wo beim Reiten der Sattelgurt säße.

Beide Riemen kann man auch in ihrer Länge verschnallen, um eventuelles seitliches Verrutschen der Decke zu regulieren. — Wenn zum Beispiel die Decke gewöhnlich nach links verrutscht, verkürzt man den rechten Riemen und umgekehrt. Dadurch wird die Decke in ihrer Lage gehalten, ohne das Pferd einzuzwängen. Bei anderen Deckentypen, die *nur* zwei Riemen um die Hinterbeine haben, engt man das Pferd ein, wenn man versucht, seitliches Verrutschen durch Verkürzen eines dieser Riemen zu verhindern. Abschürfungen und so weiter sind die Folge.

Riemen E und F (Bild 30) sind auch mit einer seitlichen äußeren Schnalle für jede Pferdegröße verstellbar. Auch sie werden nur einmal verpaßt und sollen ineinander verschlungen getragen werden, der links eingeschnallte Riemen wird links eingehakt und der rechte rechts. Diese beiden Riemen dürfen nur locker verschnallt werden. (Die empfindliche Haut von Vollblütern kann so fein sein, daß auch ein lose verschnallter Riemen scheuert. In dem Fall führt man die beiden hinteren Riemen sicherheitshalber durch einen weichen Gummischlauch — Fahrradschlauch —, um Hautreizungen zu verhüten.)

Beim täglichen Abnehmen der Decke öffnet man neben dem vorderen Verschluß wie

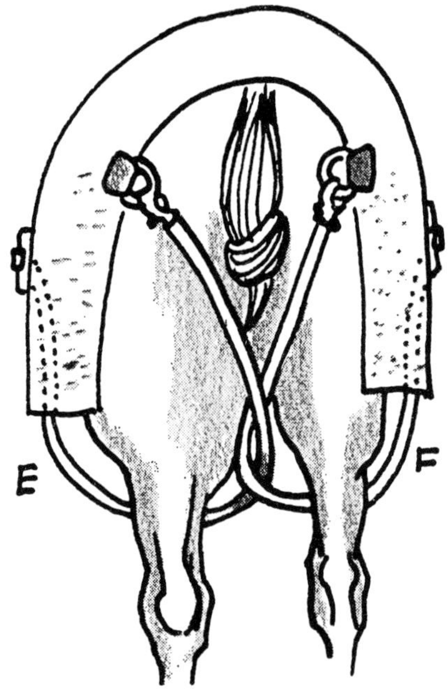

Bild 30. Hintere Riemen.

bei anderen Decken nur die *beiden hinteren Haken und einen seitlichen.*

Der vordere Verschluß kann wie bei anderen Decken aus zwei Riemen und Schnallen bestehen. Da aber Ring E mitgefaßt wird, kann unter Umständen Druck nach unten hin entstehen, dem ein gewöhnlicher Lederriemen nicht gewachsen ist.

Folgender Verschluß ist dann vorteilhafter: Den beiden vorderen Kanten wird ein Leder-Dreieck aufgesetzt, innen ist die Decke

Bild 31. Vorderer Verschluß.

hier ja mit Lammfell gefüttert. Die Dreiecke müssen aus starkem Leder sein, damit sie sich nicht verziehen. Auf jeder Seite werden drei Löcher eingestanzt, so daß die Decke auf kleine und große Pferde paßt. Geschlossen wird die Decke mit einem Riemen, an dessen einem Ende eine Schnalle angenäht ist und der am anderen Ende mit Löchern versehen ist (Bild 31).

Die Schürze

Wenn man in sehr kaltem Klima lebt oder einen sehr kalten Stall hat, kann man sein Pferd im Winter zusätzlich schützen, indem man ihm vorne eine Art Schürze umschnallt. Sie besteht aus dem Material der Decke und hat am oberen Ende einen Lederriemen mit zwei Strupfen. Die dazugehörigen Schnallen werden rechts und links in entsprechender Höhe auf die Decke genäht.

Bild 32. Australische Decke mit Schürze als zusätzlichem Schutz im Winter.

Deckenreißer

Viele junge Pferde, die zum erstenmal eine Decke tragen sollen, fühlen sich unwohl und eingezwängt darin und versuchen die Decke durch Beißen und Reißen loszuwerden. Manche Pferde behalten diese schlechte Angewohnheit ihr Leben lang bei. Jeder weiß aus Erfahrung, wie teuer diese Un-

Bild 33. Hölzerner Halskragen – eine grausame „Zwangsjacke".

tugend ist, und deshalb gibt es allerlei Geräte, um das Zerreißen der Decke zu verhindern.
Am grausamsten ist der hölzerne Halskragen, der das Pferd gleichsam in eine Zwangsjacke steckt. Gleiche Wirkung soll der hölzerne Ausbindestock haben, der an jedem Ende einen Karabinerhaken hat und ins Halfter und seitlich in den Deckengurt eingehakt wird.
Beide Instrumente verhindern zwar, daß das Pferd die Decke erreichen kann, behindern aber gleichzeitig derartig die Bewegungsfreiheit des Pferdes, daß Hals-, Schulter- und Rückenmuskulatur völlig versteift

Bild 34. Ausbindestock.

Bild 35. Deckenreißerhalfter, wenig wirkungsvoll.

werden. Man erzielt das Gegenteil von dem, was man in der täglichen Reitstunde zu erreichen versucht, nämlich Lösen und Geschmeidigmachen ebendieser Muskeln.

Eine weniger grausame, aber auch weniger wirkungsvolle Methode ist das Deckenreißerhalfter, bei dem ein rechteckiges Stück hartes Leder an die unteren drei Ringe des Halfters geschnallt wird. Dies behindert zwar nicht die Bewegungsfreiheit des Pferdes, aber die Spezialisten unter den Deckenreißern finden sehr schnell einen Weg, dieses Leder zurück- oder hochzuschieben und doch noch einen Deckenzipfel zu erwischen.

Ich erwähne diese Methoden, weil ich immer wieder Leute treffe, die nicht wissen, daß es eine wesentlich sympathischere und wirkungsvollere Art gibt, den Deckenreißern das Handwerk zu legen.

Die englische Firma „Bultricar“ Armscote, Stratford on Avon, Warwickshire, England, stellt eine Paste „Formular DC“ her, die für Pferde unangenehm nach Medizin riecht.

Diese Paste wird sauber in Plastikdosen mit Schraubverschluß versandt und kostet ab englischer Firma etwa DM 15,—. Sie ist sehr sparsam im Gebrauch und reicht lange Zeit. Man trägt die Paste einfach dünn mit dem Finger auf und kann sie leicht wieder abwaschen.

Bei einem Deckenreißer streicht man die Paste dünn auf die Stellen der Decke, die das Pferd anfrißt. Wenn es das nächste Mal daran leckt, kann man beobachten, daß dem Pferd die Lippen jucken, denn es versucht, das Maul an der Stallwand zu reiben, um den Geschmack der Paste loszuwerden.

Bei den meisten Pferden hilft nach einmaliger Anwendung und „Erfahrung“ schon ein bloßer Hauch der Paste, um ihr Interesse von dem jeweiligen Gegenstand abzulenken.

Erst wenn man diese Paste und ihre Wirkung kennengelernt hat, wird einem klar, wieviel Verwendung man für sie hat, zum Beispiel bei Pferden, die Decken reißen, Holz fressen (Stalltüren, Fensterrahmen, Weidezäune), Anbinderiemen zerbeißen, Zügel schnappen, Bandagen und Verbände sofort mit den Zähnen bearbeiten und krippensetzen (man bestreicht die beliebtesten Aufsetzstellen).

Es ist ein einfacher Weg, sich Unannehmlichkeiten zu ersparen, so daß keine Notwendigkeit besteht, grausam zu sein. Ich finde, jeder Pferdehalter sollte aus Ersparnisgründen immer mindestens eine solche Dose in der Sattelkammer stehen haben.

Beschlag

Ein altes englisches Sprichwort heißt: No foot — no horse; zu deutsch: Ohne Huf — kein Pferd. Ein einziger schlechter, kranker oder vernachlässigter Huf kann ein gutes Pferd wertlos machen. Deshalb möchte ich die Wichtigkeit des korrekten Beschlages herausstellen, ehe wir endlich anfangen, das Pferd zu reiten. Viele von Natur aus schlechte Hufformen, Beinstellungen oder Bewegungen können mit geschicktem Beschlag korrigiert werden, und je eher damit angefangen wird, desto besser.

Die Anschauungen darüber, wie ein korrekt beschlagener Huf aussehen sollte, gehen in den verschiedenen Ländern auseinander.

Auf dem europäischen Kontinent verkürzt der Schmied den Huf eines Springpferdes zum Beispiel hauptsächlich an der Zehe und nimmt nur sehr wenig von den Trachten ab. — Im Gegensatz dazu ist man in englisch sprechenden Ländern der Ansicht, daß die Zehe verhältnismäßig wenig gekürzt, jedoch von den Trachten so viel abgenommen werden sollte, daß der Strahl fast den Boden berührt (was besonders bei hartem Boden katastrophale Folgen haben kann).

Ich möchte betonen, wie wichtig es ist, besonders bei Springpferden die Trachten möglichst lang zu lassen.

Die Bilder 36 bis 38 machen deutlich, wie das Pferd beim Landen nach dem Sprung sein ganzes Gewicht für den Bruchteil einer Sekunde mit einem Vorderbein abfängt. Wenn die Trachten sehr kurz sind, werden die Sehnen in diesem Moment wesentlich mehr gedehnt und das Fesselgelenk mehr belastet als bei einem Huf mit längeren Trachten.

Die Trachten dienen besonders bei dem Springpferd als *Stoßdämpfer*. Wenn ein Pferd länger nicht beschlagen worden ist, kann man beobachten, wie die Schenkel des Eisens sich in die Trachten eingegraben haben – ein Beweis dafür, daß die Trachten den meisten Druck auszuhalten haben. (Bei Vollblutpferden, die von Natur aus flachere Trachten haben als weniger edle Pferde, ist es manchmal schwierig, die Zehen so weit zu kürzen, daß die Trachten im Verhältnis länger sind. In solchen Fällen kann man Eisen mit verdickten Schenkeln benutzen.)

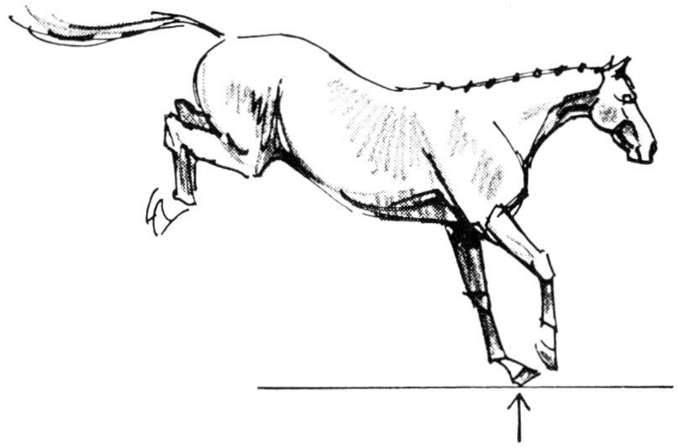

Bild 36. Landen nach dem Sprung. Die Trachte berührt den Boden zuerst.

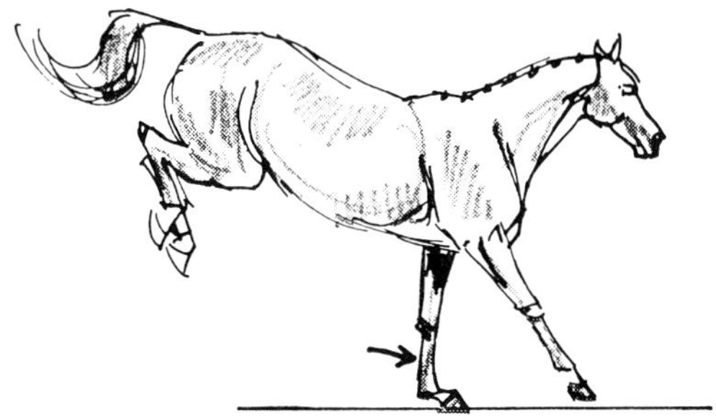

Bild 37. Extreme Belastung der Sehne.

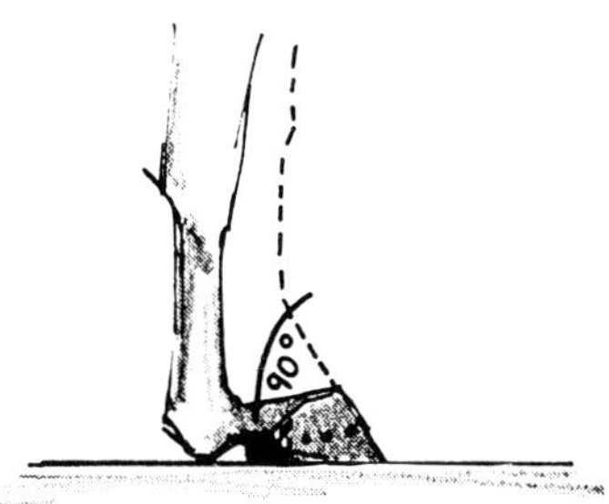

Bild 38. Der Neigungswinkel der Fessel beträgt beinahe 90° zur normalen Stellung.

Bild 39. Verschiedene Winkel der Zehenachse.

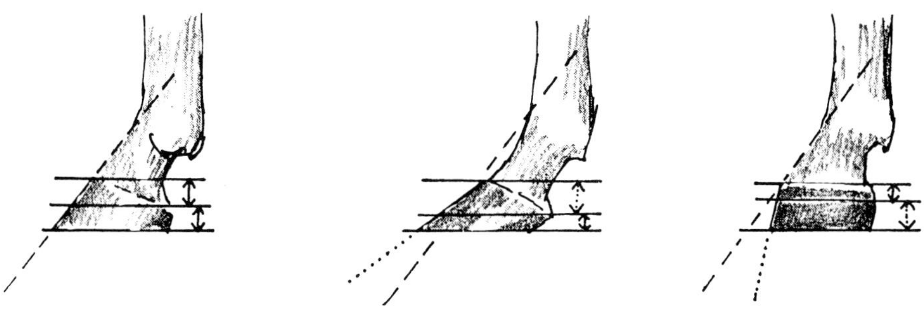

Korrekter Winkel

Winkel zu flach: Zehe zu lang, Trachten zu kurz

Winkel zu steil: Bockhuf

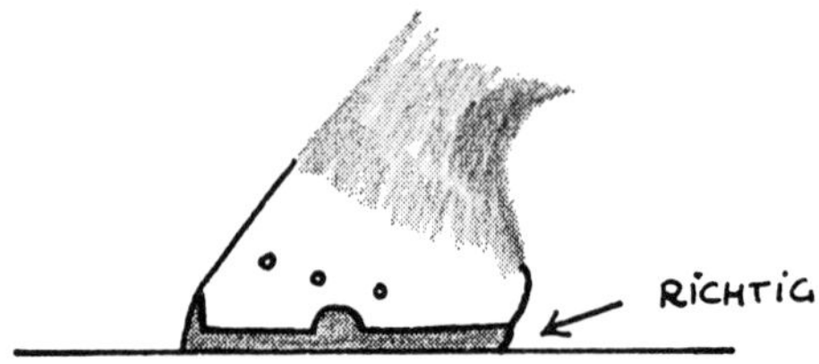

Bild 40.

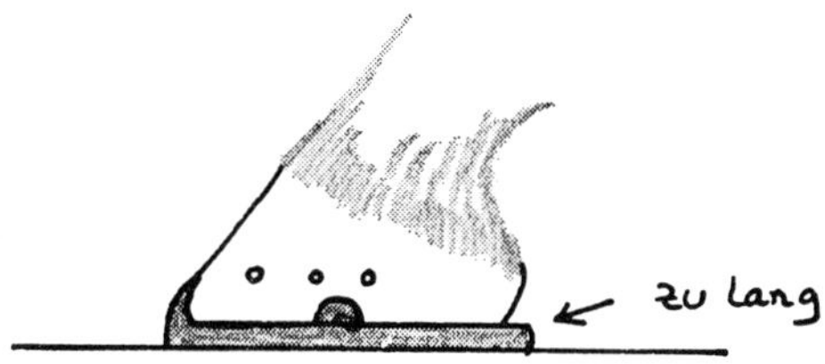

Bild 41.

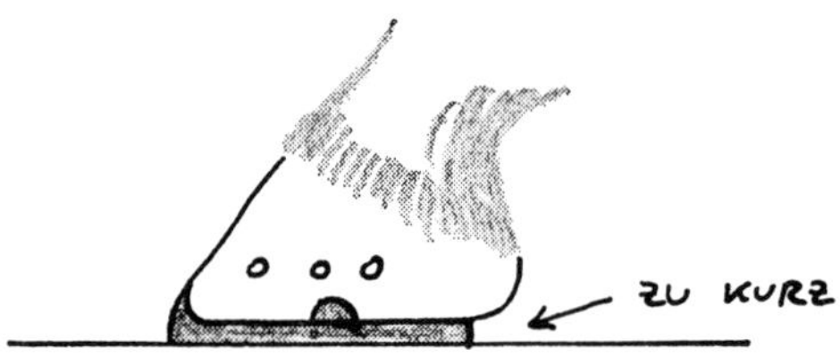

Bild 42.

Auf dem Kontinent werden für Springpferde weitere Eisen benutzt, damit die Schenkel des Eisens sich bei der großen Belastung beim Landen nicht in die Trachten eingraben und so Druck verursachen. Außerdem werden auf dem Kontinent alle Springpferde „warm" beschlagen (und nicht nur die Springpferde). Die großen Ställe haben eine eigene Schmiede, kleinere bestellen einen Schmied, wenn der Weg in die nächste gute Schmiede zu weit ist. Der Schmied kommt dann mit einer zusammenlegbaren Feldschmiede und kann das Pferd warm beschlagen.

Nur bei warmem Beschlag kann der Schmied das Eisen dem Huf anpassen, bei kaltem Beschlag ist er gezwungen, den Huf mehr oder weniger dem Eisen anzupassen. Außerdem ist es beim kalten Beschlag äußerst schwierig, eine absolut glatte Auflagefläche zu erhalten; meistens bleiben kleine Zwischenräume bestehen, in denen sich Schmutz und Steinchen festsetzen können. Druckstellen und Hufrisse sind die Folge. Deshalb sollte man sein Pferd warm beschlagen lassen.

Ein gut beschlagener Huf sollte eine abgerundete Zehenlinie und abgeschrägte Schenkelenden haben, so daß die Eisenenden nicht mehr als zwei bis drei Millimeter über die Trachten hinausragen. Sind die Schenkelenden länger, greift das Pferd sich und reißt sich die Eisen ab, sind sie kürzer, wird nicht die ganze Tragefläche des Hufes ausgenützt, und das Pferd läuft sozusagen auf den Zehenspitzen – beides ist fehlerhaft.

Auf längeren *Turnierreisen* sollte man immer einen Satz der eigenen Eisen als Reserve mitnehmen, damit auch ein fremder Schmied sofort die passenden Eisen zur Hand hat und aufschlagen kann.

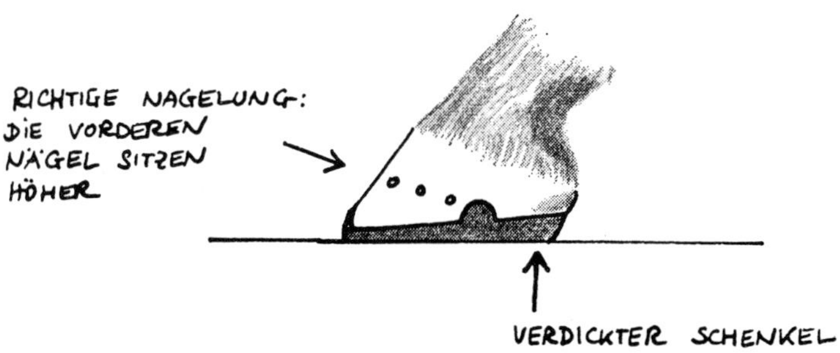

Bild 43.

45 Vorgefertigte Eisen

Um es vorwegzunehmen: Am besten ist immer noch das von einem guten Schmied individuell handgeschmiedete Eisen, mit breiter Tragefläche und tiefem, weitem Nagelbett, das weit genug vom äußeren Rand des Eisens entfernt ist.
Bei den fabrikmäßig vorgefertigten Eisen liegen die Nagellöcher zu nahe am äußeren Rand des Eisens, so daß der Nagel nur wenig Horn fassen kann und nicht in der weißen Linie hochgetrieben wird. Deshalb

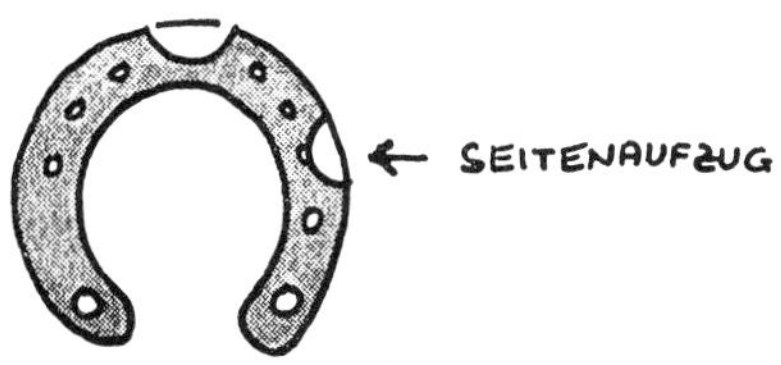

Bild 44. Handgeschmiedetes Eisen mit breiter Tragefläche und großen Aufzügen.

Bild 45. Vorgefertigtes Eisen.

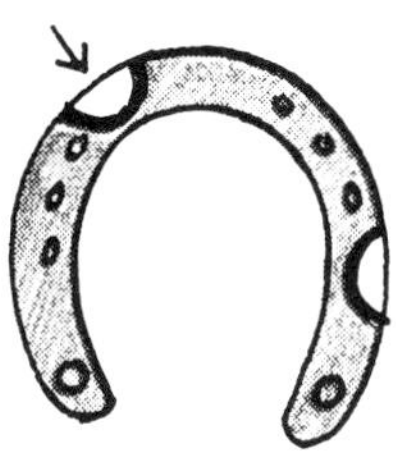

Bild 46. Rechtes Hintereisen.

bröckelt das Horn oft an der Außenseite weg, und das Eisen verschiebt sich oder geht verloren.
Man braucht einen besonders guten Hufschmied, soll ein vorgefertigtes Eisen gut sitzen. Die Rinne des Nagelbettes ist bei diesen Eisen sehr eng. Bei einem neuen Eisen paßt der Nagelkopf noch in die vorgefertigte Grube, aber beim Umschlagen eines getragenen Eisens wird die Sache schon schwieriger, da die Rinne sich verengt hat und die Nagelköpfe nicht mehr hineinpassen; sie sitzen nun obenauf. Der Kopf des Nagels wird schneller abgenutzt, die Vernietung löst sich, und das Eisen geht verloren.
Im Gegensatz dazu ist die Rinne beim handgeschmiedeten Eisen weit, so daß die Köpfe der Nägel in jedem Zustand des Eisens in die Rinne hineinpassen.

Aufzüge

Wichtig ist, daß die Aufzüge des Eisens groß genug sind, da es sonst leicht verrutscht. Außerdem kann sich ein zu kleiner Aufzug leicht in den Huf eingraben.
Am Hintereisen sitzt der Aufzug nicht vorne — wie beim Vordereisen —, da das Pferd dadurch verleitet würde sich zu greifen, sondern an der vorderen Hälfte der Innenseite. Außen sitzt er weiter hinten.
Bei Pferden, die sich streichen, läßt man den Innenaufzug weg. Wenn der Aufzug nämlich etwas abgenutzt ist, könnte sich das Pferd, besonders bei Zeitspringen, an den scharfen Kanten verletzen.

Stollen

Auch bei Stollen sind die Geschmäcker verschieden: Auf dem europäischen Kontinent zum Beispiel bevorzugt man Stollen zum *Einschrauben.* Ich beziehe meine Stollen immer aus Deutschland, denn die deutschen Stollen sind größer und haben deshalb in schwerem Geläuf mehr Wirkung.
Man benutzt zwei Stollen pro Eisen, so daß eine horizontale Trittfläche garantiert ist. Die Stollenlöcher sollen anderthalb Zentimeter vom hinteren Schenkelende entfernt sein, damit das Pferd sich nicht greift.
An der *Innenseite* des Eisens benutzt man bei normalem Geläuf den viereckigen Stollen, an der *Außenseite* einen schärferen,

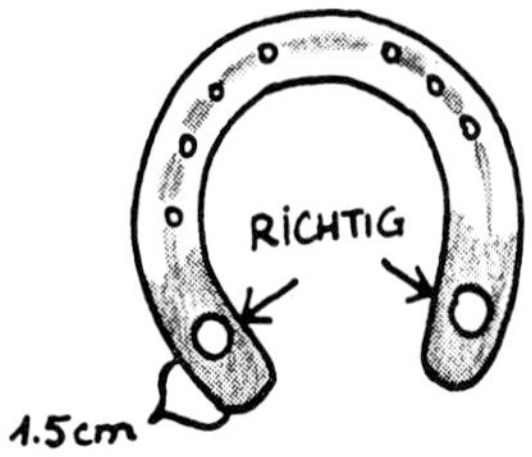

Bild 47. Richtiger Stollengebrauch am Vordereisen.

dachförmigen Stollen. Dadurch ist die Gefahr geringer, daß das Pferd sich selbst verletzt. Aus demselben Grund müssen alle Stollen in Richtung mit dem Eisen sitzen.

Bei besonders tiefem, schwerem Geläuf benutzt man große Stollen, bei hartem Boden nimmt man die H-Stollen, die sich

Bild 48. Stollen für Innenseite.

Bild 49. Stollen für Außenseite.

Bild 50. H-Stollen für harten Boden.

Bild 51. Mordax-Stollen für Straßengebrauch.

Bild 52. Geeigneter Stollen zum Ausreiten.

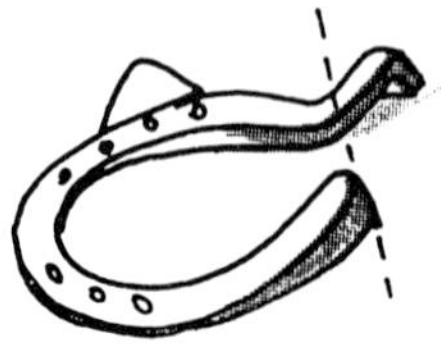

Bild 53. Irisches Hintereisen mit verlängertem äußerem Schenkelende.

durch die harte Oberfläche in den Boden eingraben und so als Stoßdämpfer wirken ... was besonders beim Landen auf hartem Boden die Sehnen der Vorderbeine entlastet. Zum Gebrauch auf der Straße sind besonders die Mordax-Stollen zu empfehlen, da sie ein Stahlauge haben. Für den Springsport, besonders bei weichem Geläuf, sind diese Stollen jedoch zu klein.

Stollen werden sofort nach dem Gebrauch entfernt, also vor dem Verladen und bevor das Pferd in den Stall kommt.

Die Stollenlöcher bleiben sauber und gebrauchsfertig, wenn man sie nach jedem Gebrauch einfettet und mit Watte füllt.

In englisch sprechenden Ländern wird am Vordereisen ein Stollen vorne außen bevorzugt. An den Hintereisen wird ein Schenkelende umgebogen und wirkt so als Stollen. Entsprechend muß das andere Schenkelende verdickt werden, so daß der Huf eine horizontale Auftrittfläche hat. Wird dies versäumt und nur ein normales Eisen mit umgebogenem äußerem Schenkelende auf-

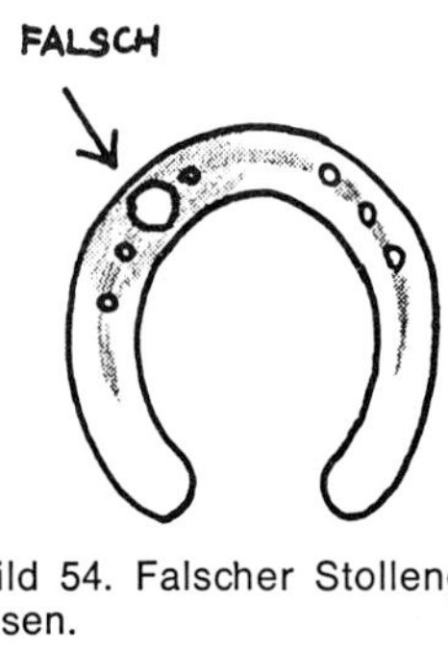

Bild 54. Falscher Stollengebrauch am Vordereisen.

geschlagen, dann ist die Trittfläche nicht mehr waagerecht. Das umgebogene Ende trifft den Boden zuerst, dann knickt der Huf um, und der Rest des Eisens berührt den Boden. Gelenke und Knochenstruktur des Pferdefußes sind jedoch nicht für eine solche Seitwärtsbewegung geschaffen, sondern erlauben nur eine Vorwärts-Rückwärtsbewegung. Durch die Verwendung von nur einem Stollen ruiniert man daher Gelenke, Sehnen und Hufe des Pferdes und verursacht Streichen und Stolpern.

Korrigieren von Hufen und Hufstellungen

Ein erfahrener Hufschmied kann mit gekonntem Beschlag bei inkorrekten oder verdorbenen Hufen oft Wunder wirken.

Bei Pferden, die viel stolpern, kann eine abgerundete Zehe Abhilfe schaffen. Der Huf wird an der Zehe abgeraspelt und das Eisen in demselben Maße aufgehoben. Bei Pferden, die dazu neigen, die Hufe über den Boden zu schleifen, wird so verhindert, daß sie bei jeder Unebenheit stolpern.

Für Pferde, die sich streichen, empfehle ich folgendes Eisen: Bei diesem Eisen ist der innere Schenkel an der Seite wesentlich schmaler. Die Gefahr des Streichens ist geringer, und dennoch wird die ganze Tragefläche ausgenützt.

Viele benutzen das Dreiviertel-Eisen. Ich lehne es ab, weil es einen Teil der Tragefläche ungeschützt läßt, was ich riskant finde.

Bei Springpferden mit sehr breiten, flachen Hufen kann man dem Huf mehr Halt geben mit einem Steg- oder Schlußeisen. Nur darf der Steg nicht, wie man es oft sieht, die beiden hinteren Schenkelenden verbinden, sondern muß etwas von den Enden entfernt liegen, um die Gefahr des Sich-Greifens auszuschließen.

Das gleiche Eisen ist von Vorteil bei Pferden mit dünner oder besonders flacher Sohle. Hier kann man noch eine Gummizwischenlage einfügen, die allerdings aus sehr hartem Gummi sein muß, da weicheres Gummi oder Leder bei längerem Gebrauch und bei Nässe leicht verrutschen und da-

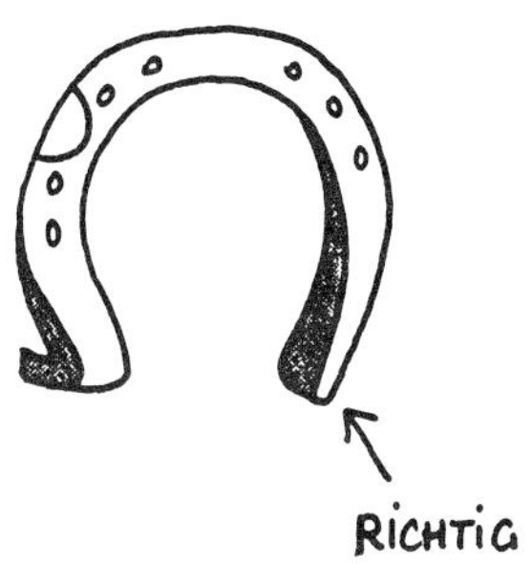

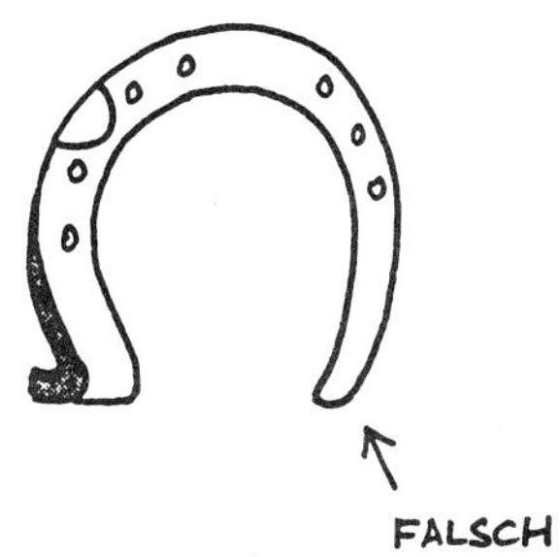

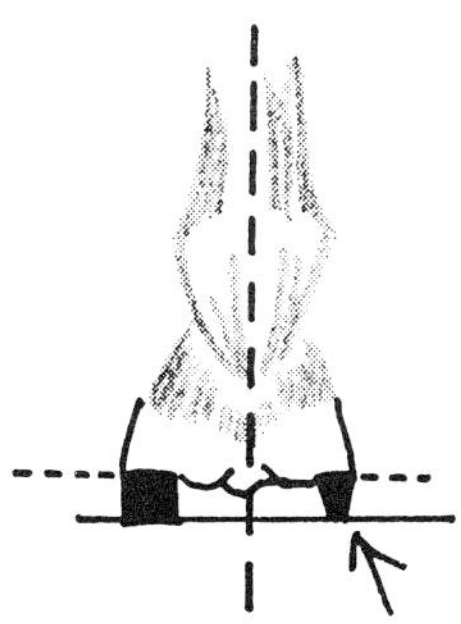

Bild 55. Richtig: Waagrechte Trittfläche.

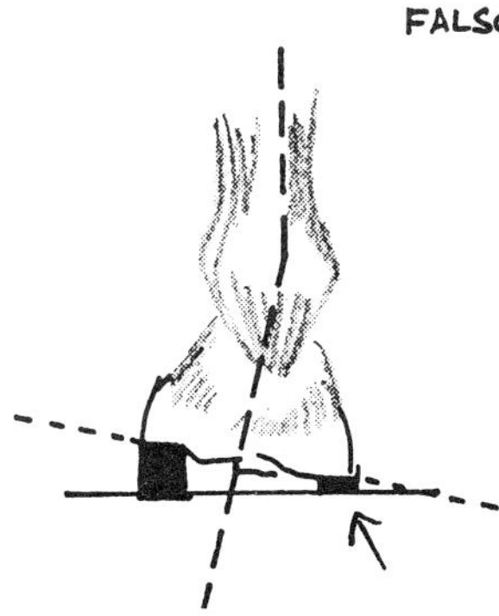

Bild 56. Falsch: Schiefe Trittfläche.

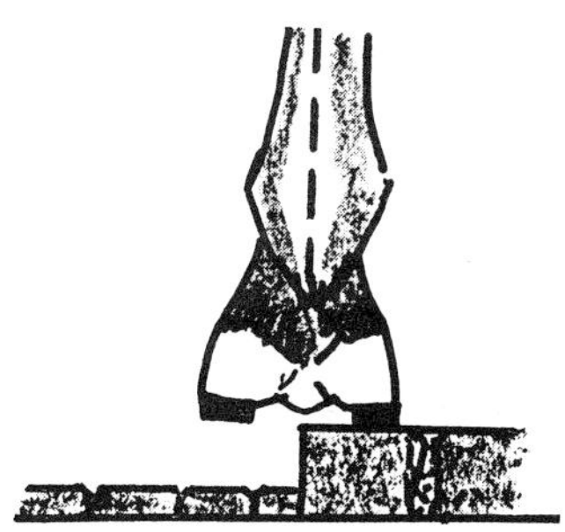

Bild 57. Das Pferd kann sein Hufgelenk nicht seitwärts bewegen.

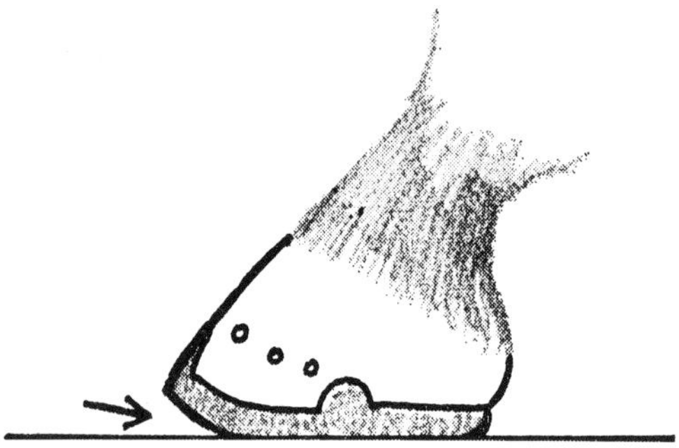

Bild 58. Abgerundete Zehe.

durch das Eisen in seiner Lage verschieben. Den gleichen Typ von Eisen benutzt man bei Pferden mit loser Wand, nur daß hier die Trageflächen von Huf und Eisen noch nach innen hin abgeschrägt sind. Dadurch kommt wirklich nur Druck auf den äußeren Rand des Hufes. (Die lose Wand ist ein Hohlraum in der härteren Hornschicht. Wenn man den Huf abklopft, entsteht ein hohl klingender Ton, der auf eine lose Wand schließen läßt.)

Das gleiche Eisen eignet sich auch für entnervte oder teilweise entnervte Hufe.

In Amerika sah ich bei vielen Springpferden und Rennpferden zwischen Huf und Eisen einen „Stoßdämpfer", der den Verschleiß der Sehnen bei dem dort meistens harten Geläuf verringern sollte. Es handelt sich hierbei um eine harte Platte, die sich nicht verschiebt.

„Speedy-pad" werden diese Platten genannt, man bekommt sie bei Miller's, 123 East 24th Street, New York, N. Y.

Die Platte wird zusammen mit dem Eisen aufgenagelt und anschließend auf die korrekte Größe abgeraspelt. Man kann sie mehrere Male umschlagen, da sie nicht verschleißt. — Der Zwischenraum zwischen der Hufsohle und der Platte wird fest ausgestopft, damit weder Schmutz noch Steinchen unter die Platte gelangen können. In

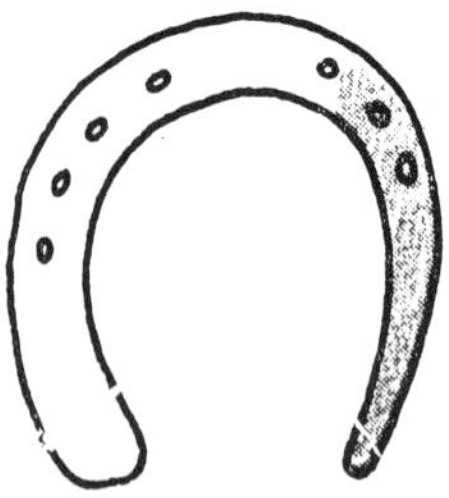

Bild 59. Hintereisen mit schmalem innerem Schenkel.

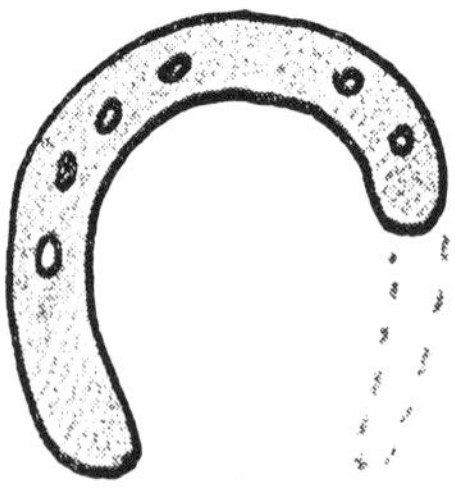

Bild 60. Dreiviertel-eisen

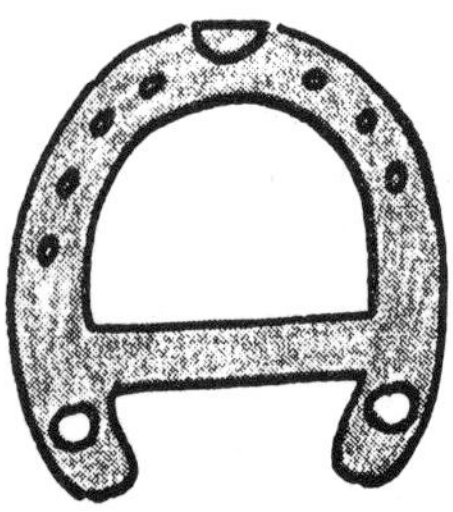

Bild 61. Schlußeisen richtig

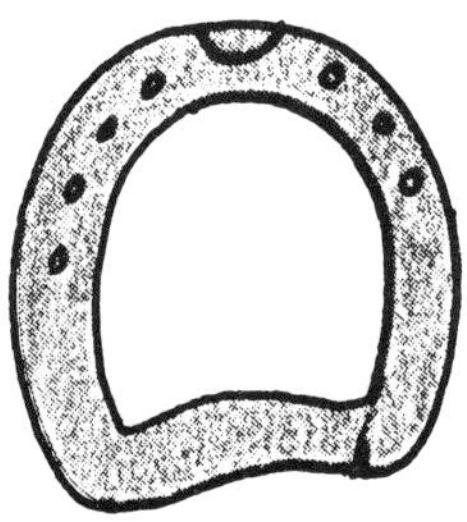

Bild 62. Schlußeisen falsch

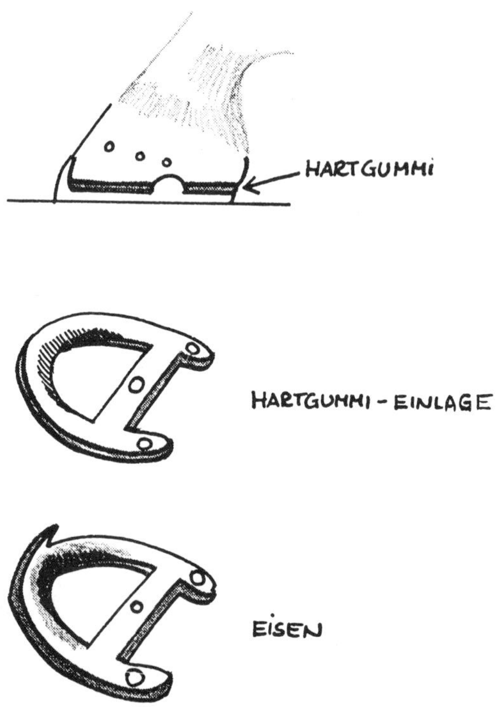

Bild 63. Hartgummieinlage und Eisen für Pferde mit loser Wand.

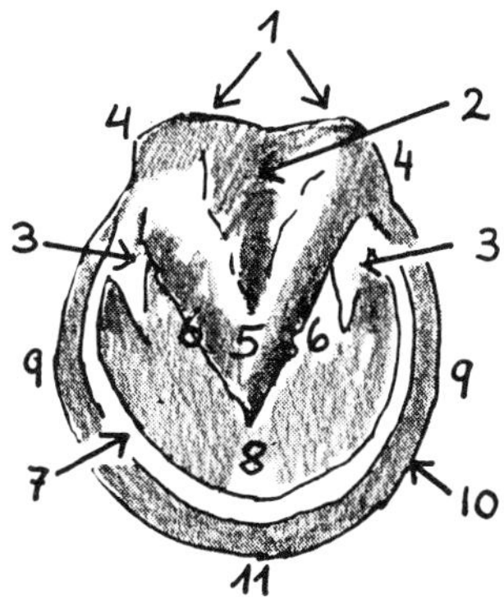

1 Ballen
2 Mittlere Strahlfurche
3 Eckstreben
4 Trachten
5 Strahl
6 seitliche Strahlfurche
7 Weiße Linie
8 Sohle
9 Wand
10 Tragerand
11 Zehe.

Bild 64. Huf von unten.

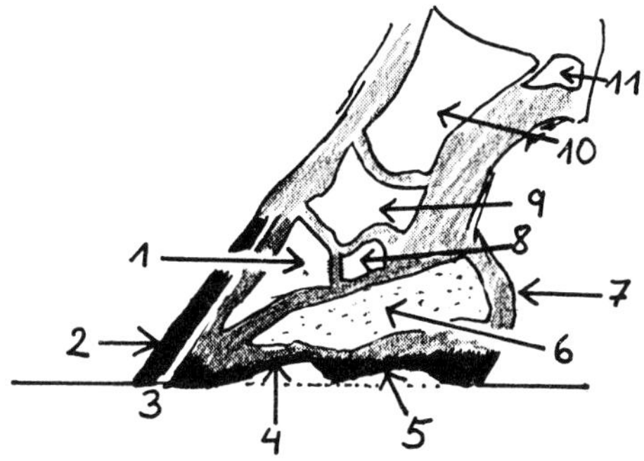

Bild 66. Längsschnitt durch den Huf.
1 Hufbein, 2 Zehenwand, 3 Weiße Linie, 4 Sohle (Hart), 5 Strahl, 6 Strahlkissen, 7 Ballen, 8 Strahlbein, 9 Kronbein, 10 Fesselbein, 11 Gleichbein.

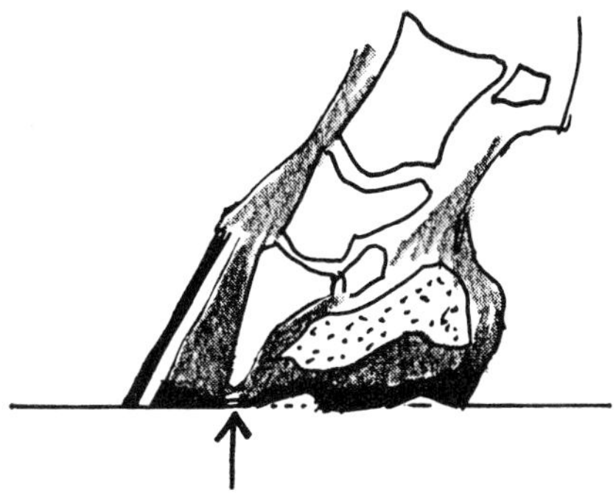

Bild 65. Hufbeinsenkung, Hufrehe.

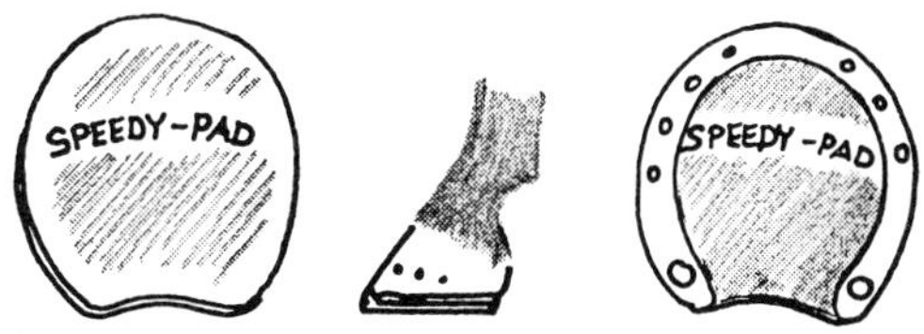

Bild 67. „Speedy-pads".

warmem Klima und bei Pferden mit spröden, trockenen Hufen füllt man den Zwischenraum mit Watte, die in Leinsamenöl getränkt ist. Bevor man die Platte und das Eisen aufschlägt, wird schon eine Lage getränkter Watte eingelegt; wenn das Eisen fertig aufgeschlagen ist, stopft man noch mehr getränkte Watte von hinten unter die Platte. Das hält den Huf geschmeidig und läßt dennoch genug Luft unter die Platte. In Ländern mit feuchtem Klima tränkt man die Watte in Holzteer, das verhindert Strahlfäule. In Amerika sah ich auch viele Pferde, die vorne mit Gummieisen beschlagen waren. Diese Eisen haben innen eine Stahleinlage, um den Nägeln Halt zu geben. Sie sind viel breiter als normale Eisen, deshalb rutschen sie nicht und graben sich nicht in die Sohle ein. Da diese Eisen ziemlich dick und geschmeidig sind, eignen sie sich besonders für Pferde mit tiefer Sohle.

Zwanghuf

Ein Zwanghuf kann manchmal durch schlechtes Beschneiden und Beschlagen entstehen. Die Anlage zum Zwanghuf ist erblich, und er tritt häufiger in warmen Ländern mit hartem Boden auf. Der Pferdehuf wächst in einem steilen Winkel, und die Trachten sind höher und liegen enger zusammen. In Ländern mit feuchtem Klima und weichem Boden wächst der Huf mehr in die Breite, und die Trachten sind niedrig. Beim Zwanghuf steht die Hufwand oft in einem Winkel von mehr als 60° zum Boden. Die Sohle ist extrem nach innen gewölbt, und der Strahl ist zwischen die Trachten gepreßt und neigt dadurch zur Strahlfäule und zur Verkümmerung. Diese Mißbildung verhindert den Hufmechanismus (Saug- und Druckpumpenwirkung),

Bild 68. Abgedachtes Eisen für einen Zwanghuf.

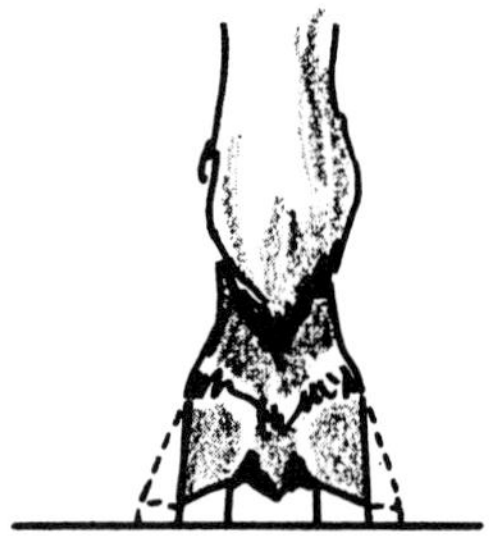

Bild 69. Zwanghuf, korrekt beschnitten und mit einem Eisen mit abgedachten Schenkelenden beschlagen.

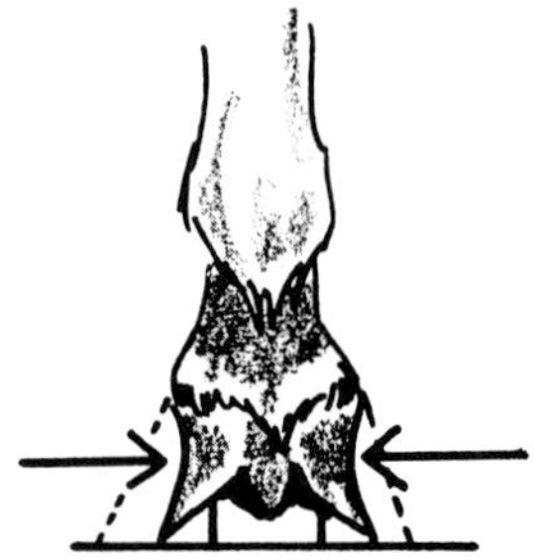

Bild 70. Zu wenig beschnittener Zwanghuf, dadurch Einschnürung der Wand.

vermindert den stoßdämpfenden Effekt des Hufes und kann zu Hufknorpelverknöcherung führen.

Ein guter Schmied kann die Form des Hufes verbessern, indem er die Tragfläche des ganzen Hufes so stark wie möglich zurückschneidet, insbesondere an den Trachten. Er muß ein spezielles „abgedachtes Eisen“ anfertigen. Die Tragfläche dieses Eisens ist breiter als normal, und die Oberfläche ist von der höheren Innenseite zur tieferen Außenseite leicht abgeschrägt. Nach einiger Zeit wird der Huf durch dieses Eisen breiter werden. Das „abgedachte Eisen“ kann nur einen Aufzug vorne haben, da Seitenaufzüge den Huf daran hindern würden, in die Breite zu wachsen. Es kann den erwünschten Effekt nur dann haben, wenn der Huf vorher richtig beschnitten worden ist. Andernfalls wird die untere Seite nach außen wachsen, und es kommt zur Wandeinschnürung.

Man kann die Eisen aber auch abnehmen und, wenn es der Boden erlaubt, das Pferd unbeschlagen reiten. Eine weitere Möglichkeit besteht darin, das Pferd barfuß auf eine Koppel mit sehr weichem Boden zu stellen. Hier hilft die Natur, den Huf elastisch zu machen, und er wird in die Breite wachsen.

Bild 71. Regelmäßig ins Wasser reiten als Vorbeugung gegen harte und bröckelnde Hufe.

51 Harte und bröckelnde Hufe

Harte und bröckelnde Hufe entstehen im Sommer oft auf hartem Boden und in Ländern mit heißem Klima. Man kann dem vorbeugen, indem man die Pferde oft ins Wasser reitet oder sie schwimmen läßt. Wenn man einen flachen Bach oder Teich in der Nähe hat, kann man die Pferde so anbinden, daß sie im Wasser stehen bleiben.

Bild 72. Wasserstand zum Kühlen der Sehnen und Weichhalten der Hufe. Das Wasser soll bis über Sprung- und Vorderfußwurzelgelenk reichen.

Heutzutage ist es nicht mehr ungewöhnlich, daß das Schwimmen ein Bestandteil des Trainingsprogramms für Pferde ist, und es gibt dafür schon spezielle Pferde-Swimming-pools. Das Schwimmen hält die Pferde fit, ohne ihre Sehnen zu überanstrengen, und macht den Huf elastisch. In Australien lernte ich einen Trainer kennen, der im Sommer seine Rennpferde hinter einem langsam fahrenden Motorboot schwimmen ließ. So konnte er seine Pferde fit halten, ohne Hufe oder Sehnen auf dem harten Boden zu beanspruchen. Man kann die Hufe auch weich und elastisch halten und Hufspalt verhindern, wenn man alle vier Hufe des Pferdes nach der Arbeit mit einer Mischung aus Kuhdung und geschrotetem Leinsamen füllt.

Viele Springpferde sind auf hartem Boden sehr empfindlich, werden leicht lahm oder

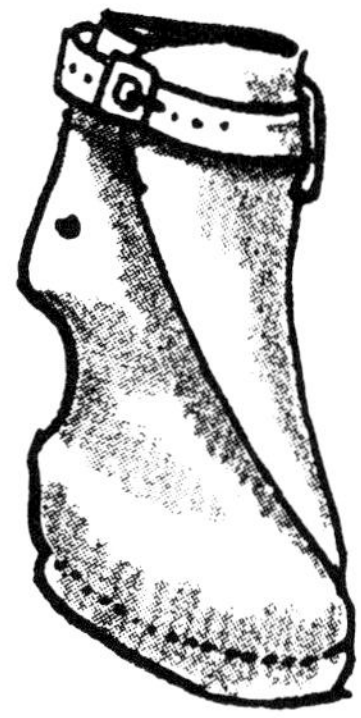

Bild 73. Gummischuh.

bekommen Druck im Huf — meistens auf einem der beiden Vorderbeine. Hierfür gibt es eine recht wirksame Heilkur:

Man macht einen Brei aus heißem geschrotetem Leinsamen und füllt ihn in einen

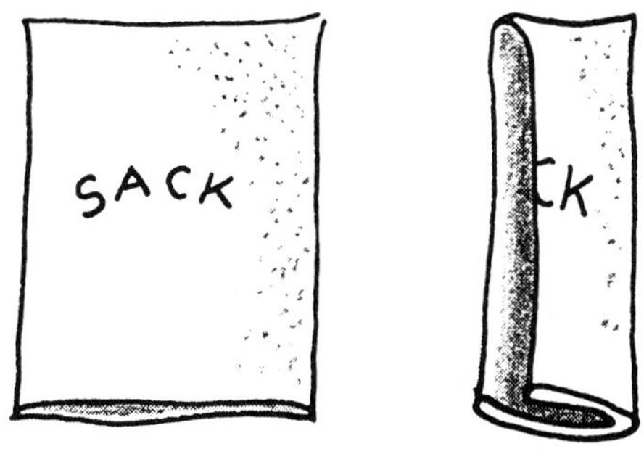

1. Sack mit einem Zipfel in den anderen stecken.

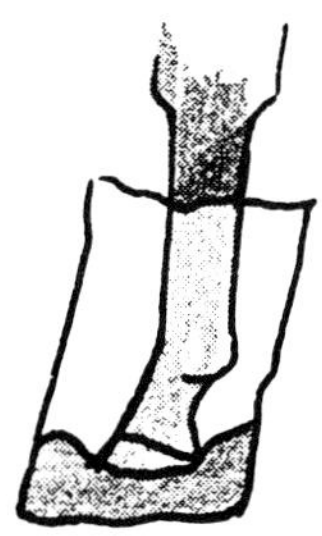

2. Brei in eine Plastiktüte füllen, Huf und Bein hineinstellen.

3. Huf in den Sackzipfel schieben und Sackende um das Pferdebein festbinden.

Bild 74.

Plastikbeutel, dann stellt man den Huf hinein und zieht einen Gummischuh darüber. Wenn man keinen Gummischuh hat, kann man einen Sack verwenden, indem man einen Zipfel in den anderen steckt. Beim Zubinden des Sackes muß man jedoch darauf achten, daß die Schnur das Pferdebein nicht zu sehr einschnürt, da sonst die Blutzirkulation unterbrochen wird. — Dann bindet man das Pferd an, damit es nicht in der Box herumläuft, mit dem anderen Fuß auf den Sack tritt und ihn herunterreißt. — Wenn man diese Behandlung zweimal täglich wiederholt, wird die Entzündung nach ein paar Tagen zurückgehen. Dann säubert man den Huf innen und außen und streicht ihn innen und außen mit warmem Teer ein. Dadurch hält sich die Feuchtigkeit im Huf und verhindert, daß er erneut austrocknet.

Fauler Strahl

Pferde, die im Winter draußen geritten werden oder auf der Weide laufen, bekommen durch die fortwährende Nässe oft einen faulen Strahl. Auch das Stehen in nasser Streu kann die Ursache sein; Pferde, die in Ständern angebunden sind, haben oft hinten faulen Strahl, weil der Boden nach hinten abfällt und der Urin sich dort sammelt.

Fauler Strahl läßt sich verhältnismäßig leicht auskurieren: Man träufelt etwas *20-prozentiges Wasserstoffsuperoxyd* auf den Strahl, besonders in die mittlere Strahlfurche. Es schäumt einige Sekunden, und man muß aufpassen, daß man nichts an die Hände oder die Kleidung bekommt, weil es brennt. Wenn es aufhört zu schäumen, trägt man *Kupfersulfat* auf und preßt es mit etwas Watte tief in die Strahlfurche hinein. Zum Abschluß streicht man den Huf innen und außen mit Holzteer ein. — Schon nach ein paar Behandlungen wird die Heilung eintreten.

Hufwachstum

Bei Pferden mit schlechtem Hufwachstum sollte man jeden Tag etwas „*cornucrescine*“ in den Kronenrand einreiben. Bei meinen Springpferden tue ich das sicherheitshalber jeden Tag, denn es fördert die gesunde Hornbildung und beugt vielen Übeln vor.
Hersteller: W. H. Cowie, 128 Ebury Street, London S.W. 1, England.
Ich hoffe, allen Reitern und Trainern mit diesen Ausführungen wieder vor Augen geführt zu haben, wie wichtig es ist, daß ein Springpferd richtig beschlagen wird und daß seine Hufe regelmäßig gepflegt werden, denn, wie gesagt, „no foot, no horse“.

3 Sattelzeug

Ohne das geeignete Sattelzeug kann man ein Pferd nicht korrekt ausbilden. Zur Ausbildung eines Springpferdes braucht man im allgemeinen nur eine Trense, einen Sattel, Longierzeug und Schutzvorrichtungen wie Bandagen und so weiter. — Diese Dinge jedoch müssen vom geeigneten Typ sein und gut passen. Leider werden auf diesem Gebiet immer wieder Fehler gemacht, die zu vermeidbaren Schwierigkeiten führen und die die Ausbildung aufhalten, wenn nicht gar zunichte machen. Deshalb möchte ich hier auf die Einzelheiten eingehen, denn ein schlecht sitzender Zaum oder ein falsch gebauter Sattel machen eine korrekte Ausbildung unmöglich.

Die Trense

a) Wassertrense

Der einflußreichste Teil des Zaumzeuges ist das Gebiß. Am geeignetsten für die Ausbildung und den Gebrauch des Springpferdes ebenso wie für die Grundausbildung jedes anderen Pferdes ist die *einfache, dicke Wassertrense.*

Bild 76. Olivenkopfgebiß.

Dieses Gebiß wurde von der deutschen Kavallerieschule in Hannover eingeführt und ist das All-round-Gebiß, sowohl zum Reiten als auch zum Longieren.

Wie man auf der Zeichnung sieht, ist das Mundstück nicht fest mit den Trensenringen verbunden, wie zum Beispiel beim Olivenkopfgebiß. Diese Tatsache hat den Vorteil, daß das Pferd nur das Mundstück und nicht das ganze Gebiß zu bewegen braucht, wenn es die Zunge bewegt und mit dem Gebiß spielt. Dadurch wird das Pferd leichter abkauen, entsprechend schäumen und weich im Maul bleiben.

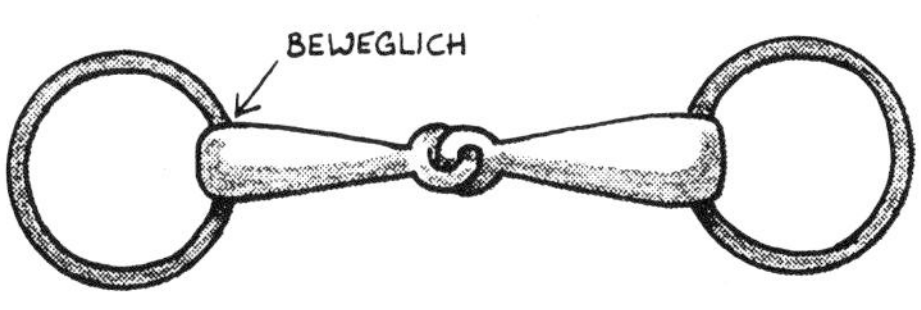

Bild 75. Einfache, dicke Wassertrense.

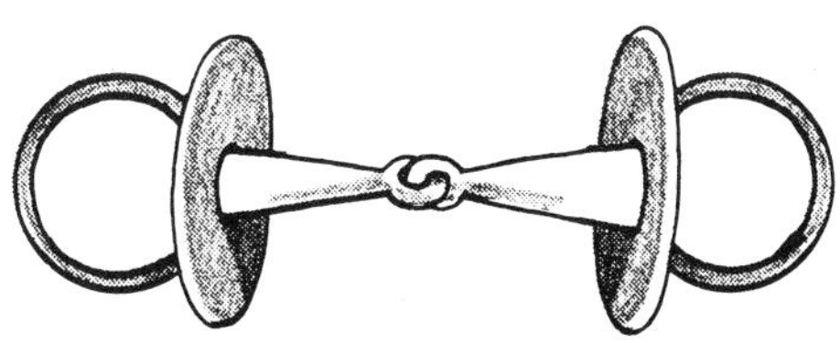

Bild 77. Dicke Wassertrense mit zwei Gummischeiben.

Die Trense sollte immer mit zwei seitlichen Gummischeiben verwendet werden. Es gibt weiche und härtere Gummischeiben, wobei die härteren vorzuziehen sind, da die weichen kaum ein Durch-das-Maul-Rutschen des Gebisses verhindern. — Die härteren Gummischeiben jedoch verhindern, daß die Lippen des Pferdes eingeklemmt werden, was besonders bei älteren Gebissen vorkommt, bei denen die Löcher des Mundstückes von den Ringen ausgeweitet sind.
Diese Gummischeiben anzubringen ist kein Kunststück: Man feuchtet sie an und führt zwei schmale Lederriemen (zwei Kehlriemen) durch das kleine Loch in der Mitte.

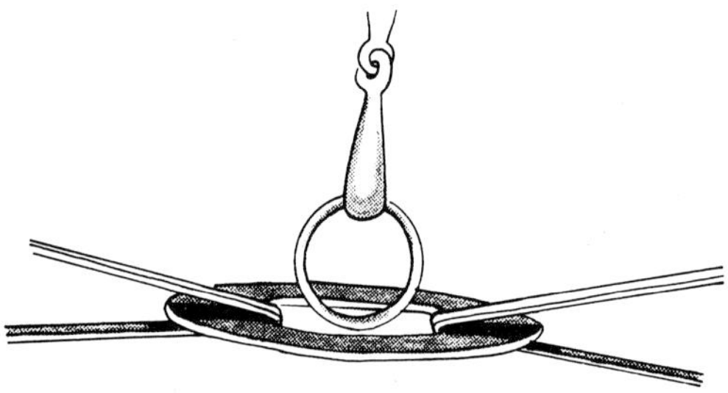

Bild 78. Dehnen des Gummiringes mit zwei Lederriemchen.

Mit jeder Hand einen Riemen haltend, dehnt man das mittlere Loch, so daß ein Helfer den Trensenring durchschieben kann. Dieses Dehnen soll man nicht mit einem Bindfaden oder ähnlichem versuchen, da die Gummischeibe dann unweigerlich zerreißt.
Wichtig ist in jedem Fall, daß das Mundstück dick genug ist, da es nur dann ein „weiches" Gebiß ist. Eine dünne Wassertrense wirkt dagegen scharf wie ein Nußknacker.
Manche Leute glauben, daß eine dicke Wassertrense bei einem älteren, „abgehärteten" Pferd zu weich sein würde. Das stimmt nicht, denn auch in einem harten Maul kann eine dicke Trense Wunder wirken, wenn man sie ein Loch höher oder tiefer schnallt, so daß sie auf einem frischen, unverdorbenen Fleck des Kiefers liegt.

b) andere Gebisse

Obwohl ich die einfache dicke Wassertrense für das ideale Gebiß halte, kann man das natürlich nicht als Gesetz hinstellen.
Beim ersten Auftrensen zum Beispiel ist das Maul des Pferdes noch roh und sehr empfindlich, da es ja noch nie ein Gebiß gespürt hat. Deshalb benutze ich während der ersten zwei Monate, besonders bei empfindlichen Pferden, eine *dicke, weiche Gummitrense.* Das Pferd wird ja in den ersten zwei Monaten nur longiert und noch nicht geritten. Da aber beim Longieren mit Chambon (siehe Kapitel Longieren) auch

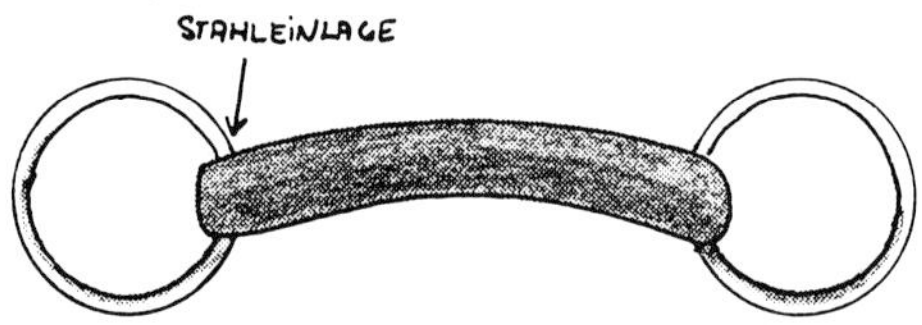

Bild 79. Dicke, weiche Gummitrense. Vorzugsweise läuft der Trensenring durch eine Stahleinlage, da er sonst nicht beweglich genug ist. Die Gummitrense soll keine Ketteneinlage haben; durch Risse kommt Wasser an die Kette, läßt sie rosten und plötzlich brechen.

eine gebrochene Wassertrense in sich gerade bleibt, würde sie genauso wirken wie das ungebrochene Gummigebiß, nur daß man bei dem Gummigebiß eben noch den zusätzlichen Vorteil der Weichheit hat.
Wie gesagt, gibt es hierfür keine Regel, denn manche Pferde sind von Anfang an mit der dicken Wassertrense sehr zufrieden. Bei den meisten empfindlichen Pferden ist der Gaumen nach ca. zwei Monaten Longierens und Arbeit an der Hand auch so weit entwickelt, daß man zu der Wassertrense übergehen kann. Man merkt sehr schnell, wann dieser Zeitpunkt gekommen ist, wann das Pferd die Gummitrense zufrieden ins Maul nimmt und akzeptiert und damit zeigt, daß man nun ruhig zur normalen Wassertrense überwechseln kann, die nun einmal für die Ausbildung am geeignetsten ist. — Es gibt jedoch auch

hier die Ausnahmen, die überempfindlichen Pferde, die man ihr Leben lang auf Gummitrense reiten muß und die dabei sehr erfolgreich gehen können.
Es bleibt jedem Reiter überlassen, sein Pferd zu beurteilen und entsprechend zu handeln. Im allgemeinen kann man jedoch sagen, daß man entweder von Anfang an die dicke Wassertrense benutzen sollte oder aber die ersten zwei Monate eine weiche Gummitrense und daß man dann, bevor man anfängt das Pferd zu reiten, auf die Wassertrense umwechselt.

Wenn ein Pferd mit einer einfachen Wassertrense nicht zufrieden ist, ist daran häufig eine ungeschickte, harte Reiterhand schuld. In diesem Fall sollte nicht das Gebiß, sondern die Reiterhand gewechselt werden. — Hat der Reiter jedoch ein gutes Gewissen, so sollte er sich gründlich Gedanken darüber machen, was die Ursache dafür sein könnte, daß das Pferd sich mit der einfachen Trense nicht wohlfühlt. Zu wenige Reiter sind sich darüber im klaren, wie empfindlich das Pferdemaul ist und daß das Gebiß auf einem sehr empfindlichen Knochen ruht, der nur mit feinem Gewebe und Nerven bedeckt ist. — Daran sollte jeder denken, bevor er zu einem anderen Gebiß greift.

Zahnschwierigkeiten

Zahnschwierigkeiten sind in vielen Fällen die Ursache für Maulschwierigkeiten. Zähne müssen regelmäßig nachgesehen werden. Bei manchen Pferden findet man scharfe Hakenzähne oder überstehende Ecken an den Backenzähnen, die das Pferd verletzen, wenn es beim Reiten abkaut oder die Zunge bewegt — was wir ja erzielen wollen. Auch beim Fressen verursachen scharfe Hakenzähne Schmerzen, deshalb sind solche Pferde auch meistens in schlechtem Futterzustand.
Im Futtertrog eines solchen Pferdes kann man kleine Kügelchen aus Heu- und Haferresten finden, die durch ungenügendes Kauen entstehen. Beim Untersuchen des Kots findet man außerdem oft ganze Haferkörner, unzerkaut und unverdaut.
Ein anderer häufiger Grund für Maulschwierigkeiten sind die Wolfszähne. Sie entstehen seitlich am Oberkiefer zwischen den Schneidezähnen und den Backenzähnen. Wolfszähne haben sehr flache Wurzeln und verursachen Schmerzen, wenn das Gebiß sie berührt. Man sollte Wolfszähne unbedingt vom Tierarzt entfernen lassen

Bild 80. Kettenbremse. Sie ist verhältnismäßig milde, da sie die Blutzufuhr nicht unterbindet.

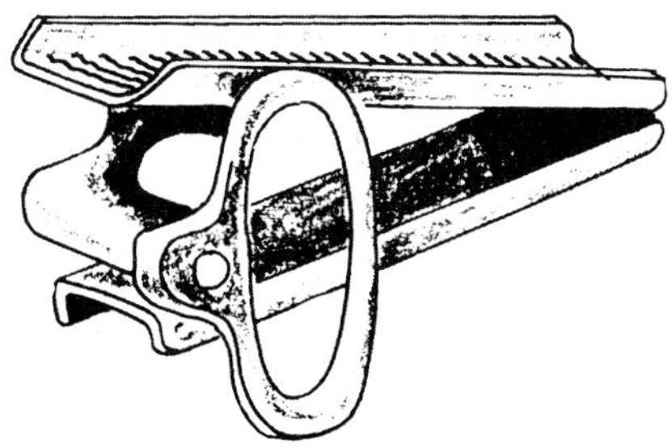

Bild 81. Maulsperre.

und Hakenzähne und so weiter regulieren lassen.
In Amerika gibt es Pferde-Zahnärzte, die das ganze Land bereisen und die großen Ställe regelmäßig besuchen. Es ist bewundernswert, wie geschickt die Pferde-Zahnärzte selbst mit nervösen und reizbaren Pferden umgehen. Ich sah niemals, daß sie eine Bremse benutzten. Sie bedienen sich einer sehr alten Indianertechnik, um Pferde zum Stillstehen zu veranlassen, und zwar blasen sie vorsichtig aufwärts in die Pferdenüstern, was das Pferd erstarren läßt.
Bei diesen Pferde-Zahnärzten sah ich auch ein in Europa wenig bekanntes Instrument, mit dem sie das Pferdemaul aufsperren. Dieses Instrument hält das Maul offen, während der Zahnarzt in Ruhe arbeiten

kann, ohne das Pferd mit der Feile zu verletzen.
Diese Sperre wird an einer Seite des Maules zwischen die Backenzähne geschoben, während der Zahnarzt an der anderen Seite ungestört arbeiten kann. Da diese Sperre nur zwischen den Backenzähnen und nicht auf dem Gaumen ruht, kann sie das Pferd nicht verletzen. Außerdem federt sie ein bißchen und gibt den Zähnen durch ihre geriffelte Oberfläche Halt. Die Zunge kann man seitlich herausziehen, so daß auch sie nicht verletzt werden kann.
Neben den Zahnbeschwerden können Maulschwierigkeiten auch auf Deformationen des Pferdemaules zurückgeführt werden. Solche Deformationen muß man mit dem geeigneten Gebiß ausgleichen:

Zu tief hängender oberer Gaumen

Einen zu tief hängenden oberen Gaumen findet man besonders häufig bei jungen Pferden. Das gewöhnliche dicke Trensengebiß würde mit dem mittleren Gelenk gegen den Gaumen stoßen, Schmerzen verursachen und das Pferd beim Annehmen der Zügel zwingen, das Maul zu öffnen, um dem Schmerz auszuweichen. Für diese Art der Verformung ist ein ungebrochenes Gebiß vorteilhafter — eine weiche Gummitrense. Man kann das Mundstück zusätzlich mit angefeuchteter Watte und Garn umwickeln und es dadurch noch dicker und weicher machen.
In warmen Ländern wie Australien oder Mexiko findet man diesen tiefhängenden oberen Gaumen besonders häufig. Manchmal hängt er sogar tiefer als die oberen Schneidezähne. Dadurch kann das Pferd kaum fressen und grasen. Der tiefhängende Gaumen wird von zuviel Blut im Gewebe verursacht. — Der Tierarzt wird erst eine Einreibung machen und, wenn der gewünschte Erfolg ausbleibt, den Gaumen vier- oder fünfmal mit einem scharfen Messer einritzen, so daß das Blut herauslaufen kann. Hinterher wird Salz und Pfeffer gut eingerieben, was den Pferden gutzutun scheint, denn man kann beobachten, daß sie sofort anfangen zu fressen, sogar hartes Heu. — In anderen Ländern pinselt der Tierarzt den Gaumen mit Jod ein, was jedoch den Nachteil hat, daß in den meisten Fällen auch die Zunge Jod abbekommt und verbrannt wird.

Schmaler, hoher Unterkiefer

Das gleiche ungebrochene, leicht gebogene Gebiß benutzt man bei Pferden mit schmalem, hohem Unterkiefer. Ein solcher Unterkiefer würde durch eine gebrochene Trense beim Annehmen der Zügel leicht eingezwängt.

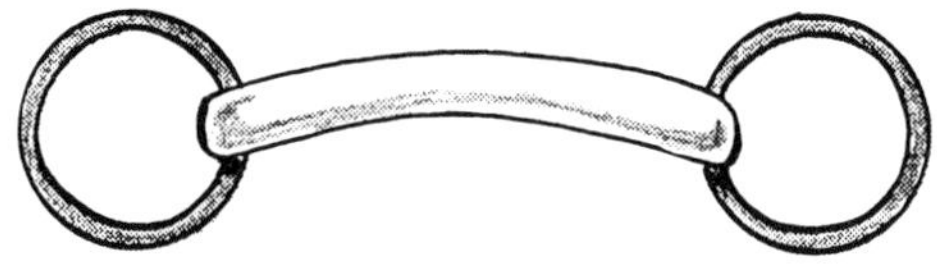

Bild 82. Ungebrochenes Trensengebiß.

Zu flacher Unterkiefer — Zungenfehler

Bei einem normalen Unterkiefer liegt die Zunge halb in den Kiefer eingebettet, bei einem besonders flachen Unterkiefer hingegen liegt sie obenauf und verspürt deshalb wesentlich mehr von dem Druck des Gebisses.
Wenn man diese Eigentümlichkeit des Kiefers nicht beachtet, lernt das Pferd die Zunge hochzuziehen oder übers Gebiß zu nehmen, nervös mit dem Kopf zu schlagen, über oder hinter dem Zügel zu gehen, zu steigen oder sich einfach zu wehren, das Gebiß anzunehmen. Das Pferd versucht so, dem Druck auf die Zunge auszuweichen.
Um zu verhindern, daß das Pferd aus Selbstverteidigung solche Untugenden annimmt, muß man ihm ein Gebiß ins Maul legen, das der hochliegenden Zunge besondere Freiheit gibt, ohne dabei den Kiefer einzuklemmen.
Das englische Kimberwicke-Gebiß leistet hier gute Dienste. Man entfernt die Kinn-

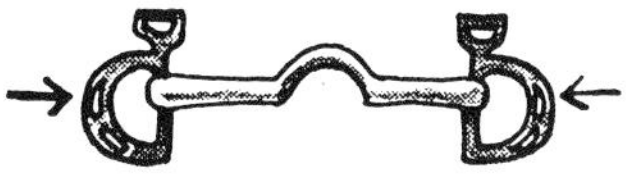

Bild 83. Kimberwicke-Gebiß.

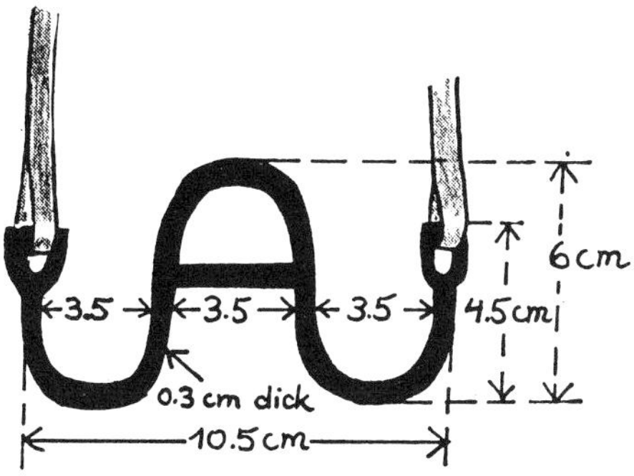

Bild 84. Australischer Zungenlöffel.

kette und die Kinnkettenhaken und schnallt die Zügel in den oberen Schlitz, also in den, der auf gleicher Höhe mit dem Mundstück liegt (andernfalls würde eine Hebelwirkung entstehen).
Wenn man ein älteres Pferd bekommt, das schon gelernt hat, die Zunge über das Gebiß zu nehmen, kann man versuchen, ihm diese Untugend mit dem Kimberwicke-Gebiß wieder abzugewöhnen. Wenn das Pferd auf die ihm angebotene Zungenfreiheit nicht reagiert und die Zunge auch weiterhin über das Gebiß nimmt, legt man ihm einen Zungenlöffel ein, der allerdings immer höher als das Gebiß liegen muß.
Dieser Zungenlöffel hindert das Pferd daran, die Zunge über das Gebiß zu nehmen, ohne daß es sich daran verletzen kann. Im Gegensatz dazu verletzt das weitverbreitete Löffelgebiß leicht den oberen Gaumen des Pferdes und zwingt es, mit offenem Maul zu gehen.

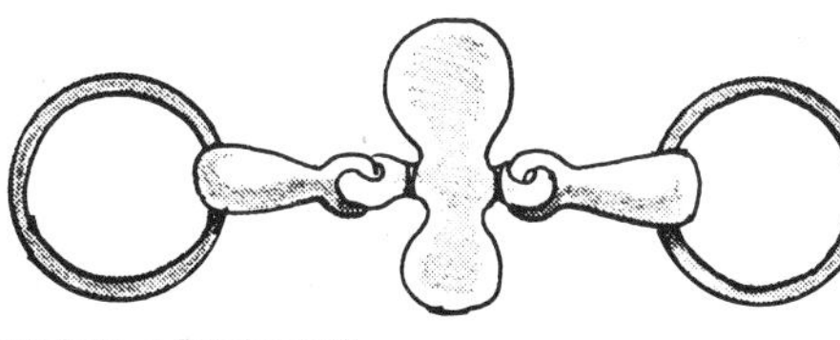

Bild 85. Löffelgebiß.

Um von vornherein zu vermeiden, daß ein Pferd sich Zungenfehler angewöhnt, lege ich beim Einreiten aller jungen Pferde das Gebiß ein wenig höher als normal. Jedes empfindliche junge Pferd wird durch das ungewohnte Gebiß anfangs dazu verleitet, die Zunge hochzuziehen oder sogar über das Gebiß zu nehmen. Wenn man aber das Gebiß vorsichtshalber etwas höher gelegt hat, wird dem Pferd keine Möglichkeit dazu gegeben. Nach einiger Zeit kann man dann das Gebiß auf die normale Höhe herunterlassen.

Die „Französische Trense“

Sie ist ein Gebiß mit zwei Gelenken, also mit einem Zwischenstück, das flach auf der Zunge liegt. Die zusätzlich angebrachten Ringe, in die das Backenstück geschnallt wird, halten das Mundstück in horizontaler Stellung. Durch diese Konstruktion erhält

Bild 86. Französische Trense.

das Pferd mehr Zungenfreiheit, denn je mehr Spannung auf der Trense ist, desto mehr Raum entsteht für die Zunge. Wenn das Pferd die schlechte Angewohnheit hat, die Zunge über die Trense zu nehmen, so wird es natürlich einige Zeit dauern, bis es die neue Zungenfreiheit spürt und die Trense richtig annimmt. Falls das Pferd nach längerer Zeit noch immer gegen das Gebiß kämpft und versucht, die Zunge darüber zu nehmen, dann ist die Verwendung eines Zungenlöffels angebracht.

Die „Italienische Ledertrense“

Sie ist ein dickes, ganz aus Leder gefertigtes, halbmondförmiges Gebiß, allein die

Bild 87. Italienische Ledertrense.

Trensenringe sind aus Metall. Das Mundstück und die Lederscheiben, in Größe der Trensenringe, sind aus einem Stück gearbeitet. Das Backenstück wird sowohl durch den Metallring als auch durch einen Einschnitt in der Lederscheibe gezogen. Dadurch ist in jedem Fall eine horizontale Stellung des Gebisses gewährleistet. Die Wirkung dieser Trense ist ähnlich wie die der „Französischen Trense“: Das Pferd hat mehr Zungenfreiheit und ist im Maul „zufriedener“. Diese Trensenart verhindert auch, daß die Maulwinkel des Pferdes eingezwickt und verletzt werden. Alles in allem eine Trense, die weich und angenehm auf das Pferdemaul wirkt.

Der gebißlose Zaum

Bei ganz besonders schweren, angeborenen Maulschwierigkeiten oder bei vorübergehenden Zahnschäden kann man den Zaum ohne Gebiß benutzen, das Hackamore.

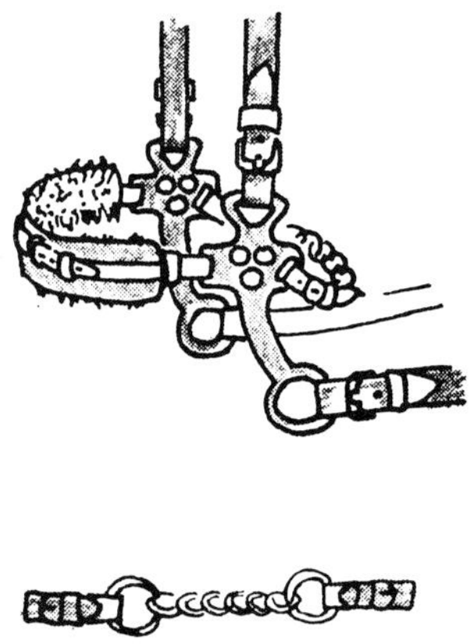

Bild 88. Hackamore mit Kinnkette (auch mit Leder oder Lammfell überzogen).

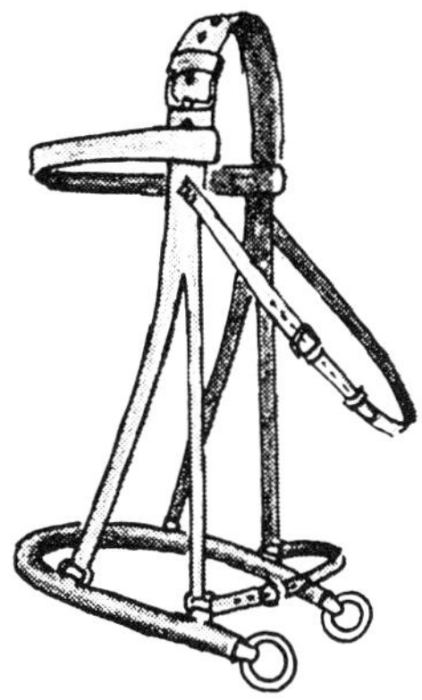

Bild 90. Spring-Hackamore.

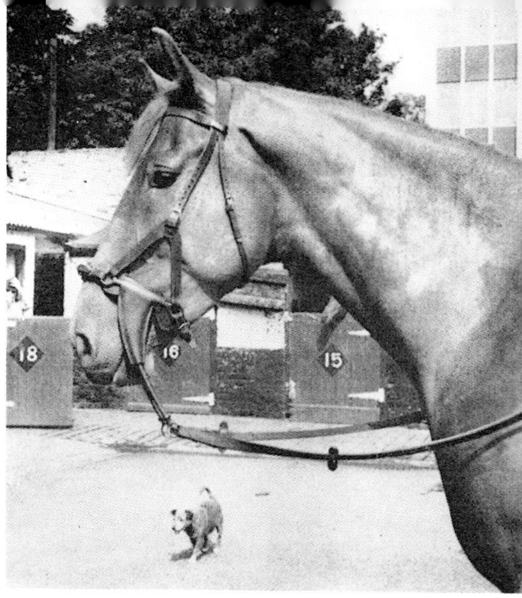

Bild 91. Hackamore mit langen Schenkeln.

Der Name stammt aus dem Spanischen (Jaquama) und kommt aus Mexiko. Dort wird das Hackamore viel für Polopferde und oft auch für Springpferde benutzt. Für Pferde mit schwierigem Maul oder mit Verletzungen ist dieses „Gebiß“ die Rettung. Man kann zum Beispiel beim Korrigieren verdorbener Pferde die mißhandelten Kiefer und Gaumen in Ruhe ausheilen lassen und das Pferd dennoch weiter ausbilden.

Allerdings muß der Reiter mit dem Hackamore umgehen können. Er muß eine besonders gefühlvolle, leichte Hand und einen so ausbalancierten, unabhängigen Sitz haben, daß er sich in keiner Situation dazu verleiten läßt, am Zügel zu ziehen. — Wenn man ein Pferd auf Hackamore reitet und es durch Unaufmerksamkeit oder Ungeschicklichkeit auf die Hand gehen läßt, ist es sehr schwierig, das Pferd durchzuparieren. Man darf es gar nicht so weit kommen lassen, sondern muß durch dauerndes leichtes Annehmen und Nachgeben das Pferd völlig von der Hand losmachen.

Bild 89 (links). Kathy Kusner auf „Aberali“ in Wiesbaden. Das Pferd geht mit einem speziellen Spring-Hackamore, völlig zufrieden und vertrauensvoll.

Bild 92. Sperrnasenriemen mit besonderer Verschnallung: Zügel von innen nach außen in Trensenring und kleinen Metallring des Nasenriemens geschnallt. Dadurch wird die Kraft der Reiterhand nicht allein auf die Trense, sondern auch auf den Nasenriemen übertragen (s. S. 64).

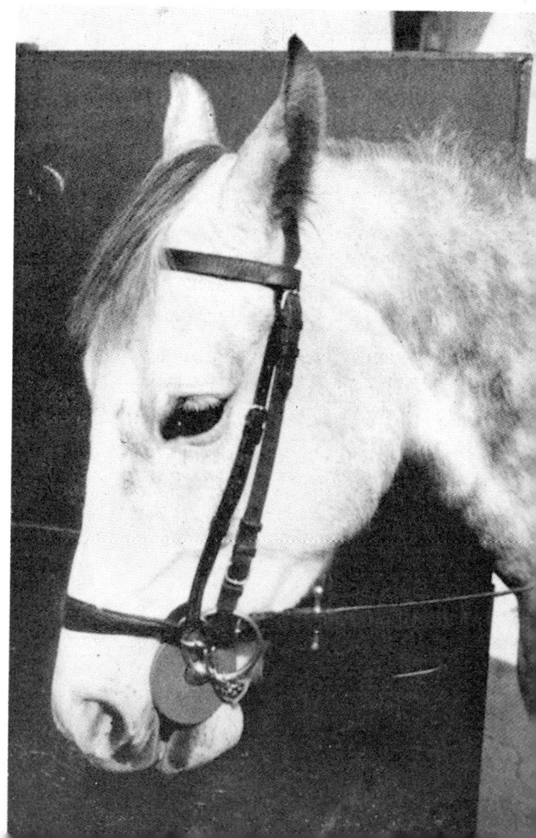

Ich habe nichts gegen die Kandare einzuwenden, nur gehört sie auf ältere, gerittene Pferde und in die Hand eines erfahrenen, guten Reiters, der sowohl im Dressursattel als auch im Springsattel einen unabhängigen, ausbalancierten Sitz hat. Die Hand eines solchen Reiters kann unabhängig vom Körper einen ständigen leichten Kontakt mit dem Pferdemaul aufrechterhalten und eine Einheit zwischen Pferd und Reiter bilden. Wenn allerdings eine Kandare von einem Reiter benutzt wird, der sich am Zügel festhält, dann wirkt sie so scharf wie eine Rasierklinge.

Voraussetzung für den korrekten Gebrauch der Kandare ist natürlich, daß sie richtig liegt:

1. eine durchfallende Kandare (zu lange Kinnkette) wird die meisten Pferde veranlassen, die Zunge über das Gebiß zu ziehen. Wenn die Kinnkette auf die richtige Länge verkürzt wird, verspürt das Pferd weniger Druck auf den Gaumen und mehr in der Kinnkettengrube.
2. Ebenso fehlerhaft ist die strotzende Kandare (zu kurze Kinnkette), die sehr schmerzhaft für das Pferd ist und die Kinnkettengrube aufscheuert. Man kann Pferde beobachten, die sogar mit blau angelaufener Zunge gehen.
3. Die Kinnkette hat die richtige Länge, wenn der Kandarenschenkel mit der Maulspalte einen 45°-Winkel bildet. Alle fehlerhaften Kandarenstellungen bereiten Schmerzen, fördern die falschen Muskeln und erregen Widerstand.

Die Kinnkette soll bei einem Pelham immer durch beide Ringe gezogen werden, damit sie tiefer und genau in der Kinnkettengrube liegt.

Denselben Zweck erfüllt bei der Kandare auch der Riemen, der von den beiden seitlichen kleinen Ringen der Kandarenbalken durch den mittleren Ring der Kinnkette führt.

Wenn die Kinnkettengrube sehr empfindlich ist, benutzt man einen Gummischutz als Unterlage für die Kinnkette.

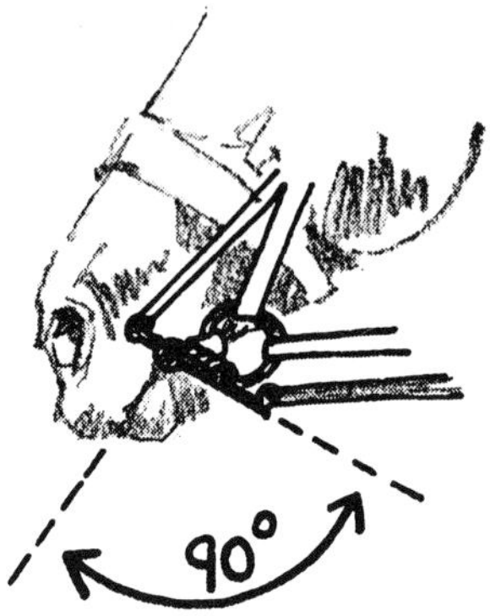

Bild 93. Durchfallende Kandare (Kinnkette zu lang).

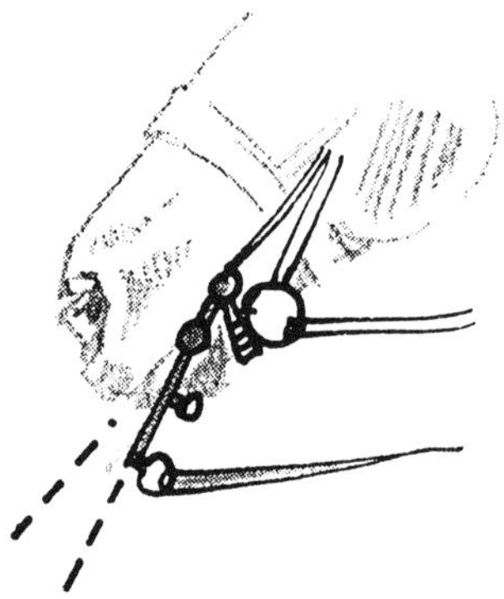
Bild 94. Strotzende Kandare (Kinnkette zu kurz).

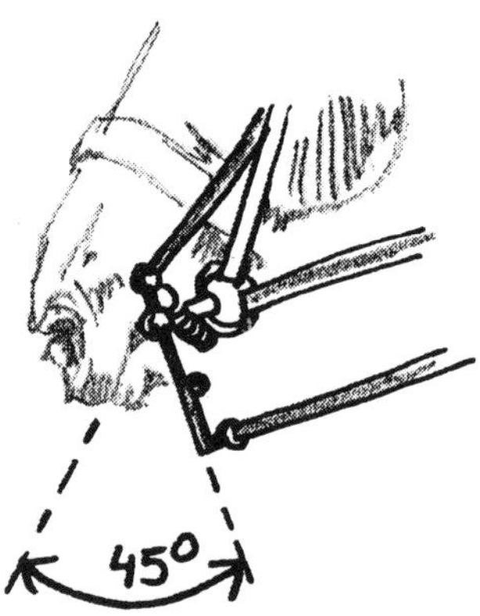

Bild 95. Richtig liegende Kandare.

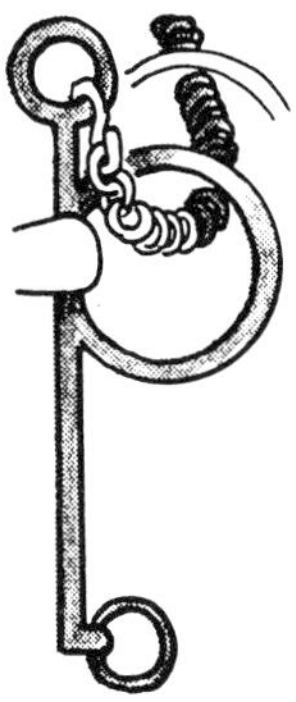

Bild 96. Beim Pelham wird die Kinnkette durch die beiden Ringe gezogen.

Bild 97. Bei der Kandare hält ein kleiner Lederriemen die Kinnkette in tiefer Lage.

Bild 98. Die deutsche Kandare mit dickem Mundstück und großer Zungenfreiheit.

Soviel zu den Gebissen. Wie gesagt, im Normalfall — und das trifft auf fast alle Pferde zu — sollte die einfache, dicke Wassertrense benutzt werden. Nur bei Pferden mit angeborenen Maulschwierigkeiten und Zahnfehlern — und nur dann — darf auf ein anderes Gebiß zurückgegriffen werden.

c) Kopfstück

Zur Ausbildung des jungen Pferdes benutzen wir den einfachen Trensenzaum. Er besteht aus dem Genickstück — sicherheitshalber ohne Schnalle, damit der Reiter sich bei einem Fall nicht verletzen kann —, dem Stirnriemen, den beiden Backenstükken und dem Kehlriemen, der niemals zu

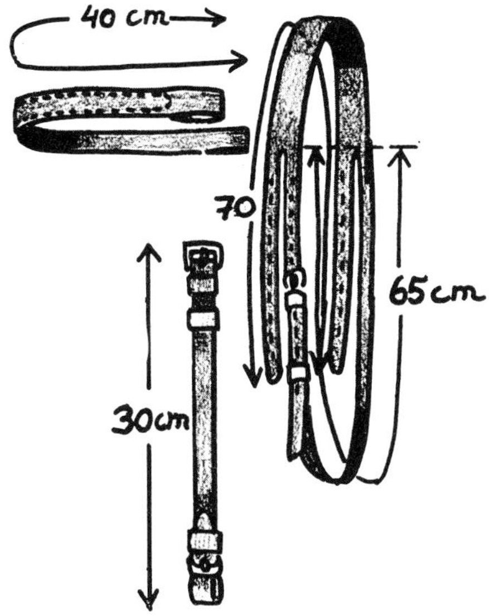

Bild 99. Die Maße eines Zaumzeugs für ein Pferd durchschnittlicher Größe.

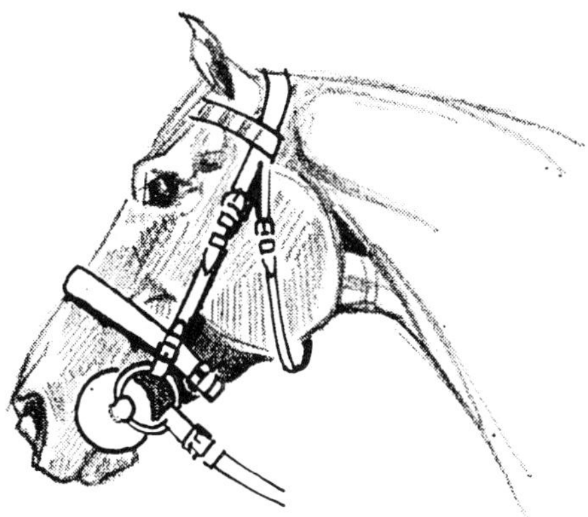

Bild 100. Richtig liegender Trensenzaum mit korrektem englischem Reithalfter.

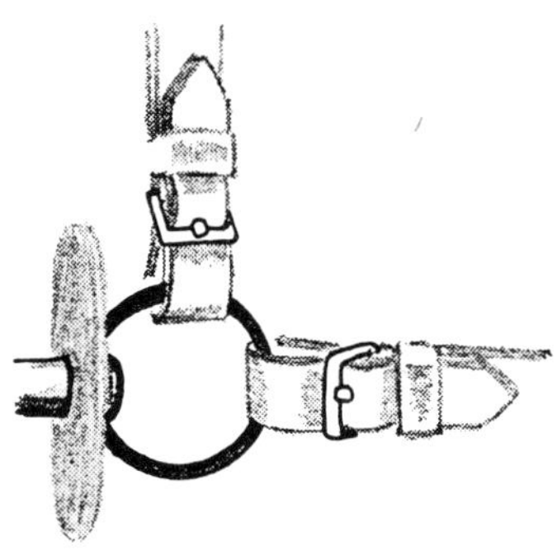

Bild 101. Backenstück und Zügel müssen einen Schnall- oder Hakverschluß haben, damit beim Reinigen des Gebisses das Leder nicht naß und brüchig wird.

eng geschnallt werden darf, man muß mindestens eine Hand quer dazwischenschieben können. Das Gebiß muß man zum Reinigen ausschnallen können.
Zum Kopfstück gehört auch der Reithalfter. Es gibt verschiedene Typen, wir unterscheiden:

1. Der englische Reithalfter

ist am vorteilhaftesten, da er, wenn er richtig verpaßt ist, das Pferd nirgends einzwängt oder behindert und freie Bewegung des Gebisses zuläßt.
Richtig verpaßt, soll er zwei Finger breit unter dem Backenknochen liegen und lose geschnallt sein. Man muß zwei Finger zwischen Nasenbein und Halfter schieben können. Schnallt man ihn enger, hindert man das Pferd am Abkauen, außerdem scheuert er. Bei einem korrekt gemachten englischen Reithalfter liegt das Backenstück genau unter dem Backenstück der Trense, es bildet mit dem Nasenriemen einen Winkel von 90°.
Bei einem falsch gemachten englischen Reithalfter liegt das Backenstück vor dem Backenstück der Trense. Der Nasenriemen

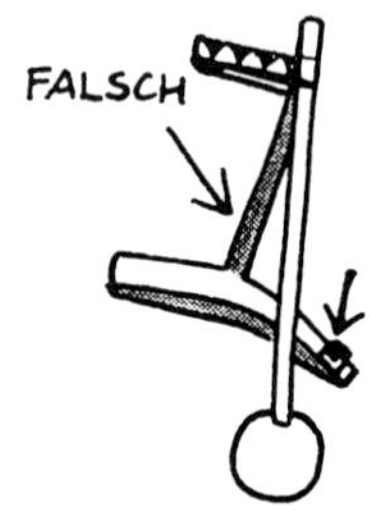

Bild 103. Der Nasenriemen dieses englischen Reithalfters ist zu kurz, der Kinnriemen zu lang.

ist zu kurz und das Kinnstück zu lang, so daß der Reithalfter hinten schräg herabhängt und die Haut zwischen dem Trensenring eingeklemmt wird. Manche Pferde gehen nur deshalb über dem Zügel oder schlagen mit dem Kopf, weil ein schlecht passender Reithalfter scheuert oder kneift.

2. Der Hannoversche Reithalfter, auch Sperrhalfter genannt

Dieser Reithalfter wird besonders in Deutschland häufig benutzt. Wie sein Name sagt, soll er das Aufsperren des Maules verhindern. Wenn das Pferd jedoch versucht, das Maul aufzusperren, so hat das irgendeinen Grund, den man finden und

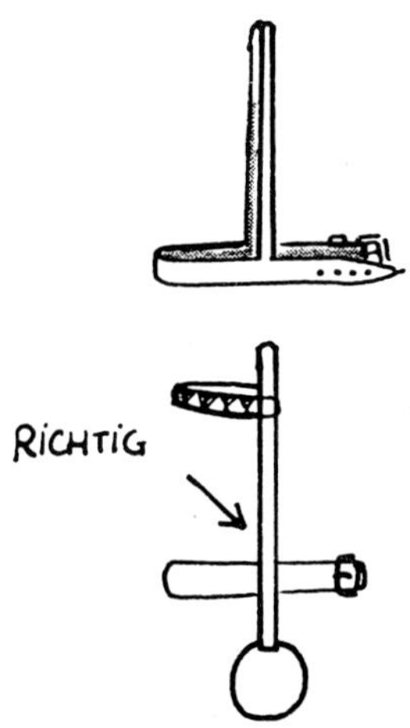

Bild 102. Das englische Reithalfter muß „in Waage“ hängen.

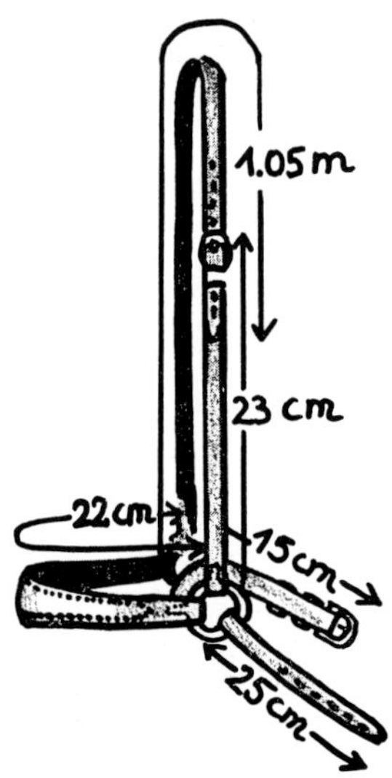

Bild 104. Die korrekten Maße eines hannoverschen Reithalfters.

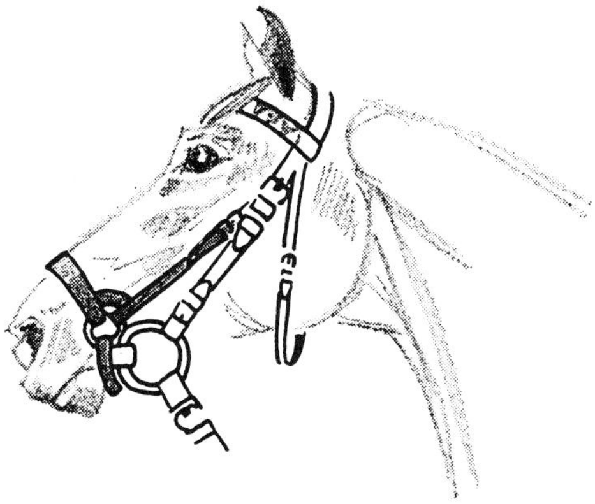

Bild 105. Richtig liegender Trensenzaum mit hannoverschem Reithalfter (Sperrhalfter).

abstellen sollte — einfaches Zusperren des Maules ist Selbstbetrug. Da der Hannoversche Reithalfter keinen anderen Zweck erfüllt, als das Maul zuzusperren und die Wirkung des Gebisses zu mildern, gibt es bei reellem Reiten keinen Grund, nicht das für das Pferd angenehmere englische Reithalfter zu benutzen.

Leider sieht man sehr oft schlecht verpaßte und schlecht gemachte Sperrhalfter, die nicht nur das Maul zusperren, sondern das Pferd kneifen und verletzen und so zu allen möglichen „Maulschwierigkeiten“ führen.

Korrekt verpaßt, liegt das Backenstück des Sperrhalfters vor dem Backenstück der Trense. Wenn dies nicht der Fall ist, ist der Nasenriemen zu lang und der Kinnriemen zu kurz.

Der Nasenriemen liegt etwa drei Finger breit über dem oberen Nüsternrand auf dem unteren Ende des Nasenbeines. Er wird von einem Ledersteg zum Backenstück in dieser Lage gehalten.

Wenn dieser Steg fehlt, rutscht der Nasenriemen herunter, zwängt die Nüstern ein, behindert die freie Atmung und klemmt das Mundstück ein.

Der Kinnriemen muß lang genug sein und immer weich gehalten werden, da er sonst in der Kinngrube scheuert. (Bei besonders empfindlichen Pferden kann man den Kinnriemen durch einen weichen Gummischlauch ziehen, dann kann er nicht scheuern.)

Das Sperrhalfter darf auf keinen Fall

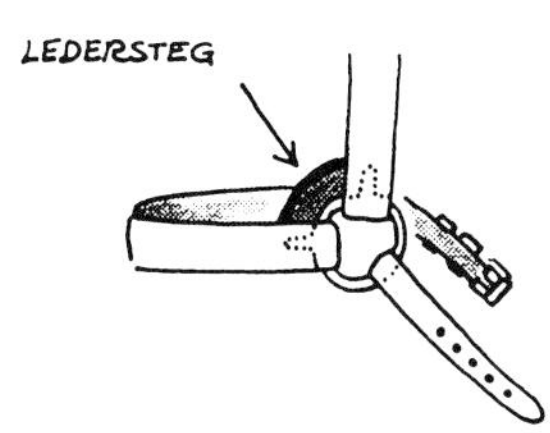

Bild 106. Ein Ledersteg zum Backenstück fixiert die Lage des Nasenriemens.

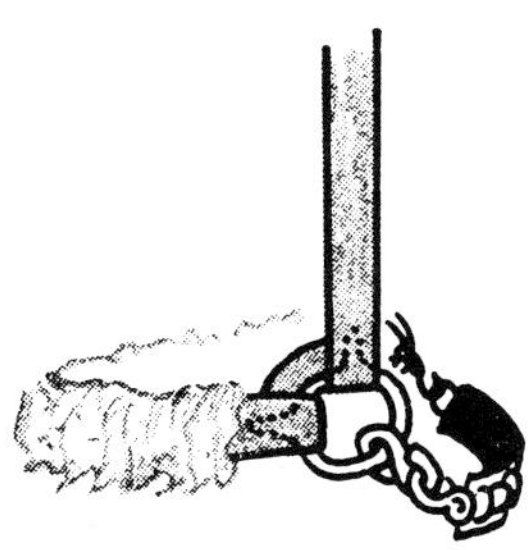

Bild 107. Sperrhalfter mit Kinnkette und Unterlage.

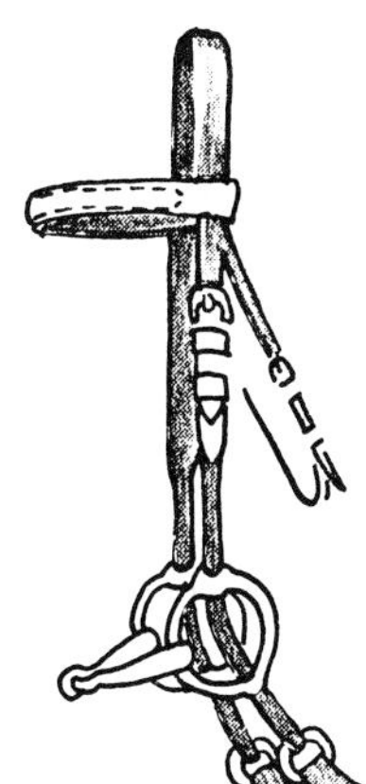

Bild 108. Gag-Zaum. Es gibt Reiter, die versuchen, mit diesem Zaum Kopf und Hals eines Pferdes, das auf der Vorhand ist, zu heben. Ein Trugschluß natürlich: Erstens nützt es nichts, den Kopf hochzuheben, und außerdem rutscht bei diesem Zaum zwar das Gebiß hoch, aber der vermehrte Druck hinter den Ohren wirkt wie ein Chambon in die entgegengesetzte Richtung.

zu eng geschnallt werden und zum Zusperren benutzt werden. Immer muß man bequem zwei Finger zwischen Nasenbein und Nasenriemen schieben können. Macht man den Halfter strammer, hindert man das Pferd am Kauen und klemmt das Gebiß und die Lippen ein.

Viele Reiter schnallen den Sperrnasenriemen zu tief und schnüren ihn auch noch fest zu. Sie wissen gar nicht, daß sie ihr Pferd damit in Atemnot bringen und großen Schaden anrichten. Jedes Pferd hat nämlich einen zweiten Nasenkanal, der neben dem Nasenbein entlangläuft und nach ca. 15 cm endet. Seine Funktion ist es, Staub und Schmutzteile aus der Luft „herauszufiltern" und die Atemluft etwas zu temperieren, bevor sie das Pferd in die Lungen saugt. Die Funktion dieses Kanals wird durch falsche Verschnallung des Nasenriemens behindert. Man sollte bedenken, daß ein stillstehendes Pferd mit jedem Atemzug ca. 4–6 l Luft aufnimmt und daß niemand daran denken würde, zum Beispiel einem Rennpferd ein Sperrhalfter zu verpassen. Auch ein Springpferd bringt schlechtere Leistungen, wenn es, besonders im Parcours, dauernd in Atemnot ist.

Ich verwende den Sperrnasenriemen manchmal in einer besonderen Verschnallung: Ich fädle den Zügel, von innen nach außen, sowohl durch den Trensenring als auch durch den kleinen Metallring am Nasenriemen. So wird die Kraft der Reiterhand nicht allein auf die Trense übertragen sondern auch auf den Nasenriemen (siehe Bild 92, Seite 59). Diese Verschnallung bietet sich an für:

a) Anfänger, die noch unruhig mit der Hand sind, und

b) Pferde, die durch schlechtes Reiten Angst vor der Hand haben und deshalb nicht mehr frei vorwärtsgehen. Da sie nun fast keinen Druck mehr auf ihren empfindlichen Kiefern spüren, weil das Nasenband die Paraden „abfängt", gehen sie auf einmal wieder frisch vorwärts.

Eine andere Abwandlung ist das Sperrhalfter mit Kinnkette. Der Nasenriemen ist mit Lammfell gefüttert, die Kinnkette wird mit einer Gummiunterlage „gemildert". Dies ist ein wirksamer Notbehelf bei pullenden und harten Pferden.

3. Der mexikanische Reithalfter

Weniger bekannt in Europa ist der mexikanische Reithalfter. Gegenüber dem Hannoverschen oder Sperrhalfter hat er den Vorteil, daß er nie die Nüstern einklemmt und somit die Atmung behindert. Er ist besonders praktisch beim Korrigieren verdorbener Pferde, die das Maul aufsperren, nicht kauen, den Hals versteifen oder den Unterkiefer seitlich verschieben. Man kann dies mit dem mexikanischen Reithalfter verhindern, ohne dabei das Gebiß einzuklemmen, durch den Druck des oberen Kinnriemens auf bestimmte Muskeln — deshalb braucht man ihn aber nicht gleich zu straff zu schnallen.

Bild 109. Mexikanisches Reithalfter.

d) Zügel

1. Gurtzügel

Ich persönlich finde den Gurtzügel für den Springsport am geeignetsten. Er liegt leicht in der Hand und verführt den Reiter nicht dazu, vermehrte Anlehnung an das Maul zu suchen, wie das bei einem schweren Zügel leicht der Fall ist. Außerdem ist der

Gurtzügel durch die Stege bei jedem Wetter griffsicher.

Die Gesamtlänge des Zügels soll 1,27 Meter betragen, vom Trensenring bis zum Gurtansatz 46 Zentimeter. Wenn dieses Stück zu kurz ist, entstehen Schwierigkeiten, wenn man ein Ringmartingal gebraucht, da der Ring dann nicht genügend Spielraum hat und sich leicht am Gurtansatz verfangen kann. — Wenn man ein Ringmartingal gebraucht, müssen außerdem auf dem Zügel möglichst dicht an der Schnalle Martingalschieber aufgenäht werden.

Die Lederstege auf dem Gurtteil des Zügels garantieren bei Nässe guten Halt. — Ein guter Reiter mit sicherem Sitz sollte in der Lage sein, einen Parcours vom Start bis zum Ziel mit der gleichen Zügellänge zu reiten, also den Gurtzügel an dem zur Pferdehalslänge passenden Ledersteg zu fassen und festzuhalten. (Eine Ausnahme ist es natürlich, wenn ein Pferd in eine Notlage kommt oder der Reiter hinter der

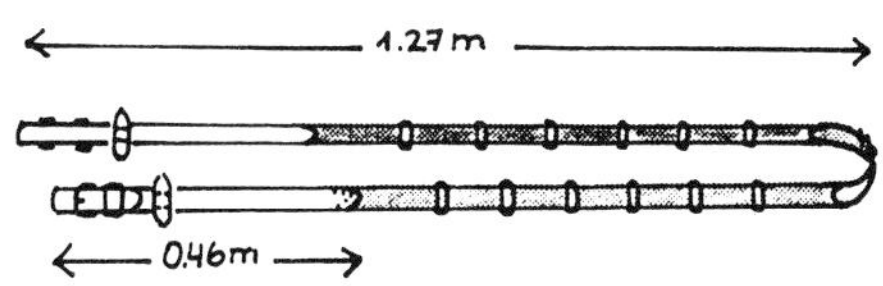

Bild 110. Gurtzügel mit Stegen.

Bewegung bleibt. Dann muß der Reiter die Zügel natürlich durchgleiten lassen.)

2. Gummizügel

Der Gummizügel ist teilweise beidseitig mit rauhem Gummi bezogen. Dieser Gummibelag soll das Durchgleiten des Zügels verhindern. — Solange der Zügel noch neu ist, leistet er auch den gewünschten Dienst, aber wenn er abgenutzt ist, wird er noch schlüpfriger als ein gewöhnlicher, glatter Lederzügel, besonders bei nassem Wetter.

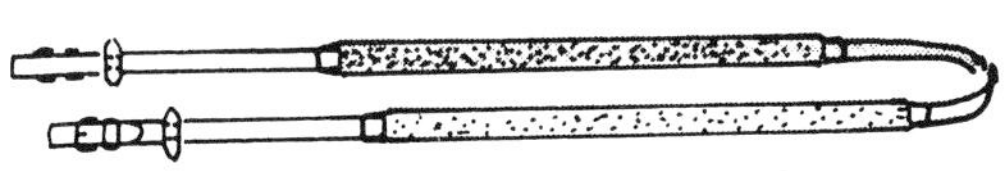

Bild 111. Gummizügel (meistens zu lang).

Durch den Gummibezug ist dieser Zügel ziemlich dick und schwer in der Reiterhand und kann einen weniger gefühlvollen Reiter dazu verleiten, mehr als nötig „in der Hand zu haben".

Außerdem ist dieser Gummizügel genau wie viele einfache Lederzügel zu lang. Springen und Reiten mit zu langen Zügeln ist gefährlich, denn der Reiter kann sich mit dem Fuß in dem herunterhängenden Zügelende verfangen, wodurch das Pferd einen Ruck ins Maul bekommt. Noch gefährlicher sind zu lange Zügel bei einem Sturz, wenn der Reiter sich womöglich in dem langen Zügel verfängt und nicht vom Pferd wegrollen kann.

3. Kandarenzügel

Beim Reiten auf Kandare passiert es oft — besonders beim Springen —, daß einer der Zügel durch die Hand rutscht. Manchmal sieht man sogar, daß auf der einen Seite der Kandarenzügel und auf der anderen Seite der Trensenzügel durchgerutscht ist. Daß das nicht nur falsch, sondern auch äußerst schmerzhaft für das Pferd ist, kann man sich vorstellen.

Das Durchgleiten des Trensenzügels ist besonders fatal, da der Reiter dann die meiste Anlehnung an den Kandarenzügel hat. Deshalb ist es ratsam, auf den Trensenzügel Lederstege zu nähen, damit man diesen Zügel auf gar keinen Fall durchgleiten läßt.

Diese Lederstege werden in kleinen Abständen auf den Teil des Trensenzügels genäht, den man in der Hand hält.

Die Nahtstiche sollten nur längs zum Zügel verlaufen und nicht quer, da das die Haltbarkeit des Zügels schwächen und ihn später leicht brechen lassen würde. Diese Stege kommen dem Reiter besonders bei schlechtem, nassem Wetter zugute.

Eine Erleichterung zur Regulierung der Zügel beim Reiten auf Kandare, besonders beim Springen, ist es, wenn die Zügel beim Verlassen der Hand durch den Zeigefinger geteilt sind, so daß der Trensen-

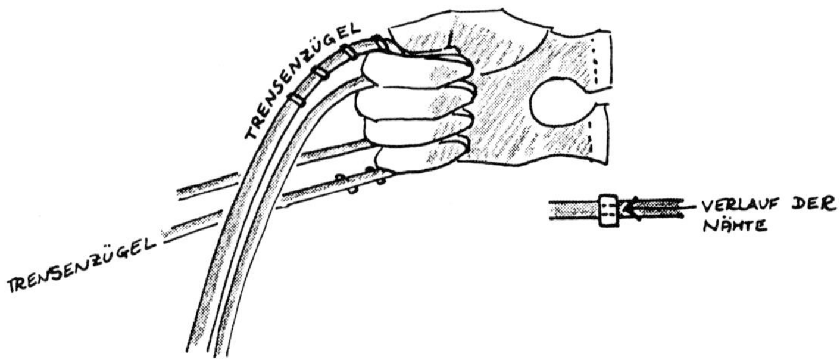

Bild 112. Zum Reiten auf Kandare ist es ratsam, dem Trensenzügel Lederstege aufzunähen.

zügel immer oben liegt. Man kann ihn also nicht mit dem Kandarenzügel verwechseln.

Das Vorderzeug

Ein Vorderzeug ist beim Springen sehr zu empfehlen, da es den Sattel daran hindert, nach hinten zu rutschen und ihn somit immer über dem Schwerpunkt des Pferdes hält.
Besonders beim Reiten junger Pferde sollte man immer ein Vorderzeug gebrauchen, da ihr Widerrist meistens noch nicht sehr ausgeprägt und mit Fohlenfleisch bedeckt ist, so daß der Sattel sehr unsicher und schlecht liegt. – Für das Pferd am angenehmsten ist wohl das mit Lammfell gefütterte Vorderzeug, da es an der Brust nicht scheuern kann.
Den gleichen Dienst erfüllt das V-förmige Vorderzeug, das an jeder Seite oben in die dafür vorgesehenen kleinen Ringe am Sattel eingeschnallt wird. Es verhindert, daß der Sattel seitwärts rutscht, beim Springen jedoch behindert es etwas die Schulterfreiheit.

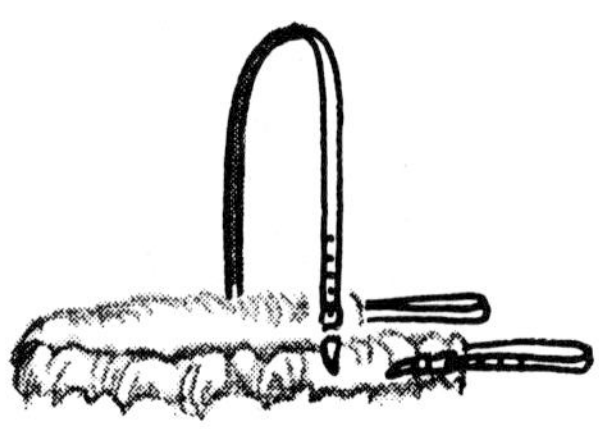

Bild 113. Lammfellgefüttertes Vorderzeug.

Bild 114. V-förmiges Vorderzeug.

Vorderzeug mit Gewichten

Seitdem die FEI-Vorschriften von 1967 gelten, müssen Amazonen in allen Springprüfungen das gleiche Gewicht haben wie Reiter (Ausnahmen bilden Rekordversuche und Reiterinnen im Damensattel, wo kein Gewicht vorgeschrieben ist). Deshalb ist es ratsam, Bleigewichte im Vorderzeug zu tragen.

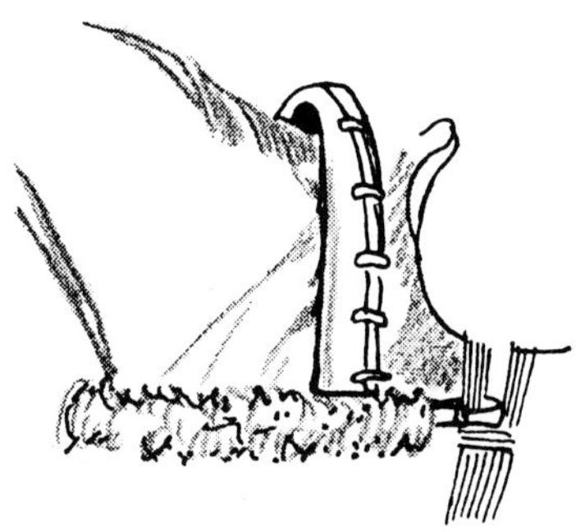

Bild 115. Vorderzeug mit Gewichten. In die Gewichtetasche ist ein Stahlbügel eingearbeitet, damit sie nicht auf den Widerrist drückt.

Das Gewicht im Vorderzeug hat viele Vorteile gegenüber der herkömmlichen Art, das Gewicht in der Satteldecke zu tragen:
Die Bleigewichte in der Satteldecke liegen hinter dem Schwerpunkt des Pferdes, die Decke verrutscht meistens während des Parcours, und manchmal verliert man sie sogar ganz. Außerdem ziehen die Gewichte den Sattel mit der Decke nach rückwärts.
Im Vorderzeug hingegen liegt das Bleigewicht genau über dem Schwerpunkt, es kann nicht auf den Widerrist drücken, da es von einem Stahlbügel hochgehalten wird. Außerdem kann es nicht verrutschen.
Amazonen, die Schwierigkeiten haben, das nötige Gewicht mit in den Springsattel zu bringen, möchte ich darauf hinweisen, daß das Kopfstück im Gewicht mit eingeschlossen sein darf und daß es besonders schwere Sättel mit einem Spezialbaum gibt.

Der Sattel

Ein richtig gebauter Sattel ist die Grundlage für einen korrekten Sitz und somit für die korrekte Hilfengebung.
Ohne einen ausbalancierten Sattel ist ein Sitz im Gleichgewicht unmöglich.
Die Einzelheiten, die einen gut gebauten Sattel ausmachen, werde ich an Hand eines Sattels erklären, den ich aus jahrzehntelanger Erfahrung für den besten Sattel halte. Es handelt sich hier um den französischen Sattel, der in Saumur benutzt wird. Dieser Sattel genügt allen Anforderungen, die man an einen guten Sattel, in diesem Fall einen guten Springsattel, stellt. Bild 119, Seite 68 zeigt den ersten Punkt, an dem man einen gut gebauten Sattel erkennt: Man kann das Tageslicht unter dem Sattel durchscheinen sehen. Widerrist und

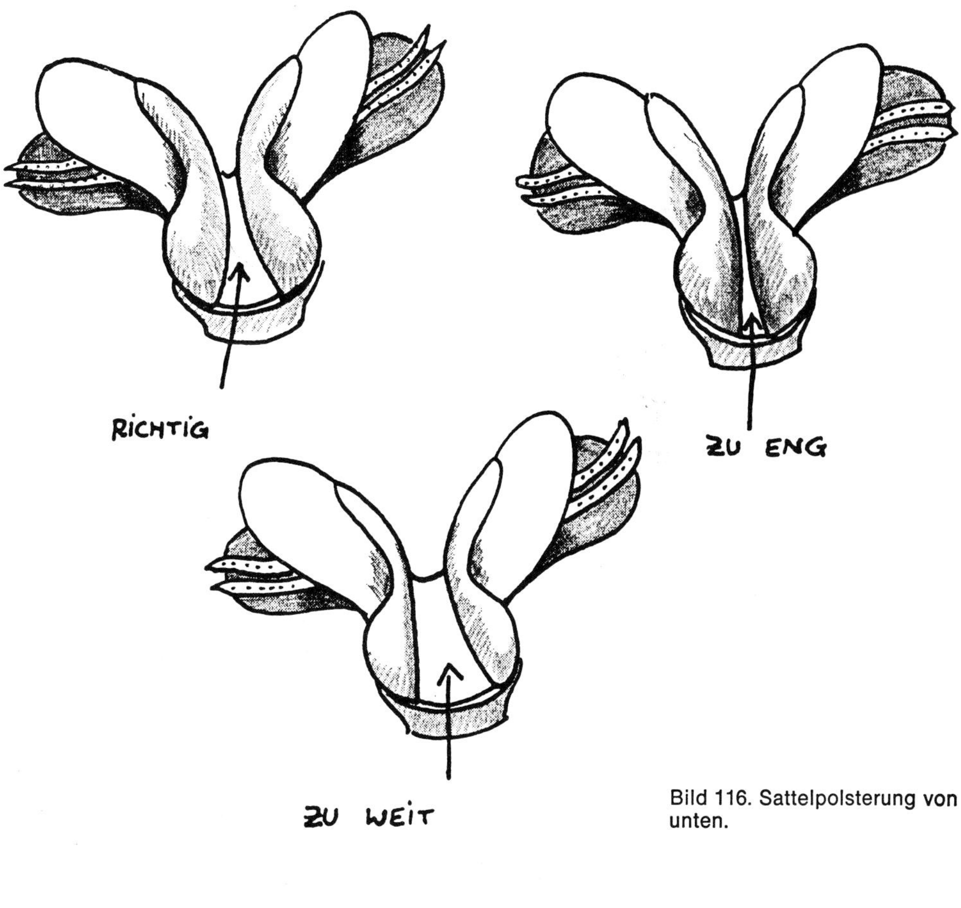

Bild 116. Sattelpolsterung von unten.

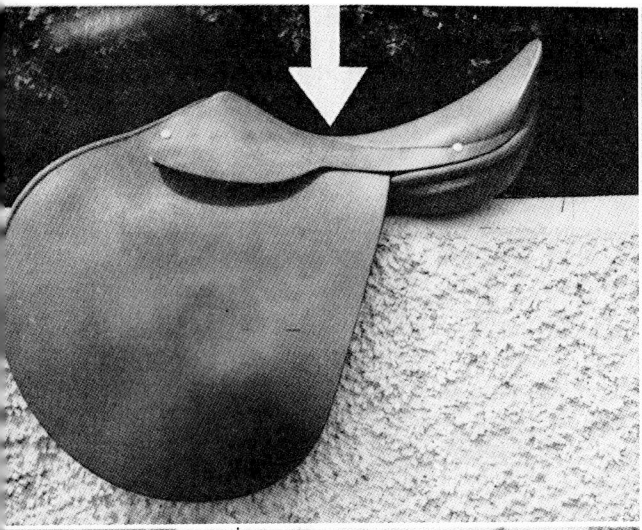

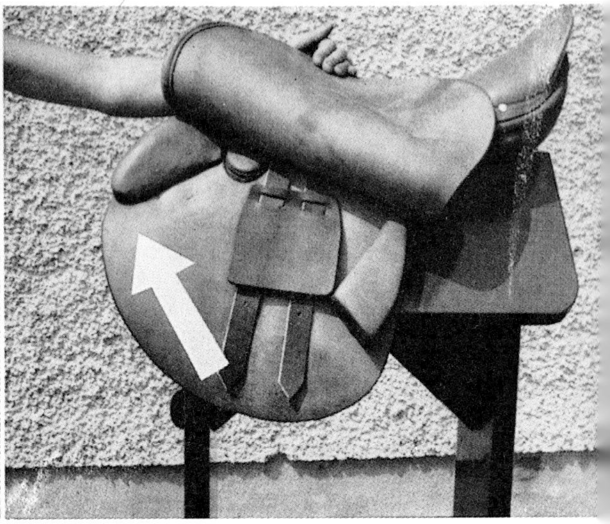

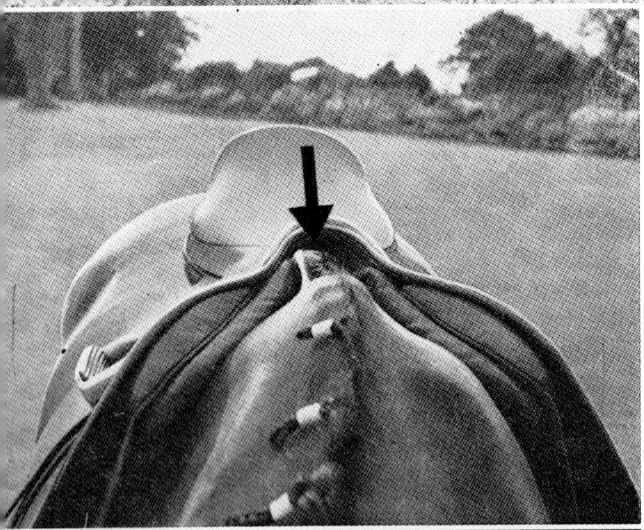

Bild 117 (oben links). Beim französischen Springsattel liegt der tiefste Punkt in der vorderen Hälfte.

Bild 118 (oben rechts). Die Pauschen liegen über dem Knie, das Knie liegt also dicht am Pferd. Die hintere Pausche verhindert, daß der Unterschenkel zu weit nach hinten rutscht.

Bild 119 (Mitte). Der Sattel liegt auf jedem Pferd. Man kann das Tageslicht durchscheinen sehen.

Bild 120 (unten links). Praktischer Sattelbock: Man kann die Tragfläche hochklappen, den Sattel in die V-förmige Vertiefung legen und so bequem die Unterseite des Sattels reinigen.

Bild 121 (unten rechts). Beim französischen Sattel ist das Bügelschloß beweglich.
Fotos: Gisela Holstein.

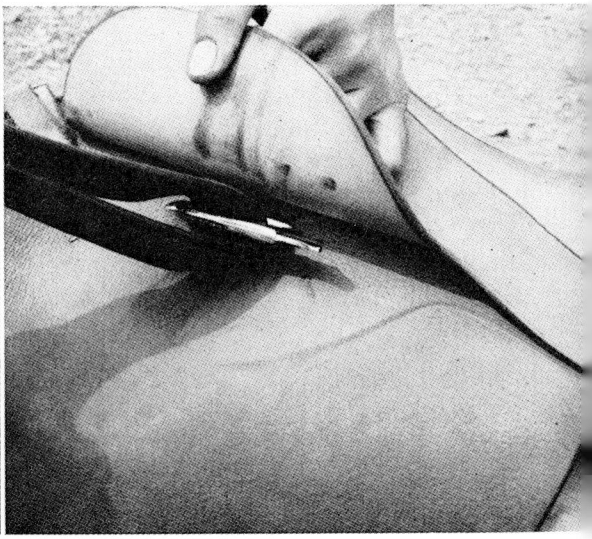

Bild 122. Die Bügelriemenschnalle sitzt am Bügel, drückt also nicht. Die abgeschrägte Einlage erleichtert eine gute Schenkellage im leichten Sitz.

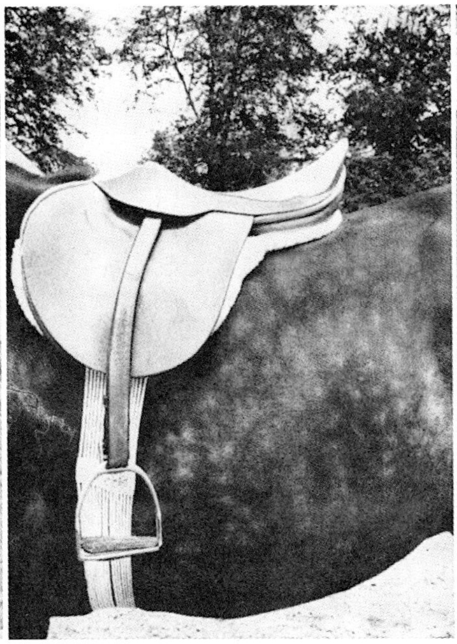

Bild 123. Beim französischen Sattel liegt der tiefste Punkt vorne. Die Pauschen liegen hoch.

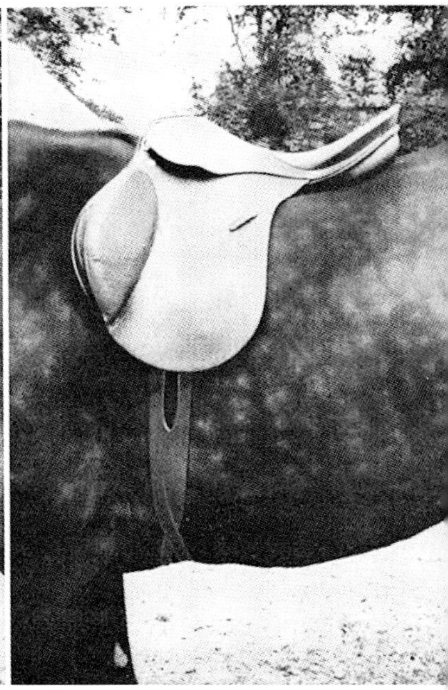

Bild 124. Bei diesem deutschen Vielseitigkeitssattel liegt der tiefste Punkt zu weit hinten. Die Pauschen liegen zu tief, das Knie liegt nicht dicht am Pferd. Der gekreuzte Ledergut ist hinter den Ellbogen zu schmal.

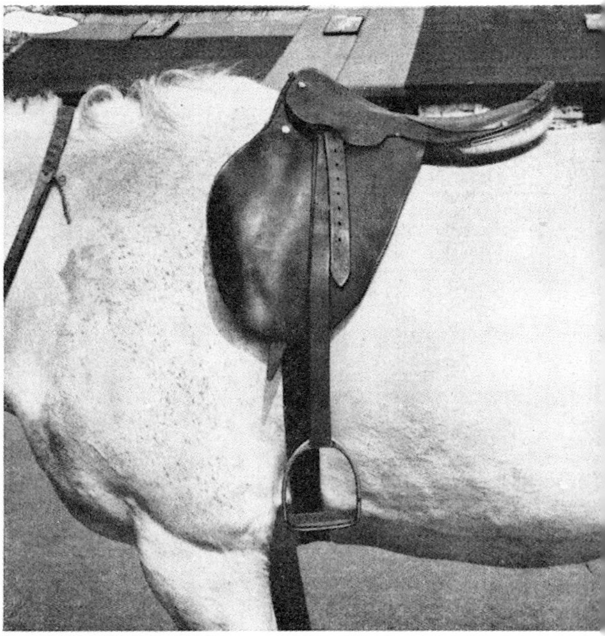

Bild 125. In diesem Sattel kann der beste Reiter nicht sitzen. Der tiefste Punkt liegt am Hinterzwiesel, keine Pauschen, der Ledergurt ist zu schmal und drückt hinter den Ellbogen.

Fotos: Gisela Holstein.

Rückgrat bleiben unbelastet, der Sattel ruht nur auf den Muskelsträngen neben dem Rückgrat. Deshalb paßt solch ein Sattel auf jedes Pferd.

Äußerst wichtig ist, daß der tiefste Punkt des Sattels in der vorderen Hälfte liegt.

Alle Reiter sollten ihren Sattel einmal daraufhin betrachten: Es ist erstaunlich, daß etwa 90% aller Sättel diese Grundbedingung nicht erfüllen. Die meisten Reiter sind an ihren Sattel so gewöhnt, daß sie gar nicht merken, daß er mit der Zeit hinten immer flacher wird und daß der tiefste Punkt vielleicht sogar am hinteren Rand des Sattels liegt. Die Macht der Gewohnheit ist so groß, daß der Reiter, wenn man ihn wieder in einen richtig ausbalancierten Sattel setzt, sich darin nicht wohlfühlt und sich in dem korrekten Sattel erst wieder ausbalancieren muß.

Viele Sättel sind einfach deshalb hinten zu flach, weil sie zu lange gebraucht worden sind oder außerdem noch von Reitern benutzt wurden, die hinten im Sattel sitzen, was das Flachwerden des Sattels natürlich noch beschleunigt. — Solche Sättel müssen aufgepolstert werden.

Andere Sättel liegen deshalb falsch, weil sie einen altmodischen Sattelbaum haben. — Bei solchen Sätteln hilft Aufpolstern leider nicht. An einem Sattel, der hinten zu flach ist, kann man anhand von zwei dunklen Flecken, entstanden durch die Sitzknochen des Reiters, feststellen, daß der Reiter zu weit hinten sitzt. Oft sind am Pferderücken auch zwei kahle Stellen zu erkennen – genau über den Nieren. Noch schlimmer ist es, wenn der Reiter schief sitzt. Dies merkt man daran, daß die abgescheuerte Stelle auf einer Seite des Rückens größer und eine dunkle Stelle am Sattel noch deutlicher ausgeprägt ist. Es ist klar, daß das Pferd dem Druck auf die Nieren ausweichen will und infolgedessen den Rücken wegdrückt und mit weiten Sprunggelenken geht. – Weil der Reiter zu weit hinten sitzen muß, rutschen seine Unterschenkel automatisch nach vorne, in extremen Fällen berühren die Zehen die Ellbogen des Pferdes. Natürlich kann der Reiter in solcher Position keine korrekten Hilfen geben.

In einem gut gebauten Sattel, dessen tiefster Punkt in der vorderen Hälfte ist, liegt der Schwerpunkt des Reiters im Halten genau über dem Schwerpunkt des Pferdes. In dieser Position ist das Reitergewicht gleichmäßig auf alle vier Beine des Pferdes verteilt. Reiterhüfte und -absatz bilden eine Senkrechte, man sieht den Gurt vor dem

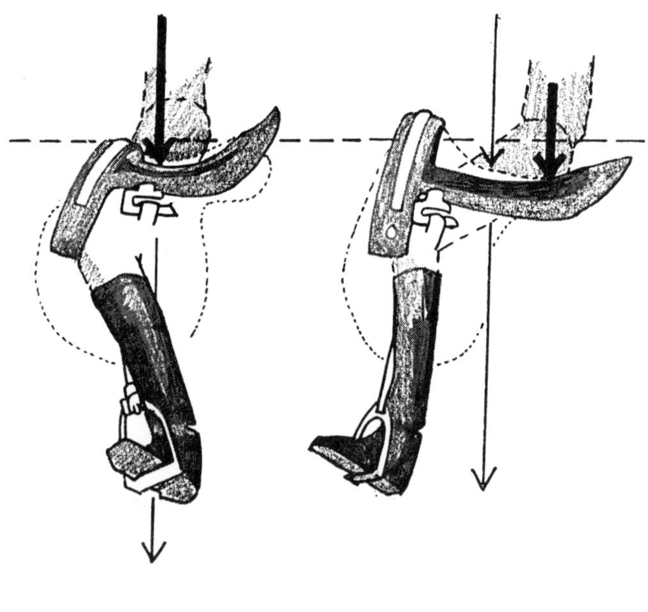

Bild 126. Baum des französischen Sattels: Der tiefste Punkt, das Bügelschloß und der Gurt liegen auf derselben Vertikale wie der Schwerpunkt (links). Baum eines schlechten Sattels: Bügelschloß, Reiterschenkel und Gurt liegen vor der Vertikalen durch den Schwerpunkt, der tiefste Punkt des Sattels liegt zu weit hinten (rechts).

Unterschenkel. Mit dieser Schenkellage kann der Reiter den Pferdekörper fühlen und korrekte Hilfen geben.

Ein Springsattel, der so gebaut ist wie der hier gezeigte französische, fördert den ausbalancierten leichten Sitz und verhindert, daß der Reiter im Sprung hinter der Bewegung bleibt und die Schenkel nach vorne rutschen. Leider achten zu viele Reiter beim Kauf eines Springsattels nur darauf, daß er gut vorgepauscht ist, wodurch aber bei vielen Sätteln gleichzeitig der tiefste Punkt hinten liegt.

Die Pauschen des französischen Sattels liegen über dem Knie, so daß das Knie ganz dicht am Pferd liegt. Pauschen, die weit herunterreichen und zwischen Knie und Pferdekörper liegen, erschweren einen guten Knieschluß und somit festen Sitz und Einwirkung.

Der französische oder Danloux-Sattel ist zu beziehen bei:

Monsieur Duprey
5, Rue Troyon
F-75017 Paris

Außerdem ist dieser Sattel, soviel ich weiß, der einzige in der Welt, der ein patentiertes bewegliches Bügelschloß hat. Es bürgt für größtmögliche Sicherheit beim Sturz und erleichtert die tägliche Arbeit, da man

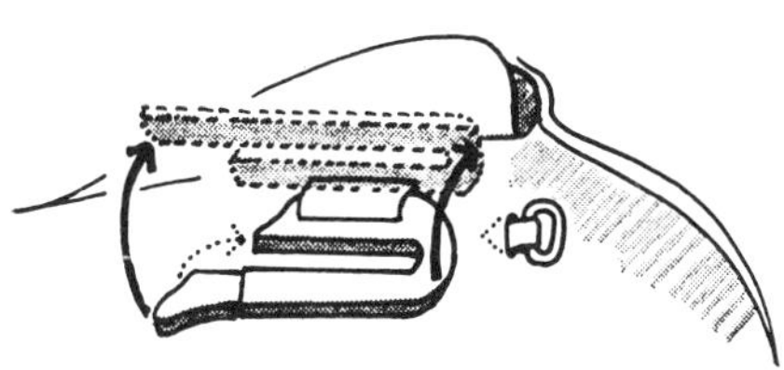

Bild 127. Bewegliches Bügelschloß.

Bild 128. Der Bügelriemen läßt sich bequem ein- und aushaken.

Bild129. Schief sitzender Reiter.

den Bügelriemen einfach aus- und einhaken kann. Dieses Schloß soll, wie alle anderen, immer offengehalten werden; dennoch kann man bei vielen konventionellen Sätteln auch bei offenem Bügelschloß den Bügelriemen nur mit größter Anstrengung durch das unbewegliche Schloß zwängen.

Ein anderer Fehler, den man bei gebrauchten Sätteln beobachten kann, ist der, daß sie einseitig schief sind. — Das ist allerdings weniger der Fehler des Sattlers als der des Reiters, der den Sattel schief gesessen hat.

Viele Reiter belasten eine, meistens die linke, Gesäßhälfte zuviel. Wenn das Gesäß seitlich verschoben ist oder der Reiter in der Hüfte einknickt, belastet er eine Gesäßhälfte mehr als die andere, meistens ohne es selbst zu wissen. Sitz und Einwirkung des Reiters sind dadurch gleich Null. Die Gründe für den schiefen Sitz sind einmal, daß der linke Bügelriemen durch das Aufsteigen zu sehr gedehnt ist und nun

Bild 130. In der Hüfte eingeknickter, schief sitzender Reiter.

Bild 131. Falsches Aufsitzen: Der Sattel wird schiefgezogen.

Bild 132. Korrektes Aufsitzen.

trotz gleicher Lochzahl länger ist als der rechte. — Deshalb muß man die Bügelriemen regelmäßig wechseln.

Zum anderen steigen viele Reiter falsch auf. Sie ergreifen beim Aufsteigen mit der rechten Hand den hinteren Rand des Sattels auf der gegenüberliegenden Seite, ziehen den Sattel mit ihrem ganzen Gewicht schief nach links herüber. Nach einiger Zeit verzieht sich der ganze Sattel nach links, besonders wenn er einen Federbaum hat.

Man kann aufsteigen, ohne den Sattel zu verziehen, wenn man mit der rechten Hand in der Mitte über den Sattel greift.

Durch einen schief sitzenden Reiter wird der Sattel schief, in einem schiefen Sattel kann man dann nur noch schief sitzen. Es leuchtet ein, daß bei so ungleich verteiltem Reitergewicht auch das Pferd schwerlich gerade gehen kann. Es kann mit den Hinterhufen nicht mehr in die Spur der Vorderhufe fußen und beginnt wie ein Hund zu gehen.

Dieselbe Gefahr besteht auch beim Reiten im Damensattel. Es ist schwierig, den Schwerpunkt senkrecht über dem des Pferdes zu halten, und meistens wird die linke Seite mehr belastet.

Beim Satteln muß man darauf achten, daß der Sattel richtig liegt. Man soll den Sattel nicht von hinten nach vorne schieben, sondern ihn auf den Widerrist legen (... nicht „knallen") und vorsichtig nach hinten in die richtige Lage schieben. Die richtige Lage ist sehr wichtig, denn ein zu weit vorne liegender Sattel behindert Bewegungsfreiheit, Schulter und Vorhand. Außerdem scheuert der Gurt dann meistens hinter den Ellbogen.

Daß das Vorderzeug den Sattel davor bewahrt, zu weit nach hinten zu rutschen, haben wir schon besprochen.

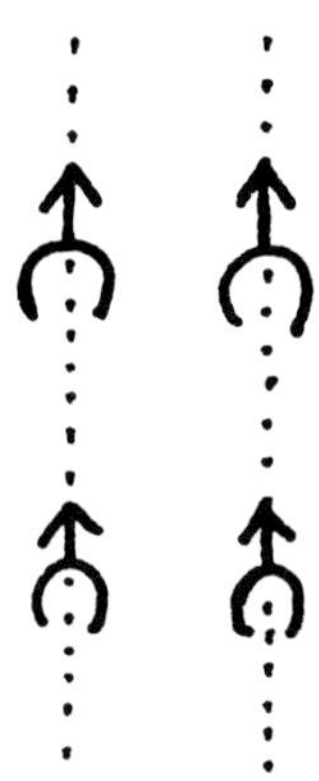

Bild 133. Gerade gehendes Pferd.

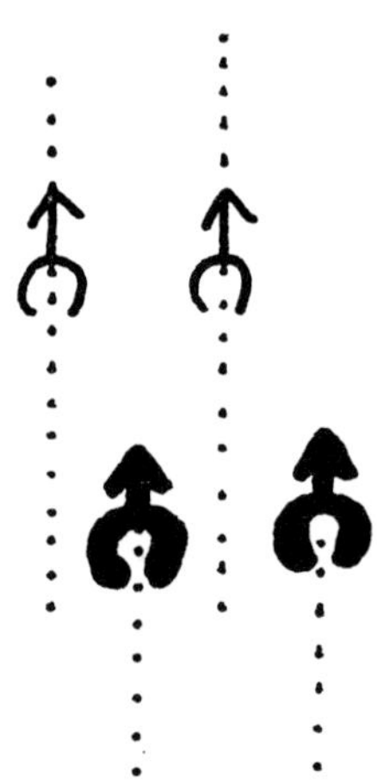

Bild 134. Schief gehendes Pferd eines schief sitzenden Reiters.

Bügelriemen

Normalerweise werden die Bügelriemen so geschnallt, daß die Schnalle oben unter der Satteldecke liegt. Diese Schnallung ist sehr ungünstig, da sie nicht nur die Lasche verbeult, sondern auch den Reiterschenkel schmerzhaft behindert, besonders wenn die Bügelriemen noch neu sind. Wesentlich günstiger ist folgende Schnallung:

Die Schnalle sitzt unten am Bügel, auf der dem Stiefel abgewandten Seite. Das Ende des Bügelriemens wird wieder durch die Schnalle gesteckt und dann durch eine Lederöse gehalten. Das Ende soll höchstens drei bis vier Loch lang sein; das genügt vollkommen.

Will man die Bügellänge verschnallen, nimmt man einfach den Fuß aus dem Bügel, erfaßt das Schnallenende mit der Hand und ändert die Länge, ohne dabei das Bein vom Pferd nehmen zu müssen.

Bügel

Die Bügel müssen immer schwer und weit genug sein, so daß bei einem Sturz der Fuß leicht aus dem Bügel rutschen kann. Der Fuß soll immer an der inneren Bügelkante liegen.

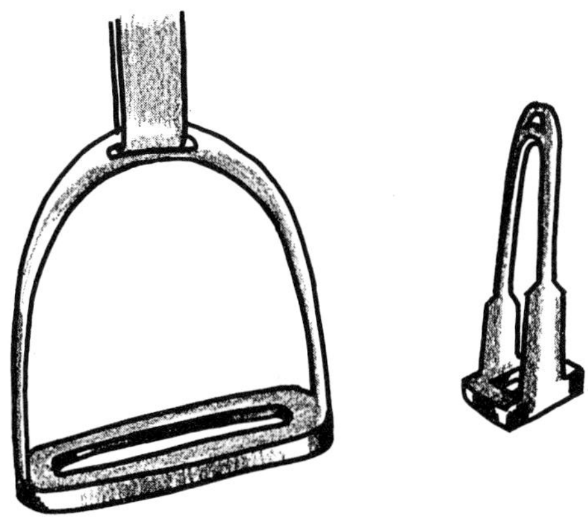

Bild 137. Der asymmetrische Steigbügel (rechter Bügel).

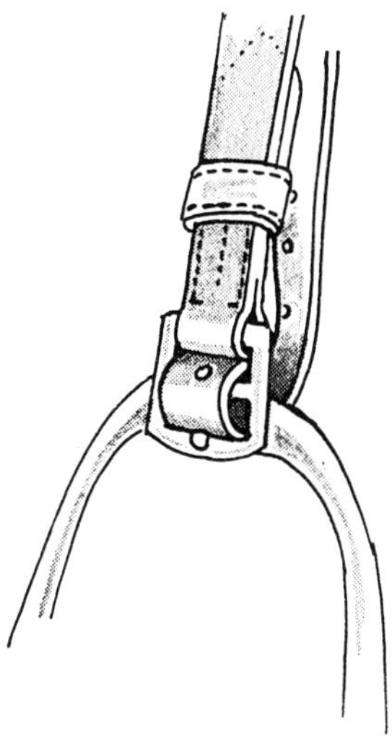

Bild 135. Bügelriemenschnalle am Bügel.

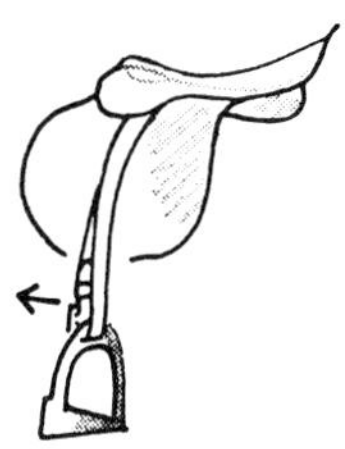

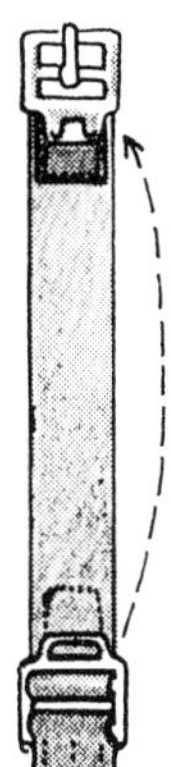

Bild 136. Bügelriemen, den man zum Aufsteigen durch Haken verlängern kann.

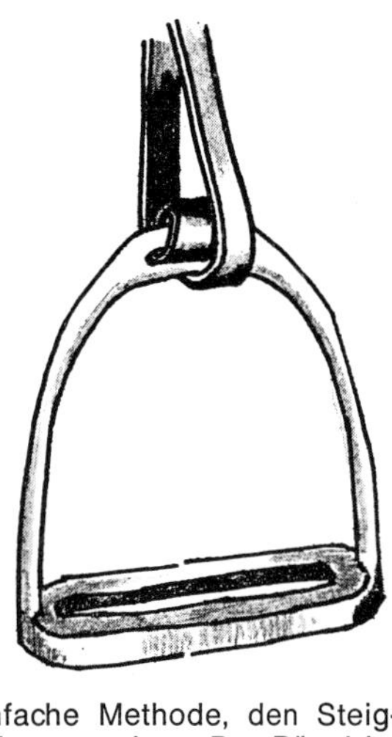

Bild 138. Eine einfache Methode, den Steigbügel asymmetrisch zu machen: Der Bügelriemen wird einmal um die äußere Seite des Bügelbogens gewickelt.

Bild 139. Eine selbstgefertigte abgeschrägte Bügeleinlage.

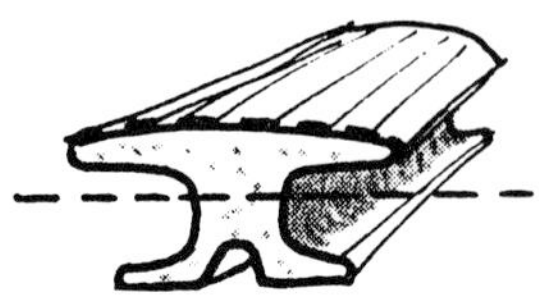

a) Man zerschneidet eine normale Gummieinlage in zwei Teile.

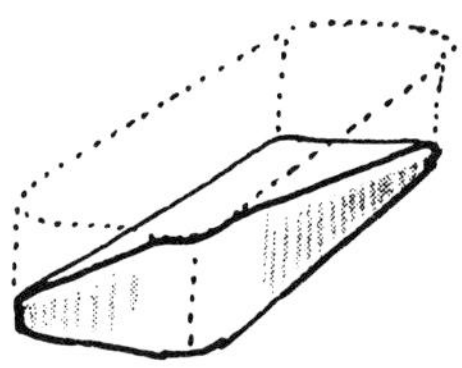

b) Man schrägt einen Holzkeil zu einer Seite und nach hinten ab. Dann nagelt man den oberen Teil der Gummieinlage oben auf die schräge Fläche des Holzkeils und den unteren Teil auf die untere waagerechte Fläche.

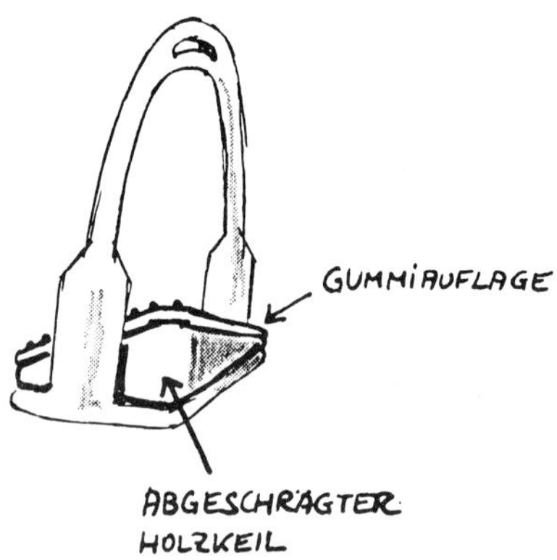

c) So kann man auch diese keilförmige Einlage leicht aus dem Bügel herausnehmen.

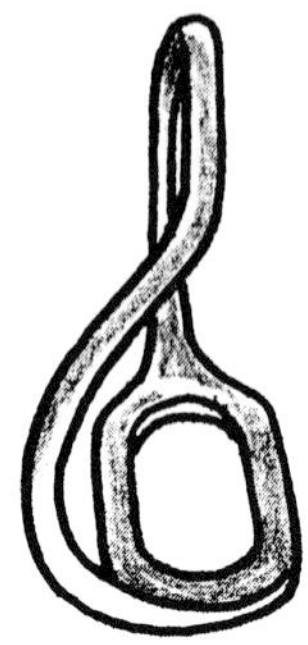

Bild 140. Australischer Sicherheitsbügel von der Seite (linker Bügel).

Bild 141. Sicherheitsbügel mit Gummiring.

Eine abgeschrägte Bügeleinlage erleichtert eine gute Schenkellage mit tiefem Absatz und leicht nach außen geknicktem Fuß, was wiederum für den nötigen Knieschluß im leichten Sitz nötig ist.

Es gibt diese Einlagen fertig zu kaufen, man kann sie sich aber auch aus Holz leicht selber herstellen.

Man schneidet eine gewöhnliche Gummieinlage der Länge nach auseinander und nagelt den Holzkeil dazwischen. Die untere Gummischicht hält die Einlage im Bügel, der Stiefel findet auf der oberen Gummischicht Halt. Man fertigt je eine Einlage für den rechten und den linken Bügel an. Die Schrägung fällt jeweils nach hinten und innen ab.

Beim Springen kann man zusätzlich den australischen Sicherheitsbügel benutzen, und zwar den mit dem gebogenen äußeren Schenkel.

Der Sicherheitsbügel mit dem Gummiring an der äußeren Seite ist nicht zu empfehlen, da er meistens zu eng ist und der Fuß durch das untere äußere Ende eingezwängt werden kann.

Satteldecke

Die Satteldecke ist nicht als Zierde, sondern als Schutz für den Sattel gedacht, damit der Pferdeschweiß nicht das Leder des Sattels

zerstört. Beim Satteln muß man darauf achten, daß die Satteldecke glatt liegt und keine Falten wirft. Vorne muß sie gut eingekammert sein, da sonst Druck entsteht.
Es gibt jetzt sehr praktische Satteldecken aus Frottee oder Leinen, die sich leicht waschen lassen.
Besonders bei jungen Pferden oder Pferden mit empfindlichem Rücken ist die lederne Satteldecke etwas „kalt".
Da empfiehlt sich die waschbare Lammfelldecke — Fellseite zum Pferd —, die entschieden die angenehmste für den Pferderücken ist. Sie kann weder Falten werfen noch drücken, ist weich, warm, luftdurchlässig und bleibt bei sachgemäßem Waschen viele Jahre schön. — Dafür ist sie aber auch teurer als andere Decken, aber die einmalige Anschaffung lohnt sich. (Waschanleitung wird mitgeliefert.)
Die Filzdecke ist in Deutschland zwar weit verbreitet, aber trotzdem nicht zu empfehlen, da sie zu viele Nachteile hat:
Sie saugt allen Schweiß auf und nimmt besonders während des Haarwechsels zu schnell Pferdehaare an, die sich nur sehr schwer wieder entfernen lassen.
Außerdem ist die Filzdecke nur schwer zu waschen und noch schwerer zu trocknen. — Deshalb sind diese Filzdecken oft von unten völlig verdreckt und verklebt und so hart wie ein Brett. In diesem Zustand sind sie natürlich ein idealer Nährboden für Bakterien und als Sattelunterlage abzulehnen.

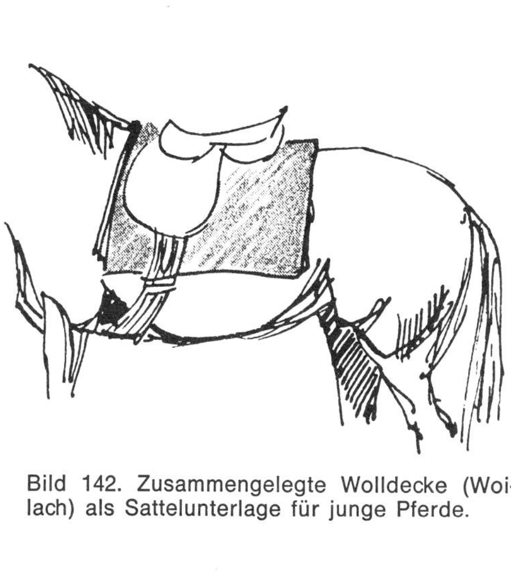

Bild 142. Zusammengelegte Wolldecke (Woilach) als Sattelunterlage für junge Pferde.

Beim Einreiten junger Pferde nehme ich als Sattelunterlage eine zusammengefaltete Wolldecke. Dadurch wird die beim jungen Pferd noch empfindliche Rücken- und Nierenmuskulatur warm gehalten und entspannt sich.
Eine „kalte" Satteldecke verführt in diesem frühen Stadium das junge Pferd dazu, zu bocken, sich zu wehren und mit hohem und steifem Rücken zu gehen.

Gurte

Nach meinen Erfahrungen genügt von allen auf dem Markte befindlichen Gurttypen der deutsche Cord- oder Schnurengurt den Anforderungen am besten.

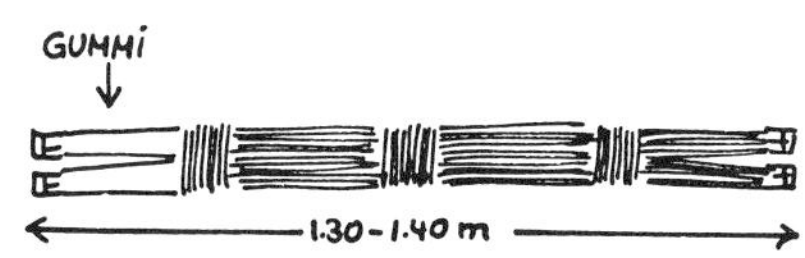

Bild 143. Weißer Schnurengurt.

Er ist aus starkem Eisengarn gemacht und besteht aus vielen runden Schnüren, die an drei Stellen durch Querbänder in Lage gehalten werden. Dadurch kann der Gurt sich nicht zusammenrollen, und durch die runden Kanten verletzt er das Pferd nicht hinter den Ellbogen. Der Druck des Gurtes ist gleichmäßig rund um den Pferdekörper verteilt.
Durch die vielen einzelnen Schnüre ist der Gurt luftdurchlässig, das Pferd schwitzt deshalb nicht darunter. Darum hat dieser Gurt sich auch in warmen Ländern bestens bewährt.
Am angenehmsten für das Pferd ist der Gurt, wenn an einem Ende zwei Gummiteile (Gurtella) eingearbeitet sind.
Man reinigt den Cordgurt, indem man ihn eine Nacht lang in einem Eimer mit warmem Wasser einweicht (falls der Gurt einen Gummieinsatz hat, läßt man dies Ende

aus dem Eimer heraushängen). Dem Wasser setzt man eine Handvoll Waschpulver oder Salz zu. Das Salz löst über Nacht den Schweiß, und der Gurt läßt sich am nächsten Tag leicht waschen.

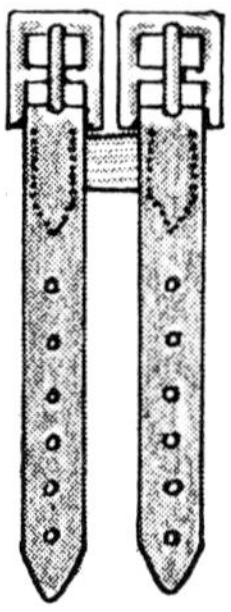

Bild 144. Gurtverlängerung passend zu jedem Gurt.

Der in England und Irland viel gebrauchte Nylongurt hat einen Nachteil: Seine Schnüre werden nicht durch Querbänder gehalten und können sich daher unter dem Pferd und hinter dem Ellbogen zu einem Strick zusammenrollen. Das tut dem Pferd weh und verletzt es zu leicht. — Man kann sich helfen, indem man drei harte Lederstücke von außen in regelmäßigen Abständen aufnäht und die Schnüre so in Lage hält.

Bild 145. Nylongurt mit drei aufgenähten Lederstücken, um die Schnüre in Lage zu halten.

Der gekreuzte Ledergurt ist zwar haltbar und leicht sauber und geschmeidig zu halten, ist aber hinter den Ellbogen zu schmal, so daß der Druck an diesen Stellen nicht genug verteilt wird.

Bild 146. Gekreuzter Ledergurt.

Der dreifach zusammengelegte Ledergurt ist ebenso haltbar, leicht zu reinigen und geschmeidig zu halten wie der gekreuzte Ledergurt; nur ist er nicht luftdurchlässig, da er aus einem Stück besteht. Deshalb ist er besonders im Sommer und in warmen Ländern unangenehm.

Leinengurte, ein- oder zweiteilig, sind nicht zu empfehlen, da ihre scharfen Kanten die empfindliche Haut hinter den Ellbogen leicht verletzen. Wenn man den scharfkantigen Gurt benutzen muß, dann sollte man ihn durch einen Motorradschlauch ziehen, das mildert die scharf einschneidenden Kanten.

Einen Sicherheitsgurt sollte man beim Springen, auch im Training, immer benutzen. Leider erinnern sich die meisten Reiter erst dann an den Sicherheitsgurt, wenn sie einen Unfall gehabt haben, der durch einen gerissenen Gurt verursacht wurde. Solche Unfälle sind nicht nötig, wenn man die kleine Mühe nicht scheut, einen Sicherheitsgurt anzulegen. Man zieht den Sicherheitsgurt an beiden Seiten durch die Schlaufen des Vorderzeuges, damit er auch während der Arbeit genau auf dem Sattelgurt liegenbleibt. Verrutscht er, können die scharfen Kanten einschneiden. Die Schnalle sitzt immer unten unter dem Pferd.

Beim Angurten — gleichgültig, welchen Gurt man benützt — muß man immer darauf achten, daß die Schnallen auf beiden Seiten gleich hoch liegen.

Die Pflege des Sattelzeugs

Das Geschirr sollte mindestens zweimal wöchentlich gereinigt werden, wenn es die Zeit erlaubt, sogar öfter. Glyzerin-Sattelseife reinigt das Leder und hält es weich. Verwenden Sie handwarmes Wasser und reinigen Sie das Geschirr zuerst mit einem gut ausgedrückten Schwamm mit Sattelseife. Dann wird es mit einem Tuch abgetrocknet und aufgehängt. Wenn das Leder getrocknet ist, wird es mit „Harri's Sattelpaste“ eingerieben. Das macht man am besten mit den Fingern, da das Mittel

77 Bild 147. Ein altes, sehr praktisches Sattelreinigungsgestell: Mehrere Leute können zur selben Zeit daran arbeiten. Die Tischplatten sind sehr wandlungsfähig.

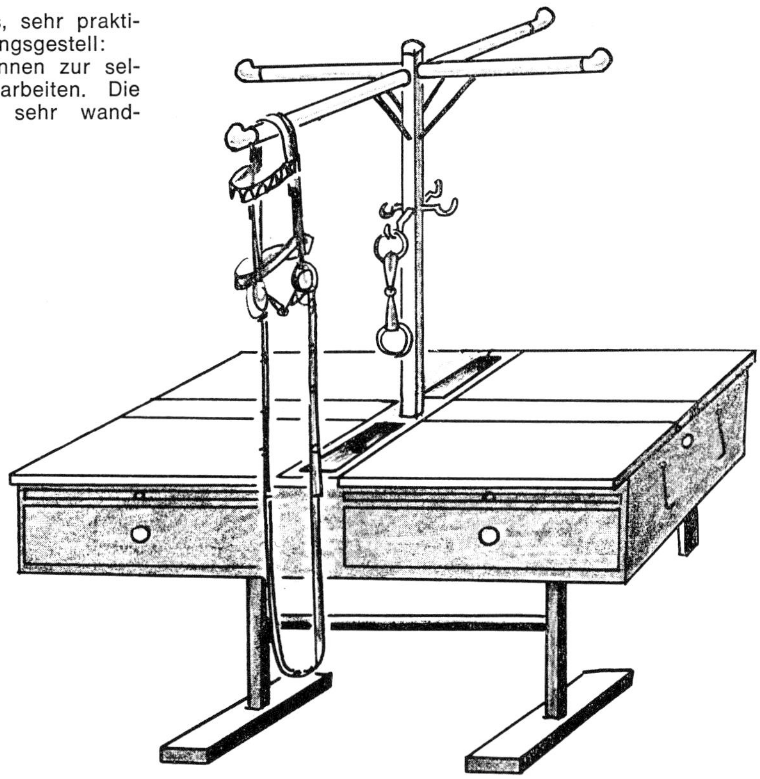

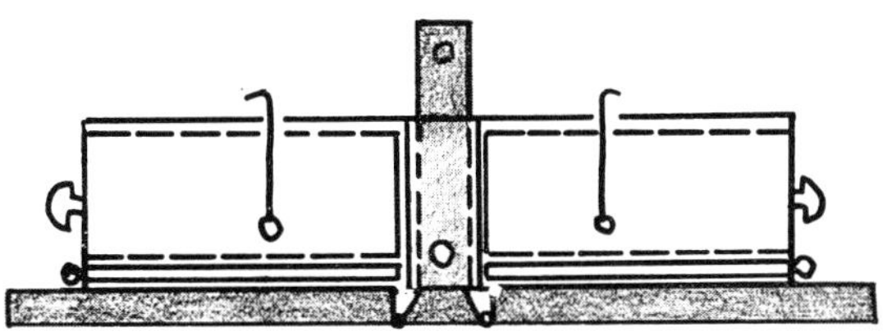

Bild 148. Tisch als ebene Arbeitsfläche.

Bild 149. Tisch in Sattelbock-Stellung.

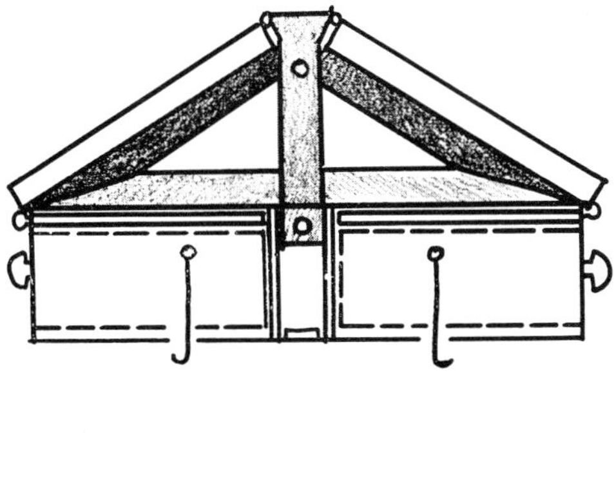

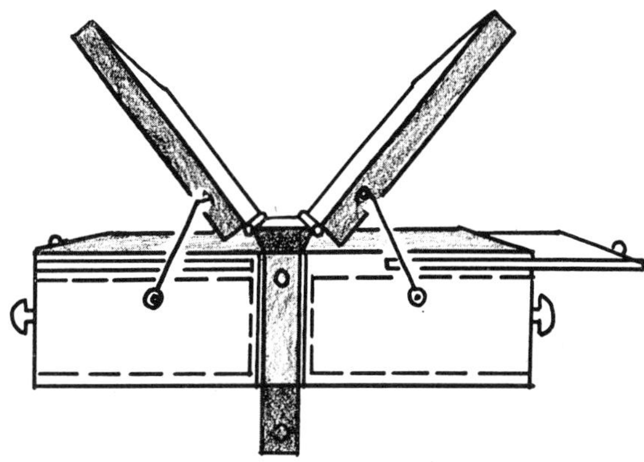

Bild 150. Tischplatte V-förmig hochgeklappt, um den Sattel von unten zu reinigen. In der Fuge zwischen den beiden Tischplatten sind Behälter für die Sattelseife, unter den Platten sind Schubladen für das übrige Putzzeug.

durch die Wärme der Hand tiefer in das Leder eindringt. Es wird sich dann nie klebrig anfühlen und keine Flecken auf der Reitkleidung hinterlassen. Wenn die Paste nur mit einer Bürste eingerieben wird, zieht sie nicht ins Leder ein, und es wird brüchig. Anschließend polieren Sie alles Leder mit einer weichen Bürste oder mit einem Tuch nach. Verwenden Sie nie Öl, da es das Leder zu fett und klebrig macht.
Um die Unterseite des Sattels zu reinigen, legen Sie ihn am besten verkehrt auf einen speziellen Sattelbock.
Alle Metallteile sollen wie Silber glänzen; das Gebiß muß aus Hygienegründen jedesmal nach dem Reiten gesäubert werden. Um Infektionen zu vermeiden, sollten auch Gurte und Satteldecken peinlich sauber gehalten werden.

Bandagen

Im Training brauchen die Beine des Springpferdes unbedingt Schutz. Nicht nur beim Longieren, Freispringen, bei der Cavalettiarbeit und beim Springen, sondern auch beim Frei-laufen-Lassen und beim Transport sollte man die Beine des Pferdes schützen.
Es ist zu ärgerlich, wenn ein frisches Pferd sich beim Herumtollen ein Überbein schlägt oder sich greift, nur weil man aus Nachlässigkeit keine Bandagen angelegt hat.
Bandagen sind auf alle Fälle keine Verweichlichung und sollen noch weniger schon vorhandene Mängel an den Beinen verdekken, wie man aus den Bemerkungen „robuster“ Reiter entnehmen könnte, sondern sollen verhindern, daß solche Mängel überhaupt entstehen.

a) Sandown-Bandage

Wichtig ist bei allen Wickelbandagen, daß die Bänder nie zu stramm gebunden werden, da sie sonst die Blutzirkulation abschnüren und häßliche weiße Stellen hinterlassen.
Ich bevorzuge die englischen „Sandown-Bandagen“, weil sie am vielseitigsten sind. Die erste Hälfte dieser Bandage ist aus flauschigem Wollstoff, die zweite aus einfacher Baumwolle. Das Bein wird also erst weich, dann fest eingewickelt, was einen gleichmäßigen Druck abgibt. Die Bandagen sind elastisch und daher leicht anzubringen. Sie rutschen nicht und schnüren das Bein nicht ein, unterstützen die Sehnen, ohne sie zu schwächen, und schützen die Beine gegen Anschlagen oder Streichen.
Hersteller ist die englische Firma Cliff-Barnsby, Walsall, England.
Der Preis für einen Satz von vier Bandagen: ungefähr DM 60,–.
Man sollte diese Bandage jedoch nicht nur im Training benutzen, sondern die Beine auch nach dem Training einbandagieren, besonders nach anstrengenden Übungen wie Longieren, Cavalettiarbeit und Springen.

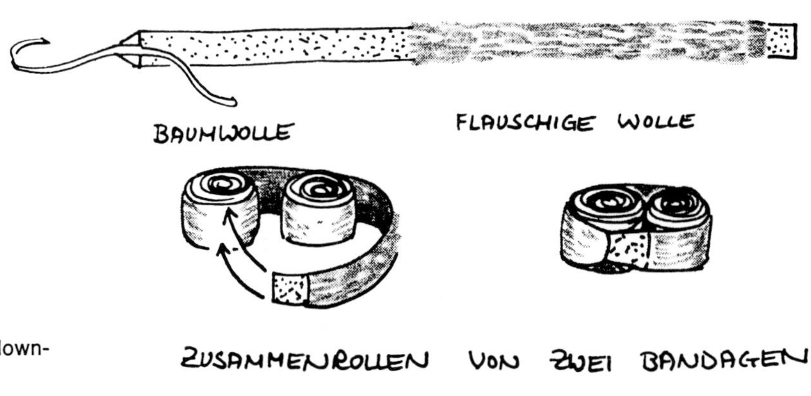

Bild 151. Sandown-Bandage

Schutz der Sehne gegen Greifen

Schutz der Innenseite des Beines gegen Streichen

Schutz des Röhrbeines beim Springen

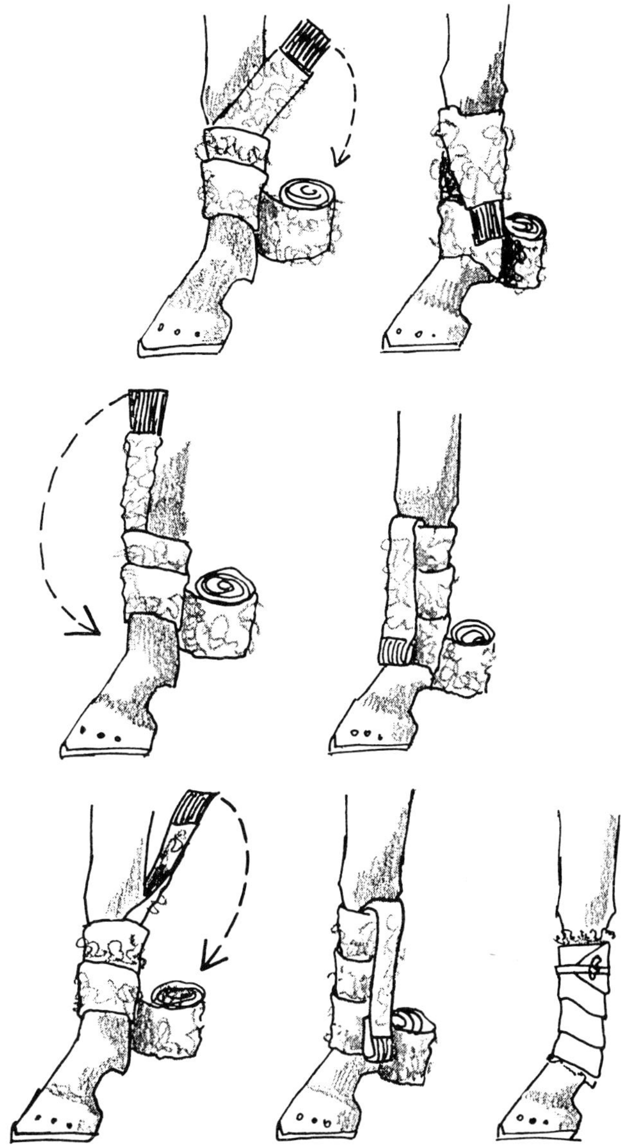

Bild 152.

Nach der Arbeit legt man die Bandagen erneut an, und zwar diesmal etwas loser als beim Reiten. Auch bandagiert man den Fesselkopf mit ein und bindet die Bänder nur lose. Sie geben dem Pferd ein sehr behagliches Gefühl, da sie schön warm sind und freie Blutzirkulation zulassen. Man läßt sie zwei bis vier Stunden nach der Arbeit an den Beinen. Wenn man das regelmäßig

Bild 153. Kühlende Bandage.

macht, verhindert man das Entstehen von Gallen und wird beobachten, daß eventuell schon vorhandene Gallen verschwinden.
In Krankheitsfällen kann man diese Bandage auch als Kühlbandage benutzen, sie bleibt zwölf Stunden kühl und naß. Man kann diese Zeit noch verlängern, indem man oberhalb der Bandage eine umgekehrte Sprungglocke auf das Bein schiebt, die man immer wieder mit Eiswürfeln füllt.

b) Streichgamaschen

Es gibt verschiedene Arten Streichgamaschen, die je nach Geschmack und Gewohnheit in den einzelnen Ländern wechseln:
Die Filzgamasche ist innen mit Lammfell gefüttert und hat außen einen Lederschutz, der am unteren Ende der Rundung des Fesselkopfes angepaßt sein muß. Die Gamasche wird mit drei seitlichen Schnallen geschlossen. Schaumgummifütterung bei Gamaschen ist nicht zu empfehlen, da sie oft Hautreizungen und Infektionen verursacht.
Den gleichen Gamaschentyp gibt es ganz aus Leder oder ganz aus Filz (ist nicht so haltbar), mit Schnall-, Steck- und Hakverschlüssen.

Für alle Gamaschen gilt, daß man beim Anlegen erst die mittlere Schnalle schließt, dann die obere und zuletzt die untere. Diese untere Schnalle darf nur lose angezogen werden, damit der untere Rand der Gamasche nicht am Fesselkopf scheuert, falls Sand oder dergleichen dazwischengeraten sollte.

c) Sprungglocken

Sprungglocken sind besonders wichtig, da jedes Pferd sich einmal greifen kann. Das gibt unangenehme Verletzungen, die nur langsam heilen, und es dauert oft Wochen, bis eine Kronenverletzung ausgewachsen ist.
Es gibt die verschiedensten Typen Sprungglocken, die alle den gleichen Dienst tun:
glatte,
geriffelte,
ohne Verschluß,
mit Steckverschluß,
mit Schnallverschluß. Diese sind am haltbarsten, jede Schnalle ist mit einem Lederstreifen rings um die Glocke aufgenäht. Sie reißen deshalb weniger leicht aus als die vertikal aufgenähten Steckverschlüsse.

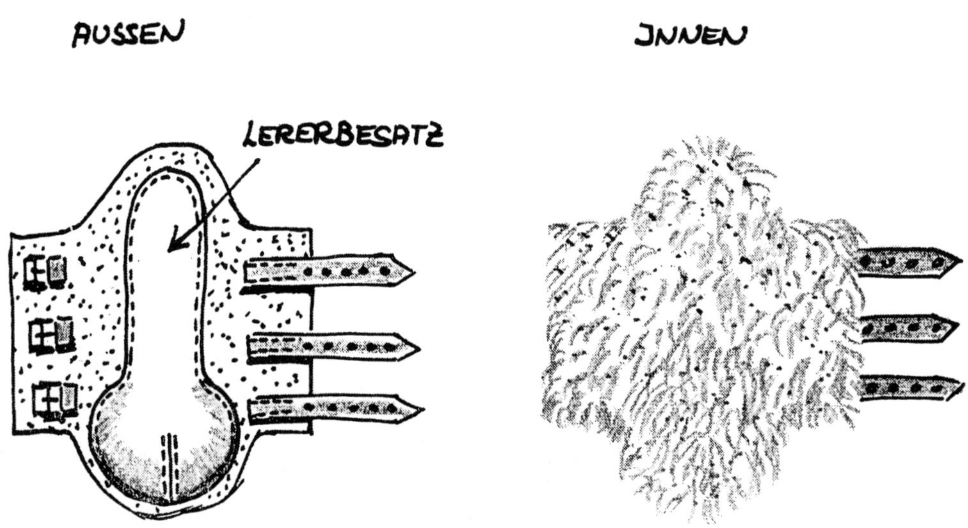

Bild 154. Filzgamasche mit drei Schnallen, innen lammfellgefüttert.

81 d) Kniekappen (Vorderfußwurzelschoner)

Kniekappen sind besonders beim Transport, aber auch beim Freispringen zu benutzen. Sie werden aus weichem Filz mit Lederbesatz hergestellt. Innen kann man als Extraschutz für das Vorderfußwurzelgelenk Lammfell oder ein Stück Schaumgummi einkleben.

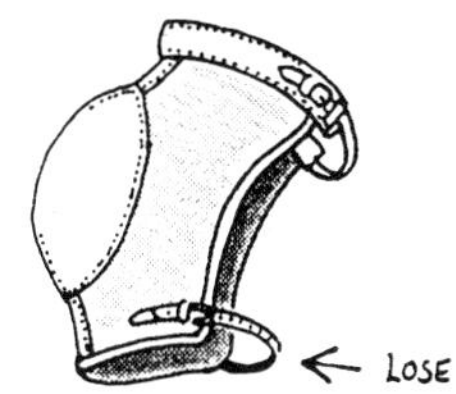

Bild 157. Sprunggelenkkappe.

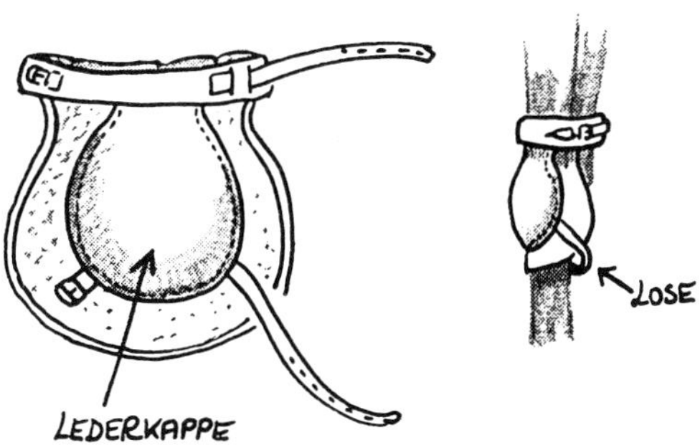

Bild 155. Vorderfußwurzelschoner.

Die untere Schnalle muß immer lose geschnallt werden, da sie sonst spannt, wenn das Pferd das Bein beugt.

e) zum Transport

Man kann sich spezielle Transportgamaschen machen lassen. Sie bestehen aus einem großen Stück dicken, weichen Filz, das von mehreren aufgenähten Lederstreifen mit Schnallen gehalten wird. Am unteren Rand wird der Filz mit einem Lederstreifen eingefaßt. Dieser Schutz reicht über die Krone bis zum Boden herunter.

Sprunggelenkkappen sind für den Transport auch sehr zu empfehlen. Wenn das Pferd im Transporter ausschlagen sollte, kann es sich sehr leicht Piephacken holen, deshalb sollte man die Sprunggelenke schützen.

Bild 156. Transportbandage.

Sporen

Sporen dürfen nur von Reitern getragen werden, die ihre Schenkel unter Kontrolle haben, und selbst erfahrene Reiter müssen bei empfindlichen Pferden äußerst vorsichtig mit den Sporen umgehen.

Junge, unerfahrene Pferde dürfen noch nicht mit Sporen geritten werden; erst, wenn sie den vorwärts- und seitwärtstreibenden Schenkel (mit Peitschenunterstützung) unterscheiden gelernt haben, darf man bei Bedarf anfangen, sie mit Sporen zu reiten.

Viele hoch im Blut stehende Pferde werden ihr ganzes Leben lang erfolgreich ohne Sporen geritten und gesprungen.

Faule Pferde kann man mit Sporen jedoch dazu anregen, schneller auf die Schenkelhilfen zu reagieren. Rossige Stuten werden nicht mit Sporen geritten.

Der Gebrauch der Sporen soll für das Pferd eine Strafe sein; sie dürfen deshalb nur dann in Aktion treten, wenn das Pferd nicht prompt genug auf den Schenkel reagiert. Und dann werden die Sporen nur in einem kurzen Stoß gegeben; wie stark man diese Sporenhilfe gibt, hängt ganz von der Emp-

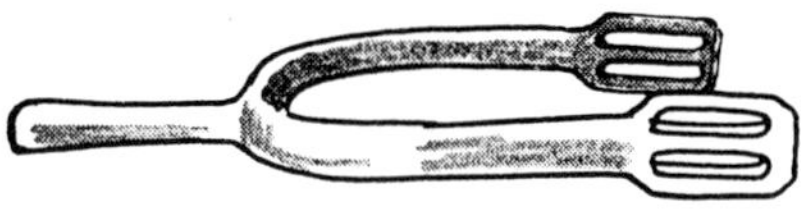

Bild 158. Französischer Sporn mit langem, geradem Hals.

findlichkeit des Pferdes ab. Die Sporenhilfe muß jedoch so nachdrücklich gegeben werden, daß das Pferd sie auch respektiert und das nächste Mal dem Schenkel auch ohne Sporn gehorcht. Stumpfe Sporen und regelmäßiger Gebrauch stumpfen das Pferd ab und bewirken das Gegenteil, nämlich, daß das Pferd dann den Schenkel ohne Sporn gar nicht mehr respektiert.

Falscher Sporengebrauch, dauerndes „Drinhängen“ oder „Klammern“ mit den Sporen macht das Pferd nicht nur stumpf, sondern auch „sauer“. Kreisender Schweif und angelegte Ohren sind ein sicheres Zeichen für falschen Sporengebrauch.

Ich empfehle den französischen Sporn mit langem, geradem Hals. Man kann das Pferd leicht damit erreichen, ohne es zu verletzen.

Bei diesen Sporen ist der Arm lang genug, daß man das Pferd jederzeit damit erreichen kann.

Stumpfe Sporen sind abzulehnen, da sie ihren Zweck nicht erfüllen.

Scharfe Sporen sind ebenfalls abzulehnen, da sie das Pferd verletzen.

Ebenso gefährlich sind Sporen mit Rädern, wie zum Beispiel die meisten Anschlagsporen.

Denn zwischen den Rädchen und dem Sporn können sich Sand oder Pferdehaare festsetzen, so daß das Rädchen klemmt und dann so scharf wie eine Rasierklinge ist.

Zweiter Teil

Erstes Jahr der Ausbildung

4 Einreiten

Erstes Aufzäumen und Satteln des Pferdes

Wenn man ein rohes Pferd zum Einreiten in den Stall holt, sollte man das möglichst im Frühjahr tun. Wenn das Pferd den Winter auf der Weide zugebracht hat, ist es locker, hat meistens wenig Ausdauer und ist nicht zu fett. Zu diesem Zeitpunkt besteht keine Gefahr, daß es während der Anfangsarbeit zum Pfeifer wird, weil es zu fett ist — außerdem erspart man sich eine Menge Ärger und Mühe, da das junge Pferd nicht so widersetzlich sein wird wie zum Beispiel im Sommer oder im Herbst.

Es ist ein großer Fehler, das Pferd im Stall erst gut herauszufüttern, ehe man anfängt, es zu satteln und zu longieren. Je stärker es wird, je mehr Hafer es vorher bekommt, je mehr riskiert man, daß das zu frische Pferd beim Longieren bockt und herumspringt und sich dabei eventuell verletzt.

Aufhalftern

Jedes junge Pferd ist mehr oder weniger scheu. Unverständnis oder Ungeduld von seiten des Trainers kann besonders beim Anfangstraining bleibenden Schaden anrichten.

Wenn man ein junges Pferd aufhalftern will, das kopfscheu zu sein scheint und sich nicht fangen läßt, soll man nach Betreten der Box niemals gleich von vorne auf seinen Kopf zugehen. — Man spricht ruhig mit dem Pferd, ohne laut zu werden, und geht Schritt für Schritt auf den Widerrist zu, ohne dabei eine plötzliche Bewegung zu machen. Nun versucht man, das Pferd am Hals zu klopfen und mit der rechten Hand einen Strick um den Pferdehals zu legen, den man mit der linken Hand annimmt. Die beiden Strickenden läßt man von einem Helfer festhalten, während man selber mit ruhigen Bewegungen versucht, das Halfter anzulegen. Besonders beim Zuschnallen muß man langsam und vorsichtig vorgegen, da die Bewegungen der Hände neben dem Kopf das junge Pferd erschrecken können.

Bei besonders kopfscheuen Pferden läßt man das Halfter so lange auch beim Reiten

Bild 159. Erstes Aufhalftern.

Bild 160. Damit das Pferd ohne Zwang lernt, angebunden zu stehen, sich niemals am Kopf verletzt oder kopfscheu wird, bindet man es nicht am Ring an, sondern an einem Bindfaden, den man in den Eisenring knotet. Will es sich dann befreien, so reißt der Bindfaden. Da das Pferd keinen Widerstand spürt, gibt es auf, nachdem es sich fünf- bis zehnmal losgerissen hat. Diese Erfahrung habe ich immer wieder gemacht, selbst bei Hengsten.

Bild 161. Bindet man ein junges Pferd am Eisenring an, so wird es früher oder später einmal versuchen, sich loszureißen. Dann reißt entweder der Riemen oder das Halfter, oder aber es besteht die Gefahr, daß das Pferd bleibenden Schaden am Nervenzentrum hinter den Ohren nimmt und kopfscheu wird.

unter dem Kopfstück an, bis das Pferd sich eingewöhnt hat und leichter zu fangen ist.

Auftrensen

Die Schwierigkeit beim Auftrensen eines jungen Pferdes besteht im Anfang darin, daß es das Maul nicht öffnet, wenn man das Gebiß einlegen will. Man kann das Pferd überlisten, indem man etwas Hafer oder Möhren in der linken Hand über dem Gebiß hält. Das Pferd wird gleichzeitig mit dem Hafer oder den Möhren das Gebiß ins Maul nehmen.

(Übrigens: Ein guter Ausbilder hat immer einen Leckerbissen für das Pferd in der Tasche, Würfelzucker, Hafer oder Möhren, je nachdem, was das Pferd am liebsten mag. Diese Belohnung ist keine überflüssige Verwöhnung, sondern ein wichtiger Teil des Trainings, da es das nötige Vertrauen des Pferdes in den Ausbilder fördert. Dieses Vertrauen sollte man niemals unterschätzen, es erspart viel Zeit und Ärger.)

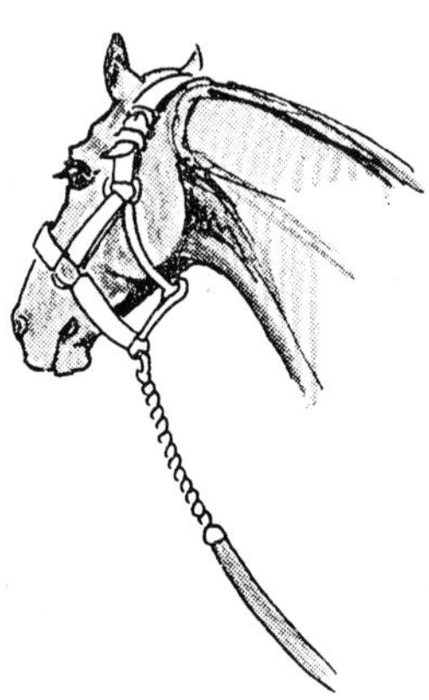

Bild 162. Führzügel mit Kette.

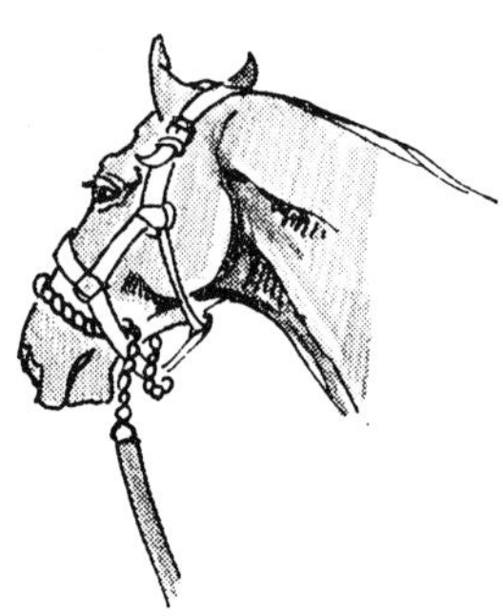

Bild 163. Wenn das Pferd beim Führen vorwärtsstürmen will, schlingt man die Kette des Führzügels um das Nasenbein.

Bild 164. Will man die Schlinge lösen, läßt man den Führzügel etwas nach, die Schlinge rutscht vom Kopf, und man zieht den Führzügel einfach in die Normallage.

Bild 165. Erstes Auftrensen ohne Stirnriemen.

Ein besonders kopfscheues Pferd erschrickt am meisten, wenn ihm die Trense über die Augen und Ohren gezogen wird. Ich habe folgende Methode mit Erfolg angewandt:
Man schnallt den Stirnriemen ganz aus und schnallt das Zaumzeug an der linken seitlichen Backenschnalle auseinander. Jetzt ergreift die linke Hand das linke Backenstück und die rechte Hand das rechte Backenstück mit dem Genickstück. Dann schiebt man mit der rechten Hand das Genickstück in der Nähe des Widerrists von rechts nach links über den Mähnenkamm.
Nun bewegt man langsam das Kopfstück hinauf zu den Ohren und schiebt mit der linken Hand das Gebiß ins Maul, während die rechte Hand noch immer die andere Seite des Zaumzeuges um den Hals hält. Man schiebt nun das Genickstück langsam in die richtige Lage hinter den Ohren und schließt die linke Backenstückschnalle.
So arbeitet man sich langsam von hinten nach vorne vor, ohne daß man das Kopfstück über die Augen und Ohren ziehen muß.
Wenn man dies ein paarmal geübt hat, kann man das Stirnband vorher rechts auf das Genickstück schieben. Man geht ansonsten genauso vor, wie oben beschrieben, nur kann man jetzt beim Schließen der linken Backenstückschnalle leicht das Stirnband mit fassen.
Genauso vorsichtig – mit Auseinanderschnallen – nimmt man das Kopfstück auch wieder ab.
Beim Abtrensen wartet man immer, bis das Pferd das Maul geöffnet hat, und läßt das Gebiß dann nach unten aus dem Maul gleiten.
Es gibt leider genug rohe Reiter, die sogar zu faul sind, beim Abtrensen den Nasenriemen aufzumachen; statt dessen reißen sie mit einem Ruck das Zaumzeug vom Kopf. Ich habe Reiter beobachtet, die diese für das Pferd schmerzhafte Behandlung sogar mit einem Kandarenzaum machen, ohne vorher die Kinnkette zu öffnen.
Kopfscheuheit ist nur durch Geduld zu überwinden und dadurch, daß man mit ruhiger Stimme und ruhigen Bewegungen das Vertrauen des Pferdes gewinnt.

Bild 166. Erstes Auftrensen mit Stirnriemen.

Bild 167. Vor dem Satteln gewöhnt man das Pferd zuerst an das schwungvolle Auflegen der Satteldecke.

Bild 168. So „angelt“ man vorsichtig den Gurt.

Satteln

Wenn ich ein Pferd zum erstenmal sattle, tue ich das am liebsten in seiner Box, in der ihm vertrauten Umgebung. Voraussetzung ist natürlich, daß die Box groß genug und die Decke nicht zu niedrig ist.

Jetzt im Anfangsstadium benutze ich unter dem Sattel immer eine dicke Wolldecke, die die Rückenmuskulatur schön warm hält und später, wenn man anfängt zu reiten, weich auf Rücken und Nieren liegt. (Die meisten Pferde bocken ja anfangs nur, weil ein harter Sattel auf dem unentwickelten Rücken drückt und der Gurt ihre Lungen einengt und sie am freien Atmen hindert; siehe Seite 76).

Bevor man den Sattel auflegt, legt man ein paarmal die zusammengefaltete Wolldecke auf. Da sie leicht ist und dem Pferd nicht weh tut, soll man sie ruhig mit ein wenig übertriebenen Gesten von beiden Seiten auflegen und abnehmen. — Wenn das Pferd sich das, ohne zu scheuen, ruhig gefallen läßt, kann man vorsichtig den Sattel auflegen.

Man hält den Sattel fest und achtet besonders darauf, daß der Gurt nicht unkontrolliert heruntergleitet und gegen das Vorderbein schlägt, weil viele Pferde dann erschrecken und einen Satz machen.

Um den Gurt unter dem Pferd herzuholen, gebraucht man am Anfang am besten einen Handstock, mit dessen gebogenem Handstück man sich den Gurt „angelt“.

Wie jeder Reiter weiß, sind die meisten älteren Pferde schlau genug, sich beim Satteln aufzublasen, so daß man nach einer Weile nachgurten muß. Junge Pferde haben diese Erfahrung noch nicht, stehen beim Angurten still und merken den Druck des Gurtes erst bei den ersten Schritten . . . und dann geht das Bocken los. Deshalb verwendet man den Gurt mit dem elastischen Einsatz und zieht ihn nur lose an.

Damit der Sattel aber dennoch in Lage bleibt (denn ein rutschender Sattel ist ebenso fatal wie ein zu stramm angegurteter), benutzt man ein Vorderzeug.

Nachdem man das Pferd aufgetrenst und vorsichtig gesattelt hat, läßt man es ungefähr eine dreiviertel Stunde lose in der Box stehen, damit es sich an Trense und Sattel gewöhnen kann. Beides, Trense und Sattel, sollten alt sein, da das Pferd sicher versuchen wird, sie an der Wand abzuscheuern. Nach einer Viertelstunde gurtet man auf der rechten Seite ein oder zwei

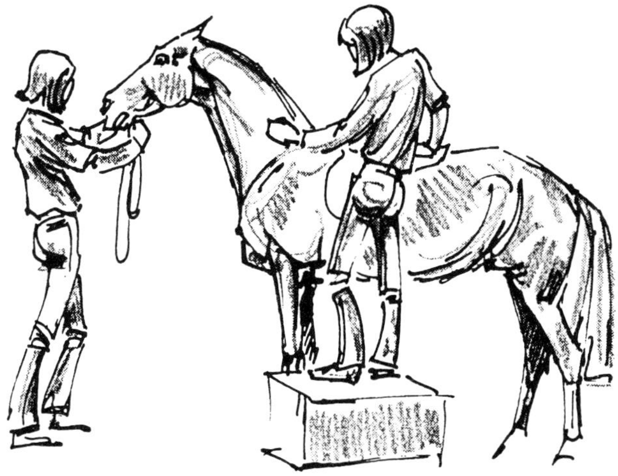

Bild 169. Das Pferd an die „Höhe“ des Reiters gewöhnen.

Loch nach, damit die Haut nicht durch einseitiges Linksangurten an dieser Seite hochgeschoben wird.

Beim Absatteln muß man wiederum sehr vorsichtig mit dem Gurt sein. Läßt man ihn einfach fallen, schlägt er sehr wahrscheinlich gegen das linke Vorderbein, das Pferd erschrickt, springt weg und verliert den Sattel. Deshalb hebt man langsam das eigene linke Bein und fängt mit dem Fuß den fallenden Gurt auf. (Übrigens, diese Art abzusatteln sollte man sich ganz allgemein angewöhnen, denn auch älteren Pferden tut eine an die Beine schlagende Gurtschnalle weh.)

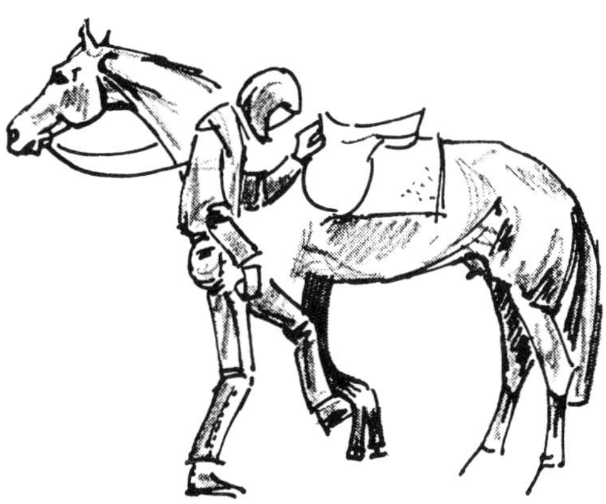

Bild 170. So fängt man den Gurt beim Absatteln auf.

Dieses Auf- und Absatteln und Gesattelt-in-der-Box-Stehen wiederhole ich eine Woche lang dreimal täglich, bevor ich mich zum erstenmal über das Pferd lege. — Diese Woche benutzt man dazu, das Pferd noch an etwas anderes zu gewöhnen: an die Größe des Reiters. Man stellt sich dicht an die Seite des gesattelten Pferdes auf eine Kiste. Das junge Pferd hat nicht so sehr Angst vor dem Gewicht des Reiters als vielmehr vor seiner Größe, wenn er im Sattel sitzt. Der Grund stammt aus der Zeit, als Pferde noch in freier Wildbahn lebten und von Raubkatzen bedroht waren. Die Katzen lagen in einem Baum auf Lauer und sprangen von dort auf die Pferde herab. Die meisten Kutschpferde tragen deshalb Scheuklappen. Sie können dann nicht sehen, was oben auf dem Wagen hinter ihnen passiert.

Wenn das Pferd sich daran gewöhnt hat, daß der Reiter von schräg-oben mit ihm spricht und es klopft, dann ist es Zeit, das Pferd mit dem Reitergewicht im Sattel vertraut zu machen. Das Pferd muß ruhig und gelassen sein, man legt sich einfach über den Sattel, während ein Helfer das Pferd festhält. Man spricht mit dem Pferd und klopft es überall, auch auf der anderen Seite, um es von der Tatsache des Reitergewichtes abzulenken. Dann läßt man das Pferd in der Box herumführen, während beide, Helfer und Reiter, immerfort mit dem Pferd sprechen und es klopfen.

Bleibt das Pferd ruhig, hebt man unmerklich das rechte Bein über die Kruppe und gleitet vorsichtig in den Sattel . . . ohne die Bügel zu benutzen, die man vorher abschnallen sollte.

Bei einem besonders empfindlichen und leicht scheuenden Pferd legt man sich zuerst ohne Sattel über den Rücken. Das Pferd fühlt dann nur das weiche Gewicht des Reiters. Unter dem Sattel konzentriert sich das Gewicht auf die wenigen Punkte, mit denen der Sattel aufliegt.

Zwei Monate lang gewöhnt man das Pferd an Trense, Sattel und Reitergewicht und reitet es in der Box herum. Dann erst reitet man das Pferd zum erstenmal außerhalb der Box, wenn vorhanden in der Halle.

Selbstverständlich wird das Pferd in diesen zwei Monaten geschult: Täglich wird es eine halbe Stunde mit dem Chambon longiert und sachgemäß an der Hand gearbeitet. Dadurch wird das Pferd in diesen beiden Monaten so bemuskelt und ausgebildet, daß es das Reitergewicht dann leicht und ohne unnötige Kraftaufwendung tragen kann.

Ich weiß, daß viele Ausbilder weder die Zeit noch das Geld haben, diese Vorschulung über zwei Monate auszudehnen. Das ist sehr bedauerlich, denn nur so ausführlich kann man ein Pferd ehrlich ausbilden und sich später viele zeitraubende Widersätzlichkeiten ersparen.

Aufsitzen – Absitzen

Da wir gerade dabei sind, das junge Pferd an das Auf- und Absteigen des Reiters zu gewöhnen, möchte ich auf einige Fehler eingehen, die auch bei älteren Pferden immer wieder gemacht werden. Viele junge

Bild 171. Sich über das Pferd legen und klopfen.

Bild 172. Vor dem ersten Aufsteigen mit Bügel läßt man sich erst eine Zeitlang in den Sattel heben.

Pferde werden schon in diesem frühen Stadium verdorben und stehen dann später niemals still.

Ein Pferd muß von Anfang an lernen, beim Aufsitzen unbedingt stillzustehen. — Bevor der Reiter aufsteigt, muß er darauf achten, daß das Pferd alle vier Beine gerade unter sich hat. Nur so kann sich das Pferd mit dem Reiter ausbalancieren. Steht es schlecht, wird es vorwärts oder rückwärts treten, um wieder ins Gleichgewicht zu kommen.

Hoch im Blut stehende, nervöse und kitzlige Pferde stehen oft besonders schlecht. Sie treten schon an, bevor man den Fuß im Bügel hat. Das zeugt von schlechter Erziehung; es kann aber auch sein, daß der Reiter die Angewohnheit hat, seinen Fuß zu weit durch den Bügel zu stecken. Mit der Fußspitze stößt er das Pferd an und veranlaßt es anzutreten.

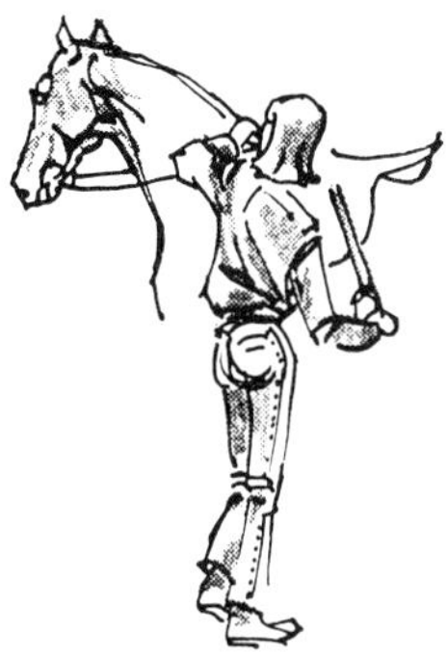

Bild 173. Aufsitzen. Pferd an den Zügel und nach rechts stellen.

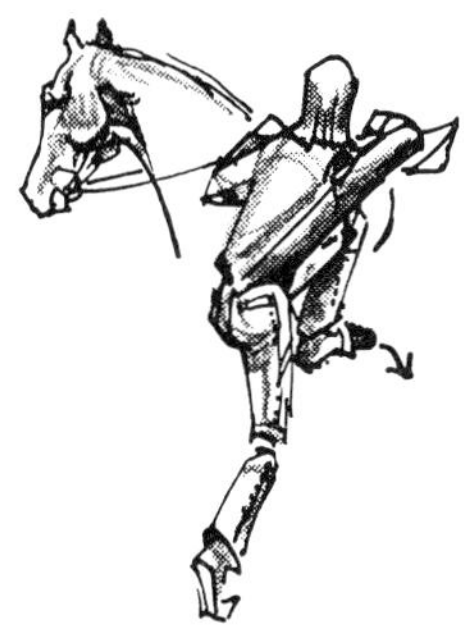

Bild 174. Die linke Fußspitze darf das Pferd nicht berühren.

Bild 175. Auf den Knien landen, rechten Fuß in den Steigbügel und so anreiten.

Bild 176. Dann erst vorsichtig in den Sattel gleiten.

Manche Pferde haben die unangenehme Angewohnheit, beim Aufsitzen rückwärts zu treten. Meistens tun sie es aus Angst. Strafe ist deshalb nicht angebracht. Man läßt das Pferd einfach so lange rückwärts laufen, bis es von selbst aufhört. Dann veranlaßt man es, noch einige Tritte weiter rückwärts zu gehen (siehe Kapitel: Arbeit an der Hand). Führt man das konsequent einige Male durch, wird das Pferd die Lust am Zurückkriechen verlieren, einer sowieso unnatürlichen Gangart.

Die meisten Pferde stehen deshalb beim Aufsitzen nicht, weil sie Angst vor dem Reitergewicht haben, das plötzlich in ihren Rücken plumpst — meistens noch hinten in die Nierengegend. Es ist erstaunlich, wie viele Reiter — selbst gute! — auf diese Weise in den Sattel „steigen".

Wenn man immer korrekt aufsteigt, steht das Pferd auch.

Wie sitzt man korrekt auf?

1. Der Reiter faßt die Zügel so kurz, daß sie anstehen. Der rechte Zügel ist kürzer als der linke, so daß Kopf und Hals des Pferdes ein wenig nach rechts gestellt sind. Sollte das Pferd nun versuchen anzutreten oder abzudrehen, muß es mit der Hinterhand auf den Reiter zukommen. Wenn jedoch der linke Zügel mehr ansteht, ist das Gegenteil der Fall.
2. Wenn der Reiter sein rechtes Bein über den Pferderücken schwingt, muß er erst nur auf den Knien landen. Ohne den Sattel mit dem Gesäß zu berühren, steckt er den Fuß in den Bügel.
3. In dieser Stellung — mit festem Knieschluß im leichten Sitz — reitet er an.
4. Erst nach einigen Tritten gleitet das Gesäß vorsichtig in den Sattel. Auf diese Art und Weise trägt das Pferd das Rei-

tergewicht während der ersten Tritte nur auf der Schulter und nicht auf dem Rücken.

Dieselbe Aufsteigetechnik sollte man auch benutzen, wenn man in den Sattel gehoben wird. Auch hier landet man erst auf den Knien, steckt dann die Füße in die Bügel und setzt sich erst nach dem Anreiten langsam in den Sattel.

Wie sitzt man ab?

Der Reiter nimmt beide Zügel in die linke Hand; er faßt den rechten etwas kürzer als den linken, so daß Kopf und Hals des Pferdes leicht nach rechts gestellt sind. Das Pferd steht am Zügel. Der Reiter stützt beide Hände auf den Vorderzwiesel auf, lehnt den Oberkörper leicht nach hinten, holt mit beiden Beinen Schwung — beide Füße aus den Bügeln — und schwingt beide Beine kräftig nach hinten, während sich der Oberkörper nach vorne über den Pferdehals beugt (linke Seite). Der Reiter stützt sich auf beide Hände und schwingt die Beine hoch nach hinten über die Kruppe (ohne sie zu berühren). Er landet links neben dem Pferd.

Diese Art abzusteigen ist nicht nur bequem, sondern auch sicher.

Weidegang — Auslauf

Wenn man in Stallnähe eine Weide zur Verfügung hat, ist es für alle Pferde im Training erholsam und lösend, ein paar Stunden am Tag auf die Weide zu gehen.

Bei einem jungen Pferd überbrückt man damit die krasse Umstellung vom reinen Weidegang auf reine Stallhaltung. Die natürliche, freie Bewegung macht sowohl bei jungen als auch bei älteren Pferden die Ausbildung um vieles einfacher und wirkungsvoller.

Ein bis zwei Stunden Weidegang täglich sind jedoch vollauf genug; sonst frißt das Pferd zuviel Gras. Fängt es dann dick und aufgeblasen womöglich an zu galoppieren, kann sich das sehr nachteilig auf die Atmungsorgane auswirken.

Im Herbst oder Winter, wenn das Gras morgens noch naß oder sogar gefroren ist, läßt man das Pferd erst gegen Mittag hinaus, weil gefrorenes Gras leicht zu Kolik führen kann.

Im Winter und auch im Sommer bei schlechtem Wetter deckt man das Pferd mit einer wasserdichten Decke ein (australische Decke, siehe Seite 39), die den Rücken warm hält und das Pferd sauberhält, wenn es sich wälzt.

Im Sommer läßt man das Pferd früh morgens auf die Weide, weil es in der Mittagszeit meistens zu warm ist. Außerdem quälen die Fliegen das Pferd. Übrigens, wenn man im Sommer zur Fliegenzeit reiten muß, kann man das Pferd mit Spray oder Citronel-Öl einreiben, das hält die Fliegen fern und schafft dem Pferd Erleichterung. Man streicht das Öl mit einem Wolllappen leicht über das Pferd, ohne die Augen zu berühren und ohne zu reiben.

Pferde, die beschlagen sind, sollte man nur einzeln auf die Weide lassen. Sind sie zu mehreren, könnten sie sich schlagen, und mit Eisen kann das böse Verletzungen geben.

Wenn man keine Weide zur Verfügung hat, kann man sein Pferd vor der Arbeit in der Halle oder in der offenen Bahn frei laufen lassen. Das löst die Muskeln, die vom langen Stehen steif geworden sind.

Die meisten Pferde freuen sich so über den Auslauf und bocken aus Stallmut und tollen herum . . . und können sich dabei womöglich an den Beinen verletzen. Ich lege meinen Pferden deshalb auch zum Freilaufen oder zum Weidegang immer Gamaschen und Sprungglocken an, und zwar an allen vier Beinen. Schließlich ist das Pferd wertlos, wenn es sich auch nur an einem Bein verletzt. Wie oft passiert es, daß ein Springpferd während der Saison auf der Weide ein Eisen durch Greifen verliert; womöglich bricht dabei der Huf weg, oder der Ballen wird verletzt. Dadurch kann es für den Rest der Saison nicht mehr einsatzfähig sein.

Dieses Risiko geht man nicht ein, wenn man sich die geringe Mühe macht und dem Pferd vorher schnell Gamaschen anlegt.

93 Longieren mit dem Chambon

Im letzten Kapitel habe ich schon darauf hingewiesen, daß das junge Pferd in den ersten zwei Monaten seiner Ausbildung noch nicht draußen geritten wird, sondern unter anderem durch Longieren auf das Gerittenwerden vorbereitet wird. Das Pferd muß sich mit dem zusätzlichen Reitergewicht erst wieder ausbalancieren, und das fällt ihm wesentlich leichter, wenn es gekräftigt ist und die richtigen Muskeln entwickelt hat.
Leider wissen sehr viele Reiter und Ausbilder nicht, wie man richtig longiert. — Wenn man das Pferd einfach an der Longe im Kreis herumlaufen läßt, so ist das reine Zeitverschwendung. Ausbinden, Doppellonge, spanische Reiter etc. wirken sich nachteilig aus (siehe Seite 107). Nur mit der richtigen Ausrüstung kann man korrekt longieren und das Pferd fördern. – Leider sind sich viele Reiter nicht darüber im klaren, daß Longieren eine ebenso große Kunst ist wie Reiten, und überlassen diesen wichtigen Teil der Ausbildung dem Stallburschen, womit die meisten Pfleger überfordert sind.
Das Wichtigste beim Longieren ist, daß der Kontakt zwischen Hand und Pferdemaul der gleiche ist wie beim Reiten. Das ist nur möglich, wenn der Reiter beim Longieren die Peitschenhilfen so einsetzen kann wie beim Reiten die vorwärtstreibenden Kreuz- und Schenkelhilfen. Ohne diese vorwärtstreibenden Hilfen ist das Longieren Zeitverschwendung und kann großen Schaden anrichten, denn ohne sie kommt das Pferd zu sehr auf die Vorhand und stellt sich auf seiner weicheren Seite zu sehr nach innen, so daß es lernt, über die Schulter nach außen zu fallen. — Wenn nicht in angebrachtem Maße getrieben wird, nützt auch ein Chambon beim Longieren nichts. Bevor

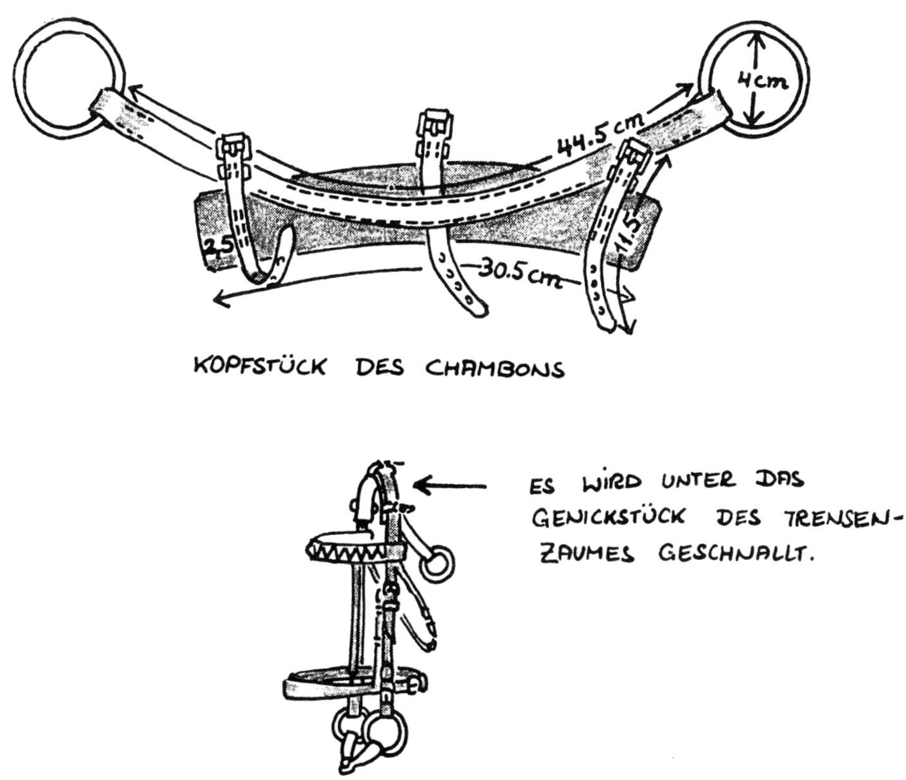

Bild 177. Das Chambon.

der Reiter aber dem Chambon oder dem Longieren schlechthin die Schuld am Versagen gibt, sollte er erst einmal lernen, wie richtig longiert wird. Nur dann wird sich der versprochene Erfolg des Longierens mit Chambon einstellen.

Das Enrênement-Chambon

Das Chambon besteht aus:

a) einem Kopfstück, das unter das Genickstück der Trense geschnallt wird,
b) einem Ausbindezügel, der zwischen den Vorderbeinen zum Gurt führt,
c) einer Schnur mit zwei Haken; sie wird in einen Trensenring eingehakt, führt durch den gleichseitigen Ring des Kopfstückes zum Haken des Ausbindezügels und von dort durch den anderen Ring des Kopfstückes zurück zum Trensengebiß und wird dort in den anderen Ring eingehakt.

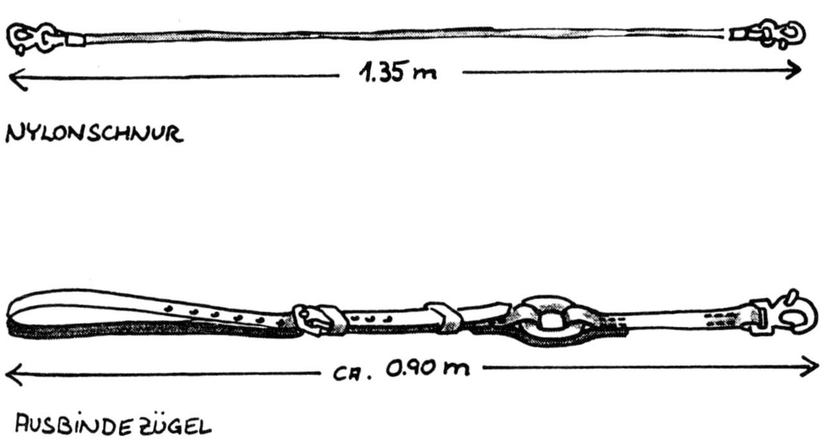

Bild 178.

Im Gegensatz zu anderen Methoden des Longierens übt das Chambon niemals einen rückwärts wirkenden Druck auf das Pferdemaul aus und gibt dem Pferd jede Freiheit, sich unbegrenzt vorwärts-abwärts zu strekken.

Selbst wenn das Pferd heftig werden sollte und vorwärts stürmen will oder wenn es den Kopf zu hoch trägt, wird das Gebiß niemals rückwärts auf den Kiefer drücken, sondern einfach höher ins Maul rutschen. Gleichzeitig spürt das Pferd einen leichten Druck auf das Nervenzentrum unter dem Kopfstück des Chambons, das unter das Genickstück der Trense geschnallt ist. — Als Reaktion wird das Pferd den Kopf senken, den Hals nach unten strecken; das Gebiß rutscht gleichzeitig wieder in die normale Lage und veranlaßt durch diese Bewegung, daß das Pferd kaut. Wenn das junge Pferd später geritten wird, wird es niemals den Kopf hochnehmen, falls man einmal unerwartet die Zügel annehmen muß. Es wird im Gegenteil nach unten abkauen, da es sich sein Leben lang an das Chambon erinnern wird. Außerdem lernen die Pferde, in losgelassenem Rhythmus zu gehen.

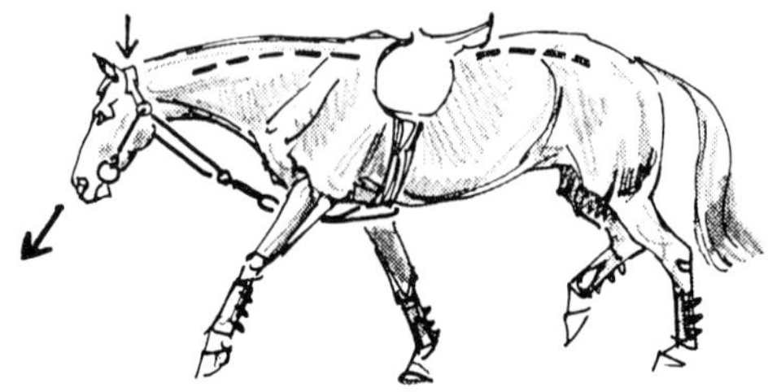
Bild 179. Wirkung des Chambons.

Pferde, die so ausgebildet sind, brauchen niemals ein Martingal. Die Wirkung des

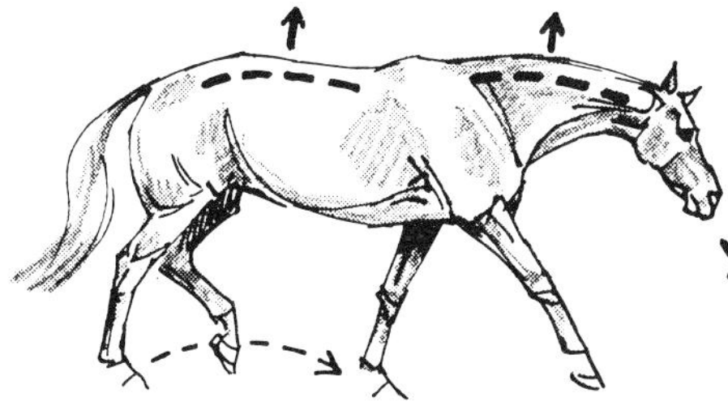

Bild 180. Korrekt entwickelte Muskulatur eines mit Chambon longierten Pferdes.

Bild 181. Muskeln eines verrittenen oder eines unentwickelten, rohen Pferdes.

Chambons geht aber noch weiter: Es beruhigt besonders nervöse und leicht erregbare Pferde. Sie werden erstaunlich gelassen und bekommen Freude an der Arbeit. Bei faulen Pferden hingegen, denen es an der nötigen Gehlust fehlt, kann man beobachten, daß sie nach einiger Zeit wesentlich eifriger werden.

Ich lernte das Chambon in Saumur (Cadre Noir) in Frankreich kennen und schätzen. Das Chambon ist durch die weltberühmte französische Militärreitschule bekannt geworden; sein Erfinder war der Hauptmann Benoist-Gironiere, der bis 1940 Mitglied der französischen internationalen Springequipe war und auch durch seine schriftstellerische Arbeit bekannt wurde.

Longieren mit Chambon ist besonders in Frankreich und Italien weit verbreitet, und ich habe die Erfahrung gemacht, daß es besonders für das junge Springpferd sehr wertvoll ist. Es fördert besonders die für das Springen benötigte Muskulatur, speziell die Rückenmuskulatur.

Durch die Arbeit mit dem Chambon wird das Pferd geschmeidig, losgelassen und ruhig. Man kann auf diese Art Hirschhälse und schlechte. tiefe Rücken korrigieren. Dem Hals wird der Weg nach unten gezeigt, die Hinterhand tritt vermehrt unter, und eine natürliche Balance wird erarbeitet.

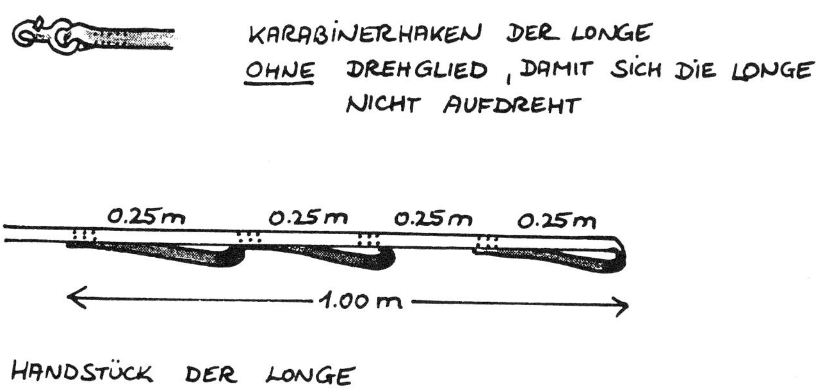

Bild 182.

Ausrüstung

1. Kopfstück und Trensenzaum mit Wassertrense und Gummischeiben,
2. Nylon- oder Lederschnur mit zwei leichten Karabinerhaken, Länge 1,35 Meter
3. Lederriemen mit eingearbeitetem Gummiring (Ausbindezügel)

Bild 183 (rechts). Kopfstück des Chambons.

Bild 184 (rechts außen). So wird das Kopfstück unter den Trensenzaum geschnallt.

Bild 185 (Mitte links). Das Chambon hängt lose, wenn das Pferd den Kopf fallen läßt.

Bild 186 (Mitte rechts). Erst wenn das Pferd den Kopf hebt, spürt es die Wirkung des Chambons.

Fotos Gisela Holstein

Bild 187. Dieses Foto zeigt hervorragend die Wirkung des Chambons: Das Pferd geht zufrieden und losgelassen in raumgreifendem Schritt im Gleichgewicht. Das Chambon hängt durch, der Hals dehnt sich nach vorwärts-abwärts. Die Halsmuskulatur ist klar gezeichnet und aufgewölbt. Hinter dem Sattel erkennt man deutlich die ausdrucksvoll entwickelten Muskelstränge zu beiden Seiten des Rückgrats. „Waterlilly“ (von „Waterserpent“) wurde zu diesem Zeitpunkt erst zwei Monate lang longiert und noch nicht geritten.

4. Longe, Länge 5,50 Meter, mit einem starken Karabinerhaken, der sich nicht dreht. Am Handende soll die Longe drei Schlaufen haben (die erste Schlaufe benutzt man während des ersten Monats, die zweite während des zweiten Monats und die dritte vom dritten Monat an, so daß die Longe schrittweise verkürzt wird, entsprechend dem Ausbildungsstand des jungen Pferdes).
5. Longierpeitsche, mindestens so lang, daß man das Pferd erreichen kann.
6. Bandagen oder Streichgamaschen für alle vier Beine
7. Longierring, 12—12,50 Meter Durchmesser.

Der Longierring

Der Longierring ist besonders bei jungen Pferden von größter Bedeutung. — Wenn irgend möglich, sollte man ein junges Pferd niemals auf einem freien Platz ohne Einzäunung longieren, da das Pferd dadurch lernt zu pullen und über die Schulter auszufallen; Maul und Beine sind dadurch in Gefahr, verletzt zu werden.
Der Longierring verhindert von Anfang an, daß das Pferd diese schlechten Angewohnheiten überhaupt lernt, denn es muß in der Umzäunung bleiben. Von Anfang an lernt es, auf seinen eigenen vier Beinen zu gehen, ohne auf der Hand des Trainers zu liegen. Das kommt später dem Reiter zu-

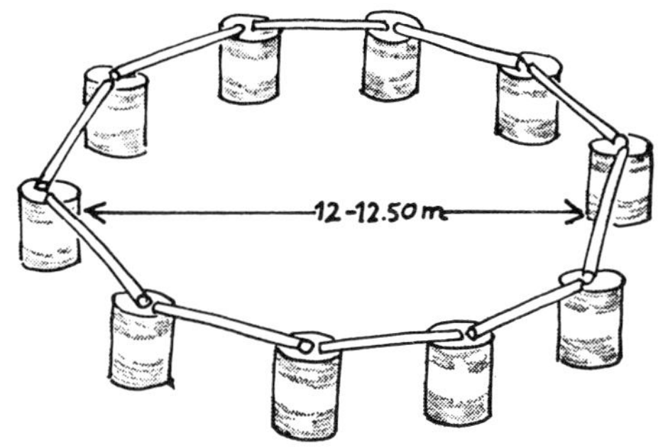

Bild 188. Longierring aus Fässern und Stangen.

gute, da das Pferd dann auch nicht versuchen wird, auf der Reiterhand zu liegen. Einen Longierring kann man sehr leicht bauen:
Am billigsten ist ein Longierring aus Strohballen (Bindfäden oben, damit das Pferd nicht hineintreten kann). Zwei Reihen Strohballen übereinander ist hoch genug. An den Strohballen kann das Pferd sich nie verletzen, wenn es mit den Beinen dagegen stößt, und gleichzeitig verhindern die Strohballen, daß der Bodenbelag sich nach außen arbeitet. Wenn man den Ring viel benutzt, wird man die unteren Strohballen befestigen müssen, da sie sonst nach außen weggedrückt werden.
Einen anderen leicht zu bewegenden Longierring kann man sich aus Fässern und Stangen bauen oder, so man hat, aus Fängen.
Wenn man den Longierring nicht in einer Reitbahn aufbauen kann, muß man den

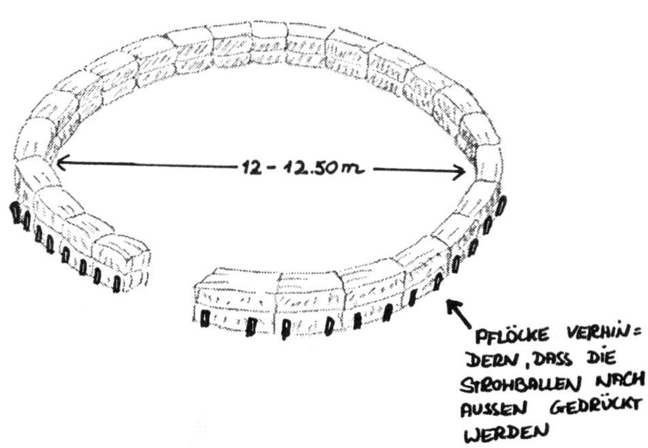

Bild 189. Longierring aus Strohballen.

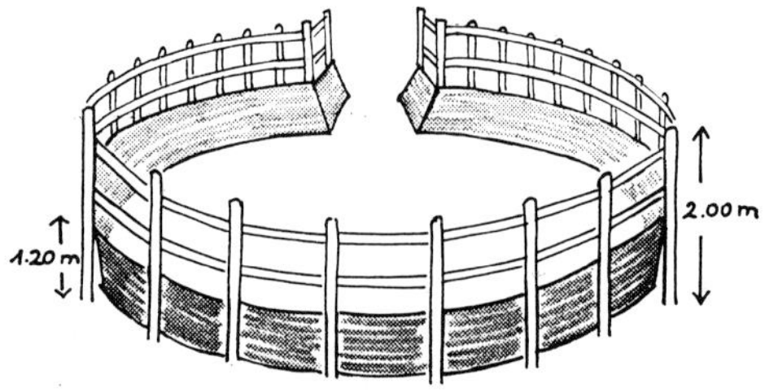

Bild 190. Fester Longierring.

Ring, zum mindesten aber den Hufschlag, mit einem Belag versehen, der weich und nicht schlüpfrig ist (zum Beispiel Sand oder Hobelspäne, am besten beides).
In Australien haben die meisten Gestüte und Rennställe einen „festen“ Longierring. Wenn er nicht überdacht ist, ist er sehr gut drainiert. Der feste Longierring hat eine etwa zwei Meter hohe Einzäunung (damit kein Pferd in Versuchung kommt hinauszuspringen) und schließt unten mit einer festen Bande ab, damit das Pferd sich nicht verletzen und der Sand sich nicht aus dem Ring arbeiten kann (siehe dazu Seite 396).

Verschnallen des Chambons

Ist das Chambon auf normale Länge verschnallt, so steht die Nylonschnur an, wenn Nase und Hüfte des Pferdes eine waagerechte Linie bilden.
Bei jungen Pferden, die noch nicht mit Chambon gearbeitet wurden, muß man das Chambon während der ersten zwei Monate loser verschnallen; die Nylonschnur sollte dann nur anstehen, wenn das Pferd seinen Kopf sehr hoch trägt. Nach und nach wird das junge Pferd sich an die Arbeit gewöhnen, und man kann das Chambon langsam auf die normale Länge schnallen.
Wenn das Pferd sich an die Longierarbeit gewöhnt hat, beginnt man die Longierstunde (30 Minuten) mit der normalen Länge und verkürzt das Chambon während der letzten 15 Minuten, damit das Pferd jetzt bei entsprechendem Treiben wirklich seinen Rücken gebrauchen muß.
Wenn man nach ungefähr drei Monaten anfängt, das Pferd an der Longe galoppieren zu lassen, muß das Chambon zum Galopp wieder loser geschnallt werden, auch für diese Gangart muß man das Chambon nach und nach wieder auf normale Länge verkürzen.
Es bleibt dem Trainer überlassen, hier für jedes Pferd das richtige Maß zu finden. Das Chambon muß im Verlauf des weiteren Trainings so kurz geschnallt werden, daß es wirklich in Aktion tritt. Wann dieser Punkt gekommen ist, ist natürlich von Pferd zu Pferd verschieden. Wenn das Chambon, abgesehen von der Anfangszeit, nicht genügend ansteht, kann man nicht erwarten, daß es den gewünschten Erfolg hat.

Verschnallen der Longe

Wenn man auf einem freien Platz oder auf der Weide ohne Longierring arbeitet, darf man die Longe niemals in den Trensenring schnallen, da besonders das junge Pferd unweigerlich anfangen wird zu pullen. Hat man die Longe in den Trensenring geschnallt, wird das ganze Gebiß durch das Maul gezogen, und das Pferd ist, schon bevor man es reitet, verdorben.
Auf freiem Feld muß man einen Kappzaum verwenden und die Longe in den Seitenring schnallen — niemals in den Mittelring, weil dadurch der ganze Kappzaum verzogen wird und das äußere Pferdeauge verletzt werden kann.
Arbeitet man im Longierring, wird die Longe in den inneren Trensenring gehakt (leider sieht man sehr häufig falsche Schnallungen, zum Beispiel durch den inneren in den äußeren Trensenring, durch den inneren Trensenring über den Kopf in den äußeren oder in den Mittelring eines Verbindungsstegs. Solche Schnallungen wirken vermehrt auf den äußeren Trensenring, wodurch das Pferd sich im Genick verwirft, und drücken höchst unangenehm auf den Kiefer. Meistens werden die beiden Trensenringe zusammengezogen, wodurch das Gelenk des Gebisses gegen die obere Gau-

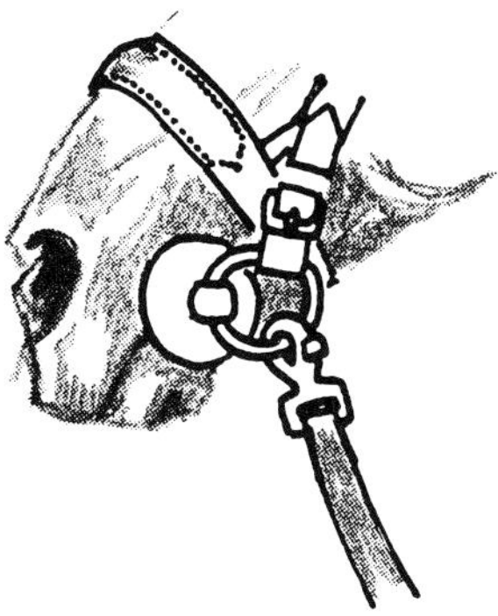

Bild 191. Longe richtig geschnallt.

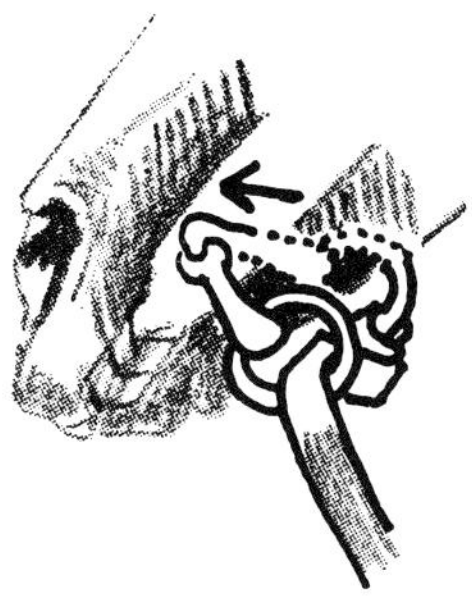

Bild 192. Falsch: Das Gelenk des Gebisses stößt gegen den oberen Gaumen.

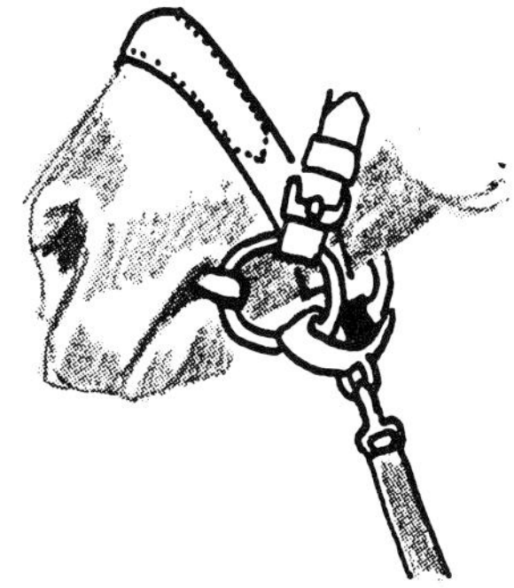

Bild 193. Falsch: Diese Schnallung erzeugt denselben Druck wie auf Bild 192.

menplatte drückt. Um diesem Schmerz auszuweichen, lernt das Pferd mit offenem Maul zu gehen).

Der Gebrauch der Peitsche

Das Pferd muß beim Longieren die Peitsche respektieren, genauso wie es beim Reiten den Schenkel respektieren muß.
Um dem Schenkel beim Reiten Respekt zu verschaffen, trägt man Sporen und setzt sie nur bei Bedarf ein, aber dann so, daß sie auch „durchkommen“, stumpfe Sporen und fortwährender vorsichtiger Gebrauch stumpfen das Pferd ab. – Das gleiche gilt für den Peitschengebrauch beim Longieren: Ich habe schon am Anfang des Kapitels darauf hingewiesen, wie wichtig es ist, daß das Pferd Respekt vor der vorwärtstreibenden Hilfe, der Peitsche, hat. Deshalb muß die Peitsche so lang sein, daß man das Pferd bei Bedarf damit erreichen kann. Der Ausbilder muß in der Lage sein, die Peitsche so gekonnt zu gebrauchen, daß er auch dahin trifft, wo er die Hilfe geben wollte.
Die Peitschenhilfen:

1. Wenn das Pferd korrekt auf dem Zirkel geht, zeigt die Peitsche auf die Hüfte des Pferdes.
2. Wenn das Pferd dazu neigt, den Zirkel zu verkleinern, bewegt man die Peitsche in Richtung Pferdeschulter.
3. Um das Pferd anzutreiben, führt man die Peitsche vom Sprunggelenk aufwärts Richtung Sattel.
4. Man senkt die Peitsche, wenn das Pferd das Tempo verlangsamen soll.
5. Gleichgültig, ob auf der linken oder der rechten Hand longiert wird – die Longe sollte immer in der linken und die Peitsche immer in der rechten Hand gehalten werden. Im allgemeinen ist die linke Hand schwächer und hat deshalb mehr Gefühl als die rechte. Wenn auf der rechten Hand longiert wird, hält man Peitsche und Longe über Kreuz, die Longe oben.
6. Will man dem Pferd zu verstehen geben, daß es in die Mitte des Zirkels kommen soll (zum Handwechsel oder am Ende der Stunde, 30 Minuten), hebt man den rechten Ellbogen mit einer am Anfang übertriebenen Bewegung und klemmt sich die Peitsche unter den linken Arm. – Diese Bewegung wird von dem Pferd sehr bald als Signal verstanden, zur Mitte zu kommen. Man braucht also niemals mit der Longe auf das Maul einzuwirken, damit das Pferd zur Mitte kommt.
7. Wenn das Pferd zur Mitte des Zirkels gekommen ist, muß man darauf achten, daß die Peitsche nicht zu Boden fällt, denn wenn man sich dann bückt, erschrecken die meisten Pferde, da sie

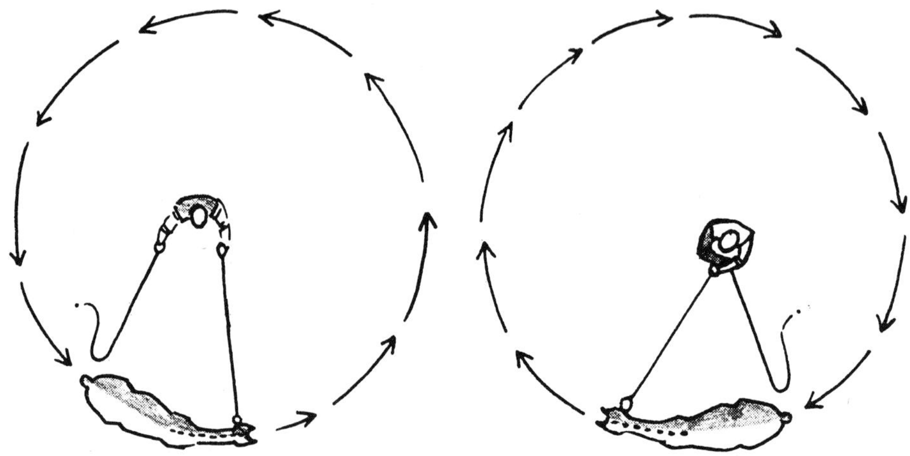

Bild 194. Links: Peitschenführung beim Longieren auf der linken Hand. Rechts: Peitschenführung beim Longieren auf der rechten Hand.

diese Bewegung unweigerlich mit dem Aufheben von Steinen verbinden. Die meisten Pferde haben in dieser Beziehung schon einmal schlechte Erfahrungen gemacht. Außerdem besteht die Gefahr, daß das Pferd auf die Peitsche tritt; dann wird sie beschädigt und schmutzig.

8. Nachdem man das Pferd gelobt hat (Zucker oder dergleichen), hakt man die Longe in den anderen Trensenring, stellt sich auf die andere Seite des Pferdes und läßt es noch einen Moment still stehen. Vergißt man diese kurze Pause, kann das Pferd sich leicht angewöhnen, im Trab oder Galopp loszugehen, anstatt in ruhigem Schritt anzutreten.
9. Während das Pferd sich im Schritt vom Lehrer weg in Richtung Hufschlag bewegt, läßt man die Longe langsam aus der Hand gleiten und greift (wenn man auf der linken Hand longiert) mit der rechten Hand hinter dem Rücken nach der Peitsche. Niemals sollte man die

Bild 195. Das Pferd soll in die Mitte kommen (siehe unter Punkt 6).

Bild 196. Die rechte Hand greift hinter dem Rücken die Peitsche (beim Longieren auf der linken Hand), um das Pferd nicht zu erschrekken.

Peitsche vorne herum wechseln, damit das Pferd sich nicht erschreckt.

Wie wird longiert?

So longiert man ein rohes Pferd

Das rohe Pferd, das ja noch nie longiert worden ist, muß erst verstehen lernen, daß es an der Longe im Kreis herumlaufen soll. Da das Pferd sicher erst ein paarmal herumspringen wird oder versuchen wird, die Richtung zu wechseln, benutzt man am Anfang einen Kappzaum und schnallt die Longe in den seitlichen Ring. So kann man dem Pferd nicht weh tun, falls man einmal ziehen muß. — Auf der steiferen Seite muß man das Pferd wahrscheinlich anführen lassen.

Da man das rohe Pferd in einem Longierring unterrichtet, wird es sehr schnell verstehen, daß es im Kreis herumlaufen soll. Nach etwa einer Woche wird es schon so geschmeidig sein, daß es dabei auf dem Hufschlag bleiben kann und willig im Schritt und Trab rundgeht.

Man spricht viel mit dem Pferd und gebraucht die Stimme immer im gleichen Tonfall. Die Stimme ist besonders am Anfang das einflußreichste Hilfsmittel, sie gibt scheuen und nervösen Pferden Vertrauen und läßt sie schneller verstehen.

Erst wenn das Pferd die Grundbegriffe des Longierens verstanden hat, willig in die Mitte kommt und ebenso ruhig wieder zum Hufschlag geht, erst dann legt man das Chambon auf und läßt es ziemlich lang (siehe Seite 98). Jetzt kann man auch die Longe in den inneren Trensenring schnallen, denn da man im Longierring arbeitet, braucht man mit der Longe nicht auf das Maul einzuwirken.

Man achtet in dieser ersten Zeit noch nicht auf Halsstellung, Anlehnung an die Hand, Schwung oder dergleichen, sondern begnügt sich damit, daß das Pferd sich mit der Tatsache des Longierens anfreundet, sich beruhigt und faul wird.

So longiert man das Pferd anschließend

Das Pferd steht in den meisten Fällen den ganzen Tag im Stall, wenn man es dann zum Longieren herausnimmt, darf man sich nicht wundern, wenn es frisch ist und bockt. Man darf nicht versuchen, es mit der Longe daran zu hindern, das Pferd kann sich die Beine verletzen, wenn es so plötzlich herumgezogen wird. — Nach ein paar Minuten wird das Pferd sich beruhigen, und man kann mit der Arbeit beginnen.

Aus demselben Grund läßt man das Pferd die ersten 5—10 Minuten an der Longe einfach nur rundlaufen, ohne auf Schwung und derlei Finessen zu achten. So kann es seine Muskeln nach dem langen Stehen im Stall erst lösen. Würde man gleich von Anfang an das Pferd stellen und untertreten lassen, würde man nur Verkrampfungen hervorrufen.

Niemals soll man länger als eine halbe Stunde longieren. Außerdem muß man immer sehr vorsichtig sein, da die Arbeit auf dem Zirkel besonders für die Sprunggelenke sehr anstrengend ist. Ein überarbeitetes Sprunggelenk wird steif und hindert das Pferd daran, vor einem Hindernis federnd abzudrücken.

Die meisten Pferde sind von Natur aus auf

der rechten Hand steifer als auf der linken. Darum sollte man immer auf der linken Hand mit dem Longieren beginnen. Nach fünf Minuten wechselt man für zehn Minuten auf die rechte Hand. Wieder folgen fünf Minuten auf der linken Hand und danach nochmals zehn Minuten auf der rechten Hand. (Bei den wenigen Pferden, die links steifer sind, oder bei älteren Pferden, die eventuell verritten und deshalb auf einer Seite besonders steif sind, gilt die Regel natürlich umgekehrt.)

Man beginnt immer im Schritt zu longieren und achtet darauf, daß das Pferd mit aktiver Hinterhand eifrig vorwärts geht. Die Hinterhufe sollen über die Abdrücke der

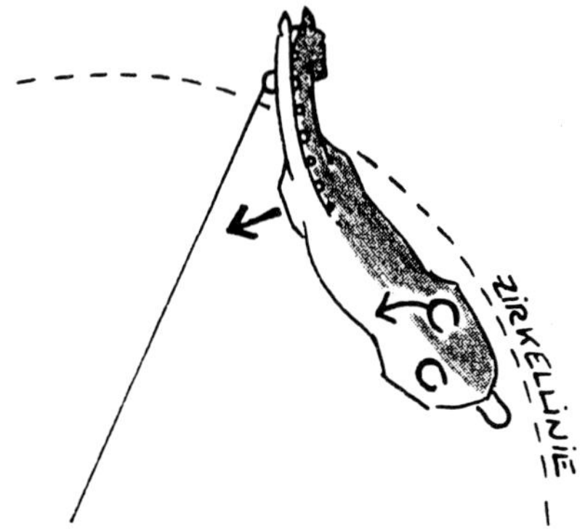

Bild 198. Falsche Stellung eines rohen oder verrittenen Pferdes.

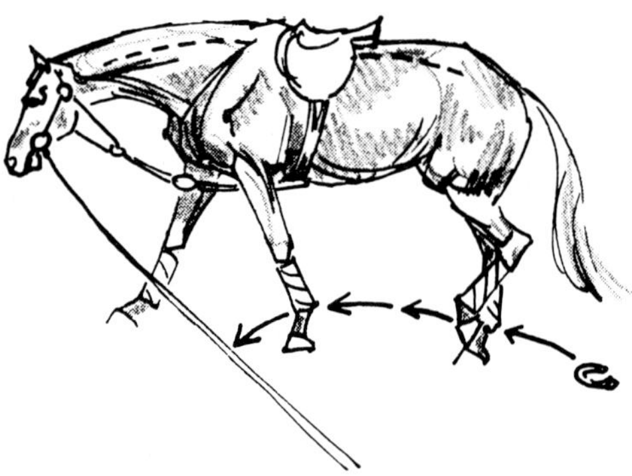

Bild 197. Die Hinterhufe sollen über die Abdrücke der Vorderhufe vorgreifen.

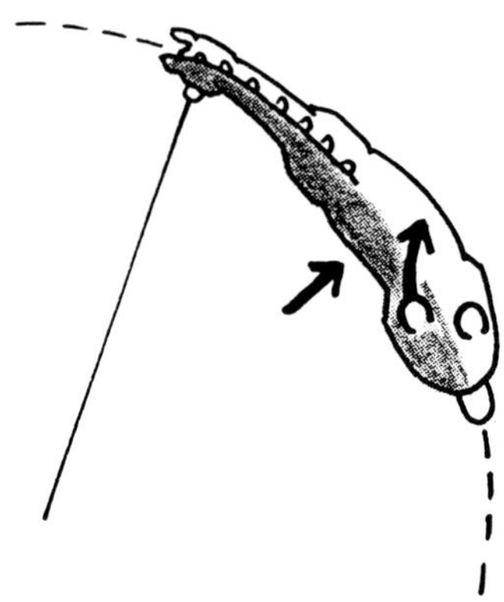

Bild 199. Korrekte Stellung. Das innere Hinterbein tritt vorwärts-seitwärts vor das äußere Hinterbein.

Vorderhufe hinaus vorgreifen. — Das ist nicht nur zur Verbesserung des Schrittes notwendig, sondern beeinflußt alle Grundgangarten vorteilhaft.

Nach einigen Minuten fleißiger Schrittarbeit läßt man das Pferd im ruhigen Arbeitstempo antraben.

Vielen jungen, aber auch älteren, verrittenen Pferden, fällt die Längsbiegung beim Longieren besonders im Trab und Galopp schwer. Sie fallen über die Schulter nach innen, verlagern den Schwerpunkt auf das innere Vorderbein und biegen gleichzeitig Kopf und Hals nach außen, um im Gleichgewicht zu bleiben. — Das ist ein Zeichen dafür, daß die Pferde das innere Hinterbein nicht genügend unterschieben können.

Nach einer korrekten Ausbildung an der Longe mit dem Chambon werden auch diese Pferde Kopf und Hals nach innen stellen und mit dem inneren Hinterbein vorwärtsseitwärts das äußere Hinterbein kreuzen.

Das Chambon hat seine Wirkung getan, denn das innere Hinterbein tritt jetzt vermehrt unter. Je mehr die Hinterhand arbeitet, desto mehr wird die Rückenmuskulatur entwickelt und um so leichter fällt es dem Pferd zu basculieren.

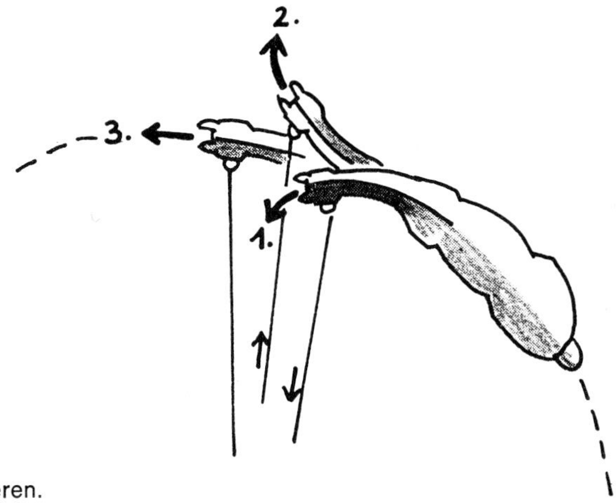

Bild 200. Erste Zügelhilfe beim Longieren.

Um dem Pferd den Weg in die Tiefe zu zeigen, das heißt es zu veranlassen, Kopf und Hals vorwärts-abwärts zu strecken und abzukauen, nimmt der Trainer für einige Sekunden die Longe etwas mehr an. Dann sind Kopf und Hals des Pferdes vermehrt nach innen gebogen. Durch dieses Annehmen gleitet das Gebiß seitwärts leicht über die Zunge des Pferdes, etwa wie eine Mundharmonika. Gleichzeitig drückt der äußere Gummiring gegen den äußeren Mundwinkel. (Deshalb sind die Gummischeiben auf das Gebiß gezogen worden.) Nach ein bis zwei Sekunden, wenn das Pferd den Ansatz dazu macht, nachzugeben, gibt man die Longe sofort völlig frei. Darauf reagiert das Pferd mit einem Abwärtsstrecken von Kopf und Hals, es geht mit der Nase vorwärts, macht längere Tritte und beginnt zu schäumen.

Dies ist die erste Zügelhilfe, die das junge Pferd lernt, noch bevor es geritten wird.

Natürlich wird man das nicht gleich in der ersten Stunde erreichen, wenn man jedoch Geduld hat und vor allem nie den richtigen Zeitpunkt für das Nachgeben verpaßt, wird das Pferd früher oder später so reagieren. Dieses Abkauenlassen bewirkt, daß das Pferd gelöst geht, wodurch ihm wiederum die Längsbiegung leichter fällt. Bei dem Abkauen und Strecken muß das Pferd aber fleißig von hinten herantreten, anderenfalls ist das Abkauen zwecklos und bringt das Pferd nur unnötig auf die Vorhand.

Die gleiche Longenzügelhilfe wird bei allen Übergängen angewandt. Will man das Pferd zum Beispiel vom Trab zum Schritt durchparieren, nimmt man wiederum die Longe für ein paar Sekunden vermehrt an. Macht das Pferd den Ansatz zu kauen, gibt man die Longe völlig frei, so daß Kopf und Hals, diesem Nachgeben folgend, etwas nach außen gehen und dann nach unten gestreckt werden. Gleichzeitig verlangsamt das Pferd das Tempo und fällt in Schritt. (Wenn ein Pferd das nicht zu verstehen scheint und, anstatt in Schritt zu fallen, im „Zackeltrab“ weitergeht, dann läßt man es erst ein paar Runden im fleißigen Trab gehen und stellt es dabei vermehrt nach innen. Gibt man dann die Longe plötzlich frei, wird es sich sofort nach außen stellen und den Hals willig lang machen und später auch abkauen. Da es dabei den Kopf sogar über die Barriere des Longierringes nehmen wird, ist es gezwungen, in Schritt zu fallen. Meistens braucht man diese übertriebene Hilfe nur wenige Male anzuwenden, dann hat das junge Pferd verstanden, daß es Schritt gehen soll. Zackeln darf man jedenfalls nicht durchgehen lassen.)

Das Pferd hat so gelernt, der nachgebenden Longe folgend, zur nächst niedrigeren Gangart überzuwechseln.

Dies ist der Anfang der natürlichen Ausbildungsmethode, in der das Pferd lernen wird, eine halbe Parade anzunehmen, ohne daß dabei ein Zügel verkürzt oder stärker angenommen wird.

Später, wenn das Pferd in seiner Ausbildung weiter fortgeschritten ist, wird diese Seitwärtsbewegung des Halses auf ein Minimum reduziert, da dann schon eine bloße Andeutung der Zügelhilfe genügt, um das Pferd zu stellen oder abkauen zu lassen.

Wenn ein Pferd mit solchen Zügelhilfen ausgebildet worden ist, braucht beim Reiten nie mehr am Zügel rückwärtsgezogen zu werden, um das Pferd zu wenden, wie man es so häufig im Parcours sieht. Es genügt, leicht seitwärts in die Wendung zu führen.

Während der ersten beiden Monate des Longierens soll man ein Pferd niemals zwingen anzugaloppieren. Das Pferd regt sich nur unnötig auf, fällt auseinander und geht im Kreuzgalopp. Wenn man richtig longiert hat, ist das Pferd eines Tages durchlässig genug und wird den Galopp von alleine anbieten.

Wenn man dann das Pferd angaloppieren lassen will, stellt man es erst im Trab für einige Tritte vermehrt nach innen. Dann gibt man die Longe plötzlich frei und fordert das Pferd gleichzeitig mit Stimme und Peitsche zum Angaloppieren auf. — Die Reaktion des Pferdes auf das plötzliche Nachgeben der Longe ist, daß Kopf und Hals nach außen gehen, das Pferd belastet den äußeren Hinterfuß und entlastet gleichzeitig die linke Schulter. Der äußere Hinterfuß leitet den Galopp ein, und das Entlasten der inneren Schulter erleichtert das freie Vorgreifen des inneren Vorderbeines. Diese natürliche Gewichtsverlagerung kann man bei allen Pferden in der freien Bewegung auf der Weide beobachten. (Von einem durchlässigen, gut gerittenen Pferd verlangt man dagegen, daß es vorschriftsmäßig nach innen gestellt angaloppiert.)

Niemals soll man ein Pferd aus dem Galopp heraus zum Mittelpunkt kommen lassen. Man pariert immer erst zum Trab durch und nach ein paar Trabrunden zum Schritt, und erst nach ein paar Schrittrunden läßt man das Pferd zur Mitte kommen. Das gilt natürlich nicht nur für den Handwechsel, sondern auch für das Ende der Longierstunde (30 Minuten).

Man sollte beim Longieren möglichst viele Übergänge machen lassen, vom Schritt zum Trab und vom Trab zum Schritt. Fortwährendes eintöniges Im-Kreis-Herumlaufen macht das Pferd höchstens müde, aber nicht geschmeidig und elastisch wie beim dauernden Wechseln der Gangart. Voraussetzung ist natürlich, daß die Übergänge korrekt ausgeführt werden, daß das Pferd jedesmal die Hinterhand aktiv werden läßt und energisch weiter schreitet. — Besonders im Schritt muß man darauf achten, daß das Pferd eifrig vorwärts geht und gut von hinten herantritt. Im Trab soll das Tempo nicht zu schnell, aber regelmäßig und fleißig sein, das gleiche gilt für den Galopp, von dem man anfangs höchstens zwei oder drei Runden verlangen soll. Später kann man mehr Galopprunden verlangen. Alle Übergänge sollten immer an der gleichen Stelle des Zirkels durchgeführt werden. So lernt das Pferd leichter, den verschiedenen Kommandos zu folgen. Besonders beim Übergang vom Trab zum Schritt stellen sich am Anfang leicht Schwierigkeiten ein. Fordert man den Übergang immer an derselben Stelle und gibt dabei die Longe völlig hin, wird das Pferd bald verstehen lernen.

Nach ein paar Wochen des Longierens mit Chambon wird man feststellen, daß das Pferd willig in gleichmäßigem, ausbalanciertem Rhythmus geht. Im Schritt etwa 100 Meter pro Minute, im Trab niemals mehr als 200 Meter pro Minute und im Galopp ungefähr 250 Meter pro Minute.

Später, wenn das junge Pferd geritten wird, sollte es diesen gleichmäßigen Rhythmus beibehalten (wenn es richtig und regelmäßig longiert worden ist), ohne eilig zu werden oder gegen das Gebiß anzugehen, was besonders für das zukünftige Springpferd von größter Bedeutung ist.

Ausbilder, die nicht viel Erfahrung mit dem Chambon haben (in Deutschland ist es zum Beispiel sehr wenig bekannt), mögen sich fragen, ob das Chambon bei Pferden, die ihren Kopf von Natur aus niedrig tragen oder die die Vorhand zu sehr belasten, überhaupt eine Wirkung haben kann. Oder sie fragen sich, ob ein Pferd, das eine natürliche, gute Kopfhaltung hat, nicht durch das Chambon zu sehr auf die Vorhand kommen kann.

Nun, solchen Trainern kann ich nur sagen, daß man sorglos jedes Pferd mit dem

Bild 202. Die Peitsche treibt. Als erstes nimmt das Pferd den Kopf hoch. Jetzt spürt es das Chambon.

Bild 201. Das Pferd hat von Natur aus eine tiefe Kopfhaltung. Es belastet gebäudebedingt oder durch falsches Reiten die Vorhand zu sehr. Der Rücken ist weggedrückt, die Hinterhand schleppt nach. Das Chambon hängt wirkungslos.

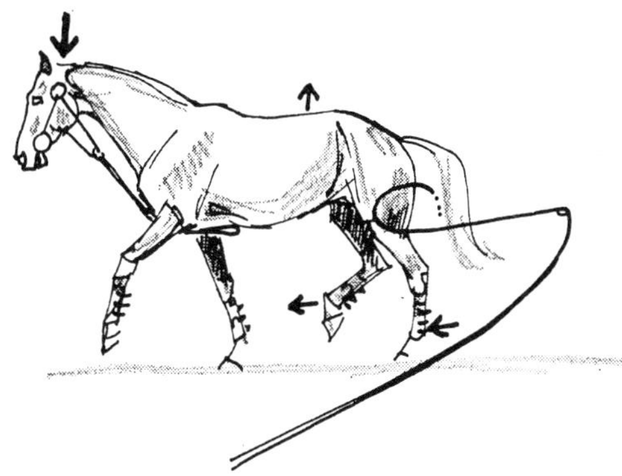

Bild 203. Durch vermehrtes Antreiben tritt die Hinterhand vermehrt unter, der Rücken kommt hoch.

Chambon longieren kann und soll, nur muß man es richtig machen.

Pferde zum Beispiel, die ihren Kopf von Natur aus niedrig tragen oder zu sehr auf der Vorhand sind, werden nur dann von dem Chambon profitieren, wenn man sie mit der Longierpeitsche genügend von hinten antreibt, so daß die Hinterhand mehr aktiviert wird und vermehrt untertritt. Jeder Ausbilder weiß aus Erfahrung: Wenn man ein Pferd antreibt, das lose läuft, hebt es, noch bevor es antritt, den Kopf. Dasselbe tut es auch beim Longieren, das ist dann der Augenblick, in dem auch das Pferd mit tiefer Kopfhaltung das Chambon spürt. — Nur wenn das Pferd beim Longieren im Verhältnis zu seiner Empfindsamkeit und zur gewünschten Gangart ge-

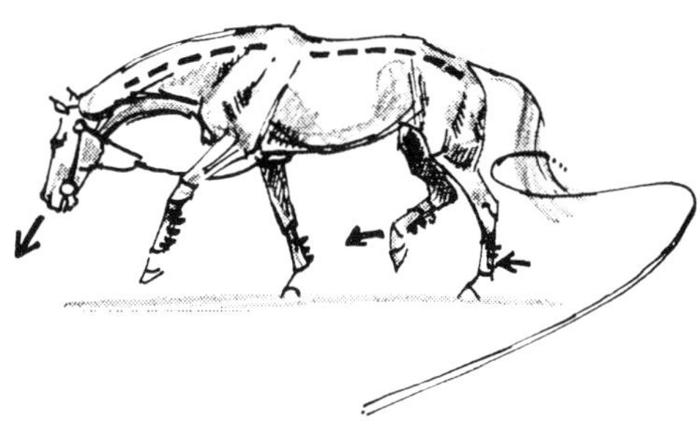

Bild 204. Nach längerer Zeit, wenn das Pferd die nötige Muskulatur entwickelt hat, geht das Pferd wieder mit tiefer Kopfhaltung, das Chambon ist wieder wirkungslos — nur geht das Pferd jetzt im Gleichgewicht, die Hinterhand ist tragend untergeschoben, das Pferd basculiert.

nügend vorwärts geschickt wird, wird es den Kopf aus der zu tiefen Haltung heben, das Chambon spüren und als Reaktion abkauend Kopf und Hals vorwärts-abwärts strecken.

Jedes Pferd profitiert von dem Chambon, wenn es richtig gebraucht wird. Der schwächste Punkt der meisten Pferde, Rükken- und Nierenpartie, werden elastisch und durch bessere Bemuskelung gestärkt; das haben alle Pferde, besonders Springpferde, nötig, gleichgültig ob sie ihren Kopf von Natur aus niedrig, hoch oder normal tragen.

Nach dem Longieren, wenn man die Bandagen und Sprungglocken abnimmt, soll man erst die Sprungglocken abnehmen und dann die Bandagen. Besonders bei den geschlossenen Sprungglocken muß man Kraft anwenden, wenn man sie über den Huf abziehen will. Es kann leicht passieren, daß der Huf danach abrutscht und gegen die Innenseite des anderen Vorderbeines schlägt. Wenn die Beine dann noch bandagiert sind, kann nichts passieren. (Ich empfehle Sprungglocken mit Verschluß, dann erspart man sich diese Quälerei.)

Nach anstrengender Arbeit wie Longieren oder Freispringen soll man die Hinterbeine einbandagieren, damit sie nicht anschwellen und damit keine Gallen entstehen (siehe Kapitel „Bandagen").

Andere Methoden des Longierens

Es gibt immer noch viele Trainer, die sich anderer Methoden des Longierens bedienen, weil sie die Vorzüge des Chambons noch nicht aus eigener Erfahrung kennen.

a) Longieren mit Ausbindezügeln

Auf dem europäischen Kontinent gibt es viele Ausbilder und Reiter, die ihre Pferde mit Ausbindezügeln longieren; — leider, denn es bringt viele Nachteile mit sich.

Meistens wird das Pferd mit der Begründung ausgebunden, daß es sich an die Anlehnung an die Reiterhand gewöhnen soll. Das ist ein Irrtum, denn selbst wenn die Ausbindezügel einen eingelegten Gummiring haben und normal lang geschnallt sind (Nase vor der Senkrechten), entsteht ein Druck auf das Pferdemaul, den man nicht mit „Anlehnung" vergleichen kann: Schließlich kann ein Ausbindezügel trotz Gummiring nicht so einfühlsam mit der Bewegung gehen wie eine gute Reiterhand. Beim Reiten macht die Reiterhand im Schritt-am-Zügel und im Galopp die natürliche Nickbewegung von Pferdekopf und -maul mit.

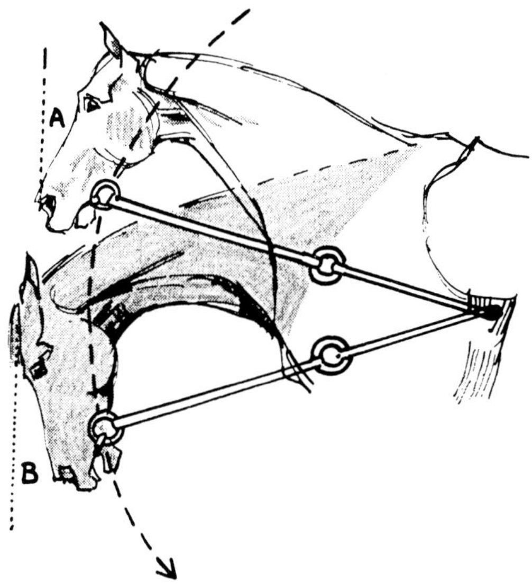

Bild 205. A: Ausbinder ist lang geschnallt, die Nase ist weit vor der Senkrechten. B: Will das Pferd mit der Nase vorwärts-abwärts, so kann es nur rückwärts-abwärts. Es muß sich überrollen.

Der Ausbindezügel tut das nicht, er stört also im Schritt bei jedem Tritt.

Darauf reagieren viele Pferde, indem sie sich gegen den Ausbindezügel lehnen, um den störenden Druck durch Gegendruck abzuschwächen.

Andere gehen mit offenem Maul und versteifen die Halsmuskulatur; dadurch werden wiederum die Ohrspeicheldrüsen eingeklemmt, und das Pferd geht mit trockenem Maul. — Wenn das Pferd nicht schäumt, wird es nicht geritten — hieß es an der Kavallerieschule in Hannover. (Das ist eine Wahrheit, der schlechte Reiter und manche Handelsställe mit allen möglichen Tricks aus dem Wege zu gehen versuchen.)

Manche Trainer entschuldigen sich damit, daß sie die Ausbindezügel länger als normal schnallen, ... „damit das Pferd die Anlehnung in der Tiefe sucht". — Warum sollte das Pferd eine „Anlehnung" suchen wollen, die keine ist, sondern bei jedem Tritt stört? Diese Trainer sollten lieber ganz ohne Ausbindezügel longieren, dann könnte das Pferd sich wenigstens unbegrenzt strecken.

Mit Ausbindern, selbst wenn sie länger als normal geschnallt sind, kann das Pferd sich nicht unbegrenzt vorwärts-abwärts strecken. Es stößt auf halbem Wege an und wird den Versuch nicht so schnell wiederholen. Versucht es dennoch, sich zu strecken, muß es sich, je tiefer es mit dem Kopf geht, überrollen, also hinter der Senkrechten gehen. Man erreicht also das Gegenteil von dem, was man bei der Ausbildung von Springpferden erreichen will.

(Selbst wenn man sich bisher noch nicht darüber klargeworden ist, kann man an Hand der Zeichnung deutlich sehen, daß das Mundstück sich auf einer Zirkellinie um den Mittelpunkt am Gurt bewegt. Der Radius, der Ausbindezügel, bleibt immer gleich lang; je tiefer die Nase geht, je mehr muß das Pferd sich überrollen.)

Außerdem können die Ausbinder großen Schaden anrichten, wenn sie falsch verschnallt werden. Beim Longieren muß der innere Ausbinder mindestens zehn Zenti-

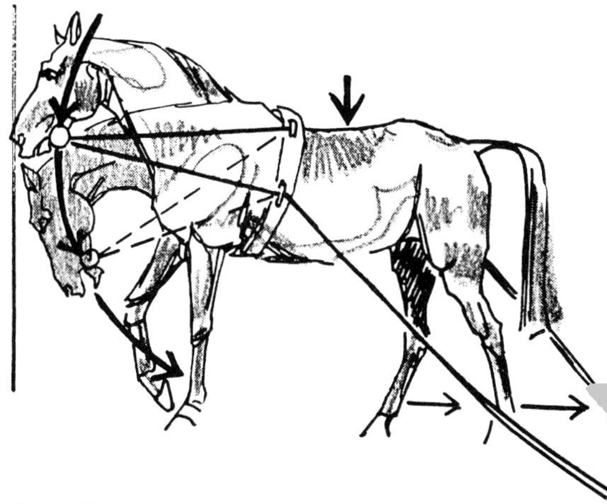

Bild 207. Longieren mit schlaufzügelartig geschnallter Doppellonge.

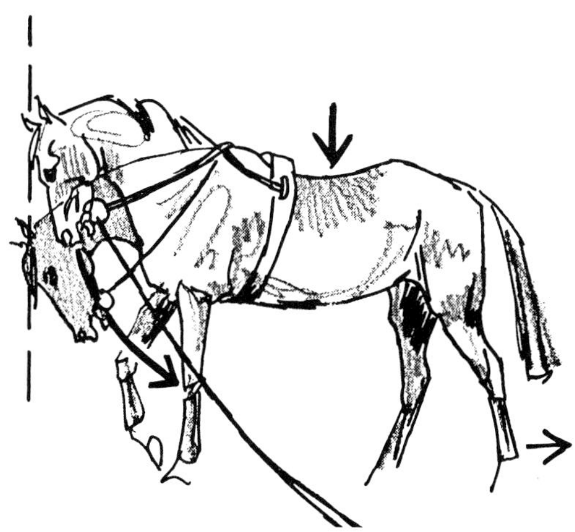

Bild 208. Mit gekreuzten Zügeln ausgebunden: Das Pferd muß sich überrollen, wenn es in die Tiefe will. Hals- und Rückenmuskulatur werden versteift.

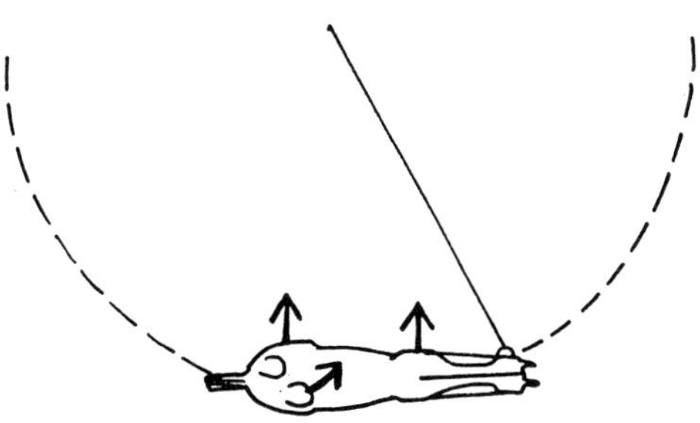

Bild 206. Wenn beide Ausbindezügel gleich lang verschnallt sind, ist das Pferd gezwungen, in sich gerade auf dem Zirkel zu gehen.

Bild 209. Longieren mit Spanischem Reiter.

meter kürzer verschnallt werden als der äußere, damit das Pferd sich längsbiegen kann. – Oft werden Pferde mit gleich langen Ausbindern longiert, wodurch der Hals unnatürlich gerade festgestellt wird und das Pferd über die innere Schulter ausfällt. In dieser unnatürlichen Stellung ist es dem Pferd unmöglich, das innere Hinterbein unterzuschieben.

Auf jeden Fall versteifen Ausbinder beim Longieren die Hals- und Schultermuskulatur, unabhängig davon, ob man sie korrekt verschnallt oder nicht.

b) Longieren mit Schlaufzügeln.
c) Longieren mit der Doppellonge, eventuell schlaufzügelartig geschnallt.
d) Aufsatzzügelartig ausgebunden longieren.
e) Longieren mit dem Spanischen Reiter — eine Methode, die man auf dem Kontinent heute glücklicherweise kaum noch sieht. – In England und Irland jedoch werden bis auf den heutigen Tag fast alle Reit- und Springpferde mit dem Spanischen Reiter oder mit gekreuzten Ausbindezügeln, die die gleiche Wirkung haben, eingeritten.

Eines haben alle diese Methoden gemeinsam: Sie behindern die Bewegungsfreiheit des Pferdes. Anstatt das Pferd zu lösen, die richtige Muskulatur auszubilden und die Hinterhand vermehrt unterzuschieben, bewirken solche Longiermethoden, daß Kopf und Hals des Pferdes in eine fixierte Haltung gepreßt werden, der Rücken weggedrückt wird und das Pferd die Hinterbeine weit auseinander stellt wie ein Traber. (Bei Trabern versucht man dies zu erzielen, damit das Pferd mit den Hinterbeinen seitlich an den Vorderbeinen vorbei weiter vorgreifen kann.)

Bei Fahrpferden, Hengsten, Zirkuspferden etc. kann man diese Longiermethoden anwenden, ohne gleich unheilbaren Schaden anzurichten, aber ein zukünftiges Springpferd würde man damit für alle Zeiten verderben. Jede Einschränkung der Bewegungsfreiheit ist Gift für ein Springpferd. Hoch im Blut stehende Pferde und Vollblüter werden einer Behinderung der Bewegungsfreiheit mit Recht starken Widerstand entgegensetzen.

Es liegt im Wesen des Springsports, daß vorwärts geritten wird. Die Dressur des Springpferdes zielt darauf ab, es elastisch zu machen, damit es wie eine Sprungfeder nach vorne schnellen kann, um zum Beispiel einen mächtigen Oxer zu überfliegen oder um plötzlich im Tempo zuzulegen.

Deshalb steht in der Ausbildung und im Training eines Springpferdes Bewegungsfreiheit an erster Stelle.

Das Gogue

Mögen bei oberflächlicher Betrachtung die beiden Hilfszügel Chambon und Gogue sehr ähnlich erscheinen, unterscheiden sie sich doch grundlegend in ihrem Einfluß auf das Pferdemaul:

Das Chambon (im vorigen Kapitel ausführlich beschrieben) wird im Gegensatz zum Gogue nur zum Longieren benutzt, nie zum Reiten. Es übt niemals einen rückwärts wirkenden Druck auf das Maul aus. Deshalb kann es sowohl bei jungen als auch bei älteren Pferden verwendet werden, und aus diesem Grund gibt es auch dem Pferd ein weiches Maul. Wenn ein Pferd mit der natürlichen Methode ausgebildet wird, braucht man keine Hilfszügel, die rückwärts auf das Maul einwirken, wie Schlaufzügel oder Ausbindezügel. Das Pferd entwickelt aufgrund der vielfältigen Ausbildungsübungen die Muskeln, die es ihm ermöglichen, sich selbst und den Reiter im Gleichgewicht zu tragen. Ein solches Pferd wird dann bei freien und gleichmäßigen Gängen mit weichem Maul leicht am Zügel zu reiten und zu versammeln sein – selbst mit einem gebißlosen Zaum.

Das Gogue jedoch sollte man niemals bei der Ausbildung eines jungen Pferdes benutzen. Es zwingt dem Pferdehals nämlich eine „direkte“ Biegung auf (am Zügel). Deshalb bin ich bis zu einem gewissen Grad sogar dagegen, überhaupt über das Gogue zu schreiben, denn der Pferdehals

sollte immer erst seitlich (lateral) geschmeidig gemacht und erst daraufhin direkt gebogen werden. Ich gehe diesen Kompromiß aber um des Pferdes willen ein, denn der Gebrauch des Gogue ist mir immer noch lieber als der von Schlaufzügeln und Ausbindezügeln. Zu viele Menschen übereilen heute die Pferdeausbildung; sie haben entweder nicht die Geduld oder das Können, ein Pferd reell auszubilden. Um voreilige Resultate zu erzielen, wird meistens der Schlaufzügel verwendet, der Hals und Kopf des Pferdes fixiert und in Richtung Brust zieht. Die Folgen sind ein weggedrückter Rücken, nachschleppende Hinterhand und Überforderung einer ermüdeten Muskulatur, ganz abgesehen von dem sehr negativen Einfluß auf die Psyche des Pferdes. Daß der Schlaufzügel auch von unseren Spitzenspringreitern häufig benutzt wird, ist sehr zu bedauern, da dies von weniger erfolgreichen Reitern kopiert wird. Man sollte sich immer wieder daran erinnern, daß Turniererfolge nicht immer mit reiterlichem Können gleichzusetzen sind.
Das Gogue übt zumindest nicht einen solch toten Druck auf das Pferdemaul aus wie der Schlaufzügel. Sein Hauptdruck liegt auf dem Genickstück. Die Rückwärtswirkung auf das Maul richtet sich hauptsächlich danach, wie hoch das Pferd den Kopf trägt. Dieser Druck verstärkt sich, wenn das Pferd den Kopf hebt, und verschwindet fast völlig, wenn es den Kopf fallen läßt und die Nase nach unten streckt.

1. Das „unabhängige" Gogue

Man kann das Gogue auf zwei verschiedene Arten verschnallen: einmal als von der Hand unabhängigen Hilfszügel und zum anderen in die Hand gehend, als sogenanntes „direktes" Gogue.
Das unabhängige Gogue ist dem Chambon ähnlich, nur ist seine Schnur länger, nämlich zwei Meter, und die Enden werden nicht am Trensenring eingehakt, sondern führen durch ihn hindurch und zurück zum Haken des Ausbindezügels, wo sie eingehängt werden. Die Schnur bildet dann etwa ein Dreieck. Kopfstück und Ausbindezügel sind gleich wie beim Chambon.

Bild 210. Das unabhängige Gogue.

So verschnallt kann das Gogue beim Longieren und Reiten benutzt werden:

a) Zum Longieren

verwendet man das unabhängige Gogue entweder bei einem zu schnell werdenden, stürmenden Pferd oder bei einem älteren Pferd mit schwierigem Hals.

b) Beim Reiten

ziehe ich das unabhängige Gogue den Ausbindezügeln vor, wenn es darum geht, ein Pferd in einer Unterrichtsstunde für einen Anfänger ruhig zu halten. Es gibt dem Pferd eine gewisse Halsfreiheit und mildert den Einfluß einer ungeschickten Anfängerhand.
Erfahrene Reiter sollten nicht mit dem unabhängigen Gogue reiten, auch nicht beim Korrigieren eines verdorbenen Pferdes, denn es stört das Gefühl für das Pferdemaul und gibt dem Reiter deshalb ein totes Gefühl in der Hand.

2. Das „direkte" Gogue

Das direkte Gogue wird ähnlich verschnallt wie das unabhängige, doch diesmal werden die Enden der zwei Meter langen Schnur durch das Genickstück und den Trensenring nicht zurück zum Ausbindezügel ge-

führt, sondern an einem zweiten Zügel befestigt (der nicht länger als 1,50 m sein sollte).
Man darf niemals nur mit dem direkten Gogue reiten, sondern soll es nur als zweiten Zügel neben dem normalen Trensenzügel benutzen. Beide Zügel werden unabhängig voneinander geführt und benutzt, ähnlich wie beim Reiten auf Kandare.
Im Vergleich zu Schlaufzügeln hat das direkte Gogue den Vorteil, daß es nicht allein das Maul beeinflußt, sondern gleichzeitig einen Druck auf das Genick des Pferdes ausübt, besonders wenn es den Kopf hoch trägt.

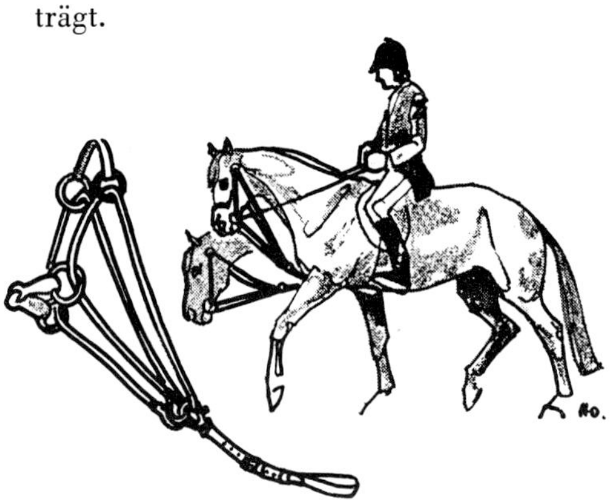

Bild 211. Das direkte Gogue.

Man muß allerdings darauf achten, das direkte Gogue nicht ständig und gleichbleibend anzufassen, da dies das Pferd dazu verleiten würde, sich auf das Gebiß zu legen, wie es so leicht beim Schlaufzügel passiert. Wenn der Reiter sein Pferd mit dem direkten Gogue aufgezäumt hat, nimmt er während der Arbeit den Gogue-Zügel nur an, wenn er es für nötig hält. Wenn das Pferd daraufhin wie gewünscht reagiert, nämlich abkaut, den Kopf fallen läßt und Hals und Rücken streckt, dann muß der Reiter sofort reagieren und den Gogue-Zügel nachgeben, das Pferd loben und die erste, zweite oder dritte Zügelhilfe anwenden. Das sofortige Nachgeben des Gogue-Zügels ist deshalb so wichtig, weil das Pferd sich sonst leicht wie beim Gebrauch des Schlaufzügels überrollen könnte.
Bevor man sich dazu entschließt, mit dem direkten Gogue zu reiten, sollte man vorübergehend das Gebiß etwas niedriger ins Maul legen (jedes Backenstück ein Loch länger schnallen). Das Gebiß ruht dann auf einem „frischen" Teil des Kiefers; das wird das Pferdemaul weicher machen und eine zu hohe Kopfhaltung verbessern. Gleichzeitig kann die gewohnte Stelle des Kiefers sich erholen, und das Pferdemaul wird auch weicher sein, wenn das Gebiß wieder in die ursprüngliche Höhe gelegt wird. Mit diesem kleinen Trick erzielt man oft überraschende Erfolge.

Freispringen

Die Begriffe „Freispringen" und „Couloir" sind in der ganzen Welt bekannt. Bei dem Wort „Freispringen" sehen fast alle Reiter ein Hindernis mit Fang an der langen Seite der Halle, mehrere Helfer mit Peitschen, die ein Pferd mit Rufen und Knallen über das Hindernis springen lassen. Wie zweifelhaft dieses Unternehmen ist, sieht man schon daran, daß fast alle Pferde in den Ecken kehrtzumachen oder gar über die Bande aus der Bahn zu springen versuchen. — Mit dem Begriff „Couloir" verbinden die meisten Leute die Vorstellung des Sprunggartens, eines hocheingezäunten Rundlaufs mit festen Hindernissen, die immer an derselben Stelle und im selben Abstand stehen bleiben . . . deshalb sehen die meisten Couloirs unbenutzt aus; die festen Hindernisse machen ein individuelles Training unmöglich.
In diesem Kapitel möchte ich einen anderen Typ von Couloir beschreiben, in dem Hindernisse und Abstände verändert werden können, je nachdem, welchen Springstil das zu trainierende oder zu korrigierende Pferd hat und welches individuelle Training man zu seiner Verbesserung anwenden will.
Das planvolle Freispringen im Couloir ist ein wichtiger Bestandteil der natürlichen Springausbildung und bietet eine der besten Möglichkeiten zum Training und Korrigieren junger und älterer Pferde.
Bevor ich jedoch die einzelnen Übungen

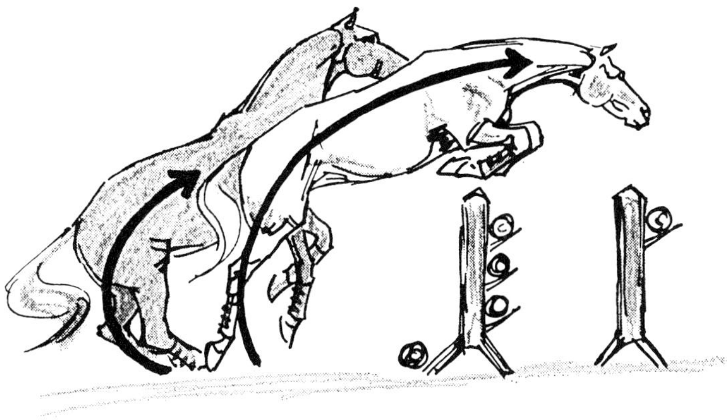

Bild 212. Ein Springpferd muß elastisch sein, um sich wie eine Sprungfeder nach oben schnellen zu können.

aufzähle, möchte ich auf das richtige Sattelzeug fürs Freispringen eingehen:
Der Sattel wird ohne Bügel, aber mit Vorderzeug aufgelegt, damit das junge Pferd sich an das Gefühl des Sattels im Sprung gewöhnt. Wenn das junge Pferd vor den flappenden Sattelklappen Angst hat, legt man einen Übergurt an. — Statt der Trense nimmt man am besten ein Halfter, oder aber man verschlingt die Trensenzügel so sicher, daß das Pferd sich unter keinen Umständen darin verfangen kann, am besten nimmt man die Zügel ganz ab.
Sehr wichtig beim Freispringen sind die Schutzmaßnahmen für die Beine:

1. Vier Bandagen (Sandown) oder vier Streichgamaschen (wie bandagiert wird und wie die Streichgamaschen vorschriftsmäßig angelegt werden, steht im Kapitel „Sattelzeug").
2. Vorderfußwurzelschoner (untere Schnalle lose anziehen).
3. Sprungglocken.

Viele Reiter halten nichts von Bandagen, weil sie glauben, ihre Pferde sprängen durch den Schutz der Bandagen weniger vorsichtig. Das ist ein Irrtum, denn das Pferd fühlt den Stoß gegen die Stange trotz Bandagen und Sprungglocken zur Genüge, wenn es einen Fehler macht.
Bandagen und Glocken verhüten jedoch, daß das Pferd sich eine langwierige oder sogar unheilbare Verletzung zuzieht. Man braucht nur wenige Minuten, um dem Pferd vor dem Springen vier Bandagen und ein paar Sprungglocken anzulegen. Nachlässigkeit oder Bequemlichkeit auf diesem Gebiet hingegen kann nicht nur zu permanenter Lahmheit führen, sondern das Pferd für Wochen oder Monate aus dem Training werfen. Die Intelligenz des Pferdes ist nicht allzu groß, und deshalb muß man nach längerer Pause mit dem Lehrprogramm wieder von vorne anfangen. Außerdem werden die Muskeln während der erzwungenen Ruhepause unnötig geschwächt, und es kann Monate dauern, bis das Pferd wieder in guter Kondition ist.
Planmäßiges Freispringen ist für alle Springpferde vorteilhaft, ich lasse sogar rohe, uneingerittene junge Pferde schon im Couloir freispringen, natürlich nur über kleine Hindernisse, auch darf man die Anforderungen nur sehr langsam nach und nach erhöhen.
Um Mißverständnisse auszuschließen, möchte ich besonders „kleine Hindernisse" und „langsam angehobene" Anforderungen betonen. Wer Erfahrung mit dieser Art des Freispringens hat, wird verstehen, daß man damit das junge Pferd auf keinen Fall überfordert. In diesem frühen Stadium wäre es Gift, das junge Pferd schon „springen" zu lassen; der Sinn des Freispringens

ist vorerst, das Pferd an den Sattel zu gewöhnen. Außerdem gebraucht es über den wenigen kleinen Hindernissen die zum Springen nötige Muskulatur und beginnt sie zu entwickeln. Gleichzeitig fördert dieses „Springen“ in völliger Freiheit die Balance und das Selbstvertrauen des jungen Pferdes.

Durch die langsame Steigerung der Anforderungen in der Springbahn wächst das junge Pferd nach und nach in seine Aufgabe hinein und wird im Gleichklang damit auch stärker werden.

Die Verantwortung, in der Ausbildung wirklich schrittweise voranzugehen, liegt in der Hand eines jeden Trainers. Ich muß zugeben, daß die Versuchung groß ist, ein junges Pferd mit sehr viel Talent und Veranlagung zu überfordern. — Aber dann muß der Trainer sich selbst in der Hand haben und sich immer wieder sagen, daß nur das schrittweise, verständnisvolle Vorgehen zu bleibendem Erfolg führt.

Natürlich ist das Freispringen nicht nur für junge Pferde vorteilhaft, sondern auch für ältere, die korrigiert werden sollen: für Pferde zum Beispiel, die kein Selbstvertrauen haben und unsicher im Absprung sind, oder für solche, die stolpern, was meistens durch nervöse und erregte Reiter anerzogen worden ist.

Beim Freispringen lernt das Pferd, völlig auf sich allein gestellt abzudrücken; es wird weder von einer Reiterhand noch durch zusätzliches Reitergewicht gestört und kann in natürlicher Balance springen.

Aus Erfahrung weiß ich, daß durch planmäßiges, individuelles Freispringen jedes Pferd springen lernt.

Die Anlage eines Couloirs ist verhältnismäßig einfach: In der Halle baut man aus Fängen oder Ständern und Stangen eine Springbahn. Die Ecken rundet man mit Planken ab, damit die Pferde nicht dazu verleitet werden, in den Ecken stehenzubleiben oder kehrtzumachen. Am Anfang

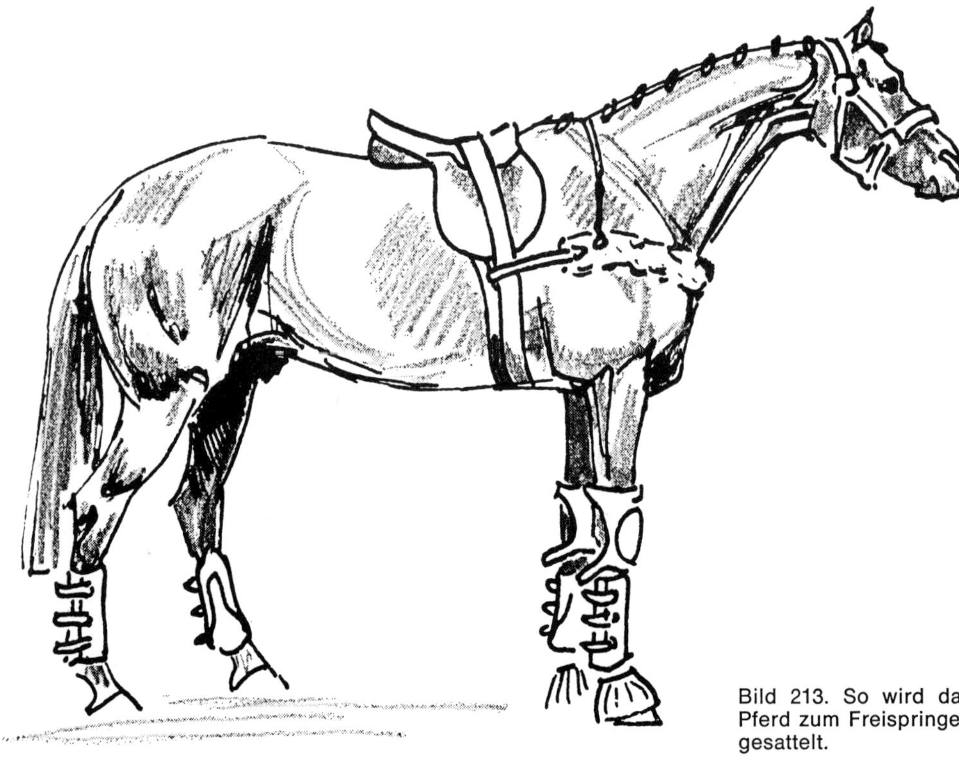

Bild 213. So wird das Pferd zum Freispringen gesattelt.

Bild 214. Einzäunung aus Ständern und Stangen.

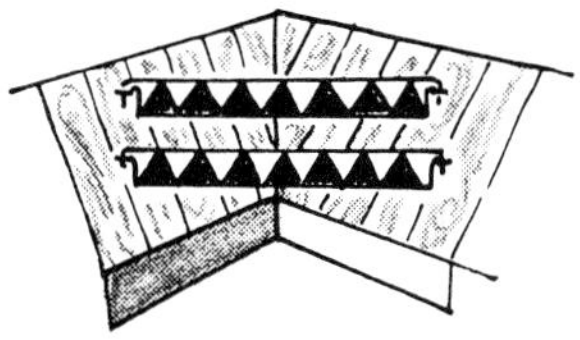

Bild 215. Abrunden der Bahnecken.

braucht man zwei Helfer, die sich im Inneren der Bahn verteilen, um das Pferd in Bewegung zu halten. Nach einer Weile macht den Pferden das Freispringen so viel Spaß, daß man sie nicht mehr anzutreiben braucht, sie gehen dann willig in langsamem Galopp um die Bahn.

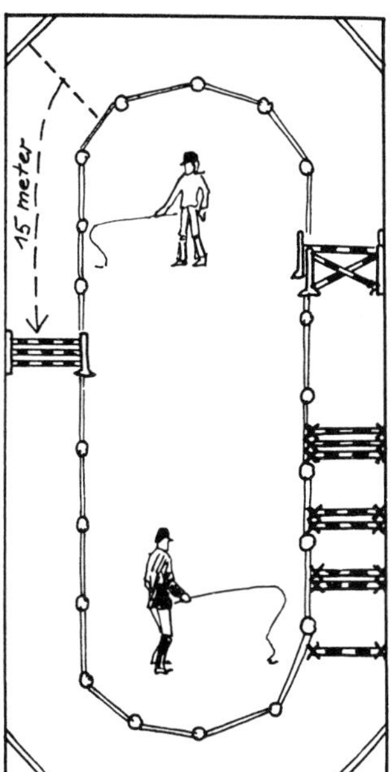

Bild 216. Freispringen.

Die Helfer müssen sich still verhalten; sie müssen gut aufpassen und nur auf einen Wink des Trainers hin das Pferd etwas antreiben oder auffangen. Es muß Ruhe in der Bahn herrschen, denn das Pferd soll sich ja auf seine Aufgabe konzentrieren. Wenn die Helfer hin und her laufen oder sich unterhalten, richtet das Pferd seine Aufmerksamkeit auf diese Bewegungen, wird fahrig und flüchtig springen und nichts lernen, im Gegenteil, es wird sich verschlechtern. — Da die Helfer von Anfang an so ruhig stehen, daß sie von dem Pferd nicht bemerkt werden, braucht man sie nach kurzer Zeit überhaupt nicht mehr, um das Pferd zu kontrollieren, sondern nur noch, um die Hindernisse aufzubauen.

Der Aufbau

In den ersten Wochen baut man an der einen langen Seite der Bahn eine kleine Hürde auf mit einer braunen Naturstange darüber. Dieses Hindernis erinnert das junge Pferd an die natürliche Umgebung, in der es aufgewachsen ist. Sobald das Pferd ruhig und losgelassen und ohne zu eilen über dieses Hindernis springt, stellt man zwei Cavalettis (aufeinander) im Abstand von sechseinhalb Meter davor. — Vor diese beiden Cavalettis legt man jetzt — und in jedem folgenden Stadium des Aufbaues — eine Stange im Abstand von drei Metern, damit das Pferd sich daran gewöhnt, den richtigen Absprung zu finden. Wenn auch dieses flüssig und ruhig gesprungen wird, setzt man zwei weitere Cavalettis aufeinander im Abstand von dreieinhalb Metern vor die ersten Cavalettis. Zwei weitere Cavalettis folgen im Abstand von drei Metern.
Erst wenn das junge Pferd beim Springen dieser Hindernisreihe losgelassen ist, baut man die Hürde zu einem kleinen Oxer um.
Wenn man keine Cavalettis zur Verfügung hat, kann man statt dessen Hindernisse aus gekreuzten Stangen verwenden (Seite 114). Für Pferde mit der Neigung, zu dicht an

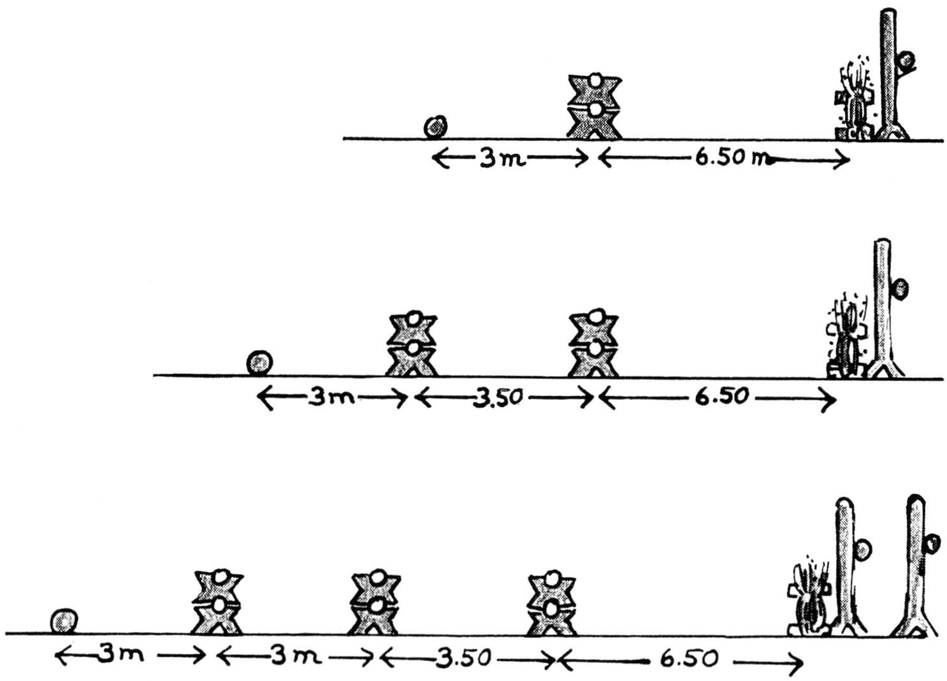

Bild 217. Sukzessiver Aufbau der Hindernisreihe für das Freispringen.

der Bande zu springen — sie verletzen sich leicht oder fallen –, ziehe ich den Cavalettis Hindernisse aus gekreuzten Stangen vor. Sie erziehen das Pferd von Anfang an dazu, das Hindernis in der Mitte zu springen, weil das der niedrigste Punkt des Sprunges ist.

Alle oben genannten Abstände sind kürzer als auf Turnieren, weil das Tempo im Training viel langsamer ist als das Tempo auf Turnieren. Es ist ratsam, die Hindernisreihe aus dem Trab (200 Meter pro Minute) oder aus sehr langsamem Galopp (250 Meter pro Minute) springen zu lassen. (Je schneller das Tempo, je länger der Galoppsprung; deshalb entsprechen auch die Abstände in Kombinationen auf Turnieren immer der ausgeschriebenen Zeit, das heißt, bei schweren Springen — schnellerer Zeit – sind die Abstände weiter, bei niedrigeren Hindernissen — langsamerem Tempo — sind die Abstände kürzer.)

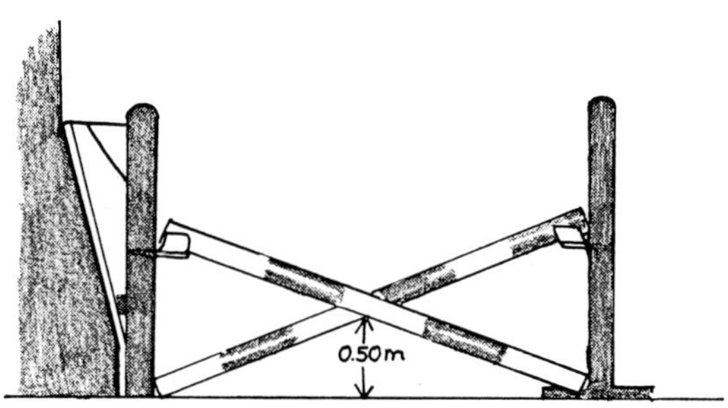

Bild 218. Sprung aus gekreuzten Stangen (an der Bande ist ein aufhängbarer Spezialständer zu benutzen, beweglich und daher an keinen festen Platz in der Halle gebunden).

Antreiben darf man das Pferd nur, wenn es sein normales Tempo verlangsamt. Wenn das Pferd um die Bahn fliegt und dann beim und nach dem Einspringen in die Hindernisreihe langsamer wird, schult man es nicht, sondern verschlechtert es nur. Es muß die Hindernisse ruhig angehen und nach dem Einspringen im gleichen Tempo die Reihe zu Ende springen. Anfangs wird man wahrscheinlich nach dem ersten oder zweiten Cavaletti-Hindernis noch einmal etwas nachhelfen müssen, aber das Pferd wird bald merken, daß sich die Reihe am besten springen läßt, wenn es in einem gleichmäßigen Rhythmus bleibt. — Natürlich muß das Pferd zu diesem Rhythmus erzogen werden, der Trainer muß also ein sicheres Gefühl für gleichbleibendes Tempo haben. Läßt er das Pferd zu schnell springen, wird es flach und unterläuft die folgenden Hindernisse; hilft er dem Pferd im Notfall nicht vorwärts, dann fehlt der nötige Schwung, und das Pferd wird im Hindernis landen oder lernen, einen Zwischensprung zu machen. Beides ist fehlerhaft und verdirbt das Pferd.

Nachdem das Pferd alle Hindernisse der Reihe zufriedenstellend gesprungen hat, baue ich an der anderen langen Seite der Bahn einen einzelnen Steilsprung ohne Absprungstange auf, der am Anfang natürlich nicht höher als 90 Zentimeter ist. Und zwar baut man diesen Sprung etwa 15 Meter von der Ecke entfernt auf. 15 ist eine Zahl, die sich durch drei teilen läßt: Der durchschnittliche Galoppsprung in langsamem Tempo ist etwa drei Meter lang. Jedes Pferd verlangsamt sein Tempo in der Ecke, und da der Sprung nur 15 Meter hinter der Ecke steht, verhindert man so, daß das Pferd beim Angehen dieses Hindernisses zu eilig wird. Wenn man den Sprung in die Mitte oder ans Ende der langen Seite stellt, würde man das Pferd zum hastigen und übereilten Springen verleiten. – Anders ist es bei Pferden, die nicht genug vorwärtsgehen: Dann stellt man das Hindernis in die Mitte oder an das Ende der langen Seite, um diese Pferde zum flüssigeren Angehen des Hindernisses zu verleiten.

Im Gegensatz zu der Hindernisreihe ist das Pferd bei dem Einzelhindernis ohne Absprungerleichterung gezwungen, seinen Absprung alleine zu finden. Es muß hier also zeigen, was es auf der anderen langen Seite gelernt hat.

Um des Pferdes willen möchte ich davor warnen, alle diese Hindernisse am ersten Tag springen zu lassen. Man sollte sich am Anfang damit zufriedengeben, wenn das Pferd sich löst, mit tiefem Kopf springt und ausbalanciert in gleichmäßigem Tempo rundgeht. Durch das Longieren hat das Pferd schon die richtigen Muskeln zu entwickeln begonnen, was durch dieses Freisprung-Programm unterstützt wird.

Man darf aber nie vergessen, daß das junge Pferd in diese Arbeit hineinwachsen muß. Deshalb muß man die Hindernisreihe schrittweise über mehrere Wochen hin aufbauen. Nur dann wird das junge Pferd Vertrauen bekommen und den vollen Gewinn aus diesem Training ziehen; nur dann wird es mit Freude springen, ohne überfordert zu sein.

Wichtig ist, daß man jedesmal wieder ganz von vorne anfängt, mit dem letzten Hindernis der Reihe, und dann programmäßig aufbaut. Ebenso wichtig ist, daß man jede Woche die Hand wechselt, damit das Pferd nicht einseitig ausgebildet wird.

Wenn ein junges Pferd besonders scheu und ängstlich ist, legt man die Hindernisteile der einzelnen Hindernisse erst auf den Boden und baut erst, nachdem das Pferd ein paarmal so darübergegangen ist, langsam jeden einzelnen Sprung auf.

Im allgemeinen ist es überraschend festzustellen, wie schnell die Pferde sich an das Freispringen gewöhnen und wie selbstverständlich sie springen. Viele Pferde, die am Anfang nicht das geringste Talent zeigen, springen nach einiger Zeit ausgesprochen gern und gut. Oft haben diese jungen, unerfahrenen Pferde nur zu wenig Mut, weil sie Angst vor den bunten Hindernissen haben. Nach einiger Zeit vorsichtiger Schulung bekommen sie dann Vertrauen, und je elastischer sie werden, je mehr Spaß bekommen sie an der Sache und desto besser springen sie.

Man muß das Pferd nach jeder gelungenen Übung belohnen (ein guter Trainer hat immer Karotten, Zucker etc. in der Tasche). Durch diese Belohnung lernt das Pferd verstehen, wann es zufriedenstellend gearbeitet hat, und behält das Springen als ein schönes Erlebnis in Erinnerung.

Wer zusätzliche Arbeit durch das Freispringen befürchtet, dem möchte ich folgende Erfahrung schildern:

In England trainierte ich mit meinen Leuten täglich 60—70 junge Pferde, alle ließen wir dreimal in der Woche frei springen. Wenn man die Sache gut organisiert, kann sich das Freispringen sogar als zeitsparend erweisen.

Jedes Pferd benötigt nicht mehr als fünf bis zehn Minuten in der Springbahn, das ist genug; denn ein Parcours dauert ja meistens nicht länger als zwei Minuten. Die ersten paar Runden läßt man jedes Pferd ohne Hindernisse rundlaufen; dann werden die einzelnen Hindernisse, am Ende anfangend, aufgebaut. Dazu muß man an jedem Hindernis einen Helfer haben, der weiß, wie sein Hindernis für die einzelnen Runden aufgebaut wird.

Wir erleichterten uns die Arbeit dadurch sehr, daß wir die Pferde nach ihrer Springmanier eingruppierten und dann in der entsprechenden Reihenfolge in die Halle brachten. Zum Beispiel erst die Pferde, die verkürzte Abstände springen sollten, dann

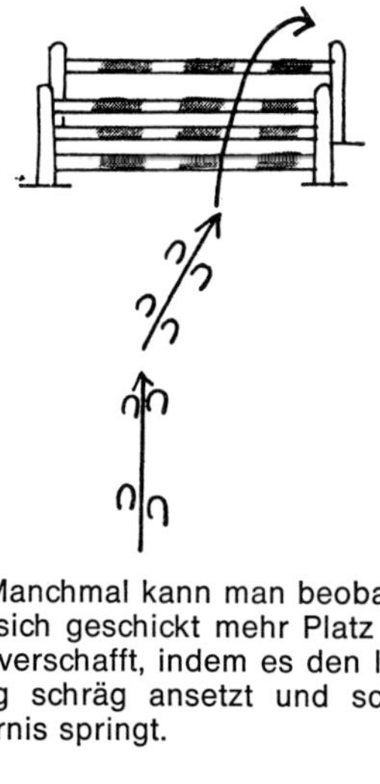

Bild 219. Manchmal kann man beobachten, wie ein Pferd sich geschickt mehr Platz vor einem Hindernis verschafft, indem es den letzten Galoppsprung schräg ansetzt und schräg über das Hindernis springt.

Bild 220. Wenn man mehr Hindernismaterial und eine lange Halle zur Verfügung hat, kann man diese Hindernisreihe aufbauen. Hier hat man eine ausgezeichnete Gelegenheit, das Pferd beim Freispringen lernen zu lassen, daß es unter Umständen seinen Galoppsprung verlängern oder verkürzen muß.

Später kann man diesen Aufbau natürlich auch benutzen, wenn das Pferd unter dem Reiter gesprungen wird. Dann übernimmt der Reiter die Aufgabe, die beim Freispringen dem Trainer zufiel: nämlich den Rhythmus zu kontrollieren. Wenn es in den längeren Distanzen notwendig wird, muß der Reiter mit treibenden Schenkelhilfen das Pferd dazu auffordern, die Galoppsprünge zu verlängern. Der Reiter sollte einmal mit geschlossenen Augen über diese Hindernisreihe reiten — eine gute Gelegenheit, ein sicheres Empfinden für den Unterschied zwischen den langen und kurzen Abständen zu bekommen.

Besonders die Reihen 7 und 8 schulen das Auge des Reiters, den Abstand bis zum nächsten Hindernis zu schätzen und die Galoppsprünge zu zählen. Ich möchte noch einmal darauf hinweisen, daß die Abstände dieser Kombinationen nicht mit denen auf Turnieren zu vergleichen sind. (Siehe Kapitel Kombinationen.)

Das erste Hindernis der Reihe ist einfach ein Cavaletti oder eine besonders dicke weiße Stange (gut sichtbar). Für die folgenden 7 Hindernisse benutze ich nur eine Stange. Diese lege ich zuerst nur auf einer Seite in die Auflage, auf der anderen auf den Boden, und zwar beim ersten Sprung rechts hoch, beim nächsten links, beim folgenden rechts usw. Sprung 8 ist zuerst nur ein kleiner Steilsprung, eventuell aus gekreuzten Stangen. Hat das Pferd (mit oder ohne Reiter) die Reihe ein paarmal flüssig gesprungen, lege ich die Stangen der ersten 7 Hindernisse hoch — so lernt das Pferd auch ein Hindernis ohne Grundlinie zu taxieren — und mache aus Sprung 8 einen kleinen Oxer (etwa 1 m × 1,30 m). Macht man den Oxer später höher und breiter, muß der Abstand von 6,50 m entsprechend verlängert werden. Dasselbe gilt für die Steilsprünge in der Reihe: Will man sie später einmal höher als ca. 1,10 m machen, müssen auch hier die zugehörigen Abstände entsprechend vergrößert werden.

Den Nutzen dieser Übung sieht man später auf Turnieren: Beim Anreiten eines Einzelhindernisses wird das Pferd williger den Anweisungen des Reiters folgen und die Galoppsprünge verlängern oder verkürzen, um den richtigen Absprung zu finden. Das gleiche gilt für Kombinationen: Sollte das Pferd über den ersten Sprung zu weit in die Kombination hineingekommen sein, kann es ohne Schwierigkeiten den nächsten Galoppsprung verkürzen und so einen Fehler vermeiden (und umgekehrt).

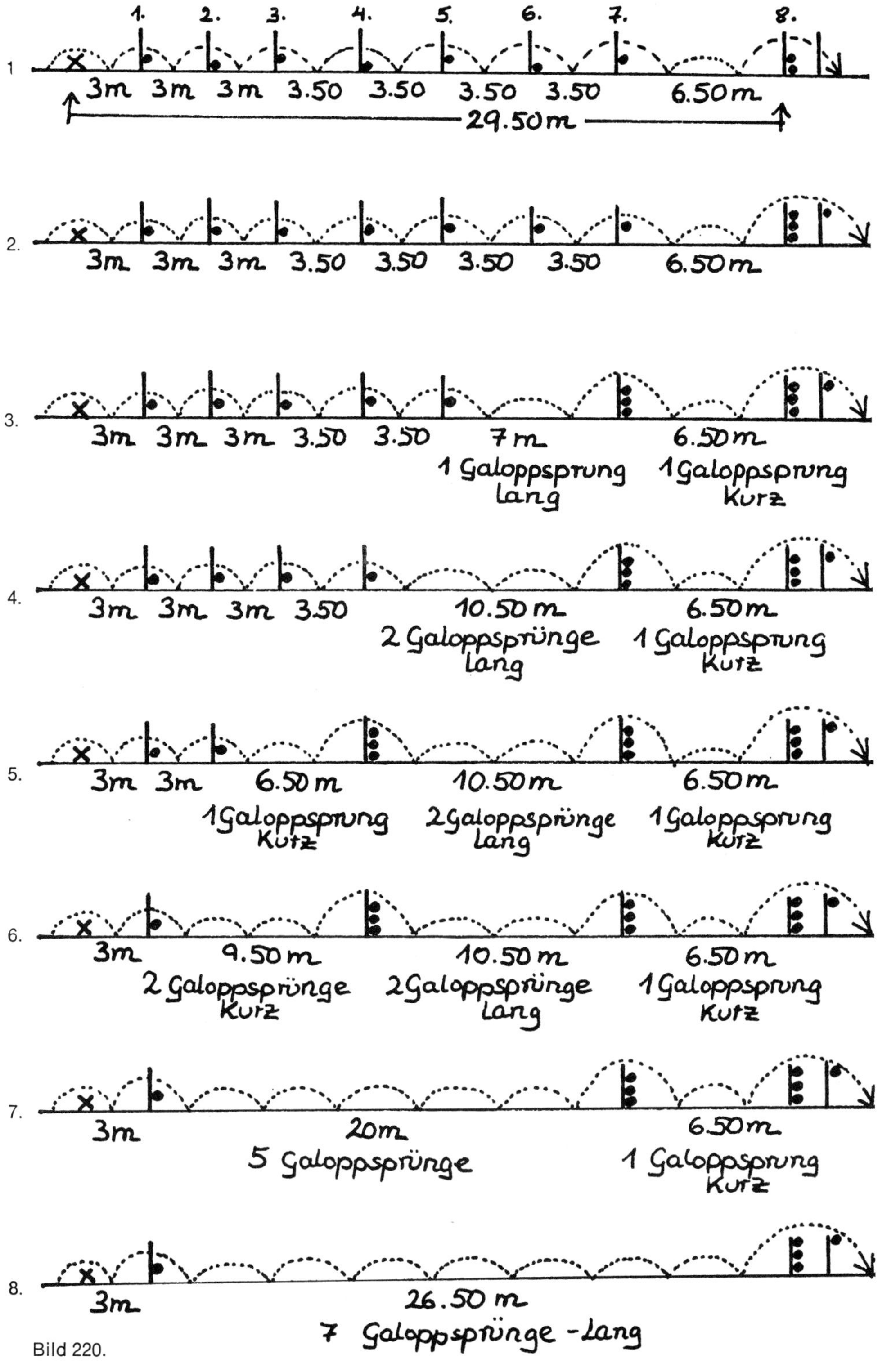
1
1. 2. 3. 4. 5. 6. 7. 8.
3m 3m 3m 3.50 3.50 3.50 3.50 6.50m
29.50m
2.
3m 3m 3m 3.50 3.50 3.50 3.50 6.50m
3.
3m 3m 3m 3.50 3.50 7m 6.50m
1 Galoppsprung lang
1 Galoppsprung Kurz
4.
3m 3m 3m 3.50 10.50m 6.50m
2 Galoppsprünge lang
1 Galoppsprung Kurz
5.
3m 3m 6.50m 10.50m 6.50m
1 Galoppsprung Kurz
2 Galoppsprünge lang
1 Galoppsprung Kurz
6.
3m 9.50m 10.50m 6.50m
2 Galoppsprünge Kurz
2 Galoppsprünge lang
1 Galoppsprung Kurz
7.
3m 20m 6.50m
5 Galoppsprünge
1 Galoppsprung Kurz
8.
3m 26.50m
7 Galoppsprünge - lang

Bild 220.

die, die normale Abstände zu springen hatten, und dann die Gruppe, die weite Abstände springen sollte. Bei der großen Anzahl von Pferden erwies sich das als sehr praktisch, da wir so nur für jedes Pferd die einzelnen Hindernisse aufbauen mußten, die Abstände aber nur zwei- oder dreimal am Tag veränderten.

Kontrolle

Nach etwa drei- bis viermonatigem Training im Freispringen in den Hindernisreihen kontrolliert man, ob das Pferd wirklich gelernt hat, seinen Absprung zu finden, und ob es seinen Stilfehler, falls es einen hatte, korrigiert hat.
Man läßt die Hindernisreihe zwei- bis dreimal normal springen und nimmt dann den vorletzten Sprung heraus. Der Abstand zwischen dem drittletzten und letzten Hindernis paßt jetzt nicht ganz genau, aber wenn das Pferd seine Lektion gelernt hat, wird es sich allein den Absprung passend machen, indem es die letzten Galoppsprünge verlängert. Jetzt muß der Trainer sehr genau auf den Rhythmus achten: Merkt er, daß das Pferd die letzten Galoppsprünge von sich aus nicht genügend verlängert, muß er entsprechend antreiben.
Wenn das Pferd dennoch einen kurzen Extra-Galoppsprung einlegt, hat es in den ersten drei Monaten der Freispringausbildung noch nicht genug gelernt; man muß also erst wieder zu diesem Teil der Ausbildung zurückgehen.
Hat das Pferd aber den nicht passenden Abstand nach vorn hin ausgeglichen, nimmt man nach und nach auch das drittletzte und das viertletzte Hindernis heraus, bis nur noch das erste und das letzte Hindernis übrigbleiben.
Solche Kontrolle macht man nur hin und wieder einmal, um festzustellen, ob das Pferd wirklich zwischen den beiden Hindernissen flüssig und im gleichbleibenden Rhythmus weitergaloppiert (darauf muß der Trainer natürlich achten) und ob es sich den Absprung vor dem letzten Hindernis nach vorne hin passend macht. Ansonsten beginnt man wieder mit der Gymnastik über die normalen Hindernisreihen.

Zusammenfassung

Zum Abschluß sei noch einmal zusammengefaßt:

1. Das Freispringen über individuelle Hindernisreihen ist ein Bestandteil der natürlichen Ausbildungsmethode von Springpferden.
2. Es ist eine ideale Schulung für junge Pferde. Sie lernen von Anfang an in natürlicher Balance mit tiefem Kopf und Hals zu springen, da sie nicht durch Reiterhand und -gewicht gestört werden.
3. Es gibt allen Pferden Selbstvertrauen und Mut, da sie lernen, aus sich heraus den richtigen Absprung zu finden. Natürlich muß man auch solche Pferde später auf dem Turnier, wo die fremde Umgebung und die fremden Hindernisse das Pferd beeinflussen, unterstützen, aber man kann auch dann auf die Mitarbeit des Pferdes rechnen, da es zu Hause gelernt hat, selber entschlossen vorwärts zu gehen.
4. Zum Korrigieren von Stilfehlern.
5. Das Freispringen eignet sich hervorragend zum gymnastischen Training von Springpferden zwischen weit auseinanderliegenden Turnieren oder zwischen den Saisons.

Nachteile des Springens an der Longe

Im folgenden möchte ich auf die Nachteile hinweisen, die es hat, wenn man ein Pferd an der Longe springen läßt.
Leider haben viele Ausbilder die Angewohnheit, ihre Pferde über einzelne Hindernisse zu longieren, und zwar der Einfachheit halber meistens nur auf der linken Hand. Dadurch wird die Muskulatur des Pferdes völlig einseitig entwickelt. Im Parcours hat das Pferd später Schwierigkeiten in Rechtswendungen und bricht leicht nach links aus. Die schon von Natur aus bieg-

Bild 221. Springen an der Longe ist schlecht für das Pferd.

samere linke Seite des Pferdes wird durch das einseitige Training an der Longe noch weiter entwickelt.
Außerdem ist das Springen in der durch die Longe bedingten Längsbiegung zu anstrengend für die Sprung- und Fesselgelenke. Geschwollene Beine und Gallen sind die Folge.
Beim Springen auf dem Zirkel kann das Pferd für den Absprung nur das innere Hinterbein unterbringen, das durch die einseitige Belastung überanstrengt wird.
Beim Freispringen dagegen kann das Pferd beide Hinterbeine gleichmäßig zum Absprung unterschieben, da es die Hindernisse in einer geraden Linie angeht. Das Pferd wird beiderseits gleichmäßig entwickelt und kann nach dem Sprung entweder im Rechts- oder im Linksgalopp landen.
An der Longe jedoch ist das Pferd gezwungen, in einer unnatürlichen Stellung zu springen: Kopf und Hals sind nicht in einer Geraden mit dem Körper, sondern durch die Longe nach innen gezogen. Der Schwerpunkt wird dadurch auf das innere Vorderbein verlagert, und das Pferd ist gezwungen, immer im entsprechenden Galopp zu landen.
Zudem passiert es häufig, daß der Ausbilder nicht schnell genug mit der Bewegung mitgeht und das Pferd im Maule stört. Diesen plötzlichen und unerwarteten Ruck ins Maul empfindet das Pferd als Bestrafung, und schon ist der erste Schaden in der Erziehung des Springpferdes angerichtet, da das Pferd solch eine schmerzhafte Lektion natürlich nicht gerne wiederholt.
Oft kann man beobachten, wie ein Pferd beim Springen an der Longe ausbricht und sich losmacht, besonders wenn es vorher einmal für das Ausbrechen die Peitsche bekommen hat. Dann galoppiert es mit nachschleppender Longe weg, tritt womöglich noch auf die Longe und reißt sich das Maul blutig.
Aufgrund der erwähnten Nachteile bin ich sehr dagegen, ein Pferd an der Longe springen zu lassen. Dieses Training gehört nicht zu der natürlichen Ausbildungsme-

Bild 222. Das Pferd tritt auf die Longe und reißt sich das Maul blutig.

thode, bei der es nie einen „rückwärts“ wirkenden Zügel geben darf.

Das Springen auf einem engen Zirkel oder aus der Ecke gehört in ein späteres Stadium des Springtrainings und wird mit Erfolg angewendet, um Pferde auf Zeitspringen oder Stechen nach Zeit vorzubereiten oder um ein einzelnes Hinterbein zum vermehrten Unterschieben zu veranlassen (siehe Kapitel „Training für Zeitspringen“).

Arbeit an der Hand

Der Zweck einer elementaren Arbeit an der Hand ist es, dem jungen Pferd die Schenkelhilfen des Reiters, Rückwärtsrichten und erste Zügelhilfen mit Hilfe der langen Dressurgerte verständlich zu machen, und zwar noch bevor es eingeritten wird. Schon in diesem frühen Stadium der Ausbildung kann das Pferd diese verhältnismäßig fortgeschrittenen Übungen erlernen, ohne dadurch überfordert zu sein: Es braucht sich ja nur selber auszubalancieren, ohne von dem Gewicht des Reiters gestört zu werden. — Das junge Pferd lernt also an der Hand die Hilfen der Dressurgerte verstehen, die später beim Reiten durch die Schenkelhilfen unterstützt und schließlich ersetzt werden. — Auch ältere, verdorbene Pferde, die zum Beispiel zu sehr auf der Vorhand gehen, kann man an der Hand korrigieren, was später die Arbeit unter dem Sattel erheblich erleichtert.

Die folgenden Übungen an der Hand für die Remonte basieren auf den Ausbildungsmethoden der weltberühmten ehemaligen Kavallerieschulen des Kontinents. Ihre Ausbildungsmethoden wurden als reiterliches Gesetz anerkannt, und niemand kam auf die Idee, ihre Unfehlbarkeit in Frage zu stellen.

Heute jedoch, da in den meisten Ländern keine berittene Armee mehr besteht, haben diese Lehr- und Ausbildungsmethoden viel von ihrer früheren Verbindlichkeit verloren. Schon darum, weil sie nicht mehr in solcher Breite und mit der gleichen Präzision überliefert werden.

Heutzutage gibt es nicht mehr viele Ausbilder, die soviel Geduld haben wie die großen alten Meister und die deren klassische Ausbildungsmethoden kennen und weiter ausbauen. Nur wenige haben das alte Wissen ererbt und können es weitergeben.

Diese Lücke in der Überlieferung ist der Hauptgrund dafür, daß die Arbeit an der Hand heute von vielen Reitern als überflüssig und veraltet angesehen wird. Da ich die Einwände kenne, möchte ich sie gleich vorwegnehmen und denjenigen Reitern antworten, die eine korrekte Arbeit an der Hand für Zeitverschwendung halten. Sie glauben, die gleichen Übungen wirkungsvoller vom Sattel aus lehren zu können.

Bei der Arbeit an der Hand wird das Pferd, noch bevor es eingeritten wird, in fortgeschrittenen Lektionen ausgebildet. Wenn man diese Lektionen später unter dem Sattel durchnimmt, kommt man dann entsprechend schneller vorwärts und spart Zeit.

Zweitens glauben einige Reiter, daß die Pferde diese Übungen an der Hand nicht so exakt mit engagierter Hinterhand ausführen können wie unter dem Reiter. — Diese Meinung mag durch Reiter entstanden sein, die nicht genau wußten, wie die Übungen durchzuführen sind. Natürlich war das Resultat schlecht, und folglich wurde angenommen, daß die Methode schlecht sei.

Ich möchte alte Überlieferungen wieder auffrischen und werde die einzelnen Übun-

 gen an der Hand so ausführlich wie möglich erklären, um Mißverständnisse von Anfang an auszuschließen.
Ich empfehle, die Handarbeit schon in den ersten zwei Monaten, noch vor dem Einreiten, mit dem jungen Pferd zu exerzieren. Ich werde mich bemühen, alle Fehler, die gemacht werden können, zu erwähnen und damit aus dem Wege zu schaffen.

Erste Übung an der Hand

Längsbiegung, vermehrtes Untertreten eines Hinterbeines.
Der Ausbilder steht auf der linken Seite des Pferdes in Schulterhöhe. Er nimmt beide Zügel in die linke Hand, die Zügelschnalle hält er mit dem kleinen Finger, damit das Pferd nicht in den Zügel treten kann. Mit der Dressurgerte tickt er vorsichtig an das linke Sprunggelenk, kurz bevor das Pferd das linke Hinterbein anhebt und vorwärts-seitwärts, das rechte Hinterbein kreuzend, auffußt. (Dadurch, daß man vor dem Abfußen antickt, hebt das Pferd das Bein höher an und tritt weiter unter. Versäumt man den Moment, kann es sein, daß das Pferd das Bein nur über den Boden schleppt.)
Dies ist der erste Schritt, um die Hinterhand des Pferdes mehr zum Tragen zu veranlassen. Wichtig ist, daß das linke Hinterbein „vor“ dem rechten vorbei seitwärts tritt, sonst ist der Sinn der Übung verfehlt.
Die Übung muß Schritt für Schritt ausgeführt werden, damit das Pferd sich nicht streicht. (Deshalb ist es ratsam, dem Pferd vier Gamaschen anzulegen.)
Jede Beeinflussung mit den Zügeln ist fehlerhaft, sie würde das Untertreten der Hinterhand vereiteln.
Zu Anfang sollte man das Pferd bei dieser

Bild 223. Erste Übung an der Hand.

Übung ruhig ein paar Tritte vorwärts gehen lassen, denn trotz der Seitwärtsbewegung in Längsbiegung muß der Vorwärtsdrang erhalten bleiben. Sollte das Pferd die Neigung zeigen, rückwärts zu treten, muß man die Übung sofort unterbrechen und das Pferd einige Tritte vorwärtsführen. Erst dann beginnt man von neuem. Sollte das Pferd wiederholt versuchen, auszuweichen und rückwärts zu laufen, läßt man einen Helfer in einigem Abstand hinter dem Pferd her gehen. Er kann es im Notfall ansprechen.

Sinn dieser Aufgabe ist, daß das Pferd sich in den Rippen längsbiegt, woraufhin sich automatisch die Längsbiegung auch im Halse fortsetzt, ohne daß man sie mit den Zügeln herbeizuführen braucht. — Pferde, die keine Schwierigkeiten haben, sich von den Ohren bis zum Schweif längszubiegen, haben anschließend auch keine Schwierigkeiten, zu basculieren, also den Rücken aufzuwölben und diese Wölbung im Hals fortzusetzen. (Leider machen viele Reiter den Fehler, diese „direkte" Biegung — Wölbung des Halses — zu erzwingen, ohne das Pferd vorher durch beiderseitiges Längsbiegen darauf vorzubereiten und entsprechend geschmeidig zu machen.)

Nachdem das Pferd diese Aufgabe einmal auf der linken Hand ausgeführt hat, führt man es einige Schritte vorwärts und wiederholt dieselbe Übung auf der rechten Hand.

Bild 224. Erste Übung an der Hand.

Die Vorwärtstritte zwischen dem Handwechsel sind wichtig, damit der Vorwärtsdrang erhalten bleibt. Während einer Unterrichtsstunde sollte man diese Übung nicht mehr als zweimal auf jeder Hand ausführen, und während der ersten Wochen sollte man sich mit zwei oder drei Seitwärtstritten begnügen.

Sobald das Pferd versteht, daß es seitwärts treten soll, wenn es mit der Gerte am Sprunggelenk angetickt wird, kann man nach und nach diese leichte Peitschenhilfe weiter vorne geben, bis man mit der Hilfengebung eine Handbreit hinter dem Gurt angelangt ist, wo später die seitwärtstreibende Schenkelhilfe des Reiters einsetzt.

Den Gewinn dieser Übung hat man später beim Reiten, weil das Pferd die seitwärtstreibende Peitschenhilfe dann schon kennt und durch die stete Übung die Hinterhand auch mit dem Reitergewicht leichter seitwärts untertreten kann.

Der Reiter gibt am Anfang zusammen mit dem seitwärtstreibenden Schenkel die seitwärtstreibende Peitschenhilfe, um durch diese Kombination die Schenkelhilfe leichter verständlich zu machen. Hat das Pferd die Schenkelhilfe verstanden, bleibt die Unterstützung mit der Peitsche weg.

Die zweite Übung an der Hand

Sobald das Pferd die Hilfen zu der ersten Übung an der Hand verstanden hat und sie ruhig ausführen kann, darf man mit der nächsten beginnen: mit Seitengängen auf zwei Hufschlägen.

Die Anlehnung an die Bande spielt bei dieser Arbeit an der Hand auf zwei Hufschlägen eine wichtige Rolle; sie verhindert, daß das Pferd nach vorne wegläuft. — Wenn keine Reitbahn und somit keine Bande zur Verfügung steht, kann man draußen eine Hecke oder einen Zaun als Begrenzung benutzen.

Die Arbeit auf zwei Hufschlägen veranlaßt das Pferd zu erhöhter Aufmerksamkeit; sie erfordert größeren Gehorsam und ist die Vorbereitung für eine differenzierte Ausbil-

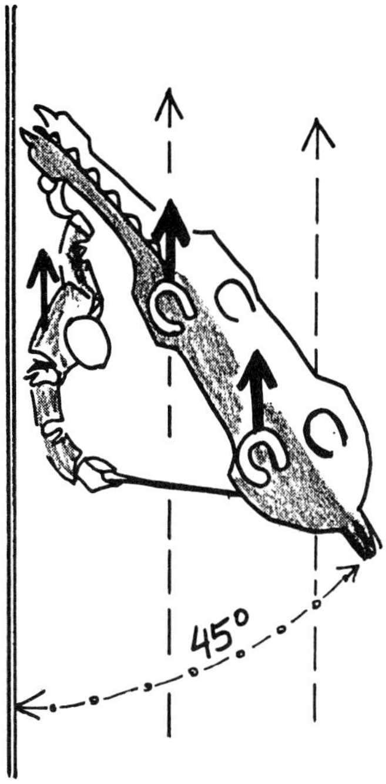

Bild 225. Zweite Übung an der Hand: Auf zwei Hufschlägen.

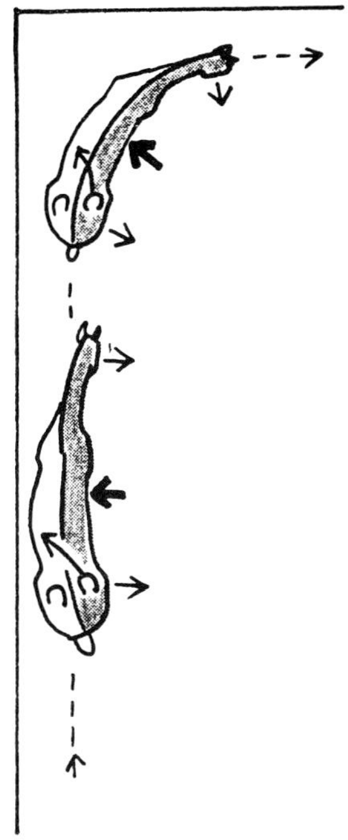

Bild 226. Richtig gestellt durch die Ecke galoppiert.

dung. (In diesem Stadium der Ausbildung wird die Übung auf zwei Hufschlägen natürlich nur an der Hand, ohne jeden Zwang und ohne das Gewicht des Reiters ausgeführt.)

Der Ausbilder steht mit dem Rücken zur Bande, in Schulterhöhe, auf der linken Seite des Pferdes. Er hält beide Zügel in der linken Hand und die Dressurgerte in der rechten. In dieser Stellung tickt der Trainer mit der Gerte vor dem Abfußen an das linke Sprunggelenk des Pferdes. Während er das Pferd anregt, vorwärts-seitwärts unterzutreten, ist es äußerst wichtig, daß er mit dem Rücken zur Bande flüssig genug mit dem Pferd vorwärts geht. Wenn der Ausbilder nicht genug mit der Bewegung geht und langsamer als das Pferd ist, besteht die Gefahr, daß das Pferd mit zuviel Abstellung mehr seitwärts als vorwärts geht und auf drei anstatt auf zwei Hufschlägen geht. (Die Folge sind Kronentritte und Streichverletzungen.)

Man muß sich mit wenig Abstellung zufriedengeben, um die flüssige Bewegungsfolge zu erhalten, und man muß darauf achten,

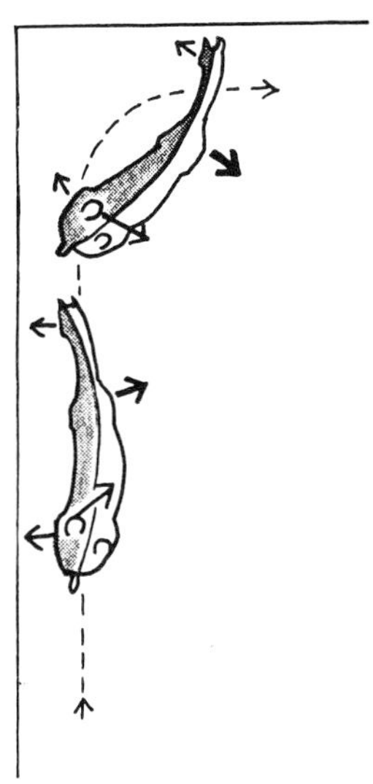

Bild 227. Falsch durch die Ecke galoppiert.

daß das innere Vorder- und Hinterbein vor dem äußeren Vorder- und Hinterbein übertritt.
Während der ersten Wochen sollte man sich in jeder Übungsstunde mit vier bis sechs Tritten zufriedengeben, da die seitliche Abstellung und die Längsbiegung für das junge Pferd sehr anstrengend sind.
Ein schwerer Fehler ist es, wenn das Pferd durch irgendeine unachtsame Bewegung erschrickt und mit der Hinterhand herumspringt. (Es kann daraufhin sofort lahmgehen.) Ich empfehle jedem Ausbilder, am Anfang bei der Arbeit an der Hand vorsichtig zu sein, wenn er die Gerte an das Sprunggelenk anlegt.
(Das gleiche trifft übrigens auch zu, wenn man ein Pferd an der Hand vormustert: Man sollte das Pferd nie — wie man es so oft sieht — scharf nach links abwenden, sondern immer erst zum Schritt übergehen und dann in weitem Bogen nach rechts gehen.)
Alle Pferde sollten diese Übung auf zwei Hufschlägen besonders auf der steifen Seite ausführen. Sie lernen, das innere Hinterbein auf dieser steifen Seite in den Wendungen mehr unterzuschieben. — Wie wichtig das für die spätere Laufbahn als Springpferd ist, kann der erfahrene Zuschauer besonders bei Hallenturnieren beobachten. Erfahrene Reiter mit gut ausgebildeten Pferden reiten alle Ecken richtig aus. Nach einer richtig ausgerittenen Ecke kann das Pferd den nächsten Sprung im Gleichgewicht angehen und frühzeitig genug aus der Hinterhand abspringen. (Um ein Pferd richtig auf eine Ecke vorzubereiten, muß der Reiter mindestens sechs Meter vor der Ecke den inneren Schenkel vermehrt gebrauchen und so das Pferd um den inneren Schenkel biegen.)
Ein steifes Pferd mit einem unerfahrenen oder schlechten Reiter nimmt die Ecke nach außen gestellt mit falscher Längsbiegung. In dieser Stellung ist das Pferd gezwungen, den Schwerpunkt auf das innere Vorderbein zu verlagern, und es kann das innere Hinterbein nicht unterschieben. Da das Pferd nicht im Gleichgewicht ist, wird es den nächsten Sprung unterlaufen und Fehler machen, weil es nicht rechtzeitig genug aus der Hinterhand abdrücken kann.
Wenn das Pferd in der Arbeit an der Hand weiter fortgeschritten ist, kann man diese Übung auf zwei Hufschlägen auch in verkürztem Trab durchführen. Dabei muß der Trainer besonders feinfühlig mitgehen, um das Pferd nicht zu stören und nervös zu machen. Es würde sonst eventuell herumspringen und sich verletzen.
Bei systematischer Arbeit kann das Pferd diese Übung nach einiger Zeit flüssig und mit gleichbleibender Stellung im Trabe ausführen.

Die dritte Übung an der Hand: Rückwärtsrichten

Rückwärtstreten ist eine unnatürliche Gangart und darf deshalb unter dem Reiter erst mit dem Pferd exerziert werden, wenn es in seiner Ausbildung fortgeschritten ist.
An der Hand jedoch, ohne das Gewicht des Reiters, kann und soll auch das Rückwärtsrichten schon in sehr frühem Stadium geübt werden, damit das Pferd langsam in die Aufgabe hineinwächst und geschmeidig und gelöst die notwendige Muskulatur entwikkelt. — Auf diese Art werden viele Schwierigkeiten von vornherein ausgeschlossen, die gewöhnlich auftreten, wenn man mit dem Rückwärtsrichten unter dem Sattel ohne Vortraining beginnt.
Bei der Korrektur älterer Pferde, besonders von Pferden mit steifem Rücken und steifer Nierenpartie, die zu sehr auf der Vorhand gehen, hilft das korrekte Rückwärtsrichten an der Hand außerordentlich. Man kann beobachten, wie das Pferd beginnt, die Hinterhand unterzuschieben und taktmäßig rückwärts zu treten, ohne dabei im Maul beeinflußt zu werden.
In der natürlichen Ausbildung lernt das Pferd also das Rückwärtsrichten ohne jede Gewalt, und da niemand rückwärts auf das Maul einwirkt, bleibt es weich und empfindsam.

Bild 228. Richtiges Rückwärtsrichten an der Hand.

Man stellt das Pferd auf der linken Hand an der Bande auf, nimmt beide Zügel in die linke Hand, ebenso die Schnalle, damit das Pferd nicht in den Zügel treten kann. Nun tickt der Trainer mit der Dressurgerte die Krone des vorne stehenden Vorderbeines an; wenn zum Beispiel das linke Vorderbein weiter vorsteht, tickt man die linke Krone mit der Gerte an und kann beobachten, daß das Pferd daraufhin das linke Vorderbein gleichzeitig mit dem rechten Hinterbein zurücksetzt.

Man muß auf gleichmäßige, lange Tritte achten, das Pferd darf nicht hastig werden, muß die Sprunggelenke dicht beieinander halten, die Hinterhand senken und gut unterschieben.

Das Pferd wird das Rückwärtsrichten nur dann so korrekt ausführen, wenn man sich selbst kontrolliert: Auf keinen Fall darf

Bild 229. Bei jungen Pferden oder bei Pferden mit schwachem oder verkrampftem Rücken kann man beobachten, daß sie Kopf und Hals beim Rückwärtsrichten extrem niedrig tragen, um den Druck auf die Nieren zu verringern. Man darf den Kopf nicht anheben, sondern muß abwarten, bis das Pferd so geschmeidig geworden ist, daß es Kopf und Hals von sich aus in normaler Stellung trägt. Der steife Rücken zwingt das Pferd, die Beine hahnentrittartig zu bewegen.

man auf das Gebiß Einfluß nehmen und versuchen, mit den Zügeln die Rückwärtsbewegung zu unterstützen, da das Pferd dann die Hinterhand nach hinten hinausschiebt und den Rücken wegdrückt.
Das junge Pferd wird am Anfang beim Rückwärtstreten an der Hand den Kopf tief tragen. Es wird aber nie hinter dem Zügel gehen, sondern die Nase tief vor der Senkrechten tragen. — Der Grund dafür ist der, daß die Rückenmuskulatur des jungen Pferdes noch nicht genügend entwickelt ist; um dem Druck auf die Nierengegend auszuweichen, läßt es den Kopf fallen. In diesem Stadium darf und soll der Kopf so tief getragen werden; jede Korrektur der Kopfhaltung würde im Rücken schmerzen.
Später, wenn die Rückenmuskulatur des Pferdes elastischer und besser entwickelt ist, wird das Pferd Hals und Kopf von allein tragen: Dann wird es, Nase und Hüfte in einer Waagerechten, in derselben Haltung wie bei der Vorwärtsbewegung rückwärtstreten.
Im Laufe der Zeit wird das Pferd beim Rückwärtstreten auch anfangen, am Gebiß zu kauen; die Ohrspeicheldrüse tritt in

Bild 230. Rückwärtsrichten an der Hand mit erhöhter Hankenbiegung.

Aktion, und das Resultat ist ein feuchtes, leicht schäumendes Maul.
Um die Hinterhand nicht zu überfordern, soll man nicht mehr als je vier bis sechs Rückwärtstritte verlangen. Zwischendurch wird das Pferd vorwärtsgeführt und die Hand gewechselt. — Auch bei dieser Übung muß man sehr vorsichtig vorgehen, da sonst die Gefahr besteht, daß das Pferd sich mit den Vordereisen an den hinteren Kronen verletzt.
Auf der steifen Seite wird das Pferd versuchen, mit der Hinterhand auszuweichen, das heißt, anstatt sie unterzuschieben, tritt es seitwärts in die Bahn. Dem Pferd fällt die Biegung des steifen Hinterbeines beim Unterschieben schwerer, und es versucht, dem Untertreten zur Seite hin auszuweichen.
Dieses Hinterbein gymnastiziert man, indem man das Pferd mit der steifen Seite an der Bande aufstellt — es kann also nicht mehr seitlich ausweichen. So macht man die steife Seite des Pferdes elastisch, aber man muß dies sehr vorsichtig tun, denn jeder Zwang erzeugt nur vermehrte Steifheit.
Nach einiger Zeit wird es genügen, wenn man sich vor dem Pferd an der Bande aufstellt oder nur beim ersten Schritt die Krone antickt, um das Pferd zum Rückwärtstreten zu veranlassen. Dann kann man die Peitsche auch an die innere Hinterhand anlegen, falls das Pferd nach innen ausweichen sollte. Später kann man die Peitsche auch auf der Kruppe anlegen, um das Pferd zur vermehrten Senkung der Hinterhand zu ermutigen.
Wie gesagt, korrektes Rückwärtsrichten an der Hand kann man nur erzielen, wenn man es wirklich korrekt ausführt und unter keinen Umständen das Maul anfaßt. (Leider wird das Maul aber in den meisten Fällen doch angefaßt, vielleicht unbewußt, so daß dann die Meinung entsteht, daß das Rückwärtsrichten an der Hand eben nicht so korrekt auszuführen sei wie unter dem Reiter.)
Bei korrekter Ausführung ist die Vorschulung an der Hand eine wesentliche Hilfe, denn wenn man das Rückwärtsrichten spä-

Bild 231. Falsches Rückwärtsrichten an der Hand: Das Pferd wird mit den Zügeln rückwärts geschoben.

ter unter dem Reiter verlangt, braucht man auch dann nicht mit den Zügeln rückwärts einzuwirken.

Fehlerhaftes Rückwärtsrichten an der Hand

Durch Ziehen beim Rückwärtsrichten werden die meisten Mäuler verdorben.

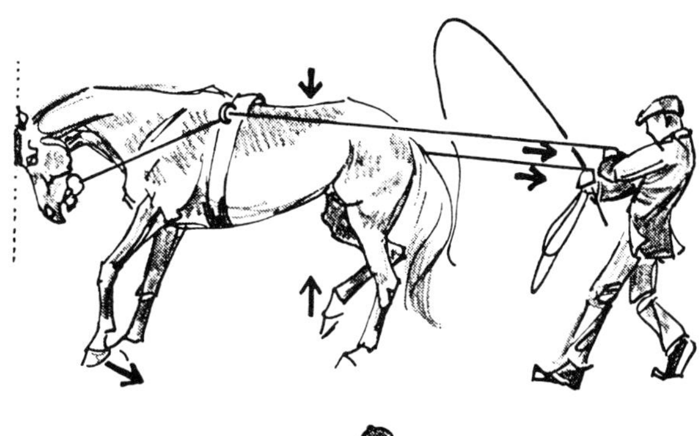

Bild 232. „Rückwärtsziehen" an der Doppellonge – Pferd mit langem Rücken.

Vor 30 Jahren wurde das Rückwärtsrichten auf dem Kontinent meistens noch mit der Doppellonge trainiert (Ausnahmen bildeten auch hier die Könner der damaligen Zeit.) Aber so alt und überholt ist diese Methode auch wieder nicht, denn in England und Irland zum Beispiel werden auch heute noch fast alle Pferde mit der Doppellonge eingebrochen und rückwärtsgerichtet.
Mit der Doppellonge kann man die Rückwärtsbewegung aber nur durch Rückwärts„ziehen" erreichen. – Denselben Fehler machen aber auch Reiter, die versuchen ihr Pferd an der Hand rückwärts zu schieben oder zu ziehen oder vom Sattel aus durch bloßes Ziehen an den Zügeln rückwärtszurichten.

a) Bei Pferden mit langem, schwachem Rücken und langem Hals sieht das dann folgendermaßen aus:
   an der Doppellonge, Bild 232,
   unter dem Reiter, Bild 233.

Das Pferd geht durch den Druck der Zügel überrollt mit offenem Maul hinter dem Zügel, der höchste Punkt, der zwischen den Ohren liegen sollte, liegt jetzt im dritten Halswirbel. Die Nase wird nicht nur hinter der Senkrechten, sondern auch zu tief getragen, denn sie bildet keine Waagerechte mit dem Hüftknochen mehr.
Dem Pferd ist es in dieser fehlerhaften Stellung unmöglich, diagonal rückwärts zu treten: Es schleppt die Vorderbeine über den Boden und tritt hinten in kurzen, hektischen

Bild 233. Das gleiche unter dem Reiter.

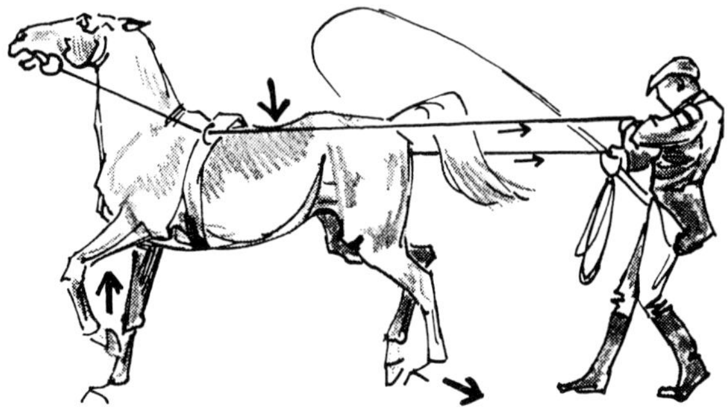

Bild 234. Rückwärtsziehen an der Doppellonge – Pferd mit kurzem Rücken.

Tritten übertrieben hoch. Das Pferd kann die Sprunggelenke nicht zusammenbringen und unterschieben, wie es für ein vorschriftsmäßiges Rückwärtsrichten auf gerader Linie nötig ist.

b) Bei Pferden mit kurzem steifem Rükken und kurzem Hals wirkt sich derselbe Fehler des Am-Zügel-Ziehens anders aus:
an der Doppellonge, Bild 234,
unter dem Reiter, Bild 235.

Diese Pferde gehen durch den Druck auf den Unterkiefer mit offenem Maul, aber tragen ihren Kopf hoch, die Nase ist höher als die Hüfte. In dieser zwanghaften Halsstellung werden die Ohrspeicheldrüsen eingeklemmt, das Pferd macht einen Hirschhals und drückt den Rücken weg, was gleichzeitig schmerzhaft auf die Nierengegend drückt. – Auch in dieser fehlerhaften Stellung ist es dem Pferd nicht möglich, die Sprunggelenke zusammenzubringen und vorschriftsmäßig unterzuschieben. – Jetzt macht das Pferd vorne heftige, hohe Tritte und schleppt die Hinterbeine über den Boden.

Das Rückwärts-Ziehen muß also in jedem Fall zum Mißerfolg führen und verleitet das Pferd nur zum Steigen.

Wenn man hingegen in korrekter Arbeit an der Hand vorschriftsmäßig rückwärtsrichtet, wird man auch unter dem Reiter keine Schwierigkeiten haben. Falls beim Reiten das Pferd nicht schon auf die bloße Andeutung der Hilfe hin rückwärtstritt, kann man einen Helfer vor das Pferd stellen; das Pferd erinnert sich an die Handarbeit und wird willig zurücktreten und gleichzeitig die korrekte Hilfe vom Sattel aus damit in Verbindung bringen.

Bild 235. Das gleiche unter dem Reiter.

Die Zügelhilfen an der Hand

Auch auf einem anderen Gebiet kann man das Pferd schon in den ersten beiden Monaten vor dem Einreiten ausbilden: Es kann lernen, welche Bedeutung das Gebiß und die Zügel haben.

Man kann es an der Hand im Halse links und rechts stellen (den Mähnenkamm überkippen lassen), man kann es auf Wunsch abkauen lassen, am hingegebenen Zügel und am langen Zügel stehen lassen.

Besonders beim Üben der Zügelhilfen muß man daran denken, daß es in der natürlichen Ausbildungsmethode nie eine rückwärtswirkende Hand gibt; nur so behält das Pferd sein empfindsames Maul — die Grundlage für eine ausbalancierte, freie Vorwärtsbewegung.

1. Die erste Zügelhilfe am hingegebenen Zügel

Die erste Zügelhilfe, die das junge Pferd an der Hand lernt, ist, die Zügel aus der Hand zu kauen.
Man stellt sich auf die linke Seite des Pferdes, hält den linken Zügel in der linken Hand, den rechten Arm legt man über den Hals des Pferdes (Nähe Widerrist) und hält den rechten Zügel mit der rechten Hand. Beide Zügel stehen gleichmäßig an.
Nun bewegt man die linke Hand seitwärts vom Hals weg und wieder zum Hals zurück. Dann führt man die rechte Hand seitwärts vom Hals weg und wieder zum Hals zurück. Die Zügelhände bewegen sich also abwechselnd seitwärts vom und zum Hals, wobei man auf keinen Fall mit einer Hand mehr Anlehnung haben darf als mit der anderen. — Das Gebiß gleitet wie eine Mundharmonika seitwärts über die Zunge, begrenzt von den Gummischeiben, die abwechselnd gegen die Maulwinkel drücken.
(Man beachte die Seitwärtsbewegung, niemals darf diese Bewegung in ein Rückwärtsriegeln ausarten. Obwohl man immer wieder Reiter beobachten kann, die bewußt oder unbewußt an ihren Pferden herumriegeln, sind die Gefahren, die darin liegen, hinreichend bekannt: totes, ledernes Maul, Verwerfen im Genick, Überrollen, hinter dem Zügel verkriechen, über die Schulter ausfallen, den reiterlichen Hilfen ausweichen etc. Man könnte beliebig fortfahren. Man sollte voraussetzen können, daß ein solches Riegeln allgemein „tabu“ ist. Ich weise nur darauf hin, weil viele Reiter es unbewußt tun, und die Gefahr besteht, daß bei der produktiven Seitwärtsbewegung die Zügelhand unbewußt in ein „Rückwärts“ abgleitet.) ·
Wenn das Gebiß ein- oder zweimal seitwärts über die Zunge geglitten ist, fühlt man, wie das Pferd nachgibt und zum Kauen ansetzt . . . dann muß man die Zügel unverzüglich völlig hingeben. — Durch die plötzliche völlige Freiheit nach der vorhergehenden Anlehnung wird das Pferd verleitet, seinen Hals fallenzulassen und die Nase vorwärts-abwärts zu strekken.
Es ist nur sehr wichtig, das richtige Gefühl in den Händen zu haben und sofort nachzugeben, wenn man spürt, daß das Pferd nachgibt. Wenn man zu spät reagiert, wird das Pferd lernen, sich gegen den Zügel zu lehnen; macht man denselben Fehler mehrmals, lehrt man das Pferd – schon im Vortraining – gegen die Hand zu gehen.
Wenn man diese Übung korrekt ausführt, beide Zügel gleichmäßig anstehen läßt und sie auf das Nachgeben des Pferdes hin sofort völlig freigibt, wird das Pferd so viel Vertrauen in die Zügelhand bekommen, daß es spätestens nach einer Woche beim Abkauen schon gleichzeitig mit dem Nachgeben der Zügel die Nase vorwärts-abwärts streckt.
Dieses Zügel-aus-der-Hand-Kauen übt man auf beiden Seiten. Wenn das Pferd einmal Vertrauen in die Reiterhand hat, wird es sich später, wenn es geritten wird, an diese Handarbeit erinnern. Dann soll es in der Lage sein, in allen drei Gangarten auf bloße Andeutung einer Seitwärtsbewegung des Gebisses hin die Zügel aus der Hand zu kauen.

Bild 236. Erste Zügelhilfe an der Hand: Hingegebener Zügel.

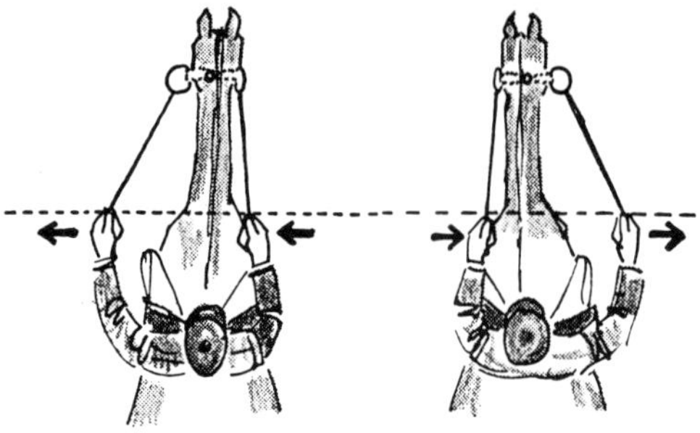

Bild 237. Erste Zügelhilfe unter dem Reiter: Das Pferd muß im Halten und in jeder Gangart jederzeit auf diese Hilfe hin die Zügel aus der Hand kauen.

Bild 238. Erste Zügelhilfe mit hingegebenem Zügel unter dem Reiter.

2. Die zweite Zügelhilfe am langen Zügel

Nachdem das Pferd die erste Zügelhilfe — am hingegebenen Zügel — verstanden hat und in vollem Vertrauen seine Nase vorwärts-abwärts streckt, kann man im Vortraining an der Hand auch die zweite Zügelhilfe üben: am langen Zügel.
Zuerst übt man mit dem Pferd ein paarmal das Zügel-aus-der-Hand-Kauen. Wenn das Pferd das nächste Mal nachgibt und zum Kauen ansetzt, gibt man die Zügel nicht völlig hin, sondern folgt mit den Zügelhänden der Abwärtsbewegung des Maules; man hält dieselbe Anlehnung aufrecht.
Jedes Pferd, das beim Training der ersten Zügelhilfe genügend Vertrauen in die Zügelhand bekommen hat, wird jetzt beim Strecken des Halses die Reiterhand mitnehmen.
Auch jetzt muß der Reiter sehr gefühlvolle Hände haben und mit dem Maul abwärtsgehen, ohne zu stören.
(Für den Reiter ist es übrigens sehr vorteilhaft, schon jetzt zu kontrollieren, ob er wirklich Gefühl in den Händen hat und dem Pferd, ohne es zu stören, abwärts folgen kann: Die gleiche leichte Anlehnung wird er später über dem Sprung haben müssen, wenn das Pferd basculiert und die

Bild 239. Zweite Zügelhilfe: Am langen Zügel.

Bild 240. Zweite Zügelhilfe unter dem Reiter.

Nase über dem Hindernis vorwärts-abwärts streckt.)
Nach einiger Zeit wird der Reiter fühlen, daß er die Seitwärtsbewegung der Hände nicht mehr so zu übertreiben braucht wie am Anfang. Abwechselnd leicht nach außen gedrehte Handgelenke genügen, um das Pferd zum Abkauen zu veranlassen.
Wenn die beiden ersten Monate der Ausbildung des Pferdes wirklich so ausgenützt werden, hat man kein schwaches und ängstliches Pferd unter dem Sattel, wenn man anfängt zu reiten. Das junge Pferd ist schon an den richtigen Stellen bemuskelt und hat Vertrauen zum Reiter. Es versteht die Aufgabe der Zügel, denn es hat beim Longieren nicht nur gelernt, der Stimme des Lehrers zu gehorchen, sondern auch auf ein Annehmen der Longe in die Richtung zu wenden; die Longe wird jetzt durch den Zügel ersetzt.

Veraltete Methoden, das Pferd an das Gebiß zu gewöhnen

Die Tatsache, daß man sich viel Ärger und Mühe erspart, wenn man dem jungen Pferd schon vor dem Einreiten die Bedeutung des Gebisses und der Zügelhilfen klarmacht, ist nicht neu. Lediglich die Anschauungen, „wie“ man es am geschicktesten macht, ohne das Maul zu verderben, haben sich im Laufe der Jahre gewandelt.
Wie ich schon beim Rückwärtsrichten an der Hand erklärte, wurden früher auf dem Kontinent die meisten Pferde mit der Dop-

Bild 241. Dieselbe Zügelverbindung im Sprung.

pellonge oder dem „spanischen Reiter“ eingebrochen. In England und Irland werden diese Methoden heute noch viel angewandt, man nennt das “making the horse’s mouth”. Die Nachteile dieser veralteten Methode sind so zahlreich, daß ich hier den Unterschied zwischen dem “making the horse’s mouth” und den heute auf dem Kontinent üblichen Methoden herausstellen möchte.

Zur alten Methode gehört das Schlüsselgebiß, ein dickes, hohles Gebiß mit kleinen Löchern, das manchmal mit Honig getränkter Watte gefüllt ist. In der Mitte des Gebisses befindet sich ein Glied mit drei Schlüsseln, die das Pferd zum Kauen bringen sollen.

Dieses Gebiß wird dem Pferd im Stall für Stunden ins Maul gelegt und mit ziemlich strammen gekreuzten Ausbindezügeln oben am Gurt befestigt. Beides bewirkt, daß die Halsmuskulatur und die Laden verhärtet werden und die meisten Pferde hinter dem Zügel gehen. Sie lernen, die Zunge übers Gebiß zu nehmen, zu koppen, zu weben, und werden später in vielen Fällen nie vertrauensvoll an das Gebiß gehen. — Ich habe oft Pferde beobachtet, die rot und blau angelaufene und blutende Laden hatten, wenn man ihnen ein solches Gebiß aus dem Maul nahm.

Nachdem das Pferd so einige Zeit ausgebunden im Stall gestanden hat, wird es an der Doppellonge draußen „eingefahren“ (driven).

Die Wirkung und die Hilfen der Doppellonge sind die gleichen wie beim Fahrsport. Man hat nur zwei Hilfen: vorwärtsschicken mit der Peitsche und rückwärtswirken mit den Zügeln. Wenn man beim Fahren wenden will, verkürzt man den inneren Zügel

Bild 242. Veraltetes Schlüsselgebiß (Kopperröhre): Nur bei Koppern von Vorteil; die Schlitze verhindern, daß das Pferd Luft einsaugt.

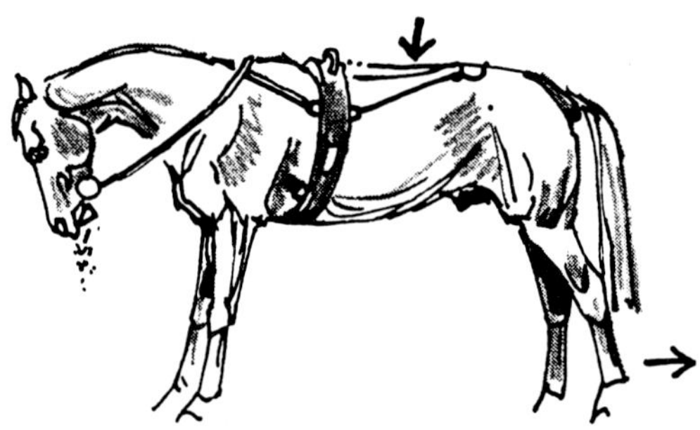

Bild 243. Pferd steht ausgebunden im Stall.

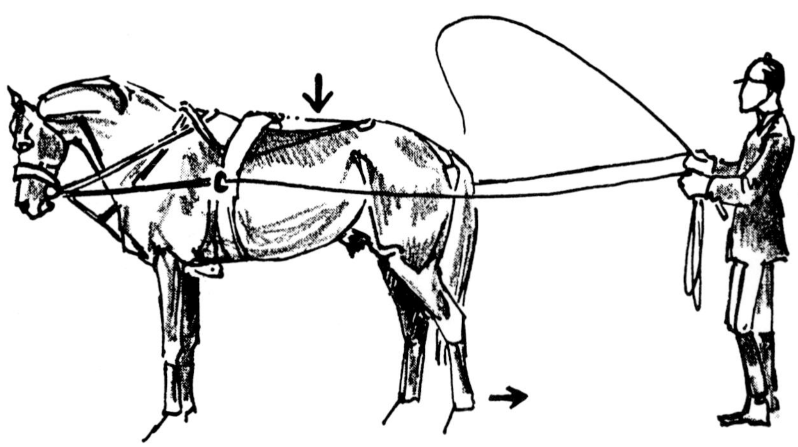

Bild 244. „Einbrechen“ mit Doppellonge, gekreuzten Ausbindern und festem Martingal.

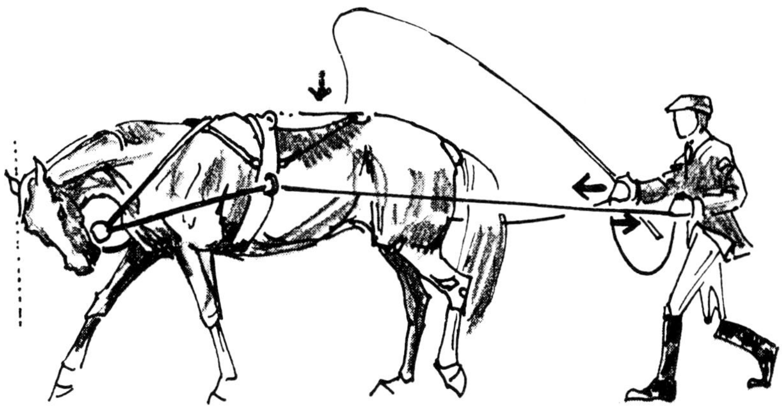

Bild 245. Linkswendung mit der Doppellonge.

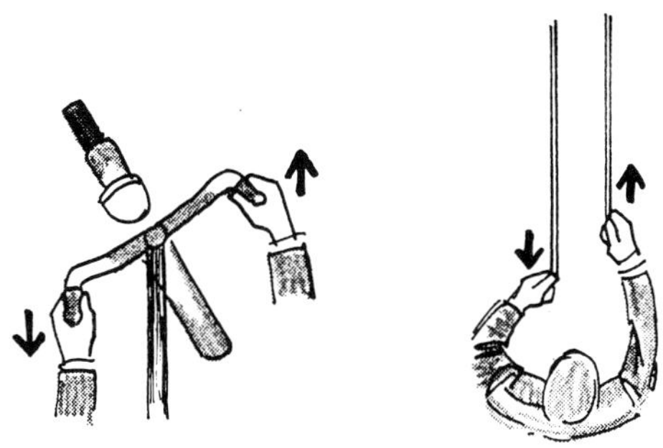

Bild 246. Links: Linkswendung beim Radfahren. Rechts: Linkswendung bei der Doppellonge. Beide Male ist die Bewegung die gleiche.

und gibt mit dem äußeren nach, genau wie bei der Doppellonge und wie beim Radfahren.

Daher mag es kommen, daß manche Fahrpferde ein hartes Maul haben und unter Umständen den Wagen nur mit dem Maul ziehen. Deshalb sind Fahrer gezwungen, schärfere Gebisse zu benutzen als Reiter, denn dem Fahrer bleibt keine andere Möglichkeit, Zügelhilfen zu geben.

Heute sind sogar viele Ausbilder von Fahrpferden von dieser Methode, das Maul auszubilden, abgegangen. Sie haben eingesehen, daß sie das Maul zu sehr verhärten.

Bild 247. Das Pferd zieht mit dem Maul.

Um so einleuchtender ist es, daß diese Methode für ein Reitpferd katastrophale Folgen haben muß. Selbst wenn man sich Mühe gibt, besonders vorsichtig zu sein, übt allein das Gewicht der langen Leinen schon zuviel Druck auf das Maul aus. Das Longieren und Führen mit der Doppellonge ist für ein Reitpferd auf alle Fälle zu hart.
Alle Pferde werden mit einem unverdorbenen, empfindsamen Maul geboren; wenn sie es später nicht mehr haben, ist das ein sicheres Zeichen von unsachgemäßer oder roher Behandlung.

Die Muskeln

Um eine Springausbildung erfolgreich durchführen zu können, ist es von großer Bedeutung, daß der Ausbilder genau weiß, welche Muskeln er bei einem Springpferd ausbilden muß und warum.
Die Entwicklung der Muskulatur geht langsam und nur durch stetes Training vor sich. Ein Springpferd, das die richtigen Muskeln gebildet hat und auch gebraucht, wird wesentlich länger erfolgreich bleiben als ein schlecht bemuskeltes Pferd, da der Leistungssport es weniger anstrengt.
Natürlich profitiert das Pferd nur dann von kräftiger Muskulatur, wenn es sich speziell um die für seinen Verwendungszweck benötigten Muskeln handelt.
Ein Springpferd braucht zum Beispiel andere Muskeln als ein Militarypferd. Das Springpferd könnte man mit einem Balletttänzer vergleichen, da es seine enormen Leistungen auf einem kleinen Raum in verhältnismäßig kurzen Auftritten vollbringen muß.
Ein Militarypferd könnte man dagegen mit einem Marathonläufer oder einem Zehnkämpfer vergleichen, seine Höchstleistung besteht darin, auf großen Entfernungen über eine längere Zeitspanne hin vielseitige Aufgaben zu absolvieren.
Es leuchtet ein, daß ein Springpferd entsprechend seinen Aufgaben andere Muskeln kräftigen muß als zum Beispiel ein Militarypferd oder ein Rennpferd. Ein Springpferd muß so bemuskelt werden, daß es jederzeit — auch plötzlich — sein ganzes Gewicht auf die Hinterhand verlagern kann, die Hinterhand unterschieben und anwinkeln kann. Es muß sich aus dieser Stellung heraus kraftvoll nach vorne-oben hin abdrücken können und sich basculierend runden, um die Vorhand beim Landen zu schonen.

Die Halsmuskeln

Die Halsmuskeln sollen dicht hinter dem dritten Halswirbel am stärksten ausgebildet sein, nicht vor der Schulter. Am Halsansatz und beidseitig am unteren Halsrand sollen die Muskeln locker und geschmeidig sein, wenn das Pferd leicht am Zügel steht (siehe Bild 253).
Bei Pferden mit hoher Kopfhaltung werden diese Muskeln steif und dick. Um das zu fühlen, legt der Reiter beide Hände kurz vor der Schulter flach an den Hals. Wenn jetzt ein Helfer den Kopf des Pferdes hochdrückt, merkt der Reiter, wie sich unter seinen Händen diese falsche Muskulatur aufwölbt, steif und verkrampft wird (siehe Bild 254). Bei einem Pferd, das richtig geritten ist, sind diese Muskeln nicht ausgebildet und locker. Man kann sie mit Daumen und Zeigefinger wie Lautensaiten „zupfen“. Dabei kann man beobachten, wie das Pferd sich nach links stellt, wenn man das auf der linken Seite macht, und wie es gleichzeitig kaut (siehe Bild 252). Das zeigt dem Reiter, welchen Einfluß diese Muskeln auf eine Seitwärtsbiegung des Halses und die Längsbiegung des Pferdes haben. Ein Pferd, bei dem diese Muskeln korrekt ausgebildet sind, läßt sich nicht nur leicht am Halse stellen, sondern geht auch ohne weiteres „am Zügel“ (korrekte Bemuskelung des Halses, siehe Bild 3, Seite 18).
Auf Bild 255 wird eine Übung gezeigt, die dazu dient, den Hals geschmeidig zu machen. Der seitliche Halsmuskel entwickelt sich beidseitig dicht hinter dem dritten

Bild 248 (rechts außen). Wenn das Pferd am Zügel steht, sollen die Muskeln hinter dem dritten Halswirbel kräftig hervortreten. Dies ist dann die kräftigste Stelle des Halses. Der Halsansatz dagegen ist schmal.

Bild 249 (rechts). Kneift man diese Muskeln, so wird das Pferd die Nase nach unten strecken und sich sogar überrollen.

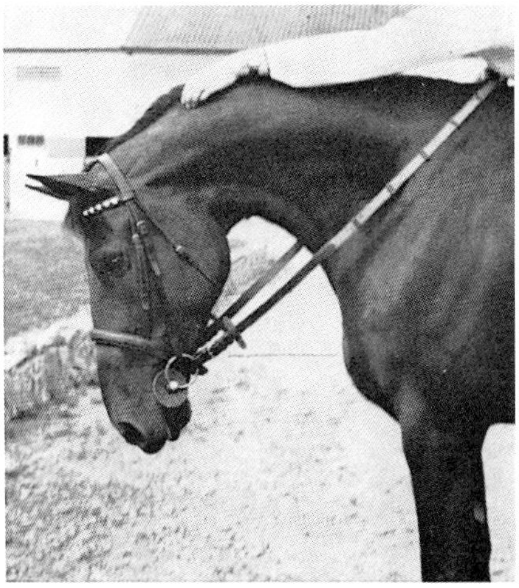

Bild 250 (rechts außen). Die Muskeln zwischen Sattel und Kruppe soll man unter der flachen Hand fühlen können. Sie werden besonders beim Longieren mit Chambon gefördert. Das Pferd benötigt sie zum Basculieren und zum Unterschieben der Hinterhand.

Bild 251 (rechts). Kneift man diese Muskeln beim Reiten, wird das Pferd mit einem Bocksprung den Rücken aufwölben und mit den Hinterbeinen unterspringen.

Bild 252. Am Halsansatz soll der Hals dünn sein und die Muskeln lokker. Nur dann ist das Pferd im Hals geschmeidig. Die Aufgabe dieser Muskeln erkennt man, wenn man einen davon „zupft“: Das Pferd wendet seinen Kopf nach der entsprechenden Seite.

Bild 253. Man läßt den Reiter fühlen, wie schmal der Hals an dieser Stelle ist, wenn das Pferd am Zügel steht und die korrekten Muskeln (vorne-oben) hervortreten.

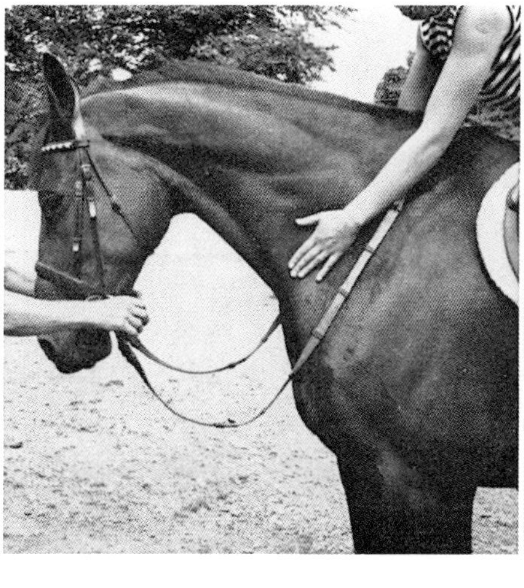

Bild 254. Nun drückt man den Kopf des Pferdes in eine schlechte, hohe Haltung. Der Reiter fühlt und sieht, wie anstatt des Muskels am dritten Halswirbel der am Unterhals hervortritt.

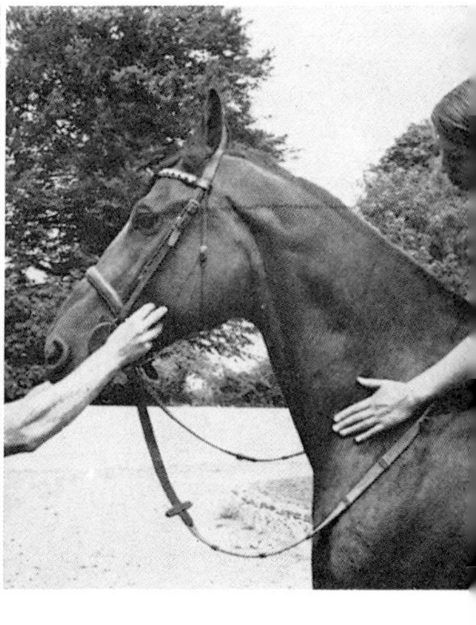

Bild 255. Sanftes Biegen des Halses nach rechts und links – eine Übung, um den Hals geschmeidig zu machen.

Bild 256. Diese Übung macht das Pferd in Genick und Ganaschen locker.

Bild 257. Nach jeder Übung gibt man mit der Hand nach. Das Pferd streckt sich in die Tiefe, um die von dieser Übung angestrengten Muskeln zu lösen.

Halswirbel am stärksten, und die Muskeln am Unterhals bleiben locker und geschmeidig. Beim sanften Biegen des Halses nach links und rechts kaut das Pferd automatisch ab. Wenn man danach mit der Hand nachgibt, streckt sich das Pferd in die Tiefe, um die von dieser Übung angestrengten Muskeln zu lösen (siehe Bild 257). Bild 256 zeigt eine Übung, die das Pferd in den Ganaschen und im Genick locker macht. Man kann auch hier erkennen, wie die zu entwickelnde Muskelpartie deutlich hervortritt. Anschließend an diese Übung läßt man das Pferd sich wieder in die Tiefe strecken. Dies ist von großer Wichtigkeit, denn die Muskeln entwickeln sich nur richtig, wenn der Kontraktion immer wieder eine Lockerung folgt.

Diese beiden Übungen verhindern eine falsche Bemuskelung (wie zum Beispiel beim Hirschhals, Bild 4, Seite 18) und helfen bei der Korrektur eines schon verkrampften, falsch entwickelten Halses. Diese Methode wird schon seit Generationen an der französischen Kavallerieschule Saumur praktiziert. Sie hat sich besonders bei der Ausbildung sensibler Blutpferde bewährt, welche dadurch veranlaßt werden, locker am Zügel zu gehen. Solche Pferde werden nur nervös, wenn man versucht, durch zu starken Druck auf die Kiefer den Kopf „herunterzuriegeln“. Die gezeigte natürliche Methode ist besser durchdacht und sanfter als die Verwendung von Ausbinde- und Schlaufzügel.

Bei Pferden, die die Halsmuskeln versteifen, kann man diese auch im Stall täglich massieren, eindrücken und zupfen, um sie elastisch zu machen. Unter dem Reiter tut man das gleiche zusammen mit dem treibenden inneren Schenkel, so daß das Pferd sich in seiner ganzen Länge biegt.

Solche Einwirkungen mit der Hand helfen auch bei Pferden, die bohren. Mit Daumen und Zeigefinger preßt man die Muskeln direkt hinter dem dritten Halswirbel zusammen und treibt gleichzeitig mit den Schenkeln. Das Pferd wird anfangen zu kauen und die Nase zur Brust hin führen, also versuchen, sich zu überrollen ... das Gegenteil vom „Bohren“ (siehe Bild 249).

Die Muskeln der Schulter und des Oberarmes sollen kräftig entwickelt sein, man muß sie deutlich hervortreten sehen, wenn man dicht neben dem Pferd steht und am Vorderbein heruntersieht.

Besonders wichtig sind die Rücken- und Hinterhandmuskeln für ein Springpferd. Besonders hinter dem Sattel soll man zu beiden Seiten des Rückgrats einen dicken Muskelstrang fühlen können. (Siehe Kapitel „Longieren“.) Zum Springen und Basculieren sind diese Muskeln unbedingt nötig. Sie kräftigen die schwächste Stelle des Pferdes, die Nierenpartie, Verbindung der Hinterhand mit dem vorderen Teil des Pferdes. Bei einem untrainierten oder falsch gerittenen Pferd kann man hier manchmal fühlen, daß die Wirbel hochstehen. Von so einem Pferd kann man dann natürlich nicht verlangen, daß es seinen Reiter „sitzen läßt“ oder sogar springt.

Wenn man im leichten Sitz im Schritt Hänge gerade hinauf und hinunter reitet und dabei eine Hand flach hinter den Sattel auf diese Muskeln legt, fühlt man deutlich, wie sie bei jedem Schritt arbeiten. Ebenso kann man beim Longieren mit Chambon nach einiger Zeit beobachten, wie diese Muskelstränge beim Aufwölben des Rückens locker und beweglich werden.

Beim Reiten kann man die Aufmerksamkeit des Pferdes auf diese Muskeln lenken, indem man sie mit Daumen und Zeigefinger vorsichtig drückt. Die Reaktion des Pferdes wird so sein, daß es mit der Hinterhand unterspringt und sich zu einem kleinen Bocksprung abdrückt, wobei es ja auch den Rücken runden muß (siehe Bild 251).

Daß die Muskeln der Hinterhand kräftig ausgebildet sein müssen, ist selbstverständlich und den meisten Reitern bekannt. Die ganze Ausbildung ist daraufhin abgestimmt, wie in den einzelnen Kapiteln immer wieder betont wird.

Wenn das Pferd kräftig an den richtigen Stellen bemuskelt ist, schont es Sehnen und Gelenke, die sonst überbeansprucht werden.

5 Spring-Dressur

Der Springreiter sollte das Kapitel „Spring-Dressur“ nicht einfach überschlagen und sich sagen, daß er von Dressur ja bereits genug wisse, darüber schon in vielen anderen Büchern gelesen habe und in diesem Buch schließlich etwas über Springreiten erfahren wolle.

Das Überschlagen dieses Kapitels würde aber in der Ausbildung des Springpferdes eine große Lücke hinterlassen, denn wie der Name schon sagt, handelt es sich hier um „Spring-Dressur“, eine Dressur speziell für das Springpferd.

Ich weiß, daß ich einen heiklen Punkt berühre, wenn ich sage, daß die klassische Dressur für ein Springpferd nicht so produktiv ist wie eine spezielle Spring-Dressur. Aber wenn man die Hilfengebung und die Aufgaben der klassischen Dressur kennt, weiß man, daß sie einen ganz anderen Zweck erfüllt als die „Dressur“ eines Springpferdes.

Bei einem Dressurpferd wird die Schubkraft der Hinterhand, die in der Versammlung wie eine belastete Sprungfeder wirkt, nur nach vorne hin ausgenützt. (Zum Beispiel wird die Versammlung eines verkürzten Trabes zur Entwicklung eines besonders schwungvollen, raumgreifenden, starken Trabes ausgewertet.)

Bei einem Springpferd nutzt man die Schubkraft der versammelt untergeschobenen Hinterhand nach vorne und oben hin aus. (Aus einem verkürzten Trab oder Galopp heraus muß das Pferd sich über einen Hochweitsprung abschnellen.)

Es ist also verständlich, daß in der Dressur eines Springpferdes andere Muskeln ent-

Bild 258. Die Schubkraft aus der Versammlung der Hinterhand wird beim Dressurpferd nach vorne hin ausgewertet.

Bild 259. Beim Springpferd hingegen wird die Schubkraft der angewinkelten Hinterhand nach vorne-oben hin ausgenützt.

wickelt und gearbeitet werden müssen als in der Dressur eines Dressurpferdes. (Sonst gäbe es nicht so viele gute Dressurpferde, die Schwierigkeiten haben, über einen kleinen Probesprung zu kommen.)
In der Spring-Dressur muß während jeder Übung die Vorwärtsbewegung erhalten bleiben. Das Pferd darf auf keinen Fall zurücktreten oder mit der Hinterhand seitlich ausweichen. Es muß nach jeder Übung ohne Halten vorwärtsgeritten werden (unter Anwendung der ersten, zweiten oder dritten Zügelhilfe). Was die Zügelhilfen anbetrifft, wendet man in jeder Reitstunde – selbst bei einem fertig ausgebildeten Pferd – in den ersten zehn Minuten immer nur die erste und zweite Zügelhilfe an. Nur so kann man es lösen und für fortgeschrittenere Übungen geschmeidig machen. – Jede Verkrampfung ist schädlich und ruiniert eine Ausbildung.

Der Sitz

Nicht alle Reiter sind sich im klaren darüber, welcher Sitz in den verschiedenen Sparten der Reiterei angewandt wird. — Zum Verständnis der Springdressur ist das unbedingt notwendig. Was nützt es, wenn ich später ausführlich über den Aufbau der Cavaletti berichte und der Reiter dann womöglich mit vorgerutschten Unterschenkeln darüber leicht trabt und dem Pferd bei jedem zweiten Tritt in den Rücken fällt.

Der leichte Sitz

Eine Springausbildung ist nur dann möglich, wenn der Reiter den unabhängigen, leichten Sitz in jeder Lage beherrscht (siehe Bild 397, Seite 219).
Im leichten Sitz reitet man über Hindernisse, zwischen Hindernissen, in unebenem Gelände und über Cavaletti (also nie im Leichttraben über Cavaletti reiten).
Man kann in allen drei Gangarten im leichten Sitz reiten. Schritt und Trab eignen sich am besten dazu, den leichten Sitz zu üben und zu festigen, besonders wenn man in diesen beiden Gangarten auch über Cavaletti reitet.
Das wichtigste beim leichten Sitz ist, daß das Gesäß nie den Sattel berührt, auch nicht in der Landephase im Sprung.
Um aber so sitzen zu können, muß man die

Bügel mindestens drei Löcher kürzer schnallen als beim Dressursitz. — Leider machen viele Reiter den Fehler und springen mit zu langen Bügeln. Dadurch rutscht ihr Unterschenkel zu weit nach vorne, die Fußspitze wird nach unten gedrückt und der Absatz hochgezogen. Der Reiter kann keinen festen Halt mit Knien und Schenkeln finden und bleibt über dem Sprung hinter der Bewegung oder fällt dem Pferd sogar ins Kreuz. Besonders über breiten Oxern rutscht das Gesäß meistens schon in der Schwebephase in den Sattel: Die Folge sind fast immer Hinterhandfehler, da dem Pferd gleichzeitig der Kopf hochgerissen wird.

Durch genügend kurze Bügel dagegen bekommt das Knie mehr Schluß, und die Wade kommt dichter ans Pferd. Beides ist ausschlaggebend für die nötige Balance im leichten Sitz. Der feste Knieschluß garantiert, daß Vorwärtsbewegung, Gleichgewicht und Maul des Pferdes nie gestört werden. Beim Sprung kann der Reiter in der Schwebe- und in der Landephase den Schwung mit den Knien abfangen, und selbst beim Landen bleibt das Gesäß aus dem Sattel. Im leichten Sitz liegt der Schwerpunkt des Reiters immer über dem des Pferdes, der Reiter geht also mit der Bewegung.

Zum guten Knieschluß gehört, daß der Reiter mit tiefem Absatz sitzt, im Fußgelenk etwas nach außen geknickt, so daß man von der Seite die Sohle schimmern sehen kann. Der Fuß soll an der Innenkante des Bügels ruhen. Die Zehenspitze zeigt etwas nach außen, dadurch kommt die Wade vermehrt ans Pferd, der Schenkel liegt auch

Bild 260. Trab im leichten Sitz.

Bild 261. Unsicherer Sitz: Zu lange Bügel, Reiter hinter der Bewegung.

Bild 262. Unsicherer Sitz: Zu kurze Bügel, verrutschter Unterschenkel, Zügel weggeworfen.

im Sprung fest, und Schenkel und Sporn treten bei Bedarf rascher und sicherer in Aktion.
Das steht im Gegensatz zu dem, was man bei dem Dressursitz gelernt hat, wo der Fuß parallel zum Pferdekörper verlaufen soll.
Wenn man diese Fußstellung auch im Springsattel einnimmt, rutscht über dem Sprung der Unterschenkel nach hinten, da die Wade nicht genügend Schluß hat. Reiter, bei denen im Sprung der Unterschenkel nach hinten oder nach oben-hinten rutscht, fallen mit dem Oberkörper nach vorne über und bringen so das Pferd und sich selbst aus dem Gleichgewicht. Sie müssen sich mit den Händen auf dem Mähnenkamm aufstützen, um sich auszubalancieren. — Das Nach-vorne-über-Fallen des Reiters und das plötzliche Aufgeben der Verbindung mit dem Pferdemaul durch die aufgestützten Hände bringen das Pferd auf die Vorhand. Es wird immer Vorhandfehler machen, besonders bei der hinteren Stange eines Oxers.
Nur wenn Fuß und Bein im leichten Sitz richtig liegen und wenn das Knie festen Schluß hat, nur dann kann der Reiter unabhängige Zügelhilfen geben.
Die Hand darf im leichten Sitz niemals aufgestützt oder an den Halsseiten angelehnt werden. Sie soll tief und frei getragen werden, mit dem Pferdemaul in die Bewegung gehen, dabei aber stets eine leichte Anlehnung halten. (Pferdemaul und Ellbogen des Reiters sollen — auch im Sprung — eine Gerade bilden.)
Es ist anfangs schwierig, besonders bei breiten Hindernissen und in Kombinationen, diese leichte freie Anlehnung aufrechtzuerhalten. Man muß sie deshalb zu Hause fortwährend üben, im Schritt und im Trab, in Wendungen und Übergängen, beim Reiten über Cavaletti und Hindernisse, besonders beim Springen niedriger, breiter Oxer aus dem Trab.
Nur wenn der Reiter den leichten Sitz dauernd übt, bildet er die Muskeln aus, die es ihm möglich machen, fest und unabhängig zu sitzen, so daß Hüftknochen und Absatz eine Senkrechte bilden. Der Kopf soll immer hoch getragen werden mit dem Blick auf das nächste Hindernis (also nicht nach unten sehen, es genügt, wenn das Pferd das tut). Läßt der Reiter den Kopf hängen, rundet er den Rücken, der ohne Verkrampfung leicht hohl sein sollte.
Der Reiter muß den leichten Sitz so sicher und selbstverständlich beherrschen, daß er auch unter schwierigen und unerwarteten Umständen nicht „verrutscht".

Der Sitz

Im Gegensatz zum leichten Sitz ist das Gesäß beim Spring-Dressursitz immer im Sattel (außer beim Leichttraben). Wir unterscheiden drei Sitzpositionen in der Spring-Dressur:

1. Der Remontesitz

Der Name stammt aus dem Vokabular der Heeresreitschulen, wo in diesem Sitz die jungen Pferde, die „Remonten", eingeritten wurden.
Der Körper des Reiters ist gerade, aber leicht vor der Senkrechten, der Reiter sitzt vor den Gesäßknochen, die Hüftknochen nach vorne gewinkelt, Oberschenkel und Bügel sind vermehrt belastet.

Bild 263. Reiter freischwebend über dem Pferd. Auch so kann man über ein Hindernis kommen, aber am Gesichtsausdruck des Pferdes kann man erkennen, wie schmerzhaft und störend solcher „Stil" für das Pferd ist.

Bild 264. Die Amerikanerin Caro Hofmann im vorbildlichen leichten Sitz. Sie ritt ihre großen Vollblü ter „Salem" und „Out Late" i Dublin mit leichter Hand zu meh reren internationalen Siegen.

Bild 265. Der Amerikaner Willia C. Steinkraus in dem ihm eig nen vorbildlichen Stil.

Fotos Peter Sweetman

Die Zügel werden im Remontesitz etwas kürzer gefaßt als in den beiden folgenden Sitzpositionen. Hände werden frei getragen, um Steifheit zu verhindern. (Auch im Leichttraben sitzt man in der Spring-Dressur in diesem Remontesitz.)
Im Remontesitz wird der Schwerpunkt des Reiters in die Nähe des Widerristes verlagert, wodurch der noch schwache Rücken der Remonte entlastet wird.

2. Der Paradesitz

Im Paradesitz sitzt der Reiter aufrecht mit erhobenem Kopf und belastet beide Gesäßknochen. Die Hüftknochen sind senkrecht, Ohr, Schulter, Ellbogen, Hüfte und Absatz bilden eine Senkrechte.
Der Reiter soll so weit wie möglich vorne im Sattel sitzen. Die Unterschenkel liegen so weit zurück, daß man den Gurt etwas vor den Unterschenkeln liegen sieht.
(Bei den englischen Jagd- und Showreitern liegen die Unterschenkel so weit vorne, daß man den Gurt in voller Breite hinter dem Schenkel liegen sieht, ihre Gesäßknochen drücken hinten im Sattel auf die Nieren.)
Der Unterarm muß mit den Zügeln eine Gerade vom Ellbogen bis zum Pferdemaul bilden. Je nach Grad der Versammlung

Bild 266. Der leichte Sitz.

Bild 267. Der Remontesitz: Oberkörper leicht vor der Senkrechten, Hüftknochen leicht nach vorne gewinkelt.

Bild 268. Der Paradesitz: Ohr, Schulter, Ellbogen, Hüfte und Absatz bilden eine Senkrechte. Die Hüftknochen stehen senkrecht.

Bild 269. Der Sitz mit treibender Wirkung: Hüftknochen sind nach hinten gewinkelt, dadurch wird das Gesäß treibend vorgeschoben.

und somit der Aufrichtung wird diese Gerade sich der Horizontalen nähern.

3. *Der treibende Sitz* (der Sitz mit treibender Wirkung)

Der Unterschied zwischen treibendem Sitz und Paradesitz besteht darin, daß die Hüftknochen nicht mehr senkrecht sind, sondern nach hinten gewinkelt werden und dadurch mehr belastet sind. Die Gesäßknochen werden treibend vorgeschoben.
Die vorwärtstreibende Wirkung entsteht durch die nach hinten gewinkelten Hüftknochen zusammen mit einem verstärkten Anspannen der Kreuz- und Gesäßmuskulatur. (Beim Schaukeln verstärkt man den Vorwärtsschwung mit der gleichen Bewegung.) Die vorwärtstreibende Wirkung des Gesäßes muß mit dem vorwärtstreibenden Schenkel zusammenwirken und das Pferd von hinten nach vorne in die Hand des Reiters schieben.
Zum Teil wird diese treibende Wirkung auch nur einseitig angewendet, zum Beispiel wird bei Wendungen im Schritt, Trab (aussitzen) und Arbeitsgalopp der innere Gesäßknochen treibend vorgeschoben, unterstützt von dem inneren Schenkel am Gurt, während der äußere Schenkel verwahrend hinter dem Gurt liegt, um ein Ausfallen der Hinterhand zu verhindern.
Wichtig beim Sitz in der Spring-Dressur ist es, daß der Reiter zwar die Bügel weniger belastet als im leichten Sitz, aber den gleichen Knieschluß hält und im Rücken und in den Hüften elastisch bleibt. – Der Reiter muß in der Lage sein, seine Rücken- und Gesäßmuskeln anzuspannen und zu entspannen, um die Bewegung des Pferdes zu beeinflussen. — Nur so kann auch in der Spring-Dressur ein einfühlsamer, unabhängiger Sitz erarbeitet werden, der die weitere Ausbildung des Pferdes fördert.

Gymnastik

Die Entwicklung und Förderung der Muskulatur und des Gleichgewichts des Pferdes sind erklärt worden. — Es wird jedoch oft vergessen, daß die andere Hälfte der Pferd-Reiter-Kombination ebenso wichtig ist. Der Reiter kann die Anfangszeit der Ausbildung des Pferdes dazu benutzen, auch an sich selbst zu arbeiten. Deshalb möchte ich in diesem Kapitel erklären, wie der Reiter durch gezielte Gymnastik die Muskeln ausbilden kann, die er für einen festen, ausbalancierten Springsitz ebenso nötig braucht wie für einen geschmeidigen Dressursitz, obgleich beide einen völlig verschiedenen Reitstil demonstrieren.
Die Grundlage für einen gelöst sitzenden Reiter ist die korrekte Atmung. Deshalb wird bei allen hier angeführten Übungen besonders darauf Wert gelegt, daß der Reiter unter allen Umständen richtig durchatmet. Wie wichtig eine regelmäßige normale Atmung beim Reiten ist, zeigt sich immer wieder, wenn manche Reiter im Parcours schon auf halbem Wege außer Atem geraten — dabei dauert ein Parcours meistens nicht länger als zwei Minuten.
Dieses Außer-Atem-Geraten liegt nicht daran, daß der Reiter im Parcours etwa schwere Arbeit zu leisten hätte, sondern einfach daran, daß er im Parcours die Lippen zusammenpreßt, anstatt normal durchzuatmen. Er versteift sich damit und macht sich nervös. Manche Reiter machen sich aus Nervosität sogar schon vor dem Einreiten in den Parcours so steif, daß sie nicht nur sich, sondern meistens auch das Pferd in einen Zustand nervöser Spannung versetzen. Von solch einem verkrampften Paar kann man keine großen sportlichen Leistungen erwarten. — Dadurch daß der Reiter sich derartig verkrampft, kann er sich nicht sofort jeder Gewichtsverlagerung des Pferdes anpassen und bleibt hinter der Bewegung. Seine Hände werden hart und hindern das Pferd daran sich auszubalancieren, weil ihm die Bewegungsfreiheit von Kopf und Hals genommen ist. Das Pferd fühlt sich unbehaglich, wird nervös und geht unwillig.
Deshalb ist ausschlaggebend, daß nicht nur der Anfänger, sondern auch der erfahrenere

Reiter die gymnastischen Übungen macht, um sich zu lösen und sich zu beruhigen. Nur so kann der Reiter sich voll auf sein Reiten konzentrieren.
Solche gymnastischen Übungen waren im Programm aller Kavallerieschulen enthalten, viele Kavalleristen werden sich noch daran erinnern, daß nicht nur die Rekruten, sondern auch die höheren Ränge diese Übungen exerzierten.
Um einen Erfolg der gymnastischen Übungen feststellen zu können, müssen sie mindestens dreimal wöchentlich für je eine halbe Stunde gemacht werden — wenn möglich, auf einem ruhigen, älteren Pferd.
Sicherheitshalber legt man dem Pferd Ausbindezügel an und verschlingt die Zügel in dem Halsriemen des Vorderzeuges, damit sie nicht hinter die Ohren rutschen, wenn das Pferd einmal den Kopf fallen läßt und dann womöglich auf die Zügel tritt.
Am Anfang werden die Übungen nur im Halten durchgeführt. Beide Beine hängen frei herunter, die Füße sind also nicht im Bügel. Die Beine sollen aber nicht einfach „baumeln", da der Reiter dadurch fälschlicherweise im Spaltsitz sitzen würde. Die Beinmuskeln sollen ja auch gymnastiziert werden, die Haltung muß also die gleiche sein, als ob der Fuß sich im Bügel befände: tiefer Absatz, leicht abgeknicktes Fußgelenk, tiefes Knie mit gutem Schluß.

Bild 270. Spaltsitz.

Erste Übung:

Die Ausgangsstellung ist die gleiche wie bei sitz mit oben beschriebener Beinhaltung. Jetzt werden die beiden Hände auf den Hinterzwiesel gestützt. Der Knieschluß läßt nach, und beide Knie werden so hoch wie möglich gezogen. Dabei atmet man tief ein.
Dann atmet man aus und bringt beide Knie in die Ausgangsposition zurück. Dies sollte zehnmal wiederholt werden. — Die Muskeln von Rücken und Lendenpartie werden gearbeitet, und der Reiter lernt das Kreuz anzuspannen und die Hüftknochen treibend vorzudrücken.

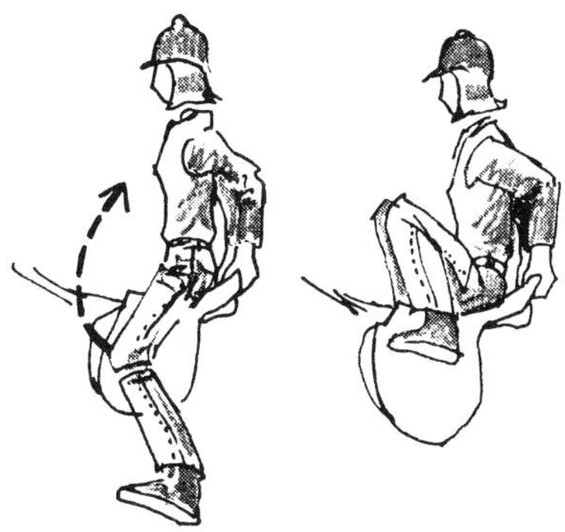

Bild 271. Erste Übung.

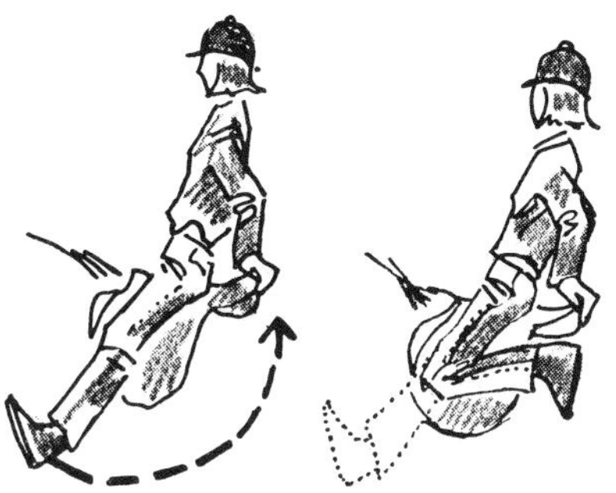

Bild 272. Zweite Übung.

Zweite Übung:

Die Ausgangsstellung ist die gleiche wie bei der ersten Übung: beide Beine in Normallage, beide Hände sind auf den Hinterzwiesel aufgestützt. Vom Knie abwärts wird jetzt der eine Unterschenkel so weit wie möglich nach hinten geschwungen – Richtung Hinterzwiesel –, während der andere gleichzeitig gerade nach vorne gestreckt wird. Die Knie bleiben dabei am Sattel in ihrer normalen Lage. Man atmet langsam und tief. Diese Übung arbeitet besonders die Hüftmuskulatur.

Dritte Übung:

Die Ausgangsposition ist wieder die gleiche: Der Reiter sitzt im Dressursitz, beide Hände sind auf den Hinterzwiesel gestützt. Während beide Absätze vorschriftsmäßig den

Bild 273. Dritte Übung.

tiefsten Punkt des Reiters bilden, zirkulieren die Fußspitzen im Kreis herum von außen nach innen.
Durch diese Übung wird das Fußgelenk gelockert, das ja als geschmeidige Federung zwischen Knie und Fußspitze fungieren soll. Der Reiter lernt mit tieferem Absatz zu sitzen und bekommt eine festere Schenkellage.

Vierte Übung:

Wieder wird die gleiche Ausgangsstellung eingenommen: Der Reiter sitzt im Dressursitz, beide Hände auf den Hinterzwiesel gestützt. Der Oberkörper bleibt bewegungslos, mit geschlossenen Augen läßt der Reiter nun sein Kinn auf die Brust fallen und

Bild 274. Vierte Übung.

rollt seinen Kopf ein paarmal in beiden Richtungen, so daß die Ohren die Schultern berühren und der Kopf weit in den Nacken gerollt wird.
Bei gleichmäßiger Atmung ist dies eine ausgezeichnete Übung für das Gleichgewichtsgefühl.

Fünfte Übung:

Der Reiter sitzt wieder im Dressursitz, die linke Hand auf den Hinterzwiesel gestützt, das linke Bein liegt in der normalen Lage. Mit der rechten Hand hebt man das rechte Fußgelenk so hoch wie möglich, aber das Knie muß dabei in seiner vorgeschriebenen Lage bleiben.

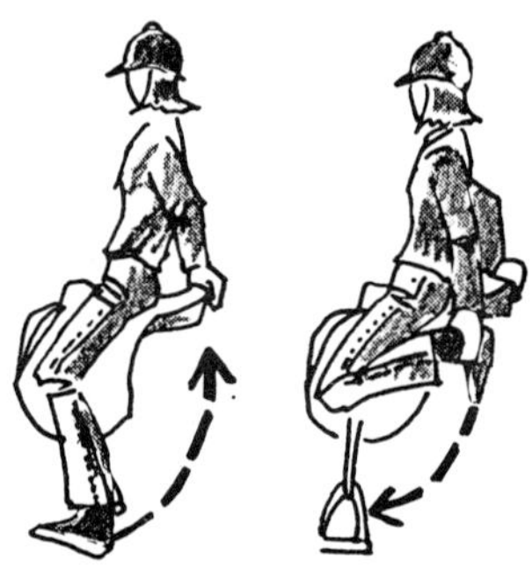

Bild 275. Fünfte Übung.

Dann läßt man los und führt den Fuß wieder langsam am Pferdekörper entlang nach unten, dreht die Zehenspitze nach innen und steckt den Fuß in den Bügel – ohne hinzusehen. Das sollte zehnmal auf jeder Seite geübt werden. Wenn diese Übung später im Trab und Galopp gemacht wird, ist sie gar nicht mehr so einfach und hilft dem Reiter später sehr, wenn er eventuell einmal schnell den Bügel wiederfinden muß.

Sechste Übung:

Die Ausgangsstellung ist wieder der Dressursitz. Beide Arme werden diesmal seitwärts gestreckt. Nun schwingt man beide Arme so weit wie möglich erst in die eine, dann in die andere Richtung, und folgt der Bewegung auch mit dem Kopf. Das Gesäß muß dabei fest im Sattel bleiben. Bei normaler Atmung werden so die Muskeln des Oberkörpers gelockert.

Bild 276. Sechste Übung.

Siebte Übung:

Wieder geht man vom Dressursitz aus. Bei dieser Übung ist es äußerst wichtig, daß die Absätze heruntergedrückt werden, da das Gleichgewicht sonst verlorengeht.

Bild 277. Siebte Übung.

Der Reiter beugt sich vorwärts — atmet dabei aus – und versucht beide Zehenspitzen mit den Fingerspitzen zu berühren. Dann werden die Arme langsam angehoben, gleichzeitig wird tief eingeatmet. Die Arme werden gerade hoch gestreckt und der Reiter beugt sich nun nach hinten über, bis Kopf und Arme die Kruppe berühren. Gelöst atmet der Reiter dabei aus.
Jetzt werden Arme und Oberkörper wieder langsam angehoben, bis der Reiter gerade sitzt, und dabei wird tief eingeatmet. Das Ganze wird wiederholt.

Achte Übung:

Der Reiter sitzt im Dressursitz, beide Hände auf den Hinterzwiesel gestützt. Das rechte Knie wird mit tiefem Absatz hochgezogen – gleichzeitig mit tiefem Einatmen. Jetzt wird das Bein über den Pferdehals auf die andere Seite geschwungen. Dabei atmet man aus. Genauso wird das Bein zurückgeführt und die gleiche Übung mit dem anderen Bein wiederholt.

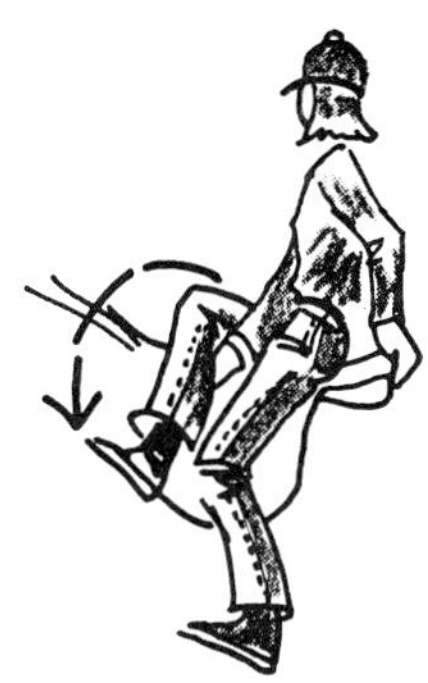

Bild 278. Achte Übung.

Neunte Übung:

Mit der linken Hand wird das linke Fußgelenk in Richtung Sattel angehoben, während das Knie fest in seiner Lage bleibt.

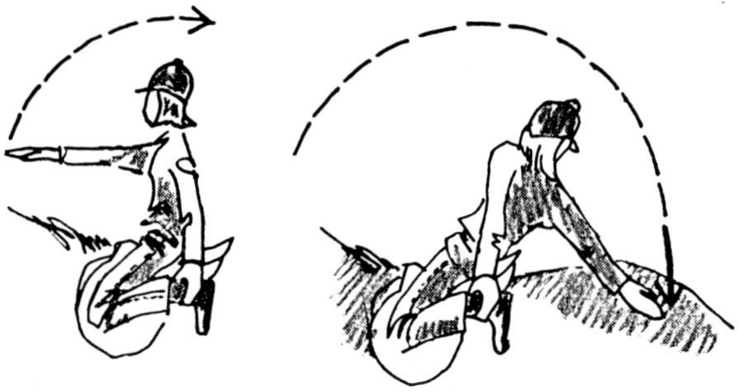

Bild 279. Neunte Übung.

Der rechte Arm wird bis in die Fingerspitzen gerade vorgestreckt und — mit tiefem Einatmen — hochgehoben. Mit einem plötzlichen Ruck dreht man die innere Handfläche nach außen, man sollte dabei die Muskeln im Handgelenk, Arm und in der Schulter fühlen. Mit langsamem Ausatmen wird der Arm nun nach hinten geführt und die Hand flach auf die linke Hüfte des Pferdes gelegt. Dann läßt man den Arm langsam heruntergleiten, bis er gerade herunterhängt. Die Übung wird auf beiden Seiten zehnmal wiederholt.

Zehnte Übung:

Diese Übung soll zu einem festeren leichten Sitz verhelfen: Der Reiter sitzt im leichten Sitz. Dazu werden die Bügel so kurz geschnallt, daß das Knie bei tiefem Absatz fest im Sattel liegt. Der Fuß ist im Fußgelenk leicht nach außen geknickt, so daß die Stiefelsohle von der Seite etwas zu sehen ist. Der Unterschenkel liegt so weit zurück, daß der Bügelriemen vertikal verläuft. Wenn der Unterschenkel zu weit nach hinten verrutscht, verliert der Reiter die Balance und die Kontrolle über seinen Oberkörper und fällt vorne über — besonders später beim Sprung. Dadurch bringt das Pferd zu viel Gewicht auf die Vorhand. Rutscht der Unterschenkel zu weit vor, verliert der Reiter wieder das Gleichgewicht, bleibt hinter der Bewegung und stört so die Balance des Pferdes.

Der Reiter steht mit gehobenem Kopf und gewölbter Brust im Bügel. Der Rücken ist ohne Versteifung leicht hohl, das Gesäß berührt unter keinen Umständen den Sattel.

a) Der Reiter sitzt im leichten Sitz und streckt beide Arme gerade nach vorne und atmet aus. Dann schwingt er ruckartig beide Arme so weit wie möglich nach hinten und atmet dabei ein. Die Übung sollte zehnmal wiederholt werden.
b) Im leichten Sitz werden beide Arme hinter dem Rücken verschränkt. Der Reiter setzt sich, ausatmend, in den Sattel und steht dann — einatmend —

Bild 280. Zehnte Übung a.

Bild 281. Zehnte Übung b.

wieder auf. Dies wird im Halten und im Trab ohne Bügel geübt. Die Beinmuskulatur wird gestärkt und der leichte Sitz gefestigt.

c) Der Reiter befindet sich im leichten Sitz, das Gesäß berührt nicht den Sattel. Beide Arme werden seitwärts vom Körper gestreckt. Nun werden die Arme und der ganze Oberkörper kräftig erst in die eine, dann in die andere Richtung

Bild 282. Zehnte Übung c.

geschwungen. Der Kopf folgt dieser Bewegung, es wird dabei frei ein- und ausgeatmet.

d) Der Reiter steht im leichten Sitz und beugt sich — ausatmend — nach vorne und versucht mit den rechten Fingerspitzen die linke Fußspitze zu berühren. Dabei muß der Kopf hochgehalten werden, da sonst zu leicht die Balance verlorengeht, aus demselben Grund darf das Gesäß nicht den Sattel berühren. Dies sollte zehnmal auf beiden Seiten wiederholt werden.

e) Man stellt sich in eine Türöffnung, die eine etwa fünf Zentimeter hohe Türschwelle haben sollte. Die Zehenspitzen befinden sich auf der Türschwelle, die Fersen auf dem Boden. Jeder Fuß wird in eine Ecke gestemmt, in derselben Winkelung, die er im Bügel haben sollte. Beide Ellbogen werden nach hinten gehalten, ein Stock wird hindurchgeschoben und hält sie in dieser Lage. Jetzt versucht man hocherhobenen Hauptes die Knie zusammen- und möglichst dicht zum Boden zu bringen. Beim Hinuntergehen atmet man aus, beim Aufrichten atmet man ein. Versuchen Sie das etwa zehn Minuten lang — eine ausgezeichnete Übung zur Verbesserung des Knieschlusses im leichten Sitz, die Voraussetzung für gutes Springreiten.

Das Gleichgewicht

Aus Unwissenheit kann man beim Einreiten eines jungen Pferdes schwerwiegende Fehler machen, wenn man sich nicht über das natürliche Gleichgewicht des Pferdes in der Bewegung und im Sprung im klaren ist.

Von Natur aus geht das Pferd im Gleichgewicht, es galoppiert auf der Weide vom ersten Monat seines Lebens an, ohne zu stolpern oder die Balance zu verlieren.

Bild 283. Zehnte Übung d.

Bild 284. Zehnte Übung e.

Bild 285. So wird eine Last im Gleichgewicht getragen: Rücken gerundet, die Last auf den Schultern, tiefe Kopfhaltung.

Bild 286. So trägt ein junges Pferd seine Reiter im Gleichgewicht: Rücken gerundet, tiefe Kopfhaltung, Reiter über dem Schwerpunkt des Pferdes, Hinterhand aktiv.

Jedes junge Pferd hat in den ersten Monaten, wenn es eingeritten wird, Schwierigkeiten, dieses natürliche Gleichgewicht zu bewahren, weil es durch das zusätzliche Gewicht des Reiters gestört wird.

Wie schwierig es für ein junges Pferd sein muß, sich mit dem Gewicht des Reiters auf dem Rücken auszubalancieren, kann man erleben, wenn man eine schwere Last auf dem Rücken trägt. Man wird automatisch versuchen, die Last über dem eigenen Schwerpunkt, der zwischen den Schultern liegt, zu plazieren. Man verhält sich wie ein junges Pferd, das sich korrekt ausbalanciert: Man rundet den Rücken und streckt Kopf und Hals nach vorne abwärts.

Die gleiche Last wäre doppelt so schwer, wenn man versuchte, sie im Kreuz zu tragen.

Genauso ergeht es dem jungen Pferd: Je näher man am Widerrist sitzt, dem Schwerpunkt des Pferdes, desto leichter ist das Reitergewicht für das junge Pferd. Wenn man jedoch weit hinten im Sattel sitzt, behindert man die Bewegungsfreiheit der Muskulatur der Nieren- und Lendengegend. Das Pferd kann den Rücken nicht runden und die Hinterhand nicht unterschieben. Beides jedoch ist besonders für Springpferde äußerst wichtig. Hinten sitzen die Schubkraft und der Antrieb; wenn man das einwandfreie Funktionieren dieses Antriebsmotors durch Verkrampfung verhindert, kann man auch keine Leistung erwarten.

Bild 287. Die gleiche Last ist doppelt so schwer, wenn sie im Kreuz getragen wird.

Bild 288. Ebenso geht es dem jungen Pferd, wenn der Reiter hinten im Sattel sitzt: Rücken ist weggedrückt, hohe Kopfhaltung, unreiner Trab, Hinterhand schleppt nach.

Bild 289. Pferd und Reiter bilden nur dann eine harmonische Einheit, wenn der Schwerpunkt des Reiters immer genau über dem des Pferdes liegt.

Die Remonte muß lernen, sich mit dem Reitergewicht auf dem Rücken nicht nur im Schritt auszubalancieren, sondern auch in den anderen Gangarten, beim Klettern und im Sprung. Es ist eine Frage der Zeit, bis sich die nötige Muskulatur entwickelt hat, um die Last in jeder Bewegung ohne übermäßige Anstrengung tragen zu können.

An Hand solcher Überlegungen wird man verstehen, wie schwierig es für ein Pferd ist, sich schon allein mit dem Reitergewicht auszubalancieren. — Wenn dieses Gewicht sich außerdem bewegt, dann wird das Ausbalancieren beinahe unmöglich.

Man stelle sich vor, man trüge einen schweren Sack auf der Schulter. Jemand kommt von hinten und gibt dem Sack einen Schubs oder zieht ihn nach hinten: Man würde versuchen, den eigenen Schwerpunkt so zu verlagern, daß man unter dem Sack bleibt, sonst würde man unweigerlich hinfallen. Wenn der Sack angeschoben wird, wird man schneller laufen; wird der Sack nach hinten gezogen, wird man versuchen rückwärts zu gehen oder die Schritte zu verkürzen.

Das gleiche gilt für das Pferd, besonders im Sprung, wenn der Reiter seinen Oberkörper übertrieben bewegt, sich nach vorne wirft oder hintenüber fällt. Das mühsam erworbene Gleichgewicht ist wieder gestört.

Man erleichtert dem Pferd das Sich-Ausbalancieren, wenn man völlig still sitzt und das Pferd nur am langen Zügel reitet.

Wenn das Pferd sein Gleichgewicht zu ebener Erde gefunden hat, fängt man an, in hügeligem Gelände zu reiten. Man achte darauf, immer über dem Schwerpunkt des Pferdes zu bleiben und am langen Zügel zu reiten, so daß das Pferd Kopf und Hals als Balancierstange benutzen kann. — Dies Bergauf- und Bergabreiten ist eine gute Vorbereitung für das spätere Ausbalancieren beim Springen.

Erst wenn das junge Pferd unter dem Reiter sein natürliches Gleichgewicht wiedergefunden hat und in allen drei Gangarten am hingegebenen Zügel im Gleichgewicht bleibt, ohne schneller zu werden — erst dann darf man das Pferd an den Zügel stellen. (Leider wird vielen Pferden nicht die Zeit gegeben, sich auszubalancieren, das sind dann die Pferde, die später nie ehrlich an den Zügel gehen.)

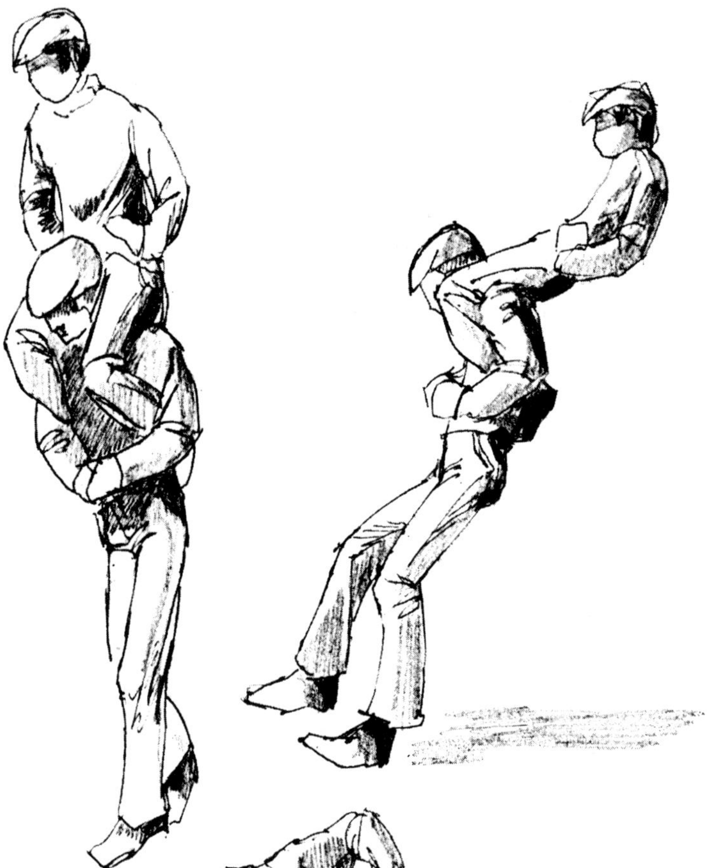

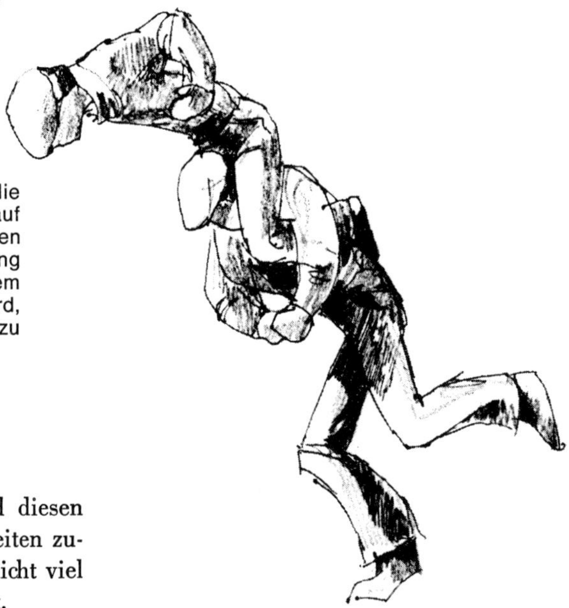

Bild 290. Heben Sie eine Person auf die Schultern, um den Einfluß einer Last auf Ihr Gleichgewicht festzustellen, die ihren Schwerpunkt verlagert. Jede Bewegung dieser Person bringt Sie stark aus dem Gleichgewicht. Dasselbe fühlt das Pferd, wenn der Reiter seinen Oberkörper zu sehr bewegt.

Man nutzt den Herdentrieb aus

Das Pferd ist ein Herdentier, und diesen Instinkt sollte man sich beim Einreiten zunutze machen, da das Pferd noch nicht viel von den reiterlichen Hilfen versteht.
Man sucht sich ein ruhiges, älteres Pferd, das nicht schlagen darf und wenn möglich das junge Pferd kennen sollte, und gebraucht es als „Leittier“.

Wenn man das junge Pferd zum erstenmal lose reitet, sollte man das, wenn möglich, in der Halle tun. Man spart sich in der

 Halle viel Ärger, da das junge Pferd nicht abgelenkt wird.
Wer keine Halle zur Verfügung hat, nimmt das Führpferd mit auf die Weide oder auf den Reitplatz. Man reitet entlang der Einzäunung, das junge Pferd an der Zaunseite. Dadurch fühlt sich das junge Pferd nicht so verloren, als wenn man gleich mitten auf die Weide reiten würde, wo es sich plötzlich der offenen Weide bewußt werden könnte und womöglich versucht durchzugehen.

Die vorwärtstreibende Schenkelhilfe

Die vorwärtstreibende Schenkelhilfe ist die erste Hilfe, die das junge Pferd unter dem Reiter lernt.
In diesem frühen Stadium der Ausbildung besteht sie noch aus einer Kombination von drei Hilfen:
der Stimme des Reiters,
dem am Gurt treibenden Schenkel
und dem Anticken mit der langen Dressurgerte.
Jedesmal, wenn das Führpferd antritt — natürlich nur im Schritt —, gibt man diese drei Hilfen gleichzeitig. Bald wird das junge Pferd verstehen, daß Hilfen und Antreten zusammengehören.
Sobald das Pferd zeigt, daß es verstanden hat, was man von ihm will, kann man zuerst die Hilfe der Stimme weglassen, dann nach wiederum einer Weile die Peitschenhilfe; die am Gurt treibende Schenkelhilfe bleibt übrig. Dieser Prozeß ist mit oder ohne Führpferd gleich.

Halten an der Bande

Am Anfang kann man dem Pferd nur durch Zügeleinwirkung und Stimme zu verstehen geben, wann es das Tempo verlangsamen oder anhalten soll. — Andere Hilfen kennt es noch nicht. Man kann jedoch auch das junge Pferd mit den Zügeln durchparieren, ohne mit den Zügeln rückwärts zu wirken.
Die meisten Reiter sind der Meinung, daß man in diesem Stadium des Trainings ein Pferd nur durch Rückwärtswirken mit den Zügeln durchparieren kann. — Sie sind überzeugt, daß es keine andere Möglichkeit gibt, da das Pferd ja noch keine anderen Hilfen kennt. Seit altersher werden — je nach der Empfindsamkeit des jungen Pferdes — alle Variationen, vom Eindrehen der Fäuste bis zum Annehmen der Hände, praktiziert. Dennoch ist es falsch, da schon in diesem frühen Stadium die Empfindsamkeit des Maules beeinträchtigt und zum Teil sogar ruiniert wird.
Ich hoffe, daß alle diese Reiter einmal ein Pferd in der natürlichen Methode ausbilden. Sie werden sich überzeugen, daß dieser Weg für Pferd und Reiter wesentlich wirkungsvoller und angenehmer ist.
Nur wer ernsthaft alle Wege ausprobiert hat, kann sich ein Urteil darüber erlauben, welche Methode am wirkungsvollsten und besten ist.
Die Unterrichtsmethoden an Schulen und Universitäten ändern und entwickeln sich laufend . . . nur im Reitsport gibt es immer noch viele Lehrer, die für alle neuen Erkenntnisse blind sind und Überlieferungen für das A und O der Ausbildung halten. — Methoden sind nicht nur deshalb richtig, weil unsere Vorväter es auch schon so gemacht haben.
Ich kenne alle diese Einwände und muß zugeben, daß ich früher auch einmal dieser Meinung war. — Jedoch war ich in der glücklichen Lage, u. a. die natürliche Ausbildungsmethode kennen- und wegen ihrer vielen Vorteile schätzenzulernen: In dieser Methode wirkt der Zügel niemals rückwärts auf das Maul ein.
Ich werde mich bemühen, die Vorteile der natürlichen Ausbildungsmethode so ausführlich wie möglich zu beschreiben, um klarzumachen, wie logisch und natürlich die Methode besonders für Springpferde ist, und um Mißverständnisse auszuschließen.
Um das rohe Pferd durchzuparieren, ohne mit den Zügeln rückwärts einzuwirken, wendet man folgende Hilfen an:
Man reitet zum Beispiel auf dem Hufschlag

auf der linken Hand und will vom Schritt zum Halten durchparieren. – Am besten beginnt man damit, indem man, von der kurzen Seite kommend, die Ecke abschneidet und schräg auf die Bande der langen Seite zureitet. – Man bereitet das Pferd vor, indem man sich vermehrt aufrichtet, tief einatmet, beide Hände hören auf, der Nickbewegung im Schritt zu folgen (passive Hand). Die linke Hand wird an den Hals gelegt (nicht über den Mähnenkamm), die rechte seitwärts nach außen geführt. Anfangs übertreibt man und führt sie weit nach rechts – aber nur seitwärts, nicht gleichzeitig rückwärts. Mit beiden Zügeln hält man den gleichen Kontakt mit dem Maul aufrecht. Das Pferd schaut nun gegen die Wand der langen Seite und glaubt, nicht weitergehen zu können. (Wer keine Reitbahn zur Verfügung hat, kann den Weidezaun oder dergleichen als Anlehnung benutzen.) Gleichzeitig richtet der Reiter sich vermehrt auf, wodurch er seinen Schwerpunkt nach hinten verlagert und das junge Pferd schon jetzt dazu verleitet, das gleiche zu tun.

Außerdem, und das ist sehr wichtig, gebraucht man die Stimme, und zwar in dem Tonfall, in dem das Pferd sie beim Longieren zum Verlangsamen des Tempos kennengelernt hat.

Wenn das Pferd steht, hält der Reiter die Stellung des Halses zur Bande noch für ein paar Sekunden aufrecht. Dann aber bewegt sich die linke Hand seitwärts vom Hals weg, während gleichzeitig die rechte Hand rechts an den Hals gelehnt wird. Dadurch gleitet das Gebiß seitlich über die Zunge und wird begrenzt durch die seitlichen Gummischeiben (wie schon beim Longieren beschrieben). Der Pferdehals ist jetzt nach links gebogen.

Vom Longieren her und von der Handarbeit kennt das Pferd dieses Gefühl des Seitwärtsgleitens des Gebisses. Es wird sich daran erinnern und mit Abkauen antworten – wie es das schon früher gelernt hat. Sobald der Reiter fühlt, daß das Pferd zum Kauen ansetzt, gibt er die Zügel völlig frei. Das Pferd wird Kopf und Hals vorwärts-abwärts strecken. Sofort läßt man das Pferd in fleißigem Schritt antreten, beide Schenkel werden gleichzeitig treibend am Gurt angelegt. Man reitet am hingegebenen Zügel im fleißigen Schritt an. Man muß schon jetzt darauf achten, daß das Pferd nicht nur den Hals lang macht, sondern daß auch die Tritte länger und energischer werden, sonst reitet man das Pferd „in den Boden“.

Nach einigen fleißigen Tritten nimmt man die Zügel nach und nach vorsichtig wieder

Bild 291. Übergang vom Schritt zum Halten: Am Anfang auf die Bande zu, mit Hilfe von Stimme, Verlagerung des Schwerpunkts und der ersten Zügelhilfe.

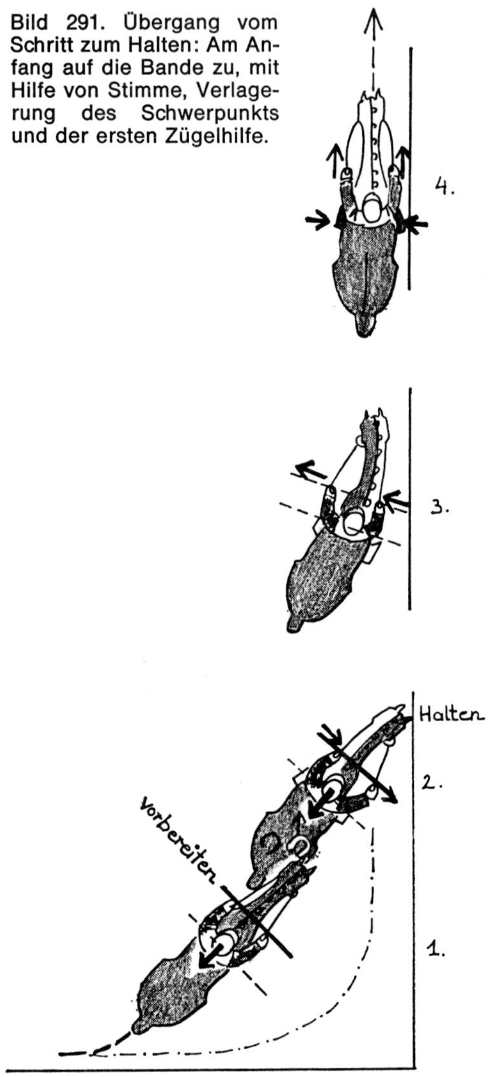

auf (siehe Kapitel „Zügelverkürzen"), bis die gleiche Anlehnung wie vor dem Halten hergestellt ist. Der Schritt darf hierbei weder unregelmäßig noch eilig werden.
Diese Übergänge vom Schritt zum Halten übt man auf beiden Händen immer wieder. — Man muß sich dabei ständig selbst kontrollieren: Die Hände dürfen sich wirklich niemals rückwärts, sondern nur seitwärts bewegen, und dabei muß fortwährend die gleiche Anlehnung bestehen bleiben.
Meistens versteht das Pferd diese Hilfe schon nach etwa 14 Tagen täglichen Trainings, es wird stehenbleiben, sobald man den Hals nach außen biegt.
Das anschließende Abkauen ist eigentlich noch kein Abkauen, denn man wirft ja

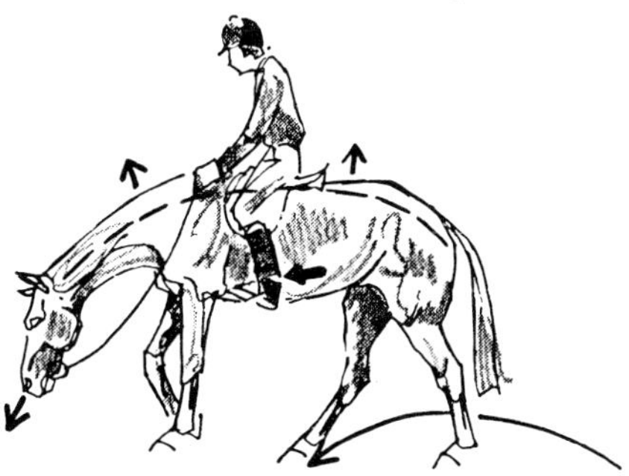

Bild 292. Nach dem Halten und Abkauen im energischen Schritt anreiten.

schon bei einem Ansatz zum Kauen die Zügel weg. Aber dadurch verleitet man das junge Pferd dazu, vertrauensvoll den Weg in die Tiefe zu suchen. Nach einiger Zeit wird das Pferd dann ebenso selbstverständlich die Zügel aus der Hand kauen (1. Zügelhilfe), und noch später wird es weich und vertrauensvoll am langen Zügel stehen (2. Zügelhilfe). Um Mißverständnissen vorzubeugen: In diesen ersten 14 Tagen bedient man sich nur der Stimme und stellt den Hals nach außen. Würde man schon jetzt auch die entsprechenden Schenkelhilfen geben, um das Pferd in seiner ganzen Länge zu biegen, würde man das junge Pferd nur verwirren.
Es kennt bisher nur eine Schenkelhilfe: den vorwärtstreibenden Schenkel am Gurt. Würde man nun den Schenkel hinter dem Gurt anlegen, um die korrekte Längsbiegung zu erreichen, würde das Pferd keinen Unterschied zwischen vorwärts- und seitwärtstreibendem Schenkel merken. Es würde einfach nur schneller werden und entsprechend mehr gegen die Hand angehen. Um also keine Verwirrung anzustiften, benutzt man vorerst nur die Zügelhilfen.

Zügel aufnehmen und verkürzen

Das Aufnehmen und Verkürzen der Zügel scheint so einfach zu sein, wird aber doch von vielen Reitern falsch gemacht. Schon das Aufnehmen der Zügel geschieht bei den meisten Reitern so übereilt und unvorsichtig, daß sie das Pferd nicht nur im Maul stören, sondern auch aufregen und verfrüht antraben lassen. Beim Verkürzen der Zügel greifen die meisten Reiter fälschlicherweise mit der einen Hand vor die andere, und zwar gleich ein gutes Stück vor die andere, so daß die stete Verbindung mit dem Maul verlorengeht und das Pferd hart im Maul gestört wird. — Außerdem machen viele Reiter den Fehler, bevor sie die Zügel aufnehmen, auf die Hände hinabzuschauen. Dabei neigen sie ihren Oberkörper vornüber und verlagern ihren Schwerpunkt nach vorne. Das wiederum veranlaßt das Pferd anzutraben oder zu zackeln, da es versucht, unter dem Schwerpunkt des Reiters zu bleiben.
Die Zügel müssen weich und unmerklich für das Pferd aufgenommen und verkürzt werden.
Ehe der Reiter die Zügel überhaupt anfaßt, sollte er sich aufrichten und das Gewicht etwas nach hinten verlagern. Das Pferd wird sich dem anpassen und die Hinterhand vermehrt unterschieben.
Dann werden die Zügel aufgenommen und Stück für Stück auf die gewünschte Länge

Bild 293. Captain Mark Philips in ausgezeichnetem Stil: Leichte Hand und Blick zum nächsten Sprung. Achten Sie auf den aufmerksamen Gesichtsausdruck des Pferdes.

verkürzt: Der rechte Daumen und Zeigefinger fassen den linken Zügel oben über der linken Hand und ziehen ihn vorsichtig ein paar Zentimeter mehr durch die linke Hand.
Dann ergreifen der linke Daumen und der Zeigefinger den rechten Zügel oben über der rechten Hand und ziehen ihn ein paar Zentimeter mehr durch die rechte Hand. — So

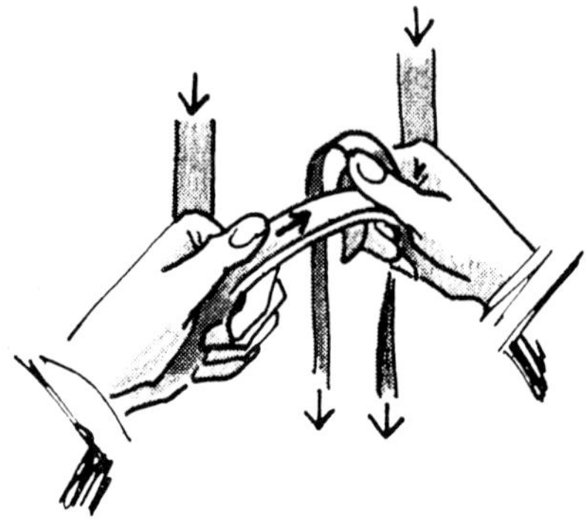

Bild 294. Zügel unmerklich verkürzen.

verkürzt man die Zügel abwechselnd Stück für Stück, unmerklich für das Pferd — und die Richter.

Mexikanische Zügelführung

Bei besonders nervösen Pferden, die schon heftig werden, wenn man nur die Zügel anfaßt, ist es ratsam, die Zügel in der mexikanischen Zügelführung aufzunehmen und jeden einzelnen Zügel mit Daumen und

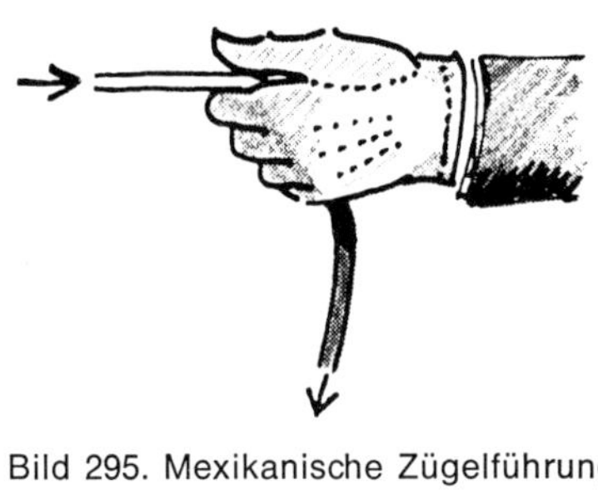

Bild 295. Mexikanische Zügelführung.

Zeigefinger unmerklich zu verkürzen. Man braucht die Hände nicht zusammenzubringen, was empfindliche Pferde schon stört.

Zügel in eine Hand nehmen

Wenn man die Zügel zum Beispiel in die linke Hand nehmen will, hebt man den linken Daumen und legt den rechten Zügel

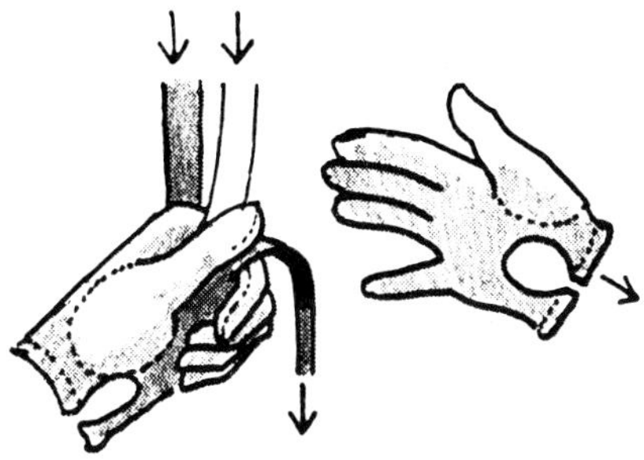

Bild 296. Zügel in eine Hand nehmen.

zwischen Daumen und Zeigefinger der linken Hand und läßt ihn zwischen Ring- und kleinem Finger aus der Hand laufen. Beim Wechseln beider Zügel in die rechte Hand spreizt man Daumen und kleinen Finger der rechten Hand ab und führt die rechte Hand vor die linke und übernimmt damit die Zügel. — Um beide Zügel wieder getrennt in beide Hände zu nehmen, spreizt man Daumen und kleinen Finger der linken Hand ab und führt sie so neben die rechte. Dann hebt man den Daumen der rechten Hand, so daß die linke Hand den linken Zügel übernehmen kann.
So kann man die Zügel beliebig hin- und herwechseln und verkürzen, ohne dabei den Kontakt und das Gefühl mit dem Pferdemaul zu verlieren.

Halten in der Mitte der Bahn

Durchparieren ohne Anlehnung an die Bande ist etwas schwieriger, und man fängt damit erst an, wenn das Pferd das Halten an der Bande verstanden hat.
Man verläßt den Hufschlag und reitet in die Mitte der Bahn. Auch hier muß man wieder die gleiche Anlehnung mit beiden Händen haben. Als Vorbereitung auf das Durchparieren hält man am Anfang beide Hände weit auseinander und folgt leicht der Bewegung des Pferdemaules, während man das Pferd mit Gesäß und Schenkel vorsichtig am Gurt, seiner Empfindsamkeit entsprechend, vorwärtsschiebt, ohne es aufzuregen.

Ein paar Sekunden vor dem Halten hört man auf, mit den Händen der natürlichen Nick-Bewegung des Pferdemaules im Schritt zu folgen — wohlgemerkt: Man verkürzt die Zügel nicht, sondern hört nur auf, der Bewegung zu folgen.
Dabei geht gleichzeitig mit dem Auffußen des linken Vorderhufes die linke Hand seitlich nach außen; dann, wenn der rechte Vorderhuf auffußt, bewegt sich die rechte Hand seitwärts vom Hals. — Gleichzeitig richtet der Reiter sich vermehrt auf und verlagert seinen Schwerpunkt etwas nach hinten, genau wie beim Halten an der Bande wird das Pferd sich dem angleichen.
Der Reiter kann fühlen, wie die Tritte des Pferdes kürzer werden und es schließlich stehenbleibt.

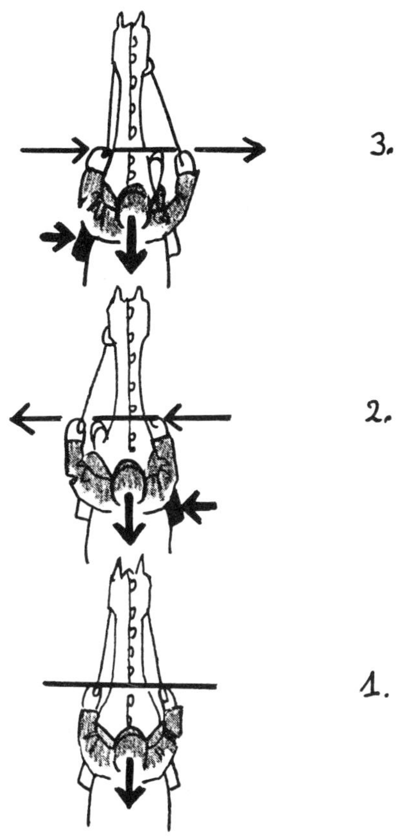

Bild 297. Durchparieren zum Halten am Anfang der Ausbildung — in der Mitte der Bahn.

Wenn das Pferd ruhig bleibt, kann man nach einigen Tagen anfangen, die Bewegung der Hände durch wechselseitigen Schenkeldruck zu unterstützen.

Je nach Empfindsamkeit und Intelligenz des Pferdes kann man früher oder später aufhören, die Hände weit auseinanderzuhalten oder extrem seitwärts zu bewegen. – Nach einiger Zeit wird allein die Tatsache, daß die Reiterhand nicht mehr der Bewegung des Pferdemaules folgt, das Pferd zum Halten bringen. Gesäß und Schenkel werden dann vermehrt vorwärtstreibend eingesetzt, was die Hinterhand bei der Parade aktiviert.

Nur durch diese einleitenden Übungen kann man das Pferd so empfindsam machen, daß man es durchparieren kann, ohne mit den Zügeln rückwärts zu wirken.

Die seitwärtstreibende Schenkelhilfe

Wenn das Pferd soweit zufriedenstellend gearbeitet hat, kann man mit den seitwärtstreibenden Schenkelhilfen anfangen.

Da das junge Pferd hierfür schon durch die Arbeit an der Hand vorbereitet worden ist und entsprechende Muskulatur entwikkelt hat, wird diese Übung unter dem Reiter keine großen Schwierigkeiten mit sich bringen.

Zu Anfang muß man zur Erklärung der seitwärtstreibenden Schenkelhilfe wieder übertreiben: Man legt den seitwärtstreibenden Schenkel zusammen mit der Dressurgerte weit hinter dem Gurt an, um den Unterschied zwischen seitwärts- und vorwärtstreibendem Schenkel möglichst deutlich zu machen. Der andere Schenkel liegt am Gurt.

Die Gehorsamsübung beginnt mit Abkürzen der Ecke, wird später auch auf dem Hufschlag ausgeführt. Gleichzeitig mit dem Durchparieren vom Schritt zum Halten, zusammen mit dem Nachaußenbiegen des Halses, treibt der äußere Schenkel zusammen mit der Gerte weit hinter dem Gurt. – Dadurch wird das Pferd die Hinterhand vom Hufschlag in die Bahn bringen. Das äußere Hinterbein tritt dabei vermehrt unter und kreuzt seitlich das innere Hinterbein.

Am Anfang übt man das natürlich nur vom Schritt zum Halten mit anschließendem Zügel-aus-der-Hand-kauen-Lassen.

Mit fortschreitendem Gehorsam werden die Übergänge mit seitlich verschobener Hinterhand nicht nur vom Schritt zum Halten,

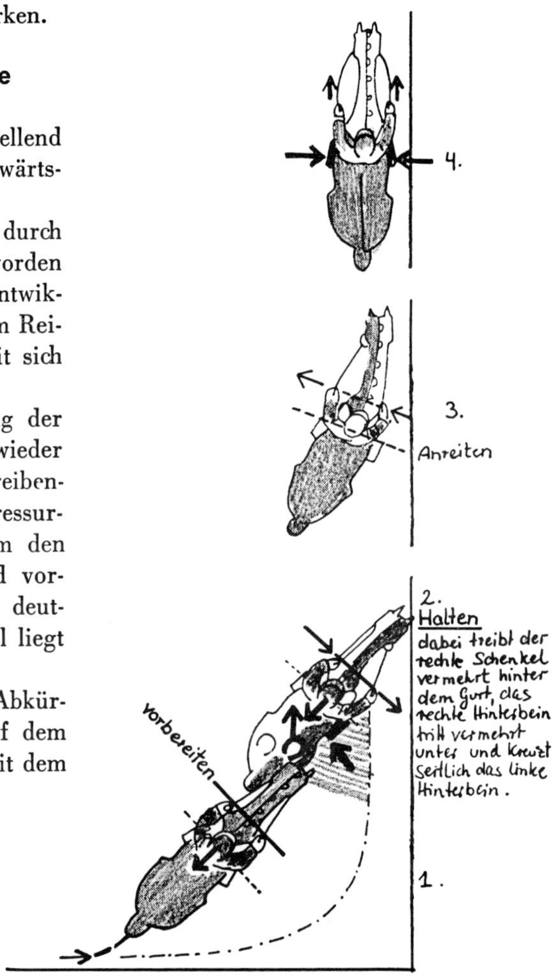

Bild 298. Die seitwärtstreibende Schenkelhilfe am Anfang der Ausbildung nach dem Abschneiden der Ecke.

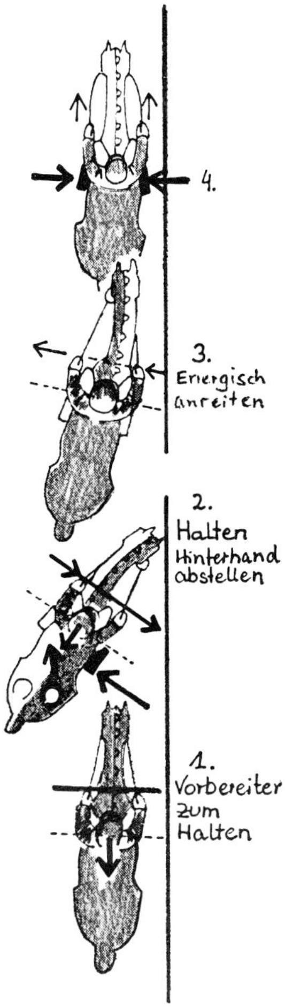

Bild 299. Die seitwärtstreibende Schenkelhilfe: Abstellen der Hinterhand an der langen Seite.

sondern auch vom Trab zum Schritt und später vom Galopp zum Trab gefordert.
In den ersten sechs Wochen der Ausbildung folgt dieser Übung immer das Abkauen und Strecken des Halses mit hingegebenem Zügel (1. Zügelhilfe) mit gleichzeitigem frischem Vorwärtsgehen (das ist wichtig, damit das einseitige vermehrte Unterschieben der Hinterhand nicht einfach verpufft, sondern zum Abfedern nach vorwärts ausgenutzt wird). — Später, wenn das Pferd am hingegebenen Zügel so ausbalanciert ist, daß es das Tempo nicht zulegt, gibt man die Zügel nicht mehr frei, sondern folgt mit den Händen dem Maul abwärts (2. Zügelhilfe: am langen Zügel).
Wer die natürliche Ausbildungsmethode nicht aus Erfahrung kennt, wird vielleicht verwirrt sein, daß wir das Halten erst mit abgestellter Hinterhand üben. Verwirrt, weil man gelernt hat, daß das Pferd gerade halten soll und daß dabei beide Hinterbeine gut untergeschoben sein sollen. . . . das ist natürlich richtig, nur kann man das nicht von einem jungen Pferd fordern. Man muß das wenig gerittene Pferd erst auf Umwegen so geschmeidig machen, daß es später in der Lage sein wird, vorschriftsmäßig zu halten:
Man lehrt das junge Pferd, durch das Abstellen der Hinterhand beim Halten erst nur „ein“ Hinterbein vermehrt unterzuschieben. Wenn das Pferd das auf beiden Händen flüssig und willig macht, ist es geschmeidig genug und wird keine Schwierigkeiten haben, auf der Geraden „beide“ Hinterbeine gleichzeitig vermehrt unterzuschieben, wenn beide Schenkel hinter dem Gurt treiben.
Es ist kein „Wühlen“ mit den Schenkeln oder übertriebenes Gegenhalten nötig, denn die Muskulatur des Pferdes ist sinnvoll und systematisch auf dieses schwierige Halten auf der Geraden vorbereitet worden.
Wenn man diese Vorbereitungen wirklich mit Geduld und korrekt ohne Rückwärtswirken am Zügel trainiert hat, genügt es später, sich einfach im Sattel aufzurichten, um das Pferd zu veranlassen, sich aufzunehmen und mit beiden Hinterbeinen vermehrt unterzuspringen. Es wird dabei — ohne jede Zügeleinwirkung — vorne größer werden und leicht kauend weich am Zügel stehen.
Für ein Springpferd ist diese Übung von größter Bedeutung, denn während des ganzen Springtrainings werde ich immer wieder auf die Spring-Dressur zurückkommen. Wenn der Reiter zum Beispiel im leichten Sitz galoppiert, muß das Pferd beim Galoppieren mit beiden Hinterbeinen vermehrt unterspringen, wenn der Reiter den Oberkörper leicht aufrichtet.

Bild 300. Die drei Stufen der gymnastischen Ausbildung (gelten ebenfalls für die tägliche dressurmäßige Arbeit).

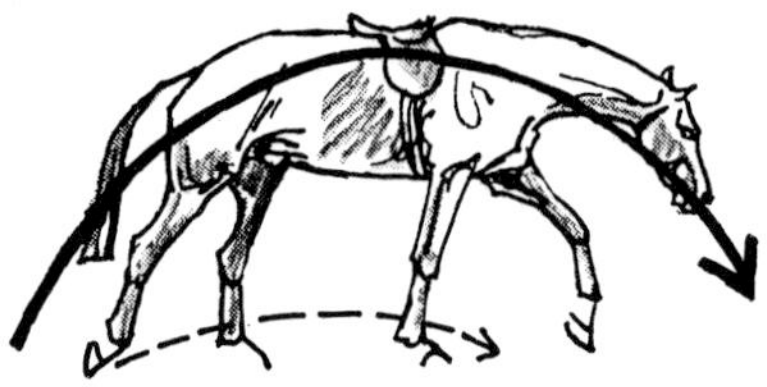

1. Das Pferd in die Tiefe reiten – vorwärts, abwärts.

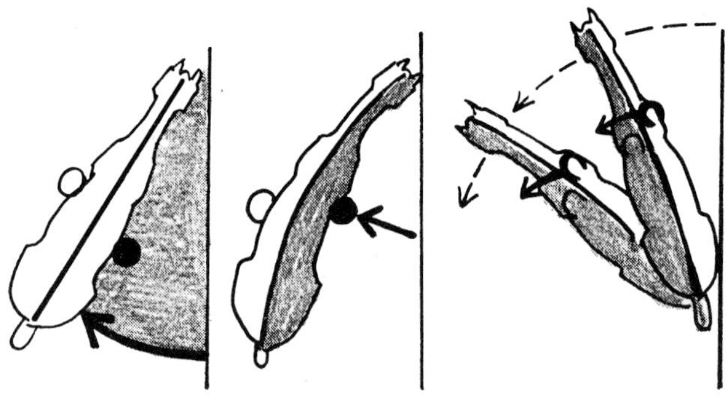

2. Seitliches Geschmeidigmachen: zuerst bloßes Abstellen der Hinterhand, dann dasselbe mit Längsbiegung, dann Geschmeidigmachen der Vorhand, alles auf beiden Händen abwechselnd.

3. Erst dann wird das Pferd „direkt" gebogen, d. h., es geht mit untergeschobener Hinterhand versammelt am Zügel. Dabei ist das Pferd in sich gerade.

Bild 301. Links: Der Reiter galoppiert im leichten Sitz. Rechts: Durch Aufrichten des Oberkörpers und treibenden Schenkel veranlaßt er das Pferd, mit beiden Hinterbeinen vermehrt unterzuspringen und sich vorne entsprechend aufzurichten.

Soweit zur Einführung der seitwärtstreibenden Schenkelhilfe. — Erst wenn das junge Pferd diese akzeptiert, bekommt der Spruch: „Reite Dein Pferd vorwärts und richte es gerade" einen Sinn. Man kann ein Pferd nur dann geraderichten, wenn es dem seitwärtstreibenden Schenkel gehorcht, der ja das Geradebleiben der Hinterhand kontrolliert.

Der Gehorsam des Pferdes auf die vorwärts- und seitwärtstreibenden Schenkelhilfen ist die Grundlage der ganzen Spring-Dressur.

Wendungen

Leider gibt es immer noch viele Springreiter, die glauben, eine Dressurgrundlage sei für ihr Pferd nicht nötig. Spätestens, wenn das Pferd im Parcours in den Wendungen Schwierigkeiten macht, werden sie erkennen, daß kein noch so talentiertes Springpferd ohne eine sinnvolle Spring-Dressur auskommen kann.

Auch ein Springpferd muß in den Wendungen die Biegung seines Körpers der der Wendung anpassen und sollte das flüssig und ohne Widerstand tun. Es muß in der Lage sein, auch in den Wendungen Schwung und Kadenz aufrechtzuerhalten.

Die Hilfen zum Beispiel für eine Wendung nach rechts:

a) Gewicht

Der Reiter schiebt den inneren, rechten Gesäßknochen treibend vor und belastet gleichzeitig den rechten Bügel mehr.

b) Schenkel

Vorschriftsmäßig treibt der rechte, innere Schenkel vermehrt am Gurt, der äußere Schenkel liegt verwahrend hinter dem Gurt und verhindert, daß das Pferd der Längsbiegung um den inneren Schenkel ausweicht und mit der Hinterhand nach außen fällt. — Das Pferd ist korrekt um den inneren Schenkel gebogen, wenn es in seiner ganzen Länge die gleiche Biegung hat wie die Linie, auf der es geht.

Diese Längsbiegung fällt dem jungen Pferd, das noch nicht geschmeidig genug ist, schwer. Viele junge Pferde fallen in die Wendung oder über die Schulter nach außen. (Das kann man anfangs sehr gut beim Longieren beobachten, es dauert oft eine Woche oder 14 Tage, bis ein junges Pferd an der ganzen Länge der Longe rundgeht). — Die Art der Hilfengebung richtet sich am Anfang der Ausbildung nach der

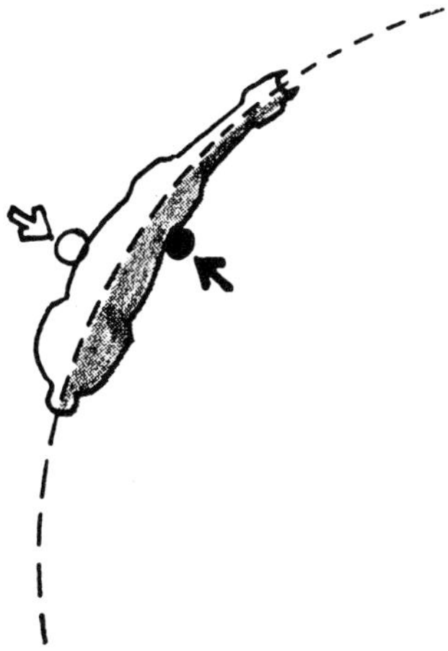

Bild 302. Vorschriftsmäßige Schenkelhilfe für die Rechtswendung, die ein gerittenes Pferd um den inneren Schenkel längsbiegt.

Bild 303. Dieses Pferd ist noch nicht geschmeidig und neigt dazu, in die Wendung zu fallen. Deshalb werden vorerst die Schenkelhilfen so gegeben, ohne auf Längsbiegung zu achten. Später wird diese Schenkelhilfe allmählich vorschriftsmäßig.

natürlichen Veranlagung des Pferdes, seiner Empfindsamkeit und Gelehrigkeit.
Man gibt am Anfang die Schenkelhilfen, die das Pferd auf der Zirkellinie halten. Wenn es dabei vorerst noch in sich gerade bleibt, schadet das nichts; mit fortschreitendem Rittigwerden stellt sich die Längsbiegung dann ohne Zwang ein. Dann geht man je nach Bedarf von den anfangs eventuell unvorschriftsmäßigen Schenkelhilfen nach und nach zu den vorgeschriebenen über. — Der Schenkel muß immer da treiben, wo er gemäß dem Ausbildungsstand den gewünschten Erfolg hat.

c) Zügelhilfen

Die innere rechte Zügelhand wird etwas seitwärts vom Hals weg in die Wendung geführt und leitet dadurch Kopf und Hals des Pferdes in die gewünschte Richtung. Später kann das auf ein leichtes Nachaußendrehen des Handgelenkes reduziert werden, aber beim Einreiten des jungen Pferdes soll man die Seitwärtsbewegung ruhig übertreiben. Dadurch erinnert das Pferd sich leichter an die beim Longieren gelernte seitliche Einwirkung des Zügels (bzw. der Longe). Das Pferd hat beim Longieren gelernt, daß es auf ein vermehrtes Annehmen der Longe hin Kopf und Hals mehr in die Wendung, also zum Mittelpunkt des Zirkels hin biegen mußte.
Die linke, äußere Zügelhand bleibt in der normalen Lage (sie gibt nicht nach vorne nach), sollte aber leicht an den Hals angelehnt werden, um ein eventuelles Ausfallen über die Schulter zu verhindern. (Wenn das Pferd versucht, über die Schulter nach innen zu fallen, sollen die Zügelhände genau entgegengesetzt wirken.)
Die Zügellänge und die Anlehnung bleibt in der Wendung auf beiden Zügeln gleich. (Dies ist äußerst wichtig, da viele Reiter

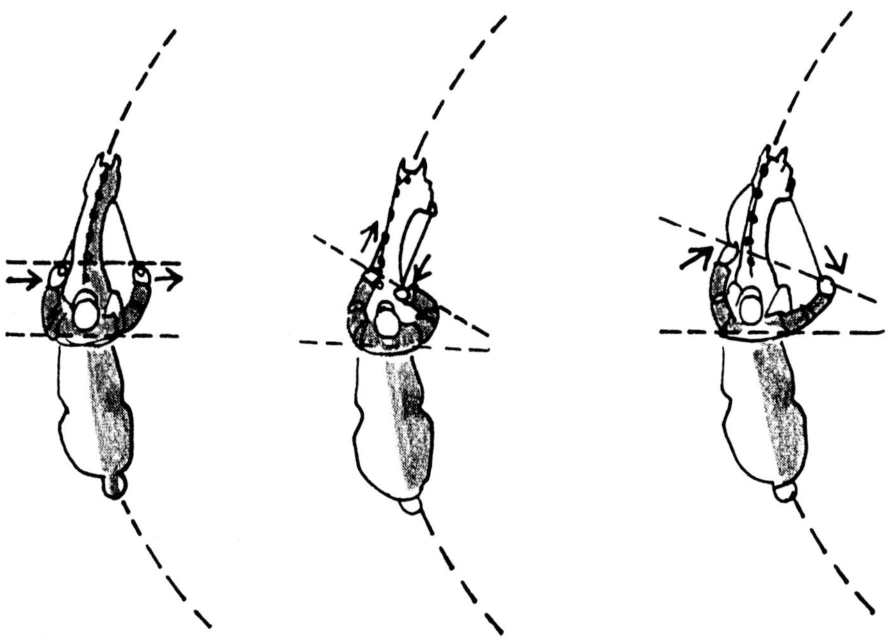

Bild 304. Zügelhilfen für die Wendung:
Links: Richtig: In beiden Händen gleich viel Gewicht. Die innere Hand führt seitlich in die Wendung.
Mitte: Falsch: Die innere Hand geht rückwärts, die äußere gibt nach. Das Pferd fällt über die Schulter nach außen.
Rechts: Falsch: Die innere Hand geht zwar seitwärts, aber gleichzeitig rückwärts. Die äußere gibt nach.

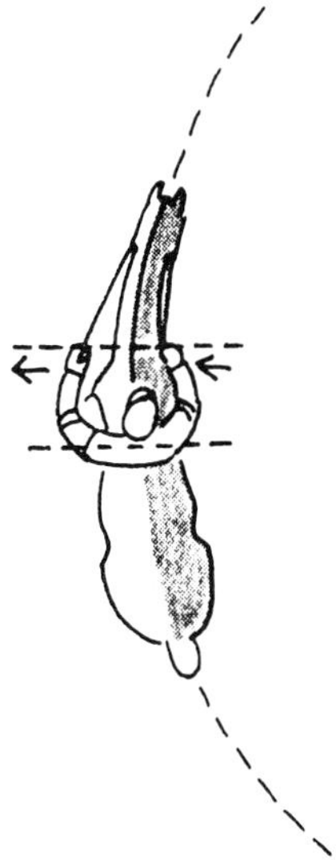

Bild 305. Wenn das Pferd dazu neigt, über die Schulter nach innen zu fallen, wendet man die Zügelhilfen genau entgegengesetzt an, mit gleich viel Gewicht in beiden Händen.

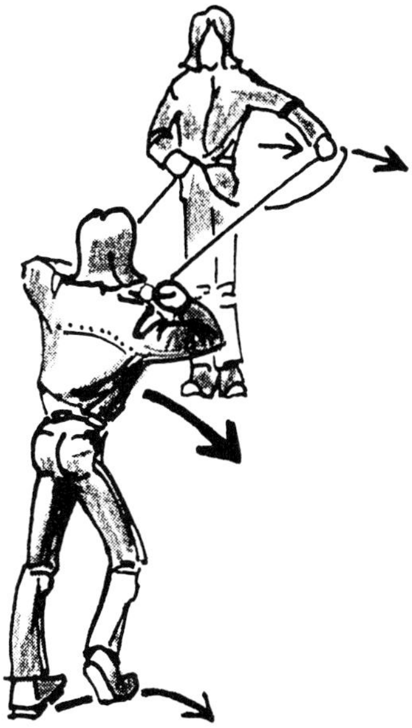

Bild 306. So stellen Sie die Wirkung der sich seitwärts bewegenden Zügelhand fest.

Rechtshänder sind und dadurch vielleicht unbewußt mehr Gewicht in der rechten Hand haben. Dadurch entwickeln sie ein einseitig hartes Pferdemaul, und das Pferd kann nicht mehr gerade gestellt werden. Reiter, die wissen, daß ihre eine Hand härter ist, können sich helfen, indem sie beim Reiten die Daumen kreuzen und so das Gefühl für gleiches Gewicht in beiden Händen bekommen.)

Besonders für ein Springpferd ist diese Art der Zügelhilfen für die Wendung von großer Bedeutung. Sie beeinflußt nicht nur das Maul, sondern auch das Gleichgewicht.

In der Dressur wird der innere Zügel für eine Wendung oder zum Stellen des Halses durch Eindrehen der inneren Hand verkürzt. Es entsteht ein einseitiger Druck auf den Kiefer, wodurch die Gefahr besteht, daß das Pferd sich im Genick verwirft oder über die Schulter nach außen fällt (besonders wenn diese Wirkung noch durch ein Martingal verschärft wird).

Das Verkürzen des inneren Zügels durch leichtes Eindrehen der Faust wirkt nur einseitig rückwärts im Maul, beeinflußt aber nicht die Balance des Pferdes.

In der Spring-Dressur wird das Pferd wie gesagt durch ein Nachaußendrehen der inneren Hand in die Wendung geführt: Der Schwerpunkt des Pferdes verlagert sich. Das Pferd balanciert sich mit Kopf und Hals aus. Wenn Hals und Kopf nach rechts gebogen sind, wird der Schwerpunkt des Pferdes automatisch auf das rechte Vorderbein verlagert. Das Pferd muß nach rechts abwenden, um im Gleichgewicht zu bleiben.

Wie sehr die Balance des Pferdes von der Seitwärtsbewegung der Zügelhand beeinflußt wird, kann man selber ausprobieren: Nehmen Sie ein Trensengebiß in die Hand und bitten Sie irgend jemand, die Zügel mit beiden Händen zu halten. Beide Personen müssen mit geschlossenen Knien und Füßen stehen. Derjenige, der die Zügel hält, macht nun eine Seitwärtsbewegung wie für die Rechtswendung eines jungen Pferdes. Er hält auch mit beiden Zügeln die gleiche Verbindung. — Sie werden es schwer haben, die Balance zu halten, und sind gezwungen, das rechte Bein nach außen zu stellen, da Sie sonst umfielen (siehe Bild 306).

Wie man sieht, wird also weniger das Maul als die Balance beeinflußt, um ein Pferd mit diesen Zügelhilfen zu wenden. Dadurch bleibt das Maul weich und empfindsam. Ein Pferd mit so feinfühlig entwickeltem Maul wird später selbst in Zeitspringen urrd beim Stechen nach Zeit in der Hitze des Gefechtes nie in den Wendungen Schwierigkeiten machen, ausbrechen oder steigen, sondern es wird sicher und willig der natürlichen Verlagerung des Schwerpunktes folgend in die Wendung gehen.

Die halbe Parade

Die halbe Parade ist eine vorbereitende Hilfe. Sie ist das Signal, daß der Reiter irgend etwas Neues vom Pferd verlangen wird.
Die Vorbereitung durch die halbe Parade garantiert einen flüssigen Übergang zur nachfolgenden Aufgabe, da das Pferd nicht durch den plötzlichen Wechsel der reiterlichen Hilfen überfallen wird.
Ich betone die Bedeutung der halben Parade, weil ich aus meinen Unterrichtsstunden weiß, daß viele Reiter eine halbe Parade nur dann für nötig halten, wenn sie von einer Gangart in die nächst niedrigere wechseln.

Bei der halben Parade richtet der Reiter sich vermehrt auf. Sein Schwerpunkt verlagert sich etwas mehr nach hinten. Er spannt das Kreuz vermehrt an und schiebt beide Hüftknochen treibend vor. — Beide Schenkel treiben gleichzeitig vermehrt hinter dem Gurt. Bei jungen Pferden übertreibt man auch hier wiederum: Man verlagert seinen eigenen Schwerpunkt vermehrt nach hinten und treibt beidseitig weiter hinter dem Gurt.
Durch das Zusammenwirken dieser Kreuz- und Schenkelhilfen wird das Pferd von hinten nach vorne in die Hand des Reiters geschoben. Als Resultat bringt das Pferd mehr Gewicht von der Vorhand auf die Hinterhand, ohne dabei Schwung und Rhythmus zu verlieren.
Wenn die halbe Parade richtig ausgeführt wird, fühlt der Reiter, wie das Pferd sich der Verlagerung des reiterlichen Schwerpunktes nach hinten anpaßt. Auch das Pferd verlagert seinen Schwerpunkt, senkt dabei die Hinterhand und wird leichter in der Hand. Das Pferd trägt sich besser, hat durch die Entlastung der Vorhand mehr Schulterfreiheit und läßt sich dadurch leichter wenden.

Bild 307. Die halbe Parade.
Links im Dressursitz: Der Reiter richtet sich vermehrt auf, atmet tief ein, spannt das Kreuz an, die Schenkel treiben etwas weiter hinten am Gurt. Das Pferd wird von hinten an die stehenbleibende (passive) Hand geschoben.
Rechts im leichten Sitz: Durch vermehrtes Sich-Aufrichten verlagert der Reiter seinen Schwerpunkt vermehrt nach hinten (ohne sich hinzusetzen). Der Schenkel treibt vermehrt gegen die passive Hand.

Die gleiche halbe Parade wird später beim Reiten über Hindernisse gegeben. Der Reiter sitzt im leichten Sitz und gibt vor einer Wendung oder wenn das Pferd zu sehr auf die Vorhand kommt, eine halbe Parade: Er richtet sich nur etwas mehr auf, treibt mit dem Schenkel in der Bewegung, ohne sich in den Sattel zu setzen oder die Zügel anzunehmen. Er verlagert dadurch seinen Schwerpunkt etwas mehr nach hinten. Das Pferd — in der Spring-Dressur empfindsam geworden — reagiert augenblicklich mit dem vermehrten Unterspringen der Hinterhand, wird leichter in der Hand, und die Galoppsprünge werden erhabener.

Balance und Gleichgewicht sind die Geheimnisse des gut ausgebildeten Springpferdes. Dem Reiter, der sein Pferd nur durch Verkürzen der Zügel „aufnehmen" kann und dadurch immer zuviel in der Hand hat, entgehen die Feinheiten und somit die Höhepunkte der Springreiterei.

Am Zügel (Dritte Zügelhilfe)

Ich bin immer wieder erstaunt, wie viele Reiter es gibt, die ihr Pferd nicht „an den Zügel" bekommen.

Als erstes möchte ich darauf hinweisen: Es gibt keine „vorgeschriebene" Haltung, in der man jedes Pferd reiten könnte. Es gibt keine Schablone, in die man alle Pferde pressen könnte, da sie ja alle verschiedene Gebäudemerkmale haben. — Ein erfahrener Ausbilder wird jedoch ein Pferd, das Schwierigkeiten mit der Kopfhaltung hat, schulen und ausbalancieren, damit Kopf und Hals so getragen werden, daß der Reiter das Pferd in jeder Lage unter Kontrolle hat.

Zu viele Reiter machen den schwerwiegenden Fehler, sich nur von dem Erscheinungsbild leiten zu lassen:

Geht das Pferd mit zu hoher Kopfhaltung, so drückt es den Rücken weg und läßt die Hinterhand hinten nachschleppen. Versucht der Reiter nun den Kopf mit allen möglichen Hilfsmitteln herunterzubinden, so entsteht der Anschein, als wenn das Pferd am Zügel ginge — aber der Rücken ist immer noch weggedrückt und die Hinterhand ist immer noch nicht unter dem Pferd.

Wieder andere Reiter sorgen sich, weil ihr Pferd mit zu tiefer Kopfhaltung geht. Es ist vielleicht überbaut oder einfach nur zu sehr auf die Vorhand geritten, die Hinterhand ist nicht unter dem Pferd. Werden nun allerhand Instrumente und Gebisse benutzt, um den Kopf des Pferdes hochzuheben, oder werden nur die Hände zu hoch getragen, dann scheint das Pferd zwar „in Haltung" zu gehen — aber es überrollt sich, geht weiter auf der Vorhand, und die Hinterhand ist immer noch nicht untergeschoben. Solche Reiter geben sich einem schweren Selbstbetrug hin und werden eines Tages eine böse Enttäuschung erleben, wenn sie auf die Hilfsmittel verzichten wollen: Das Pferd ist erlöst und freut sich, endlich die verkrampfte Muskulatur strecken zu können, und bohrt mit der Nase vorwärts. — Die Hilfsmittel waren also nur eine Zeitverschwendung, in derselben Zeit hätte man die Muskeln lösen und die richtigen entwickeln können.

Es gibt immer einen Grund für eine zu hohe oder zu niedrige Kopfhaltung. Diesen Grund muß man finden und korrigieren. Manche Pferde haben Maulschwierigkeiten, — aber am häufigsten liegen die Ursachen in einem schlecht entwickelten Rücken, der das Pferd daran hindert, sich richtig auszubalancieren.

Um dem Übel auf den Grund zu gehen, muß man also den Rücken arbeiten und entwickeln, bis er gut bemuskelt und elastisch ist. Die Halshaltung korrigiert sich dann automatisch.

Beim Longieren mit dem Chambon bieten sich die besten Möglichkeiten, den Rücken zu korrigieren: Nach sachgemäßer und regelmäßiger Longenarbeit wird man nach einer längeren Periode beim stillstehenden Pferd gleich hinter dem Sattel zu beiden Seiten des Rückgrats zwei erhabene Muskelstränge fühlen können. Um zu erkennen, wo die Rückenmuskeln des Pferdes entlang-

Bild 308.

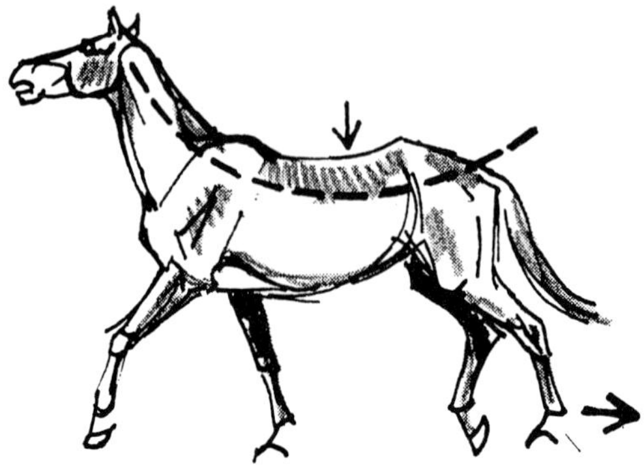

Pferd mit zu hoher Kopfhaltung, weggedrücktem Rücken und nachschleppender Hinterhand.

Das Pferd behält alle diese Merkmale, auch wenn es vorne mit Hilfszügeln „in Haltung" gezogen wird.

Bild 309.

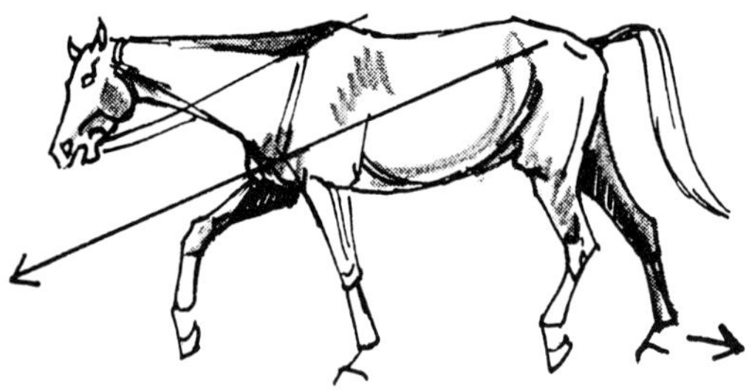

Pferd mit zu tiefer Kopfhaltung, es geht auf der Vorhand, die Hinterhand schleppt nach.

Wird das Pferd vorne „hochgehoben", überrollt es sich und geht weiterhin auf der Vorhand.

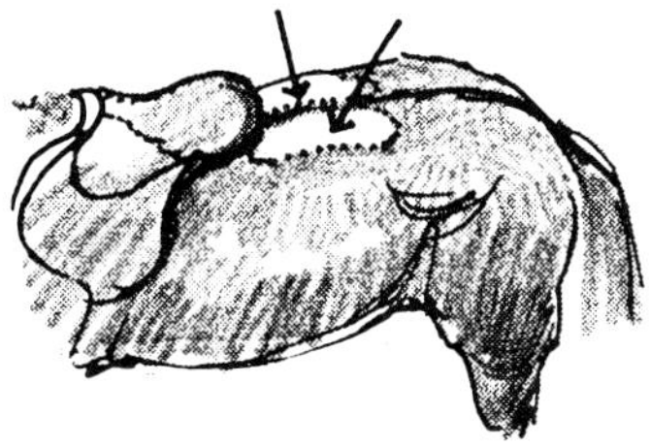

Bild 310. Diese beiden Muskelstränge muß man mit der flachen Hand fühlen können.

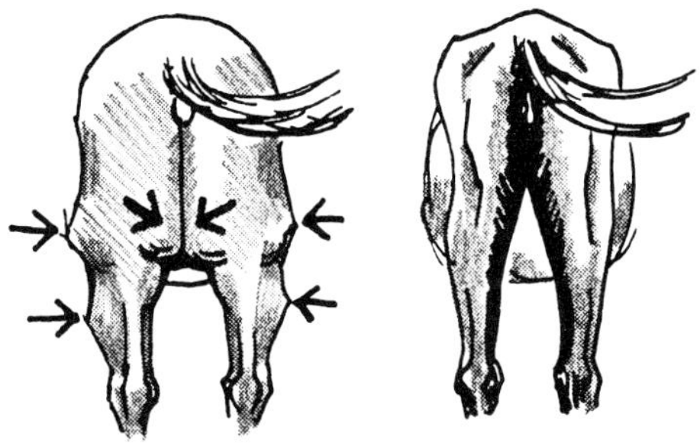

Bild 311. Links: Gut entwickelte Muskulatur der Hinterhand.

Rechts: Hier fehlt jede Bemuskelung.

laufen, kneift man mit den Fingern in die Muskelpartie um den linken Hüftknochen, und der Muskelstrang links neben der Wirbelsäule wird hervortreten (siehe Bild 310).

Durch das Longieren und die Arbeit an der Hand werden die Rückenmuskeln weiterentwickelt. Wenn das Pferd zum Beispiel mit dem linken Hinterbein vermehrt untertritt, wird wiederum der Muskelstrang auf der linken Seite des Rückgrats gefordert. Longieren und Arbeit an der Hand haben den Vorteil, daß sich die Muskelpartien ohne das zusätzliche Gewicht des Reiters besser und schneller entwickeln können.

Gute Kruppenbemuskelung und Behosung der Hinterhand wird gleichzeitig erzielt. Die Behosung soll nicht nur an der Außenseite des Schenkels zu sehen sein, sondern auch an der Innenseite. Wenn man die Schweifrübe hochhebt, sieht man, daß die Muskeln dicht aneinander liegen.

Die durch das Longieren erzielte Bemuskelung unterstützt man beim Reiten, indem man das Pferd viel die Zügel aus der Hand kauen läßt und dabei gut treibt. Dann ist der Rücken aufgewölbt wie eine Brücke, die Sprunggelenke sind zusammen, und die Hinterhand ist gut untergeschoben, das Pferd basculiert.

Ein Pferd, das so in der natürlichen Methode ausgebildet worden ist, hat überhaupt keine Schwierigkeiten, am Zügel zu gehen. Das Pferd ist durch das seitliche Geschmeidigmachen im Hals und im Rükken lose und beweglich geworden; durch das immer wiederkehrende Strecken des Halses mit vermehrtem Untertreten der Hinterhand ist jede Verkrampfung gelöst.

Bild 312. Der Rücken ist aufgewölbt wie eine Brücke, die Hinterhand ist untergeschoben. Ein so ausgebildetes Pferd hat nie Schwierigkeiten, am Zügel zu gehen.

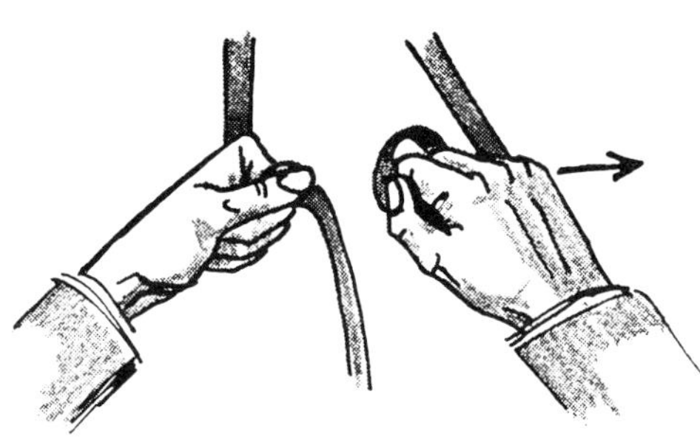

Bild 313. Ein leichtes wechselseitiges Ausdrehen der Handgelenke läßt das Pferd kauen.

Bild. 314. Das Pferd steht mit leichter Anlehnung am Zügel.

Wenn das Pferd in allen drei Gangarten mit tiefer Nase im Gleichgewicht geht, ohne schneller zu werden — dann, und erst dann, stellt man das Pferd an den Zügel (siehe Bild 300).

Hilfen

Man fängt immer erst am Ende der Stunde damit an, das Pferd an den Zügel zu stellen. — Erst belohnt man das Pferd nach jeder Übung mit dem Zügel-aus-der-Hand-Kauen und reitet dabei energisch vorwärts. Man stellt das Pferd mit den gleichen Hilfen an den Zügel, die man während der ganzen Stunde beim Abkauen geübt hat. Nur braucht man jetzt die Hände nicht mehr weit seitlich vom Hals zu führen, ein leichtes wechselseitiges Ausdrehen der Handgelenke sollte genügen, um das Pferd zum Kauen anzuregen. — Anstatt wie bisher die Zügel aus der Hand kauen zu lassen oder das Pferd am langen Zügel zu reiten, öffnet und schließt man jetzt die Hände — etwa so, als ob man einen Schwamm ausdrücken wollte.

Wenn man die Vorübungen korrekt ausgeführt und nichts übereilt hat, wird das

Bild 315. Galopp am Zügel. Unter vermehrtem Treiben läßt man die Zügel aus der Hand kauen. Das Pferd bleibt im Gleichgewicht und galoppiert im gleichen Rhythmus mit hingegebenem Zügel weiter.

Bild 316. Energisches Treiben beim Abkauenlassen. Das Pferd bleibt im Gleichgewicht, ohne schneller zu werden oder den Takt zu verlieren. So ist das Abkauenlassen produktiv und läßt das Pferd danach gelöster und williger wieder am Zügel gehen.

Bild 317. Dieser Reiter läßt sein Pferd abkauen, ohne vermehrt zu treiben. Es verlagert seinen Schwerpunkt vermehrt nach vorne. Das Pferd wird schneller, fällt auseinander, die Hinterhand schleppt nach. So ist das Abkauen ein Schaden, da das Pferd in den Boden geritten wird.

Pferd nach dem Ansetzen zum Abkauen leicht am Zügel stehen, mit leicht schäumendem Maul und mit leichter Anlehnung.
Der höchste Punkt liegt zwischen den Ohren, die Nase wird vor der Senkrechten getragen. Der Hals wird ohne Zwang in harmonischer Kurve aus dem Widerrist heraus frei getragen, ohne in eine Schablone gepreßt zu sein.
Am Anfang gibt man sich damit zufrieden, daß das junge Pferd am Ende der Stunde auf das Öffnen und Schließen der Hand hin am Zügel steht (bei einem Übergang vom Schritt zum Halten). — Wenn das Pferd das gelöst und weich tut, reitet man „in Haltung“ oder „am Zügel“ an und läßt das Pferd erst nach einigen Schritten abkauen. Über Wochen hin verlängert man diese Reprisen des Am-Zügel-Gehens. Nach längerer Zeit kann das Pferd am Ende der Stunde in allen drei Gangarten gelöst für eine kurze Zeit am Zügel gehen.
Man muß jedoch auch hier immer wieder Geduld haben. Man darf nie zu früh damit anfangen, das Pferd an den Zügel zu stellen. Zum Beispiel darf man nicht damit anfangen, wenn das Pferd im Hals noch nicht genug geschmeidig ist — was man sehr leicht beim seitlichen Biegen des Halses feststellen kann. Das Pferd darf auch nicht zu lange am Zügel gehen: Die einzelnen Reprisen müssen Schritt für Schritt verlängert werden. — Beim Training kann man manchmal Reiter beobachten, die ihr Pferd traben und traben und traben. Sie warten darauf, daß das Pferd endlich nachgibt und sich entkrampft. Das Gegenteil wird jedoch erreicht. — Kurze Reprisen mit Abkauen bei energischem Vorwärtsreiten und erneutem An-den-Zügel-Stellen sind der richtige Weg, ein Pferd einfach und gelöst an den Zügel zu bekommen.
Aber nicht nur am Anfang des Trainings soll man das Pferd immer wieder unter vermehrtem Treiben abkauen lassen. In der Spring-Dressur lassen wir es nach jeder Übung am Zügel, nach einer Wendung auf der Hinterhand, dem Rückwärtsrichten, allen Aufgaben auf zwei Hufschlägen, nach allen Übergängen, immer wieder die Nase vorwärts-abwärts strecken. Jederzeit, wenn der Reiter es verlangt, muß sich das Pferd willig und vertrauensvoll abwärtsstrecken. Nur wenn das Pferd das kann, hat es einen Sinn, das Pferd an den Zügel zu stellen.
Wenn das Pferd sich mit fortschreitender Ausbildung nicht mehr willig nach vorne-unten streckt, hat man etwas falsch gemacht — das Pferd hat sich verkrampft. Man wird nicht verhindern können, daß es sich überrollt und hinter die Zügel verkriecht.
Verkrampfung ist das Schlimmste, was mit einem Springpferd passieren kann, denn nur ein losgelassenes Pferd kann sein Bestes leisten. Wir sprechen hier von Spring-Dressur. Dressur ist für ein Springpferd nur dann wertvoll, wenn sie einen kontrollierten Vorwärtsdrang entwickelt. Deshalb ist das Treiben beim Abkauenlassen so wichtig: Treibt man nicht dabei, kommt das Pferd auf die Vorhand. Ein Pferd kann aber mit tiefer Nase im Gleichgewicht gehen, etwas, was viele Reiter nicht einsehen, weil sie beim Abkauenlassen nicht genug treiben.

Die Vorhandwendung

Diese Übung hat für die Ausbildung eines Springpferdes nur dann einen Sinn, wenn sie Schritt für Schritt „um“ die Vorhand ausgeführt wird und nicht „auf“ der Vorhand.
Bei der Wendung „auf“ der Vorhand bleibt das innere Vorderbein auf der Stelle stehen und dreht sich dabei, was sehr schädlich für Sehnen und Bänder ist. Außerdem besteht die große Gefahr, daß das Pferd sich die Hinterbeine anschlägt und verletzt, da die Vorwärtsbewegung fehlt. Auch kann es passieren, daß das innere Hinterbein hinter dem äußeren Hinterbein kreuzt, was natürlich völlig falsch ist.
Bei der Wendung „um“ die Vorhand beschreibt die Vorhand einen kleinen Kreis, was wesentlich leichter für Schulter und Vorderbeine ist. Die Übung soll nie auf dem Hufschlag, sondern auf dem zweiten

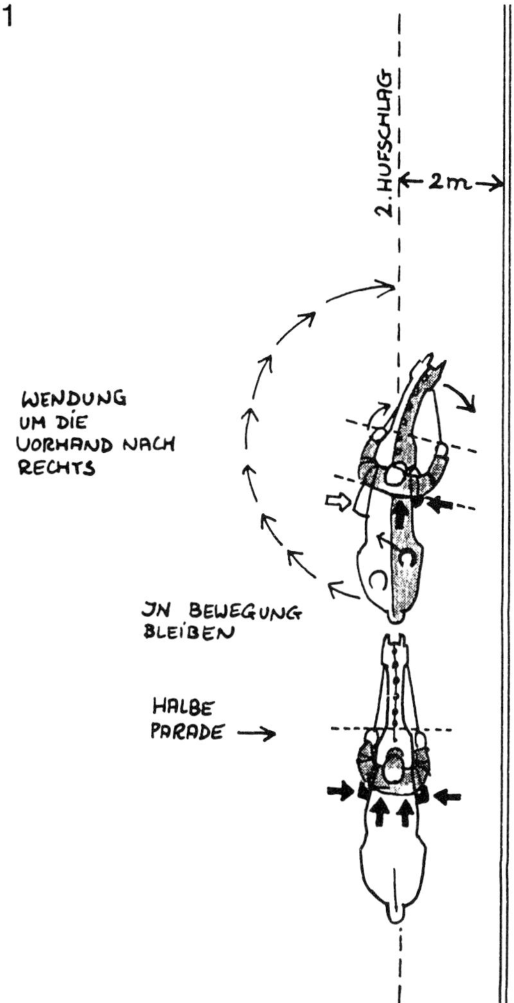

Bild 318. Wendung um die Vorhand nach rechts.

Hufschlag (Abstand etwa zwei Meter) ausgeführt werden, da sich das Pferd sonst den Kopf stoßen und zum fehlerhaften Rückwärtstreten veranlaßt würde. Da die Wendung um die Vorhand ohne Halten aus der Vorwärtsbewegung heraus ausgeführt wird, ist sie von produktivem Wert. Sie fördert nicht nur den Schenkelgehorsam des Pferdes, sondern auch seine Längsbiegung, und zwingt das Pferd zum vermehrten Untertreten der inneren Hinterhand.

Der Wendung geht immer eine halbe Parade voraus. Die Wendung wird nur im Schritt ausgeführt.

Die Hilfen

Wie ich schon bei den Wendungen angedeutet habe, bedient man sich bei einem jungen Pferd anderer Schenkelhilfen als bei einem gerittenen Pferd, nämlich vorbereitender Hilfen, die dem Pferd die Wirkung und Reaktion der korrekten Hilfen erklären sollen. Das hört sich vielleicht eigenartig an, ist aber leicht zu verstehen:

Die Schenkelhilfen für die Vorhandwendung „nach dem Buch" sind folgende: Der innere Schenkel (der an der Bande) treibt am Gurt, der andere liegt verwahrend hinter dem Gurt. Das Pferd ist um den inneren Schenkel gebogen. Diese korrekten fortgeschrittenen Hilfen würden bei der Ausbildung eines jungen Pferdes nur Verwirrung stiften und das Pferd verleiten, schneller zu werden und damit mehr auf die Hand zu gehen. In diesem frühen Stadium des Trainings kann das Pferd noch nicht längsgebogen um die Vorhand wenden. Das Wichtigste ist vorerst einmal, daß das Pferd überhaupt lernt, mit der Hinterhand um die Vorhand zu wenden.

Vorschriften sind tot, wenn man sie nicht richtig auszulegen weiß. Vorerst begnügt man sich also damit, daß das Pferd die Hinterhand nur seitwärts auf einer Kreislinie herumführt, ohne in sich längsgebogen zu sein. Dazu legt man den inneren Schenkel hinter den Gurt.

Bei empfindsamen Pferden muß man schon nach einigen Versuchen den äußeren Schenkel weiter zurücklegen als den inneren, weil sie sonst zu schnell herumtreten würden.

Bei einem anderen jungen Pferd muß man den inneren Schenkel nicht nur weit hinter dem Gurt gebrauchen, sondern ihn auch noch gut mit der Dressurgerte unterstützen, damit die Hinterhand herumtritt.

Wie man sieht, gibt es kein Patentrezept, nach dem man alle Pferde gleichmäßig unterrichten könnte. Ich werde bei dieser und

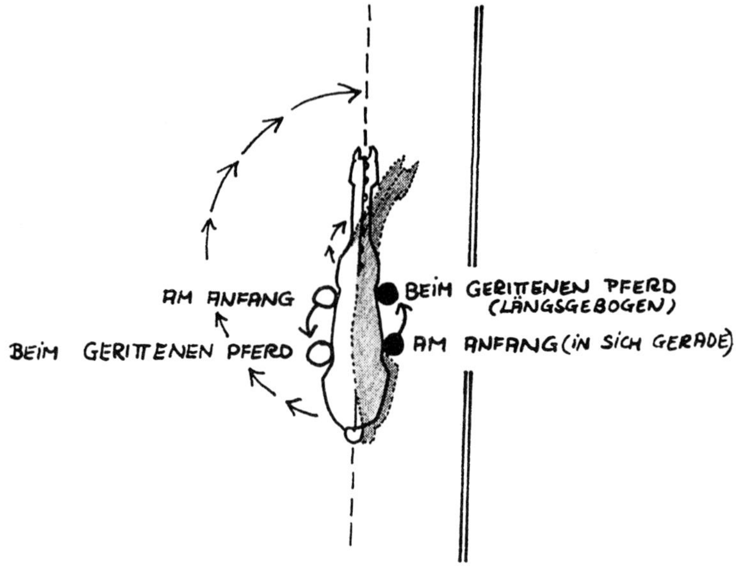

Bild 319. Hilfen zur Vorhandwendung beim jungen und beim gerittenen Pferd.

allen folgenden Übungen immer zwei Hilfengebungen nennen: eine für junge Pferde zum Unterrichten und zweitens die korrekte Hilfengebung für ein gerittenes Pferd. Wie schnell und zu welchem Zeitpunkt man nun von der ersten langsam zur zweiten übergeht, muß jeder Reiter selbst herausfühlen, da das von der Empfindsamkeit und Gelehrigkeit des Pferdes abhängt. Die Hilfen für die Wendung um die Vorhand nach rechts sind folgende (die Wendung wird immer nach der Richtung genannt, nach der der Pferdekopf sich dreht. Die Hinterhand bewegt sich in entgegengesetzter Richtung) :
Der Reiter schaut nach rechts, nimmt die

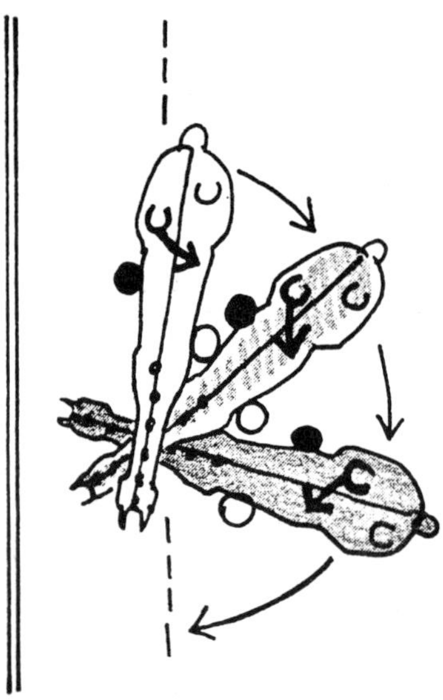

Bild 320. Schenkelhilfen beim jungen Pferd (ohne Längsbiegung).

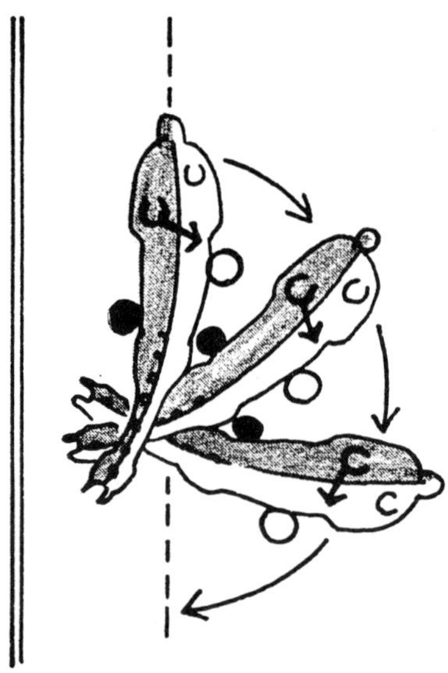

Bild 321. Schenkelhilfen beim gerittenen Pferd (mit Längsbiegung).

rechte Schulter etwas zurück, der rechte Hüftknochen wird treibend vorgeschoben und vermehrt belastet.

a) Schenkelhilfen beim jungen Pferd:
Der rechte Schenkel treibt vermehrt hinter dem Gurt und schiebt die Hinterhand seitwärts nach links. Bei Bedarf verstärkt man diese Hilfe mit der Gerte direkt hinter dem Schenkel. Der linke Schenkel liegt verwahrend an und sorgt dafür, daß das Pferd nicht zu eilig wendet. Das Pferd ist noch in sich gerade.

b) Schenkelhilfen beim gerittenen Pferd:
Der rechte Schenkel treibt am Gurt, der linke liegt verwahrend hinter dem Gurt, das Pferd ist in seiner ganzen Länge um den inneren, rechten Schenkel gebogen. Die Seitwärtsbewegung der Hinterhand erfolgt lediglich auf die Gewichtsverlagerung des Reiters hin.

Zügelhilfen:
Beide Zügel stehen gleichmäßig an. Der rechte bewegt sich etwas seitwärts vom Pferdehals weg (später genügt ein Ausdrehen des Handgelenkes nach rechts), der linke Zügel liegt begrenzend am Hals.
Bei der Wendung um die Vorhand wird das innere Hinterbein vermehrt untergeschoben und zum Tragen veranlaßt, indem es das linke Hinterbein vorwärts-seitwärts kreuzt. — Man nutzt dieses einseitige Unterschieben der Hinterhand aus, indem man das Pferd daraus fleißig nach vorwärts gehen läßt.
Je nach Ausbildungsstand des Pferdes und nach seiner momentanen Verfassung wendet man bei diesem erneuten Anreiten die erste Zügelhilfe (Zügel aus der Hand kauen), die zweite (am langen Zügel) oder die dritte Zügelhilfe an (am Zügel).

Auswertung der Vorhandwendung

Mit der Wendung um die Vorhand kann man auch ein junges Pferd schon zu einem gewissen Grad des Unterschiebens der Hin-

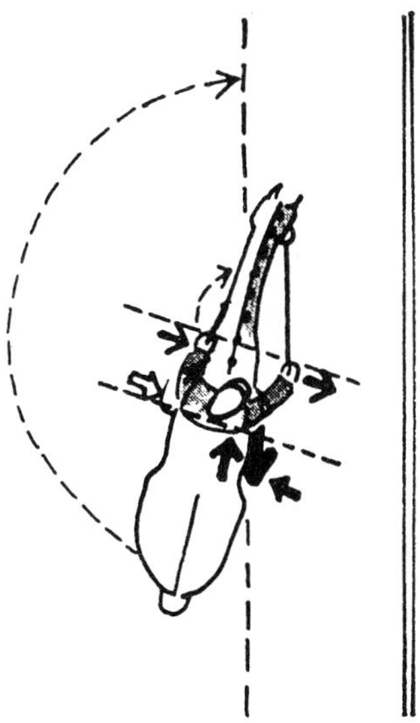

Bild 322. Zügelhilfen bei der Wendung um die Vorhand beim jungen Pferd.

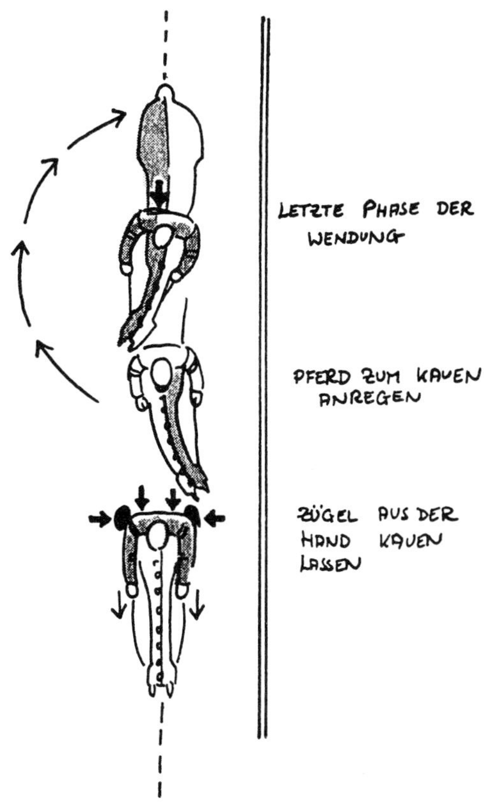

Bild 323. Nach der Wendung um die Vorhand ohne zu halten energisch mit Kreuz und Schenkeln vorwärtsreiten, dabei Zügel aus der Hand kauen lassen.

terhand bringen — ohne dabei vermehrt gegenhalten zu müssen: Man nutzt das einseitige vermehrte Unterschieben der Hinterhand zum Angaloppieren aus. Zum Beispiel bei der Vorhandwendung nach rechts ist das rechte Hinterbein vermehrt untergeschoben, eine ideale Ausgangsposition für den Linksgalopp, denn beim Angaloppieren im Linksgalopp trägt das Pferd sein ganzes Gewicht für den Bruchteil einer Sekunde auf dem rechten Hinterbein. Die Hilfen für die Vorhandwendung sind, einschließlich der Schenkelhilfen für junge Pferde, schon die richtigen für den Linksgalopp, nur daß der innere Schenkel vermehrt treibt. Dadurch, daß das Pferd nach rechts gestellt ist und auch der Reiter seinen Schwerpunkt nach rechts verlagert hat, hat das Pferd genügend Schulterfreiheit, um mit der linken Vorhand weit vorzugreifen. Dies ist besonders bei jungen Pferden sehr einladend zum Angaloppieren.

Man reitet auf der rechten Hand im Schritt auf einem Zirkel von 20 Meter Durchmesser. Man gibt eine halbe Parade und läßt das Pferd auf dem Zirkel vier bis fünf Tritte „schulterhereinartig“ gehen, das heißt, man schwingt die Hinterhand etwas nach außen, so daß das rechte Hinterbein vermehrt untertritt und das äußere Hinterbein kreuzt. Daraus geht man flüssig in die Vorhandwendung nach rechts über, nach der Wendung galoppiert man links an. — Wichtig ist, daß das Ganze flüssig geschieht und in der Vorwärtsbewegung.

Der Reiter wird fühlen, wie das junge Pferd sich in den ersten Galoppsprüngen nach dem Angaloppieren selber trägt und auf der Hinterhand galoppiert; es hat seinen Schwerpunkt nach hinten verlagert. Zu diesem verhältnismäßig frühen Zeitpunkt der Ausbildung kann man spüren, wie das Pferd nach vier bis fünf Galoppsprüngen nicht mehr länger in dieser Selbsthaltung mit untergeschobener Hinterhand galoppieren kann. Es verlagert dann seinen Schwerpunkt wieder mehr auf die Vorhand. Es wäre völlig verfehlt, nun weiter zu galoppieren und das Pferd womöglich durch vermehrtes Aufnehmen in der Balance der ersten paar Galoppsprünge halten zu wollen.

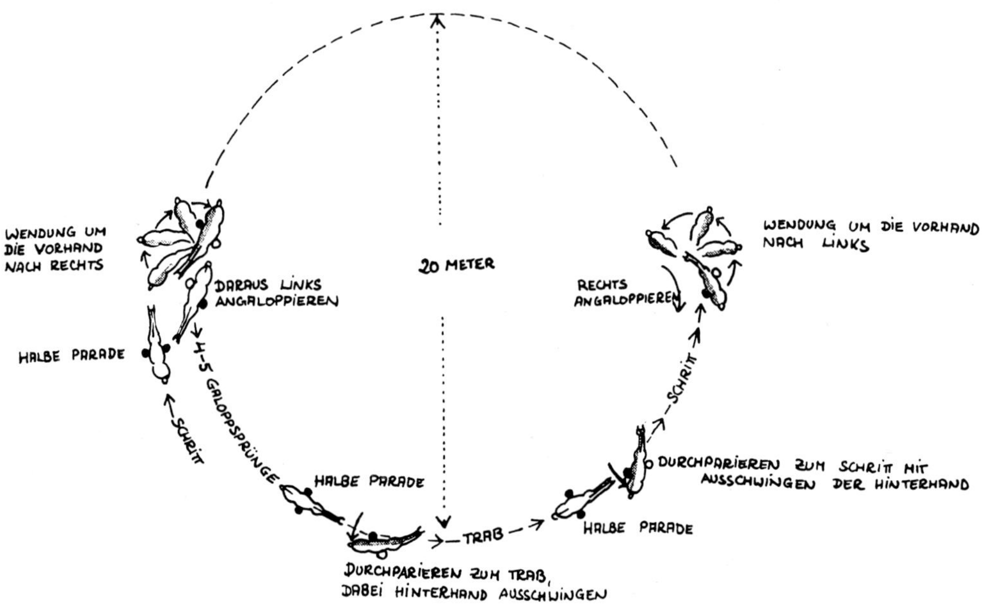

Bild 324. Auswertung der Vorhandwendung.

Mit fortschreitender Ausbildung wird das Pferd mehr Muskeln entwickeln, die es ihm möglich machen, ein paar Galoppsprünge mehr in Balance zu galoppieren, ehe es auf die Vorhand kommt. Nach und nach — Geduld ist auch hier die Parole — kann man die Galoppreprisen um einige Sprünge verlängern. Aber nie darf man den Punkt überschreiten, an dem das Pferd die selbsttragende Haltung nicht mehr aufrechterhalten kann. Jedes Aufrichten mit der Hand und dergleichen wäre für ein Springpferd verheerend.

Am Anfang bereitet man deshalb das Pferd nach vier bis fünf Galoppsprüngen mit einer halben Parade darauf vor, daß man es zum Trab durchparieren will.

Beim Übergang zum Trab schwingt man die Hinterhand wieder für ein paar Tritte nach außen, in einer Andeutung von Schulterherein (den eigenen Schwerpunkt nach hinten verlagern, also nicht vergessen, sich dabei vermehrt aufzurichten).

Man sitzt etwa sechs Trabtritte aus und gibt dann wieder eine halbe Parade und pariert zum Schritt durch. Dabei schwingt man wieder die Hinterhand nach außen. Dann reitet man im fleißigen Schritt und läßt die Zügel aus der Hand kauen.

Diese ganze Übung wiederholt man nun auf der anderen Hand: Man nimmt die Zügel wieder auf, schwingt die Hinterhand für ein paar Tritte nach außen, geht daraus in die Wendung um die Vorhand nach links über. Nach der Wendung geht man flüssig in den Rechtsgalopp über und so weiter.

Am Anfang genügt es, wenn man den Zirkel zweimal auf der linken und zweimal auf der rechten Hand reitet, natürlich mit einer Unterbrechung am hingegebenen Zügel im fleißigen Schritt.

Wichtig ist, daß der Reiter bei allen Übergängen seinen eigenen Schwerpunkt nach hinten verlagert, beim jungen Pferd übertrieben, und mit Gesäß und Schenkeln dabei gut treibt. Das Pferd steht während der ganzen Übung am Zügel, während der Übergänge und nach den Übergängen muß es vorwärts gehen. — Wenn man diesen wichtigen Punkt verschlampt und die Übergänge schlapp und am langen Zügel reitet — dann hat die Übung keinen Sinn, und das Pferd würde nur auf die Vorhand kommen.

Schenkelweichen

Sobald das junge Pferd den Unterschied zwischen den beiden Schenkelhilfen verstanden hat — der am Gurt vorwärtstreibenden und der hinter dem Gurt seitwärtstreibenden Schenkelhilfe — und wenn es so gehorsam ist, daß es bei Übergängen und dergleichen jederzeit die Hinterhand auf Wunsch in die Bahn schwingt, dann sollte man mit dem jungen Pferd das Training auf zwei Hufschlägen beginnen, am Anfang natürlich nur ein paar Tritte im Schritt. Es bringt Balance und Bewegung des Pferdes in Harmonie, das Pferd geht schwungvoll und ist durch die Längsbiegung in allen Gelenken gelöst; die Bewegungsfreiheit der Schulter wird erweitert.

Die erste Arbeit auf zwei Hufschlägen ist das Schenkelweichen. Da das Pferd dabei gegen die Wand oder Bande gestellt ist, wird es nicht versuchen, schneller zu werden und mehr gegen die Hand zu gehen. (Machen Sie nicht den Fehler, mit Schulterherein anzufangen; dabei ist das Pferd mit dem Kopf zur Bahnmitte hin gestellt und würde versuchen, der Längsbiegung durch Schnellerwerden auszuweichen.)

Das junge Pferd dürfte beim Schenkelweichen eigentlich keine Schwierigkeiten machen, da es diesen Seitengang schon an der Hand gelernt hat. Die Seitwärtsbewegung ist ihm also bekannt, und es hat die entsprechende Muskulatur ausgebildet.

Am Anfang wird man sich damit zufriedengeben, daß das junge Pferd überhaupt die Hinterhand abstellt und auf zwei Hufschlägen vorwärts-seitwärts geht. Man erreicht dies, indem man Schenkelhilfen benutzt, die dem Pferd verständlich machen, was man von ihm will. Man verzichtet also vorerst auf die Längsbiegung, denn die Hilfen, die das Pferd in seiner ganzen Länge um den inneren Schenkel biegen, würden das Pferd in diesem frühen Stadium der Ausbildung nur dazu veranlassen, schneller zu werden, nicht aber die Hinterhand abzustellen und auf zwei Hufschlägen zu gehen. Deshalb läßt man das Pferd vorerst nur auf zwei Hufschlägen gehen; wenn ihm dies selbstverständlich geworden ist, verändert man die Schenkellage nach und nach, bis man bei der normalen Schenkellage angekommen

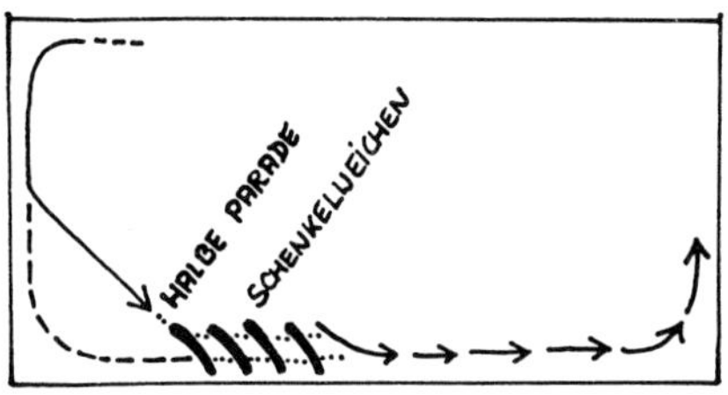

Bild 325.

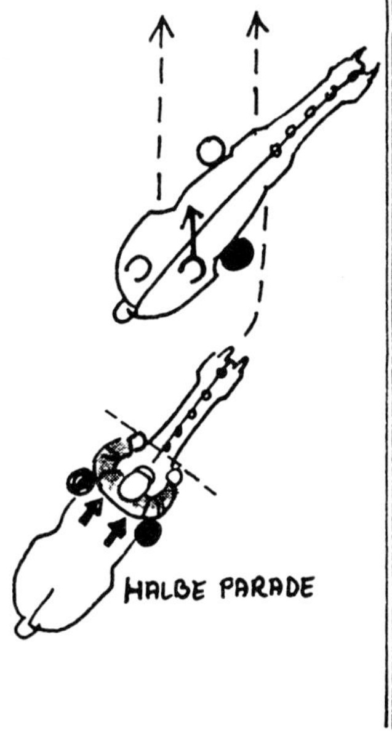

Bild 326. Schenkelhilfe für junge Pferde: Das Pferd geht ohne Längsbiegung nur seitwärts.

ist, die das Pferd dann mit Längsbiegung auf zwei Hufschlägen gehen läßt.
Man beginnt die Übung unter dem Reiter am besten folgendermaßen: Man reitet auf der linken Hand und schneidet, aus der kurzen Seite kommend, die Ecke ab und reitet auf die lange Seite zu. Ungefähr eine Pferdelänge, bevor man den Hufschlag erreicht, bereitet man das Pferd durch eine halbe Parade vor.
Sobald das Pferd mit der Vorhand den Hufschlag betritt, gibt der Reiter die Hilfen, durch die das Pferd auf zwei Hufschlägen geht:

Hilfen

Der Reiter schaut nach rechts und hat die rechte Schulter etwas zurückgenommen; das rechte Gesäß wird vermehrt belastet.

a) Schenkelhilfen für junge Pferde:
Der rechte Schenkel treibt stark hinter dem Gurt, um die Hinterhand vom Hufschlag zu halten. Der linke Schenkel liegt am Gurt, um die flüssige Vorwärtsbewegung aufrechtzuerhalten.

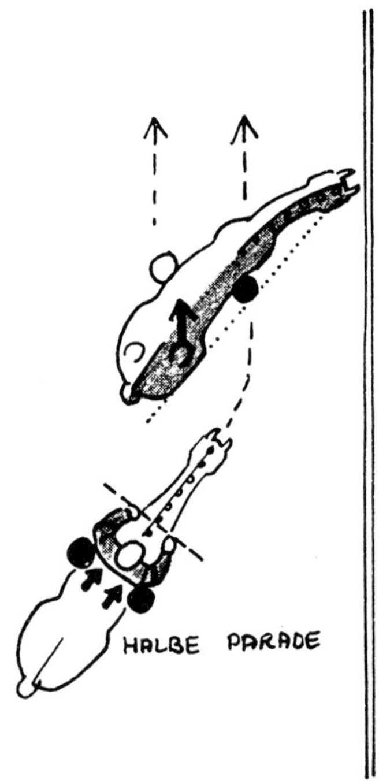

Bild 327. Fortgeschrittene Schenkelhilfen: Das Pferd geht längsgebogen seitwärts.

b) Schenkelhilfen für gerittene Pferde:
Je nach der Empfindsamkeit des Pferdes geht man nach und nach dazu über, daß der rechte Schenkel am Gurt treibt und der linke Schenkel hinter dem Gurt liegt, um den Grad der Abstellung zu kontrollieren. Das Pferd geht dann nicht nur auf zwei Hufschlägen, sondern ist auch in seiner ganzen Länge um den rechten Schenkel gebogen, das rechte Auge und die rechte Hüfte liegen auf einer Geraden. Niemals darf der Hals mehr gebogen sein als der übrige Körper, wie man es manchmal bei Pferden sieht, denen die Längsbiegung zu früh abgefragt wird und die wohl im Hals, aber nicht im Rücken elastisch genug sind.

Zügelhilfen:
Die rechte Hand bewegt sich ein wenig seitwärts vom Hals weg, wodurch das Pferd im Hals leicht nach rechts gestellt ist. Gleichzeitig liegt der linke Zügel leicht am Hals an. Mit beiden Zügeln muß die gleiche Anlehnung gehalten werden, um ein Ausfallen über die Schulter zu verhindern.
Man muß darauf achten, daß in jedem Fall — mit oder ohne Längsbiegung — Schwung und Rhythmus erhalten bleiben und das rechte Vorder- und Hinterbein gleichmäßig vor dem linken Vorder- und Hinterbein übertreten.
Nach vier bis sechs Seitwärtstritten richtet man das Pferd wieder gerade und wendet je nach Ausbildungsstand die erste Zügelhilfe (Zügel aus der Hand kauen lassen), die zweite (am langen Zügel) oder die dritte Zügelhilfe an (am Zügel).
Das Schenkelweichen ist die Grundlage für alle Übungen auf zwei Hufschlägen. Man übt es gleichmäßig auf beiden Händen. Die Gelegenheit, ein Hinterbein, das innere, durch vermehrtes Unterschieben geschmeidig zu machen, kann einem beim Korrigieren eines älteren Pferdes sehr zugute kommen. Wenn ein Pferd zum Beispiel Schwierigkeiten hat, links anzugaloppieren, ist sein rechtes Hinterbein steif. Mit diesem Pferd sollte man viel Schenkelweichen auf der linken Hand machen, um das steife

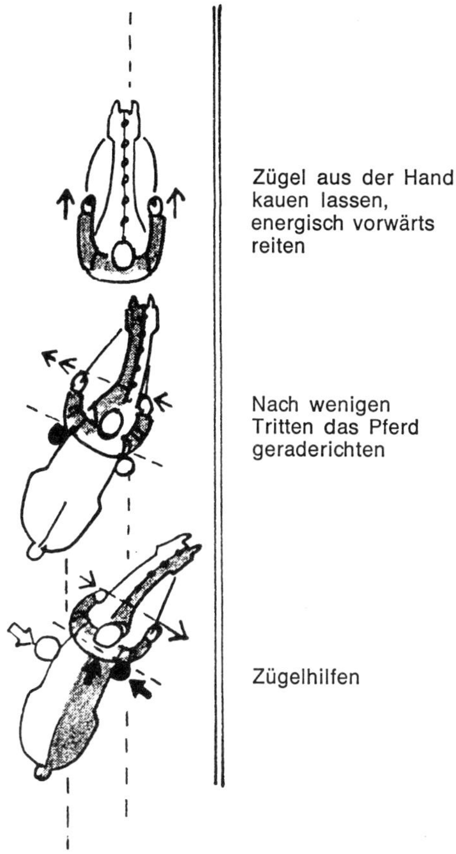

Bild 328.

rechte Hinterbein elastisch zu machen und zum Tragen zu veranlassen.

Schenkelweichen ohne Bande (Passade)

Wenn das Pferd beim Schenkelweichen an der Bande ohne jede Schwierigkeiten gearbeitet hat, kann man einen weiteren Schritt tun und als Vorbereitung auf Schulterherein folgende Übung machen:
Wenn man zum Beispiel auf der linken Hand reitet, schneidet man wieder, von der kurzen Seite kommend, die Ecke ab, das heißt, man biegt ungefähr auf der Mitte der kurzen Seite ab, in Richtung lange Seite.
Eine Pferdelänge nach dem Abwenden gibt man eine halbe Parade und läßt das Pferd in einer Passade zurück zum Hufschlag gehen.

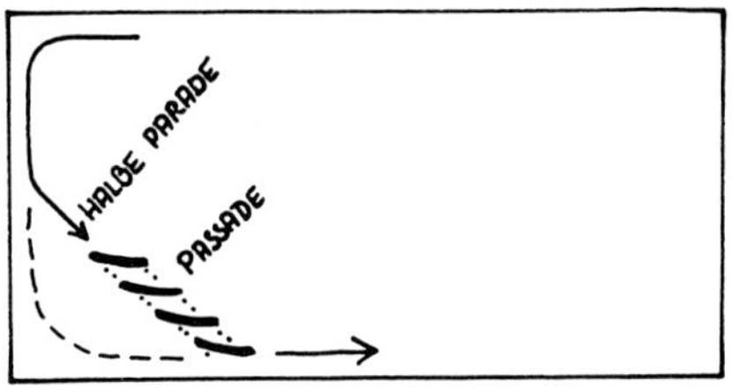

Bild 329.

Hilfen

Der Reiter sieht nach links, bringt die linke Schulter etwas zurück, belastet die linke Gesäßhälfte mehr und treibt gleichzeitig.

a) Schenkelhilfen für junge Pferde:
Der linke Schenkel treibt kräftig hinter dem Gurt, um das Pferd seitwärts zum Hufschlag gehen zu lassen. Der rechte Schenkel unterstützt den linken und sorgt für flüssige Vorwärtsbewegung. Das Pferd geht vorerst nur seitwärts und ist noch in sich gerade.

b) Schenkelhilfen für gerittene Pferde:
Nach und nach, entsprechend dem Gerittensein des Pferdes, geht man dazu über, daß der linke Schenkel am Gurt treibt und der rechte verwahrend hinter dem Gurt liegt. Das Pferd ist dann in seiner ganzen Länge um den inneren, linken Schenkel gebogen.

Zügelhilfen
Die linke Hand geht etwas seitwärts weg vom Hals, die rechte lehnt gegen den Hals, mit beiden Zügeln hält man die gleiche Anlehnung. Später genügt ein leichtes Ausdrehen des linken Handgelenkes.
Man muß darauf achten, daß die Vorhand immer „vor" der Hinterhand her geht, das rechte Vorderbein muß als erstes den Hufschlag betreten. Wenn das rechte Vorderbein gleichzeitig mit dem rechten Hinter-

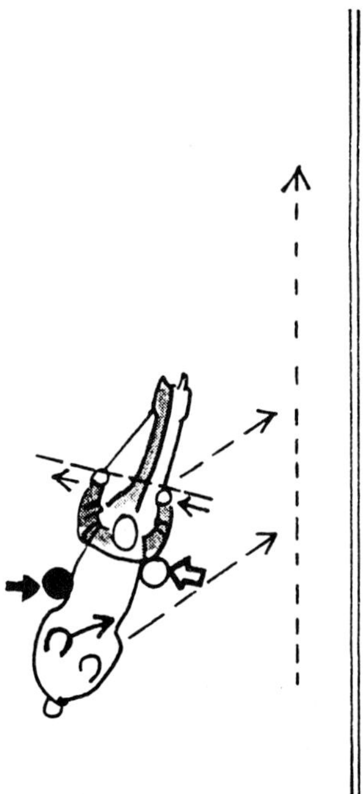

Bild 330. Zügel- und Schenkelhilfen beim jungen Pferd: Es geht vorerst nur seitwärts, ohne Längsbiegung.

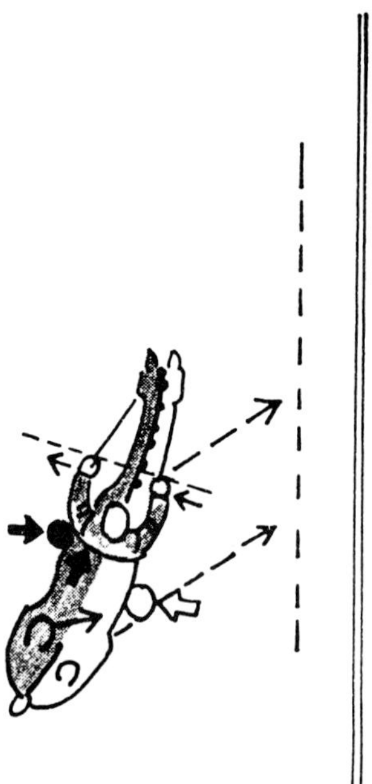

Bild 331. Zügel- und Schenkelhilfen beim gerittenen Pferd: Es geht längsgebogen seitwärts.

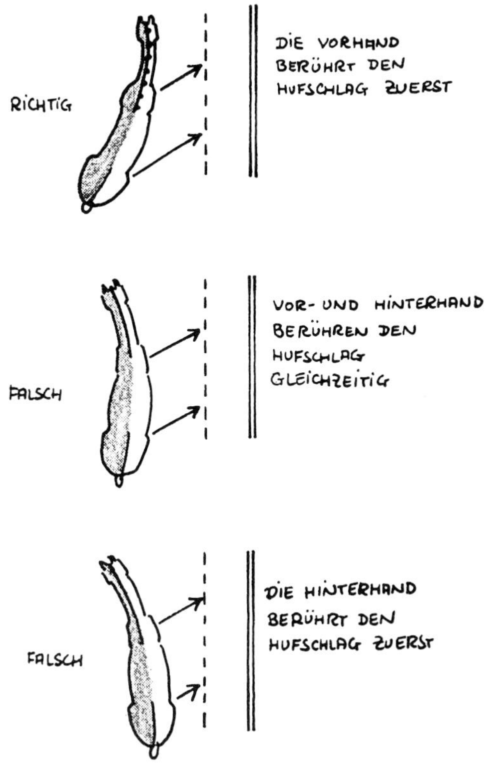

Bild 332.

bein den Hufschlag berührt, dann war das Pferd nicht längsgebogen, und außerdem ist die Hinterhand zu voreilig gewesen. Hier muß der rechte Schenkel hinter dem Gurt liegen und die Hinterhand zurückhalten.
Wenn die Hinterhand zuerst den Hufschlag betritt, dann ist das ein Zeichen, daß die Hinterhand vor der Vorhand hergelaufen ist. Jeder Vorwärtsdrang geht dadurch verloren, ebenso der ganze Sinn der Übung.
Korrekt ist, wie gesagt, wenn die Vorhand zuerst auf dem Hufschlag ankommt und das linke Vorder- und Hinterbein gleichmäßig schwung- und taktvoll in der Vorwärtsbewegung vor dem rechten Vorder- und Hinterbein übertritt. Pferd und Reiter sehen nach links, im fortgeschrittenen Stadium ist das linke Auge des Pferdes auf einer Geraden mit der linken Hüfte.
Sobald das Pferd den Hufschlag erreicht hat, gebraucht man je nach dem Ausbildungsstand des Pferdes die erste Zügelhilfe (Zügel aus der Hand kauen), die zweite (am langen Zügel) oder die dritte Zügelhilfe (am Zügel).

Wendung um die Hinterhand

Die Hinterhandwendung veranlaßt das Pferd zu einem höheren Grad der Versammlung. Das Pferd bewegt sich mit der Vorhand im Kreis um die Hinterhand herum, die ihrerseits einen kleinen Kreis beschreibt, den man wiederum mit zunehmender Rittigkeit des Pferdes immer kleiner werden lassen kann.
Am Anfang läßt man das Pferd nur eine Viertelwendung machen. Später erweitert man sie zu einer halben Wendung, und mit fortschreitendem Training läßt man das Pferd eine ganze Wendung von 360 Grad machen, als Grundlage zur Pirouette.
Die korrekt ausgeführte Hinterhandwendung ist für ein Springpferd von größter Bedeutung: Im Parcours hilft sie kostbare Sekunden sparen. Wichtig ist allerdings, daß sie korrekt im Gleichgewicht mit untergeschobener Hinterhand ausgeführt wird, und zwar auf die Gewichtsverlagerung und Schenkelhilfe hin, ohne wildes Herumreißen mit den Zügeln.
Jetzt zu Anfang der Ausbildung übt man nur eine Viertelwendung um die Hinterhand und führt sie nur im Schritt in der Bewegung aus.

Hilfen

Man reitet zum Beispiel auf der linken Hand. Der Reiter bereitet sein Pferd mit einer halben Parade zu erhöhter Aufmerksamkeit vor. Während der halben Parade zählt man die Tritte und achtet darauf, welches Vorderbein auffußt. Man zählt mit dem Auffußen der Vorderbeine mit: rechts, links, rechts, links, rechts, links, und so weiter.
Dies ist nötig, denn man kann die Wendung nur dann beginnen, wenn, jetzt auf der linken Hand, das Pferd vorne links

aufgefußt hat und nun das rechte Vorderbein aufhebt, mit dem es vor dem linken Vorderbein vorbeitreten soll.
Wenn der Reiter die Tritte nicht mitzählt oder mitfühlt und die Wendung beginnt, wenn das rechte Vorderbein am Boden ist, besteht die Gefahr, daß das Pferd aus dem Takt kommt, mit dem rechten Vorderbein gegen das linke streicht oder sogar hinter dem linken Vorderbein übertritt. Ein schwerer Fehler, weil jede Vorwärtsbewegung erstarrt.

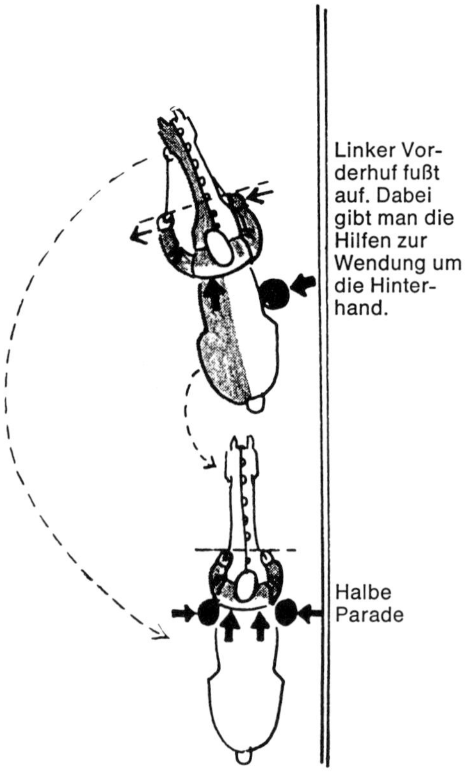

Bild 333.

Während der halben Parade sieht der Reiter nach links, die linke Schulter etwas zurückgenommen, und richtet sich vermehrt auf. Er verlagert dadurch seinen Schwerpunkt nach hinten. Der linke Gesäßknochen wird vermehrt belastet, die linke Hüfte wird treibend vorgedrückt.
Schenkelhilfen sind bei dieser Übung für junge Pferde die gleichen wie für gerittene Pferde: Der rechte Schenkel treibt stark hinter dem Gurt, unterstützt von dem linken Schenkel am Gurt, der verhindern soll, daß das Pferd rückwärts tritt.

Zügelhilfen
Die linke Hand bewegt sich etwas seitwärts weg vom Hals, in die Wendung führend, wodurch das Pferd im Hals nach links gestellt wird. Der rechte Zügel lehnt gleichzeitig gegen den Hals, auf beiden Zügeln hält man die gleiche Anlehnung. Weil das Pferd auch im Hals links gestellt ist, belastet es logischerweise das linke Vorderbein vermehrt. Dadurch fällt es dem Pferd leichter, die rechte Schulter und das rechte Vorderbein frei zu bewegen.
Bei jungen Pferden übertreibt man die Verlagerung des eigenen Schwerpunktes auf das innere Hinterbein des Pferdes. Das Pferd wird dadurch veranlaßt, seinen Schwerpunkt dem des Reiters anzugleichen. Man richtet sich also vermehrt auf und belastet übertrieben den inneren Gesäßknochen.
Je mehr man das Pferd mit dem Gewicht beeinflußt, desto weniger gebraucht man die Schenkel- und Zügelhilfen. Ein Springpferd muß lernen, sich jederzeit der Gewichtsverlagerung seines Reiters anzupassen, das Üben der Hinterhandwendung gibt dazu die beste Gelegenheit. (Ein Rückwärtsziehen mit den Zügeln wäre völlig falsch, da der Hauptzweck der Übung in der Spring-Dressur ist, den Schwerpunkt des Pferdes auf die Hinterhand zu verlagern.)
Man veranlaßt das Pferd mit den beschriebenen Hilfen, mit zwei oder drei Tritten eine Viertelwendung zu machen. — Da wir die Wendung jetzt am Anfang aus dem verkürzten, erhabenen Schritt heraus machen — nicht aus dem Halten heraus —, besteht weniger Gefahr, daß das Pferd lernt, zurückzukriechen. Deshalb schadet es nichts, wenn das junge Pferd am Anfang mit der Hinterhand einen Kreis beschreibt. Diesen Kreis kann man mit zunehmender Rittigkeit des Pferdes nach und nach kleiner werden lassen.

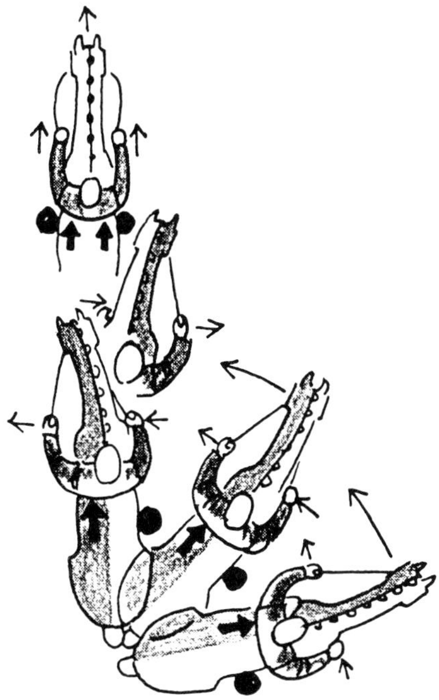

Bild 334. Viertelwendung um die Hinterhand, anschließend die Zügel aus der Hand kauen lassen.

Nach der Viertelwendung — noch immer in der Vorwärtsbewegung — nützt man die untergeschobene Hinterhand gleich einer belasteten Sprungfeder aus, um sie in vermehrte Vorwärtsbewegung umzuwandeln:
Bei jungen Pferden benutzt man die erste oder zweite Zügelhilfe (Zügel aus der Hand kauen oder am langen Zügel) und läßt das Pferd beim Entlasten der „Sprungfeder" energisch nach vorne gehen. Die Schritte werden länger, und dank der untergeschobenen Hinterhand bleibt das Pferd trotz tiefer Halsstellung im Gleichgewicht.
Wenn das junge Pferd eine Viertelwendung um die Hinterhand willig auf die Gewichts- und Schenkelhilfe hin auf beiden Händen macht, kann man nach und nach immer einen Tritt mehr verlangen, bis man eine Wendung um die Hinterhand (um 180 °) erreicht hat.

Angaloppieren aus der Wendung um die Hinterhand

Die folgende Übung, die auch von der Versammlung bei der Hinterhandwendung profitiert, gehört zwar in eine fortgeschrittenere Ausbildung, soll aber der Vollständigkeit halber hier schon erwähnt werden: Man nutzt die Versammlung zum Angaloppieren aus. Das Angaloppieren wird erleichtert, weil der Schwerpunkt von Pferd und Reiter auf dem inneren Hinterbein liegt. Nach Beendigung der Wendung ist dies das äußere Hinterbein, also das gleiche Hinterbein, das auch beim Angaloppieren vermehrt belastet wird. — Logischerweise ist es für das Pferd einfach, nach einer Linkswendung um die Hinterhand rechts anzugaloppieren.

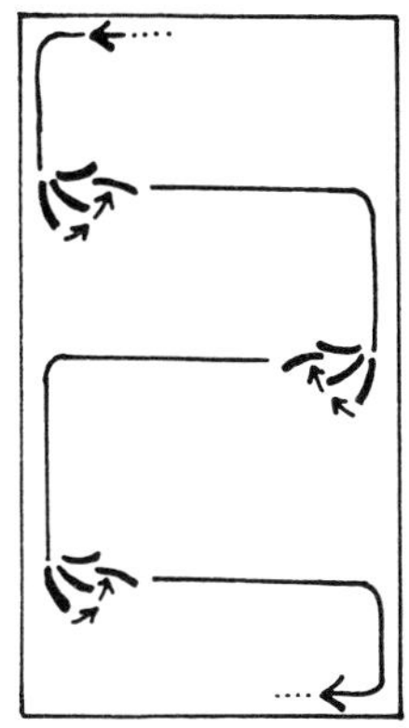

Bild 335. So übt man die Viertelwendungen um die Hinterhand auf beiden Händen.

Hilfen

Nach der Wendung benutzt man die dritte Zügelhilfe, das Pferd steht also leicht kauend am Zügel. Ohne den Fluß der Bewegung zu unterbrechen, geht man in den Galopp über. Die Gewichtshilfen bleiben die gleichen wie in der Wendung: Der Reiter bleibt also aufrecht sitzen und belastet

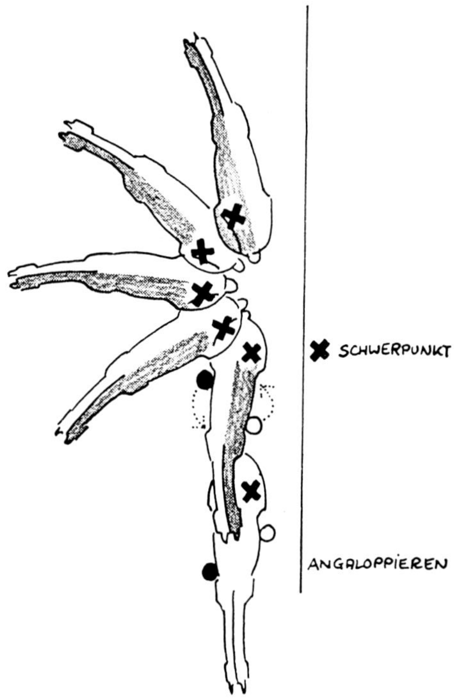

Bild 336. Schwerpunkt von Pferd und Reiter bei der Hinterhandwendung nach links auf dem linken Hinterbein. Dort bleibt er zum Angaloppieren.

Bild 337. Schwerpunkt bleibt hinten.

Bid 338. Schwerpunkt wird nach vorne verlegt.

vermehrt den linken, jetzt äußeren Gesäßknochen. Der Schwerpunkt des Reiters bleibt also über dem des Pferdes, das heißt über dem linken Hinterbein. (Viele Reiter machen den Fehler und fallen beim Angaloppieren nach vorne über und sehen auf das innere Vorderbein hinab. Dadurch verlagert sich nicht nur der Schwerpunkt des Reiters auf das innere Vorderbein, sondern das Pferd wird aus der Balance gebracht und kommt auf die Vorhand oder galoppiert falsch an. Deshalb empfehle ich allen Reitern, sich am Anfang bei dieser Lektion „übertrieben" aufzurichten.)

Die Schenkelhilfen zum Angaloppieren sind denen der Wendung genau entgegengesetzt. Bei der Wendung treibt der rechte Schenkel außen hinter dem Gurt, während der linke verwahrend am Gurt lag. Zum Angaloppieren wechselt der rechte Schenkel treibend an den Gurt, und der linke Schenkel liegt verwahrend hinter dem Gurt.

Es ist ratsam, die Wendung um die Hinterhand am Anfang der langen Seite auszuführen, etwa zwei oder drei Pferdelängen nach Durchreiten der Ecke. Dadurch geht das Pferd beim Angaloppieren auf die Wand der kurzen Seite zu, es wird also nicht so leicht versuchen loszustürmen, als wenn man es am Ende der langen Seite angaloppiert hätte.

Nach dem Angaloppieren galoppiert das Pferd für einige Sprünge ausbalanciert auf der Hinterhand.

Nach den ersten paar Galoppsprüngen im Gleichgewicht (je nach Rittigkeit des Pferdes sind es mehr oder weniger) wird das Pferd versuchen, schneller zu werden, gegen die Hand zu gehen und auf die Vorhand zu

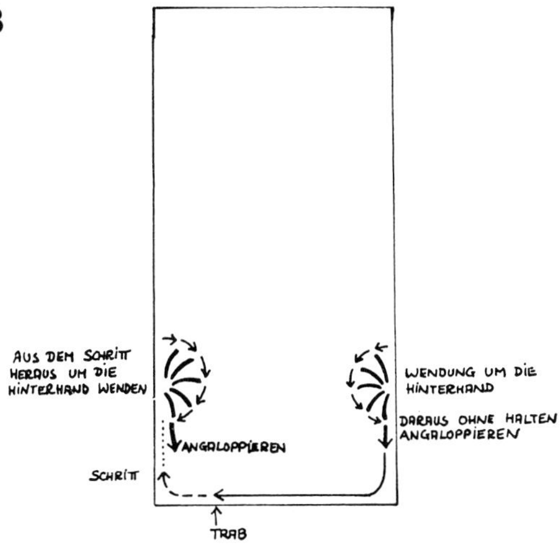

Bild 339.

kommen. — Wie wir schon bei der Vorhandwendung besprochen haben, darf man diesen Punkt niemals überschreiten. — Man galoppiert also nur einen halben Zirkel oder weniger, wechselt zum Trab und dann zum Schritt über und wiederholt das Ganze auf der anderen Hand.

Die drei Grundgangarten

Nur ein Reiter, der in voller Harmonie mit seinem Pferd ist, kann in allen drei Gangarten so sitzen und einwirken, daß das Pferd in seiner Ausbildung zur vollen Entfaltung seiner Anlagen heranreift.
Harmonie besteht aber nur dann, wenn der Reiter ein sicheres Gefühl für den Rhythmus und die Fußfolge der einzelnen Gangarten hat. Erst dies Gefühl macht es ihm möglich, die richtigen Hilfen im passenden Augenblick zu geben und einen gleichbleibenden Rhythmus und ein ausgeglichenes Tempo in allen drei Gangarten beizubehalten. So wird zum Beispiel ein Reiter, der ein sicheres Gefühl für den Rhythmus des Galopps hat, einen Parcours vom Start bis zum Ziel in einem gleichbleibenden Tempo durchreiten — und auch schon zu Hause beim Training ein sicheres Zeitgefühl entwickeln. Da es sich hier um einen wichtigen Aspekt der Springreiterei handelt, muß der Reiter die Trittfolge der einzelnen Gangarten sicher herausfühlen können. Man fängt dabei im Schritt an:

Der Schritt

Der Schritt ist eine Fußfolge im Viertakt. Das heißt, daß alle vier Hufe einzeln und nacheinander abfußen und auffußen — ohne daß dazwischen eine Schwebephase eintritt (siehe Bild 280).
Man sollte nie schlechthin Schritt reiten, sondern immer ein bestimmtes Schrittempo. Vor dem letzten Weltkrieg wurden die Pferde in den Kavallerieschulen so erzogen, daß sie im „Marschtempo" alle einen einheitlichen Schritt gingen. Ein Tritt war ungefähr ein Meter lang, 100 Meter pro Minute, sechs Kilometer pro Stunde. Bei Manövern war dieses einheitliche Tempo notwendig und erzog Pferde und Reiter dazu, in gleichmäßigem Tempo zu reiten. Dieses Marschtempo entsprach ungefähr dem heutigen Mittelschritt.

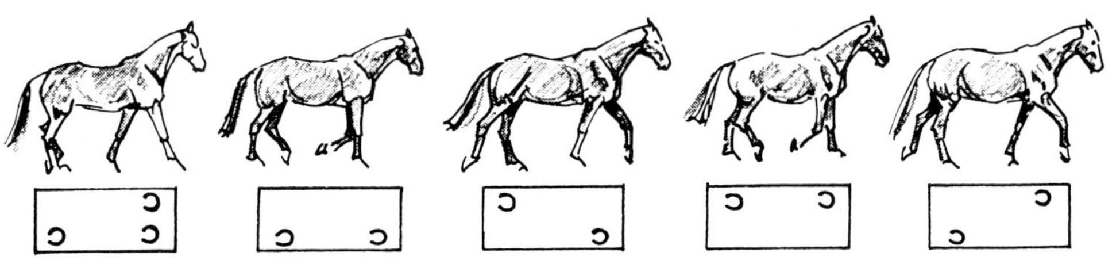

Bild 340. Fußfolge im Schritt.

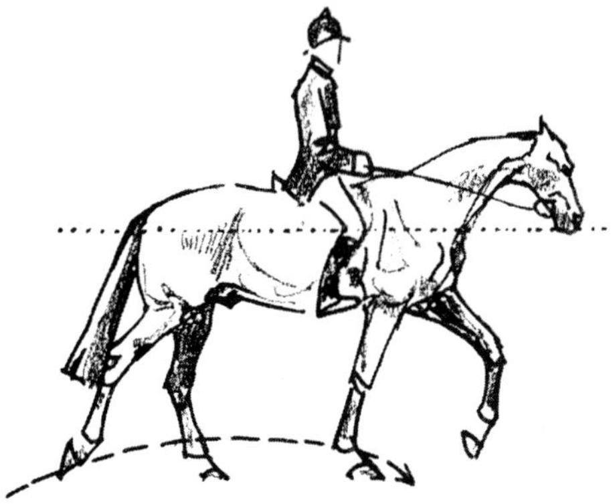

Bild 341. Mittelschritt.

Mittelschritt:

Der Mittelschritt wird auch Arbeitstempo genannt. Hierbei geht das Pferd fleißig und losgelassen am Zügel, die Tritte sollen gleich lang und in regelmäßiger Folge kommen. Das Pferd soll übertreten, das heißt die Hinterhufe sollen über die Spuren der Vorderhufe hinausgreifen. Nase und Hüfte des Pferdes sollen auf einer Waagerechten liegen, der höchste Punkt liegt zwischen den Ohren, die Nase wird vor der Senkrechten getragen, der Hals soll lang erscheinen.

Starker Schritt:

Die Tritte sind raumgreifender als im Mittelschritt, ohne eilig zu werden. Die Hinterhufe sollen weit über die Spuren der Vorderhufe hinausgreifen. Der Hals wird lang und etwas tiefer getragen, die Nase geht weit vor, ohne daß dabei der Kontakt von Reiterhand und Pferdemaul verlorengehen darf.

Bild 342. Starker Schritt.

Versammelter Schritt:

Die Tritte werden kürzer, dafür aber erhabener. Die reine Fußfolge des Schrittes muß erhalten bleiben. Die Hinterhufe fußen in den Spuren der Vorderhufe auf oder etwas dahinter. Wichtig ist vermehrte Hankenbiegung. Die erhöhte Versammlung bringt eine relative Aufrichtung mit sich, die Nüstern liegen jetzt über der Waagerechten mit der Hüfte, die Nase wird beinahe in der Senkrechten getragen. Das Pferd steht gut am Zügel, der höchste Punkt liegt zwischen den Ohren.

Bild 343. Versammelter Schritt.

Schritt am hingegebenen Zügel:

Sowohl der Mittelschritt als auch der starke Schritt können am hingegebenen Zügel geritten werden — zum Beispiel nach dem Zügel aus der Hand kauen (1. Zügelhilfe).

Bild 344. Mittelschritt mit hingegebenem Zügel.

Am hingegebenen Zügel wird der Hals länger und tief getragen, die Nase geht vorwärts-abwärts.

Die Hilfen zum Anreiten im Schritt:

Zum Anreiten im Schritt, entweder aus dem Halten oder aus dem Rückwärtsrichten heraus, treibt der Reiter mit dem Gewicht, in dem er das Kreuz anspannt und beide Hüftknochen treibend vorschiebt, und mit beiden gleichzeitig am Gurt treibenden Schenkeln.
Beim Anreiten im Schritt am Zügel soll das Pferd aber erst dann auf diese Hilfe hin wirklich vorwärtstreten, wenn es auf die vorwärtstreibenden Hilfen hin das Gebiß angenommen hat und mit einem Nachgeben des Unterkiefers reagiert hat. Geschieht dies vorschriftsmäßig, so öffnet und schließt der Reiter die Hand und läßt das Pferd im Schritt antreten.
Beim Anreiten im Schritt mit Zügel aus der Hand kauen (1. Zügelhilfe) wird das Pferd wie beschrieben gegen das Gebiß getrieben. Beim Nachgeben des Unterkiefers wird die Hand geöffnet, so daß das Pferd beim Antreten im Schritt die Zügel aus der Hand kauen kann.
Beim Anreiten im Schritt am hingegebenen Zügel kann man dieses Abkauen natürlich nicht erwarten, da nur vorwärts getrieben wird, und nicht vorwärts gegen das Gebiß.

Die Hilfen im Schritt:

Die Hilfen im Schritt sind unterschiedlich zu denen beim Anreiten im Schritt. — Würde man im Schritt wie zum Anreiten im Schritt treiben, würde man das Pferd dazu veranlassen, in Trab zu fallen oder zu zackeln, da dies gleichzeitige beiderseitige Treiben die Schenkelhilfe zum Antraben ist. Der Schritt würde unrein und übereilt.
Vorschriftsmäßig wird im Schritt wechselseitig getrieben. Dazu muß der Reiter die Schrittfolge des Schrittes fühlen können — mit geschlossenen Augen —, denn nur dann kann er die treibende Hilfe im richtigen Moment geben und in voller Harmonie mit der Bewegung des Pferdes.
Das Gefühl für die Trittfolge lernt der Reiter am besten, wenn er ohne Bügel in korrekter Haltung mit tiefem Absatz sitzt und die Augen schließt. Der Reiter wird jetzt im Schritt fühlen, wie seine linke Hüfte nach vorne schwingt, wenn das Pferd den linken Vorderfuß aufsetzt. Gleichzeitig schwingt die rechte Hüfte zurück, und der rechte Schenkel scheint stärker gegen den Pferdeleib anzuliegen. — Das ist der Moment, in dem logischerweise der rechte Schenkel vermehrt treiben sollte, da in diesem Augenblick der rechte Hinterfuß abfußt und durch Unterstützung des treibenden Schenkels nicht nur energisch abfußen wird, sondern auch weiter untertreten wird. Fußt das Pferd dann mit dem rechten Vorderfuß auf, schwingt die rechte Hüfte des Reiters vor, während die linke zurückschwingt und der linke Schenkel vermehrt anliegt und treibt.
Wenn es dem Reiter anfangs schwerfallen sollte, diesen Schrittrhythmus herauszufühlen, sollte er mit Bügeln im leichten Sitz mit verkürzten Zügeln im Schritt über Cavalettis reiten und dabei die Fußfolge der Vorderhufe mitzählen. Hier ist die Schrittbewegung ausgeprägter und läßt sich leichter herausfühlen. Nach einigen Versuchen

Bild 345. Fußfolge im Trab.

wird der Reiter dann auch in der Lage sein, im normalen Sitz zu fühlen, welcher Vorderfuß gerade auffußt.
Hat der Reiter erst einmal das Gefühl für die Schrittfußfolge erlernt, wird es ihm einleuchten, daß nur ein wechselseitiges Treiben im Schritt natürlich und in Harmonie mit der Bewegung sein kann.

Der Trab

Der Trab ist eine Bewegung im Zweitakt. Das heißt, daß jeweils ein diagonales Beinpaar abwechselnd abfußt, getrennt von einer Schwebephase.
Man sollte nie schlechthin Trab reiten, sondern immer ein bestimmtes Trabtempo. Man unterscheidet:

Arbeitstrab:

Der Arbeitstrab ist ein normales Gebrauchstempo von etwa 200 Meter pro Minute. Die einzelnen Tritte sind durchschnittlich hoch und raumgreifend, die Schwebephase ist mittellang.

Versammelter Trab:

In diesem versammelten Trabtempo soll das Pferd die Hinterhand vermehrt unterschieben, wodurch sich eine vermehrte relative Aufrichtung ergibt. Die Tritte sind weniger raumgreifend, dafür aber erhabener. Die Schwebephase ist in diesem Tempo am kürzesten.

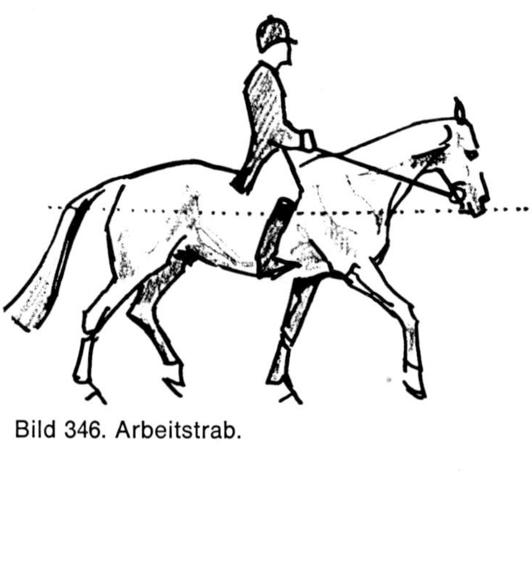

Bild 346. Arbeitstrab.

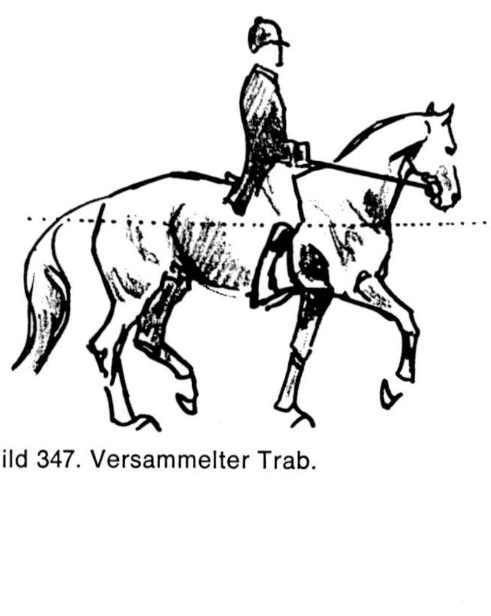

Bild 347. Versammelter Trab.

Der versammelte Trab wird nur am Aussitzen geritten.

Mitteltrab — starker Trab:

Im Mitteltrab sind die Tritte raumgreifender als im Arbeitstrab, im starken Trab so bodendeckend wie möglich. Die Schwebephase ist in diesem Tempo am längsten. Der kräftige Schub aus der Hinterhand läßt das Pferd abfedern und vorne ausgeprägter vorgreifen.

Bild 348. Starker Trab.

Bild 349. Aussitzen auf einem verkrampften Pferd: Trab wird unrein, Rücken weggedrückt etc.

Sitz und Hilfen im Trab:

Im Trab sitzt man entweder aus, man trabt leicht oder man sitzt im leichten Sitz.

Aussitzen:

Beim Aussitzen sitzt der Reiter in jeder Trabphase im Sattel. Er sitzt im Dressursitz, treibt mit dem Kreuz und beiden Schenkeln gleichzeitig.
Auf jungen Pferden sollte nie während einer längeren Reprise ausgesessen werden. Die Belastung wäre zu groß für den unentwickelten, noch schwachen Rücken und die meistens noch wenig bemuskelte Nierenpartie, und die natürliche Entwicklung würde gestört. Das junge Pferd soll ja erst lernen, seinen Rücken aufzuwölben, dabei die Hinterhand unterzuschieben und den Hals vorwärts-abwärts zu strecken. Tut es das, werden die Rücken- und Lendenmuskeln gestärkt, so daß später ohne Schaden ausgesessen werden kann. — Auch bei älteren Pferden, die mit zu hoher Kopfhaltung gehen, den Rücken wegdrücken und unrein gehen, sollte man möglichst wenig aussitzen, um die schon versteifte und schlecht entwickelte Muskulatur zu entlasten. Erst wenn sie gelöst und gestärkt ist, darf man wieder an ein Aussitzen denken.

Leichttraben:

Im Leichttraben sitzt der Reiter nur bei jedem zweiten Schritt im Sattel. Da beim Trab immer ein diagonales Beinpaar auffußt, kann man entweder auf der linken oder der rechten Diagonale leichttraben. (Der Vorderfuß, der auffußt, bestimmt die Diagonale.) Beim Geradeausreiten im Gelände wechselt man hin und wieder die Diagonale, um nicht ein Hinterbein übermäßig zu belasten. In Wendungen und in der Bahn wird immer auf dem inneren Hinterfuß leichtgetrabt, das heißt, der Reiter sitzt, wenn das innere Hinterbein aufgefußt hat, also wenn das innere Vorderbein vorgreift. Als Sitz im Leichttraben unterscheidet sich

Bild 350. Leichttraben im Dressursitz.

Bild 351. Leichttraben im Vorwärtssitz.

einmal der Dressursitz, der in Dressurprüfungen angewandt wird. Der Oberkörper des Reiters bleibt fast vertikal, die Zügel werden entsprechend länger gefaßt. Als zweiten Stil kennt man den Vorwärtssitz im Leichttraben, bei dem der Oberkörper des Reiters etwas weiter vorgeneigt ist, die Zügel werden entsprechend kürzer gefaßt. — Das Leichttraben soll eine Erleichterung für das Pferd sein und den Rücken entlasten. Falsches oder ungeschicktes Leichttraben ist bei jungen und empfindlichen Pferden schädlicher als Aussitzen. Wenn ein Reiter sich zum Beispiel übertrieben hoch und gerade aufrichtet und dann bei jedem Hinsetzen womöglich mit einem Plumps hinten in den Sattel fällt, bringt das Leichttraben keine Erleichterung, im Gegenteil. Der Reiter hängt meistens gleichzeitig im Zügel, da er sich sonst nicht ausbalancieren kann. Das Reitergewicht wird zu weit nach hinten verlagert, das Pferd drückt den Rücken weg und geht mit hohem Kopf. Das aufrechte Leichttraben, wie es für eine Dressurprüfung verlangt wird, sollte deshalb nur von fest und sicher sitzenden Reitern auf ausgebildeten, gut bemuskelten Pferden geübt werden, niemals von Anfängern, die dabei nur sich und das Pferd versteifen würden.

Bei jungen und empfindlichen oder verdorbenen Pferden sollte nur im Vorwärtssitz leichtgetrabt werden, dann ist das Leichttraben ein wichtiger Bestandteil der Ausbildung. Der Reiter kommt dabei nicht hoch aus dem Sattel, der Oberkörper geht — wie gesagt — leicht in die Bewegung ein, und das „Hinsetzen“ ist vielmehr ein nach vorne in den Sattel „Gleiten“. Das richtige Gefühl für diesen geschmeidigen Sitz bekommt der Reiter beim Leichttraben ohne Bügel, das mit auf dem Rücken verschränkten Armen geübt werden sollte, Bein- und Fußhaltung müssen die gleiche sein wie beim Reiten mit Bügeln. Der Reiter kann sich nicht mehr im Bügel hochstemmen und muß mit dem Oberkörper leicht in die Bewegung mitgehen, da er sonst die Balance verliert.

Der Fußwechsel beim Leichttraben: Es gibt zwei Arten im Leichttraben, von einer Diagonale auf die andere zu wechseln: die erste wird in allen Dressurprüfungen verlangt, bei dieser Art sitzt der Reiter einen Trabtritt mehr im Sattel. Dies sollte sehr vorsichtig und geschmeidig geschehen, denn sonst ist die Gefahr groß, daß der Bewegungsablauf gestört wird und das Pferd unrein wird oder angaloppiert. Viele Reiter lassen sich nur einfach zwei Tritte „werfen“, bleiben dabei etwas hinter der Bewegung oder kommen hinten in den Sattel, was das Pferd im Rücken stört und es aus dem Gleichgewicht bringt. — Da diese Gefahr besteht, wird in Dressurprüfungen beim Wechsel durch die ganze Bahn im starken Trab im Leichttraben das Umsitzen erst vor Erreichen des Hufschlags verlangt. Würde man es im Mittelpunkt bei X verlangen, würden bei dem extrem langen Schwebemoment im starken Trab das gleichmäßige Tempo und die Schrittfolge gefährdet. Im Arbeitstrab ist die Gefahr wegen des langsameren Tempos nicht mehr so groß, deshalb wird dann bei X umgesessen.

Obwohl die zweite Art, die Diagonale zu wechseln, in Dressurprüfungen nicht erlaubt ist, ziehe ich sie der ersten wesentlich vor, besonders bei jungen Pferden und bei Springpferden. Sie ist für Pferd und Reiter wesentlich schonender, da der Reiter dabei zwei Tritte im leichten Sitz sitzt, also während des Wechsels nicht den Sattel berührt. Dies soll unmerklich, also ohne übertriebenes Aufrichten geschehen. Diese Art zu wechseln geht bei jedem Tempo fließend in die Bewegung ein und bringt nie die Gefahr mit sich, daß das Pferd in irgendeiner Weise gestört wird.

Beim Reiten auf einem Viereck oder in der Halle wird jedesmal beim Handwechseln automatisch der Fuß gewechselt. Auch beim Reiten im Gelände sollte man nicht vergessen, regelmäßig nach etwa einem Kilometer den Fuß zu wechseln, da sonst ein diagonales Beinpaar überanstrengt wird. Es gibt Reiter, die den Fehler machen, zu wenig den Fuß zu wechseln, sie traben fortwährend auf derselben Diagonale, dadurch entwickeln sich die Muskeln des Pferdes ungleich, es wird nach einiger Zeit schief gehen — wie ein Hund —, die Hinterhufe werden nicht mehr genau auf der Linie der Vorderhufe auffußen, sondern seitlich verschoben. Ein so ungleich entwickeltes Pferd hat dann auch entsprechende Schwierigkeiten, auf der steifen Seite anzugaloppieren.

Die Schenkelhilfen zum richtigen Zeitpunkt: Während des richtigen Leichttrabens werden die Schenkel- oder, wenn notwendig, die Gertenhilfen in dem Moment gegeben, in dem der Reiter einsitzt. In dieser Phase ist er in der Lage, das Kreuz anzuziehen und die Beine fest zuzumachen. Ein Reiter, der während des Aufstehens treibt, hat zu wenig Kraft zum Treiben und bringt sich nur selbst aus dem Gleichgewicht.

Im leichten Sitz traben:

Diese dritte Möglichkeit, im Trab zu sitzen, ist besonders für die Springausbildung wichtig. Der Reiter sitzt im leichten Sitz (siehe Kapitel „Der Sitz"), berührt also den Sattel in keiner Trabphase. In diesem Sitz reitet man über Cavalettis — auch schon beim Anreiten —, in hügeligem Gelände und beim Anreiten kleiner Hindernisse aus dem Trab.

Bild 352. Im leichten Sitz traben.

Die Hilfen sind im Trab die gleichen wie zum Antraben und zum Durchparieren: Gleichzeitig mit dem Kreuz treiben beide Schenkel am Gurt, und zwar im Leichttraben in dem Moment, in dem der Reiter in den Sattel gleitet. So kann der Reiter sein Pferd vorwärtsschicken und gerade halten, so daß die Hinterhufe genau in Spur mit den Vorderfüßen auffußen.

Das normale Tempo des Arbeitstrabes beträgt 200 Meter pro Minute. Mit jungen Pferden wird nur in diesem Tempo getrabt. Läßt man das Pferd zu eilig werden, kommt es aus dem Gleichgewicht und geht hinten weit wie ein Traber (bei dem man dieses weite Auseinandergehen der Hinterbeine wünscht, damit er mit den Hinterbeinen außen an den Vorderbeinen vorbeigreifen kann). Ein Springpferd muß aber

die Sprunggelenke zusammenhalten, um über Hochweitsprünge abfedern zu können. Erst wenn das Pferd in seiner Ausbildung fortgeschritten ist, kann man mit verkürztem und mit verstärktem Trabtempo beginnen. Aber auch dann muß der Reiter durch treibende Hilfen darauf achten, daß das Pferd sowohl beim Antreten als auch im starken Trab und beim Durchparieren zum Arbeitstrab immer die Hinterhand untergeschoben hat und auf keinen Fall auf die Hand geht und womöglich hinten seitwärts ausfällt.
Hier näher auf die einzelnen Trabtempi einzugehen, würde in diesem Rahmen zu weit gehen.

Fühlen der Fußfolge im Trab und Übergang zum Leichttraben:

Jeder Reiter muß in der Lage sein, die Fußfolge seines Pferdes in allen drei Grundgangarten mit geschlossenen Augen zu spüren. Im Trab versucht man zu fühlen, welches diagonale Beinpaar auffußt. Wenn man zum Beispiel auf der linken Hand leichttrabt, kommt das Gesäß in den Sattel, wenn die linke Diagonale den Boden berührt. Gleichzeitig werden die linke Hüfte und der linke Unterschenkel etwas zurückgenommen. Man muß in der Lage sein, diese Bewegung sowohl im Leichttraben als auch im Aussitzen zu fühlen, wobei beim Leichttraben übungshalber öfter der Fuß gewechselt wird. Auf einem Pferd, das noch nicht auf beiden Seiten gleichmäßig bemuskelt und geschmeidig ist, spürt der Reiter natürlich viel eher, auf welcher Diagonale er trabt, als auf einem gut ausgebildeten Pferd. Ein Anfänger kann sich damit helfen, daß er auf die Schulter des Pferdes hinunterschaut. Er muß dann zum Leichttraben in dem Moment aufstehen, in dem die äußere Schulter vorgeht. Der erfahrene Reiter merkt sofort, ob er auf dem richtigen Fuß trabt, und ist in der Lage, auch beim Antraben im richtigen Moment aufzustehen, ohne auf die Schulter zu sehen.

Es gibt drei verschiedene Möglichkeiten, um das richtige Anfühlen der Fußfolge zu erlernen und dann korrekt zum Leichttraben überzugehen:

1. Aus dem leichten Sitz

Wenn man im leichten Sitz über Cavalettis trabt, ist das Pferd gezwungen, gleichmäßig lange Tritte zu machen und die Beine höher zu heben. Auch die Schwebephase ist länger, und so dürfte es auch dem unerfahrenen Reiter nicht schwerfallen zu spüren, welches diagonale Beinpaar auffußt. Wenn zum Beispiel die linke Diagonale auffußt, spürt der Reiter, daß sich seine linke Hüfte und sein linker Unterschenkel ein wenig zurückbewegen. Gleichzeitig gehen die rechte Hüfte und der rechte Unterschenkel leicht vor. Sobald der Reiter in der Lage ist, diese Bewegung über Cavalettis zu spüren, soll er es auch auf flachem Boden probieren. Bald muß er in der Lage sein, mit geschlossenen Augen laut zu sagen, welche Diagonale auffußt. Es ist dann ein Leichtes, zum Leichttraben überzugehen und sofort auf dem richtigen Fuß zu traben. Der Reiter zählt, zum Beispiel auf der linken Hand, laut im Takt mit: „links, rechts, links" und sitzt bei „links" in den Sattel ein.

2. Aus dem Aussitzen

Zuerst übt der Reiter im Aussitzen wieder das Fühlen der Fußfolge. Das geht am besten, indem man ohne Bügel reitet, ganz locker im Sattel sitzt und die Augen schließt. Wenn die linke Diagonale auffußt, gehen die linke Hüfte und der linke Unterschenkel wieder leicht zurück, die rechte Hüfte und der rechte Unterschenkel werden etwas vorgeschoben (und umgekehrt). Das ganze wird dann auch mit Steigbügeln geübt, was etwas schwieriger ist, da man dabei nicht ganz so tief im Sattel sitzt. Mit geschlossenen Augen sagt man wieder laut den Takt vor sich her, bevor man zum Leichttraben übergeht. Auf der linken Hand zum Beispiel hebt man das Gesäß aus dem Sattel, wenn das rechte diagonale Beinpaar auffußt. Wenn man es sich zur Gewohnheit macht, immer auf dem richtigen Fuß zu traben, funktioniert es nach einiger Zeit ganz automatisch.

3. Aus dem Übergang vom Galopp zum Trab

Sobald der Reiter aus dem leichten Sitz und aus dem Aussitzen heraus auf dem richtigen Fuß leichttraben kann, muß er versuchen, dasselbe sofort nach dem Übergang vom Galopp zum Trab zu tun. Anschließend an einen Rechtsgalopp zum Beispiel muß der Reiter sofort auf dem linken Fuß leichttraben können. Würde das Pferd im Galopp bleiben, dann würde gleichzeitig mit dem weiten Untertreten des inneren Hinterbeins das innere Vorderbein vorgreifen. Beim Übergang zum Trab jedoch fußt gleichzeitig mit dem inneren Hinterbein das äußere Vorderbein auf, und dieses diagonale Beinpaar bildet den ersten Trabtritt. Dies ist genau der Moment, in dem man das Gesäß aus dem Sattel hebt. Um das richtig zu machen, zählt man den Dreitakt des Galopps mit: „eins, zwei, drei" und steht dann beim Übergang bei „zwei" auf. Dieser Moment ist ganz leicht zu fühlen, denn den ersten Trabtritt spürt man, besonders bei jungen Pferden, als kleinen „Rumpler", von dem man sich einfach aus dem Sattel heben läßt.

Der Galopp

Die Fußfolge

Ein Reiter soll nicht nur spüren, in welchem Galopp sein Pferd ist oder ob es im Kreuzgalopp geht, sondern er muß auch die verschiedenen Galoppphasen genau fühlen. Wenn man ein galoppierendes Pferd genau beobachtet, sieht man, daß es seinen Schwerpunkt in den verschiedenen Phasen verändert. Betrachten wir einmal den Rechtsgalopp:

1. In der ersten Phase balanciert das Pferd für den Bruchteil einer Sekunde nur auf dem linken Hinterbein. Die Vorhand ist gehoben, die Hinterhand ist gesenkt und trägt das gesamte Gewicht. Der Schwerpunkt ist zur Hinterhand hin verlagert.
2. Das linke Vorderbein und das rechte Hinterbein tragen das gesamte Gewicht des Pferdes, der Körper ist in horizontaler Stellung.
3. Das rechte Vorderbein ist auf dem Boden angekommen, der Schwerpunkt ist zur Vorhand hin verlagert, und die Hinterhand kommt hoch.
4. Jetzt ist das Pferd in der Schwebephase, alle vier Beine sind in der Luft, und der Körper ist wieder in horizontaler Stellung. Nach dieser Phase wiederholt sich die Fußfolge.

Um den Rhythmus zu fühlen soll der Reiter sein Pferd mit geschlossenen Augen galoppieren und im Takt mitzählen: „eins, zwei, *drei*, eins, zwei, *drei*...". Die Phasen eins und zwei werden schnell und die Phase drei wird lang gezählt, da sie die Schwebephase einschließt. Wenn das Pferd im Linksgalopp ist und das linke Vorderbein den Boden berührt, geht die linke Hüfte des Reiters automatisch etwas vor, und

Bild 353. Fußfolge im Rechtsgalopp.

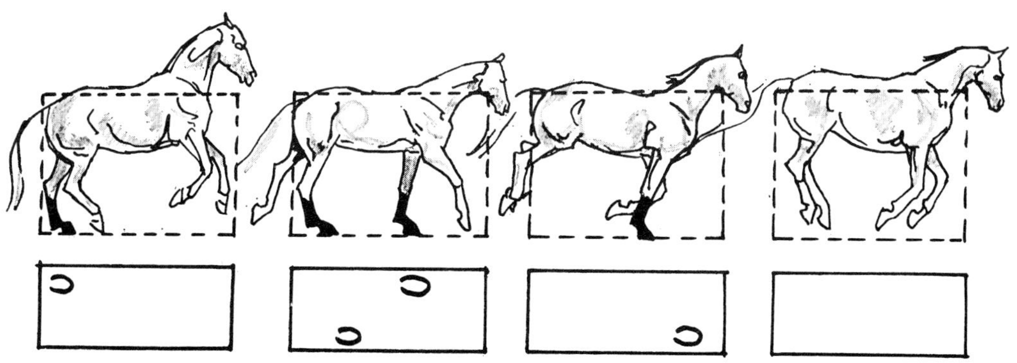

gleichzeitig spürt er einen stärkeren Kontakt zwischen seinem linken Schenkel und dem Körper des Pferdes. Das ist der richtige Moment, um mit dem linken Schenkel vermehrt zu treiben. Treibende Hilfen sind nur in diesem Augenblick zweckmäßig, da jetzt beide Hinterbeine frei vom Boden sind und aktiviert werden können. Ein Fehler, den viele Reiter machen, ist, daß sie nach innen herunterschauen und dadurch das Gewicht auf das innere Vorderbein verlagern. Diese Bewegung hindert das Pferd daran, die Schulter wieder freizubekommen und den Schwerpunkt zur Hinterhand hin zu verlagern. Das Pferd kommt infolgedessen auf die Vorhand, wird schneller und legt sich auf die Hand.

Die Hilfengebung

Die korrekten Galopphilfen sind in vielen Büchern beschrieben worden, sie sind und bleiben gleich: Sie lassen ein geschultes Pferd aus jeder Gangart, aus dem Rückwärtsrichten und aus dem Halten heraus in den Galopp springen. Sie werden – je nach Bedarf in etwas abgeschwächter Form – bei jedem Galoppsprung erneut gegeben, um die Hinterhand aktiv zu halten.
Beim Angaloppieren zieht der Reiter sein Kreuz an und gibt eine halbe Parade. Er nimmt die äußere Schulter zurück und verlagert sein Gewicht in Richtung auf das äußere Hinterbein, das ja beim Angaloppieren das gesamte Gewicht von Reiter und Pferd übernimmt. Gleichzeitig treibt der innere Schenkel vermehrt am Gurt, und der äußere liegt verwahrend hinter dem Gurt, um zu verhindern, daß die Hinterhand ausfällt. Dieselben Hilfen werden dann weiter bei jedem Galoppsprung angewendet, und zwar in dem Moment, in dem der innere Vorderfuß auffußt. Am einfachsten ist es, ein Pferd aus dem Trab anzugaloppieren, da auch der Trab eine Schwebephase enthält und es dem Pferd leichtfällt, von einem Zweitakt in einen Dreitakt zu springen. Trotzdem ist es wichtig, die Galopphilfen im richtigen Moment zu geben, und zwar in der Schwebephase. Um in den Rechtsgalopp zu gelangen, gibt man die Hilfen, wenn das diagonale Beinpaar links vorne und rechts hinten aufgefußt hat. Warum gerade dann? Nach dem Abfußen der rechten Diagonale und der Schwebephase ist das äußere (linke) Hinterbein frei, um das gesamte Gewicht von Reiter und Pferd zu übernehmen und den ersten Galoppsprung einzuleiten (siehe Bild 353, die erste Phase der Fußfolge im Rechtsgalopp). Wenn der Reiter den Trabtakt nicht in Gedanken mitzählt und die Galopphilfe im falschen Moment gibt, *kann* das Pferd gar nicht angaloppieren, ohne einen Zwischentritt zu machen. Ein junges Pferd wird sogar in einen Stechtrab verfallen und dann irgendwann, wahrscheinlich falsch, in den Galopp fallen.
Die normalen Galopphilfen sind für ein rohes Pferd ohnehin schwer zu verstehen. Deshalb wendete man auch früher an allen Kavallerieschulen „vorbereitende“ Galopphilfen an, die es dem Pferd mittels Gewichtsverlagerung leichter machen, das Angaloppieren zu erlernen. Man sollte im übrigen erst ungefähr sechs Wochen nach dem ersten Anreiten galoppieren, auf keinen Fall darf man früher anfangen, wie es leider oft gemacht wird.

Arbeitsgalopp

Der Arbeitsgalopp ist das Tempo zwischen dem versammelten und dem starken Galopp. Der Körper des Pferdes befindet sich in der Waagerechten, die Nase wird vor der Senkrechten getragen, ungefähr in Höhe der Hüfte. Die Schwebephase ist im Arbeitsgalopp mittellang, das Pferd geht fleißig und losgelassen, und der Reiter muß mit treibenden Hilfen diesen Rhythmus, die Balance und Kadenz beibehalten. Das Tempo beträgt ungefähr 250 Meter pro Minute.
Ich habe schon erwähnt, daß man während der ersten zwei Monate der Reitausbildung das Pferd überhaupt nicht galoppieren lassen sollte. Beginnt man mit der Galopp-

Bild 354. Arbeitsgalopp.

arbeit, dann nur mit Arbeitsgalopp, und zwar am langen oder hingegebenen Zügel, niemals „am“ Zügel. Bei manchen Pferden empfiehlt es sich, erst im Vorwärtssitz zu sitzen, da sie sonst bocken. Nur in diesem Tempo kann das Pferd den Rücken aufwölben und die richtigen Muskeln entwikkeln, die es später für den versammelten und starken Galopp braucht.

Niemals sollte man mit einem jungen Pferd schneller als im Arbeitstempo galoppieren; das Pferd würde sonst zu sehr auf die Vorhand kommen. Es würde Muskeln wie ein Rennpferd entwickeln und versuchen das Gleichgewicht dadurch wiederherzustellen, daß es sich vermehrt auf die Hand legt (5. Bein). Leider kann man immer wieder beobachten, wie junge Pferde viel zu schnell galoppiert werden, wie sie auf die Hand gehen, wie die Reiter sich vornüberlegen und sich die Hände in den Bauch ziehen, um das Tempo zu verlangsamen. Wenn man so ein Pferd bekommt, das bei jedem Angaloppieren oder nach jedem Hindernis gleich losstürmt, sollte man den Reiter ermahnen, sich mehr aufzurichten, den Schwerpunkt nach hinten zu verlagern. Stürmt das Pferd immer noch, sollte es auf dem Zirkel geritten werden, der dann immer mehr verkleinert wird (bis etwa 15 Meter Durchmesser). Erst wenn das Pferd sich beruhigt hat und im Arbeitstempo galoppiert, kann man den Zirkel vergrößern und, wenn das Pferd auch dabei ruhig bleibt, auf die Gerade gehen. Falls das Pferd aber wieder anfängt zu stürmen, muß sofort wieder auf dem Zirkel geritten werden.

Ein intelligenter Reiter läßt es gar nicht so weit kommen, daß sein Pferd losstürmt. Er wird es am Anfang nie schneller als im Arbeitstempo galoppieren lassen und ihm keine Gelegenheit geben, auf die Hand zu gehen. Wenn man sich keine Probleme schafft, braucht man sie auch nicht mühsam zu korrigieren.

Versammelter Galopp:

Im versammelten Galopp verlagert das Pferd seinen Schwerpunkt vermehrt nach hinten, die Hinterhand ist vermehrt untergeschoben, Kopf und Hals werden dementsprechend höher getragen. Der höchste Punkt liegt zwischen den Ohren, die Nase wird eben vor der Senkrechten getragen. Der Hals soll eine harmonische Kurve formen, um der Schulter mehr Bewegungsfreiheit zu geben und dem Pferd Wendungen zu erleichtern.

Der Reiter muß mit vermehrt treibenden Hilfen das Pferd von hinten nach vorne gegen die Hand treiben, denn obwohl die einzelnen Galoppsprünge weniger bodendeckend sind als im Arbeits- und starken Galopp, müssen doch der Vorwärtsdrang und die Kadenz erhalten bleiben, so daß die einzelnen Galoppsprünge aktiver werden.

Das Tempo im versammelten Galopp beträgt etwa 200 Meter pro Minute; die

Bild 355. Versammelter Galopp.

Schwebephase ist in diesem Tempo am kürzesten.
Es versteht sich, daß das Pferd schon recht gut geritten sein muß, ehe man mit versammeltem Galopp beginnen kann, sonst kommt das Pferd zu sehr auf die Hand, es wird gespannt und aufgeregt und geht unrein (Viertaktgalopp).

Starker Galopp:

Im starken Galopp verlegt das Pferd seinen Schwerpunkt naturgemäß etwas mehr nach vorn, ohne jedoch dabei auf die Vorhand zu kommen oder sich vermehrt aufs Gebiß zu legen. Die Nase wird vor der Senkrechten getragen. Der Reiter paßt sich dem mehr gestreckten Hals an, hält jedoch denselben Kontakt aufrecht; gleichzeitig treibt er vermehrt, um den Schub aus der Hinterhand zu entwickeln.
Das Tempo ist ungefähr 300 Meter pro Minute. Die Schwebephase ist in diesem Tempo am längsten. Das Pferd soll ruhig und gelöst bleiben, die einzelnen Galoppsprünge sollen länger und raumgreifender werden.
Der Grund, weshalb so viele Pferde nach dem Übergang in den starken Galopp losstürmen und auf die Vorhand kommen, liegt darin, daß die Reiter beim Übergang plötzlich ihren Oberkörper vorbeugen. Dadurch wird der Schwerpunkt des Reiters nach vorn verlagert. Das Pferd paßt sich dem an, verlagert seinen Schwerpunkt auch nach vorne und stützt sich gleichzeitig, indem es mehr auf die Hand geht.

Bild 356. Starker Galopp.

Ein junges Pferd in den Galopp fallen lassen

Es gibt verschiedene Wege, ein junges Pferd in den Galopp fallen zu lassen:

1. Man reitet zum Beispiel auf der linken Hand im Leichttraben. Man trabt absichtlich auf dem falschen Fuß. Auf der langen Seite legt man das Tempo etwas zu, indem man beiderseitig in dem Moment am Gurt treibt, in dem man sich hinsetzt. Dadurch wird das innere Vorderbein in der folgenden Ecke vermehrt belastet. Das junge Pferd wird in dieser Ecke also aus dem Trab-Gleichgewicht gebracht und fällt in den Linksgalopp.
2. Man reitet zum Beispiel auf der linken Hand im Leichttraben und wendet am Mittelpunkt der langen Seite ab. Nun trabt man auf den Mittelpunkt der nächsten langen Seite zu. Dort wendet man scharf nach rechts. Weil man in dieser scharfen Wendung immer noch auf demselben Hinterfuß leicht trabt wie vorher auf der linken Hand, wird das Pferd in dieser Rechtswendung, unterstützt von treibenden Schenkelhilfen, in den Rechtsgalopp fallen.

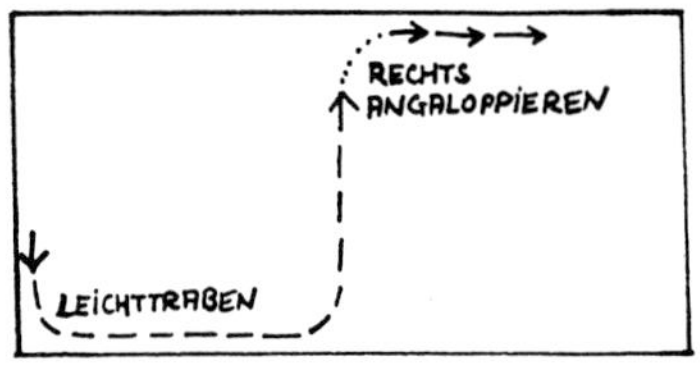

Bild 357. Angaloppieren.

Ein junges Pferd angaloppieren lassen

Nachdem man das Pferd erfolgreich mehrere Male in den gewünschten Galopp hat fallen lassen und das Pferd gezeigt hat, daß es versucht, sich der Gleichgewichtsverlagerung des Reiters anzupassen, kann man beginnen, das Pferd angaloppieren zu lassen. Bei manchen Pferden tritt diese Phase sehr schnell ein. Manchmal genügt es, ein junges Pferd wenige Male in Galopp fallen zu las-

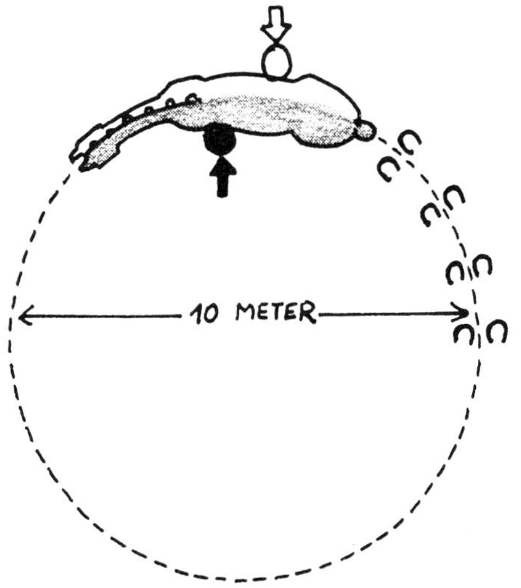

Bild 358. Vorbereitung zum Angaloppieren im Rechtsgalopp: Man reitet im ruhigen Arbeitstrab auf einem kleinen Zirkel auf der linken Hand.

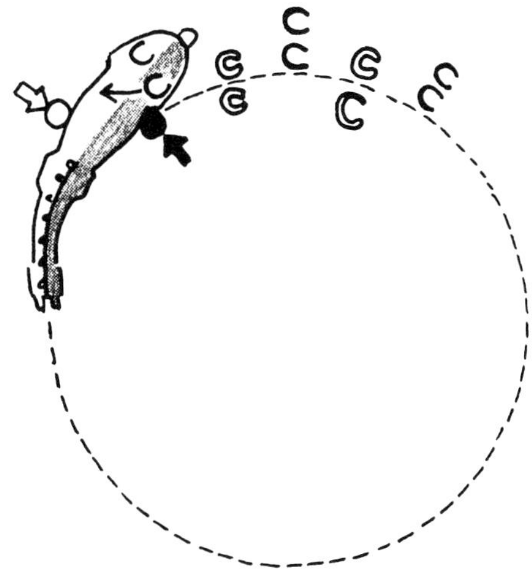

Bild 359. Jetzt tritt das linke Hinterbein vermehrt unter, eine ideale Ausgangsposition für den Rechtsgalopp.

sen, und es versteht, was man von ihm erwartet.

Bevor wir über die korrekten Hilfen zum Angaloppieren sprechen, ist es wichtig zu wissen, daß das Pferd beim Angaloppieren für einen Sekundenbruchteil sein ganzes Gewicht auf dem äußeren Hinterbein trägt. Galoppiert man rechts an, belastet es allein das linke Hinterbein, galoppiert man links an, entsprechend nur das rechte Hinterbein. Diese Phase kommt natürlich auch bei jedem folgenden Galoppsprung vor, ist aber die Ausgangsphase beim Angaloppieren.

Es besteht nur dann volle Harmonie zwischen Reiter und Pferd, wenn der Schwer-

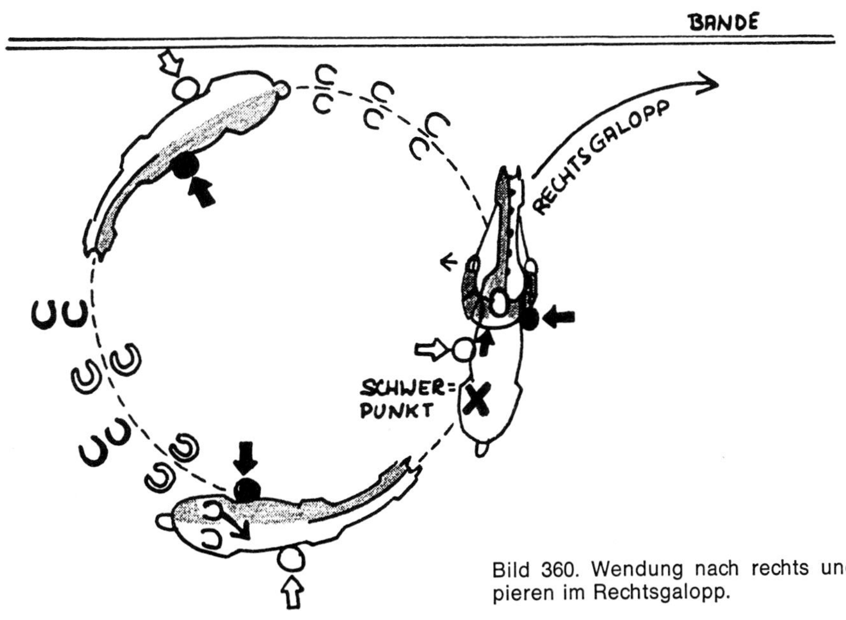

Bild 360. Wendung nach rechts und angaloppieren im Rechtsgalopp.

punkt des Reiters sich jederzeit genau über dem des Pferdes befindet. Deshalb muß der Reiter beim harmonischen Angaloppieren gleichzeitig mit dem Pferd seinen eigenen Schwerpunkt auf das äußere Hinterbein verlagern.

Da das Pferd also beim Angaloppieren allein auf dem äußeren Hinterbein steht, muß dieses Bein zum harmonischen Angaloppieren vermehrt untergeschoben werden, damit es genügend Tragekraft hat.

Obwohl das junge Pferd zu diesem Zeitpunkt schon die vorwärts- und seitwärtstreibende Schenkelhilfe unterscheiden kann, wird es das äußere Hinterbein auf die korrekte Schenkelhilfe zum Angaloppieren hin (innerer Schenkel treibt am Gurt, der äußere liegt verwahrend hinter dem Gurt) noch nicht genügend unterschieben. Das muß es jedoch lernen, deshalb ist die erste Art, ein Pferd angaloppieren zu lassen:

1. *Aus der S-Figur heraus:*

Dies ist die erste und einfachste Art, ein Pferd im Galopp anspringen zu lassen: Man reitet zum Beispiel im leichten Trab auf der linken Hand auf einem kleinen Zirkel um ein Hindernis oder einen Baum herum (als Anhaltspunkt). In dem Moment, in dem der Reiter sich hinsetzt, wendet er scharf nach rechts und gibt die Hilfe für den Rechtsgalopp. Dann reitet man im Aussitzen im ruhigen Arbeitstrab auf dem kleinen Zirkel. Dann wendet man wieder nach rechts ab und läßt das Pferd beim Abwenden angaloppieren. Dazu muß das Pferd, wie gesagt, das linke Hinterbein vermehrt unterschieben. Um dem Pferd das zu erleichtern, läßt man es jetzt auf dem Zirkel ein paar Tritte hinten übertreten, also die Hinterhand nach außen schwingen, so daß die Spur der Hinterhufe neben der Spur der Vorderhufe verläuft. Dabei wird das linke Hinterbein mehr untergeschoben, als wenn man „nur" auf dem Zirkel reitet, und tritt seitlich vor dem rechten Hinterbein über. Die Hilfen zu diesem Übertretenlassen sind zu denen des Auf-dem-Zirkel-Reitens entgegengesetzt: Auf dem Zirkel treibt der innere Schenkel am Gurt, der äußere liegt hinter dem Gurt. — Soll die Hinterhand nach außen schwingen, treibt in diesem Ausbildungsstadium der innere Schenkel hinter dem Gurt, während der äußere am Gurt liegt.

Man treibt im Aussitzen etwa zwei Runden auf der linken Hand und läßt das Pferd dabei immer wieder ein paar Tritte die Hinterhand nach außen schwingen. Das Pferd schiebt nicht nur die linke Hinterhand vermehrt unter, sondern ist auch auf den linken Schenkel hinter dem Gurt aufmerksam geworden. Dann biegt man nach rechts ab und läßt das Pferd dabei im Rechtsgalopp anspringen.

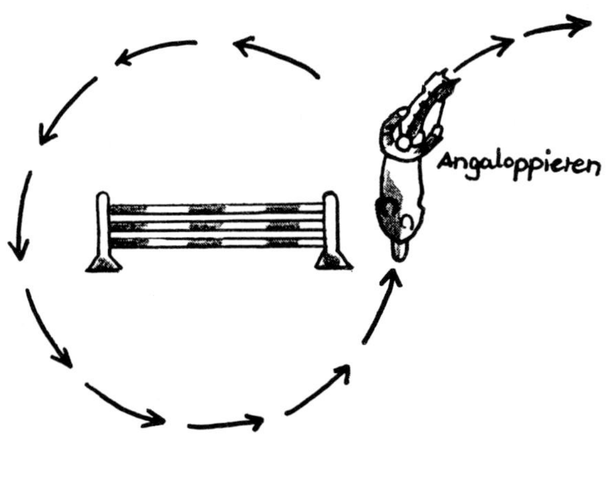

Bild 361.

Der Reiter sieht nach links, die linke Schulter wird leicht zurückgenommen, die linke Gesäßhälfte wird vermehrt belastet, und der Reiter richtet sich auf, so daß er seinen Schwerpunkt mit dem des Pferdes zusammen auf das innere, linke Hinterbein verlagert. — Der linke Schenkel treibt hinter dem Gurt, wodurch das Pferd nach der oben beschriebenen Vorarbeit das linke Hinterbein vermehrt unterschiebt; der rechte Schenkel treibt am Gurt.

Die linke Hand geht in diesem Stadium der Ausbildung etwas seitlich vom Hals, wodurch das Pferd leicht nach links gestellt ist; das erleichtert dem Pferd die Gewichtsverlagerung auf das linke Hinterbein und gibt ihm rechts mehr Schulterfreiheit zum Vorgreifen.

(Das leichte Nach-außen-Stellen unterbleibt natürlich später, wenn das Pferd besser ausbalanciert ist und mehr dem Schenkel gehorcht. Dann muß das Pferd beim Angaloppieren natürlich von Kopf bis Schweif in sich völlig gerade sein, mit einem leichten Nachgeben nach innen.)

Wichtig ist, daß der Reiter das richtige Gefühl für den Takt des Trabes entwickelt hat, weil die Galopphilfe im richtigen Moment, in der Schwebephase, gegeben werden muß. Dazu zählt man am besten den Zweitakt des Trabes mit: rechts, links, rechts, links. Dazwischen liegt jeweils die Schwebephase. Während der Schwebephase muß die Hilfe zum Angaloppieren gegeben werden. In diesem Fall will man rechts angaloppieren, man gibt die Hilfe also in der Schwebephase, die dem Auffußen der linken Diagonale folgt. Als nächstes würde in der Trabfolge das rechte Vorder- und linke Hinterbein auffußen. So fußt aber nur noch das linke Hinterbein auf, und das Pferd galoppiert im Rechtsgalopp an — diesen Moment fühlt der Reiter sehr schnell.

Die Zeichnung zeigt, daß man durch den Zirkel zur Bande hin wechselt, damit das Pferd beim Angaloppieren nicht davonstürmen kann. Einmal im richtigen Galopp, bleibt man auf dem normalen Zirkel von 20 Meter Durchmesser. Man galoppiert nicht mehrere Runden hintereinander, sondern höchstens eine halbe bis ganze Runde. Das Pferd ist nach dem korrekten Angaloppieren auf der Hinterhand und wird die ersten Galoppsprünge in schönem Gleichgewicht gehen. Wie ich schon bei der Vorhandwendung erklärt habe, kommt dann der Punkt, an dem das junge, noch wenig bemuskelte Pferd nicht länger im Gleichgewicht galoppieren kann und auf die Vorhand kommt. Bevor dieser Punkt erreicht ist, geht man zum Trab über, da man sonst Gewalt anwenden müßte. Nach und nach werden die einzelnen Galoppreprisen verlängert.

Man soll dieses Angaloppieren nie zweimal hintereinander auf derselben Hand üben, sondern nach jedem Mal die Hand wechseln.

2. *Angaloppieren aus dem Schenkelweichen heraus:*

Ich setze voraus, daß Ihr Pferd schon gehorsam dem Schenkel weicht, weil Angaloppieren ja erst trainiert wird, wenn das Pferd sicher den vorwärts- und seitwärtstreibenden Schenkel unterscheiden kann.

Aus dem Schenkelweichen heraus fällt dem jungen Pferd das Angaloppieren leicht. Wenn man zum Beispiel auf der linken Hand reitet, tritt das Pferd beim Schenkelweichen hinten rechts vermehrt unter, die Schenkelhilfen (a) für junge Pferde sind schon die richtigen zum Linksangaloppieren, der Schwerpunkt von Pferd und Reiter liegt schon über der rechten Hinterhand, und zusammen mit der Halsstellung nach rechts bietet es sich direkt an, das junge Pferd aus dem Schenkelweichen heraus links angaloppieren zu lassen.

3. *Angaloppieren bei Übergängen: Schritt—Trab, Schritt—Halten:*

Wie wir ein junges Pferd vom Trab zum Schritt und vom Schritt zum Halten durch-

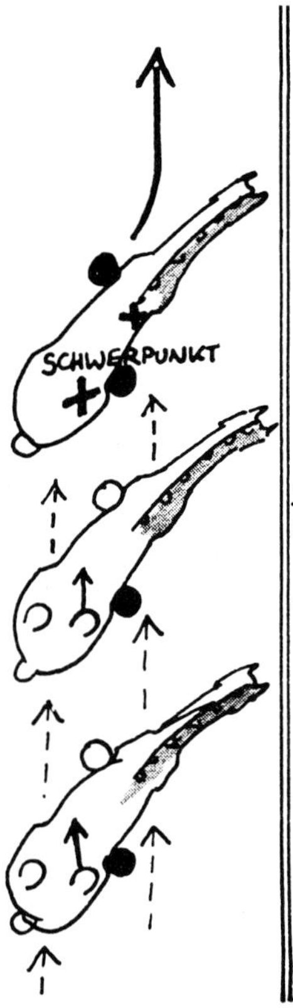

Bild 362. Angaloppieren aus dem Schenkelweichen heraus.

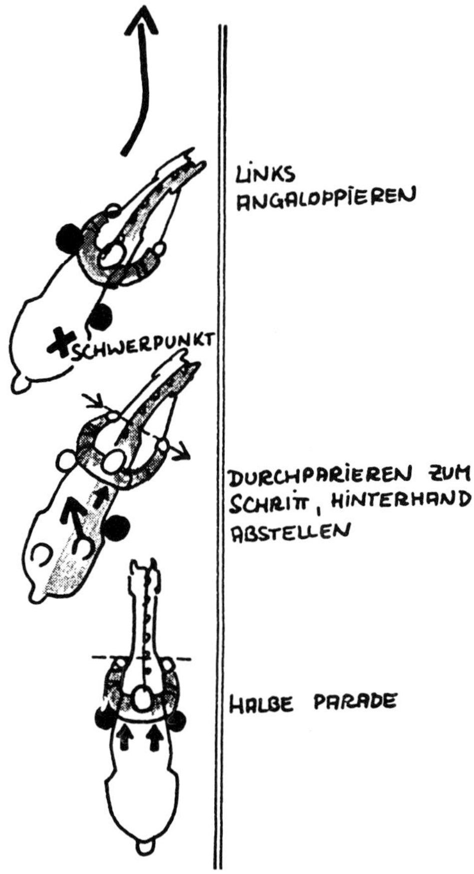

Bild 363. Angaloppieren bei Übergängen.

parieren, ist am Anfang der Spring-Dressur beschrieben worden. Da wir am Anfang des Trainings — und auch später zu Beginn jeder Stunde — immer wieder mit einem Seitwärtsschwingen der Hinterhand durchparieren, bietet sich auch das einseitige Unterschieben der Hinterhand zum Angaloppieren an: Man trabt zum Beispiel auf der linken Hand und pariert zum Schritt durch, indem man mit dem rechten Schenkel hinter dem Gurt treibt. Das Pferd weicht demzufolge mit der Hinterhand in die Bahn aus, und das rechte Hinterbein tritt vermehrt unter, bereit, das ganze Gewicht von Pferd und Reiter beim Linksangaloppieren zu tragen.

Der Reiter sitzt schon richtig und belastet den rechten Gesäßknochen. Die Schenkel liegen richtig, die leichte Rechtsstellung des Halses begünstigt das Vorgreifen der linken Vorhand bei dem noch verhältnismäßig wenig gerittenen Pferd. Auf den vermehrt am Gurt treibenden linken Schenkel hin, zusammen mit den vorhin beschriebenen korrekten Galopphilfen, springt das Pferd im Linksgalopp an.

4. *Angaloppieren aus der Wendung um die Vorhand heraus:*

Dies wurde schon in dem Kapitel „Wendung um die Vorhand“ beschrieben. Es wird hier nur der Vollständigkeit halber noch einmal erwähnt.

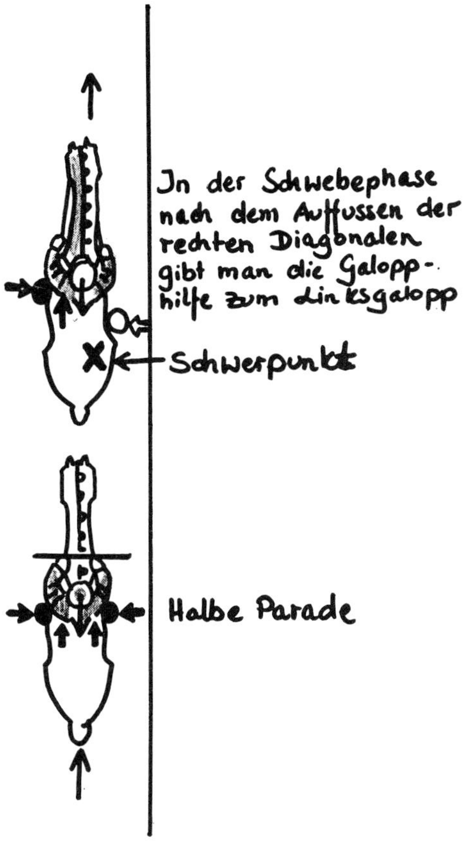

Bild 364. Angaloppieren auf der Geraden aus dem Trab heraus.

5. *Angaloppieren aus der Wendung um die Hinterhand heraus:*

Auch dies wurde schon in dem Kapitel „Wendung um die Hinterhand“ beschrieben.

6. *Angaloppieren auf der Geraden aus dem Trab heraus:*

Wenn das Pferd aus der Seitwärtsbewegung heraus willig angaloppiert, wird es auch keine Schwierigkeiten machen, wenn man auf der Geraden angaloppieren will.
Am leichtesten fällt es dem Pferd natürlich, aus dem Trab heraus anzugaloppieren, und zwar beim Aussitzen. Da der Zweitakt des Trabes von den Schwebemomenten unterbrochen wird, kann das Pferd verhältmäßig leicht im Schwebemoment zum Dreitakt des Galopps wechseln (wie schon am Anfang erwähnt wurde.) Da es aber jetzt auf der Geraden angaloppiert, muß man darauf achten, daß das Pferd dabei die Hinterhand nicht mehr seitwärts schwingt. Das Pferd muß jetzt von Kopf bis Schweif in sich gerade bleiben, mit leichtem Nachgeben nach innen.

7. *Angaloppieren aus dem Schritt heraus und*

8. *Angaloppieren aus dem Halten heraus:*

Um aus dem Halten heraus korrekt angaloppieren zu können, muß das Pferd ver-

Bild 365. Um aus dem Halten heraus korrekt angaloppieren zu können, muß das Pferd versammelt auf allen vier Beinen stehen (links), es darf nicht ein Hinterbein entlasten (Mitte) oder offen stehen (rechts).

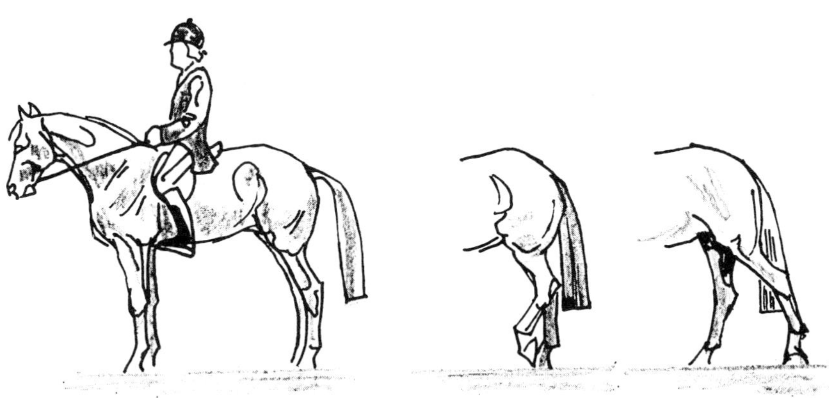

sammelt auf allen vier Beinen stehen. Es darf nicht ein Hinterbein entlasten oder offen stehen (siehe Bild 365). Die Hilfen zum Angaloppieren auf der Geraden aus dem Schritt und aus dem Halten heraus sind einfach die normalen, korrekten Hilfen zum Angaloppieren, wie wir sie beschrieben haben. Nur muß das Pferd schon einen höheren Ausbildungsgrad haben und sich willig versammeln lassen. Es muß erst lernen, auf einen beiderseitigen Schenkeldruck hinter dem Gurt hin mit beiden Hinterbeinen gleichzeitig vermehrt unterzutreten und die Hinterhand entsprechend zu senken. Das kann man jedoch im ersten Jahr der Ausbildung noch nicht verlangen.

9. *Angaloppieren aus dem Rückwärtsrichten heraus:*

Siehe Kapitel „Rückwärtsrichten".

10. *Angaloppieren aus den Seitengängen heraus:*

Das Angaloppieren aus den Seitengängen heraus ist eine ideale Schulung für ein Springpferd und wird im zweiten Ausbildungsjahr in dem Kapitel „Seitengänge" beschrieben.

Der einfache Galoppwechsel

Den einfachen Galoppwechsel übt man am besten beim Handwechsel durch die ganze Bahn. Wenn man zum Beispiel auf der linken Hand galoppiert, wechselt man durch die ganze Bahn.

Man bereitet das Pferd mit einer halben Parade darauf vor, daß man zum Trab durchparieren will, das heißt, man treibt das Pferd mit Kreuz und Schenkel vermehrt in die Hand, die einfach aufhört, der Bewegung des Pferdemaules zu folgen, also nicht rückwärts wirkt. Damit bereitet man das Pferd während der letzten Galoppsprünge so auf den Übergang zum Trab vor, daß es die Hinterhand unterschiebt

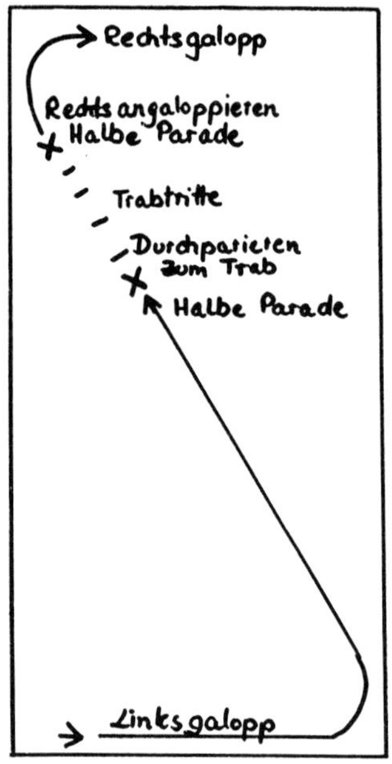

Bild 366. Einfacher Galoppwechsel.

und nicht auf die Vorhand kommt, wie man es so oft sieht. — Für ein Springpferd ist es besonders wichtig, daß es lernt, alle Wechsel mit untergeschobener Hinterhand zu machen, da jedes Auf-die-Vorhand-Kommen im Parcours Fehler mit sich bringen würde.

Etwa zwei Pferdelängen vor Erreichen des Hufschlages wechselt man nach der oben beschriebenen Vorbereitung zum Trab über und sitzt aus. Wie ich schon beim Angaloppieren erklärt habe, fällt es dem Pferd leichter, aus dem Trab anzugaloppieren als aus dem Schritt, da es während der Schwebephase die Beinfolge wechseln kann. — Deshalb übt man am Anfang den einfachen Galoppwechsel mit Trabzwischentritten.

Auch während der Trabtritte muß das Pferd fleißig angetrieben werden, damit auch in dieser Phase des einfachen Wechsels die Hinterhand aktiv bleibt. — Die Trabzwischentritte müssen schon deshalb fleißig und erhaben sein, damit wirklich ein Schwebemoment entsteht, aus dem heraus das Pferd in den Rechtsgalopp übergehen kann. (Später kann man die Anzahl der Trabtritte bis auf zwei reduzieren.) Dann galoppiert man vor Erreichen des Hufschlags rechts an.

Wenn das Pferd gelernt hat, bei dem einfachen Galoppwechsel mit einigen versammelten Trabzwischentritten im Gleichgewicht zu bleiben (mit nach hinten verlagertem Schwerpunkt), und wenn es das auch bei nur zwei Zwischentritten noch bleibt, dann — aber erst dann — sollte man anfangen, den einfachen Galoppwechsel mit Schrittzwischentritten zu üben. Fängt man damit zu früh an, kommt das Pferd bei der Parade vom Galopp zum Schritt unweigerlich auf die Vorhand.

Einfacher Wechsel mit Schrittzwischentritten:

Man galoppiert zum Beispiel auf der linken Hand und wechselt durch die ganze Bahn. Etwa drei Pferdelängen vor dem Hufschlag gibt man eine halbe Parade und geht zum Trab über (aussitzen). Nach ein bis zwei Trabtritte (die versammelt sein müssen) gibt man wieder eine halbe Parade und geht zum Schritt über. Nach zwei bis drei Schritttritten galoppiert man rechts an.

Alle Übergänge müssen geschmeidig geritten werden; der Vorwärtsdrang muß deutlich sichtbar erhalten bleiben. Das Pferd soll in guter Versammlung bleiben und leicht am Gebiß kauen. Während des Wechsels soll das Pferd von Kopf bis Schweif in sich gerade bleiben; galoppiert man rechts an, soll es allerdings nach rechts etwas nachgeben.

Wenn das Pferd später so weit fortgeschritten ist, daß es auch während dieses einfachen Galoppwechsels mit Schrittzwischentritten schön im Gleichgewicht bleibt, dann kann man die Anzahl der Zwischentritte reduzieren, bis man mit einem Schrittzwischentritt auskommt — dann ist der Schritt zum fliegenden Galoppwechsel nur noch klein.

Rückwärtsrichten

Rückwärtsrichten ist eine unnatürliche Bewegung für das Pferd. Seine natürliche Bewegung ist vorwärts. Beim Grasen auf der Weide geht das Pferd vorwärts. Wenn es versehentlich an einem guten Büschel vorbeigegangen ist, geht es nicht rückwärts zurück, sondern geht oder grast in einem Bogen zu dem verpaßten guten Büschel Gras zurück.

Da das Rückwärtsrichten also dem Pferd nicht angeboren ist, ist es Aufgabe des Ausbilders, dem Pferd das Rückwärtsrichten mit Geduld und vor allem mit Verständnis beizubringen.

Das Ziel: das Pferd muß lernen, mit untergeschobener Hinterhand, die Sprunggelenke dicht beieinander, im Zweitakt gleichmäßig diagonal rückwärts zu treten. Die äußere Haltung des Pferdes soll der in der Vorwärtsbewegung entsprechen; das Pferd soll beim Rückwärtstreten genauso losgelassen am Zügel stehen wie beim Vorwärtsgehen.

Wenn das Pferd diese unnatürliche Bewegung schon an der Hand gelernt hat, ist es nicht so schwierig, es auch unter dem Reiter korrekt rückwärts treten zu lassen (siehe Kapitel „Arbeit an der Hand“).

Man muß nur logisch vorgehen. Viele Reiter machen den Fehler und fangen viel zu früh mit dem Rückwärtsrichten unter dem Reiter an. Sie versuchen ihr junges Pferd mit den Zügeln rückwärtszuziehen, bevor es überhaupt die verschiedenen Schenkelhilfen kennengelernt hat. Das bloße Rückwärtsziehen unter dem Reiter hat den gleichen schlechten Einfluß auf das Maul und die ganze Bewegung wie das Rückwärtsrichten am langen Zügel oder an der Doppellonge. In diesen Fällen wird die Rückwärtsbewegung durch Rückwärtsziehen erzwungen. Wie schmerzhaft das für ein Pferdemaul sein muß, kann man sich nicht nur vorstellen, sondern auch am Resultat sehen.

Es ist erstaunlich, wie viele Reiter glauben, ein Pferd rückwärtsziehen zu können. Durch diesen Irrtum mißhandeln sie das Maul des Pferdes, das schließlich wund wird. Durch den ständigen Schmerz gibt das Pferd nicht etwa nach, sondern es geht noch heftiger gegen die Hand an. Es lernt schnell, daß der Schmerz nachläßt, wenn

es nur hart genug gegen das Gebiß angeht. So schaffen Reiter sich durch Unwissenheit oder Ungeduld die größten Probleme.
Man darf erst dann mit dem Rückwärtsrichten unter dem Reiter beginnen, wenn das Pferd sicher an den Schenkelhilfen steht und genau den Unterschied zwischen vorwärts- und seitwärtstreibendem Schenkel gelernt hat.

Hilfen

Die Hilfen zum Rückwärtsrichten sind vorwärtstreibende Gesäß- und Schenkelhilfen — wie zum Anreiten.
Der Unterschied, der das Pferd zum Rückwärtsrichten veranlaßt, ist die Tatsache, daß

pariert erst fünf- oder sechsmal nur zum Halten durch.
Das mehrmalige korrekte Durchparieren zum Halten ist ausschlaggebend für das Rückwärtsrichten. Man läßt das Pferd nach dem Halten am Zügel stehen (dritte Zügelhilfe: Hände öffnen und schließen, so daß das Pferd leicht kaut) und reitet mit mitgehender Hand wieder an.
Nachdem man mehrere Male mit mitgehender Hand und treibenden Hilfen angeritten ist, bleibt dann nach dem nächsten Halten die Hand passiv stehen, während die treibenden Hilfen genauso einwirken wie vorher beim Anreiten.
Da unser Pferd volles Vertrauen in die Reiterhand hat — weil es niemals rück-

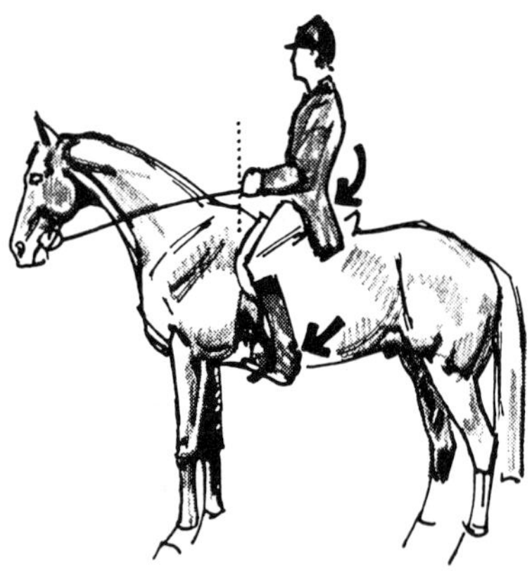

Bild 367. Das Pferd steht mit untergeschobener Hinterhand gut an den Hilfen. Der Reiter treibt mit Kreuz und Schenkeln gegen die passiv stehende Hand.

Bild 368. Daraufhin tritt das Pferd taktmäßig mit untergeschobener Hinterhand rückwärts.

die Zügelhand nicht wie beim Anreiten leicht mitgeht, sondern passiv bleibt (also weder vorwärts noch rückwärts geht). Wenn das Pferd jetzt auf die treibenden Kreuz- und Schenkelhilfen hin antreten will, stößt es sich sozusagen an der passiv verharrenden Hand nach rückwärts ab.
Natürlich ist die Sache nicht ganz so einfach, wie sie sich liest. Man muß das Pferd langsam auf diese Hilfen vorbereiten.
Die Vorbereitung beginnt mit einer halben Parade. Auch dann geht man noch nicht direkt zum Rückwärtsrichten über, sondern

wärts im Maul belästigt wurde —, ist es so gehorsam, daß es gegen die Barriere der stehenden Hand nicht angeht, sondern sich daran abstößt und ohne jede Eile rückwärts tritt.
Richtig waren die Hilfen, wenn das Pferd taktmäßig rückwärts tritt — das diagonale Beinpaar gleichzeitig und gleich hoch abfußt. Der höchste Punkt des Pferdes liegt zwischen den Ohren; Nase und Hüfte bilden eine Waagerechte, die Nase ist vor der Senkrechten, die Hinterhand ist gut untergeschoben.

Die Schenkel wachen gleichzeitig darüber, daß das Pferd gerade rückwärts tritt. Weicht es seitlich aus, treibt der Schenkel der betreffenden Seite verwahrend hinter dem Gurt, um das Pferd auf der Geraden zu halten.

Vor dem Rückwärtsrichten muß der Reiter genau wissen, wie viele Tritte sein Pferd rückwärts treten soll. Am Anfang würde ich nicht mehr als zwei bis vier Tritte verlangen. Das Pferd darf keinen Tritt mehr machen, als der Reiter sich vorgenommen hatte.

Wenn sich das Pferd gegen das Rückwärtsrichten wehrt, reitet man es gegen die Bande. Dann veranlaßt man es durch kräftiges Treiben mit Kreuz und Schenkeln zum willigen Rückwärtstreten. Das Halten gegen die Bande, auch aus dem Trab und Galopp, ist eine gute Übung, um die Hinterhand unterzubringen. Außerdem ist diese Lektion dazu geeignet, dem Pferd beizubringen, geschlossen und mit untergeschobener Hinterhand zu stehen, was besonders für Dressurprüfungen wichtig ist.

Nach dem Rückwärtsrichten muß man wieder anreiten, ohne zu halten, denn das Rückwärtsrichten ist ein Test für Reaktionsfähigkeit und Rittigkeit des Pferdes und eine Probe, ob es auch beim Vorwärts-Rückwärts-Vorwärtswechsel noch im Gleichgewicht bleibt und die Vorwärtsbewegung nicht verlorengeht.

Die Tatsache, daß beim korrekten Rückwärtsrichten die Hinterhand aktiviert, untergeschoben und gesenkt wird, nutzt man in den ersten Monaten dazu aus, das junge Pferd nach dem letzten Rückwärtstritt gleich energisch nach vorwärts antreten und abkauen zu lassen. Durch die Schubkraft der Muskeln und Gelenke der als Sprungfeder gesenkten Hinterhand bleibt das Pferd trotz tiefer Halsstellung und fleißigem Vorwärtsgehen im Gleichgewicht.

Später wendet man die zweite und dritte Zügelhilfe an. Erst wenn das Pferd das alles zufriedenstellend ausführt, läßt man es nach dem letzten Rückwärtstritt ohne Zwischentritt antraben oder angaloppieren.

Damit ein korrektes Angaloppieren aus dem Rückwärtsrichten heraus gelingt, muß der Reiter in der Lage sein zu spüren, welches diagonale Beinpaar gerade auffußt. Der richtige Augenblick, um die Hilfen zum Beispiel für den Rechtsgalopp zu geben, ist, wenn das linke Vorder- und das rechte Hinterbein auftreten. In diesem Moment ist das linke Hinterbein unter den Körper geschoben und kann ohne Zwischentritt zum ersten Galoppsprung wegschieben

Bild 369. Wenn das Pferd sich gegen das Rückwärtsrichten wehrt, reitet man es gegen die Bande.

Bild 370. Man nutzt die Schubkraft der Hinterhand aus und läßt das Pferd sich nach vorne-unten strecken und energisch antreten.

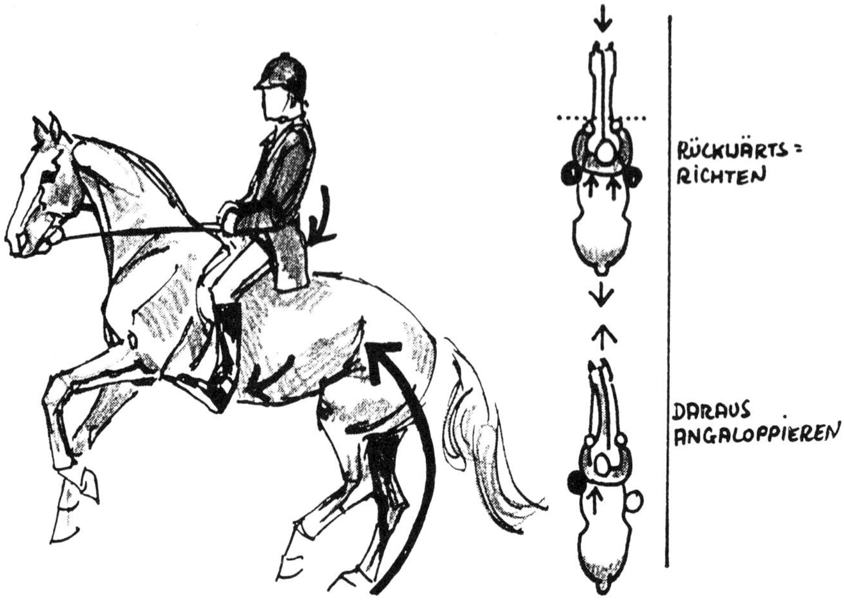

Bild 371. Angaloppieren im Linksgalopp aus dem Rückwärtsrichten heraus ohne Halten.

(siehe Bild 353, Seite 191, Fußfolge im Rechtsgalopp).

Auftreten von Schwierigkeiten

Wenn ein junges Pferd nicht sofort versteht, was man beim Rückwärtsrichten von ihm verlangt, darf der Reiter auf keinen Fall die Geduld verlieren und doch am Zügel rückwärtsziehen. Er muß nachdenken: Das Pferd ist an der Hand willig zurückgetreten. Um ihm den Übergang zum Rückwärtsrichten unter dem Reiter leichter zu machen, stellt man wieder einen Helfer vor das Pferd. Wenn es nicht genügt, daß er einfach dasteht, muß er mit einer Gerte an die Kronen der Vorderbeine ticken. – Gleichzeitig gibt man die korrekten Hilfen zum Rückwärtsrichten.

Bild 372. Hilfeleistung bei Schwierigkeiten.

Wenn man keinen Helfer zur Verfügung hat, kann man sich anders helfen: Man reitet im Schritt auf die Bande der Bahn (oder die Einzäunung der Weide oder des Reitplatzes) zu und treibt mit Kreuz und Schenkeln, bis man am Zaun angekommen ist. Dann treibt man weiter gegen die passive Hand. Der Zaun wird die Wirkung der passiven Hand unterstützen, so daß man auch dann nicht rückwärts zu ziehen braucht. Nur muß man in diesem Fall mit beiden Schenkeln etwas mehr hinter dem Gurt treiben, damit die Hinterhand nicht seitlich ausweicht.

Pferde, die nicht gerade rückwärtsrichten

205 wollen, haben meistens auf der Seite, nach der sie ausweichen, ein steifes Sprunggelenk. Sie wollen der Biegung des Sprunggelenkes beim Rückwärtsrichten zur Seite hin ausweichen. Um das steife Hinterbein und Sprunggelenk zu schulen, läßt man das Pferd mit der steifen Seite an der Bande rückwärtstreten. Dann kann es nicht ausweichen und wird ohne Gewaltanwendung gezwungen, das steife Hinterbein unterzuschieben. Bei weniger schweren Fällen reicht der weiter hinter dem Gurt seitwärtstreibende Schenkel, um das Pferd auf der Geraden zu halten.

Nicht oder falsch entwickelt ist die Rücken- und Hinterhandmuskulatur, wenn die Hinterhand seitwärts schwingt, die Hinterbeine auseinandergehen, über den Boden schleifen oder ruckartig übertrieben hochgerissen werden. In jedem dieser Fälle muß man das Pferd zuerst entsprechend lösen und bemuskeln. Am besten longiert man mit dem Chambon, und zwar hauptsächlich auf der steifen Seite. Gewaltsames Rückwärtsrichten kann in diesen Fällen nicht nur einen zerstörenden Einfluß auf das Maul, sondern auch auf die Gelenke der Hinterhand haben.

6 Springtraining im ersten Jahr

Cavaletti-Arbeit

Zu Beginn eine Warnung

Bevor wir anfangen, unser junges Pferd über Cavalettis und Stangen zu arbeiten, muß ich allen Reitern und Ausbildern das englische Sprichwort ins Gedächtnis rufen:
"When all is said and done
When all is taught which can be taught
And all is learned which can be learned
Anything to do with horses will still retain
Its intrinsic element of danger."
Zu deutsch: Wenn man alles gesagt hat, was überhaupt zu sagen ist, und man alles gelehrt hat, was überhaupt zu lehren ist — so bleibt doch alles, was mit Pferden zu tun hat, gefährlich.

Die meisten Unfälle, die beim Reiten oder mit Pferden passieren, hätten durch etwas mehr Überlegung oder durch Vorsichtsmaßnahmen verhütet werden können (das gilt sowohl für Unfälle des Reiters als auch für solche des Pferdes). Ein Reiter sollte niemals, und besonders nicht beim Springen, ohne harte Reitkappe reiten. Viele Gehirnerschütterungen oder schwere Verletzungen hätten allein durch das Tragen einer harten Kappe vermieden werden können.

Leider wird in Deutschland jeder, der mit einer Reitkappe zum Training oder zum Unterricht erscheint, mitleidig belächelt oder als Angeber und Sonntagsreiter gehänselt. — In England, Irland, Australien etc. sind Reitkappen in den meisten Reitschulen Vorschrift. Die Unfallversicherungen dieser Länder kommen nur dann für den Schaden auf, wenn der Reiter die amtlichen Vorsichtsmaßnahmen befolgt hat — und dazu gehört in erster Linie eine harte Reitkappe. Ich habe dreimal erlebt, daß Damen beim Reiten mit dem Tragen einer Kappe ihre Frisur für den Abend nicht ruinieren wollten — alle drei endeten nicht auf der Party, sondern mit einer Gehirnerschütterung im Krankenhaus.

Aus Vorsichtsgründen sollte man niemals mit zu langen Zügeln springen oder auch nur reiten. Der Zügel wird beim Springen kürzer gefaßt, die Bügel sind verkürzt.

Sind die Zügel zu lang, so kann es passieren, daß man sich mit dem Fuß in der herunterhängenden Zügelschlaufe verfängt.

Das Bügelriemenschloß muß immer offen und gut geölt sein. Dennoch kann man immer wieder Sättel sehen, bei denen man trotz offenem Schloß den Bügelriemen nur unter großen Mühen herausbekommt. Es ist jedoch wichtig, daß der Riemen leicht rückwärts herausgleiten kann, damit der Reiter bei einem Sturz nicht hängenbleibt. — Am sichersten sind die beweglichen Bügelschlösser, wie sie bei dem hervorragenden Sattel der Saumur-Schule angebracht sind.

Man sollte beim Springen auch immer

 einen Übergurt anlegen. Soweit die wichtigsten Vorsichtsmaßnahmen.

Wer zu Hause ein oder zwei Springpferde ausbildet, hat nicht gleich einen ganzen Hindernispark zur Verfügung. Ganz ohne Material jedoch kann man kein Springpferd trainieren.
Als notwendigstes Material braucht man:

12 Cavalettis,
4 Ständer,
3 Stangen,
8 Fänge.

Wenn möglich sollte man auch ein Einzelhindernis haben, etwa ein Gatter.
Mit diesem Hindernismaterial kann man die Grundausbildung des Springpferdes zu Hause durchführen. Wenn das junge Pferd dabei genügend Sicherheit gewonnen hat und schon etwas mehr bemuskelt ist, kann man es ab und zu mit zu Freunden nehmen, die vielleicht mehr Hindernisse haben. Dadurch gewöhnt das Pferd sich erstens an das Reisen im Anhänger und außerdem an eine fremde Umgebung und an fremde Hindernisse. Davon profitieren Pferd und Reiter, wenn man später zu Turnieren geht, da das Pferd dann schon an fremde Umgebungen gewöhnt ist.
Wann man mit der Arbeit über Stangen und Cavalettis beginnen und wie oft man sie im ersten halben Jahr und wie oft im zweiten halben Jahr durchführen soll, ist aus dem Arbeitsplan ersichtlich.
Die ganze Arbeit über Cavalettis hat aber nur dann Sinn, wenn der Reiter korrekt im leichten Sitz reitet.
Man darf über Cavalettis nur im leichten Sitz reiten, unabhängig davon, in welcher Gangart geritten wird. – Ich weise deshalb hier noch einmal auf die Einzelheiten des leichten Sitzes hin, wie sie im Kapitel „Der Sitz“ ausführlich beschrieben sind.
Leider sieht man immer wieder Reiter, die fälschlicherweise im Leichttraben über Cavalettis reiten, womit man natürlich die erhoffte Bascule des Pferderückens stört. – Und zwar sollte auch das Anreiten im leichten Sitz erfolgen. Man darf also nicht im Leichttraben anreiten und erst über dem ersten Cavaletti in den leichten Sitz übergehen. Die plötzliche Verlagerung des Oberkörpers nach vorne bringt den Schwerpunkt des Reiters auf die Vorhand des Pferdes. Das Pferd wird aus dem Gleichgewicht gebracht und muß schneller werden, um unter dem Schwerpunkt des Reiters zu bleiben.
Je mehr man den leichten Sitz übt, auch ohne Cavaletti, desto mehr entwickelt der Reiter die entsprechenden Muskeln und desto leichter fällt es ihm, in jeder Lage ausbalanciert im leichten Sitz zu sitzen.

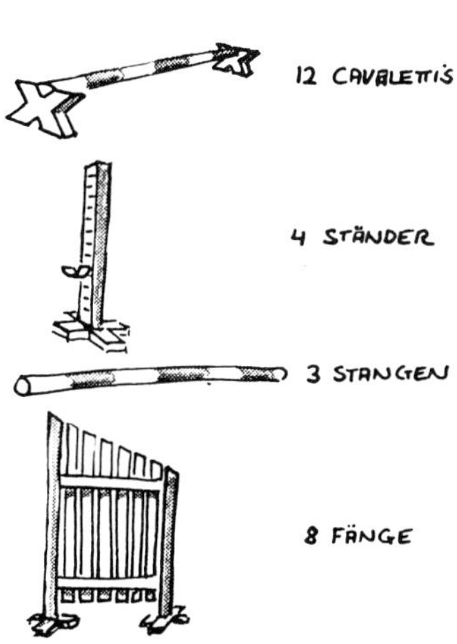

Bild 373.

Bild 374. Dieser Reiter macht den Fehler, bei jedem Sprung nach links hinunterzusehen.

Bild 375. Der Reiter lehnt über dem Sprung so extrem nach links, daß das Pferd große Mühe hat, die Balance zu halten.

Deshalb also — auch im Schritt — zwischen den einzelnen Übungen und beim Anreiten im leichten Sitz reiten.
Geradeaus sehen: Da es wichtig ist, das Pferd auf beiden Seiten gleichmäßig zu entwickeln, muß der Reiter über den Cavalettis immer geradeaus sehen und beide Bügel gleichmäßig belasten, damit das Reitergewicht gleichmäßig verteilt ist.
Viele Reiter, auch solche mit internationaler Erfahrung, haben die schlechte Angewohnheit, über dem Sprung immer auf der linken Seite des Pferdehalses zu liegen (siehe Bild 375). Sichtbares Zeichen davon ist bei solchen Reitern nach dem Durchreiten eines Parcours oft eine graue Stelle auf der rechten Schulter des Reitrocks vom dauernden Berühren der Pferdemähne. Dieses Verlagern des Gewichts nach links zwingt das Pferd jedesmal, im Linksgalopp zu landen. Das ist falsch, da die meisten Parcours eine gleiche Anzahl von Links- und Rechtswendungen enthalten. Das Jackett sollte also zumindest auf beiden Schultern graue Stellen haben oder — noch besser — gar keine.

Mexikanische Zügelführung

Ich habe schon in dem Kapitel „Zügel aufnehmen und verkürzen“ darauf hingewiesen, daß beides in der mexikanischen Zügelführung besonders einfach ist.
Für Reiter mit harter Hand, die nicht das richtige Feingefühl für eine stete Anlehnung im leichten Sitz und im Sprung haben, ist es sehr lehrreich, einmal eine Zeitlang mit der mexikanischen Zügelführung zu reiten.
Bei dieser Zügelführung werden nicht, wie normal, die stark entwickelten Oberarmmuskeln gebraucht, sondern die weniger entwickelten Unterarmmuskeln, so daß Reiter und Pferd sich an eine feinere Zügelanlehnung gewöhnen.
Diese Zügelführung braucht man ja nicht auf dem Turnier anzuwenden, obwohl das auch nicht schaden würde, denn ihr Zweck ist es, die fehlerhafte, zu harte oder gefühllose Hand eines Reiters zu korrigieren. Wenn ein Reiter nur auf der rechten Hand zu hart ist, übt er die neue Zügelführung eben nur rechts, ist er dagegen auf beiden Händen hart und dreht die Ellbogen nach außen, läßt man ihn mit beiden Händen die mexikanische Zügelführung üben.

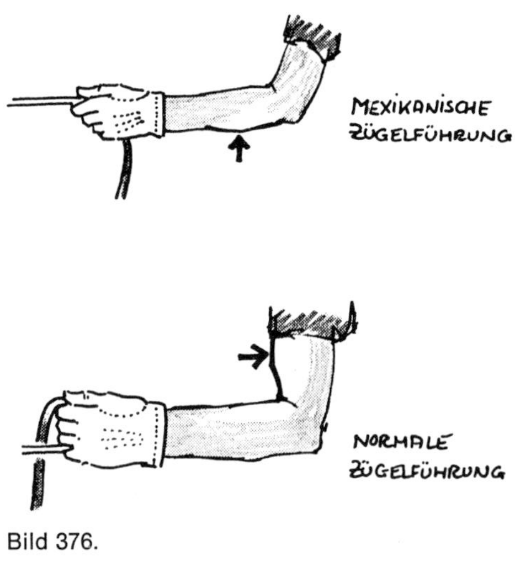

Bild 376.

Wenn das Pferd beim Freispringen ohne Reiter Erfahrung gesammelt hat, darf man trotzdem nicht erwarten, daß es nun unter dem Reiter genauso gut springt. Selbst wenn der Reiter still sitzt und keinen Einfluß auf das Pferd ausübt, wird das junge Pferd jetzt beim Springen durch das Reitergewicht so aus der Balance gebracht, daß es sein natürliches Gleichgewicht erst wiederherstellen muß wie nach dem ersten Einreiten.

Um dem Pferd Zeit zu lassen, bei der ersten Cavaletti-Arbeit sein Gleichgewicht wiederzufinden, und um den Reiter den leichten Sitz üben zu lassen, wird zuerst nur im Schritt und Trab über Cavalettis, die auf Mindesthöhe liegen, geritten.

Aufbau

Man beginnt die Arbeit im Schritt über ein flach am Boden liegendes Cavaletti, nach und nach fügt man weitere Cavalettis hinzu, bis vier Cavalettis in einer Reihe liegen, Abstand etwa 1 Meter bis 1,10 Meter. Der Abstand hängt von der individuellen natürlichen Bewegung des Pferdes ab. Bei Pferden mit kurzem Schritt legt man die Cavalettis erst auf 90 Zentimeter Abstand. Um den Schritt des Pferdes allmählich zu verbessern, das heißt zu verlängern, erweitert man die Abstände, hinten anfangend, bis das Pferd frei und losgelassen über den normalen Abstand treten kann. Man kann sich vergewissern, ob der Abstand der Cavalettis richtig ist, indem man die Hufspuren kontrolliert: Sie müssen genau in der Mitte zwischen zwei Stangen liegen.

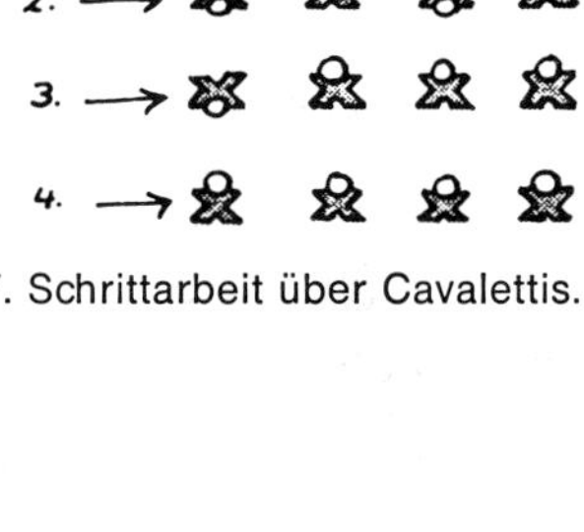

Bild 377. Schrittarbeit über Cavalettis.

Wenn das Pferd, ohne zu eilen, in ruhigem, losgelassenem Schritt mit langem Hals und tiefer Nase über diese vier Cavalettis geht, kann man anfangen, das letzte Cavaletti aufzustellen, dann das zweite (also das mittlere der drei noch flach liegenden Cavalettis) und dann das dritte und schließlich das erste.

Durch diese Schrittarbeit über die erst verschieden hohen und dann aufgestellte Cavalettis lernt das junge Pferd seine Beine hochzunehmen. Auch seine Rücken- und Lendenmuskulatur wird gearbeitet und geschmeidig gemacht. Das Pferd wird lernen, besonders beim ersten Cavaletti aufzupassen. Im Notfall wird es die letzten Schritte verlängern, damit der Abstand paßt.

Wenn das Pferd gelernt hat, von sich aus nach vorne hin auszugleichen, wird es das auch tun, wenn es später im Trab über Cavalettis geht oder auch im Galopp. — Der Hauptsinn der Cavaletti-Arbeit ist, daß das Pferd mit Selbstvertrauen seinen eigenen Absprung findet. Das Pferd bekommt allmählich nämlich so viel Sicherheit darin, daß es sich auch später bei größeren Hindernissen seinen eigenen Absprung sucht (und in schwierigen Situationen mit dem Reiter zusammenarbeitet).

Deshalb darf man von Anfang an niemals zulassen, daß das Pferd zum Ausgleichen einen kleinen Zwischentritt einlegt. Darauf muß man schon jetzt bei der Schrittarbeit achten. Die freie Vorwärtsbewegung muß in jedem Falle erhalten bleiben. Wenn man merkt, daß das Pferd vor den Cavalettis langsamer wird, muß man es durch treibende Hilfen in seinem Tempo halten. Also nicht bei jedem Ausreiten treiben, sondern den Rhythmus fühlen (mitzählen). Nur wenn das Pferd den Rhythmus verlangsamt, treibt man, damit das Tempo gleichmäßig bleibt. — Auch über den Cavalettis treibt man, wenn man fühlt, daß das Pferd sein Tempo verlangsamt — aber nur dann.

Für die Arbeit im Trab gilt das gleiche. Man beginnt wieder mit einem einzelnen,

Bild 378 (oben links und rechts). Cavalettiarbeit im Trab im leichten Sitz. Der Rücken wird in keiner Phase belastet, wie das beim Leichttraben und Aussitzen der Fall wäre. Die Nase des Pferdes bleibt vertrauensvoll vorgestreckt.

Bild 379 (unten). „Fresko" erfolgreich beim internationalen Turnier in Aachen unter G. Wiltfang.

Fotos Udo Schmidt und Peter Sweetman.

flach liegenden Cavaletti, legt nach und nach weitere drei (Abstand 1,30 Meter) hinzu. Dann stellt man sie, genau wie im Schritt, nach und nach auf, wobei man wieder hinten anfängt.
Richtig ist es, wenn man diese Arbeit über drei Monate hinzieht. Einen Monat lang nur im Schritt und Trab über am Boden liegende Cavalettis, im zweiten Monat stellt man nach und nach die Cavalettis für beide Gangarten auf, und im dritten Monat muß das Pferd dann in der Lage sein, ruhig und gelöst über alle vier aufrecht stehenden Cavalettis zu gehen.

Der nächste Schritt der Ausbildung ist der, daß man hinter die Reihe von vier Cavalettis (sie stehen auf Trababstand) ein Cavaletti im Abstand von 2,50 Meter stellt und drei- bis fünfmal darübertrabt.

Dann stellt man ein anderes Cavaletti auf das letzte, man reitet im Trab drei- bis fünfmal darüber. Über dem doppelten Cavaletti wird das Pferd in Galopp fallen. Dann stellt man in drei Meter Abstand noch zwei Cavalettis auf.
Nachdem man drei- bis fünfmal über diese Reihe gegangen ist, stellt man zwei weitere Cavalettis im Abstand von drei Metern dahinter.
Nachdem man wiederum drei- bis fünfmal darübergegangen ist, stellt man ein drittes Cavaletti auf die letzten zwei, verändert entsprechend der jetzigen Höhe den Abstand von drei Meter auf 3,50 Meter.
Nachdem man diese Reihe drei- bis fünfmal gesprungen hat, stellt man auch auf den vorletzten Zweiersatz ein drittes Cavaletti und verändert auch diesen Abstand auf 3,50 Meter. Bitte an folgendes denken: Wenn man den vorletzten Abstand auf

Bild 380.

Bild 381.

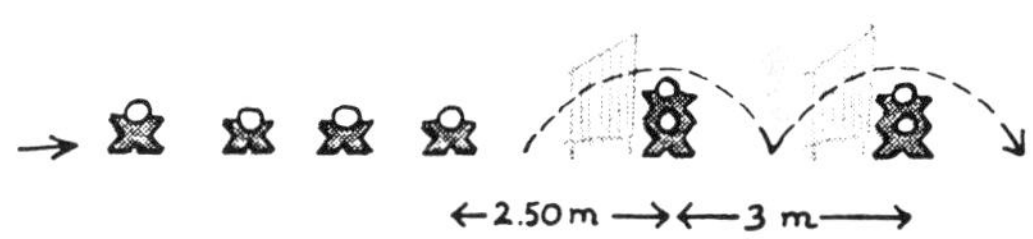

Bild 382.

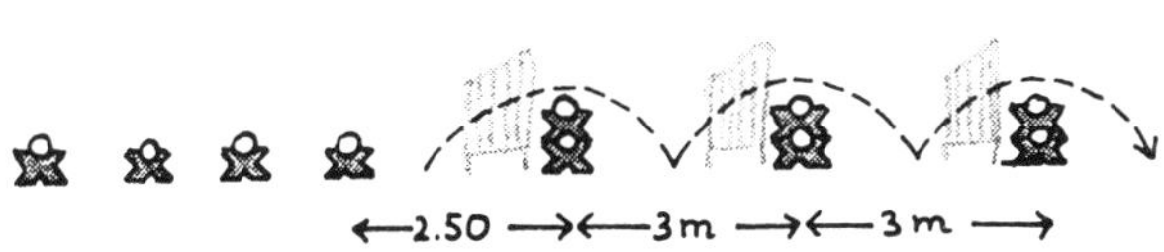

Bild 383.

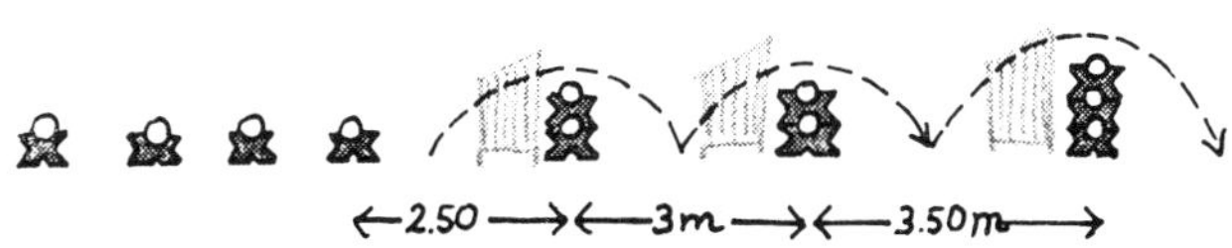

3,50 Meter erweitert, muß man auch die letzten Cavalettis wieder abziehen, damit auch deren Abstand von 3,50 Meter bestehen bleibt.

Danach macht man aus dem letzten Dreiercavaletti einen Oxer, indem man in etwa 60 Zentimeter Abstand eine Stange und zwei Ständer aufstellt. Die Stange soll etwa 5 Zentimeter höher liegen als die drei Cavalettis, manchmal auch gleich hoch.

Nachdem man das dreimal gesprungen hat, vergrößert man den Abstand zum Oxer auf 6,50 Meter.

Man kann diese Reihe noch anders verändern: Das vorletzte der auf Trababstand stehenden Cavalettis stellt man auf das letzte und legt zwei Stangen vor die beiden übriggebliebenen Trab-Cavalettis; auch diese in Trababstand.

Ungefähr im fünften Monat der Cavaletti-Arbeit kann man den Oxer verbreitern, und zwar bis zu 1,20 Meter. Während der ganzen Zeit darf man die Hindernisse nicht höher als drei Cavalettis machen. — Je breiter der Oxer wird, desto schwerer wird es dem Reiter fallen, während der Landephase nicht mit dem Gesäß in den Sattel zu kommen. Es ist aber unbedingt nötig, so perfekt im leichten Sitz zu werden, daß selbst nach einem breiten Oxer das Gesäß nicht den Sattel berührt und die Hände nicht verrutschen. Bitten Sie einen Freund, diese Punkte immer wieder zu kontrollieren.

Das Landen

Das Landen und Weiterreiten nach dem Sprung ist ein ebenso wichtiger Teil des Trainings wie der Sprung selbst.

Viele Pferde versuchen nach dem Landen loszustürmen, andere haben Spaß an der Arbeit, buckeln oder machen sogar einen

Bild 384.

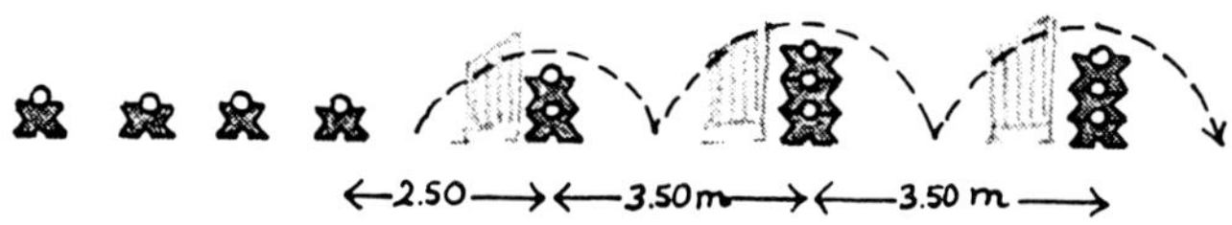

Bild 385.

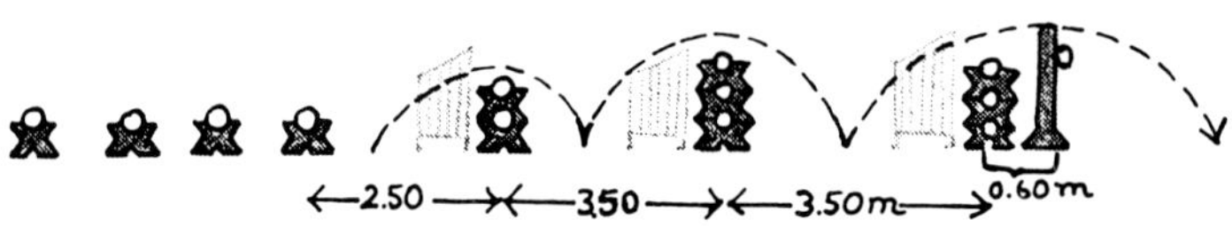

Bild 386.

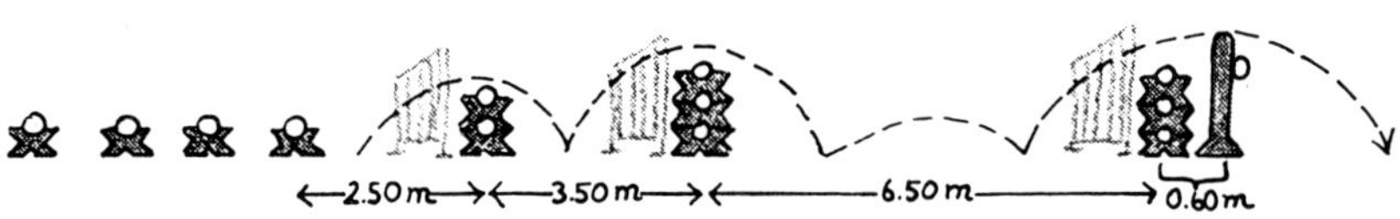

Bild 387.

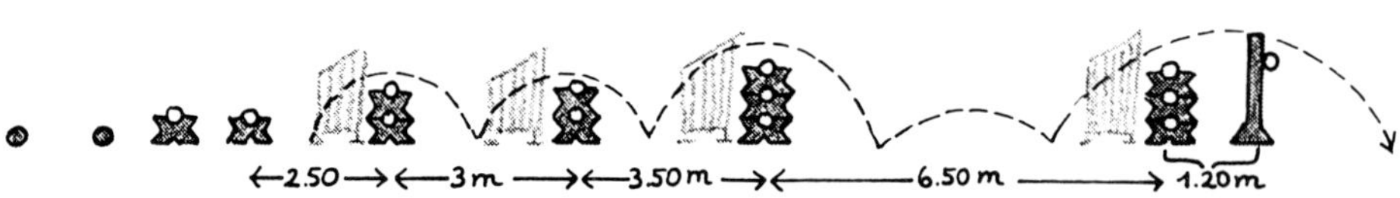

ziemlichen Bocksprung, ehe sie weglaufen. — Das gilt schon jetzt für jedes Stadium des Aufbaues, also schon für das Landen nach dem letzten Hindernis, wenn die Reihe erst aus einem Sprung besteht.

Die Reaktion des Pferdes, das Losstürmen, ist natürlich: Nach dem Sprung ist das Pferd aus dem Gleichgewicht gekommen, die Vorhand ist überbelastet, und das junge Pferd braucht je nach Temperament und Rittigkeit etwa 10 bis 15 Galoppsprünge, um sein Gleichgewicht wiederzufinden. Das bedeutet, daß es dann von allein langsamer wird.

Entsprechend dem Maß, in dem das junge Pferd stärker und seine Rücken- und Nierenpartie besser bemuskelt werden, braucht es weniger Galoppsprünge, um sich auszubalancieren.

Der Reiter darf weder beim Wegstürmen noch bei eventuellen Bocksprüngen den Fehler machen, sich in den Sattel zu setzen und durch vermehrtes Gegenhalten das Tempo einfangen zu wollen. — Den Fehler machen leider viel zu viele Reiter: Ihre normale Reaktion auf ein Weglaufen des Pferdes ist ein vermehrtes Gegenhalten mit der Hand. Sie bleiben im leichten Sitz, fallen womöglich noch mehr vornüber und „ziehen sich die Hände in den Bauch".

Das Pferd bekommt also nicht die Chance, sein Gleichgewicht wiederzufinden, sondern bleibt auf der Vorhand und lernt zu pullen. Dadurch wird aber nicht nur das Maul hart, sondern das Pferd prägt sich sehr schnell die Tatsache ein, daß es nach jedem Landen im Maul gezogen wird — so erzieht man Puller. — Sehr peinlich ist das später im Parcours: Das Pferd wird nach jedem Hindernis losstürmen, in der folgenden Wendung kostbare Sekunden verlieren, den nächsten Sprung unterlaufen oder Vorhandfehler machen. — Allen diesen Schwierigkeiten geht man aus dem Wege, wenn man das Pferd niemals lehrt, zu pullen.

Die richtige Reaktion des Reiters beim Landen ist folgende:

Von Anfang an bleibt man nach dem Landen im leichten Sitz (Gesäß aus dem Sattel), gleichgültig, ob das Pferd buckelt oder losstürmt . . . oder beides gleichzeitig tut.

Der Reiter muß Geduld und Verständnis haben und das Pferd durchparieren, ohne mit den Zügeln gegenzuhalten, so daß das Pferd Gelegenheit hat, sich auszubalancieren.

Stimme zum Durchparieren

Als erstes gebraucht man die Stimme, und zwar gleich nach dem Landen. Man sitzt noch im leichten Sitz und bereitet das junge

Bild 388. Manche Reiter ziehen sich die Hände in den Bauch und das Pferd auf die Vorhand.

Bild 389. Mit der „Notbremse" erzieht man Puller.

Pferd darauf vor, daß man das Tempo verlangsamen will.

Gewichtsverlagerung zum Durchparieren

Nach wenigen Galoppsprüngen geht der Reiter geschmeidig vom leichten Sitz zum Dressursitz über, ohne dabei in den Sattel „zu fallen". Der Reiter richtet sich vermehrt auf (anfangs übertrieben) und verlagert so seinen eigenen Schwerpunkt nach hinten. Das Pferd kennt diese Hilfe und versucht sich dem anzugleichen, indem es seinen Schwerpunkt auf die Hinterhand verlagert, was bedeutet, daß es automatisch langsamer wird.

Schenkel- und Zügelhilfen zum Durchparieren

Man hat die Cavaletti-Reihe auf dem Hufschlag aufgebaut und reitet zum Beispiel auf der linken Hand. — Noch immer im Galopp geht die rechte Hand seitwärts vom Hals weg zur Bande, so daß Kopf und Hals zur Bande gebogen sind.
Der rechte Schenkel treibt weit hinter dem Gurt, so daß das Pferd die Hinterhand in die Bahn schwingt und das rechte Hinterbein vermehrt untertritt.
Alle diese Hilfen zusammen lassen das Pferd zum Trab wechseln, eine Hilfe, die das Pferd schon aus der Spring-Dressur her kennt und willig befolgen wird.
Nach dem Durchparieren zum Trab wendet man die erste Zügelhilfe an und pariert dann mit den gleichen Hilfen zum Schritt und dann zum Halten durch.
Deshalb ist gerade am Anfang die Bande so wichtig. Hat man keine Halle zur Verfügung, kann man die Cavalettis entlang der Einzäunung des Reitplatzes aufbauen.
Hat das Pferd sich willig mit diesem Durchparieren abgefunden, findet es keinen Widerstand in der Hand des Reiters, dann wird es nach und nach immer weniger Galoppsprünge machen. Da es ja auch mit der Zeit immer geschmeidiger wird, kommt bald der Zeitpunkt, da man schon nach zwei bis drei Galoppsprüngen zum Trab durchpariert.

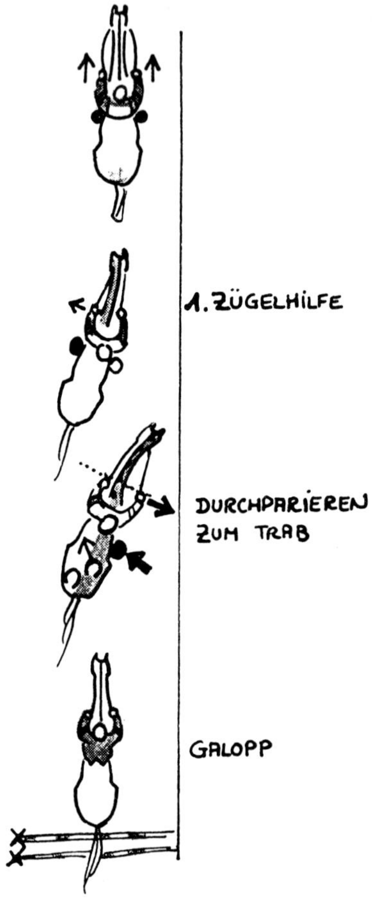

Bild 390.

Dann kann man die Reihe auch in der Mitte der Bahn oder des Platzes aufbauen und sofort nach dem Landen nach dem letzten Hindernis rechts oder links abbiegen und auf den Zirkel gehen. Auf der Zirkellinie pariert man dann mit einem Nach-außen-Schwingen der Hinterhand genauso durch wie an der Bande. (Nur nie geradeaus weiterreiten, das verleitet das Pferd wieder dazu, wegzulaufen.)
Wenn man sich selbst gut in der Hand hat und garantiert nicht mit den Zügeln rückwärts wirkt, wird das Pferd schnell Vertrauen bekommen und von selbst nach wenigen Galoppsprüngen zum Trab und Schritt übergehen.

Ich arbeite immer wieder Pferde, die sofort nach dem letzten Hindernis der Reihe stehenbleiben und auf weitere Kommandos warten. — Wenn man das erreicht hat, dann ist man schon weiter, als man sich im Augenblick vorstellen kann: Dieses Pferd wird später im Parcours nach jedem Sprung auf neue Befehle des Reiters warten. Es wird sich also sofort in die gewünschte Richtung wenden lassen; man kommt sofort nach dem Landen wieder zum Treiben. Wo andere Pferde noch weglaufen, hat dieses Pferd die Hinterhand schon wieder aktiv untergeschoben und geht den nächsten Sprung, auch aus einer Wendung heraus, im Gleichgewicht und in gleichmäßigem Rhythmus an.
Wichtig ist, daß der Reiter Geduld hat und abwarten kann, bis das Pferd seine Muskulatur soweit entwickelt hat, daß es gleich nach dem Landen von selbst seinen Schwerpunkt wieder auf die Hinterhand verlagert. Dann braucht der Reiter seinen Schwerpunkt nicht mehr nach hinten zu verlagern, sondern bleibt dann im leichten Sitz und gebraucht seine vorwärtstreibenden Schenkelhilfen, um das Pferd im Galopp zu halten und mit aktiver Hinterhand das nächste Hindernis anzugehen.

Landen und Wenden

Und noch etwas anderes lernt das Pferd schon jetzt bei der Cavaletti-Arbeit:
Das Pferd lernt über dem letzten Hindernis in der Luft zu wenden und im entsprechenden Galopp zu landen. Das erreicht man durch einfache Gesetze des Gleichgewichts.
Reiter und Pferd sind in Harmonie, wenn der Schwerpunkt des Reiters genau über dem des Pferdes liegt. Durch eine Verlagerung des Schwerpunktes erzielt man gewisse Reaktionen: Wenn der Reiter zum Beispiel seinen Schwerpunkt nach rechts verlagert, wird das ohne Gewalt natürlich ausgebildete Pferd sich dieser Verlagerung anpassen und das gleiche tun: Es wird seinen Schwerpunkt auch nach rechts verlegen und folglich nach rechts abwenden.

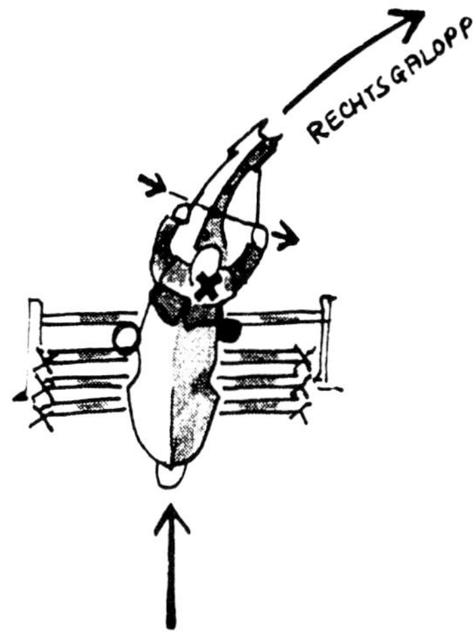

Bild 391. Verlagerung des Schwerpunktes über dem Sprung.

Diese einfache Tatsache ist vielen Reitern leider unbekannt. Sie tauchen über jedem Hindernis nach links und zwingen das Pferd immer im Linksgalopp zu landen. (Oft kann man beobachten, daß diese Reiter bei Zeitspringen in der Jagd nach Sekunden über dem Hindernis zum nächsten schauen und dabei unbewußt ihren Schwerpunkt richtig verlagern.)
Wenn unser junges Pferd so weit in der Cavaletti-Arbeit fortgeschritten ist, daß es nach dem letzten Sprung seinen Schwerpunkt wieder nach hinten verlagert, also nicht mehr wegläuft, dann bauen wir die Reihe in der Mitte der Bahn oder des Platzes auf und wenden über dem letzten Hindernis entweder nach rechts oder links ab.
Bevor man in die Reihe einreitet, nimmt man sich vor, zu welcher Seite man nach dem letzten Hindernis wenden will.
Schon beim Einreiten in die Reihe sieht der Reiter geradeaus auf das letzte Hindernis. Das ist wichtig.
Über dem letzten Hindernis gibt der Reiter folgende Hilfen, wenn er zum Beispiel nach rechts abwenden will, also im Rechtsgalopp landen will:

1. Der Reiter sieht nach rechts.
2. Er verlagert seinen Schwerpunkt nach rechts (belastet den rechten Bügel).

3. Der rechte Schenkel liegt am Gurt, der linke hinter dem Gurt.
4. Die rechte Hand wird seitwärts (nicht rückwärts) vom Hals in die Wendung geführt.
5. Die linke Hand lehnt verwahrend am Hals an, um ein Ausfallen über die Schulter zu verhindern.
6. Auf beiden Zügeln muß man unbedingt die gleiche Anlehnung haben.

Durch diese Hilfen, die eigentlich nur eine Verlagerung des reiterlichen Schwerpunktes sind, verlagert auch das Pferd seinen Schwerpunkt nach rechts und landet im Rechtsgalopp.

Dies übt man gleichmäßig auf beiden Händen. Man kann die Reihe aus einer Acht heraus reiten, besonders bei heftigen Pferden ist das zu empfehlen. Man reitet die ersten Stangen dann aus einer sehr knappen Wendung an. Nach einigen Malen wird auch das nervöse Pferd ruhig.

Wenn das Pferd (... und der Reiter) gezeigt hat, daß es feinfühlig genug ist, seinen Schwerpunkt mit dem des Reiters zu verlagern und immer im richtigen Galopp zu landen, dann baut man ein Einzelhindernis in der Wendung auf.

Wenn man nur ein Einzelhindernis hat, stellt man es mal links und mal in der Rechtswendung auf. Der Abstand zwischen dem letzten Hindernis der Reihe und dem Einzelhindernis soll durch drei teilbar sein. (Man mißt von der Mitte des letzten Hin-

Bild 392 links. Sheena Mardon zeigt mit ihrer Anglo-Araberstute „Strathon“ den Einfluß von Gewichts- und Schenkelhilfen über dem Sprung und daß Zügelhilfen auf einem gut ausgebildeten Pferd zweitrangig sind. Kein scharfes Gebiß, kein kurzes Martingal, nicht einmal ein Zaumzeug verwendet die Reiterin. Sie gibt über dem Sprung die richtigen Gewichts- und Schenkelhilfen für die folgende Linkswendung. Sie schaut nach links, hat ihr Gewicht schon richtig verlagert, und der rechte Schenkel liegt hinter dem Gurt. Das Pferd ist bestrebt, mit seinem Schwerpunkt unter dem der Reiterin zu bleiben und landet infolgedessen im Linksgalopp. Solch eine Vorstellung basiert auf einer echten Beziehung gegenseitigen Vertrauens zwischen Reiter und Pferd, einer der wichtigsten Grundlagen der natürlichen Ausbildungsmethode.

Bild 393. Auf seinem irisch gezogenen Pferd „Prospero“ demonstriert der Autor das Wenden über dem Sprung und schaut schon nach dem nächsten Hindernis (dieses Pferd hatte außergewöhnlich lange Unterkiefer und wurde deshalb mit einem besonderen Gebiß geritten).

dernisses genau auf der Linie, auf der man reitet, bis zur Mitte des Einzelhindernisses.) Beim Reiten der Wendung zählt man genau die Galoppsprünge mit: Wenn das Einzelhindernis also 18, 21 oder 24 Meter entfernt steht, macht das Pferd fünf, sechs oder sieben Galoppsprünge. Sicherheitshalber kann man in sechs Meter Abstand vor das Einzelhindernis noch eine Stange legen (der Abstand ist so kurz, weil die Stange nicht gesprungen wird, sondern das Pferd nur in einem normalen Galoppsprung darübergeht).

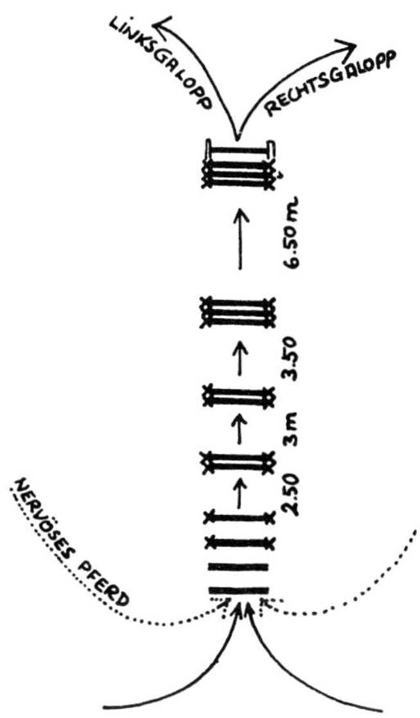

Bild 394.

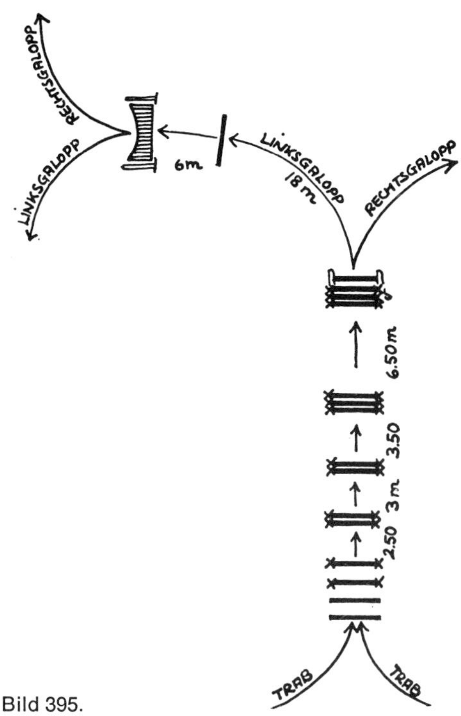

Bild 395.

Der Reiter muß darauf achten, daß das Pferd beim Reiten der Wendung genau im Rhythmus bleibt. Es darf nicht schneller und auch nicht langsamer werden. Nach dem Einzelhindernis landet man wieder entweder im Rechts- oder Linksgalopp. Man muß sich nur vorher genau vornehmen, in welche Richtung man reiten will, und darf es nicht dem Zufall überlassen, in welchem Galopp man landet.

Abschließend möchte ich noch auf einige Punkte hinweisen:

Nicht das ganze Programm gleich am ersten Tag verlangen, sondern die Anforderungen schrittweise steigern.

In jeder Übungsstunde wieder von vorne anfangen. — Also nicht den stehengebliebenen Aufbau vom Ende der vorigen Stunde benutzen.

Nur durch den systematischen Aufbau der Cavaletti-Arbeit kann man eine korrekte Schulung und Entwicklung der zum Springen benötigten Muskulatur erreichen.

Weder Überforderung noch Übereilung bringen einen weiter, sondern werfen das Pferd nur im Training zurück.

Die Hindernisreihe

Im Anschluß an die Cavaletti-Arbeit beginnt das Training über die Hindernisreihe. Ich setze voraus, daß der Reiter jetzt einen ausbalancierten leichten Sitz hat und das junge Pferd die Cavaletti-Arbeit zufriedenstellend ausgeführt hat.

Für die Hindernisreihe braucht man wesentlich mehr Hindernismaterial als für die Cavaletti-Arbeit. Man braucht vor allem Fänge, die man zu beiden Seiten der Reihe aufstellt, damit das junge Pferd gar nicht erst merkt, daß es eventuell auch einen Weg

an den Hindernissen vorbei gibt. Wenn man keine Fänge hat, kann man Stangen nehmen, die mit einem Ende auf dem Cavaletti-Kreuz oder dem Ständer des Hindernisses aufgestützt werden.
Die Arbeit über die Hindernisreihe beginnt ähnlich wie die Cavaletti-Arbeit: Man legt vier Cavalettis auf Trababstand auf den Boden und je vier Stangen auf je eine gebogene Linie, so daß man das erste Cavaletti aus beiden Richtungen anreiten kann.

Bild 396.

Durch das Anreiten aus der Wendung wird das innere Hinterbein vermehrt untergeschoben. Wenn man das systematisch auf beiden Händen übt, fällt es dem Pferd später leicht, beim Anreiten auf der Geraden und beim Abdrücken beide Hinterbeine gleichzeitig vermehrt unterzuschieben.
Mit einem heftigen Pferd reitet man den Bogen im Schritt an der Innenkante der Stangen, die da auf Schrittabstand liegen, und trabt dann erst in der Geraden an. Normalerweise trabt man in der Mitte über die Stangen, die ja auf Trababstand liegen.

Schrittabstand
für Pferde 1 Meter bis 1,10 Meter
für Ponys 0,70 Meter bis 0,80 Meter

Trababstand
für Pferde 1,30 Meter bis 1,40 Meter
für Ponys 1,00 Meter bis 1,10 Meter.

Bleibt das Pferd ruhig und losgelassen, stellt man die Cavalettis nach und nach hoch. Man fängt mit dem letzten an, dann kommt das drittletzte, dann das vorletzte und dann das erste.

Hinter der Cavaletti-Reihe stellt man einen Sprung aus gekreuzten Stangen im Abstand von 2,50 Metern auf (Höhe in der Mitte etwa 0,50 Meter). Die gekreuzten Stangen erziehen das Pferd dazu, den Sprung in der Mitte zu nehmen. (Die einzelnen Abstände zwischen den Hindernissen richten sich natürlich individuell nach dem Galoppsprung des Pferdes. Hier sind Durchschnittsmaße angegeben; jedes geschulte Pferd sollte jedoch in der Lage sein, sie zu springen.)
Jedesmal, wenn das Pferd versucht, eilig zu werden, geht man wieder zum Anreiten im Schritt über, bis das Pferd ruhig ist. — Dann baut man den zweiten Sprung der Reihe auf, Abstand 3,00 Meter.
Der dritte Sprung wird im Abstand von 3,50 Meter aufgebaut. Dahinter folgt im Abstand von 6,10 Meter ein kleiner Weitsprung. Vorne sind die Stangen gekreuzt, hinten liegt eine Stange quer. (Zwischenraum vielleicht mit Strohballen ausfüllen.)
Im Abstand von 6,50 Meter baut man einen Steilsprung auf, dem wieder ein niedriger Oxer im Abstand von 10,20 Meter bis 10,25 Meter folgt; hinten liegt aus Sicherheitsgründen nur eine Stange.
Nach dem letzten Hindernis der Reihe kommt eine gut zu reitende Rechtskurve. Im Abstand von 15,25 Meter folgt dann ein steiles Gatter und nach einer fairen Linkskurve im Abstand von 14,75 Meter eine Triplebarre. Der Abstand zur Triplebarre ist kürzer als der zum Gatter, weil der Absprung vor dem Steilsprung entsprechend der Höhe früher liegt als vor der Triplebarre.
Diese Hindernisreihe ist eine ausgezeichnete Übung sowohl für das Pferd als auch für den Reiter: Es erzieht das Pferd zum „Mitdenken“, denn über dem ersten Sprung aus gekreuzten Stangen fällt das Pferd von allein in Galopp, und während der ganzen Reihe sitzt der Reiter passiv und treibt nur dann mit vorwärtstreibenden Schenkelhilfen, wenn das Pferd aus seinem Rhythmus kommt und zu langsam wird.

Bild 397 a. Pferd und Reiter in Harmonie. Man sieht deutlich, wie Hinterhand und Rücken gymnastiziert werden. Der vertrauensvolle und aufmerksame Gesichtsausdruck des Pferdes spiegelt die Natürlichkeit der Ausbildungsmethode.

Bild 397 b. Man sieht die extrem weit untergeschobene Hinterhand zur Entwicklung der Schubkraft – die Hände sind weg vom Hals.

Fotos Gisela Holstein und Peter Sweetman.

Bild 398 a. Leichter Sitz in der Hindernisreihe. Man sieht, wie das Pferd auf einem Vorderbein landet. Das Pferd konzentriert sich auf das nächste Hindernis, um den Absprung zu finden.

Bild 398 b. Perfekter leichter Sitz im Sprung. Ein Zeichen dafür, daß Pferd und Reiterin im Gleichgewicht sind. Man beachte die Winkelung der Hinterhand (Sonja Paalman auf „Fresko“).

Bildfolge 399. Hier wird die Hindernisreihe vorschriftsmäßig im leichten Sitz geritten. Als Sitzübung und zur Selbstkontrolle wird die Reihe ohne Zügel gesprungen. Eine Übung, die sehr zu empfehlen ist (Otto Nielsen).

Fotos Peter Sweetman

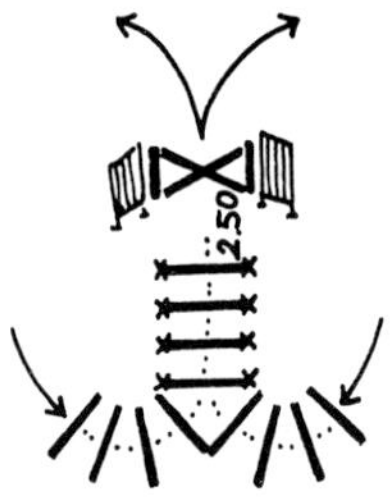

Bild 400.

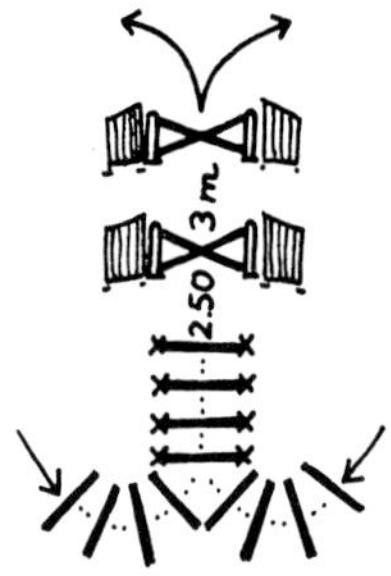

Bild 401.

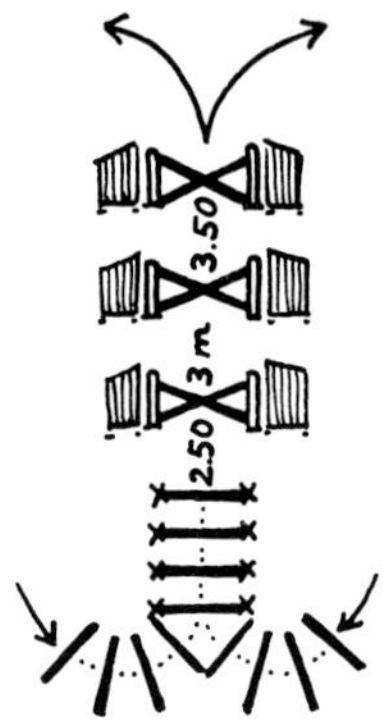

Bild 402.

Außerdem schult diese Reihe ausgezeichnet den Reitersitz. Die kleinste Bewegung des Oberkörpers stört die Balance des Pferdes. Der Reiter muß still sitzen und darauf achten, daß sein Gesäß in keiner Phase den Sattel berührt. Das Hinsetzen beim Landen oder nach dem Landen würde den Rhythmus und das Gleichgewicht des Pferdes stören. Die Hände befinden sich seitlich neben dem Pferdehals und werden frei getragen (also nicht angelehnt oder aufgestützt) ; sie folgen der Bewegung des Pferdemaules und halten ständig gleichbleibenden Kontakt mit dem Maul. Das gilt für Anreiten, Ab-

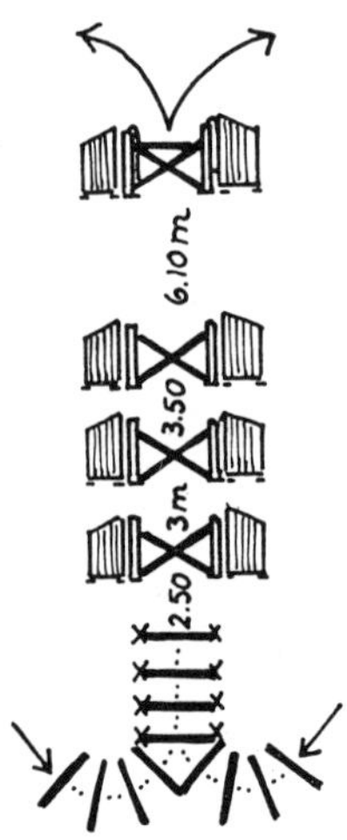

Bild 403.

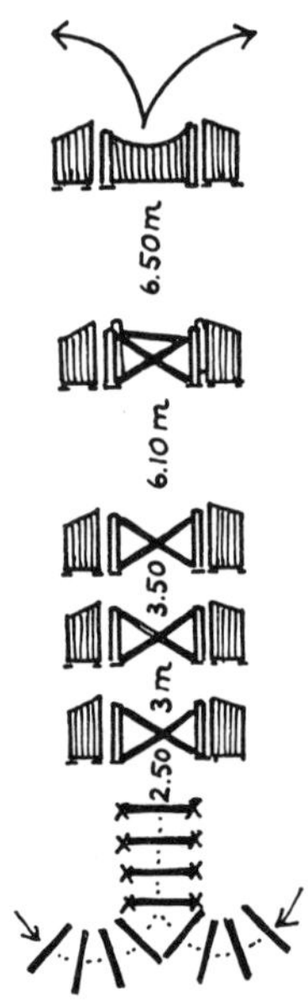

Bild 404.

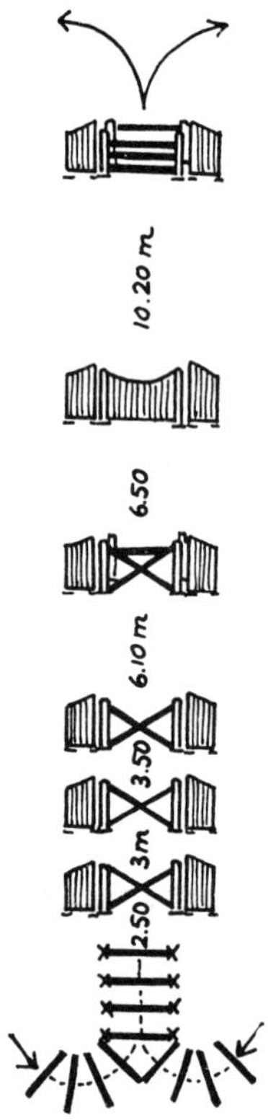

Bild 405.

 Bild 406.

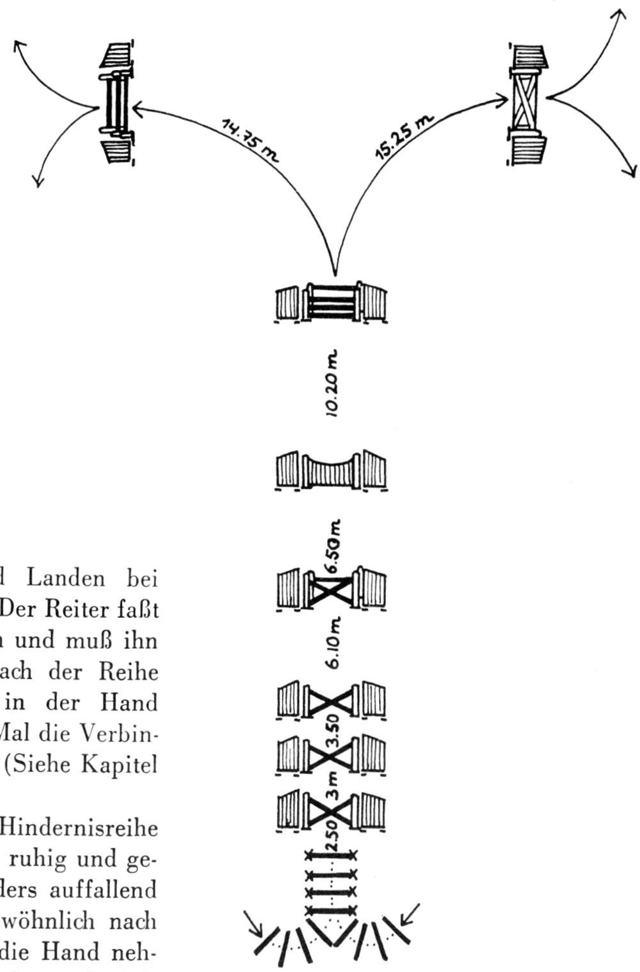

sprung, Schwebephase und Landen bei jedem Hindernis der Reihe. Der Reiter faßt den Zügel vor dem Anreiten und muß ihn nach dem Durchparieren nach der Reihe noch an derselben Stelle in der Hand haben — ohne ein einziges Mal die Verbindung aufgegeben zu haben. (Siehe Kapitel „leichter Sitz".)

Beim Training über die Hindernisreihe wird der Reiter merken, wie ruhig und gelöst sein Pferd geht. Besonders auffallend ist das bei Pferden, die gewöhnlich nach dem Hindernis dem Reiter die Hand nehmen und losstürmen. Sie werden nach einiger Zeit die einzelnen Hindernisse der Reihe langsam und gelöst angehen und in stetem Tempo weitergaloppieren, so daß der Reiter schließlich auch ein sonst heftiges Pferd treiben muß. Erst wenn der Reiter zum Treiben kommt, kann er das Pferd unter Kontrolle halten und zum Gehorsam erziehen und somit in seiner Ausbildung weiterbringen.

Ebenso, wie ein Reiter nur dann korrekt einwirken kann, wenn er gelöst sitzt, kann auch das Pferd nur gleichbleibend gut springen, wenn es gelöst und geschmeidig ist.

Das Springen dieser Reihe schult und fördert besonders die Muskulatur des Rückens und der Hinterhand, was sowohl bei der Dressur als auch beim Springen von größter Wichtigkeit ist. Man könnte sogar soweit gehen und das Training in diesen vielfachen Kombinationen mit der Schulung in den Pilaren vergleichen: In beiden Methoden wird die Hinterhand in höchstem Grade aktiviert und untergeschoben.

Der Unterschied ist nur der, daß das Dressurpferd in den Pilaren die Hinterhand senkt und unterschiebt, weil Halsfreiheit und Vorwärtsbewegung durch das Angebundensein in den Pilaren eingeschränkt werden und der Vorwärtsdrang somit in

Bild 407. Das natürlich stehende Pferd trägt mehr Gewicht auf der Vorhand als auf der Hinterhand.

Bild 409. Hankenbiegung in der Piaffe.

Bild 408. Hankenbiegung in der Hindernisreihe.

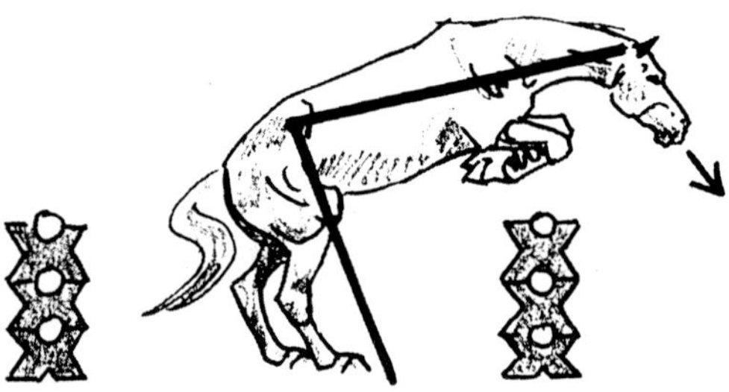

Bild 410 (unten). Die Position, die das Pferd in der Levade einnimmt, ist der des Pferdes beim Abdrücken zum Sprung ähnlich: Die Hinterbeine sind geschlossen untergeschoben, die Hinterhand ist gesenkt und trägt das gesamte Gewicht.

ein vermehrtes Untertreten (Piaffe) umgewandelt wird.
Der Vorwärtsdrang muß aber beim Springpferd unbedingt erhalten bleiben, das vermehrte Untertreten der Hinterhand jedoch wird auf natürliche Weise in ebenso hohem Grade in den Hindernisreihen erzielt (sei es beim Freispringen oder unter dem Reiter). Weil der Zwischensprung bei den 3-Meter- und 3,50-Meter-Abständen fehlt, wird die Hinterhand in hohem Maße zum Untertreten veranlaßt; die dicht aufeinanderfolgenden Hindernisse wirken quasi wie die Pilaren, da sie das Pferd zwingen, immer wieder den Schwerpunkt auf die Hinterhand zu verlagern und sie angewinkelt unterzuschieben. — Bei dieser Methode hat das Springpferd Kopf und Hals völlig frei, was für seine spätere Laufbahn so unbedingt notwendig ist.
Wenn das Pferd alle Hindernisse der Reihe zufriedenstellend in gutem Stil und gleichbleibend ruhigem Tempo springt und keinerlei Schwierigkeiten beim Absprung hat, sollte man damit beginnen, am Ende der Springunterrichtsstunde jeweils einen Sprung der Reihe wegzulassen (wie schon im Kapitel „Freispringen" beschrieben wurde). Man läßt als erstes den zweiten Sprung aus gekreuzten Stangen weg, der erste muß bleiben, weil das Pferd darüber in Galopp fällt. Am Ende jeder Stunde entfernt man einen Sprung mehr. Nach drei bis vier Monaten sollte das Pferd in der Lage sein, jeweils am Ende der Stunde die Strecke zwischen dem ersten und letzten Sprung der Reihe in gleichmäßigem Takt durchzugaloppieren (als ob die weggelassenen Sprünge noch da wären). — Wenn das Pferd seine Lektion gut gelernt hat, wird sich nun der Erfolg zeigen: Das Pferd verlängert die letzten Galoppsprünge vor dem letzten Hindernis selbständig und macht sich den Absprung passend, indem es nach vorne hin ausgleicht. Natürlich muß der Reiter — wie beim Freispringen der Trainer — darauf achten, daß der gleichbleibende Rhythmus nicht verlorengeht, sonst muß er natürlich treiben.
Für die Hindernisreihe gilt genau wie für die Cavaletti-Arbeit, daß man in jeder Stunde ganz von vorne beginnt, also mit den am Boden liegenden Cavalettis. Auch verlangt man nicht gleich beim ersten Mal die ganze Reihe, sondern steigert die Anforderungen langsam.

Abwandlungen der Hindernisreihe

Der nächste Schritt in der Ausbildung ist, daß man den Aufbau der Hindernisreihe etwas erschwert. Das heißt nicht, daß man die Hindernisse höher oder breiter macht, sondern daß man die Reihe schräg zur Bande hin aufbaut.
Für diesen Aufbau braucht man unbedingt an beiden Seiten Fänge, nur am letzten Sprung, der rechtwinklig zur Bande steht, genügt ein Fang. Der Abstand von der Mitte des letzten Hindernisses in der Diagonalen bis zur Mitte des Oxers an der Bande beträgt sechs Meter.
Man beginnt den Aufbau mit den Stangen auf Trababstand und den drei Einzelhindernissen der Reihe, nur stellt man sich schon von Anfang an auch die Ständer des Oxers hin, damit später, wenn auch der Oxer aufgebaut wird, der Abstand paßt.
Nachdem man das Pferd ein paarmal nur die Diagonale hat springen lassen, baut man von dem Oxer erst nur den vorderen Teil, so daß es ein kleiner Steilsprung ist, dann macht man einen Oxer daraus, den man nach und nach breiter zieht.
Das Pferd ist bei dem Oxer gezwungen, das innere Hinterbein beim Absprung vermehrt unterzuschieben und das rechte Vorder- und Hinterbein vermehrt anzuwinkeln.
Der Reiter muß über dem Oxer sein Gewicht so nach rechts verlagern und mit der rechten Hand in die Wendung führen, daß das Pferd im Rechtsgalopp landet.
Den gleichen Aufbau muß man selbstverständlich auch auf der anderen Hand exerzieren, damit das Pferd sich auf beiden Seiten gleichmäßig entwickelt.
Wenn ein Pferd auf einer Seite besonders steif ist, entweder vorne immer mit einem

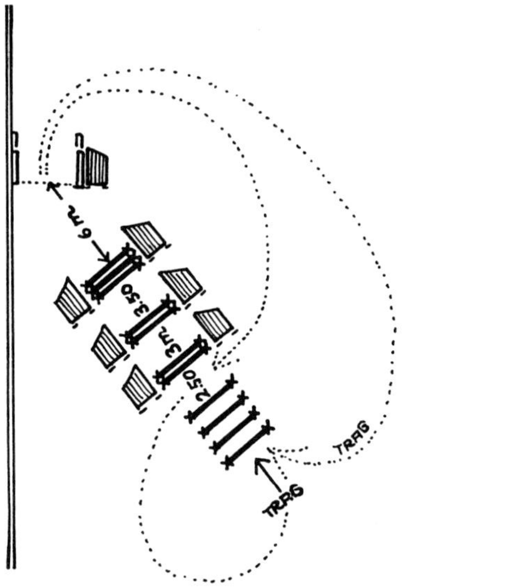

Bild 411. Erst springt man nur die Diagonale aus dem Trab, baut sie aber so, daß später der Abstand zum Oxer paßt.

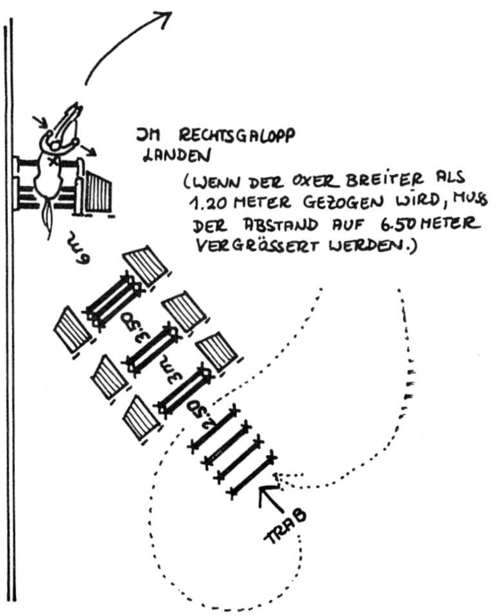

Bild 412. Dann wird auch der Oxer aufgebaut.

Bein Fehler macht oder ein steifes Sprunggelenk hat, dann baut man die Reihe so auf, daß besonders diese Seite gearbeitet wird.

Zweite Abwandlung

Der nächste Aufbau ähnelt dem vorigen, nur wird diesmal auf die Unterstützung der Bande verzichtet. Man baut in der Mitte der Bahn auf und reitet in einer Acht, von einer Hand auf die andere wechselnd, und kann außerdem auch gerade anreiten.
Wieder läßt man von dem Oxer erst nur die Ständer stehen und läßt den Reiter aus allen Richtungen über die Reihen gehen. Dann baut man von dem Oxer wieder erst nur den vorderen Teil auf, und wenn das keine Schwierigkeiten bereitet, baut man den Oxer vollständig auf und zieht ihn nach und nach in die Breite.

Dritte Abwandlung

Jetzt wird die Aufgabe schwieriger: Man springt aus der Wendung in die Wendung.
Auf der gegenüberliegenden Seite ist ein einzelner Steilsprung aus dem Galopp zu nehmen.
Es ist eine ausgezeichnete Schulung für die Übereinstimmung der Schwerpunktverlagerung von Pferd und Reiter und für ein wechselseitiges Geschmeidigmachen des Pferdes.

Vierte Abwandlung

Man reitet die Cavalettis aus dem Trab an, den Rest des Weges bleibt man im Galopp, mit Galoppwechseln über den Hindernissen.

Fünfte Abwandlung

Diesen Aufbau benutzt man, um
1. das Pferd mehr aus der Hinterhand abspringen zu lassen, ein- und beidseitig,
2. Hindernisse auch schräg zu springen (Vorbereitung für Zeitspringen),
3. immer im für die folgende Wendung korrekten Galopp zu landen.

 Bild 413. Zweite Abwandlung.

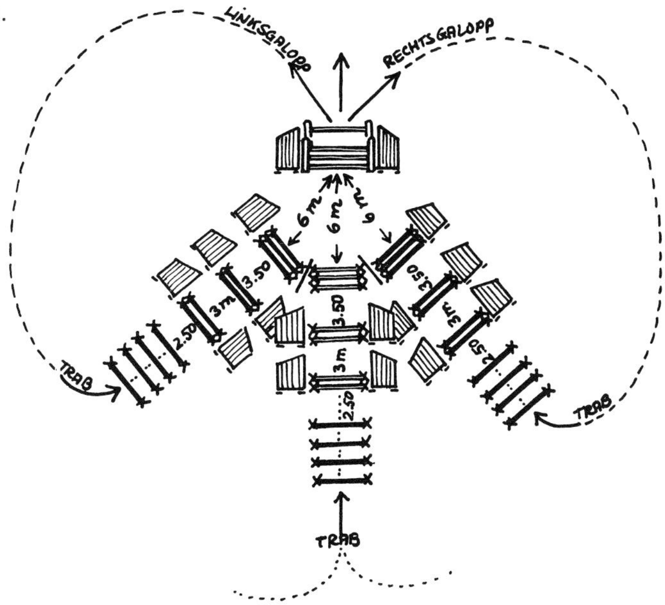

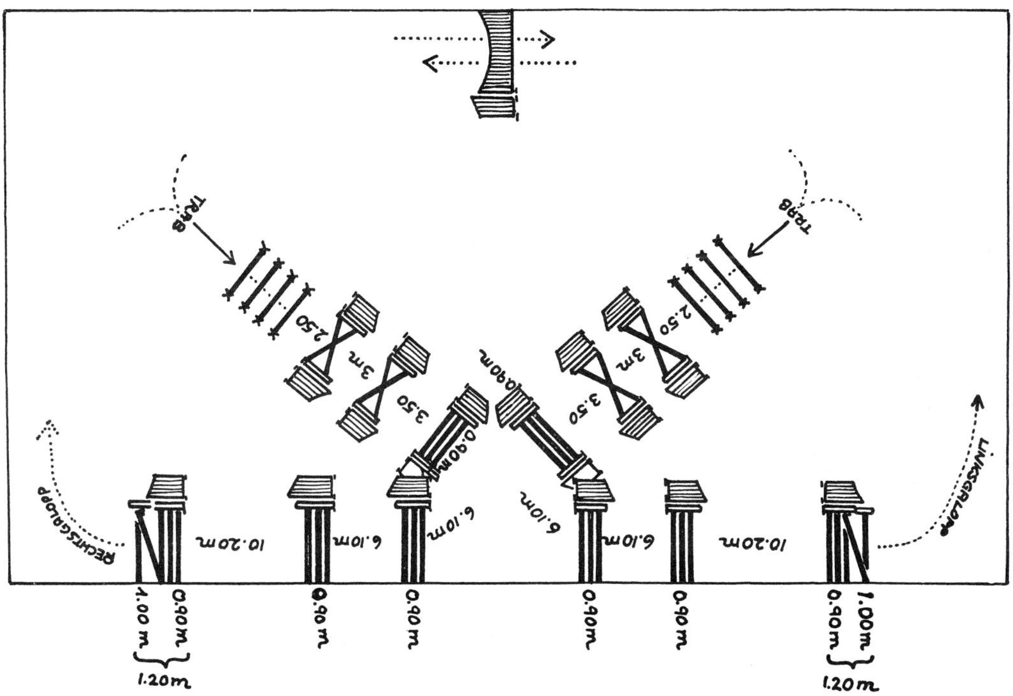

Bild 414. Dritte Abwandlung. Auch bei diesem Aufbau am Anfang nur die beiden Diagonalen aufbauen, erst später nach und nach die Hindernisse an der Bande aufbauen.

Bild 415. Vierte Abwandlung.

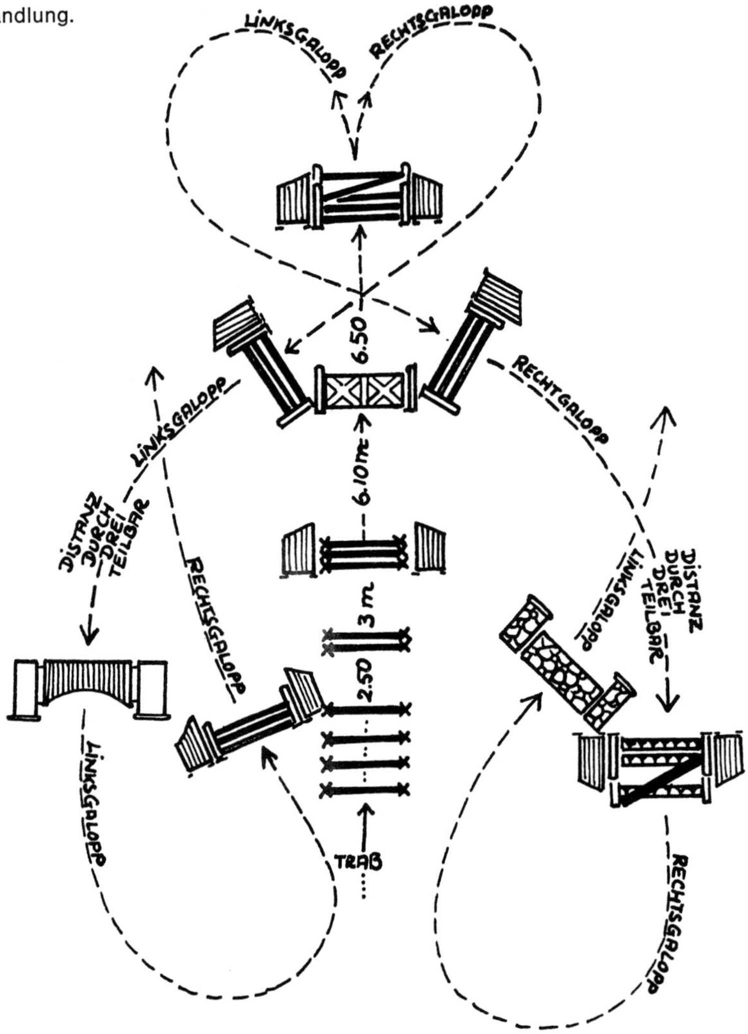

Man beginnt immer mit einer der drei Cavaletti-Reihen, die man immer im Arbeitstrab im leichten Sitz anreitet. Man springt den ersten Oxer also aus drei verschiedenen Richtungen.

Man reitet erst immer auf der geraden Linie an, damit das Pferd Vertrauen bekommt, und wendet über dem Oxer im Landen entweder nach rechts oder links. Den Rest des Parcours reitet man dann einer der beiden eingezeichneten Linien folgend. Die Abstände zwischen allen Einzelhindernissen, auch in den Wendungen — die man mit Flaggen oder Kegeln markieren kann –, sollen durch drei Meter zu teilen sein. Im Landen nach einem Hindernis muß man dann schon energisch vorwärtsreiten, um das Tempo aufrechtzuerhalten. Dann paßt der Absprung immer.

Wenn man den ersten Oxer zum Beispiel auf der rechten Diagonalen anreitet, muß man darauf achten, daß das Pferd nicht vor dem Oxer nach links rausläuft. Deshalb sollte die rechte Hand schon bei dem Galoppsprung vor dem Oxer nach rechts vom Hals geführt werden, unterstützt vom

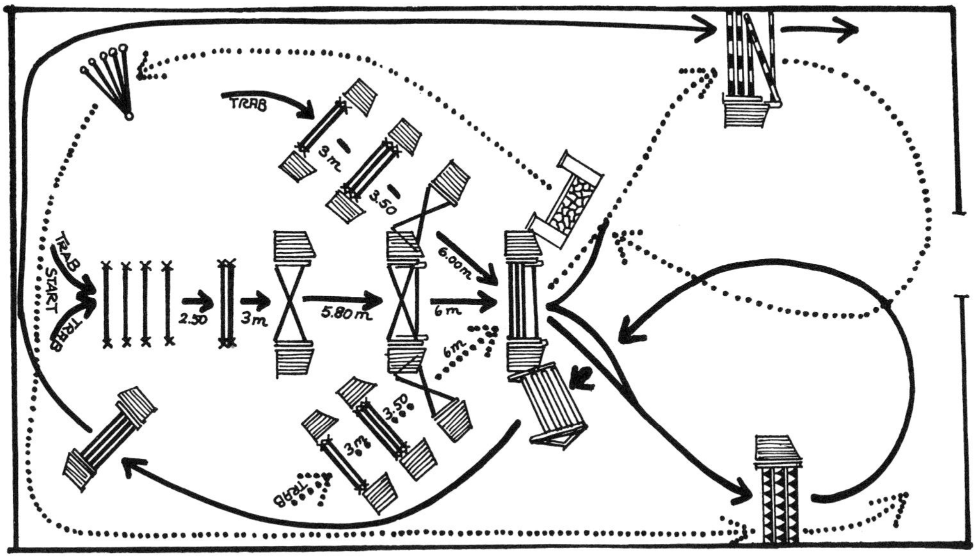

Bild 416. Fünfte Abwandlung.

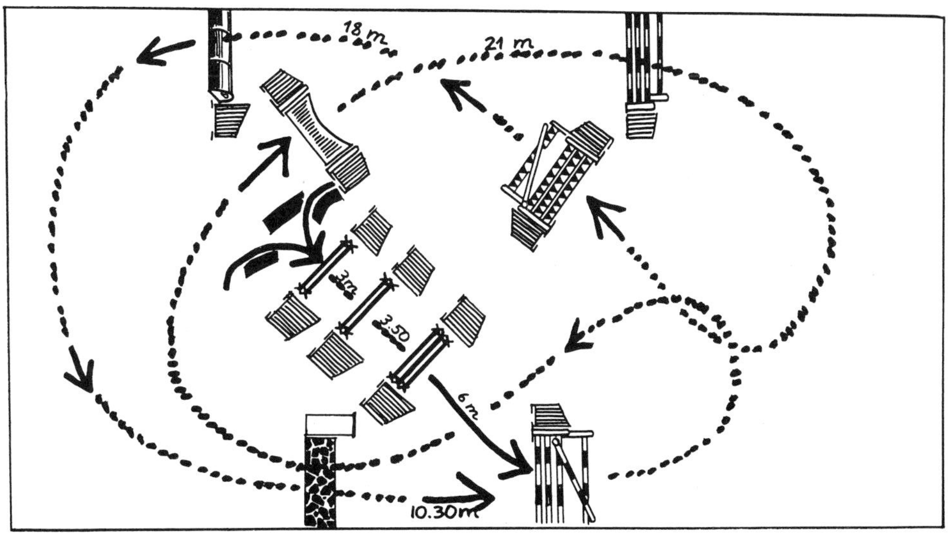

Bild 417. Sechste Abwandlung.

linken Schenkel. Umgekehrt natürlich, wenn man auf der anderen Diagonalen anreitet.
Es ist selbstverständlich, daß man beim ersten Umlauf alle Hindernisse niedrig baut; so baut man zum Beispiel den ersten Oxer erst gar nicht auf, dann als kleinen Steilsprung und erst dann als Oxer. Nach und nach macht man alle Hindernisse etwas höher und vor allem breiter.

Sechste Abwandlung

Diesen Aufbau benutzt man, um das Pferd das linke Hinterbein vermehrt unterschieben zu lassen. Gegengleich benutzt man den Aufbau für das rechte Hinterbein.
Nachdem man wie gewöhnlich das Pferd erst mit Springdressur gelöst und geschmeidig gemacht hat, läßt man es zum Springtraining und zur Schulung des Reitersitzes folgende Übung gehen: Am Anfang springt man aus dem Trab nur die drei Cavaletti-Hindernisse auf der Diagonalen, aus einer Links- oder einer Rechtswendung anreitend. Bei nervösen Pferden, die dagegeneilen, macht man den Bogen sehr eng. Dann baut man von dem ersten Hindernis an der Bande erst einen Steilsprung und macht daraus später einen Oxer. Wenn der Oxer gezogen wird, legt man diagonal eine Stange darüber. Nach dem Oxer soll das Pferd im Linksgalopp landen. Dann reitet man den Parcours wie angezeigt. Der Sinn der Übung ist, daß Reiter und Pferd lernen, in gleichmäßigem Tempo von 300 Meter pro Minute durch die Wendungen und gegen die Hindernisse zu galoppieren, also nicht auf der Geraden vor dem Sprung das Tempo plötzlich zuzulegen und es in den Wendungen zu verlangsamen.
Wenn das Pferd in einer Wendung im falschen Galopp ist, soll man sich nicht darum kümmern, sondern einfach im Tempo weiterreiten. Durch die Gewichtsverlagerung in den Wendungen wird das Pferd mit der Zeit lernen, von allein einen fliegenden Galoppwechsel zu machen. Wenn man in den Wendungen, wenn nötig, einen einfachen Galoppwechsel macht, um den nächsten Sprung im richtigen Galopp anzureiten, unterbricht man den Fluß und reitet sozusagen jedes Hindernis einzeln an, anstatt den ganzen Kurs in einem einheitlichen Fluß zu durchreiten.

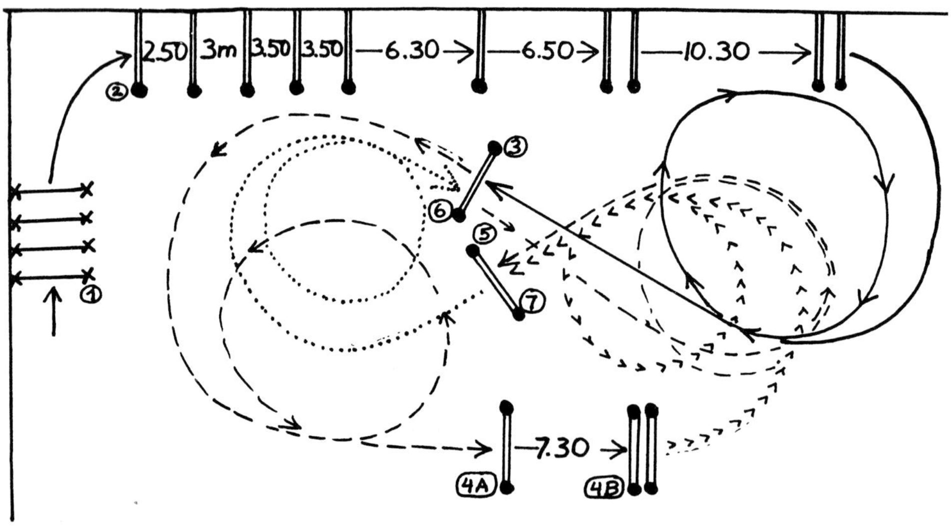

Bild 418. Siebte Abwandlung.

Dieser Parcours hat den Vorteil, daß der Reiter nach jedem Sprung genügend Platz hat, um einen Zirkel zu reiten und anschließend das nächste Hindernis gerade anzugehen. Wenn das Pferd also aus dem Rhythmus kommt, soll der Reiter so lange auf dem Zirkel bleiben, bis der Takt wieder stimmt, und dann ruhig den nächsten Sprung anreiten. Die meisten Reiter springen im Parcours die ersten Hindernisse schön aus dem Fluß, dann aber wird das Pferd „heiß" und fängt an zu eilen, der Reiter gibt harte Paraden, um sein Pferd überhaupt noch halten zu können, der Rhythmus geht verloren, und die Absprünge stimmen nicht mehr.

Meine Schüler müssen zuerst lernen, einen geregelten 300 m/min-Galopp in der Zeitstrecke zu reiten. Die Zirkel zwischen den Sprüngen sollen im selben Tempo geritten werden. Ein nervöses Pferd galoppiert man so lange auf dem Zirkel, bis es sich beruhigt und seinen Takt wiedergefunden hat. Nach mehrmaligem Üben werden Reiter und Pferd nur noch einen Zirkel benötigen, um wieder in den Rhythmus zu kommen. Das Ziel ist, daß das Pferd am Ende des Trainings den Parcours auch ohne die eingelegten Zirkel im gleichmäßigen Tempo durchspringt.

Sehr wichtig dabei ist, daß man das Pferd, das ja nicht wissen kann, ob sein Reiter noch einmal herumgaloppieren oder schon das Hindernis anreiten will, rechtzeitig auf den Sprung vorbereitet. Das bedeutet aber nicht, es mit plötzlichen Hilfen zu überfallen und aufzuregen, sonst würde dieser Trainingsparcours ja seinen Zweck verfehlen. Wenn der Reiter also den Sprung angehen will, macht er das Pferd zuerst durch eine halbe Parade aufmerksam, verlagert sein Gewicht auf den äußeren Steigbügel und führt das Pferd mit der äußeren Hand weich aus dem Zirkel heraus.

Der Reiter bekommt bei dieser Übung das Gefühl dafür, ob sich sein Pferd aufregt oder ob es ruhig galoppiert und bereit für den nächsten Sprung ist.

7 Trainingsplan für das erste Jahr

Aufgabe eines Trainingsplanes

Ich möchte gleich sagen, daß es unmöglich ist, einen Trainingsplan aufzustellen, nach dem jeder Reiter jedes Pferd erfolgreich ausbilden könnte. Ein Trainingsplan kann nur ein Leitfaden sein, nach dem ein guter Trainer mit Geduld und Einfühlungsvermögen ein normal veranlagtes Pferd ausbilden kann.

Individuelle Abwandlungen

Der gute Ausbilder wird in den ersten Monaten erkennen, zu welchem Typ sein junges Pferd gehört. Schließlich sind Pferde so verschieden wie Menschen. Ein erfolgreicher Trainer wird sich für jedes junge Pferd einen besonderen Ausbildungsplan zurechtlegen, in dem er den Charakter des Pferdes, seine Begabung, sein Temperament und seine Auffassungsgabe berücksichtigt. Nur so wird er in der Ausbildung die besten Seiten des Pferdes fördern können.

a) Wenn ein Pferd von Natur aus faul und gehunlustig ist, braucht es mehr Longenarbeit und sollte draußen im Gelände häufiger in Gesellschaft anderer Pferde vorwärts geritten werden. Beim Freispringen läßt man vor einem solchen Pferd ein älteres erfahrenes Pferd her laufen. Der Herdentrieb wird den mangelnden natürlichen Vorwärtsdrang fördern.

b) Ein nervöses Pferd arbeitet man besser völlig allein. Sonst würde es schnell an Kondition verlieren und noch nervöser und aufgeregter werden.

c) Ein junges Pferd mit schlecht entwickeltem Rücken braucht mehr Longenarbeit als ein normales junges Pferd. Ein Pferd mit schwachem Rücken wird bokken, wenn man aufsitzt (was allerdings auch durch Satteldruck oder scheuernden Gurt hervorgerufen werden kann). Es trägt den Kopf hoch oder neigt zum Steigen. Pferde, die plötzlich davonstürmen, gegen die Hand angehen oder mit dem Kopf schlagen, haben die gleiche Schwäche. Tägliches Longieren entwickelt den schwachen Rücken, so daß die Anzeichen allmählich verschwinden.

d) Pferde mit einseitig hartem und trockenem Maul werden besonders auf dieser Seite longiert.

e) Pferde, die sich leicht überrollen, hinter dem Zügel gehen oder nach unten bohren, brauchen mehr — und zwar tägliche — Arbeit an der Hand, besonders wichtig ist das Rückwärtsrichten. Die Lendengegend wird dadurch geschmeidig gemacht, so daß es dem Pferd leichter fällt, die Hinterhand unterzuschieben, die vermehrt zum Tragen veranlaßt wird. Das Schwergewicht wird also mehr auf die Hinterhand verlagert.
Das gleiche gilt für Pferde, die den Kopf zu niedrig tragen und auf der

Hand liegen. Meistens sind solche Pferde schon von Natur aus überbaut und mehr auf der Vorhand, es sind also keine sogenannten Gleichgewichtspferde.

f) Schlagende Pferde sind unangenehm in Gesellschaft und gefährlich. Das Pferd nimmt den Kopf tief, um die Hinterhand zum Schlagen zu entlasten. Wenn man rechtzeitig den Kopf des Pferdes hochnimmt, kann man es am Schlagen hindern.

g) Rossige Stuten schlagen leicht, wenn sie sich gegen den Sporn wehren. Deshalb ist es besser, sie in dieser Zeit nicht mit Sporen, sondern mit der Peitsche zu reiten. Es könnte sonst leicht passieren, daß die Stute sich das Schlagen angewöhnt und es auch tut, wenn sie nicht mehr rossig ist.

h) Die Kondition gibt dem Trainer Aufschluß über das Wohlbefinden des Tieres und hat Einfluß auf den Trainingsplan. Ein überbeanspruchtes Pferd verliert schlagartig an Kondition, wogegen ein zu wenig gearbeitetes Pferd faul und fett oder aber so übermütig wird, daß es schwer zu handhaben ist. Wohlbefinden und Gesundheit des Pferdes sind ausschlaggebend für ein gutes Fortschreiten des Trainings. Das Herz des Pferdes sollte man hin und wieder untersuchen lassen. Pferde leiden viel häufiger an Herzfehlern, als man denkt. Oft sind sie die Ursache für schlagartiges Nachlassen der Leistung oder dafür, daß man mit dem Training nicht vorankommt.

i) Nach einer erzwungenen Ruhepause (durch Krankheit von Pferd oder Reiter) muß der Trainingsplan abgeändert werden, da das Pferd dann erst vorsichtig wieder fit gemacht werden muß.

Wie man sieht, gibt es unendlich viele Punkte, die der Trainer bei der Aufstellung eines Trainingsplanes berücksichtigen muß. Wichtig ist, und das möchte ich mit diesem Leitfaden für den Trainingsplan erreichen, daß der Ausbilder sich Zeit läßt und die Entwicklung des Pferdes Schritt für Schritt reifen läßt. Nur so kann es gelingen, Gehorsam, Vertrauen und physische Kondition des Pferdes reell zu entwickeln.

Im Trainingsplan für das erste Jahr ist die Grundausbildung des zukünftigen Springpferdes enthalten. Vernachlässigen Sie einen Abschnitt, so kann das schwerwiegende Folgen für die späteren Leistungen haben.

Tägliche Arbeit

Aus dem nachfolgenden Trainingsplan geht hervor, daß ich der Auffassung bin, ein Pferd müsse jeden Tag Bewegung haben. Ein Ruhetag, wie er in den meisten Ställen üblich ist, bedeutet für das Pferd eine Trainingspause von 48 Stunden. Das ist schädlich für seine physische und psychische Verfassung.

Wenn man einmal an einem Tag keine Zeit hat, das Pferd zu arbeiten, so sollte man es wenigstens auf die Weide lassen (bei schlechtem Wetter mit einer Regendecke) oder in der Halle frei laufen lassen. Etwas Bewegung ist immer noch besser als gar keine. An Tagen, an denen man das Pferd weniger arbeitet, muß man das Futter regulieren, siehe Kapitel „Fütterung".

Freie Bewegung

Der Begriff der freien Bewegung kehrt im Trainingsplan immer wieder, und ich möchte kurz darauf eingehen, warum es so wichtig ist, daß das Pferd sich vor dem täglichen Training frei bewegt. Jeder Ausbilder und Reiter weiß aus Erfahrung, daß ein junges Pferd beim Reiten in den ersten 20 Minuten derartig gespannt ist, daß es sich mehr mit sich selbst beschäftigt, als daß es auf den Reiter achtet. Das gleiche gilt für viele ältere Pferde, die zu Beginn der Reitstunde steif und verkrampft sind. Sie sind nur darauf bedacht, überschüssige Kraft und Energie loszuwerden. Das ist verschwendete Trainingszeit. Deshalb sollte man alle Pferde vor der Trainingsstunde frei laufen lassen. — Dann kann das Pferd sich austollen und ein bißchen herumbocken

und dabei Freude an der täglichen Stunde gewinnen. Es löst im Spiel alle Muskeln und Gelenke. Wenn man anfängt mit der Arbeit, hat man ein gelöstes Pferd, das mit den Gedanken bei der Sache ist.
Wenn man in Stallnähe eine Weide hat, sollte man das Pferd bei gutem Wetter am besten eine Stunde 'rauslassen. Länger sollte man das Pferd jedoch nicht auf Gras lassen, da es sonst zu viel frißt, was wiederum nachteilig für die Arbeit ist. Außerdem ist es gefährlich für die Gesundheit des Pferdes.
Hat man keine Weide zur Verfügung, läßt man das Pferd lose in der Bahn laufen.
Wichtig ist, daß man dem Pferd schon jetzt bei der freien Bewegung Bandagen anlegt, die man ja hinterher sowieso zur Trainingsarbeit braucht. Die meisten Pferde sind so frisch und freuen sich so sehr über den freien Auslauf, daß sie herumtollen und bocken und sich dabei leicht an den Beinen verletzen; das Anlegen der Bandagen ist ja keine zusätzliche Arbeit ... und Vorsicht kann nie schaden.

Am Führzügel

Auch dem Begriff des Führzügels wird der Leser im Trainingsplan für die ersten Monate begegnen. Ich habe die Erfahrung gemacht, daß es eine besonders große Hilfe bei der vorbereitenden Ausbildung ist, das junge Pferd am Führzügel neben einem ruhigen älteren Pferd spazierenzuführen. Hierbei gewöhnt das junge Pferd sich an die Gesellschaft eines älteren Pferdes, es lernt die fremde Umgebung und den Verkehr kennen. Wenn man später das junge Pferd draußen reitet — wieder in Gesellschaft des älteren Pferdes —, wird man keine Schwierigkeiten haben, da es das alles ja schon kennt. So kann man sich viel Ärger und auch Unfälle ersparen, und die Ausbildung wird entschieden beschleunigt.
Am besten reitet man das ältere Pferd und führt das junge rechts neben sich. Der Führzügel soll recht lang sein, damit man im Notfall nachgeben kann, ohne das junge Pferd loslassen zu müssen. Der Führzügel wird in das Halfter eingehakt — nicht etwa in den Trensenring des jungen Pferdes. Man reitet am besten auf Wegen oder entlang der Einzäunung einer Weide, wobei man das junge Pferd zwischen sich und der Einzäunung hat. Macht es anfangs Schwierigkeiten, läßt man einen Helfer und ein zweites ruhiges Pferd auf der anderen Seite des jungen Pferdes gehen, oder man läßt den Helfer vorwegreiten.

Nach dem täglichen Training

a) Tür schließen:
In Australien sah ich, daß die Trainer nach der täglichen Arbeit mit dem Pferd auch die obere Boxtür schließen. Das Pferd hat dann Muße, für etwa eine halbe Stunde ganz für sich allein zu sein, und behält dadurch besser, was es in der Stunde gelernt hat. Eine Angewohnheit, die mich zuerst erstaunte, die ich aber schätzengelernt habe.
b) Bandagieren:
Wie schon in dem Kapitel „Bandagen" erwähnt wurde, sollte nach jeder anstrengenden Arbeit das Pferd im Stall neu einbandagiert werden.
c) Massage:
Besonders am Anfang des Trainings oder später beim intensiven Springtraining ist es ganz normal, daß das Pferd manchmal steif ist und Muskelkater hat. Sobald man das merkt, massiert man das Pferd einige Tage mit verdünntem Radiol (Anweisung auf der Dose) an den steifen Körperteilen; Schultern und Nierenpartie sind besonders anfällig. Erst dann deckt man das Pferd ein. Man wiederholt diese Massage so lange, bis die Steifheit nachgelassen hat (nicht reiben, da sich die Haut sonst leicht entzündet).
d) Eindecken:
Das Pferd wird nach dem Training immer eingedeckt, damit die Muskulatur warm bleibt. Direkt nach dem Reiten wird die Decke mit der Außenseite nach innen auf das Pferd gelegt. Nach einer halben Stunde,

wenn das Pferd abgebürstet wird, dreht man die Decke um: Jetzt liegt die Innenseite nach innen. Das abgekühlte Pferd hat für den Rest des Tages eine trockene Decke. Immer wird besonders auf die Schulter und auf den Rücken ein Strohpolster gelegt. Das sorgt für gute Ventilation und hält die Muskeln warm.

Trainingsplan

Erster und zweiter Monat

Montag	Freie Bewegung eine halbe Stunde longieren zehn Minuten Arbeit an der Hand
Dienstag	Freie Bewegung zehn Minuten freispringen (nur die niedrigsten Anforderungen)
Mittwoch	Freie Bewegung eine halbe Stunde longieren eine halbe Stunde draußen am Führzügel (nur im Schritt)
Donnerstag	Freie Bewegung eine halbe Stunde longieren zehn Minuten Arbeit an der Hand
Freitag	Freie Bewegung eine halbe Stunde longieren zehn Minuten freispringen
Samstag	Freie Bewegung eine halbe Stunde draußen am Führzügel
Sonntag	Freie Bewegung

Dritter Monat

Montag	Freie Bewegung eine halbe Stunde longieren 20 Minuten reiten in der Halle, zusammen mit einem älteren Pferd eine halbe Stunde draußen am Führzügel (Schritt und langsamer Trab)
Dienstag	Freie Bewegung zehn Minuten freispringen zehn Minuten Arbeit an der Hand
Mittwoch	Freie Bewegung eine halbe Stunde longieren 20 Minuten reiten in der Halle eine halbe Stunde draußen am Führzügel
Donnerstag	Freie Bewegung zehn Minuten freispringen zehn Minuten Arbeit an der Hand
Freitag	Freie Bewegung eine halbe Stunde longieren 20 Minuten reiten in der Halle eine halbe Stunde draußen am Führzügel
Samstag	Freie Bewegung zehn Minuten freispringen zehn Minuten Arbeit an der Hand
Sonntag	Freie Bewegung

Vierter Monat

Montag	Freie Bewegung eine halbe Stunde longieren eine halbe Stunde reiten in der Halle eine halbe Stunde draußen am Führzügel
Dienstag	Freie Bewegung eine halbe Stunde longieren zehn Minuten freispringen zehn Minuten Arbeit an der Hand
Mittwoch	Freie Bewegung eine halbe Stunde longieren eine halbe Stunde reiten in der Halle eine halbe Stunde draußen am Führzügel
Donnerstag	Freie Bewegung eine halbe Stunde longieren

	eine halbe Stunde reiten in der Halle eine halbe Stunde draußen am Führzügel
Freitag	Freie Bewegung zehn Minuten freispringen zehn Minuten Arbeit an der Hand
Samstag	Freie Bewegung eine halbe Stunde longieren eine halbe Stunde reiten in der Halle eine halbe Stunde draußen am Führzügel
Sonntag	Freie Bewegung

Fünfter Monat

Montag	Freie Bewegung eine halbe Stunde longieren eine halbe Stunde reiten in der Halle eine halbe Stunde reiten draußen (zusammen mit einem älteren Pferd, nur Schritt)
Dienstag	Freie Bewegung zehn Minuten freispringen zehn Minuten Arbeit an der Hand eine halbe Stunde reiten in der Halle
Mittwoch	Freie Bewegung eine halbe Stunde longieren eine halbe Stunde reiten in der Halle eine halbe Stunde reiten draußen (mit älterem Pferd, nur Schritt)
Donnerstag	Freie Bewegung eine halbe Stunde longieren eine halbe Stunde reiten in der Halle zehn Minuten Arbeit an der Hand
Freitag	Freie Bewegung zehn Minuten freispringen eine halbe Stunde reiten in der Halle
Samstag	Freie Bewegung eine halbe Stunde longieren eine halbe Stunde reiten in der Halle eine halbe Stunde reiten draußen (wie Montag)
Sonntag	Freie Bewegung

Sechster Monat

Montag	Freie Bewegung eine halbe Stunde longieren eine halbe Stunde reiten in der Halle eine halbe Stunde reiten draußen (in Gesellschaft)
Dienstag	Freie Bewegung zehn Minuten freispringen eine halbe Stunde reiten in der Halle zehn Minuten Arbeit an der Hand
Mittwoch	Freie Bewegung eine halbe Stunde longieren eine halbe Stunde reiten in der Halle eine halbe Stunde reiten draußen (in Gesellschaft, auch Trab)
Donnerstag	Freie Bewegung zehn Minuten freispringen eine halbe Stunde reiten in der Halle zehn Minuten Arbeit an der Hand
Freitag	Freie Bewegung eine halbe Stunde longieren eine halbe Stunde reiten in der Halle eine halbe Stunde reiten draußen (in Gesellschaft)
Samstag	Freie Bewegung zehn Minuten freispringen eine halbe Stunde reiten in der Halle zehn Minuten Arbeit an der Hand
Sonntag	Freie Bewegung

Früher machten viele Ausbilder — besonders auf dem europäischen Kontinent — den Fehler, junge Pferde viel zu lange nur in der Halle auszubilden.
Wenn die Pferde dann schließlich draußen geritten wurden, nahmen sie kaum Notiz von den reiterlichen Hilfen, da sie viel zu sehr mit der neuen Umgebung und den neuen Eindrücken beschäftigt waren. Bokken, Pullen, Scheuen und Durchgehen mit entsprechenden Unfällen waren an der Tagesordnung.
Aus Erfahrung weiß ich, daß junge Pferde in anderen Ländern bei der Anfangsarbeit im Gelände viel gelöster sind. So benehmen sich zum Beispiel junge Pferde im englischen und irischen Jagdfeld von Anfang an völlig ruhig und ausgeglichen; sie beißen und schlagen nicht und lassen sich durch fast nichts aus der Ruhe bringen. Dasselbe kann man in Australien und Südamerika beobachten. In diesen Ländern gibt es nur wenige Reitschulen und Hallen, und die Reiter sind deshalb gezwungen, ihre Pferde von Anfang an hauptsächlich im Freien auszubilden.
Natürlich muß das Pferd die reiterlichen Hilfen bis zu einem gewissen Grad verstehen, ehe man es draußen reiten kann. Aus dem Leitfaden für die ersten sechs Monate kann man ersehen, wie vielseitig man von Anfang an das Training gestalten muß, um den Gleichmut eines irischen Hunters zum Beispiel mit dem Gehorsam und Gerittensein eines auf dem Viereck geschulten Pferdes zu vereinigen.
Die Vielseitigkeit der Ausbildung ist ausschlaggebend, sie erfordert die volle Mitarbeit des Pferdes und führt dadurch schneller zum Ziel.
Wir haben uns im ersten halben Jahr den Herdentrieb des Pferdes zunutze gemacht und es viel draußen am Führzügel und unter dem Reiter mit einem älteren Pferd bewegt. Jetzt, in der zweiten Jahreshälfte, reitet man das Pferd schon alleine draußen im Gelände, und wie man an dem Ausbildungsplan sieht, reiten wir jetzt mehr im Freien als in der Halle. Wenn Schwierigkeiten auftreten, nimmt man wieder ein älteres Führpferd mit ins Gelände: beim Überqueren von Unebenheiten, kleinen Auf- und Absprüngen, hügeligem Gelände, kleinen Gräben. Das junge Pferd wird dem älteren Pferd willig folgen, und man braucht keine Extravaganzen anzuwenden.
In den ersten Wochen reitet man nur in ebenem Gelände. Bleibt das Pferd dabei ruhig und im Gleichgewicht, wählt man auch hügeliges Gelände. Im ersten Monat in hügeligem Gelände reitet man allerdings nur Schritt (frisch vorwärts) und auf ebenem Boden leichten Trab.
Hügelauf und -ab reitet man immer in einer geraden Linie, also nie schräg zur Steigung. Dadurch kann das Pferd beide Hinterbeine gleichmäßig gebrauchen und zeigt außerdem, ob es gehorsam ist und genau dahin geht, wohin der Reiter will.
Wenn das Pferd planmäßige Fortschritte macht, muß man im achten Monat alle Geländearbeit in Schritt und Trab aufteilen, also auch hügelauf und -ab.
Im folgenden Monat, also im neunten Monat der Ausbildung, kann man dann auch schon etwas ruhige Galopparbeit im Gelände machen, allerdings nur in verhältnismäßig kurzen Reprisen.
Wichtig ist, daß das Pferd in jeder Gangart und in jedem Gelände im Gleichgewicht und im Rhythmus bleibt. Es muß lernen, in allen drei Gangarten im gleichen Takt zu gehen, egal, ob es hügelauf oder hügelab oder über unebenen Boden geht. Das ist ein sicherer Gradmesser dafür, ob das Pferd sich im Gleichgewicht befindet.
Selbstverständlich wird in hügeligem Gelände im leichten Sitz geritten, damit das Pferd bei der Verlagerung seines Schwerpunktes nicht gestört und die ungehinderte Bewegungsfreiheit nicht beeinträchtigt wird.
Wenn der Reiter in hügeligem Gelände mit dem Gesäß im Sattel bliebe, läge sein Schwerpunkt nicht mehr über dem des

Pferdes. Dadurch würden die Balance und Bewegungsfreiheit des Pferdes gestört.
Da das junge Pferd sich im Gelände erst wieder ausbalancieren muß, kann es sich sehr leicht mit den Beinen anschlagen oder unachtsam auftreten. Deshalb weise ich hier noch einmal darauf hin, wie wichtig Bandagen und Springglocken sind. Außerdem ist bei der Arbeit in hügeligem Gelände das Vorderzeug wichtig, das den Sattel in der richtigen Lage hält.
Sollte das Pferd draußen vor irgend etwas scheuen, so ist es falsch, das ängstliche Pferd mit der Peitsche zu strafen, da man es dadurch nur noch mehr auf die gefährliche Situation aufmerksam macht. Viel besser ist es, abzusteigen und das Pferd zu dem Gegenstand zu führen, vor dem es sich erschreckt hat. Nur so wird es sein Vertrauen wiederfinden und beim nächsten Mal nicht wieder scheuen.
Wenn man beim Ausreiten sowohl auf dem Hinweg als auch auf dem Rückweg so oft wie möglich die Wege wechselt, kann man sich eine Menge Ärger sparen. Wenn man gedankenlos denselben Weg nimmt, muß man sich nicht wundern, wenn das Pferd früher oder später versucht, auf dem Heimweg schneller zu werden oder sogar wegzulaufen.
Wie man an dem Trainingsplan sieht, schließen wir bei dem Ausreiten oft Arbeit auf der Straße mit ein. Schritt auf dem Asphalt darf man nicht übertreiben, 15 Minuten genügen völlig. Es stärkt die Bänder und Sehnen und bereitet das Pferd auf eine Springsaison vor, wo es ja auch manchmal auf hartem Boden gehen muß. Nach einiger Zeit kann man auch langsamen Trab auf der Straße reiten — aber nicht mehr. Das sage ich nur für diejenigen Reiter, die in Eile im Renntrab auf der Straße reiten — oder sogar galoppieren. Die Reiter sollten einmal die flache Hand auf die Kruppe des Pferdes legen, wenn sie auf der Straße traben — dann würden sie die Erschütterung fühlen, die die Sehnen und Gelenke des Pferdes bei solch unsachgemäßer Reitweise auszuhalten haben.

Siebter Monat

Montag	Freie Bewegung eine halbe Stunde longieren 20 Minuten reiten in der Halle eine Stunde reiten draußen (alleine, nur im Schritt)
Dienstag	Freie Bewegung zehn Minuten freispringen zehn Minuten Arbeit an der Hand eine halbe Stunde reiten in der Halle
Mittwoch	Freie Bewegung anderthalb Stunden reiten draußen (Schritt und Trab, einschließlich 15 Minuten Schritt auf der Straße)
Donnerstag	Freie Bewegung

Bild 419. Trab auf der Straße.

zehn Minuten freispringen
eine halbe Stunde reiten in der Halle

Freitag — Freie Bewegung
eine halbe Stunde longieren
20 Minuten reiten in der Halle
eine Stunde reiten draußen (nur Schritt)

Samstag — Freie Bewegung
zehn Minuten freispringen
zehn Minuten Arbeit an der Hand
eine halbe Stunde reiten in der Halle

Sonntag — Freie Bewegung
eine Stunde reiten draußen (einschließlich 15 Minuten Schritt auf der Straße)

Achter Monat

Montag — Freie Bewegung
eine halbe Stunde longieren
eine halbe Stunde reiten in der Halle
eine halbe Stunde reiten draußen (Schritt und Trab)

Dienstag — Freie Bewegung
zehn Minuten freispringen
zehn Minuten Arbeit an der Hand
eine halbe Stunde reiten in der Halle

Mittwoch — Freie Bewegung
anderthalb Stunden reiten draußen (bergauf und -ab in allen drei Gangarten, einschließlich 15 Minuten Straßenarbeit)

Donnerstag — Freie Bewegung
eine Stunde reiten, einschließlich Cavaletti-Arbeit *

Freitag — Freie Bewegung
eine halbe Stunde longieren
eine Stunde reiten draußen (wie Mittwoch)

Samstag — Freie Bewegung
eine Stunde reiten, einschließlich Cavaletti-Arbeit *

Sonntag — Freie Bewegung
anderthalb Stunden reiten (wie Mittwoch)

Neunter Monat

Montag — Freie Bewegung
eine halbe Stunde longieren
eine halbe Stunde reiten in der Halle
eine halbe Stunde reiten draußen (bergauf und -ab, in allen drei Gangarten)

Dienstag — Freie Bewegung
zehn Minuten freispringen
zehn Minuten Arbeit an der Hand
eine halbe Stunde reiten in der Halle

Mittwoch — Freie Bewegung
anderthalb Stunden reiten im Gelände (einschließlich Zeitstrecke ** und 15 Minuten Straßenarbeit)

Donnerstag — Freie Bewegung
eine Stunde reiten in der Halle, einschließlich Cavaletti-Arbeit

* eine Stunde reiten, einschließlich Cavaletti-Arbeit:
Die Einzelheiten entnimmt man dem Kapitel „Cavaletti-Arbeit" und der Spring-Dressur für das erste Jahr. Die Cavaletti-Arbeit darf nur über etwa 20 Minuten ausgedehnt werden. In der ersten halben Stunde reitet man zehn Minuten im Schritt und in der zweiten halben Stunde zehn Minuten im Trab über Cavaletti. Zwischendurch immer wieder Dressurlektionen.

** Zeitstrecke:
Siehe Kapitel „Zeitstrecke". Es bedeutet: nicht schnell, aber Tempo reiten. In diesem Monat reitet man nur Schritt (100 Meter pro Minute), Trab (200 Meter pro Minute) und Galopp (300 Meter pro Minute).

Freitag Freie Bewegung
eine halbe Stunde longieren
eine Stunde reiten im Gelände, wie Mittwoch

Samstag Freie Bewegung
eine Stunde reiten in der Halle, einschließlich Cavaletti-Arbeit

Sonntag Freie Bewegung
anderthalb Stunden reiten im Gelände

Zehnter Monat

Montag Freie Bewegung
eine halbe Stunde longieren
eine halbe Stunde reiten in der Halle
eine halbe Stunde reiten draußen (in allen drei Gangarten)

Dienstag Freie Bewegung
zehn Minuten freispringen
zehn Minuten Arbeit an der Hand
eine halbe Stunde reiten in der Halle

Mittwoch Freie Bewegung
anderthalb Stunden reiten im Gelände (einschließlich Zeitstrecke und 15 Minuten Straßenarbeit)

Donnerstag Freie Bewegung
eine Stunde reiten in der Halle (einschließlich Cavaletti-Arbeit, jetzt schon mit kleinen Kombinationen)

Freitag Freie Bewegung
eine halbe Stunde longieren
anderthalb Stunden reiten im Gelände, wie Mittwoch

Samstag Freie Bewegung
eine Stunde reiten in der Halle, wie Donnerstag

Sonntag Freie Bewegung
anderthalb Stunden reiten im Gelände (keine Zeitstrecke)

Elfter Monat

Montag Freie Bewegung
eine halbe Stunde longieren
eine halbe Stunde reiten (Halle)
eine halbe Stunde reiten draußen (in ebenem Gelände)

Dienstag Freie Bewegung
zehn Minuten Arbeit an der Hand
eine halbe Stunde reiten in der Halle
eine halbe Stunde reiten draußen (hügeliges Gelände)

Mittwoch Freie Bewegung
anderthalb Stunden reiten im Gelände (einschließlich Zeitstrecke und 15 Minuten Straßenarbeit im Schritt)

Donnerstag Freie Bewegung
eine Stunde reiten in der Halle (einschließlich 20 Minuten Cavaletti-Arbeit mit Kombinationen und kleinen Hindernissen)

Freitag Freie Bewegung
anderthalb Stunden Geländereiten (wie Mittwoch)

Samstag Freie Bewegung
eine Stunde reiten in der Halle, wie Donnerstag

Sonntag Freie Bewegung
anderthalb Stunden reiten in hügeligem Gelände

Zwölfter Monat

Montag Freie Bewegung
eine halbe Stunde longieren
eine halbe Stunde reiten in der Halle
eine halbe Stunde reiten draußen (ebenes Gelände)

Dienstag Freie Bewegung
eine Stunde reiten in der Halle (einschließlich „Hindernisreihe“ und Abwandlungen)

Mittwoch	Freie Bewegung anderthalb Stunden reiten draußen (hügeliges Gelände, einschließlich Zeitstrecke und 15 Minuten Straßenarbeit im Schritt)
Donnerstag	Freie Bewegung eine Stunde reiten, wie Dienstag mit Springen
Freitag	Freie Bewegung anderthalb Stunden reiten, wie Mittwoch
Samstag	Freie Bewegung eine Stunde reiten, wie Dienstag
Sonntag	Freie Bewegung anderthalb Stunden reiten in ebenem Gelände

Bilanz

Ich bin überzeugt, daß jedes Springpferd diese zwölf Monate für seine Grundausbildung unbedingt braucht, ehe man es auf einem Turnier startet. Gründliche Schulung ist nicht, wie viele denken, Zeitverschwendung, sondern bitter nötig. Sie macht sich im folgenden Jahr dadurch bezahlt, daß man viel Zeit spart. Durch die systematische Grundausbildung kommt man später schneller vorwärts und vermeidet zeitraubende Schwierigkeiten, die die weitere Ausbildung verzögern.

In vielen Ländern, besonders auf dem europäischen Kontinent, ist eine solide und systematisch aufgebaute Grundausbildung des Springpferdes selbstverständlich.

In anderen Ländern jedoch, wie zum Beispiel in England und Irland, wird die überwiegende Mehrheit der jungen Pferde nach dem „Einbrechen" zum Hunting genommen. Sie gehen einen Winter lang im Jagdfeld mit und werden im anschließenden Sommer zum Turnier geschickt, wobei die Teilnahme am Turnier als eigentliches Training angesehen wird. — Im Jagdfeld hat das Pferd zwar gelernt, alle natürlichen Hindernisse zu springen — aber nur hinter anderen Pferden. Es ist fit geworden und hat Muskeln entwickelt — aber meistens die falschen. Es hat gelernt, auf der Hand zu liegen, und hat seinen Schwerpunkt auf die Vorhand verlagert. Das Pferd hat demzufolge ein unnachgiebiges Maul und kennt kaum eine Schenkelhilfe, weder vorwärts- noch seitwärtstreibend. Das Pferd soll im Jagdfeld „clever" werden, also geschickt, gewitzt und vorsichtig. Nun, wenn es schlau ist, wird es so clever, daß es lernt, sich vorher die Landestelle eines Sprunges anzusehen, durch dünne Hecken zu krabbeln und nach jedem Sprung schnell und flach zu werden, um das Feld wieder einzuholen. Daß diese „Schulung" für ein zukünftiges Springpferd vorteilhaft sein soll, wird niemand behaupten, der diese Jagden mitgeritten hat und andererseits weiß, wie eine korrekte Grundausbildung ein Pferd fördert.

(Die meisten Vollblüter, die später Steeplechase gehen sollen, werden auch einen Winter lang zum Hunting geschickt — aber das ist etwas anderes. Für diese Pferde sind die Erfahrungen im Jagdfeld sehr wertvoll, von ihnen wird aber auch in den kommenden Jahren etwas ganz anderes verlangt als von einem Springpferd.)

Aber wir haben uns ja schon darüber unterhalten, daß auch das beste Training nur dann Wert hat, wenn es individuell auf das einzelne Pferd abgestellt ist und wenn es von Anfang an auf die spätere Bestimmung des Pferdes hinzielt. Diese Grundausbildung war von Anfang an darauf aufgebaut, daß das Pferd die Laufbahn eines Springpferdes einschlagen wird.

Auch das weitere Training ist speziell auf diesen Zweck abgestimmt. Niemand sollte glauben, daß die Ausbildung des Springpferdes selbst nach solider Grundausbildung und erfolgreicher ersten Saison abgeschlossen sei. Im Gegenteil, das fortgeschrittene Training ist niemals zu Ende. Selbst Pferde, die in den schwersten Konkurrenzen starten, müssen fortwährend weitergeschult werden, nicht nur damit sie fit bleiben, sondern damit eventuell aufkommende Fehler sofort beseitigt werden können.

Dritter Teil

Zweites Jahr der Ausbildung

8 Turnierteilnahme – Parcoursreiten

Im zweiten Jahr der Ausbildung fangen wir an, das Pferd an kleinen Springprüfungen teilnehmen zu lassen. Die Ausbildung des Springpferdes wird also noch umfangreicher.

Zu oft wird der Fehler gemacht, ein junges Pferd erst zu lange ausschließlich zu Hause zu reiten, bevor man es in der Öffentlichkeit startet. In dieser Auffassung bin auch ich groß geworden, aber ich habe durch Erfahrungen in vielen Ländern gelernt, daß es viel besser ist, ein Pferd frühzeitig mit in die Öffentlichkeit der Turniere zu nehmen, nämlich schon im zweiten Jahr der Ausbildung.

Das Training zu Hause mag das junge Pferd noch so fördern, die Teilnahme an einem Turnier mit allem Drum und Dran ist dann doch so überwältigend neu, daß das ganze Training zu Hause wenig nützt — das Pferd muß eben lernen, mit der Turnieratmosphäre und seinem Lampenfieber fertigzuwerden. Die Teilnahme an Turnieren ist ein völlig neues Kapitel im Leben des jungen Pferdes, und man darf nicht erwarten, daß es selbst nach bestem Training zu Hause nun auch in der Öffentlichkeit gut geht, selbst wenn die Anforderungen auf dem Turnier wesentlich niedriger sind als die zu Hause.

Deshalb muß das Pferd nach zwölfmonatiger Grundausbildung mit zu Turnieren genommen werden.

Daß man bisher zu Hause nur kleinere Hindernisse gesprungen hat, genügt völlig, besonders wenn man vielleicht bei Freunden schon ab und zu fremde Hindernisse gesprungen hat. Die Hauptsache ist, daß das Pferd Vertrauen hat, es wird sich auf dem Turnier sowieso überspringen. Wenn es stehenbleiben sollte, dann nicht, weil die Hindernisse zu hoch waren — denn wenn es Vertrauen hat, machen 10 oder 20 Zentimeter mehr nichts aus —, sondern weil ihm die Turniererfahrung fehlt.

Wenn man die Möglichkeit hat, das junge Pferd in diesem Jahr einmal in der Woche in einem kleinen Springen zu starten, so wird es davon zweifellos mehr profitieren, als wenn man es weiterhin nur zu Hause trainiert und dann später versucht, es gleich in schwierigeren Prüfungen zu starten.

Je mehr das Pferd sich in seinem Turnierspringen verbessert, desto weniger springt man zu Hause. Mit „verbessert" meine ich nicht etwa die gewonnenen Schleifen und Preise, sondern die Verbesserung des Springstils und das wachsende Vertrauen, mit dem das unerfahrene Pferd fremde Hindernisse angeht.

Im allgemeinen sollte der Reiter immer mit dem Willen zum Siegen an den Start gehen — nur in dieser ersten Turniersaison soll der Reiter seinen Sieg darin sehen, daß er einen Parcours „schön" geritten hat. Die Versuchung für den Reiter ist zwar groß, besonders wenn das Pferd vielversprechend springt, aber diese Starts in kleinen Sprin-

gen im ersten Turnierjahr sind ja keine Wettbewerbe, sondern Teil des Trainings und müssen als solches betrachtet und geritten werden.
Nur dann sind sie für das junge Pferd von Vorteil.
Versuche, in diesem ersten Jahr Siege herauszureiten, können zwar im Augenblick erfolgreich sein, sind aber für die Zukunft von Nachteil und können das Pferd schon jetzt für eine vielleicht große Laufbahn verderben. (Zum Beispiel durch die Jagd nach Sekunden in A- und L-Springen. Wer da mitrennt, um auf einem kleinen Lokalturnier eine Schleife zu gewinnen, handelt unverantwortlich und kurzsichtig, denn er vermauert sich und seinem eventuell sehr talentierten Pferd den Weg.)
Dagegen sind Starts in Caprilliprüfungen im ersten Jahr ideal.
Im allgemeinen möchte ich noch sagen, daß man in diesem ersten Turnierjahr nicht zu überschwenglich sein soll, wenn ein junges Pferd „groß" geht, und auch nicht zu Tode betrübt, wenn irgend etwas schiefgegangen ist. Jedes Training – also auch diese Starts – hat seine Höhen und Tiefen. Das sind alles nur Kinderkrankheiten, aus denen das Pferd herauswächst, wenn es einen einsichtigen Reiter hat. Sollte das Pferd wirklich mal am Eingang kleben oder verweigern oder irgend etwas „Dummes" machen, so nimmt man davon am besten gar keine Notiz und macht kein großes Aufheben daraus. – Es hat sich immer wieder gezeigt, daß bei ordentlichem und sorgfältigem Reiten solche Kinderkrankheiten von alleine wieder vergehen.

Vorbereitungen für die Turniersaison

1. Reisen

Bevor man ein junges Pferd das erste Mal auf einem Turnier startet, nimmt man es am besten ein paarmal mit einem älteren Pferd zusammen mit zu einem Turnier, damit es sich an das Reisen und an die Turnieratmosphäre gewöhnt.

Wenn man das junge Pferd auch schon während der Ausbildung im Anhänger mit zu fremden Trainingsplätzen nehmen kann, kommt einem das natürlich in der ersten Turniersaison zugute.
Ein Pferd läßt sich leicht verladen und steht während der Reise gut, wenn man einen guten Transporter oder Anhänger hat und wenn man sachgemäß und ruhig fährt. Gut ist es, wenn man eventuell einen Stallgenossen des jungen Pferdes mitnehmen kann. Ein Begleiter sollte, wenn möglich, immer mit dem Pferd (oder den Pferden) reisen, das gibt ihnen Vertrauen und hat schon viele Unfälle oder Verletzungen verhütet.

Reisebekleidung

Für den Transport kleidet man das Pferd an, das heißt, man gibt ihm Schutzbekleidung mit, die es vor eventuellen Verletzun-

Bild 420. Reisebekleidung – Kapuze.

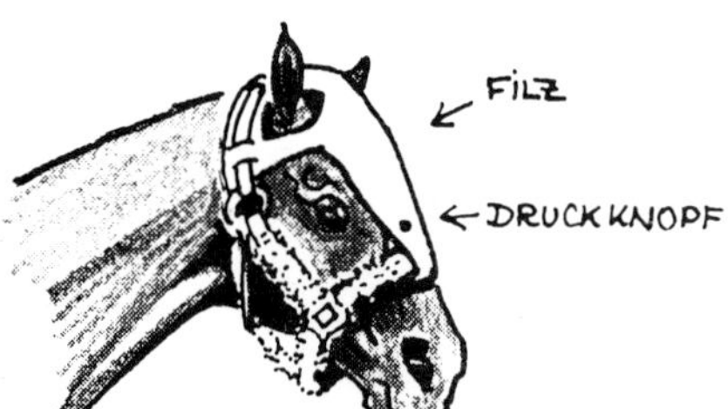

Bild 421. Lammfellgefüttertes Halfter mit Kopfschutz.

gen schützen soll. Das Pferd wird eingedeckt, im Sommer in eine leichte Sommerdecke, im Winter in eine warme Wolldecke. Ein Deckengurt verhütet, daß die Decke während der Reise verrutscht. Bei offenem oder halboffenem Transporter ist eine Kapuze angebracht.
Das Halfter kann am Genickstück mit einem dicken Lederpolster versehen werden, damit das Pferd sich beim Ein- und Ausladen nicht etwa beim Kopfschlagen an der Decke verletzen kann.
Der Schweif wird mit einer Schweifbinde umwickelt, wobei darauf zu achten ist, daß die Binde (besonders wenn sie elastisch ist) und die Bänder nicht zu stramm gebunden werden, da sonst die Blutzirkulation unterbrochen wird und das Pferd eventuell alle Schweifhaare verliert.
Besser als eine Schweifbinde ist ein Schweifschoner, zum Beispiel aus Leder,

Bild 422. Schweifschoner.

der sich am leichtesten säubern läßt. Der Schweifschoner wird mit einem Lederriemen, der über den Rücken läuft, an dem Deckengurt befestigt.
Der Beinschutz ist beim Transport am wichtigsten; auch für kurze Entfernungen darf man die Beine nie ungeschützt lassen, da das Pferd allein schon beim Ein- und Ausladen mit einem Bein von der Rampe rutschen und sich langwierige und unnötige Verletzungen holen kann.
Die Vorderbeine werden mit Kniekappen (Vorderfußwurzelschonern) geschützt, die man innen zusätzlich mit Schaumgummi bekleben kann. Die Sprunggelenke können durch Schlagen gegen die Rückwand leicht Piephacken bekommen, deshalb schützt man sie mit Sprunggelenkkappen, die innen auch mit Schaumgummi beklebt werden. – Alle vier Beine werden bis über die Fesselköpfe mit Sandown-Bandagen einbandagiert. Man kann auch die bis über die Kronen reichenden Filzschützer nehmen. Vier Sprungglocken sind nötig, um Kronentritten vorzubeugen.
Nach der Reise nimmt man die Bandagen ab und massiert die Beine und den Bauch des Pferdes, um die Blutzufuhr anzuregen.

Proviant

Auf kürzeren Reisen genügt es, wenn man dem Pferd ein gefülltes Heunetz mitgibt. Das muß jedoch hoch aufgehängt werden, damit das Pferd sich nicht mit den Vorderbeinen darin verfangen kann, wenn das Netz leerer wird und länger herunterhängt.
Auf längeren Reisen nimmt man einen entsprechenden Futtervorrat mit. Durch das lange Stehen beim Transport können Verdauungsstörungen entstehen. Auf langen Reisen gibt man deshalb keinen Hafer, sondern „mash“. (Siehe Kapitel „Fütterung“.) Auch das Heu feuchtet man an. Eigene Krippe und Tränkeimer mit Namensbeschriftung reisen mit.
Bei Freßunlust helfen frisch geschnittene Weidenzweige, die man in einem Eimer Wasser oder in angefeuchtetem Moos frisch hält. Neben dem Futtervorrat gehen Verbandszeug, ein zweiter Satz Eisen und Stollen mit auf die Reise. Sattelzeug und Putzzeug sind selbstverständlich.

Transportmöglichkeit

Am unabhängigsten ist man mit einem eigenen Transporter oder Anhänger. Es gibt die verschiedensten Modelle. Für welches man sich entscheidet, richtet sich nach dem persönlichen Geschmack und Geldbeutel. Bei Transportern ist darauf zu achten, daß die Ladefläche nicht zu hoch ist, damit die Rampe nicht zu steil ist. Die Rampe muß

Bild 423. Anhänger mit vorne erhöhtem Boden.

auf jeden Fall mit Stegen, besser noch mit Kokosmatten belegt sein, damit das Pferd nicht ausgleitet — besonders bei Regen.
Bei Anhängern eignen sich am besten die Zwei- oder Dreipferdeanhänger. Die Einpferdeanhänger sind für ausgewachsene Pferde sehr schmal. Weil sie meistens nur eine Achse und eine entsprechend schmale Spur haben, schwanken sie sehr während der Fahrt.
Jeder Transporter sollte gut belüftet sein, ohne daß es zieht. Das Fenster an der Vorderseite ist bei den meisten Anhängern zu klein, die Pferde stehen viel besser, wenn sie unterwegs 'rausgucken können.
Die Mittelwand bei Zwei- oder Dreipferdeanhängern gibt den Pferden, auch wenn man nur eines verladet, guten Halt und die Möglichkeit, sich in den Kurven anzulehnen. Es empfiehlt sich, in Decke und Fußboden mehrere Einstellvorrichtungen für die Trennwand zu haben. Dann kann man dem jungen Pferd am Anfang hinten eine etwas breitere Standfläche geben. Es kann dann mit gespreizten Hinterbeinen stehen und lernt, sich besser auszubalancieren. Die Rampe muß bei diesen Anhängern mit Kokosmatten gepolstert sein, nicht nur, damit die Pferde beim Verladen nicht rutschen, sondern auch damit sie sich während der Fahrt nicht verletzen, wenn sie hinten ausschlagen.
Wenn ein Pferd immer schlecht steht, sollte man den Fußboden des Anhängers vorne unter der Vorhand des Pferdes etwas anheben. Dadurch wird das Eigengewicht des Pferdes mehr nach hinten verlagert, wodurch es eine bessere Standposition hat (normalerweise trägt das Pferd im Stehen drei Fünftel seines Gewichtes auf der Vorhand).
Eine erstaunliche Tatsache ist, daß manche Pferde lieber mit dem Kopf nach hinten stehen. Ich habe schon mehrere Pferde gehabt, die nur in dieser Stellung völlig ruhig standen.
Vor und hinter den Pferden werden Querbalken eingehakt, damit das Pferd nicht geschleudert wird, falls man einmal unvorhergesehen bremsen muß. Der vordere Balken sollte weich gepolstert sein; hinten eignet sich am besten eine mit einem Gummischlauch gepolsterte Kette, weil die Pferde sie nicht herausschlagen können.
Im Anhänger sollte Licht sein, da man dann im Dunkeln oder im Halbdunkel leichter verladen kann. Kein Pferd geht gerne in ein dunkles Loch hinein. Pferde reisen nachts auch besser, wenn das Licht im Anhänger brennen bleibt.

Das Verladen

Es gibt Pferde, die sich von Anfang an ohne Schwierigkeiten ein- und ausladen lassen. – Es gibt aber auch mindestens so viele Pferde, die nicht nur am Anfang, sondern immer beim Verladen Schwierigkeiten machen. Das kann sehr unangenehm sein, besonders wenn man in Eile ist, und

die guten Ratschläge und Erfahrungen aller Umstehenden heben die Stimmung nicht, wenn man vergeblich versucht, ein Pferd zu verladen.
Wenn ein Pferd sich weigert, in einen Anhänger zu gehen, so hat das seine Gründe. Entweder ist das Pferd einfach von Natur aus scheu und ängstlich, oder aber es hat schlechte Erfahrungen gemacht, und das trifft wohl in den meisten Fällen zu, besonders wenn man sieht, mit welchen Schikanen manche Leute versuchen, ihr Pferd in den Anhänger zu locken oder zu zwingen.
Es gibt Leute, die schwören, ein Sack überm Kopf, also ein Blindmachen des Pferdes, sei die einzige Lösung; sie bedenken nicht, daß ein ängstliches Pferd dadurch noch ängstlicher wird und sich von Mal zu Mal schlechter verladen läßt. Peitschenhilfen von hinten und Antreiben mit flatternden Tüchern oder aufgeklappten Regenschirmen (jawohl, das gibt's) hat überhaupt keinen Erfolg, da das Pferd dann nur noch mehr Aufmerksamkeit nach hinten lenkt anstatt nach vorne, wohin es ja gehen soll. Es wird den Kopf hochreißen, sich eventuell verletzen und auf halbem Wege von der Rampe rutschen oder wieder rückwärts gehen. Wenn man sich aufregt oder von Umstehenden beeinflussen läßt, ist man verloren. Man wird das Tier immer schwerer in den Anhänger bekommen.
Es ist so einfach, ein Pferd zu verladen, wenn man weiß, wie man es machen muß.
Als erstes läßt man die Stützen herunter, damit der Anhänger fest steht, wenn das Pferd die Rampe betritt.
Dann schiebt man die Trennwand zur Seite und stellt sie fest, damit das Pferd eine etwas breitere Öffnung vor sich hat.
Dann befestigt man oben an jeder Seite des Anhängers (eventuell an den Klappenscharnieren) eine Longe und läßt sie von je einem Helfer in V-Form von der Rampe weg stramm halten.

Bild 424. Mit solchen Schikanen versuchen manche Leute, ihr Pferd in den Anhänger zu bekommen.

Bild 425. Verladen mit zwei Longen. Das Pferd ist vorschriftsmäßig für die Reise gekleidet: Kopfschutz, Decke, Schweifschoner, Vorderfußwurzelschoner, vier Sandownbandagen, vier Sprungglocken.

Bild 426. Eine vordere Entladerampe ist sehr zu empfehlen. Auch diese Rampe sollte mit einer Kokosmatte ausgelegt sein.

Fotos Gisela Holstein.

Dann führt man das Pferd gerade an die Rampe heran, ohne es anzusehen oder zu ziehen.
Dann gehen die beiden Helfer aufeinander zu oder über Kreuz aneinander vorbei und schließen das Pferd ein. Selbst ein schlagendes Pferd kann dann nichts mehr machen und wird so ruhig und ohne großes Tamtam in den Anhänger geschoben. Selbst seitliches Ausweichen und Abrutschen ist nicht mehr möglich, da man das mit den Longen regulieren kann.
Bei einem garantiert nicht schlagenden Pferd genügt es, wenn zwei starke Männer sich hinter dem Pferd die Hand reichen und das Pferd so in den Anhänger schieben.
Bei Pferden, die den Kopf extrem hochreißen, kann man eine Longe in das Halfter haken und zwischen den Vorderbeinen hindurch in die Hand nehmen. Das Pferd kann dann den Kopf nicht zu hoch nehmen.
Wichtig ist, daß man nicht versucht, das Pferd in den Anhänger hineinzuziehen; das ist ein grundlegender Fehler, der immer wieder gemacht wird. Das hat nur den Erfolg, daß das Pferd dagegen anzieht und den Kopf noch höher nimmt und sich in Gefahr bringt. Außerdem kann schon ein Jährling vier Männer hochheben, bei einem Machtkampf stehen die Chancen für einen einzelnen Mann also sehr schlecht.
Sobald das Pferd im Wagen ist, schließt man zuerst die Rampe. Dann hakt man innen die Trennwand in die passende Vorrichtung und hängt die hintere Kette ein. Erst dann bindet man das Pferd an und öffnet die Rampe, um das nächste Pferd zu verladen. Gefährlich ist es, das Pferd erst anzubinden und dann die Rampe zu schließen, da besonders scheue und nervöse Pferde sich plötzlich entschließen können, den Anhänger rückwärts wieder zu verlassen. Hat man sie dann schon angebunden und die Rampe noch nicht geschlossen, kann sich das Pferd nur zu leicht aufhängen und dabei ersticken oder sich schwer verletzen.
Das ganze Verladen muß vor allem ruhig vor sich gehen; das Pferd lernt dann sehr schnell widerspruchslos in den Wagen zu gehen. Man soll sich nur einmal das Verladen von kostbaren Vollblutjährlingen nach einer Auktion ansehen: Da wird einer nach dem anderen ohne großes Theater verladen oder in den Wagen geschoben;

Bild 427. Nach dem Turnier zeigt man dem jungen Pferd die Hindernisse auf dem Turnierplatz.

diese Pferde sind viel zu kostbar, als daß man einen Kampf riskieren könnte. Und uns ist unser mühsam ausgebildetes Springpferd doch mindestens ebensoviel wert.

2. Turnierbesuch ohne Start

Selbst wenn ein Pferd zu Hause recht gut springt, darf man nicht erwarten, daß es während der ersten Turniersaison genauso gut und sicher gehen wird.
Wie ich schon erwähnte, lenken die fremde Turnieratmosphäre und die vielen fremden Pferde das junge Pferd zu sehr ab. Auf dem Abreiteplatz herrscht Gedränge mit wild vorbeigaloppierenden Pferden, die den Probesprung immer wieder mit langem Anlauf springen müssen. Auch wenn das junge Pferd zu Hause ruhig im Schritt zwischen anderen Pferden geht, kann man nicht erwarten, daß es dasselbe auf dem überfüllten Abreiteplatz tut.
Deshalb nimmt man ein junges Pferd, wenn möglich, erst ein paarmal mit zu einem Turnier, ohne es zu starten. Man reitet es auf dem Abreiteplatz und gibt ihm Zeit, sich den ganzen Betrieb in Ruhe anzusehen. Man reitet auf dem Gelände umher, so daß das Pferd sich an die Atmosphäre, die hetzenden Menschen und schreienden Kinder gewöhnt. Wenn auf dem Abreiteplatz ein wenig Ruhe herrscht, springt man ein paarmal den Probesprung, erst aus ruhigem Trab, und wenn das Pferd dabei ruhig und losgelassen bleibt, auch aus einem ruhigen Galopp heraus.
Wenn es erlaubt ist, soll man nach dem Turnier mit dem jungen Pferd auf dem Turnierplatz herumreiten und es an alle Hindernisse heranreiten, damit es sich die Farben und die fremden Hindernisse ansehen kann. Das kann einem bei den ersten Starts viel Ärger sparen, da das Pferd, wenn es die Arena betritt, meistens sowieso mehr auf die Menschenmenge rund um den Platz achtet als auf die Hindernisse oder gar den Reiter.
In einigen Ländern ist es erlaubt, daß man nach einem Turnier mit einem jungen Pferd ein paar der niedrig gestellten Hindernisse springt.
In England und Irland erlaubt man in Anfänger-Springen vernünftigerweise, daß die Reiter ihre Pferde vor der Prüfung auf

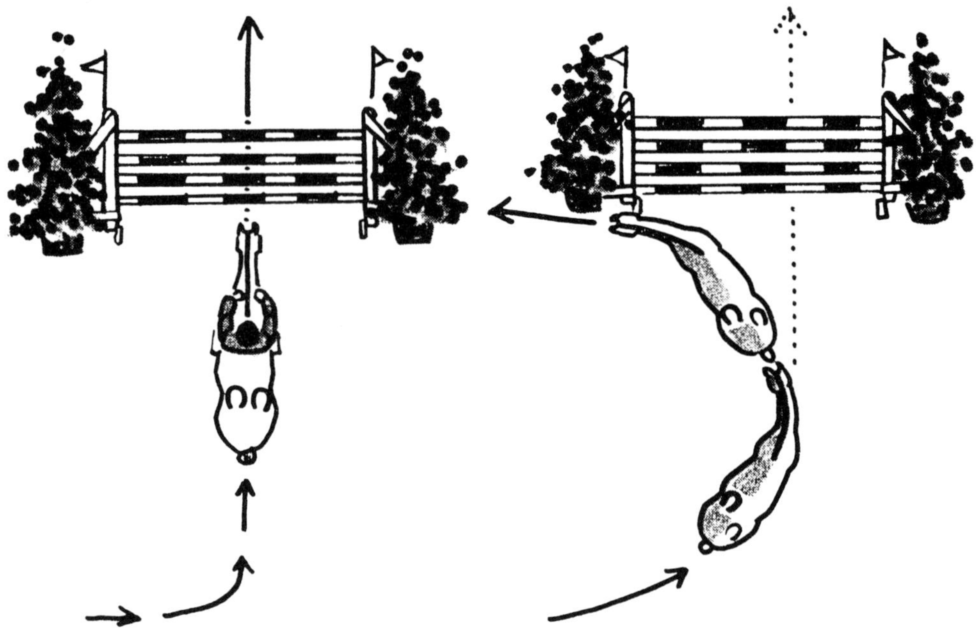

Bild 428.

dem Turnierplatz herumreiten dürfen. Da darf man dann solch einen Neuling mal mit 'rumreiten, was ihm natürlich genausoviel Vertrauen gibt wie den anderen Anfängerpferden, die in dem Springen starten.
Solch eine Vorbereitung auf die Turniersaison kommt einem bei dem ersten Start sehr zugute, da das Überraschungsmoment teilweise ausgeschlossen ist.

Turnierbesuch

Parcoursbesichtigung

Der Reiter sollte immer die Gelegenheit wahrnehmen, vor einer Springprüfung den Parcours zu besichtigen. Wenn der Parcours zur Besichtigung freigegeben ist, geht man vom Start bis zum Ziel den zu reitenden Kurs entlang. Dabei achtet man weniger auf die Höhe und Breite der Hindernisse — die sind schließlich für alle Reiter gleich —, sondern man achtet sehr aufmerksam auf die Linie des Parcours. Man prägt sich genau die Wendungen ein und merkt sich, wie weit man wenden muß, um mit dem jungen Pferd gerade an die Sprünge heranzukommen. Besonders bei Kombinationen muß man dem Pferd mindestens vier Galoppsprünge auf einer geraden Linie vor dem Absprung geben.
Besonders in der ersten Turniersaison ist es wichtig, daß das Pferd gerade und in der Mitte an die Sprünge herangebracht wird, da es nur aus einem geraden Anreiten heraus beide Hinterbeine gleichmäßig zum Absprung unterschieben kann. — Später muß das Pferd natürlich in der Lage sein, aus jedem Winkel heraus abzudrücken. Jetzt in der ersten Saison wäre das jedoch verfrüht.
Wenn man mit einem jungen Pferd ungeschickt, also schräg anreitet, bleibt es vor einem Einzelhindernis stehen oder macht Fehler; wenn man eine Kombination schräg anreitet, kommt man meistens noch über den ersten Teil, aber dann ist es dem unerfahrenen Pferd unmöglich, sein Gleichgewicht wiederzufinden, und anstatt nun auf einer Geraden weiterzugehen, bleibt es

auf dem Zirkel, aus dem heraus man fälschlicherweise eingesprungen ist, und läuft vor dem zweiten Teil der Kombination seitlich hinaus.

Das wichtigste bei der Parcoursbesichtigung ist also, daß man sich völlig klar darüber ist, welche Parcourslinie man zu reiten hat. Die Reihenfolge der Hindernisse muß man selbstverständlich auswendig wissen. Am besten kontrolliert man sich, indem man sich mit dem Rücken zum Turnierplatz dreht und sich den Verlauf des Parcours ausmalt.

Es ist dem Pferd gegenüber nur fair, daß man den Kurs völlig sicher auswendig kennt, da man sich nur dann beim Reiten des Parcours ganz auf das Pferd konzentrieren kann.

Sich zu verreiten ist ärgerlich und völlig unnötig. Schon eine Unsicherheit oder ein Zögern bringen das Pferd aus dem gleichmäßigen Rhythmus. Herumziehen, Verwei-

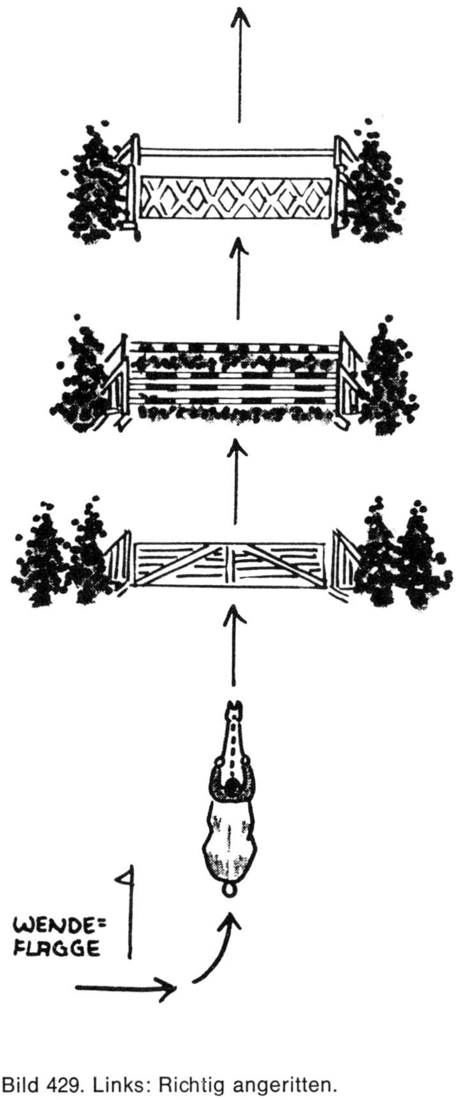

Bild 429. Links: Richtig angeritten.

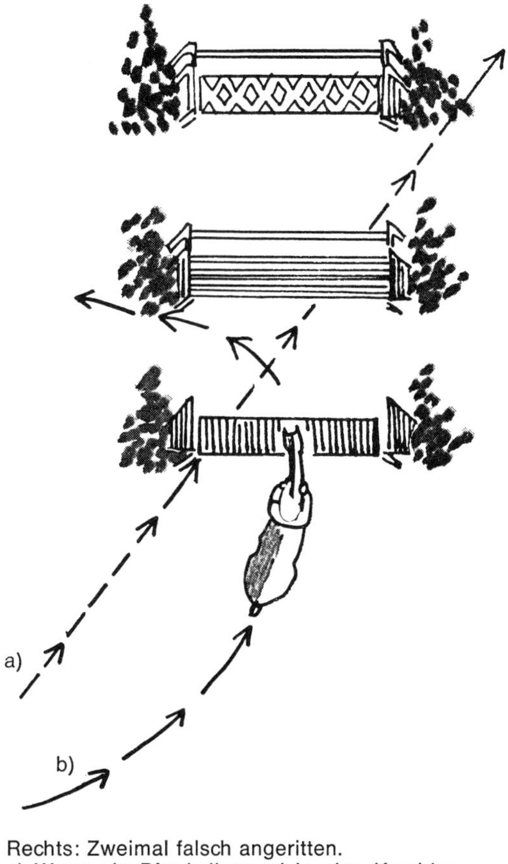

Rechts: Zweimal falsch angeritten.
a) Wenn ein Pferd diagonal in eine Kombination geritten wird, werden die Abstände extrem lang, der richtige Absprungpunkt wird nicht erreicht. Das Pferd wird versuchen, vor dem zweiten oder dritten Element der Kombination auszubrechen.
b) Aus dem Zirkel heraus in eine Kombination zu reiten, verführt das Pferd dazu, auf der Zirkellinie zu bleiben und vor dem zweiten Sprung seitwärts hinauszulaufen.

gern und Fehlermachen sind dann die Folge; zum Schluß wird aus dem Rest des Parcours dann noch ein Flachrennen gemacht, um die verlorene Zeit wieder „herauszuholen“.
Die Parcoursbesichtigung ist also keine Modenschau und soll auch nicht von der Tribüne aus erledigt werden. Nur wenn man den Parcours konzentriert abgeht, kann man ihn hinterher auch gut reiten.

Abreiten

Wie man ein Pferd vor einem Springen abreitet, hängt von dem Typ des Pferdes ab, mit dem man an dem Springen teilnimmt. Einige Pferde brauchen mehr Arbeit als andere, einige muß man ruhig und lösend reiten, während andere wach und aufmerksam gemacht werden müssen.
Niemand sollte den Fehler machen und die Abreitezeit als letzte Gelegenheit betrachten, bei der bisher versäumtes Unterrichtspensum nachzuholen ist. Wenn das Pferd wirklich noch Nachhilfeunterricht nötig haben sollte, ist es eben noch nicht fertig für ein Turnier. — Ebensowenig sollte man mit einem Pferd in einen Parcours reiten, ohne es vorher abgeritten zu haben. Der goldene Mittelweg ist in den meisten Fällen der beste. Man sollte sein Pferd so ausbilden, daß es keine lange Abreitezeit braucht.
Ich persönlich bin immer gerne mindestens zwei Stunden vor Beginn der Prüfung auf dem Turnierplatz, um den Pferden eine Ruhepause nach der langen Reise im Anhänger zu gönnen. Wenn das Wetter es erlaubt, führe ich das Pferd ein bißchen umher, damit es sich die Beine vertreten und sich an die fremde Umgebung gewöhnen kann. Schwierige Pferde longiere ich eine halbe Stunde mit Chambon in einer ruhigen Ecke.
Natürlich kann man solch einen Plan nur durchführen, wenn man nicht auf der Reise aufgehalten wird und wenn genug Platz zum Longieren da ist. Der Abreiteplatz kann außerdem aufgeweicht oder überfüllt sein, und bei Hallenturnieren liegt der Abreiteplatz spätabends manchmal im Halbdunkel, so daß man, selbst wenn man es vorhatte, nicht lange abreiten kann. Wenn möglich sollte man solche Umstände vorher mit einkalkulieren.
Unabhängig davon, wie wenig Zeit man zum Abreiten hat, soll man immer in fleißigem Schritt beginnen, damit das Pferd nach dem Stehen im Anhänger seine Muskeln lösen kann. Beginnt man dagegen gleich mit Trab und Galopp, versteift sich die Muskulatur, und man bereitet sich selbst nur Schwierigkeiten.
Während dieser Schrittperiode sollte man häufig zum Halten durchparieren und Wendungen um die Hinterhand reiten. Je nachdem, wieviel Zeit zur Verfügung steht, fängt man dann an, leicht zu traben und zu galoppieren, wieder mit häufigen Übergängen zum Schritt. Die vielen Übergänge sind äußerst wichtig, da sie das Pferd lösen, an die Hilfen stellen und dadurch gehorsam machen. — Mit faulen Pferden verstärkt man das Tempo zum Mitteltrab und Mittelgalopp, aber nur für ein paar Sprünge, pariert dann wieder durch, allerdings nicht mit der Hand, wie man es so oft sieht, sondern mit treibenden Gesäß- und Schenkelhilfen.
Der Probesprung: Das Hindernis auf dem Abreiteplatz springt man anfangs aus langsamem Trab, damit das Pferd wirklich seine Hinterhand gebrauchen muß. Man darf nicht immer wieder dasselbe Hindernis springen, sondern sollte wechseln zwischen niedrigen Weitsprüngen, gefolgt von nicht zu hohen Steilsprüngen. Es ist viel wichtiger, daß das Pferd in schönem Stil mit Vertrauen springt, als daß es möglichst hohe Hindernisse springt.
Im Galopp sollte man so langsam wie möglich, nicht mehr als 300 Meter pro Minute, reiten. Wenn das Pferd versuchen sollte eiliger zu werden, reitet man auf dem Zirkel, den man verkleinert und vergrößert. Und wieder muß auf die häufigen Übergänge hingewiesen werden: Zwischen den einzelnen Sprüngen reitet man viele Übergänge vom Schritt zum Trab und zum Ga-

Bild 430.
Springen auf der Acht.

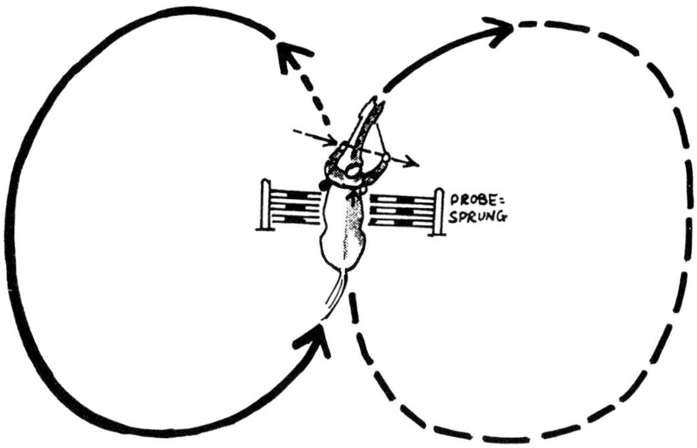

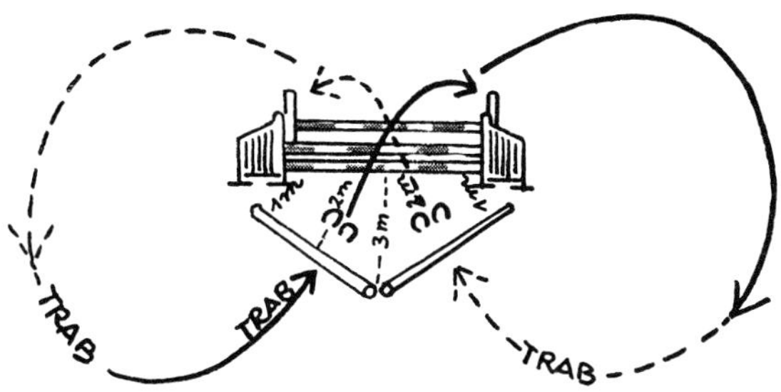

Bild 431. Eine gute Art, den Abreitesprung zu benützen: Das Pferd wird gymnastiziert und gezwungen, genau im richtigen Punkt abzuspringen. Es wird im Trab auf einer Acht geritten. Man reitet im Trab über die Stange (Mitte), das Pferd fußt ab und springt schräg über den Oxer, wobei das Pferd basculieren muß und seitlich geschmeidig wird. Dann nimmt man die Stangen weg und springt auf derselben Acht aus dem ruhigen Galopp heraus.

lopp, und vom Trab zum Schritt und Halten, hin und wieder mit anschließendem Rückwärtsrichten. Zwischendurch sollte man nicht vergessen, öfter eine Weile stillzustehen, um dem Pferd eine Atempause zu gönnen.

Wenn ein Pferd viel Vorwärtsdrang hat, soll man diesen nicht zunichte machen, indem man mit den Zügeln rückwärts wirkt, sondern man sollte den Vorwärtsdrang so ausnutzen, daß man das Pferd beim Anreiten des Probesprunges in die Wendung stellt und aus langsamem Trab oder Galopp das Hindernis in einer Acht springt.

Durch das Reiten auf der Acht übt man, mit dem Pferd gleichzeitig im richtigen Galopp zu landen, was später im Parcours sehr ausschlaggebend sein kann. Im falschen Galopp zu landen und so durch die nächste Ecke zu reiten, kann das Pferd zum Pullen und Verweigern verleiten. Das Reiten auf der Acht mit dem Sprung in der Mitte ist planvolles Abreiten, besonders bei Pferden, die leicht heftig werden und stürmen. — Aus dem gleichen Grunde reitet man aus versammeltem Trab oder Galopp aus einer Ecke heraus das Hindernis an und reitet auf der anderen Hand weiter, wodurch das eventuell heftige Pferd über dem Sprung in der Luft das Tempo verlangsamt und geschmeidig wird, ohne daß man irgendwie auf das Maul einzuwirken braucht.

Im allgemeinen kann man sagen, daß die meisten Reiter zu lange abreiten und falschen und vor allem zuviel Gebrauch von dem Probesprung machen. Sie springen immer wieder und wieder und jedesmal ein paar Loch höher, als wollten sie den Hochsprungrekord brechen. Sie verbrauchen alle Energie des Pferdes, das dann erschöpft

Bild 432. Vorhandfehler provozieren.

und ungern in den Parcours geht. Die meisten Reiter wollen damit sowieso nur in letzter Minute ihre eigene und ihres Pferdes Unsicherheit vertuschen.
Nach sinnvollem Abreiten soll man immer eine kurze Ruhepause einlegen, allerdings muß das Pferd noch warm an den Start gehen. Wenn das Wetter es verlangt, soll das Pferd eingedeckt werden, damit die Muskeln warm und geschmeidig bleiben.
Die Ratschläge in diesem folgenden Abschnitt gelten nur für erfahrene Reiter mit älteren Pferden, die durch irgendwelche Umstände abgebrüht sind und im Parcours leicht nachlässig springen. Früher war die übliche Abreite-Kur für solche Pferde ein Barren, was heute glücklicherweise verboten ist.
Dafür haben sich nun die Reiter, die früher ihre Pferde gebarrt haben, andere Methoden ausgedacht, die zum Teil für das Pferd noch unfairer sind.
Zugegeben, es gibt ältere Pferde, die vor dem Start etwas aufmerksam gemacht werden müssen. Man kann Flüchtigkeitsfehler auf dem Abreiteplatz provozieren. Nur muß es fair gemacht werden und nur ein einziges Mal — und nur dann, wenn man glaubt, nicht anders auszukommen.
Obwohl ein Pferd so ausgebildet sein sollte, daß es diese Kur nicht nötig hat, werde ich hier lieber beschreiben, wie man es macht, als daß man unwissende Reiter beobachten muß, die ihre Pferde mit Weck-Versuchen quälen.
Herbeigeführt wird ein Fehler folgendermaßen:

Vorhandfehler:

Wenn ein Pferd unvorsichtig mit der Vorhand ist, reitet man einen Steilsprung im versammelten Galopp an, wobei das Pferd durch stark vorwärtstreibende Schenkelhilfen (nicht Peitsche) gut am Zügel sein muß. Im letzten Galoppsprung gibt man dann

Bild 433. Hinterhandfehler provozieren.

plötzlich die Zügel hin. Durch die nun fehlende Unterstützung der Hand wird das Pferd den Schwerpunkt nach vorne verlagern und mit der Vorhand einen Fehler machen.

Hinterhandfehler:

Ebenso kann man Hinterhandfehler provozieren: Wie bei der vorigen Methode reitet man im versammelten Galopp einen niedrigen, aber breiten Oxer an, der vorne und hinten gleich hoch sein muß, eine Stange ist diagonal darübergelegt. Anreiten und abdrücken verlaufen normal, aber sobald das Pferd im Sprung über dem Oxer ist, folgt man nicht der Vorwärtsbewegung von Kopf und Hals, sondern bleibt mit Absicht etwas hinter der Bewegung, so daß das Pferd seinen Schwerpunkt nach hinten verlagert und mit der Hinterhand einen Fehler macht.

Verweigern:

Genauso kann man Verweigern auf dem Abreiteplatz auf faire Weise herbeiführen, wenn man befürchtet, daß das Pferd im Parcours stehenbleiben könnte. Man hängt eine bunte Pferdedecke oder einen roten Rock über einen kleinen Sprung und reitet den Sprung nicht zu energisch an. Man kann fast sicher sein, daß das Pferd dann verweigert. — Das nächste Mal reitet man im versammelten Galopp, das Pferd gut am Zügel, das Hindernis an und treibt bei den letzten Galoppsprüngen energisch vorwärts. Man reitet das Hindernis in der Mitte an, so daß das Pferd diesmal keine andere Wahl hat, als gerade über das Hindernis zu gehen. — Es ist viel besser, das Verweigern auf dem Abreiteplatz zu korrigieren als im Parcours, denn das Pferd lernt sehr schnell, daß es nach dreimaligem Verweigern Sieger bleibt und den Platz wieder verlassen darf. (Deshalb sollte man nach dreimaligem Verweigern nie den Platz verlassen, ohne noch einen Gehorsamssprung verlangt zu haben.)
Ich wiederhole noch einmal, daß diese Art,

Bild 434. Das Pferd verweigern lassen.

Fehler zu provozieren, eine gefährliche Angelegenheit ist, deshalb nur ein einziges Mal herbeigeführt werden und nicht wiederholt werden darf. Der Zweck ist nur, das Pferd aufmerksam zu machen und seine Unaufmerksamkeit zu korrigieren.

Reiten des Parcours

Einreiten:

Wenn man sein Pferd abgeritten hat und darauf wartet, daß man an die Reihe kommt, soll man mit dem Pferd nicht wartend am Eingang stehen. — Dadurch lernt das Pferd, am Eingang zu kleben. Meistens stehen da sowieso schon andere wartende Reiter und Pferde herum, und man kann es keinem jungen Pferd verdenken, wenn es ungern von den anderen weg an den Start geht oder einfach aus dem Stillstehen heraus auf den Platz gehen soll.
Am besten reitet man im Schritt herum und dann gleich ohne Aufenthalt in den Parcours.
Wenn Schwierigkeiten auftreten, wie Steigen, Rückwärtskriechen oder steigendes Abdrehen, darf man auf keinen Fall die Geduld verlieren und eine große Affaire davon machen. Dadurch prägt man nicht nur den Zuschauern die peinliche Situation ein, sondern macht auch das Pferd darauf aufmerksam, daß überhaupt etwas los ist. Wenn es das erst einmal gemerkt hat, wird es das

gleich beim nächsten Mal wieder versuchen. — Am besten ist es, man läßt das Pferd von jemandem anführen oder läßt ein anderes Pferd vorweggehen, jedenfalls bis zum Platzeingang (oder bis auf den Platz, je nachdem, welche Regeln landesüblich sind).
Wie man einreitet, liegt am Temperament und am Gerittensein des Pferdes:
Ein faules Pferd oder eines, das unaufmerksam ist und nur die Zuschauer und so weiter sieht, sollte man ruhig im vollen Galopp in den Parcours einreiten. Dadurch wird das Pferd wach gemacht und respektiert den Reiter wieder. Tut man das nicht, hat man garantiert Schwierigkeiten am ersten Hindernis.
Wenn man mit einem nervösen, empfindsamen Pferd einreitet, reitet man ruhig und gelöst im Schritt, spricht mit dem Pferd und klopft es, damit es sich beruhigt und Vertrauen bekommt.
Beim Grüßen muß das Pferd still an den reiterlichen Hilfen stehen und bereit sein, auf die kleinste Hilfe hin sich in Bewegung zu setzen.

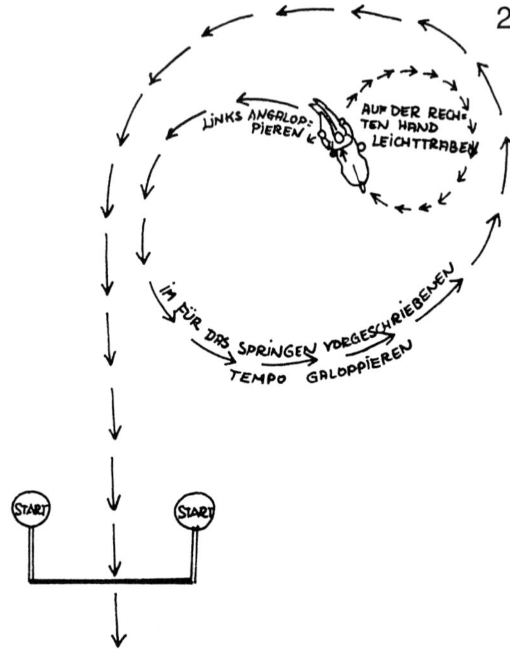

Bild 435.

Reiten des Parcours:

Falls der Reiter nervös ist, muß er sich bemühen, dieses Lampenfieber nicht auf das Pferd zu übertragen. Er sollte nicht, sobald die Startglocke ertönt, hastig die Zügel aufnehmen, weil er damit das Pferd nur unnötig überfällt und aus dem Konzept bringt.
Vom Klingelzeichen an hat der Reiter vor dem Durchreiten der Startlinie eine ganze Minute Zeit. (Wird diese Minute überschritten, so wird der Reiter disqualifiziert.) — Während dieser Minute hat der Reiter genügend Zeit, sein Pferd auf den Start und das erste Hindernis vorzubereiten. Dazu gehört schon, daß er sich darüber klar wird, aus welchem Galopp heraus das erste Hindernis zu springen ist. In vielen Prüfungen muß es aus einer Wendung heraus gesprungen werden. Muß man zum Beispiel aus dem Linksgalopp heraus anreiten, so reitet man zuerst einen Zirkel im Linksgalopp und galoppiert aus dem Zirkel heraus durch die Startlinie auf das erste Hindernis zu. Ist das Pferd noch nicht so durchlässig, daß es sicher angaloppiert, dann reitet man erst im Leichttraben auf der rechten Hand auf einem kleinen Zirkel, wendet dann plötzlich nach links ab und gibt dabei die Hilfen zum Linksgalopp. Mit 99prozentiger Sicherheit wird das Pferd dann im Linksgalopp anspringen.
Fast alle Springprüfungen für Anfänger werden in einem Tempo von 300 Meter pro Minute geritten. Da man ja während des Trainings ein sicheres Gefühl für dieses Tempo bekommen hat, galoppiert man in genau diesem Tempo die Zirkelrunde, durch den Start, zum ersten Hindernis und den ganzen Rest des Parcours, einschließlich der Wendungen. Zum sauberen Reiten eines Parcours gehört es, daß man den ganzen Kurs vom Start zum Ziel in gleichmäßigem Tempo reitet. Langsamerwerden in den Wendungen, Schnellerwerden vor oder nach den Sprüngen stört Ablauf und Fluß des Rittes.

Der Reiter muß jedes Hindernis gleich beim ersten Mal so entschlossen anreiten, als ob es seine letzte Chance wäre, also mit der gleichen Entschlossenheit, die die meisten Reiter erst nach zweimaligem Verweigern entwickeln.

Wenn das erste Hindernis in Richtung „Heimat" steht, also so, daß man es zum Ausgang (oder Eingang) hin springt, wird der erste Sprung keine großen Schwierigkeiten machen, da jedes Pferd gern zu den anderen Pferden hin springt.

Dann aber heißt es aufpassen, wenn man am Ausgang vorbeireiten und das nächste Hindernis vom Ausgang weg springen muß. Nicht nur junge, sondern auch viele ältere, erfahrenere Turnierpferde gehen nur widerstrebend am Ausgang vorbei.

Für jedes weitere Hindernis gilt das gleiche wie für das erste: Es wird genau in der Mitte angeritten, und zwar mit eiserner Entschlossenheit im gleichbleibenden Tempo mit gleichbleibender Zügelanlehnung. Man muß bei jungen Pferden bei jedem Sprung damit rechnen, daß sie scheuen oder versuchen, seitwärts auszubrechen; deshalb darf man am Anfang jetzt ruhig die Hände etwas weiter auseinander tragen, um das Pferd besser steuern zu können. Die Schenkel müssen gut „dran" sein, und man muß dauernd damit rechnen, daß das Pferd zögert und sein Tempo verlangsamt. — Die Entschlossenheit des Reiters wird dem junden Pferd Vertrauen geben, und nach einiger Zeit wird es auf dem Turnier ebenso sicher werden wie im Training und ebenso willig vorwärts gehen.

Wie ich immer wieder betont habe, bin ich sehr dagegen, daß ein Reiter beim Training zu Hause dem Pferd jede Initiative nimmt und durch Regulierung der Galoppsprünge den Absprung bestimmt. — Dadurch wird dem Pferd von Anfang an keine Chance gegeben mitzudenken, weil ihm jede Entscheidung abgenommen wird. — Auf dem Turnier kann es jedoch vorkommen, daß man eingreifen muß, um das normale Tempo wiederherzustellen, wenn das Pferd zu eilig geworden ist (und nur dann, also nicht das Pferd aus seinem normalen Rhythmus heraus zurücknehmen und dann „losschießen"). Das kann auf dem Turnier mit jungen Pferden natürlich immer mal passieren, und ich weise immer wieder darauf hin, daß das Pferd im Tempo bleiben muß. Man muß also energisch treiben, wenn es zu langsam wird, und natürlich das Tempo einfangen, wenn das Pferd zu schnell wird und somit aus seinem Tempo kommt.

Auch bei älteren Pferden kommt es häufig vor, daß man sie in einem Parcours aufnehmen muß, zum Beispiel wenn man nach einem Wassergraben einen Steilsprung oder einen Oxer springen muß.

Dies Aufnehmen soll aber nicht — wie man es leider zu oft sieht — durch ein plötzliches Ziehen im Maul ohne treibenden Schenkel geschehen (nach dem Motto: einmal Ziehen ist noch drin). Man sieht da die tollsten Variationen, wie zum Beispiel eine Faust auf die Mähne aufgestützt und die andere vor die Brust gezogen — oder die eine Faust über den Mähnenkamm nach unten drücken und mit der anderen im Maul „rucken". Die so behandelten Pferde sehen immer gleich aus: Sie drücken den Rücken weg, gehen mit den Sprunggelenken weit auseinander und machen kurze, heftige Galoppsprünge; sie nehmen den Kopf unnatürlich hoch und gehen heftig gegen die Hand an. (Deshalb müssen solche Reiter immer mit Martingal oder schärferen Waffen reiten.) — Aus solch unnatürlicher, verkrampfter Haltung heraus kann kein Pferd die Hinterbeine unterschieben und kraftvoll abdrücken; häßliche und für das Pferd oft sehr schmerzhafte Bruchlandungen sind die Folge.

Man nimmt also nur dann auf, wenn das Pferd aus irgendeinem Grunde zu schnell geworden ist; dann muß man es folgendermaßen machen:

1. Der Reiter hebt den Kopf.
2. Er nimmt die Schultern zurück und richtet sich vermehrt auf, mit leicht hohlem Kreuz.
3. Der Absatz wird tiefer gedrückt, ohne das Pferd mit den Sporen zu belästigen.

Bild 436. Bloßes Ziehen ist kein Aufnehmen.

Bild 437. Korrektes Aufnehmen: Energisch mit den Schenkeln das Pferd von hinten gegen die stehende (passive) Hand treiben.

4. Der Knieschluß wird verstärkt, und die Bügel werden mehr belastet.
5. Die Schenkel treiben stark vorwärts.
6. Die Hand wird passiv, folgt also nicht mehr der natürlichen Bewegung des Pferdemaules.
7. Das Gesäß berührt nicht den Sattel — also nicht hinsetzen.

Durch die Kombination dieser Hilfen wird das Pferd beim Aufnehmen von hinten nach vorne in die Hand geschoben, und es verlagert seinen Schwerpunkt nach hinten. — Der vorher zu lange Galoppsprung wird also auf die normale Länge verkürzt. Das Pferd basculiert bei jedem Galoppsprung und ist leicht am Zügel.

Verstehen Sie mich also nicht falsch: Wenn ich sage, daß man ein Pferd zum Mitdenken erziehen muß, gilt das für die Arbeit zu Hause und heißt nicht, daß man es auf dem Turnier einfach nur laufen lassen und den Rest dem Schicksal überlassen soll. — Zu Hause soll man dem Pferd nur die Chance geben, auch einmal etwas herauszufinden, mal Fehler zu machen und dann die Konsequenzen zu ziehen. — Auf dem Turnierplatz muß man dem Pferd natürlich helfen, es unterstützen und, wenn nötig, natürlich auch aufnehmen — aber wenn, dann richtig, also nur, wenn das Pferd zu schnell und lang geworden ist.

Im allgemeinen wird viel zu viel aufgenommen. Ein Parcours muß flüssig geritten werden. Deshalb bin ich auch der Ansicht, daß man ein junges Pferd, wenn es mal nach einem Sprung im falschen Galopp gelandet ist, nicht durchparieren und neu angaloppieren soll. Der Fluß des Rittes geht dadurch verloren, und der Platz bis zum nächsten Hindernis wird zu knapp. Wenn so etwas wirklich mal passieren sollte, halte ich es für besser, einfach weiterzugaloppieren, dabei den Kopf etwas nach außen zu stellen und mit dem äußeren Schenkel vermehrt zu treiben. Meistens springt auch ein junges Pferd dann um; und wenn nicht, ist es besser, so weiterzureiten, als den Parcours zu unterbrechen.

Ansonsten bleibt zum Reiten des Parcours zu sagen, daß man Kombinationen besonders sorgfältig anreitet. — Auch wenn man eine Kombination gerade angeritten hat, darf man dann nicht über dem ersten Hindernis alles wegwerfen und denken, man käme nun auch von allein über den Rest. Im Gegenteil, der Reiter muß mit energischen Hilfen darauf achten, daß das Pferd auf der geraden Linie bleibt, also nicht versucht, seitlich auszubrechen, und daß das Tempo des Parcours auch in der Kombination nicht verlorengeht. Über dem ersten Sprung muß man die Mitte des letzten Hindernisses der Kombination ins Auge fassen und gerade und energisch darauf zureiten, gleichgültig, aus wie vielen Hindernissen die Kombination besteht.

Da der Reiter ja den Verlauf des Kurses auswendig weiß (!), muß er über jedem Hindernis die entsprechenden Hilfen geben und sein Gewicht so verlagern, daß er in dem Galopp landet, aus dem heraus er das nächste Hindernis anreiten muß (siehe Kapitel „Cavaletti-Arbeit").

Versäumt der Reiter das und ist nur darauf bedacht – gleichgültig, wie –, über die Hindernisse zu kommen, wird er wahrscheinlich im falschen Galopp landen. Das junge Pferd hat noch nicht soviel Erfahrung, einen fliegenden Wechsel zu machen, und wird also im falschen Galopp durch die Wendung gehen; es fällt auseinander und wird so an den nächsten Sprung herangebracht, den es entweder verweigert oder abwirft. — In einem gut geplanten Ritt landet der Reiter nach jedem Hindernis in dem für das nächste Hindernis richtigen Galopp. Bevor man den Parcours verläßt, soll man vor dem Ausgang immer einen Zirkel reiten — nicht das Pferd ein paarmal wild mit den Zügeln herumreißen, wie man es oft beobachten kann. Dadurch gewöhnt das Pferd sich daran, gehorsam am Ausgang vorbeizugehen und erst auf Aufforderung des Reiters hin den Platz zu verlassen.

Wie ich schon einmal erwähnte, sollte man in dieser ersten Turniersaison noch nicht darüber urteilen, wie gut oder schlecht ein junges Springpferd ist. Das ändert sich in dieser Saison wahrscheinlich noch häufig.

Der Hauptgrund für eine gute oder schlechte Vorstellung ist oft das Geläuf. Hierfür sind fast immer die natürlichen Bewegungen des Pferdes verantwortlich (abgesehen von den zu kurz gefesselten und „pflastermüden" Pferden, die auf hartem Boden stubsig gehen). Ein Pferd mit kurzen, flachen Tritten hat auch eine kurze Schwebephase und springt deshalb besser auf hartem Boden.

Ein Pferd mit raumgreifenden Gängen hat eine lange Schwebephase, es geht auf hartem Boden zu eilig und macht manchmal Springfehler durch Überspringen, weil es sich auf dem harten Geläuf zu gut abdrückt. Solche Pferde springen in weichem, tiefem Boden besser und gehen ruhiger.

Deshalb soll man nicht enttäuscht sein, wenn ein Pferd einen Sonntag bestens geht und am nächsten Sonntag enttäuscht.

Caprilli-Prüfungen

Ich möchte allen Reitern raten, die ihre Pferde später in Springen oder Military reiten wollen, erst für die verschiedenen Caprilli-Prüfungen zu trainieren. Nachdem die Pferde eine Grundausbildung in Dressur und über Cavaletti durchgemacht haben, sind sie eine ausgezeichnete Vorbereitung auf die eigentlichen Springprüfungen und Militarys.

Genannt sind diese Prüfungen nach dem berühmten Hauptmann Caprilli. Um die Jahrhundertwende entwickelte der Italiener den „modernen" Springstil. Dieser damals revolutionäre Vorwärtssitz wurde von Caprilli an der italienischen Kavallerieschule Pinerolo to Tor di Quinto zuerst praktiziert und von der italienischen Springequipe zum ersten Mal 1901 beim internationalen Turnier in Turin und später 1908 in London in der Öffentlichkeit vorgeführt.

Dieser „moderne" Springsitz hatte so viel Erfolg, daß er nach dem ersten Weltkrieg von allen Kavallerieschulen übernommen wurde.

Durch einen tödlichen Reitunfall wurde Caprillis Leben vorzeitig ein Ende gesetzt. Das mag der Grund dafür sein, daß wir so wenig Schriftliches von ihm haben. Aber seine Ideen leben weiter, besonders in Italien, wie das italienische Militaryteam mit der Goldmedaille in Tokio 1964 und die stetigen Erfolge der Springreiter immer wieder beweisen.

Caprilli-Prüfungen sind eine Mischung aus Spring- und Dressurprüfung, und besonders auf dem europäischen Kontinent sind sie sehr beliebt. In den letzten Jahren sind sie auch in den Ländern, in denen englisch gesprochen wird, populärer geworden, was

Bild 438. Der moderne Springsitz.

sehr zu begrüßen ist. Diese Länder sind zwar an Springen und Military besonders interessiert und erfolgreich, aber sie haben nicht die traditionelle Grundlage und Vorliebe für die Dressur. Deshalb werden diese kombinierten Spring-Dressur-Prüfungen von Caprilli der Grundausbildung ihrer Pferde sehr zuträglich sein.

In den Caprilli-Prüfungen soll festgestellt werden, ob das junge Springpferd eine solide Grundausbildung durchgemacht hat. Eine ehrliche Ausbildung zeigt sich in dieser Prüfung durch flüssige und losgelassene Bewegungen, völligen Gehorsam und vertrauensvolles, aufmerksames Angehen der Hindernisse. — Laut FEI-Vorschrift ist die Caprilli-Prüfung eine einfache Gehorsamsprüfung, die die Durchlässigkeit des Pferdes unter Beweis stellen soll. Die Anforderungen in der Dressur sind deshalb bescheiden gehalten.

Anforderungen

Die Caprilli-Prüfungen sind in drei Klassen eingeteilt:

1. Die Anfängerklasse ist offen für Jugendliche unter 18 Jahren und für Erwachsene auf Pferden, die sechsjährig oder jünger sind.
2. In der mittelschweren Klasse und
3. in der schweren Klasse sind nur Erwachsene startberechtigt.

Caprilli-Prüfungen sollten, wenn möglich, im Freien abgehalten werden, und zwar auf einem Viereck von 40 × 80 Meter. Die Buchstaben M, F, K und H sind acht Meter von den Ecken entfernt und nicht sechs Meter wie beim Dressurviereck.

Hindernisse für die Klasse A

maximale Höhe	0,80 Meter
maximale Breite	1,50 Meter

Hindernisse für die Klasse M

maximale Höhe	1,00 Meter
maximale Breite	2,50 Meter

Hindernisse für die Klasse S

minimale Höhe	0,80 Meter
maximale Höhe	1,10 Meter
maximale Breite	3,00 Meter

Die Frontbreite der Hindernisse sollte nicht mehr als drei Meter betragen, Fänge sind nicht erlaubt, und in den Klassen M und S sind Absprungstangen verboten. Es ist empfehlenswert, die Hindernisse so einladend und abwechslungsreich wie möglich aufzubauen. Der Wechsel von Steil- und Weitsprüngen ist der Prüfstein dieser Aufgabe. Deshalb ist die Anordnung der Hindernisse von großer Bedeutung. Nur wenn die Hindernisse an dem richtigen Platz stehen, kann das Programm flüssig geritten werden. Hindernisse an den Seiten sollen mindestens zwei Meter von der Einzäunung entfernt stehen. — Die Aufgabe muß auswendig geritten werden, nur für Jugendliche ist Kommandieren erlaubt. Geritten werden sollte die Aufgabe auf einfacher Trense. — Wenn ein Teilnehmer es für nötig hält, mit einem anderen Gebiß zu reiten, wird von vornherein eine bestimmte Anzahl von Gutpunkten abgezogen; wenn man zum Beispiel in einem Test ein Maximum von 160, 200, 240, 300, 400 oder 600 Gutpunkten erhalten kann, werden für ein anderes als ein Trensengebiß 4, 5, 6, $7^1/_2$, 10 oder 15 Punkte abgezogen.

Wenn ein Hindernis, das noch einmal von der anderen Seite gesprungen werden muß, abgeworfen wird, dann kann der Reiter nach dem Abwurf erst seine nachfolgende Dressuraufgabe beenden, muß dann aber auf ein Klingelzeichen hin anhalten, um den Helfern Gelegenheit zu geben, das Hindernis wieder aufzubauen. Auf ein weiteres Klingelzeichen hin kann der Reiter seine Aufgabe fortsetzen.

Die Prüfung wird im leichten Sitz geritten, damit das Pferd völlige Rückenfreiheit hat, nur einzelne Aufgaben wie Seitengänge und Volten sollen im Dressursitz geritten werden. Seitengänge und Volten sind auch die einzigen Trablektionen, die im Aussitzen geritten werden. Alle Übergänge müssen progressiv geritten werden (zum Beispiel Durchparieren vom Galopp zum Schritt: erst zum Trab durchparieren und dann zum Schritt und umgekehrt).

Richten

Da es für einen Richter schwierig ist, Springen und Dressur gleichzeitig zu richten, sollte man mindestens zwei Richter, einen für das Springen und einen für Dressur, verpflichten. Der Springrichter beginnt zu richten, wenn das Pferd den Sprung angeht bis zu dem Moment, in dem das Pferd einige Galoppsprünge nach dem Landen vom Hindernis entfernt ist und die nächste Dressurlektion beginnt. Der Rest der Vorführung wird von dem Dressurrichter gerichtet.

Der meiste Wert sollte darauf gelegt werden, daß das Pferd gut ausbalanciert geht, Kopf und Hals in guter, natürlicher Haltung. Der Hals sollte lang sein, der höchste Punkt zwischen den Ohren (und nicht im dritten Halswirbel). — Das Pferd muß vor der Senkrechten gehen; es wird als schwerer Fehler bewertet, wenn das Pferd hinter der Senkrechten geht, selbst in der Senkrechten ist noch gegen das Prinzip der modernen italienischen Schule.

Bild 439. Pferd gut ausbalanciert in natürlicher Haltung.

Das Pferd sollte in allen drei Gangarten auf seinen eigenen vier Beinen gehen und mit leichter Anlehnung (und nicht die Reiterhand als fünftes Bein benutzen). Die Bewegungen des Pferdes sollen flüssig und lebhaft sein, und der Rücken muß einen elastischen Eindruck machen.

Wenn ein Zirkel (oder eine Volte) vor einem Hindernis verlangt wird, muß er so angelegt werden, daß der Reiter das Hindernis dennoch gerade und in der Mitte anreiten kann.

Wenn es die Aufgabe verlangt, daß ein Zir-

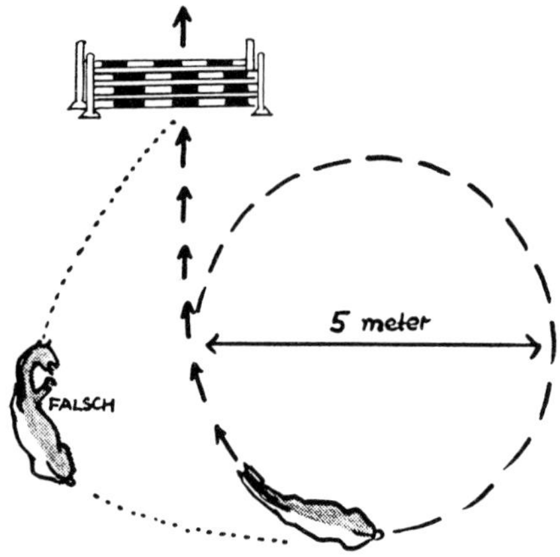

Bild 440. Volte vor einem Hindernis.

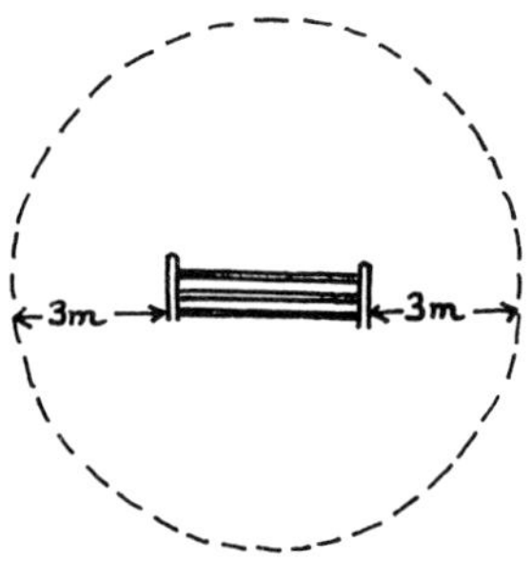

Bild 441. Zirkel um ein Hindernis.

kel um ein Hindernis geritten wird, so soll das Hindernis der Mittelpunkt sein. Der Durchmesser muß sechs Meter größer sein als die vordere Breite des Hindernisses.

Volten auf dem Hufschlag und vor einem Hindernis sollen einen Durchmesser von fünf Meter haben. (Diese Volten dürfen im Aussitzen geritten werden, von einer Pferdelänge vor der Volte bis eine Pferdelänge danach.)

Wenn ein Reiter ein Hindernis aus dem Trab anzugehen hat, wird es nicht als Fehler bewertet, wenn das Pferd einige Tritte vor dem Absprung (ca. sieben Meter) in Galopp übergeht, nur sollte dies ohne jede Steifheit geschmeidig und in der Vorwärtsbewegung geschehen. Wenn das Pferd über dem Sprung den Galopp wechselt und in dem für die nächste Dressuraufgabe falschen Galopp landet, wird das nicht als Fehler betrachtet, wenn der Reiter es sofort merkt und einen einfachen Galoppwechsel (mit Trabzwischentritten) macht und im richtigen Galopp weiterreitet. Der Wechsel muß jedoch flüssig ausgeführt werden.

Wird für die nachfolgende Dressuraufgabe aber der andere Galopp verlangt und das Pferd hat über dem Sprung schon in den geforderten Galopp umgewechselt, darf der Reiter ohne Unterbrechung in diesem Galopp weiterreiten. Ist er seiner Sache aber nicht sicher, pariert er durch, um im gleichen Galopp wieder neu anzugaloppieren, dann wird der Dressurrichter das in seiner Beurteilung berücksichtigen, da der Reiter augenscheinlich nicht genügend Gefühl und Erfahrung hat.

Die Aufgabe des Springrichters ist äußerst schwierig und bedarf eines erfahrenen Auges, denn während des kurzen Augenblicks des eigentlichen Sprunges muß er nicht nur den Springstil des Pferdes beurteilen, sondern auch den Sitz des Reiters, Beinlage, Körperhaltung und Zügelhand in allen drei Sprungphasen (Absprung, Schwebephase und Landen).

Bewertung des Pferdes beim Springen:

Das Pferd soll leicht am Zügel stehen und in guter Balance und gleichmäßigem Rhythmus gehen. Wenn das Pferd beim Angehen eines Hindernisses eilt, so ist das ein Zeichen dafür, daß das Pferd nervös oder ängstlich ist, was in der Endbewertung berücksichtigt werden muß.

Nach dem Sprung muß das Pferd im gleichen ruhigen Rhythmus weitergehen, ohne schneller zu werden. Es kommt nicht so sehr darauf an, wie hoch das Pferd springt, sondern in welchem Stil es springt. Der Springstil des Pferdes sollte so sein, als ob es ohne Reiter spränge, nämlich mit langem Hals, tiefem Kopf und in schöner Bascule.

Während das Pferd über die Cavalettis trabt (Abstand 1,30 Meter), soll es den Hals lang

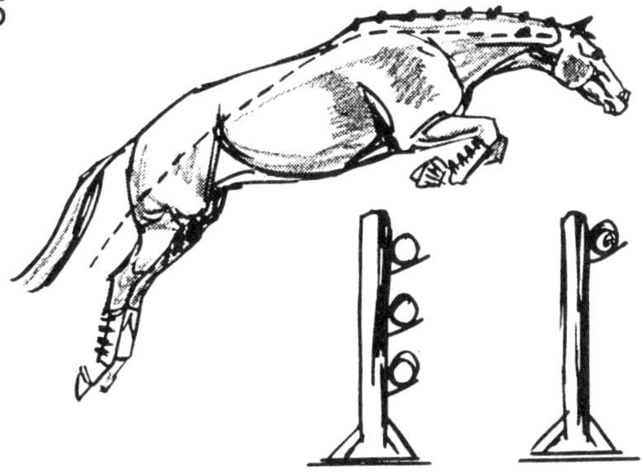

Bild 442.

Bild 443. Pferd springt in schöner Bascule.

machen und die Nase vorwärts-abwärts strecken. Es muß die Beine gut anheben, damit es die Cavalettis nicht berührt. Über die Cavalettis sollte in langsamem Trab und leichtem Sitz geritten werden, nicht im Aussitzen oder Leichttraben.

Bewertung des Reiters beim Springen:

Den Stil des Reiters während des Sprunges zu beobachten ist noch schwieriger als den des Pferdes. Besonders ist darauf zu achten, daß der Reiter mit tiefem Absatz sitzt, Knie und Waden in gutem Schluß. In allen drei Sprungphasen soll das Bein die gleiche Lage haben.

Wenn der Absatz hochgezogen wird, wird in dem gleichen Maße das Knie hochgezogen und die Balance des leichten Sitzes gestört.

Wenn der Schenkel nach vorne rutscht, wird das Gesäß des Reiters nach hinten verschoben, und der Reiter bleibt hinter der Bewe-

Bild 444. So trabt man über Cavalettis: im leichten Sitz.

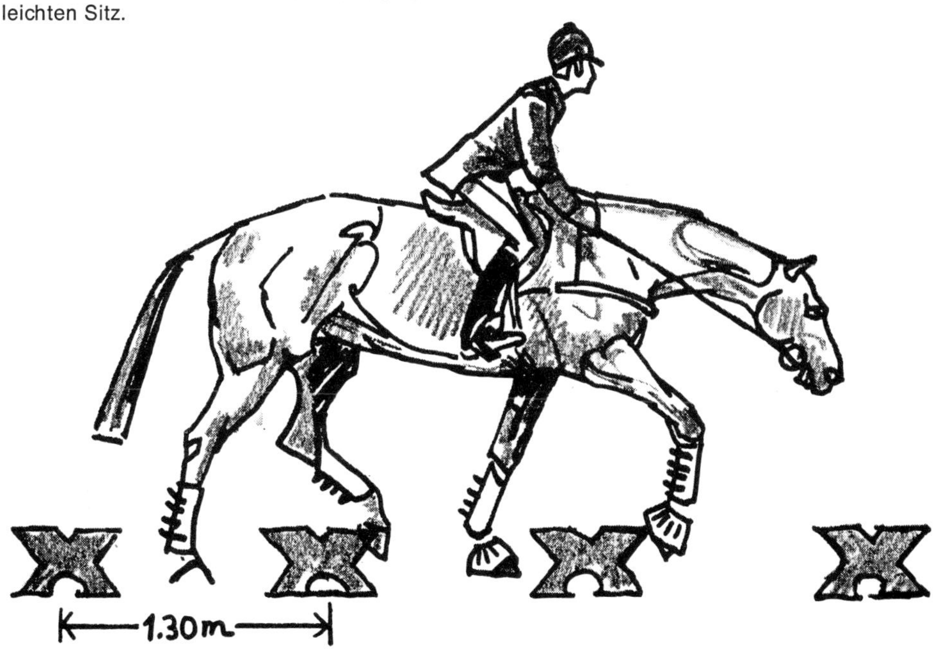

Bild 445. Korrekte Schenkellage.

Bild 446. Hochgezogener Absatz und hochgerutschtes Knie bringen den leichten Sitz aus dem Gleichgewicht.

gung, wodurch die Balance des Pferdes gestört wird.

Wenn der Reiter mit rundem Rücken sitzt und den Kopf hängen läßt, ist auch das ein Zeichen dafür, daß er hinter der Bewegung geblieben ist.

Das Gesäß des Reiters soll auch bei der dritten Sprungphase, beim Landen, den Sattel nicht berühren, da das Pferd sonst durch zuviel Druck auf die Nieren daran gehindert wird, zu basculieren. Die Reiterhand soll am Hals entlang der Bewegung des Pferdemaules folgen, wobei Ellbogen, Hand und Pferdemaul eine Gerade bilden müssen. Einschränkung oder Behinderung der Kopf- und Halsfreiheit ist einer der schwersten Fehler.

Während des ganzen Sprunges (vor allem in Kombinationen soll der Reiter leichten Kontakt mit dem Pferdemaul behalten. Plötzliches Wegwerfen der Zügel vor dem Hindernis, auf den Mähnenkamm aufge-

Bild 447. Reiter hinter der Bewegung mit rundem Rücken und hängendem Kopf.

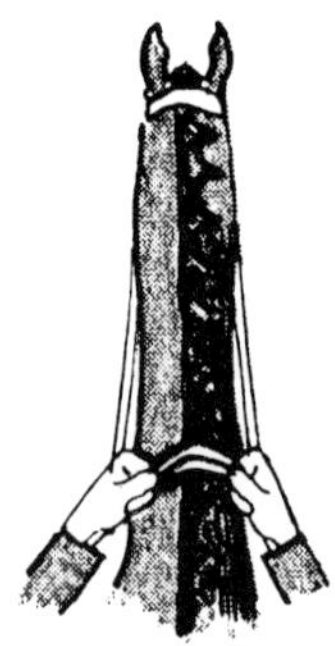

Bild 448. Zügelbrücke.

Bild 449.

stützte oder an der Halsseite festgestellte Hände oder die Zügelbrücke sind fehlerhaft. Die Hände dürfen nicht auf dem Mähnenkamm Richtung Ohren geschoben werden, das beweist, daß der Reiter den leichten Sitz nicht beherrscht.

Selbst beim Landen darf der Reiter seine Hände nicht feststellen. Die Zügel sollen immer die gleiche Länge haben und nicht durch die Hand rutschen. Nur wenn das Pferd beim Sprung die Balance verliert oder wenn der Reiter hinter der Bewegung geblieben ist, darf der Reiter die Zügel so weit wie möglich hingeben, um es dem Pferd zu ermöglichen, sich wieder auszubalancieren.

Dies sind nur die häufigsten Stilfehler beim Springen, das geübte Auge eines Richters wird natürlich noch mehr Fehler entdecken.

Bild 451. Durch völliges Hingeben der Zügel kann das Pferd sich retten.

Bild 450. Falsch: Das Gesäß ist beim Landen im Sattel.

Bild 452. Falsch: Hände auf dem Mähnenkamm nach vorne geschoben.

Bewertung

Die punktmäßige Bewertung von Dressur im Vergleich zum Springen von Pferd und Reiter stehen laut FEI im Verhältnis 2 : 1 : 1, zum Beispiel: 100 Punkte in der Dressur haben den gleichen Wert wie 50 Punkte für den Springstil des Pferdes und 50 Punkte für den Springstil des Reiters, wobei jedoch noch von der Punktzahl für den Springstil des Pferdes die Strafpunkte für eventuelle Springfehler abzuziehen sind:

Abwurf 1 SF, Ungehorsam 2 SF, Verweigern 3 SF, Sturz 5 SF (Pferd oder Reiter oder beide).

Nach dreimaligem Verweigern am selben Hindernis muß der Reiter ausscheiden.

Als Bewertung werden von 0—10 Punkte von jedem Richter vergeben, wobei Null die schlechteste und zehn die höchste Bewertung ist.

Caprilli-Test Nr. 1

Maximum Punktzahl 240
Hindernis 2: 4 Cavaletti
Abstand: 1,30 m

Reiter: Ort:

Pferd: Tag:

	Lektionen	Noten 0–10 DR	SR	SP
1. AX X C M B	Einreiten im Arbeitstrab Halten. Grüßen. – Im Mittelschritt anreiten Rechte Hand Im Arbeitstempo antraben Zirkel um Hindernis 1			
2. F E	Abwenden, über die Cavaletti traben Halten; 4 Sek. stillstehen Im Arbeitstrab anreiten			
3. MXK B H M	Durch die ganze Bahn wechseln, Fußwechsel bei X Zirkel um Hindernis 1 Abwenden und Hindernis 3 springen, weiter im Arbeitstrab, bei Erreichen des Hufschlags rechte Hand			
4. A	Halten, 4 Tritte rückwärtsrichten, daraus ohne Halten Arbeitstrab			
5. KH	Mitteltrab In der Ecke nach H Arbeitsgalopp			
6. B A C MXK	Zirkel um Hindernis 1 Nach A abwenden und Hindernis 4 springen Arbeitstrab Durch die ganze Bahn wechseln, Fußwechsel bei X			
7. FM	Mitteltrab In der Ecke nach M Arbeitsgalopp			
8. E AC H M	Zirkel um Hindernis 4 Nach A abwenden und Hindernis 1 springen Abwenden und Hindernis 3 springen, bei Erreichen des Hufschlags linke Hand			
9. C E	Arbeitstrab Halten, 4 Tritte rückwärtsrichten, daraus ohne Halten Arbeitstrab			
10. K FXK A G	Abwenden und über die Cavaletti traben, danach halber Zirkel links Auf die Mittellinie abwenden Halten. Grüßen. – Im Mittelschritt anreiten, Zügel aus der Hand kauen lassen			

Legende: DR = Dressur
SR = Springen-Reiter
SP = Springen-Pferd

Sfp = Springfehlerpunkte
Abzüge: Abwurf: 1 Sfp
Verweigern: 3 Sfp
Sturz: 5 Sfp

DR	
SR	
SP	
Summe	
Sfp	
Total	

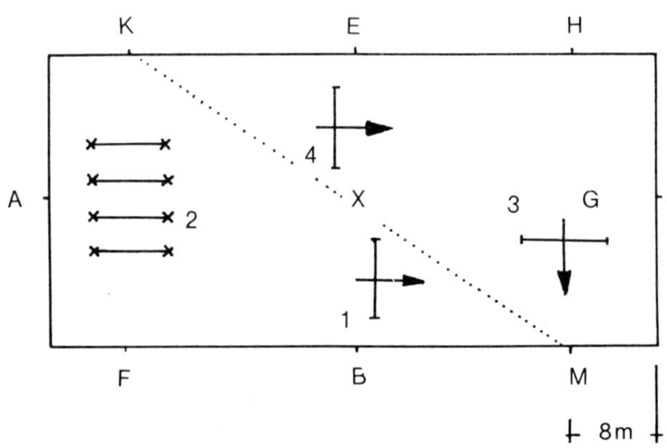

Unterschriften der Richter

Caprilli-Test Nr. 2

Maximum Punktzahl 240
Hindernisse 1, 2, 3: je 2 Cavaletti
Abstand Hindernisse 5 + 6: 6,50 m

Reiter: Ort:

Pferd: Tag:

	Lektionen	Noten 0–10 DR	SR	SP
1. BX X E K A	Einreiten im Arbeitstrab Halten. Grüßen. – Im Arbeitstempo antraben Linke Hand Mittelschritt Arbeitstrab			
2. FM M	Mitteltrab Arbeitstrab			
3. C	Halten, 4 Sek. stillstehen Im Arbeitstempo antraben, linksum und in Schlangenlinie über die Cavaletti-Hindernisse 1, 2 + 3 (im leichten Sitz)			
4. AX K E	Zirkel um Hindernisse 4 + 7, dann Hindernis 4 springen Rechte Hand (noch im Arbeitstrab) Halten, 4 Tritte rückwärtsrichten, daraus ohne Halten Arbeitstrab			
5. S R	Abwenden und Hindernisse 5 + 6 springen (landen im Linksgalopp), bei Erreichen des Hufschlags linke Hand (noch im Arbeitsgalopp)			
6. HK K	Mittelgalopp Arbeitsgalopp			
7. AXA PXS S	Zirkel um Hindernisse 4 + 7 Handwechsel; bei X Arbeitstrab Im Arbeitstempo angaloppieren			
8. MF F	Mittelgalopp Arbeitsgalopp			
9. AXA E	Zirkel um Hindernisse 4 + 7 Halten, 4 Sek. stillstehen Im Arbeitstempo antraben; in der Ecke nach H Arbeitsgalopp			
10. P V C	Abwenden und Hindernis 7 springen (landen im Rechtsgalopp), bei Erreichen des Hufschlags rechte Hand Halten, 4 Tritte rückwärtsrichten, daraus ohne Halten Arbeitstrab			
11. MXK R S	Durch die ganze Bahn wechseln; Fußwechsel bei X In der Ecke nach K Arbeitsgalopp Abwenden und Hindernisse 6 + 5 springen (landen im Linksgalopp), bei Erreichen des Hufschlags linke Hand			
12. K B X E	Abwenden und Hindernis 4 springen (landen im Linksgalopp), übergehen zum Trab und zum Schritt Linksum Halten. Grüßen. – Im Mittelschritt anreiten Rechte Hand und mit hingegebenen Zügeln die Bahn verlassen			

Legende: DR = Dressur
SR = Springen-Reiter
SP = Springen-Pferd

Sfp = Springfehlerpunkte
Abzüge: Abwurf: 1 Sfp
Verweigern: 3 Sfp
Sturz: 5 Sfp

DR	
SR	
SP	
Summe	
Sfp	
Total	

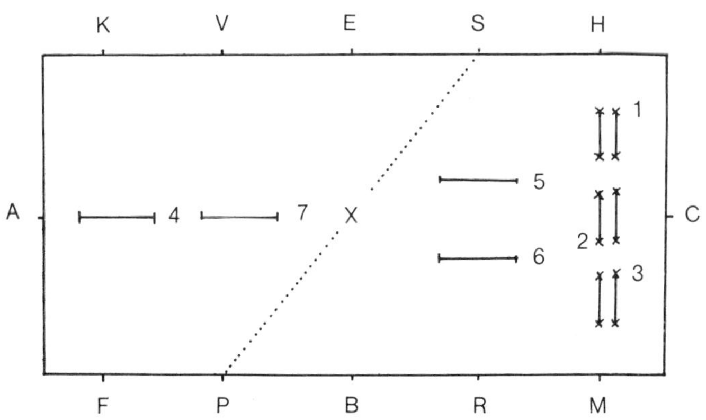

Unterschriften der Richter

Caprilli-Test für die Klassen M + S
(gen. Offizieller FEI „Prix Caprilli")

Reiter: | Ort:

Pferd: | Tag:

Maximum Punktzahl: 400

Nr.		Lektionen	DR	SR	SP
			Noten 0–10		
1.	AG G C	Einreiten im Arbeitsgalopp Halten. Grüßen. – Anreiten im Mittelschritt Linke Hand			
2.	SI	Abwenden, nach Durchreiten von I eine Acht um die Hindernisse 1 + 2			
3.	IXL L	Arbeitstrab; immer leichttraben Links abwenden und eine Acht um Hindernisse 4, 3 + 5			
4.	D	Rechts angaloppieren im Arbeitstempo			
5.	A X	Rechte Hand; nach A eine Viertelwendung nach rechts und Hindernis 5 springen, bei Erreichen der Linie B–E rechtsum Fliegender Galoppwechsel; nach X eine Viertelwendung nach links und Hindernis 1 springen, weiter im Arbeitstrab, bei Erreichen des Hufschlags linke Hand			
6.	C	Halten, 4 Tritte rückwärtsrichten, daraus ohne Halten Mittelschritt			
7.	H SI	Arbeitstrab Linksum, nach I Viertelwendung nach rechts, im Arbeitstempo angaloppieren, Hindernisse 3 + 4 springen, bei Erreichen des Hufschlags rechte Hand			
8.	KH H RXSG	Starker Galopp Arbeitsgalopp Auf dem Zirkel geritten	X 2		
9.	G X	Nach G eine Viertelwendung rechts, Hindernis 1 springen, bei Erreichen der Linie B–E rechtsum Fliegender Galoppwechsel, Viertelwendung links und Hindernis 5 springen, bei Erreichen des Hufschlags linke Hand im Arbeitstrab			
10.	R B	Aussitzen. – Halbe Volte und bis B traversieren Halbe Volte und bis R traversieren; danach wieder leichttraben			
11.	C HK K F	Im Arbeitstempo angaloppieren Starker Galopp Arbeitsgalopp Linksum, vor Erreichen des Hufschlags halbe Volte links	X 2		
12.	A	Nach A eine Viertelwendung links, Hindernisse 4, 3 + 1 springen, bei Erreichen des Hufschlags Arbeitstrab, rechte Hand		X 4	X 4
13.	MAE E C	Starker Trab Arbeitstrab Mittelschritt			
14.	MXK K	Im starken Schritt durch die ganze Bahn wechseln Mittelschritt			
15.	A G	Auf die Mittellinie abwenden Halten. Grüßen. – Das Viereck am langen Zügel verlassen			
16.		Sitz und Einwirkung des Reiters			

Legende: DR = Dressur
SR = Springen-Reiter
SP = Springen-Pferd

Sfp = Springfehlerpunkte
Abzüge: Abwurf: 1 Sfp
Verweigern: 3 Sfp
Sturz: 5 Sfp

DR	
SR	
SP	
Summe	
Sfp	
Total	

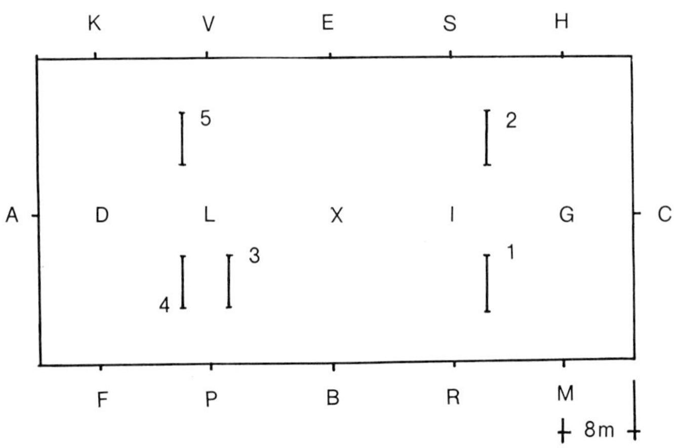

Unterschriften der Richter

9 Training zwischen den Turnieren

Welches Training das Pferd zwischen den Turnieren braucht, hängt völlig von der Vorstellung ab, die das Pferd auf dem Turnier gegeben hat.
Springen sollte man jedenfalls zwischen den Turnieren so wenig wie möglich, besonders im Sommer, wenn der Boden hart ist. Man springt höchstens die Hindernisse, an denen das Pferd auf dem Turnier Schwierigkeiten hatte, sei es ein Steilsprung, ein Oxer, ein Wassergraben oder eine Kombination.
Wenn das Pferd Schwierigkeiten mit dem Absprung an bestimmten Hindernissen hatte, so übt man sie am besten beim Freispringen, indem man sie in die Hindernisreihe einbaut. Aber auch das übt man höchstens zweimal in der Woche.
Wenn das Pferd zu Hause beim Korrigieren zwischen den Turnieren seine Aufgabe gut gesprungen hat, hört man sofort nach einem guten Sprung auf. Man darf auf keinen Fall den schweren Fehler machen, immer weiterzuspringen, weil man glaubt, das Pferd würde dadurch sicherer. Das Pferd würde die ewige Wiederholung satt bekommen und anfangen, Fehler zu machen und zu verweigern.
Falls ein Reiter diesen Fehler gemacht hat, sollte er das Pferd nach einem so schlechten Abschluß niemals in den Stall stellen, sondern er muß noch einen guten Sprung erreichen. Neben der Zeitverschwendung nimmt eine solche Handlungsweise sowohl dem Reiter als auch dem Pferd unnötig viel Kraft und Nerven und hinterläßt bei dem Pferd einen schlechten Eindruck, da es meistens nicht mehr so gut springen wird wie vor der Überforderung.
Zu wissen, wann man aufzuhören hat, ist eine große Kunst, die jeder Trainer lernen sollte.

Neben dem minimalen Springtraining braucht das Pferd zwischen den Turnieren hauptsächlich mehr und fortgeschrittenere Spring-Dressur. (Siehe Kapitel „Spring-Dressur, zweiter Teil".)
Außerdem sollte man hin und wieder im Schritt auf der Straße reiten, um die Sehnen für eventuelle Springen auf hartem Boden abzuhärten.
Auch in der Zeitstrecke trainiert man zwischen den Turnieren hin und wieder, natürlich nur im angemessenen Tempo von 300 Meter pro Minute. Wenn gleichzeitig noch kleine Sprünge in die Zeitstrecke eingebaut werden, ein Steilsprung, ein Oxer und eine Kombination, und in diesem Tempo gesprungen werden, bleiben Pferd und Reiter fit.
Während der ganzen Turniersaison muß mit den steigenden Anforderungen auch der physischen Kondition des Pferdes Beachtung geschenkt werden. Es sollte mehr Hafer und weniger Heu gefüttert werden, um das Pferd nicht zu überlasten, was seine Atmungsorgane schädigen könnte.

Alles in allem sollte man sich das erste Turnierjahr so einteilen, daß das Pferd bis zum Jahresende in der gleichen Klasse bleibt. Sollte das Pferd außerordentlich gut springen und durch Zufall in die Gefahr geraten, mehr zu gewinnen, als sein Reiter geplant hatte, sollte man nicht etwa mehrere Wochen pausieren, um die Gewinnsumme niedrig zu halten. Es ist besser, jeden Sonntag zu starten, damit das Pferd nicht durch eine längere Pause in seiner Entwicklung zurückgeworfen wird. Lieber sollte man bei einer Prüfung nicht bis zum Ende mitreiten (also eventuell nach einem Umlauf aufgeben).

Es ist ideal, wenn das Pferd in dieser, seiner ersten Turniersaison regelmäßig gestartet wird und sich zum Ende der Saison hin verbessert (und nicht umgekehrt). Es sollte mit solch einer Gewinnsumme die erste Saison beenden, daß man es zu Beginn der nächsten Saison noch ein paar Male zum „Einlaufen" in der niedrigeren Klasse starten kann, ehe man sich größeren Aufgaben zuwendet.

Eventuelle Fehlerquellen oder Ungehorsam korrigiert man zwischen den Turnieren und vor Beginn der nächsten Saison. (Siehe Kapitel „Korrekturen".)

Nach der ersten Saison, die ja in den meisten Ländern Ende September endet, springt man während der nächsten drei Monate überhaupt nicht. Während dieser drei Monate reitet man spazieren, longiert und fördert das Pferd dressurmäßig. Die Zeitstrecke benutzt man weiterhin in allen drei Gangarten, um das Pferd nicht zu sehr außer Form kommen zu lassen.

Vorsicht vor Überforderung

Diese Warnung kann man gar nicht oft genug aussprechen. In unserer schnellebigen Zeit trifft man immer häufiger auf Trainer und Reiter, die vorzeitig Resultate sehen wollen; darin sind sich alle Länder gleich.

Es wird immer wieder versucht, ein zum Beispiel zweijähriges Ausbildungsprogramm in einem halben Jahr abzuwickeln. Das geht zeitlich natürlich nur, wenn man wichtige Teile der Ausbildung einfach wegläßt und übergeht. Jeder Tag der zweijährigen Grundausbildung ist aber sinnvoll, das Pferd muß ja Schritt für Schritt in seine Aufgabe hineinwachsen und das Gelernte auch „verdauen". Nur so kann es später zu einer gleichbleibenden guten Leistung kommen. — Alle Abkürzungen und Versäumnisse werden später bitter bezahlt, man kann von keinem Pferd verlangen, daß es Springleistungen vollbringt, bevor es laufen gelernt hat.

Wenn man am Anfang der Ausbildung, zum Beispiel in der ersten Turniersaison, einem jungen Pferd zuviel abverlangt, kann es den Anschein haben, als ob das Pferd das doch vertragen könne, da es gut zu gehen scheint und vielversprechend springt. Das ist jedoch gerade das Gefährliche an der Überforderung, daß sich ihre Folgen erst später zeigen, wenn es schon zu spät ist. Leider vergessen das zu viele Reiter. Wie oft kann man beobachten, wie zum Beispiel auf kleineren Turnieren in Anfänger- und leichten Springen die Gutmütigkeit junger Pferde in der ersten Saison ausgenutzt wird. Da werden sie, nachdem sie in einer Springprüfung gut gegangen sind, wieder und wieder gestartet, nur weil der Reiter auf eine Schleife hofft. Oder der Reiter „scheucht" sein Pferd in der Jagd nach Sekunden durch den verhältnismäßig leichten Parcours und läßt es flach und lang werden und völlig auseinanderfallen. Anfangs wird es dabei noch ohne Fehler gehen, aber das wird sich schnell ändern.

Diese Kritik gilt leider nicht nur für Anfängerreiter auf kleinen Turnieren, sondern ebenso für viele bekannte internationale Reiter.

„Köpfchen haben" ist ein leider oft übersehener, wichtiger Teil der Ausbildung. Planmäßiges Einsetzen des Pferdes, entsprechend seinem Ausbildungsstand, wird es so heranreifen lassen, daß es wirklich in den großen Sport hineinwächst. Wenn man auch weiter „Köpfchen" behält, wird es jahrelang erfolgreich bleiben und seinem Reiter die Geduld danken.

Ich habe viele meiner Schüler gewarnt, habe ihnen immer wieder vor Augen gehalten, daß sie mit den Gaben ihrer Pferde maßhalten müssen. Ich habe Schüler aus der Ausbildung geschickt, wenn sie nicht hören wollten, und konnte dann feststellen, daß ihre Pferde nach ein oder zwei Saisons schon auf dem Abstieg waren oder daß sie, trotz bester Veranlagung, nie in eine höhere Klasse aufstiegen.

Den gleichen Fehler der Überbeanspruchung macht man, wenn man sein Pferd in vielen verschiedenen Sparten der Reiterei einsetzt. Es gibt nur ganz wenige Ausnahmepferde, die das vertragen können und dabei noch Großes vollbringen. Man stelle sich vor, man wollte ein S-Dressurpferd mit einem fitten Jagdpferd vergleichen. Beide sind Spezialisten auf ihrem Gebiet, haben entsprechend den völlig verschiedenen Anforderungen auch völlig verschiedene Muskulatur entwickelt. — Bis zu einem gewissen Standard ließen sich zwei so unterschiedliche Ausbildungen noch kombinieren, aber Höchstleistungen kann das Pferd nur auf einem Gebiet leisten, denn Höchstleistungen sind in jeder Sportart Sache der Spezialisten. (Natürlich gibt es Ausnahmen.)

Wenn man also sein Pferd über einen gewissen Leistungsstand hinaus fördern will, muß man es spezialisieren und mit den Kräften und der Bereitwilligkeit des Pferdes haushalten.

Spring-Dressur, zweiter Teil

Im zweiten Jahr der Ausbildung, also in der ersten Turniersaison, wird das Pferd zu Hause weiter dressurmäßig gefördert.

Man wiederholt die Aufgaben und Anforderungen, wie im ersten Teil der Spring-Dressur beschrieben. Je nachdem wie gehorsam und geritten das Pferd ist, kann man gegen Ende dieses Jahres schon zu fortgeschritteneren Übungen übergehen, die in diesem zweiten Teil der Spring-Dressur erläutert werden.

In den folgenden Jahren sollte die dressurmäßige Ausbildung des Pferdes immer weiter verfeinert werden. Das Pferd sollte schließlich in der Lage sein, alle hier beschriebenen Übungen auf nur angedeutete Hilfen hin leicht, gelöst und schwungvoll auszuführen.

Versammlung

Bevor man daran denken kann, sein Pferd zu versammeln, muß es sich völlig im Gleichgewicht befinden. Das Pferd muß in der Lage sein, in allen drei Gangarten am hingegebenen Zügel völlig taktmäßig zu gehen, ohne schneller zu werden oder auf die Vorhand zu kommen.

Erst wenn das Pferd das ehrlich tut, hat es die nötige Muskulatur entwickelt, die es braucht, um in völligem Gleichgewicht zu gehen, ohne die Unterstützung der Reiterhand — das fünfte Bein — zu suchen.

Läuft das Pferd noch weg, sobald man die Zügel aus der Hand kauen läßt, dann ist entweder sein Rücken noch nicht genug entwickelt (longieren), oder aber es hat einfach Angst vor eventuell ungeschickten Reiterhilfen und läuft deshalb weg.

Jedenfalls kann man ein Pferd, solange es noch nicht im Gleichgewicht ist, nicht versammeln, da man es dadurch nur noch mehr aufregen und verkrampfen würde.

Erst wenn das Pferd völlig losgelassen und ruhig im Gleichgewicht ist, kann man anfangen, es zu versammeln. — Am besten fängt man damit bei Übergängen an, und zwar beim Übergang vom Schritt zum Halten, dann vom verkürzten Trab zum Schritt und später beim Übergang vom Galopp zum verkürzten Trab.

Am Anfang der Spring-Dressurausbildung hat das Pferd bei diesen Übergängen gelernt, auf einseitig angespanntes Kreuz und einseitig hinter dem Gurt treibenden Schenkel die Hinterhand zur Seite zu schwingen. Das Hinterbein der Seite, an der der Schenkel hinter dem Gurt trieb, wurde vermehrt untergeschoben.

Durch das einseitige Unterschieben der Hinterhand ist die Muskulatur des Pferdes so geschmeidig und stark geworden, daß es jetzt ohne Schwierigkeiten und ohne sich zu spannen oder zu verkrampfen beide Hinterbeine gleichzeitig unterschieben kann.

Um das zu erreichen, spannt der Reiter beiderseits das Kreuz an (schiebt beide Hüftknochen treibend vor) und treibt mit beiden Schenkeln hinter dem Gurt das Pferd von hinten nach vorne gegen die Hand.

Diese Hand ist beim Versammeln „passiv", das heißt, daß die Hand in den letzten Schritten vor dem Übergang aufhört, die natürliche Bewegung von Pferdekopf und -hals mitzumachen. Die Hand bleibt einfach stehen, wird also nicht zurückgenommen, wie man es so oft bei falsch verstandener Versammlung und Aufrichtung sieht.

Dadurch, daß das Pferd nun vermehrt von hinten herangeschoben wird, ergibt sich eine stete Anlehnung, die im Verhältnis zur vermehrten Aktivität der Hinterhand steht.

Am Anfang bringt man beide Schenkel übertrieben weit hinter den Gurt, um das Pferd auf die neue beiderseitige Hilfe aufmerksam zu machen und um gleichzeitig ein seitliches Ausfallen der Hinterhand zu vermeiden. Der Reiter muß fühlen, wie empfindsam sein Pferd ist, und wenn es gehorsam genug ist, die Hinterhand vorschriftsmäßig senkt und die Hinterbeine gleichmäßig aktiv unterschiebt, braucht man das Zurücklegen der Schenkel nicht mehr zu übertreiben. Nach einer Weile wird ein einfaches beiderseitiges Kreuzspannen genügen, um das Pferd zu versammeln, unterstützt von beiderseitiger, etwas hinter dem Gurt treibender Schenkelhilfe.

Um ein Pferd aber so elastisch und ohne Gewalt so gehorsam zu machen, war es nötig, das Pferd erst in seiner ganzen Länge seitlich geschmeidig zu machen. Danach ist das Pferd dann in der Lage, sich ohne Zwang auch in seiner ganzen Länge „direkt" zu biegen, siehe Bild 300. (Das gleiche trifft für einen Teil des Pferdes, nämlich den Hals, zu, vergleiche Kapitel „Am Zügel". Auch der Hals wird erst seitlich geschmeidig gemacht, ehe man ihn „direkt" biegt.)

Ein Beispiel: Versammeln beim Übergang vom Schritt zum Halten.

Während der letzten Schritt-Tritte hört die Hand auf, der natürlichen Bewegung des Pferdemaules zu folgen, sie wird passiv. Gleichzeitig treibt man mit Kreuz und Schenkeln das Pferd vermehrt gegen die

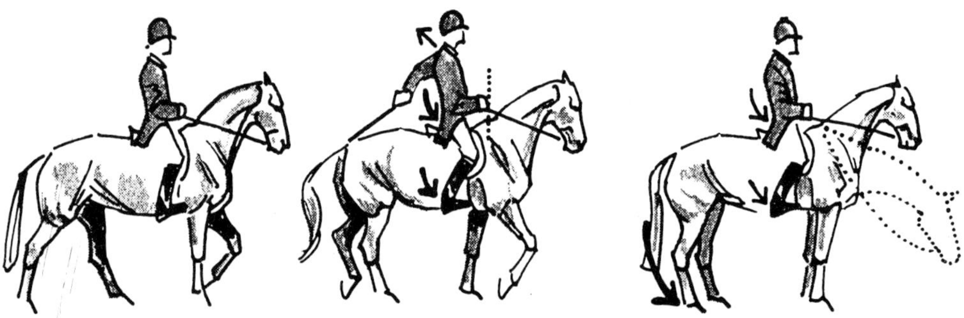

Bild 453. Links: Schritt am Zügel.

Mitte: Reiter verlagert seinen Schwerpunkt nach hinten und treibt vermehrt mit Kreuz und Schenkeln (weiter hinter dem Gurt). Eventuell unterstützt man beides, indem man mit der Gerte auf die Kruppe tickt. Hand wird „passiv".

Rechts: Das Pferd steht versammelt mit untergeschobener Hinterhand. Schwerpunkt ist nach hinten verlagert. Danach abkauen lassen. Später erst nach Anreiten am Zügel abkauen lassen.

Hand. Dadurch, daß das Pferd vermehrt getrieben wird, stößt es sich an der Hand ab, das heißt, die vermehrte Aktion der Hinterhand zeigt sich nicht in vermehrter Vorwärtsbewegung, sondern in vermehrtem Unterschieben der Hinterhand. Das Pferd verlegt seinen Schwerpunkt mehr nach hinten, der Reiter fühlt, wie sich das Pferd hinten senkt und vorne größer wird. Der Widerrist kommt einem sozusagen näher. Dieses Verlegen des Schwerpunktes nach hinten ist der Hauptaspekt des Versammelns, der Reiter kann das Pferd am Anfang darauf aufmerksam machen, indem er seinen eigenen Schwerpunkt übertrieben nach hinten verlagert (und eventuell mit der Dressurgerte auf der Kruppe antickt).

Nachdem das Pferd zum Halten gekommen ist, wird es zum Abkauen ansetzen. Diesmal läßt der Reiter das Pferd jedoch am Zügel stehen (dritte Zügelhilfe).

Am Anfang läßt man das Pferd nur am Zügel stehen, läßt es nach wenigen Augenblicken abkauen und reitet frisch vorwärts.

Der nächste Schritt ist, das Pferd so versammelt am Zügel nicht nur zu halten, sondern auch wieder antreten zu lassen und die Zügel erst nach ein paar Schritten aus der Hand kauen zu lassen. Diese Reprisen verlängert man Schritt für Schritt. — Das gleiche gilt später für die Übergänge vom Galopp zum Trab, vom Trab zum Schritt, und vom Schritt zum Halten.

Erst nachdem das Pferd sich bei diesen Übergängen willig und flüssig versammeln läßt und mit beiden Hinterbeinen weit unterspringt, erst dann kann man auch anfangen, das Pferd in den drei Gangarten zu versammeln. Auch hier fängt man wieder im Schritt an. Man darf nie zu lange Reprisen in Versammlung reiten, das Pferd muß erst langsam in diese Arbeit hineinwachsen. Überforderung bringt Verkrampfung mit sich und zwingt einen, wieder von vorne anzufangen.

Wenn man diese Versammlung wirklich Schritt für Schritt aufgebaut und nichts übereilt hat, wird jedes so ausgebildete

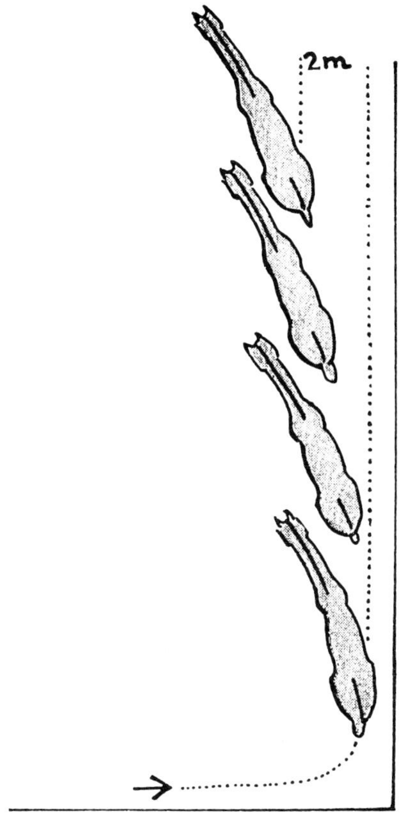

Bild 454. Zu Beginn der Übung „Schulter herein“ kann man das Pferd ruhig etwas nach vorn ausweichen lassen.

Pferd willig und freudig in Versammlung gehen, ohne daß man irgendwelche Gewalt anzuwenden braucht und ohne daß das Pferd anfängt, dabei auf der Hand zu liegen oder mit dem Kopf zu schlagen oder nach unten zu bohren. — Treten irgendwelche Schwierigkeiten auf, ist das Pferd noch nicht reif für diese Arbeit, und man muß die Arbeit abbrechen und das Pferd erst wieder einseitig geschmeidig machen.

Schulter herein

Zu den Lektionen auf zwei Hufschlägen gehören das Schenkelweichen, Schulter herein, Renvers und Travers.

Im ersten Jahr haben wir von diesen Seitengängen nur das Schenkelweichen geübt, allerdings in einem schwierigeren Grade, als es gewöhnlich in Anfängerdressuren verlangt wird, nämlich mit mehr Längsbiegung und weniger Abstellung, demzufolge vermehrtem einseitigen Untertreten der Hinterhand.

Das Schenkelweichen wird im Englischen mit „shoulder out“ übersetzt, also „Schulter heraus“. Diese Formulierung läßt schon erkennen, daß das „Schulter heraus“ eigentlich das gleiche ist wie das „Schulter herein“. Der Unterschied ist nur, daß beim „Schulter heraus“ das Pferd nach außen gegen die Bande gestellt seitwärts tritt und beim „Schulter herein“ das Pferd nach innen zur Bahnmitte gestellt seitwärts geht. Das „Schulter herein“ wird deshalb später geritten, weil hier das Pferd beim Seitwärtstreten nicht mehr durch die Bande unterstützt wird. Es muß zu diesem Zeitpunkt so durchlässig sein und so gut an den Hilfen stehen, daß es nicht versucht, der Seitwärtsbewegung nach vorne hin auszuweichen. Es ist nur natürlich, daß das Pferd beim „Schulter herein“ am Anfang versucht, nach vorne auszuweichen. Da man die Seitwärtsbewegung nur vier bis sechs Schritte üben soll, kann es sein, daß man sich danach etwa zwei Meter vom Hufschlag entfernt hat. Dies sollte uns am Anfang nicht beunruhigen oder dazu verleiten, mit den Zügeln dagegen zu wirken. Lieber sollte man versuchen, die Vorwärts-Seitwärts-Bewegung aufrechtzuerhalten.

Beim Schenkelweichen oder „Schulter heraus“ bereitet man das Pferd durch Abschneiden der Ecke auf das Seitwärtstreten vor:

Beim „Schulter herein“ bereitet man das

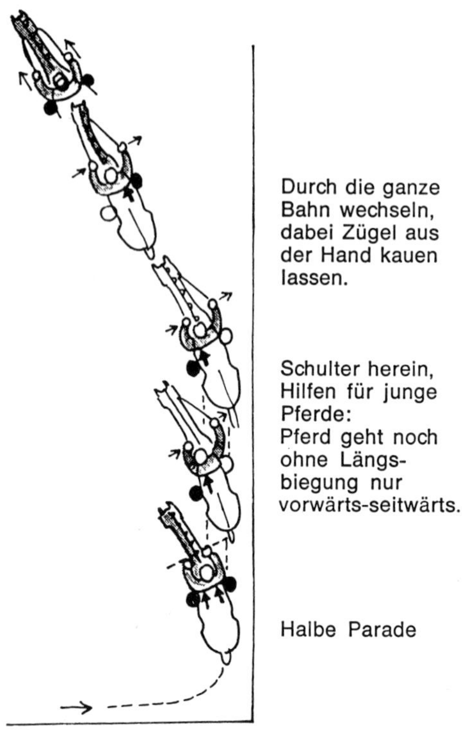

Bild 455.

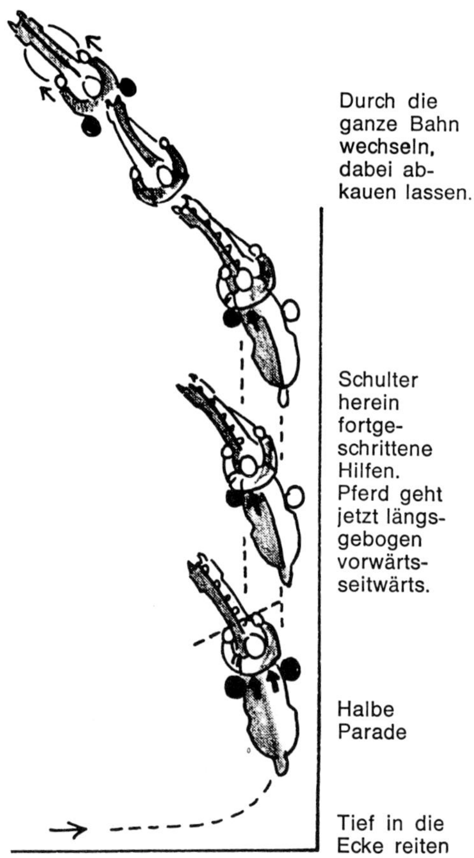

Bild 456.

Pferd dadurch vor, daß man tiefer in die Ecke reitet.
Die Hilfen zum eigentlichen Seitwärtstreten sind in beiden Fällen die gleichen, das erste ist wie immer eine halbe Parade. Der Reiter gibt sie, wenn er aus der Ecke kommt und das Pferd mit der Hinterhand noch auf dem Hufschlag ist.
Als nächstes wird das Pferd veranlaßt, seitwärts zu gehen. Dazu verlagert der Reiter seinen Schwerpunkt auf das innere Hinterbein, zum Beispiel das linke.
Die Schenkelhilfen sind wieder am Anfang anders als die vorgeschriebenen, um dem Pferd das eigentliche Seitwärtsgehen verständlich zu machen. Man achtet also (wie beim „Schulter heraus") erst nicht auf Längsbiegung, sondern nur auf Abstellung. Also treibt erst der innere Schenkel hinter dem Gurt, um für die Abstellung zu sorgen (wie beim „Schulter heraus").
Später, wenn das Pferd sich mit der Tatsache des Seitwärtsgehens abgefunden hat, „normalisiert" sich die Schenkellage, und der innere Schenkel treibt dann — nach und nach — am Gurt, und der äußere liegt hinter dem Gurt, um die Längsbiegung zu begrenzen.
Am Anfang führt die äußere Hand etwas in die Bewegung (wie beim „Schulter heraus"), während die innere unterstützend am Hals anliegt. Später normalisiert sich auch dies.
Wichtig ist bei allen Übungen auf zwei Hufschlägen, daß die Vorwärtsbewegung trotz der Seitwärtsbewegung erhalten bleibt und die Vorhand vor der Hinterhand seitwärts tritt. Die beiden Hufschläge dürfen nicht mehr als 30 Zentimeter auseinander liegen. Wenn man mit mehr Abstellung reitet, geht das Pferd nicht mehr auf zwei, sondern auf drei Hufschlägen, dadurch wird die harmonische Fußfolge gestört, das Pferd kann sich leicht an den Beinen verletzen und wird sich durch Kopfschlagen und so weiter wehren.
Nach den vier bis sechs Seitwärtstritten biegt man den Hals des Pferdes zur entgegengesetzten Seite und läßt das Pferd abkauen. Die Hinterhand, der Motor, soll das Pferd dabei regelrecht nach vorne schieben.
Vor Erreichen der anderen langen Seite nimmt man die Zügel wieder vorsichtig auf. Nach mehrmaligem, zufriedenstellendem Abkauen wendet man nach dem „Schulter herein" auch die zweite und dritte Zügelhilfe an.

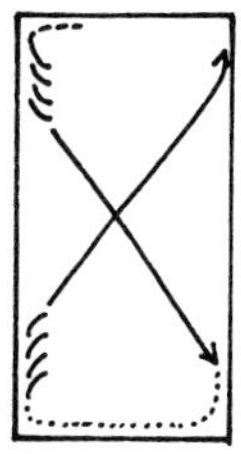

Bild 457. So übt man Schulter herein auf beiden Händen.

Die Übung wird auf beiden Händen gleichmäßig geübt. Falls das Pferd unruhig wird oder versucht, gegen die Hand zu gehen, muß man sofort mit dem „Schulter herein" aufhören. Das Pferd ist dann noch nicht weit genug gefördert, und man übt erst wieder eine Zeitlang „Schulter heraus".

Travers

Im Gegensatz zum Schenkelweichen (Schulter heraus) ist das Neue am Travers, daß das Pferd in die Bewegungsrichtung gestellt auf zwei Hufschlägen geht (Pferd und Reiter sehen in die Bewegungsrichtung).
Beim „Schulter heraus" schneidet man die Ecke ab; dann geht das Pferd rechts gestellt auf zwei Hufschlägen nach links.
Beim Travers schneidet man die Ecke auch ab, behält dann aber die Stellung bei und läßt das Pferd links gestellt auf zwei Hufschlägen nach links gehen. – Das Pferd ist in seiner ganzen Länge um den inneren Schenkel gebogen. Inneres Auge und innere Hüfte liegen auf einer Geraden. Die Hinterhand geht auf dem zweiten Hufschlag (Abstellung nicht mehr als 30 Zentimeter)

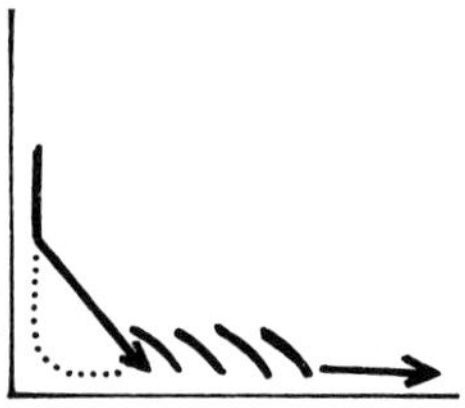

Bild 458. Bewegungsrichtung beim Schenkelweichen.

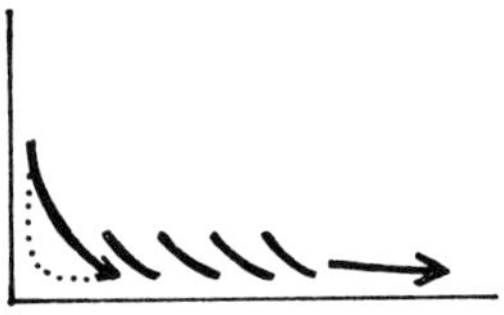

Bild 459. Bewegungsrichtung beim Travers.

Bild 460. Der Travers.

hinter der Vorhand her, wobei das äußere Vorder- und Hinterbein vor dem inneren Vorder- und Hinterbein vorwärts-seitwärts tritt. Der Reiter bringt sein Gewicht in die Bewegungsrichtung, der innere Schenkel sorgt am Gurt für die Aufrechterhaltung der Vorwärtsbewegung, der äußere Schenkel treibt hinter dem Gurt und sorgt für die Rippenbiegung, also dafür, daß die Abstellung der Hinterhand von der Bande bestehenbleibt.

Die linke Hand wird leicht vom Hals seitwärts in die Bewegungsrichtung geführt oder wenigstens seitwärts ausgedreht, was, unterstützt vom rechten, am Hals angelehnten Zügel, die Linksstellung des Halses bewirkt.

Gleichgültig, in welcher Gangart Travers geritten wird, der Vorwärtsschwung muß trotz Seitwärtsbewegung unter allen Umständen vorherrschend bleiben. Takt und Gleichgewicht müssen erhalten bleiben.

Auch hier gibt man sich anfangs mit wenigen Tritten zufrieden und steigert langsam die Anforderungen.

Wie das Schenkelweichen reiten wir auch Travers mit und ohne Anlehnung an die Bande.

Beim Schenkelweichen ohne Anlehnung an die Bande reitet man am Ende der langen Seite eine große Volte (oder einen kleinen

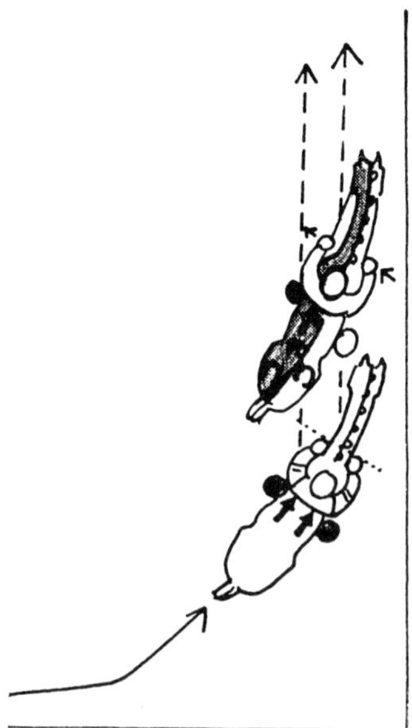

Travers
Pferd geht in die Bewegungsrichtung gestellt vorwärts-seitwärts.
Es ist in seiner ganzen Länge um den inneren Schenkel gebogen.

Halbe Parade

Bild 461.

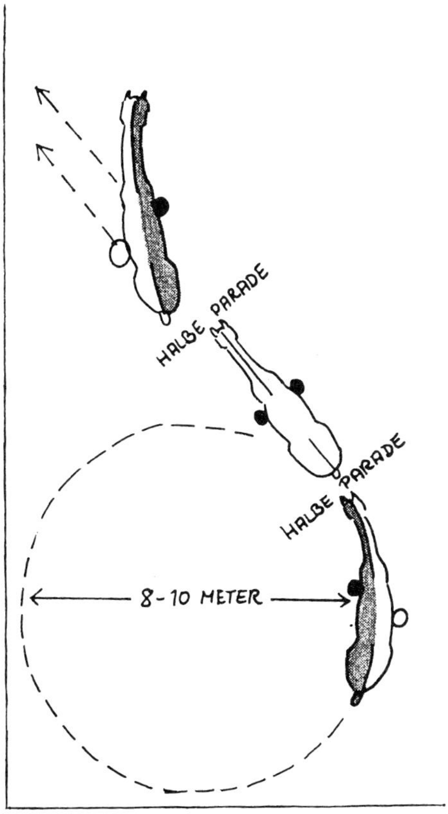

Bild 462. Schenkelweichen aus einer Volte heraus.

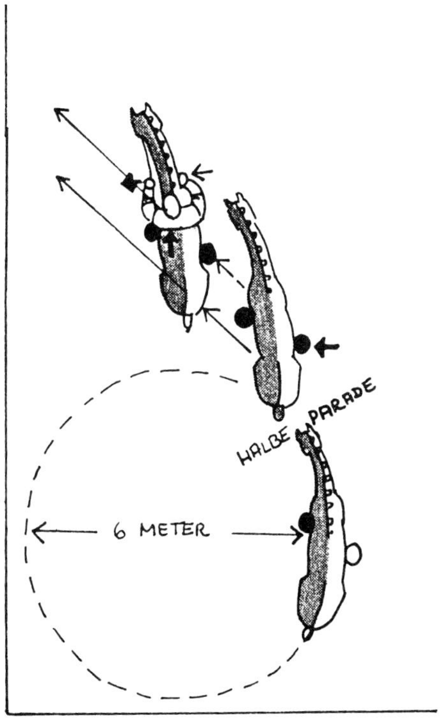

Bild 463. Travers aus einer kleinen Volte heraus.

Zirkel). Nach zwei oder drei Zirkelrunden reitet man schräg zur Bande zurück: Vor dem Abweichen vom Zirkel gibt man eine halbe Parade, dann reitet man eine Pferdelänge geradeaus und gibt wieder eine halbe Parade. Die letzten paar Tritte reitet man dann rechts gestellt auf zwei Hufschlägen zum Hufschlag.

Beim Travers ohne Anlehnung an die Bande reitet man auch erst zwei oder drei Runden auf einer — möglichst kleinen — Volte. Beim Reiten der Volte muß das Pferd sorgfältig um den inneren Schenkel gebogen sein. Die linke Hand wird leicht nach links ausgedreht, der rechte Zügel lehnt gegen den Hals an, um die Halsstellung ausdrucksvoll zu machen. Bevor der Reiter jetzt von der Volte eine Kurzkehrtwendung Richtung Hufschlag reitet, gibt er nachdrücklich eine halbe Parade, damit das Pferd besonders aufmerksam und die Hinterhand aktiv wird.

Die Längsbiegung und die Stellung wird beibehalten, der Reiter sitzt also weiterhin vermehrt auf dem linken Gesäßknochen und treibt mit der linken Hüfte vorwärts. Die Schenkel- und Zügelhilfen sind die gleichen wie auf der Volte. Nur treibt der rechte Schenkel jetzt vermehrt hinter dem Gurt, um das Pferd nach der halben Parade vorwärts-seitwärts zum Hufschlag zurückgehen zu lassen.

Dabei muß unbedingt darauf geachtet werden, daß der innere, der linke Schenkel treibt und dadurch die Vorwärtsbewegung aufrechterhält, denn die Vorhand muß vor der Hinterhand her gehen, damit das äußere Beinpaar vor dem inneren vorbeigreifen

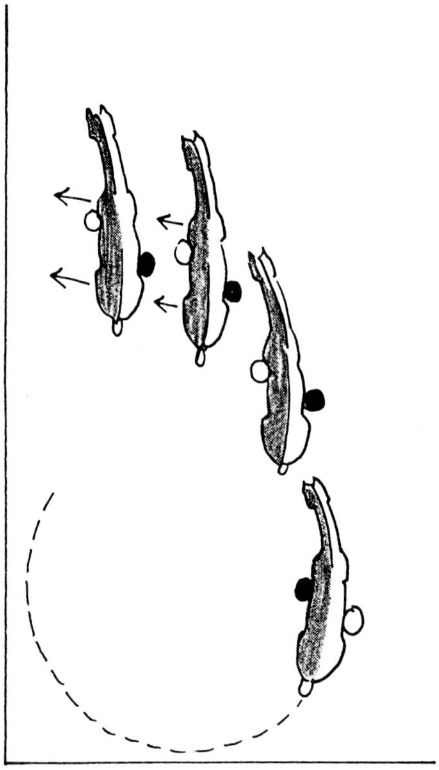

Bild 464. Falsch: Die Vorhand bewegt sich nicht mehr vor der Hinterhand her. Der linke Schenkel hat die Vorwärtsbewegung nicht aufrechterhalten.

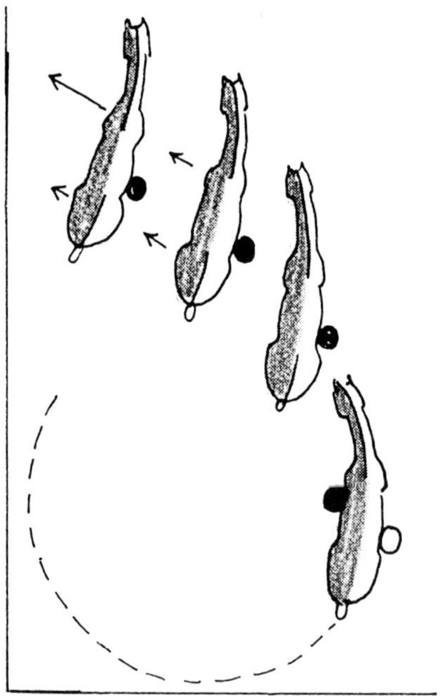

Bild 465. Falsch: Die Hinterhand bewegt sich vor der Vorhand her.

kann. Das innere Vorderbein erreicht als erstes den Hufschlag.

Wird der Fehler gemacht, daß der innere Schenkel nicht genug treibt und der Reiter sich nur auf die Seitwärtsbewegung konzentriert, dann geht das Pferd in einem zu steilen Winkel zur Bande zurück, die Vorhand geht nicht mehr vor der Hinterhand her, sondern das Pferd bewegt sich parallel zur Bande, so daß linker Vorder- und Hinterfuß gleichzeitig den Hufschlag berühren. Das ist fehlerhaft, da der Vorwärtsschwung verlorengeht und das Pferd sich leicht streichen kann.

Noch schlimmer ist es, wenn das linke Hinterbein zuerst den Hufschlag berührt. Dann ist der Schwung total verlorengegangen, und es kann sogar geschehen, daß das äußere Beinpaar hinter dem inneren vorbeigreift.

Beide Bewegungen sind falsch und verfehlen den Sinn der Übung.

Die Volte, aus der heraus wir am Anfang das Traversieren ohne Anlehnung an die Bande (im Französischen „appuyer“ genannt) entwickelt haben, kann man mit fortschreitendem Gehorsam des Pferdes immer größer reiten; dadurch wird der Weg zurück zur Bande entsprechend länger. Das kann man je nach Ausbildungsstand des Pferdes so weit ausdehnen, daß man durch die ganze Bahn wechselnd traversiert.

Später übt man dieses „appuyieren“ auch im versammelten Trab und im versammelten Galopp; beide Male beginnt man wieder mit der Volte und dem kurzen Weg zu-

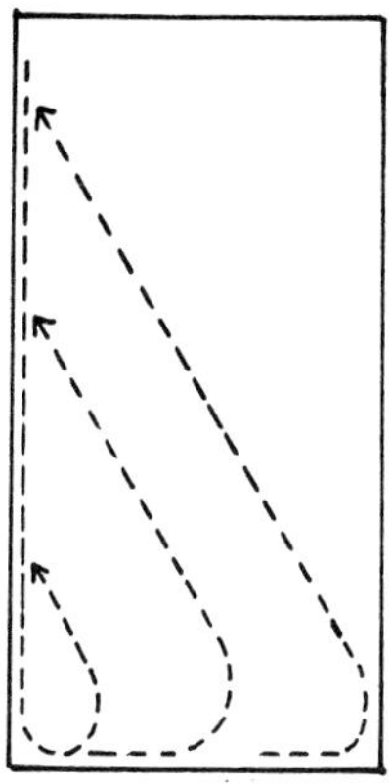

Bild 466. Schritt für Schritt verlängert man die Traversalverschiebungen.

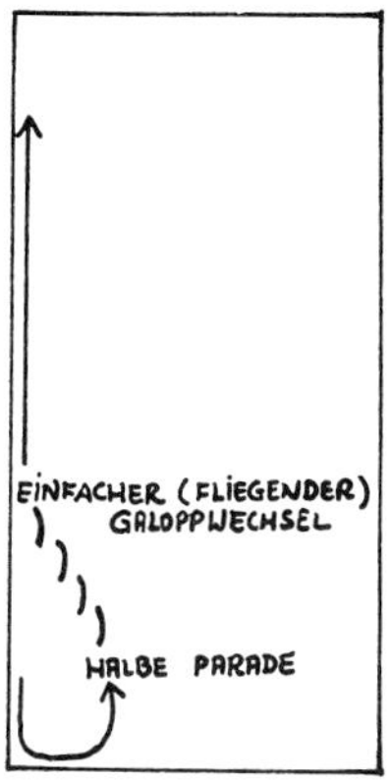

Bild 467. Traversalverschiebungen im Galopp.

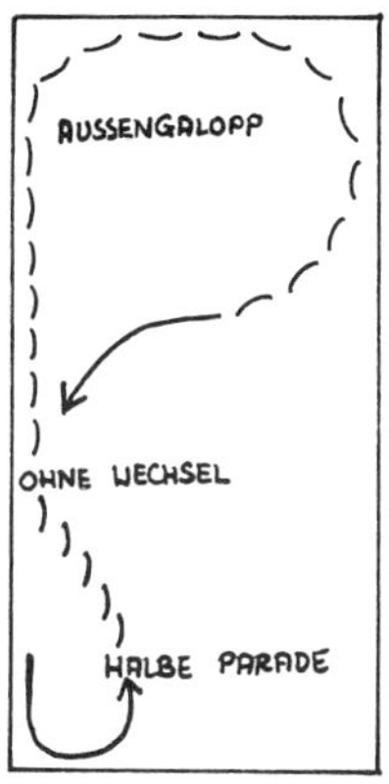

Bild 468.

rück zur Bande, den man nach und nach verlängert. Besonders beim Trab und Galopp muß man auf die halbe Parade achten, bevor man zum Seitengang übergeht, damit das Pferd nicht schleicht, sondern erhaben vorwärts-seitwärts tritt.

Beim Seitengang im Galopp kann man bei Erreichen des Hufschlages je nach Ausbildungsstand des Pferdes einen einfachen oder fliegenden Wechsel machen. Beim fliegenden Wechsel gibt man die Hilfe zum Rechtsgalopp genau in dem Moment, in dem der linke, führende Vorderfuß den Hufschlag erreicht.

Man kann auch im Linksgalopp, also dann im Außengalopp, weiterreiten, auf den Zirkel gehen und dann ohne Wechsel aus dem Zirkel wechseln.

Zickzack-Traversalen

Die Zickzack-Traversalen übt man wie alle Seitengänge anfangs nur im Schritt und erst dann, wenn das Pferd appuyieren kann, also Traversalverschiebungen ohne Anlehnung an die Bande ausführt.

Anfangs übt man nur die erste Hälfte der Zickzack-Traversale: Man reitet zum Beispiel auf der linken Hand und reitet nach der kurzen Seite tief in die Ecke hinein. Nach dem Verlassen der Ecke bereitet man das Pferd mit einer halben Parade auf die Traversale vor.

Nach der halben Parade behält man die Biegung und Stellung aus der Ecke bei. Der Reiter sieht nach links, bringt die linke Schulter etwas zurück, sitzt vermehrt nach links. Der rechte Schenkel treibt aktiv hinter dem Gurt, um das Pferd zum Seitwärtstreten zu veranlassen; der linke Schenkel treibt am Gurt, als Gegenwirkung, um die Längsbiegung nach links zu erhalten und gleichzeitig für die Vorwärtsbewegung zu sorgen. Die linke Hand wird etwas seitlich nach links ausgedreht, stellt das Pferd links und führt es in die Bewegungsrichtung, der rechte Zügel wird unterstützend gegen den Hals angelegt. Man reitet so im Travers zum Mittelpunkt der Bahn.

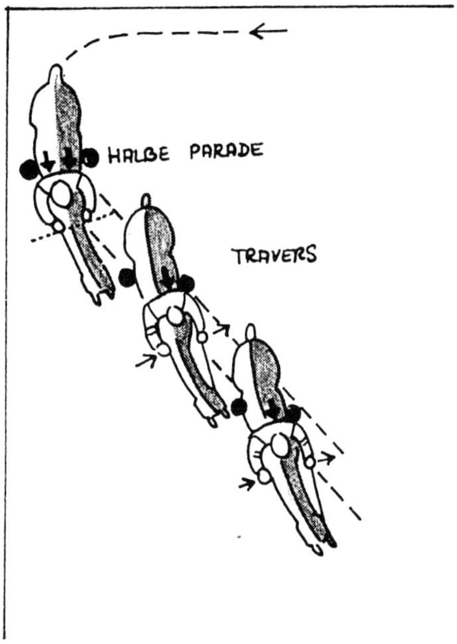

Bild 469. Einleiten der Zickzack-Traversale.

Dort richtet man das Pferd gerade, nachdem man wieder eine halbe Parade gegeben hat, und reitet dann energisch gerade auf die Mitte der kurzen Seite zu. Dort geht man auf die rechte Hand. Nach Durchreiten der kurzen Seite wiederholt man die ganze Übung, jetzt nach rechts traversierend.

Macht das Pferd die Traversalverschiebung flüssig und taktmäßig, leicht am Gebiß kauend, kann man dazu übergehen, nur noch etwa zwei Pferdelängen mit völlig geradegestelltem Pferd geradeaus zu reiten. Nach diesen zwei Pferdelängen gibt man wiederum eine intensive halbe Parade und gibt die Hilfen zum Traversieren nach rechts. (Die Hilfen sind entgegengesetzt den zuvor beschriebenen zum Traversieren nach links.)

Das rechte Vorderbein erreicht den Hufschlag zuerst. Wenn man den Hufschlag erreicht, richtet man das Pferd gerade und schickt es energisch vorwärts. Am Anfang läßt man dabei die Zügel aus der Hand kauen (erste Zügelhilfe), damit das Pferd sich nach der anstrengenden versammelnden Übung strecken und lösen kann. Keine Überforderung, das erzeugt Krampf.

Nachdem das Pferd die Zickzack-Traversalen im Schritt vorschriftsmäßig durchführt, kann man dazu übergehen, sie im versammelten Trab und später im versammelten Galopp zu fordern, jeweils am Anfang nur eine halbe und später eine ganze Zickzack-Traversale.

Im Galopp wird sie mit fliegendem Wechsel bei Erreichen der Mittellinie und des Hufschlags geritten.

Alle Übergänge von einer Richtung zur anderen müssen geschmeidig und flüssig geritten werden, Weichheit, Schwung und Gleichmäßigkeit der Tritte sind bei allen Traversalverschiebungen ausschlaggebend. Harmonische Verteilung des Gleichgewichts und gleichmäßige Längsbiegung und Stellung auf beiden Händen müssen angestrebt werden.

(Ein Drehen des Schweifes, angelegte Ohren, Knirschen mit dem Gebiß und trockenes Maul sind Zeichen dafür, daß das Pferd sich unbehaglich fühlt und Widerstand leistet.)

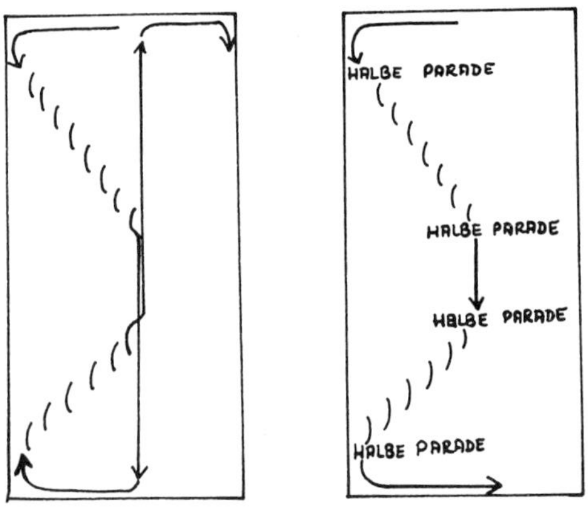

Bild 470. Zickzack-Traversalen auf beiden Händen.

Renvers

Wie beim Travers geht das Pferd auch beim Renvers in die Bewegungsrichtung gestellt seitwärts.

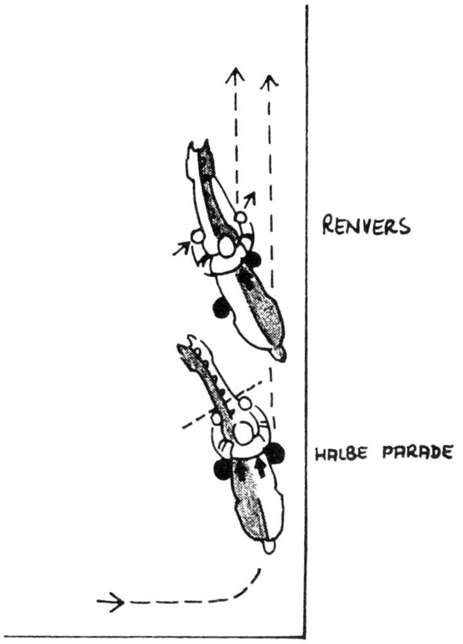

Bild 471. Renvers.

Der linke Zügel unterstützt dies, indem er stark gegen den Hals angelehnt wird. Pferd und Reiter sehen nach rechts.

Außengalopp

Der Außengalopp ist eine Übung, die den Pferdekörper in seiner ganzen Länge geschmeidig macht, da das Pferd Wendungen mit entgegengesetzter Längsbiegung gehen muß.
Wenn man zum Beispiel auf der linken Hand wie normal im Linksgalopp galoppiert, wechselt man nun durch die ganze Bahn, ohne dabei den Galopp zu wechseln, und reitet auch noch die folgende kurze Seite im Linksgalopp. Da dies am Anfang für das Pferd sehr ungewohnt und anstrengend ist, muß der Reiter in den Ecken und auf der kurzen Seite bei jedem Galoppsprung erneut die Hilfe zum Linksgalopp geben, damit der Vorwärtsschwung und

Wenn man Renvers im Freien, ohne Anlehnung an die Bande, reitet, ist es dasselbe wie Travers.
An der Bande jedoch geht jetzt die Hinterhand auf dem Hufschlag, während die Vorhand auf dem zweiten Hufschlag vor der Hinterhand her seitwärts tritt. Das äußere (zum Beispiel linke) Beinpaar greift vor dem inneren Beinpaar vorwärts-seitwärts. Das Pferd ist in seiner ganzen Länge um den inneren Schenkel gebogen, Hüfte und Auge liegen auf einer Geraden.
Die Vorbereitungen sind ähnlich wie zum Schulter herein: Man reitet tiefer in die Ecke, gibt eine halbe Parade, wenn man aus der Ecke kommt, und gleichzeitig die Hilfen, die das Pferd rechts gestellt auf zwei Hufschlägen nach rechts gehen lassen: Man sitzt in die Bewegungsrichtung, der linke Schenkel treibt hinter dem Gurt seitwärts, der rechte Schenkel treibt am Gurt vorwärts. Indem man die rechte Hand nach rechts in die Bewegungsrichtung ausdreht, führt man das Pferd in diese Richtung und stellt es gleichzeitig im Halse nach rechts.

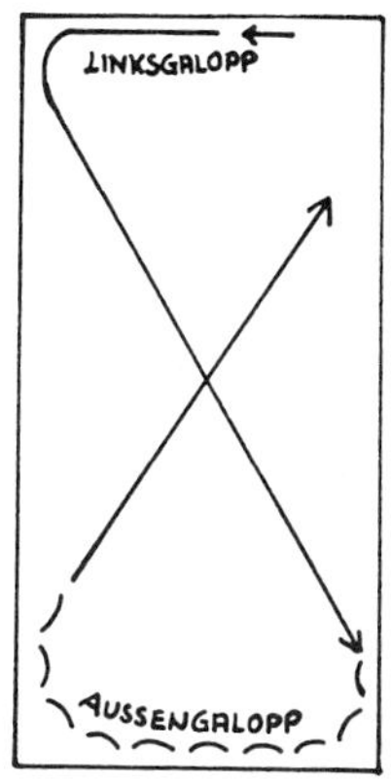

Bild 472. Außengalopp auf einer kurzen Seite.

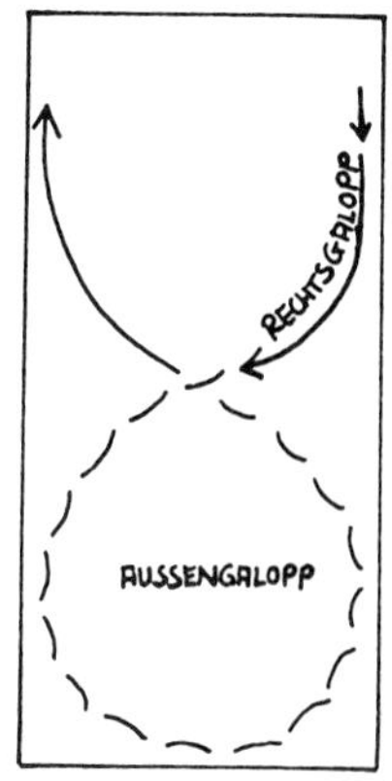

Bild 473. Außengalopp auf einem Zirkel.

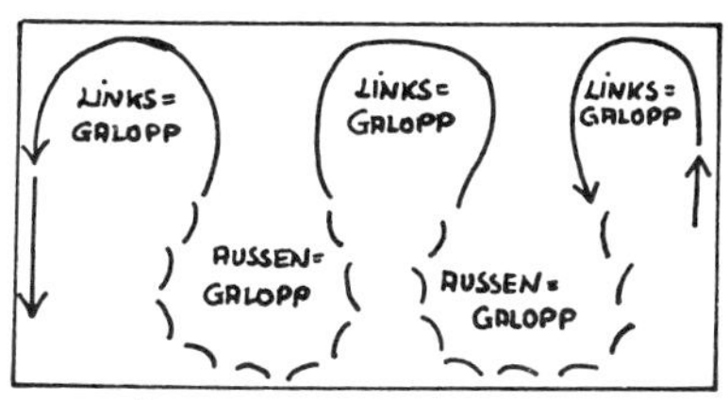

Bild 474. Außengalopp auf einer Schlangenlinie durch die ganze Bahn.

Rhythmus erhalten bleiben. Der linke Schenkel treibt am Gurt, der rechte betont hinter dem Gurt, damit trotz der Rechtswendung die Linksbiegung von Kopf bis Schweif erhalten bleibt.

Anfangs genügt es, wenn das Pferd nur die erste Ecke, die kurze Seite und die nächste Ecke im Kontergalopp geht, dann wechselt man wieder durch die ganze Bahn auf die linke Hand.

Am Anfang übt man diesen Außengalopp nur zweimal auf jeder Hand. Sollte das Pferd beim Außengalopp auseinanderfallen, muß der rechte Schenkel weiter hinter dem Gurt treiben, damit das rechte Hinterbein weiter untergreift und das Pferd dadurch im taktmäßigen Linksgalopp bleibt. Ist das Pferd mit der Zeit geschmeidig genug, ruhig und gleichmäßig im Außengalopp zu gehen, geht man nach der kurzen Seite im Außengalopp auf den Zirkel.

Reiten im Außengalopp auf dem Zirkel erfordert ein völlig losgelassenes und geschmeidiges Pferd; auf einer Kreislinie ist sein Körper entgegengesetzt längsgebogen, also nicht im Gleichklang mit der Zirkellinie.

Bitte achten Sie darauf, daß nicht nur die Hinterhand nach außen schwingt, sondern daß das ganze Pferd von Kopf bis Schweif um den (dann) inneren Schenkel gebogen ist – je nach Ausbildungsstand des Pferdes.

Eine Zirkelrunde im Außengalopp reicht für den Anfang. Man wechselt dann im Galopp aus dem Zirkel auf die andere Hand. Einmal auf jeder Hand reicht völlig, weil diese Übung für das Pferd sehr anstrengend ist. Deshalb macht man danach eine Pause und reitet im fleißigen Schritt vorwärts.

In einem späteren Ausbildungsstadium kann man eine Schlangenlinie durch die ganze Bahn ohne Galoppwechsel reiten und ebenso eine Acht, also ein fortwährendes Aus-dem-Zirkel-Wechseln vom normalen Galopp zum Außengalopp und zurück zum normalen Galopp.

Für ein Springpferd ist es sehr wichtig, den fliegenden Galoppwechsel zu beherrschen; später im Parcours braucht es ihn. Wenn ein Pferd die Seitengänge perfekt beherrscht, kann man den fliegenden Galoppwechsel üben.

Am Anfang übt man den fliegenden Wechsel da, wo man auch den einfachen Galoppwechsel geübt hat, nämlich an den Wechselpunkten. Zum Beispiel beim Aus-dem-Zirkel-Wechseln, beim Durch-den-Zirkel-Wechseln, nach dem Wechseln durch die ganze Bahn und bei Schlangenlinien durch die ganze Bahn; — also immer an den Punkten, wo das Pferd von einer Längsstellung in die andere umgestellt wird.

Als Vorbereitung zum fliegenden Wechsel macht man einfachen Wechsel mit nur einem Schritt-Zwischentritt. Beim Wechseln soll das Pferd leicht am Zügel stehen und ein wenig kauen. Man achtet darauf, daß das Pferd während des Wechsels in sich völlig gerade bleibt. Man treibt also besonders nachdrücklich mit dem äußeren Schenkel, damit die Hinterhand nicht nach außen schwingt.

Das Pferd muß diesen einfachen Galoppwechsel mit einem Zwischentritt nicht nur an den Wechselpunkten, sondern auf der langen Seite machen können, und zwar immer alle sechs Galoppsprünge. — Nach und nach kann man die Galoppsprünge zwischen den Wechseln auf der langen Seite auf drei verringern. Ist das Pferd erst einmal so geschmeidig, daß es das willig und ruhig tut, wird es auch ohne weiteres den fliegenden Wechsel ausführen.

Bevor der Reiter von seinem Pferd einen fliegenden Galoppwechsel verlangt, muß er logischerweise ein sicheres Gefühl für die Fußfolge des Galopps haben. – Nur so kann er die Hilfe im richtigen Moment geben.

Der richtige Moment für den fliegenden Wechsel ist die Schwebephase, denn in dieser Galopp-Phase sind alle vier Beine vom Boden gelöst, es ist einleuchtend, daß dies

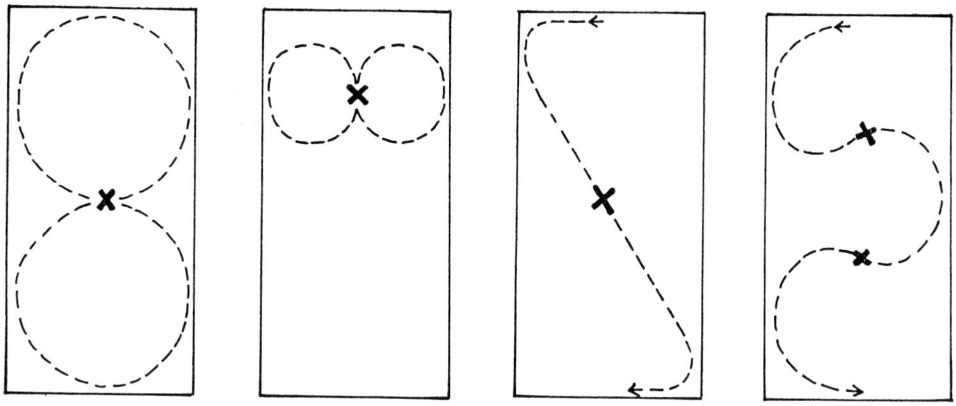

Bild 475.
a) Aus dem Zirkel wechseln
b) Durch den Zirkel wechseln
c) Durch die ganze Bahn wechseln
d) Schlangenlinien durch die ganze Bahn

der günstigste Moment für das Pferd ist, von einem Galopp in den anderen umzuspringen.
Der Galopp ist bekanntlich ein Dreiertempo, denn nur dreimal wird in einem Galoppsprung aufgefußt:
1. rechter Hinterfuß
2. rechte Diagonale
3. linker Vorderfuß
4. Schwebephase.

Das ist die Fußfolge in einem Galoppsprung im Linksgalopp.
Die Schwebephase trennt einen Galoppsprung vom nächsten. Man zählt also mit:
eins
zwei
DREI
. . .
mit der Betonung auf DREI, da die DREI für das Auffußen des linken Vorderfußes und die nachfolgende Schwebephase gilt.
Der letzte Fuß am Boden vor der Schwebephase ist also der führende Vorderfuß, im Linksgalopp der linke, im Rechtsgalopp der rechte.

Hilfen:

Für den fliegenden Wechsel gibt der Reiter im Galopp eine halbe Parade (treibt gegen die passive Hand), und zwar genau in dem Moment, wenn der führende Vorderfuß auffußt. Gleichzeitig mit der halben Parade gibt man die Hilfe für den anderen Galopp. Ist man zum Beispiel im Rechtsgalopp, gibt man, wenn der rechte Vorderfuß auffußt, eine halbe Parade zusammen mit der Hilfe für den Linksgalopp, das heißt, daß der rechte Schenkel verstärkt hinter dem Gurt gegen die passive Hand treibt. Dadurch hat das Pferd bei dem jetzt folgenden Schwebemoment Gelegenheit, die linke Schulter vorzubringen. Der linke Schenkel treibt am Gurt und veranlaßt das Pferd, in den Linksgalopp überzuwechseln.
Den fliegenden Wechsel übt man wie gesagt am besten beim Aus-dem-Zirkel-Wechseln, und zwar übt man ihn so lange an der gleichen Stelle, bis er sitzt. Wenn man merkt, daß das Pferd sich nach einigen Malen vorher versteift, quasi darauf wartet, daß die Hilfe zum Umspringen gegeben wird, hat man es schon zu oft wiederholt. Bei manchen Pferden darf man am Anfang den fliegenden Wechsel nur zweimal an derselben Stelle ausführen. Das genügt bei einem sensiblen Pferd auch völlig, denn es hat ja nur dann Wert, wenn das Pferd völlig losgelassen bleibt.
Später übt man den fliegenden Wechsel auch an allen anderen Wechselpunkten und auf der Geraden, wie vorher in der Vor-

bereitung den gekürzten einfachen Wechsel. Wenn das Pferd die Neigung hat, mit der Hinterhand nach einer bestimmten Seite auszuweichen, übt man die Wechsel an der langen Seite, und zwar mit der Seite zur Bande, nach der die Hinterhand ausweicht. Dadurch wird das Pferd gezwungen, gerade zu wechseln.
Der nächste Schritt ist dann, fliegende Wechsel auf der Geraden auch ohne Anlehnung an die Bande zu machen, zum Beispiel beim Wechseln durch die ganze Bahn.
Äußerst wichtig ist, daß man bei der Ausbildung zu den fliegenden Wechseln sehr langsam und Schritt für Schritt vorgeht, da man das Pferd sonst leicht überfordert. Pferde haben ja bekanntlich ein kleines Gehirn, und viele Pferde verstehen deshalb nur langsam. Oft ist das, was man als Ungehorsam ansieht, einfach Nicht-Verstehen. Deshalb ist es bei der Ausbildung eines Pferdes so wichtig, eine einzelne Lektion so lange zu wiederholen, bis sie mit schlafwandlerischer Sicherheit ausgeführt wird. Erst dann beginnt man mit der nächsten Aufgabe. Würde man zwei oder drei Aufgabengebiete auf einmal angreifen, würde das Pferd überfordert, es würde nervös und eventuell widersetzlich.

Die Pirouette

Auch die Pirouette (in allen drei Gangarten) ist für ein Springpferd von großer Bedeutung – nämlich für die Wendungen. Nur soll in der Spring-Dressur vor allem die Galopp-Pirouette mit einem etwas größeren Radius geritten werden als in einer Dressurprüfung, da bei einem Springpferd die Erhaltung der Vorwärtsbewegung immer Vorrang hat. Der Radius einer Pirouette in der Dressurprüfung soll ja möglichst klein sein, bei einem Springpferd jedoch etwas länger als eine Pferdelänge.
Die Pirouette wird erst als Viertel- und dann als halbe Pirouette geübt. Das Pferd dreht sich dabei traversierend um den stark belasteten, inneren Hinterfuß, der der Galoppfußfolge entsprechend mit abfußen

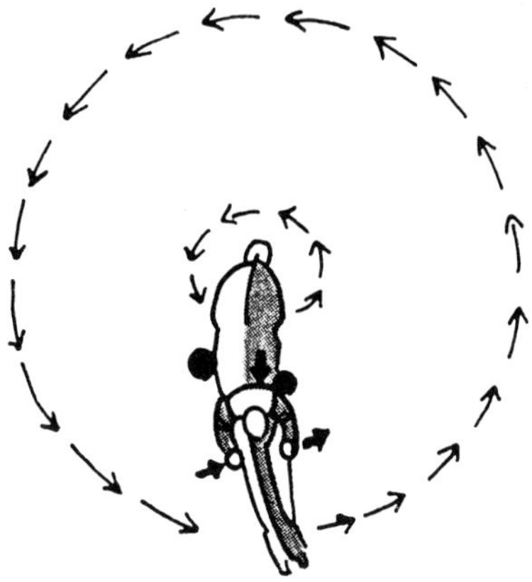

Bild 476. Pirouette.

muß. In der Spring-Dressur ist die Galopp-Pirouette also mehr eine kleine Volte, die im Travers geritten wird.
Die Hilfen sind die gleichen wie beim Traversieren im Galopp, nur verlegt der Reiter seinen Schwerpunkt extrem auf das innere Hinterbein und treibt vermehrt mit dem äußeren Schenkel hinter dem Gurt, um das Pferd nicht nur traversieren zu lassen, sondern dabei auch auf einer kleinen Volte um die Hinterhand zu drehen.
Wichtig ist, daß trotz höchster Versammlung der Vorwärtsschwung und die Regelmäßigkeit der Trittfolge erhalten bleiben und daß das Pferd gleichmäßig hoch abfußt. Die Hinterhand muß dem Versammlungsgrad entsprechend gut gesenkt sein, wodurch der Widerrist hochkommt und das Pferd leicht in der Hand wird.
Das Pferd kommt aus dem Takt und Gleichgewicht, wenn der innere Hinterfuß nicht mehr regelmäßig und gleich hoch mit dem äußeren Hinterfuß abfußt. Dann muß der Reiter den Kreis wieder etwas größer reiten und mit dem äußeren Schenkel weiter hinter dem Gurt treiben. Schwung und Takt sind wichtiger als ein möglichst kleiner Kreisbogen.

Zeitstrecke

Das Reiten in der Zeitstrecke hat nichts mit „Schnellreiten" zu tun. Das ist ein weitverbreiteter Irrtum, den ich gleich von vornherein richtigstellen möchte. Im nachfolgenden Kapitel möchte ich klären, warum die Zeitstrecke zur Ausbildung von Springpferden und -reitern notwendig ist:

1. Der Reiter bekommt ein sicheres Gefühl für die verschiedenen Tempi, die in den diversen Klassen der Springprüfungen verlangt werden, da er in der Zeitstrecke ein bestimmtes Tempo pro Minute gleichmäßig und taktvoll durchhalten muß.
2. Durch den sachgemäßen Gebrauch der Zeitstrecke wird das Pferd sich an das nötige Tempo gewöhnen, in dem es in der kommenden Saison seine Parcours absolvieren muß, und wird fit genug für ein Springen in der betreffenden Klasse. Besonders zu Beginn der Saison kann man oft Pferde beobachten, die auf halbem Wege im Parcours anfangen, Fehler zu machen oder zu verweigern, weil ihnen einfach die nötige Ausdauer für einen Zwei-Minuten-Parcours fehlt.

Man kann sich eine Zeitstrecke leicht selber einrichten, wenn man eine große Weide mit geeignetem Boden zur Verfügung hat.

Man steckt mit Stöcken oder Flaggen einen großen Zirkel von 600 Metern Länge ab und markiert eine Start- und Ziellinie. Die Bahn sollte ungefähr drei Meter breit sein.

1 Runde (600 m)
= 6 Min. Schritt bei 100 m/min
= 3 Min. Trab bei 200 m/min
= 2 Min. Galopp bei 300 m/min
2 Runden (1200 m)
= 3 Min. Galopp bei 400 m/min
2 Runden + 200 m (1400 m)
= 4 Min. Galopp bei 350 m/min

Die meisten schweren und internationalen Springen werden in einem Tempo von 350 m/min geritten. Um dieses Tempo zu trainieren, benötigt man eine zusätzliche Ziellinie 200 Meter hinter der regulären. Galoppiert man dann zwei Runden plus die zusätzlichen 200 Meter bis zur neuen Ziellinie in 4 Minuten, hat man das Tempo von 350 m/min genau eingehalten.

Natürlich wird auf der Zeitstrecke im leichten Sitz geritten. Der Reiter muß daran denken, daß er schon im jeweiligen Tempo galoppieren muß, bevor er die Startlinie durchreitet. – Außerdem sollte er möglichst eine Stoppuhr tragen, um unterwegs das Tempo kontrollieren zu können. Schließlich sollte der Reiter bei jedem Galoppsprung laut mitzählen: eins, zwei, DREI ... mit der Betonung auf DREI, weil dieser Phase die Schwebephase folgt. Dies gilt übrigens nicht nur für die Zeitstrecke, sondern der Reiter sollte es sich auch im Parcours angewöhnen. Das laute Zählen vermittelt ihm erstens ein sicheres Gefühl für den Galopprhythmus, zweitens löst er sich dabei – ein Reiter, der nicht mitzählen kann, ist innerlich verkrampft –, drittens schult er so automatisch seine Atemtechnik.

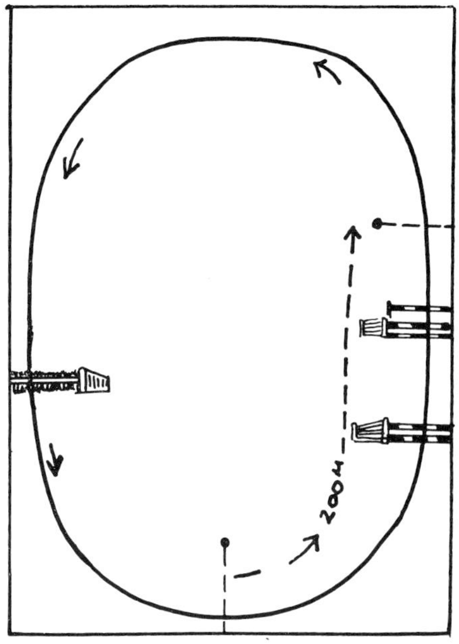

Bild 477. 600 m lange Zeitstrecke mit einer Start- und Ziellinie an der kurzen Seite. Markieren Sie eine zweite Ziellinie 200 m weiter für das 350 m/Min.-Training.

Durch Übung wird der Reiter nach und nach ein solches Gefühl für die verschiedenen Tempi entwickeln, daß er sogar mit geschlossenen Augen genau weiß, in welchem Tempo er reitet. Dies Gefühl muß jeder Reiter haben, nur so kann er in den Springprüfungen der verschiedenen Klassen das jeweils vorgeschriebene Tempo reiten.

Zeitstrecke für junge Pferde:

Im ersten Jahr der Ausbildung reiten wir mit dem jungen Pferd schon in der Zeitstrecke, wie im Trainingsplan angegeben. Es läuft mit der normalen Grundausbildung des Pferdes zusammen, fördert die Kondition und lehrt es, in gleichmäßigem Rhythmus zu gehen.
Im neunten Monat des ersten Jahres macht man das Zeitstreckentraining zweimal in der Woche. Man beginnt die Arbeit im Schritt:
Man reitet 10 Minuten in einem Tempo von 100 Metern pro Minute, das heißt, man reitet auf dem kleinen Zirkel 5mal herum. Dann reitet man 5 Min. Trab im Tempo von 200 Metern pro Minute, also ebenfalls etwa 5mal auf dem kleinen Zirkel herum. Dann wiederholt man die Schrittreprise, um dem Pferd eine Atempause zu geben. Bei der Galopparbeit mit dem jungen Pferd galoppiert man im Tempo von 300 Meter pro Minute, zwei Minuten lang.
Danach wiederholt man das Ganze auf der anderen Hand. Wichtig ist, und ich wiederhole das noch einmal, daß man genau im angegebenen Tempo reitet, für das junge Pferd ist das ein ruhiges Arbeitstempo.
Anschließend reitet man im Schritt nach Hause. Wenn das ganze Training des jungen Pferdes planmäßig durchgeführt worden ist, muß es im neunten Monat so fit sein, daß es nach der Galoppstrecke nach wenigen Minuten wieder normal atmet.
Im elften Monat des ersten Jahres wird dies Training erschwert. Das heißt nicht, daß man in einem schnelleren Tempo reitet, sondern daß man die gleichen Reprisen nicht nur zweimal, sondern dreimal reitet. – Aber damit überfordert man das junge Pferd, wenn man es bisher nicht regelmäßig trainiert hat, also: Der Reiter muß ehrlich mit sich selbst sein. Wenn er Trainingszeit versäumt hat, kann sein Pferd noch nicht fit genug sein, dann muß er sich natürlich mit weniger zufriedengeben.

Zeitstreckentraining im zweiten Ausbildungsjahr:

In der Vorbereitung auf die kommenden Turniere machen wir mit dem jungen Pferd in der Zeitstrecke hauptsächlich Galopparbeit, aber auch nur im Tempo von 300 Meter pro Minute.
Man galoppiert erst einmal zwei Minuten auf der einen Hand und dann nach einer Pause noch einmal auf der anderen Hand. Zwischendurch läßt man das Pferd im fleißigen Schritt am langen Zügel gehen. Das Pferd hat also im ganzen vier Minuten galoppiert. Je nach Kondition des Pferdes kann man das auf sechs Minuten ausdehnen (drei Reprisen). Wenn das Pferd besser in Form ist, kann man die einzelnen Galoppreprisen verlängern bis auf je 5 bis 6 Minuten.
Zwischen den Turnieren sollte man alle Pferde zwei- bis dreimal in der Woche so auf der Zeitstrecke trainieren, damit Pferd und Reiter fit bleiben.
Wenn das Pferd versucht, gegen die Hand anzugehen, wenn es auf die Vorhand kommt oder versucht zu schnell zu werden, hat der Reiter einfach etwas falsch gemacht.
Er ist entweder zu schnell geritten oder hat einfach nicht auf den gleichbleibenden Rhythmus geachtet. Um dies zu korrigieren, muß er erstens genauer nach der Uhr sehen und zweitens mit treibenden Hilfen das Pferd dazu veranlassen, mehr Gewicht auf die Hinterhand zu verlagern — und trotzdem im vorgeschriebenen Tempo bleiben.
Deshalb ist es so wichtig, daß man immer nur das Tempo trainiert, das dem Ausbildungsstand des Pferdes angepaßt ist. Es ist falsch, mit einem A-Springpferd zum Beispiel das Tempo eines M-Springens zu trainieren. Das würde das Pferd aus dem Gleichgewicht bringen, ließe es flach werden und zu sehr auf die Vorhand kommen. (Das Tempo von 400 Metern in der Minute wird zum Beispiel nur bei Nationenpreisen und Olympischen Spielen verlangt und

sollte deshalb nur von Reitern trainiert werden, die an diesen Prüfungen teilnehmen.)
Man kann zusätzlich in der Zeitstrecke noch einige Hindernisse aufstellen, damit Pferd und Reiter sich daran gewöhnen, nicht nur im vorgeschriebenen Tempo zu galoppieren, sondern auch in diesem gleichbleibenden Tempo ein Hindernis anzureiten, zu springen und weiterzureiten. — Besonders für Reiter, die beim Anreiten gewöhnlich das Tempo erst aufnehmen und ihr Pferd dann „abschießen", ist dieses Training sehr heilsam.
Man baut einen Steilsprung, einen Oxer und eine Kombination in der dem Tempo entsprechenden Höhe auf und läßt sie ein- oder zweimal in der gewöhnlichen Galopparbeit springen (nicht jedesmal).

So springt man einen Wassergraben

Viele Reiter und Pferde haben Schwierigkeiten am Wassergraben, sei es ein schmaler oder ein breiter Graben, ein natürlicher oder ein künstlicher.
Dabei springt ein Pferd von Natur aus lieber und besser weit als hoch. — Das läßt sich ganz leicht mit folgenden Rekorden belegen:
Am 14. 8. 1949 beim Nationalen Turnier in La Haye (Holland) stellte der Holländer M. B. van der Woort jr. mit „Cœur Joli" den damaligen Weitsprungweltrekord von 8,10 Meter auf. „Cœur Joli" wurde ein Jahr lang für diesen Rekordversuch trainiert und schaffte ihn beim ersten Versuch. Schon am 2. 9. 1950 wurde dieser Rekord wieder gebrochen, und zwar von Lt. Col. Nogueras Marquez auf „Balcamo", der 8,20 Meter sprang. Ein Jahr später, am 12. 11. 1951, sprang Col. Lopez del Hierro auf „Amadomio" schon 8,30 Meter.
Der Welthochsprungrekord liegt dagegen seit dem 5. 2. 1949 bei 2,47 Meter. Er wurde beim CHIO in Santiago, Chile, von Captain Alberto Larraguibel Morales auf „Huaso" aufgestellt. Dieses Pferd wurde von Colonel Rafael Montti ganze drei Jahre auf diesen Rekord vorbereitet. Seitdem ist dieser Rekord trotz vieler Versuche noch nicht gebrochen worden, es muß sich also um eine Ausnahmeleistung gehandelt haben.
Ein Pferd läßt sich also leichter auf einen Weitsprung trainieren als auf einen Hochsprung, denn selbst „Cœur Joli" hätte ihren Rekord mit einem weiteren Jahr Training leicht brechen können.
Dennoch haben so viele Reiter und Pferde Schwierigkeiten mit dem oft einzigen Weitsprung im Parcours — dem Wassergraben. Natürlich haben die meisten Pferde einfach mehr Übung über Hochsprünge als über Weitsprünge, schon weil in jedem Parcours 12 bis 20 Hochsprünge sind, aber meistens nur ein einziger Weitsprung. Aber dennoch bereitet der Grabensprung unnötig viele Schwierigkeiten, die meiner Ansicht nach nur dadurch entstehen können, daß die meisten Reiter zu wenig Erfahrung mit Weitsprüngen haben.
Wahrscheinlich wird beim Training und beim Reiten über den Weitsprung irgend etwas falsch gemacht, wodurch sich dann in der Vorstellung von Pferd und Reiter die Ansicht einnistet, daß ein Weitsprung schwierig sei.
Das Training für einen Weitsprung ist ein spezielles Training, und ich glaube, man kann sich da eine Menge von den Leuten abgucken, die ein Pferd für einen Weitsprungrekord ausgebildet haben. Im Prinzip ist die Ausbildung für einen Fünfmetergraben ja die gleiche wie für einen Achtmetergraben, nur in etwas gemilderter Form. Wenn es mehrere Leute gibt, die ein Pferd auf acht Meter trainieren können, dürfte eigentlich das Training für einen nur fünf Meter breiten Graben nicht allzu geheimnisvoll sein. (Breiter darf er ja auch bei den Olympischen Spielen nicht sein.)
Ich habe eine Menge von meinem Freund van der Woort gelernt und möchte nicht versäumen, die grundlegenden Erfahrungen für das Training weiterzugeben.

Training:

Zu Anfang des Trainings für einen Weitsprung darf der rechteckige Graben nicht breiter als höchstens 1,50 Meter sein, einschließlich der als Absprung davor stehenden Hecke von 0,40 Meter Höhe. Diese Hecke oder Hürde sollte sich in einem Winkel von 45 Grad zum Wasser hin neigen. Die vordere Breite des Grabens soll fünf Meter betragen.

Wenn man den Graben breiter machen will, zieht man einfach die Hürde weiter vor und stellt nach Bedarf weitere ähnliche Hürden zwischen die erste und den Grabenanfang, wobei sich alle folgenden Hürden wenn möglich in einem stärkeren Winkel zum Wasser hinneigen sollen, bis die letzte schließlich fast waagerecht liegt.
Der Grabenanlauf soll an beiden Seiten gut mit Fängen abgesichert sein, bei breiteren Gräben auch an den Grabenbreitseiten.

Bild 478. Wassergraben mit Fängen.

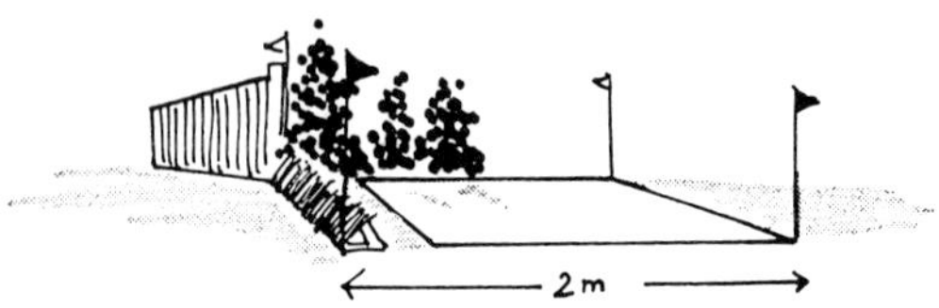

Bild 479. Durch Abziehen der Hürde verbreitert man den Grabensprung.

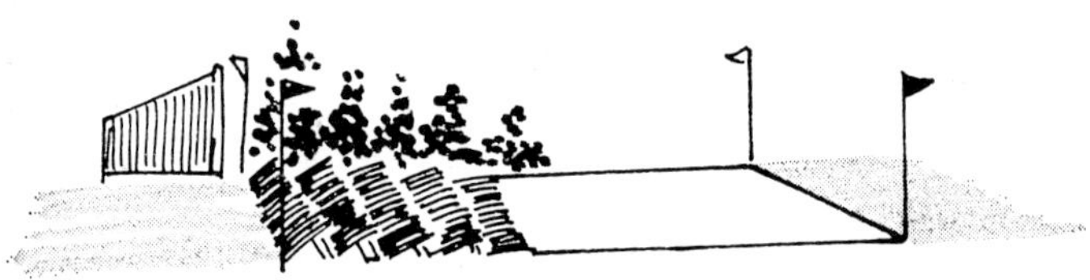

Bild 480. Mit mehreren Hürden kann man den Graben noch mehr verbreitern.

Um dem Pferd die Sache am Anfang zu erleichtern, baut man erst über den 1,50 Meter breiten Graben eine Triplebarre aus Naturstangen, so daß aus dem für das Pferd noch fremden Weitsprung ein ihm bekannter Hochsprung wird.
Der höchste Punkt der Triplebarre ist die letzte Stange, die sich genau über der Mitte des Grabens befinden soll. Da die Sprungkurve über eine Triplebarre so verläuft, daß ihr höchster Punkt über der letzten

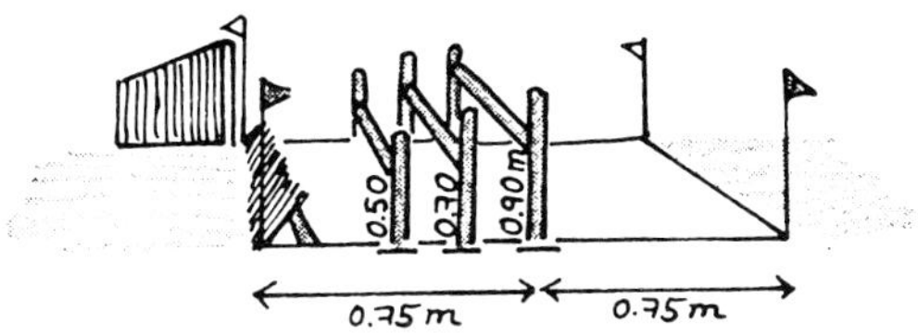

Bild 481.

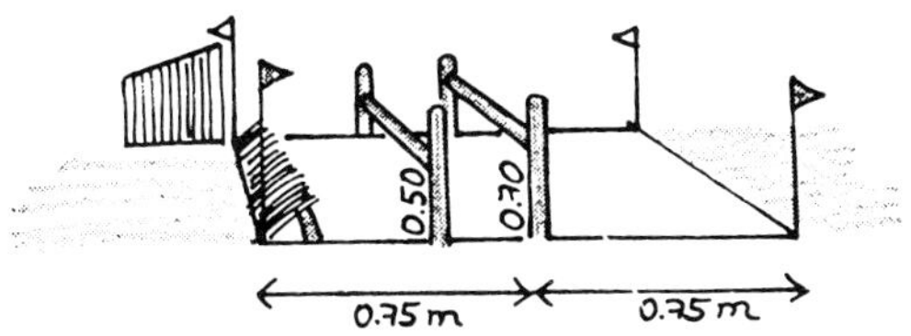

Bild 482.

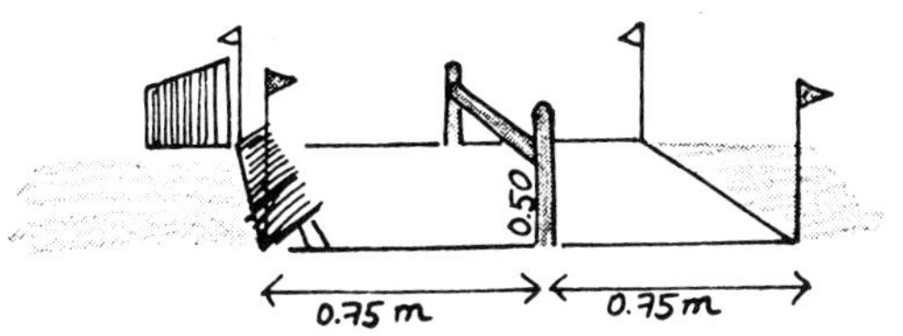

Bild 483.

Stange liegt, lernt das Pferd also durch die Triplebarre den Graben so zu springen, daß auch bei der Grabensprungkurve der höchste Punkt vorschriftsmäßig über der Mitte des Grabens liegt.
Die Triplebarre hat am Anfang folgende Abmessungen:

1. Stange 0,50 Meter hoch
2. Stange 0,70 Meter hoch
3. Stange 0,90 Meter hoch

Das Pferd wird dieses Hindernis von Anfang an willig springen, da es nur die Triplebarre springt und das Wasser erst sehen wird, wenn es schon abgesprungen ist.
Nachdem das Pferd dieses Hindernis zwei- bis dreimal vertrauensvoll gesprungen hat, läßt man es dabei bewenden und übt es auch nicht öfter als dreimal in der Woche.
Der nächste Schritt ist dann, daß man die höchste Stange der Triplebarre entfernt, nachdem man das Hindernis erst zweimal mit der vollständigen Triplebarre gesprungen hat. Gleichzeitig verschiebt man die Triplebarre so weit zur Grabenmitte hin, daß die jetzt höchste Stange von 0,70 Meter über der Grabenmitte steht.
Wird auch dies zuversichtlich gesprungen, läßt man nach einiger Zeit die 0,70 Meter hohe Stange weg und schiebt die letzte, die 0,50 Meter hohe Stange, über die Mitte des Grabens.
Zum Schluß wird dann auch diese letzte Stange noch entfernt. Das ganze Training sollte mindestens ein halbes Jahr dauern.

Hilfen:

Man reitet den Graben im normalen Tempo an, erst während der letzten Galoppsprünge vor dem Absprung legt man das Tempo durch vorwärtstreibende Schenkelhilfen zu.

Am Zügel

Das Pferd muß dabei am Zügel bleiben, damit es auch im Gleichgewicht bleibt, wenn man Tempo zulegt. Gibt man jedoch die Zügel weg, kommt das Pferd auf die Vorhand. Nur wenn das Pferd ausbalanciert und im Gleichgewicht an den Sprung herankommt, kann es zum Absprung beide Hinterbeine unterschieben und sich seinen Absprung suchen.
Der wichtigste Ratschlag ist also, niemals

Bild 484. Im Gegensatz zu den üblichen Hoch- und Hochweitsprüngen muß das Pferd beim Springen eines Weitsprunges in der Lage sein, die Vorderbeine weit nach vorne zu strecken.

Bild 485. Dasselbe Pferd winkelt über einem Oxer die Vorderbeine vorschriftsmäßig an (ein Schüler des Autors, der mexikanische Springreiter Gerardo Rodriguez Pozos).

die Zügel wegzugeben, weder beim Anreiten noch während des Sprunges oder während des Landens.

Fehlerhaftes Anreiten

Meistens wird dem Pferd die Schuld gegeben, wenn am Wassergraben irgend etwas schiefgeht. In Wirklichkeit ist es jedoch fast immer der Reiter, der etwas falsch gemacht hat.
Viele Reiter nehmen unnötigerweise einen viel zu langen Anlauf, weil sie in den meisten Fällen einen „Graben-Komplex" haben. Sie reiten schon 50 oder 100 Meter vorher im Renntempo gegen den Graben an. Dadurch kommt das Pferd natürlich aus dem Gleichgewicht, kommt vorne nicht mehr vom Boden und wird flach.
Um den Reiter daran zu hindern, so auf Gedeih oder Verderb gegen den Graben anzurasen, baue ich meistens fünf oder sechs Galoppsprünge vor dem Graben einen Steilsprung oder baue den Wassergraben so, daß man ihn aus einer Ecke heraus anreiten muß und auf der Geraden nur noch fünf bis sechs Galoppsprünge hat.
Peitschengebrauch beim Anreiten des Grabens bedeutet ein momentanes Aufgeben der Verbindung mit dem Pferdemaul, da der Reiter ja beide Zügel in eine Hand nehmen muß. Durch diese Unterbrechung der Verbindung kommt das Pferd auf die Vorhand, wird demzufolge flach, bleibt stehen oder bricht zur Seite aus, und zwar zu der Seite, in der man die Zügel hält. (Sollte das passieren, beim erneuten Anreiten die Peitsche in die andere Hand nehmen.)
Die Schwierigkeiten eines Wassergrabens sind hauptsächlich psychologischer Art und bestehen eigentlich nur in den Köpfen der Reiter und der Pferde.
Deshalb sollte man sich klarmachen, daß bei dem Tempo eines leichten Springens von nur 300 Meter pro Minute der Galoppsprung schon durchschnittlich drei bis dreieinhalb Meter lang ist.
Beim Zulegen des Tempos während der letzten Galoppsprünge vor dem Absprung kommt das Tempo nahe an 380 bis 400 Meter pro Minute, wodurch die letzten vier bis fünf Galoppsprünge also schon dreieinhalb bis vier Meter lang sind.
Selbst die gefürchtete Breite eines Grabens von fünf Metern bedeutet dann nur noch eine Extra-Streckung von einem bis anderthalb Meter. Der Fünfmetersprung ist bei dem Tempo eigentlich nicht viel mehr als ein verlängerter Galoppsprung.
Dessen sollten sich die Reiter bewußt sein. Wenn sie dabei das Pferd gut am Zügel behalten, dürften längst nicht so viele Schwierigkeiten entstehen, wie es tatsächlich der Fall ist.
Wenn das Pferd nach dem Graben wegläuft, stellt man einen nicht zu hohen Steilsprung oder Oxer in einem Abstand von 21 Metern hinter den Graben. (Der Abstand kann auch nach und nach kürzer gemacht werden, nur muß er immer noch durch drei teilbar bleiben. Bei jungen Pferden gibt man jeweils einen oder zwei Meter zu, um zu verhindern, daß sie sich anschlagen.) Dadurch muß das Pferd sich nach dem Graben wieder aufnehmen und vergißt wegzustürmen.

Hilfszügel

Die Nachteile von festem Martingal, Schlauf- und Stoßzügeln und die Gefahren der Kandare „in falscher Hand"

Vor einiger Zeit hat die FEI in internationalen Springen ein Verbot für festes Martingal und Schlaufzügel eingeführt.
Der Grund für dieses Verbot ist folgender: Sowohl das feste Martingal als auch der Schlaufzügel behindern die Bewegungsfreiheit von Pferdekopf und -hals zu sehr, wodurch das für ein Springpferd so äußerst notwendige Gleichgewicht gestört wird. Außerdem haben beide Hilfszügel einen besonders schlechten und störenden Einfluß, da sie das Pferd hinter den Zügel bringen und den Galoppsprung verkürzen. Zudem übt besonders der Schlaufzügel einen star-

Bild 486. Kopf heruntergezogen: Hals- und Schultermuskulatur sind versteift, der Rücken ist steif, die Hinterhand trägt nicht, der Schwerpunkt liegt auf der Vorhand.

ken rückwärtswirkenden Druck auf den Unterkiefer des Pferdes aus.
Beide Hilfszügel bewirken also genau das Gegenteil von dem, was wir bei der Ausbildung von Pferden — besonders von Springpferden — anstreben.
Ich persönlich habe mich über dieses Verbot gefreut, schon der Pferde wegen. Ich hoffe nur, daß dieses Verbot auch für nationale Springprüfungen eingeführt wird.
Wie ich schon im Kapitel „Am Zügel (dritte Zügelhilfe)" erwähnt habe, arbeitet ein Reiter mit Hilfszügeln, wenn das Pferd nicht ehrlich ausgebildet worden ist oder Gebäudemängel bei der Ausbildung nicht berücksichtigt wurden. Es ist falsch und kurzsichtig, wenn Reiter versuchen, den Kopf und Hals des Pferdes mit Hilfszügeln „in Haltung" zu zwängen. — Es gelingt ihnen wohl, Kopf und Hals des Pferdes vorübergehend herunterzuziehen, aber Hals- und Schultermuskulatur des Pferdes werden versteift und der Schwerpunkt auf die Vorhand verlagert. Das Pferd kann unmöglich basculieren, denn es macht den Rücken steif und geht mit den Sprunggelenken weit auseinander.
Wenn man versteht, wie logisch die natürliche, reelle Ausbildung aufgebaut ist, wird es einem klar, daß der Hilfszügel dabei nie „Hilfe" leisten kann.
Hilfe leistet nur ein reelles Ausbalancieren:

1. Das Pferd wird ins Gleichgewicht gebracht:

Das junge Pferd lernt als erstes, sein natürliches Gleichgewicht mit dem Reiter wiederzufinden. Dazu ist es nur in der Lage, wenn es seinen Kopf und Hals vorwärts-abwärts strecken kann.

2. Das Pferd wird von hinten nach vorne geritten:

Wenn das Pferd in Schritt, Trab und Galopp losgelassen mit tiefem Hals gehen kann, ohne dabei schneller zu werden, dann ist es an der Zeit, die Hinterhand mehr unterzuschieben. Die Sprunggelenke müssen zusammenbleiben und gut untergeschoben werden, wodurch wiederum die Vorhand weiter vorgreift, man reitet also von hinten nach vorne.

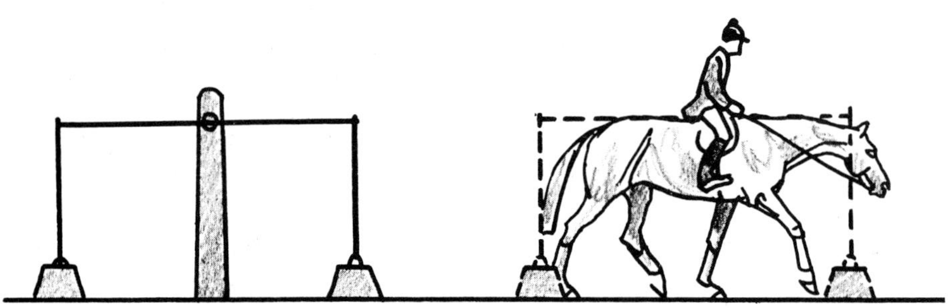

Bild 487. Das junge Pferd wird ins Gleichgewicht gebracht. Das geht nur, wenn es in dieser Periode die Nase tief tragen darf.

Bild 488. Dann wird durch vermehrtes Treiben die Hinterhand mehr untergeschoben, in Relation dazu kommt der Widerrist höher, das Pferd trägt deshalb den Hals höher und geht „in Haltung".

3. Das Pferd geht von allein „in Haltung":

Je mehr das Pferd die Hinterhand unterschiebt, je mehr verlagert es seinen Schwerpunkt nach hinten, je höher kommt der Widerrist, und mit dem Widerrist wird der Hals automatisch so getragen, daß das Pferd in der seinem Gebäude entsprechenden „Haltung" geht.

Diesen Weg kann man nicht abkürzen. Man muß bei A anfangen und nicht bei Z.

Es gibt erstaunlich viele Reiter, die sich immer noch — oder immer wieder — auf dem Irrweg befinden und glauben, ein Pferd von vorne nach hinten reiten zu können. Sie gebrauchen alle möglichen Hilfszügel, um ihr Pferd entweder vorne herunterzuziehen oder hochzuheben oder festzustellen oder, etwas nobler ausgedrückt, ihm mit Schlaufzügeln den Weg in die Tiefe zu zeigen ... oder wer weiß was für Formulierungen man noch hört. — Wenn diese Reiter den reellen Weg gegangen wären und ihrem Pferd Zeit gelassen hätten, sich auszubalancieren, und wenn sie es dann, wie gesagt, von hinten nach vorne geritten hätten, dann brauchten sie sich gar keine Sorgen zu machen, ob ihr Pferd in „Haltung" geht oder nicht, denn das täte es dann von ganz allein.

Da es aber eben viele Reiter gibt, die das noch nicht eingesehen haben, gibt es in jedem Pferdefachgeschäft ein riesiges Angebot an sogenannten „Hilfs"-Zügeln.

a) Das „stehende" Martingal

Das stehende Martingal ist eine Verbindung zwischen Reithalfter und Gurt. Es ist entweder ein fester Lederriemen oder ein einzelner Ausbindezügel. Das stehende Martingal hat den Schlaufzügeln und dem zu kurzen Ringmaterial gegenüber den Vorteil, daß es das Pferd nicht schmerzhaft im Maule stört, sondern nur einen Druck auf das Nasenbein ausübt.

Dennoch behindert es die Bewegungsfreiheit des Pferdes, speziell in Kopf und Hals, was besonders beim Springen sehr gefährlich ist. Das Pferd braucht die Halsfreiheit beim Sprung, um sich auszubalancieren, genau wie ein Seiltänzer seine ausgestreckten Arme und die Balancierstange. Der Seiltänzer könnte die gleichen Balanceakte nicht vorführen, wenn man ihm die Arme an den Körper fesseln würde. Dennoch zö-

Bild 489. Stehendes Martingal.

gern viele Reiter nicht, ihrem Pferd die Balancierstange zu rauben, indem sie Kopf und Hals mit Hilfszügeln fesseln.

b) Der Schlaufzügel

Der Schlaufzügel ist ein gefährliches Instrument, das es in verschiedenen Variationen gibt: Die mildeste ist der sogenannte Köhlerzügel, der in den Trensenzügel eingehakt wird. — Ein gewöhnlicher Schlaufzügel ist ein vier bis fünf Meter langer Lederriemen. Er wird an jeder Seite in den Gurt geschnallt und läuft durch den Trensenring in die Reiterhand.
Als Stoßzügel geschnallt, führt er vom Gurt zwischen den Vorderbeinen und den Trensenringen hindurch in die Reiterhand.
Ein Künstler soll in der Lage sein, mit dem Schlaufzügel dem Pferd den Weg in die Tiefe zu zeigen — wenn er ein Künstler ist, müßte er das genauso gut oder besser ohne dieses Hilfsmittel können, denn dann hätte er es von Anfang an richtig gemacht, und das Pferd ginge vertrauensvoll in die Tiefe. Wenn es das Vertrauen nicht hat und mit dem Schlaufzügel dahin geführt werden muß, tut ihm entweder der Rücken oder die Reiterhand im Maule weh.
Es gibt auch weniger auf ihren Ruf bedachte Reiter, die ihre Pferde sogar mit „blankem“ Schlaufzügel arbeiten, also ganz ohne Trensenzügel. Das bringt das Pferd dann nicht nur hinter die Senkrechte, sondern zwingt den Kopf des Pferdes zwischen die Vorderbeine . . .
Wenn ein Reiter nicht genug Erfahrung und Können hat, um sein Pferd auf natürliche Art reell an die Hilfen zu stellen, wenn er glaubt, einen Schlaufzügel benutzen zu müssen — dann nur als Hilfszügel. Das heißt, es wird mit dem normalen Trensenzügel geritten, und der Schlaufzügel tritt nur auf der steifen Seite des Pferdes in Aktion (meistens trägt das Pferd auf dieser Seite das Ohr höher).

c) Das Ringmartingal

Ein richtig verschnalltes Ringmartingal kann nur wenig Schaden anrichten.
Richtig verschnallt ist es, wenn die hochgehaltenen Ringe die Höhe der Hüftknochen des Pferdes erreichen. Wenn das Martingal so lang verschnallt ist, wird die Gerade zwischen Pferdemaul und Reiter-Ellbogen nicht unterbrochen. Wenn diese Gerade vom Martingal unterbrochen wird, ist es zu kurz verschnallt.
Ein zu kurzes Ringmartingal ist gefährlich, da die Zügelhilfen gestört werden. Das Pferd läßt sich schlecht wenden, da der direkte Kontakt mit der Reiterhand gebrochen ist. Das Pferd kann in den Wendungen über die Schulter ausfallen oder ausbrechen und völlig aus der Kontrolle gera-

Bild 490. Schlaufzügel.

Bild 491. Richtig geschnalltes Ringmartingal.

Bild 492. Zu kurz geschnalltes Ringmartingal.

ten. Steigende und sich auf der Hinterhand drehende Pferde sind die Folge.
Der Abwärts-Druck auf den Gaumen läßt das Pferd noch härter im Maul werden. Ein Pferd, das mit zu kurzem Ringmartingal geritten wird, hat mehr Schwierigkeiten, als wenn es ohne jeden Hilfszügel geritten würde.

d) Die Kandare

Wie gesagt, in internationalen Springen sind das stehende Martingal und der Schlaufzügel verboten. Es ist erstaunlich, wie viele Reiter nun — da ihre Pferde mehr Bewegungsfreiheit haben — auf Kandare reiten. Die Reiter sehen jetzt in der Kandare die einzige Möglichkeit, ihre Pferde in der Hand zu haben — ein deutliches Zeichen für falsches Training.
Man kann auch in internationalen Springen feststellen, daß manche Teilnehmer mit der Kandare noch nicht in der Lage sind, ihr Pferd zu kontrollieren; sie gebrauchen zusätzlich noch ein Martingal. Wenn ein Reiter glaubt, Kandare und Martingal zu benötigen, dann darf auf jeden Fall nur der Trensenzügel durch den Martingalring geführt werden. In noch hoffnungsloseren Fällen kann man beobachten, daß Kandaren- und Trensenzügel durch den Martingalring geführt werden. Reitern, die das für nötig halten, kann man nur raten, sich schnellstens neue „Hände" anzuschaffen.
Zum Unglück der Pferde lernen viele Reiter springen, bevor sie reiten lernen. Sie stehen beim Springen im Bügel — ohne Knieschluß — und müssen sich im Pferdemaul festhalten, um nicht aus der Balance zu kommen. Als Selbstverteidigung lernt das Pferd zu pullen. Nun sucht der Reiter aber den Fehler nicht bei sich, sondern wählt ein schärferes Gebiß — und glaubt die Lösung gefunden zu haben.
Reiter mit solch einem unausbalancierten Sitz benutzen eine Kandare, weil sie glauben, ihr Pferd hätte ein hartes Maul und könnte ihnen weglaufen. Dabei versucht das Pferd nur wegzulaufen, weil es den Einwirkungen des Reiters entfliehen will. Eine dicke, einfache Wassertrense und ein besser ausbalancierter Sitz des Reiters können Wunder wirken.
Ein guter Reiter jedoch wird es niemals soweit kommen lassen, daß sein Pferd aus der Hand kommt und sich der reiterlichen Kontrolle entzieht. Er wird nicht versuchen, stärker als das Pferd am Zügel zu ziehen, sondern wird rechtzeitig nachgeben und versuchen, das Pferd zu beruhigen. Meistens ist es ja nicht das Pferd, das anfängt zu pullen, sondern der Reiter macht den Anfang, weil er sich versteift und aufregt.
Wenn man einmal darauf achtet, kann man feststellen, daß immer dieselben Reiter heftige Pferde mit schlechtem Maul haben, das beweist doch deutlich, daß der Fehler beim Reiter liegt. Ich bin überzeugt, daß dieselben Pferde mit einem ruhigen, erfahrenen Reiter ein ganz anderes Bild machen und entsprechend mehr leisten würden.

Eine Kandare gehört nur auf ältere, gerittene Pferde und in die Hand eines erfahrenen Reiters, der sowohl im Dressursattel als auch im Springsattel einen unabhängigen, ausbalancierten Sitz hat. Die Hand eines solchen Reiters kann unabhängig vom Körper einen steten, leichten Kontakt mit dem Pferdemaul aufrechterhalten und eine Einheit zwischen Pferd und Reiter formen. Wenn die Kandare aber von einem Reiter benutzt wird, der sich am Zügel festhält, dann kann sie so scharf und gefährlich sein wie eine Rasierklinge.

Im allgemeinen kann man sagen, daß jedes Land seine eigene Mode in Gebissen, Hilfszügeln und Sattelzeug hat.

In Ländern, in denen englisch gesprochen wird, ist das stehende Martingal weit verbreitet. Außerdem werden viele junge Pferde von vornherein auf Kandare geritten, denn in Materialprüfungen müssen sie auf Kandare vorgestellt werden. Das ist in den meisten Fällen herzzerreißend mit anzusehen: Die jungen Pferde, denen die nötige Grundausbildung fehlt, versuchen dem Druck auf den Gaumen auszuweichen, indem sie das Maul aufsperren und die Zunge übers Gebiß nehmen oder aus dem Maul heraushängen lassen. Die meisten Pferde nehmen nach solcher Behandlung später nie richtig das Gebiß an. Um nicht schon in der Jugend verdorben zu werden, dürfen Pferde in Materialprüfungen auf dem europäischen Kontinent nur auf einfache Trense geritten werden. — In Frankreich zum Beispiel darf man vier- bis fünfjährige Pferde in Springprüfungen nur auf einfache, dicke Trense reiten und kein Martingal verwenden. (Ich wünschte, die FEI würde diese Regel auch übernehmen.)

Fördern und Korrigieren des Pferdes

a) Stilfehler

Die meisten Pferde, die systematisch auf den Springsport vorbereitet worden sind (durch Freispringen, Springen der Hindernisreihen und andere beschriebene Übungen), springen sicher und mit guter Technik.

Aber auch wenn man die Möglichkeit hat, ein junges Pferd selber ganz von Anfang an auszubilden — wodurch man Stilfehler und Untugenden, die durch falsche Ausbildung entstehen, ausschließen kann —, kann ein Pferd auf Grund von Gebäudefehlern Schwierigkeiten haben, die man korrigieren muß.

Angeborene und anerzogene Fehler kann man mit einem speziellen Training beheben. Die beste Möglichkeit, die Springmanier eines jungen Pferdes zu verbessern und die eines älteren zu korrigieren, bietet sich beim Springen der Hindernisreihen, und zwar beim Freispringen. (Wie im Kapitel „Freispringen" beschrieben, muß das Pferd mit Bandagen, Sprungglocken und Kniekappen geschützt werden.)

1. Schlechte Vorhandtechnik

Einige Pferde bringen das Vorderbein zwar bis zum Vorderfußwurzelgelenk vor, lassen es dann aber herunterhängen, anstatt das Vorderbein korrekt unter dem Körper anzuwinkeln.

Bei jungen Pferden ist das meistens Unerfahrenheit.

Bei älteren Pferden ist der Grund der, daß

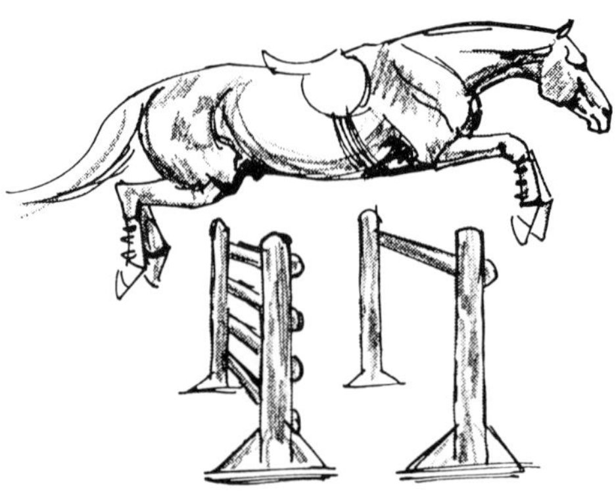

Bild 493. Falsche Vorderbeintechnik.

sie immer die falsche Muskulatur gebraucht und deshalb stärker entwickelt haben.
Diese schlechte Vorderbeintechnik behebt man durch Verkürzen der normalen Abstände der Hindernisreihe beim Freispringen, Bild 494 (normale Abstände siehe Kapitel „Freispringen").
Der Grund für das Verkürzen der Abstände ist folgender: Durch die nach und nach kürzer werdenden Abstände zwischen einzelnen Hindernissen ist das Pferd gezwungen, die Hinterhand vermehrt unter- und verbreitert den Oxer, bis das Pferd seine schlechte Vorderbeintechnik abgestellt hat. Man muß aber Geduld haben und die Anforderungen wirklich nur nach und nach steigern, da das Pferd sonst sein Vertrauen verlieren würde. Schließlich erfordert die neue Technik eine Entwicklung der bisher vernachlässigten Muskulatur, was natürlich Zeit braucht.
Wenn man vorschriftsmäßig vorgegangen ist, müßte das Pferd nach etwa drei bis vier Monaten eine bessere Vorderbeintech-

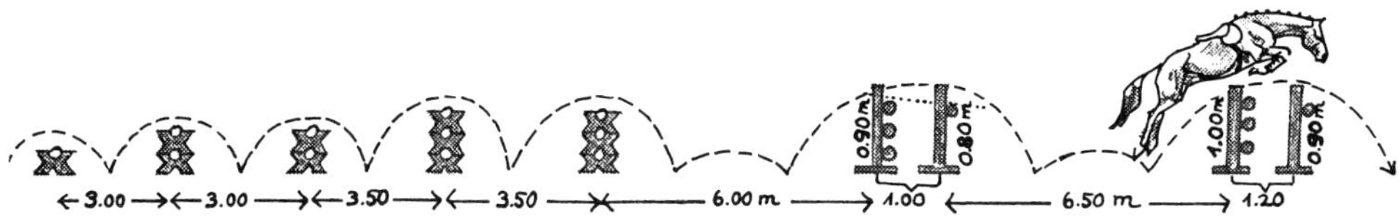

Bild 494. Hier lernt das Pferd die Vorderbeine besser anzuwinkeln.

zuschieben. Dadurch wird mehr Gewicht von der Vorhand auf die Hinterhand verlagert. Da die Vorhand nun etwas mehr entlastet ist, kann das Pferd die bisher vernachlässigte Muskulatur der Vorhand freier und leichter bewegen. Durch die dicht aufeinanderfolgenden kleinen Hindernisse muß das Pferd die Vorhand anwinkeln, da es sich sonst anschlagen würde. (Am Anfang wird das natürlich passieren, deshalb der Beinschutz.)

Außerdem ändert man den Oxer ab:

Die erste Stange soll jetzt ein bis zwei Loch höher liegen als die hintere Stange.
Auch dieser vorne höhere Oxer erzieht das Pferd dazu, die Vorderbeine vermehrt anzuwinkeln, bis die Hufe die Ellbogen beinahe berühren (Bild 494).
Wenn dagegen die erste Stange des Oxers niedriger wäre als die hintere, dann hätte das Hindernis eine aufwärtsführende Oberlinie, und das Pferd könnte solch einen Sprung trotz hängender Vorderbeine noch schaffen.
Nach und nach verkürzt man die Abstände

nik entwickelt haben. Dann muß es auch in der Lage sein, die Hindernisreihe in normalem Abstand in guter Manier zu springen.

2. Pferde, die das ganze Vorderbein rückwärts hängen lassen:

(Diesen Fehler findet man manchmal bei kleinen Vollblütern, die in den Grundgangarten die Vorderbeine flach über den Boden ziehen; bei Holsteinern zum Beispiel, die von Natur aus etwas Knieaktion haben, kommt dieser Fehler selten vor.)
Pferde, die ihre Vorderbeine derartig hän-

Bild 495. Falsche Vorderbeintechnik.

Bild 496. Falsche Vorderbeintechnik kann böse Stürze verursachen.

gen lassen, landen nach dem Sprung sehr unsicher und geben ihrem Reiter dabei ein höchst unangenehmes Gefühl. Sie ziehen während des Sprunges die Vorderbeine erst im allerletzten Moment beim Landen nach vorne, meistens noch eines nach dem anderen. Das kann böse Stürze verursachen, bei denen Pferd und Reiter meistens über Kopf gehen.

Pferde mit solch schlechter Technik schieben meistens ihre Hinterhand beim Absprung zu weit unter, so daß sie sich oft sogar greifen. Dadurch verkürzen sie ihre Standfläche, und die Rückenlinie führt im Verhältnis zu der verkürzten Standfläche zu steil aufwärts.

Dadurch fällt es dem Pferd besonders schwer sich auszubalancieren; wegen der Überbelastung ist die Muskulatur der Hinterhand so beansprucht, daß das Pferd nicht auch gleichzeitig noch mit der Vorhand arbeiten kann. Sie wird deshalb vernachlässigt und hängt schlaff herunter.

Zum Korrigieren dieses unangenehmen Stilfehlers verlängert man die Abstände in der Hindernisreihe und verbreitert nach und nach den Oxer.

Durch die längeren Abstände kann das Pferd sich nicht mehr zu steil aufrichten, sondern es wird sich mehr nach vorne strecken und seinen Rücken lang machen. Um den etwas weiter weg stehenden, jeweils nächsten Sprung zu überwinden, wird es gleichzeitig seine Vorderbeine vorbringen. Auch den Oxer verändert man, und zwar macht man ihn jetzt hinten zwei Loch höher. Dadurch erhält das Hindernis eine schräg aufwärtsführende Oberlinie, wodurch das Pferd gezwungen wird, die Vorderfußwurzelgelenke nach vorne zu bringen, anstatt sie unter sich hängen zu lassen. Auch hier muß man sich, wie bei allen Stil-

Bild 497.

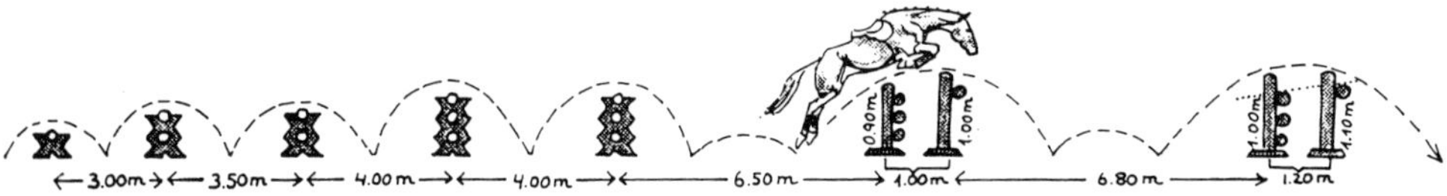

Bild 498. Korrektur von Pferden, die die Vorhand hängen lassen.

Bild 499. Pferd springt ohne Rücken.

korrekturen, drei bis vier Monate in Geduld üben, je nach Intelligenz und Kondition des Pferdes auch länger. Anschließend muß das Pferd in der Lage sein, die Reihe mit Normalabstand in dem neuerworbenen besseren Stil zu springen.

3. *Pferde, die hinten Fehler machen und ohne Rücken springen:*

Pferde von nervösen Reitern, die dauernd im Maul stören, springen oft mit festgehaltenem Rücken, pullen und machen hauptsächlich hinten Fehler. Dieselben Pferde springen beim Freispringen plötzlich schön und losgelassen und sind so ruhig, daß man sie oft noch antreiben muß. Zur Korrektur gibt man solchen Pferden nur einen anderen, besseren Reiter.

Wenn das Pferd aber beim Freispringen seinen Fehler beibehält, gebraucht es seinen Rücken nicht richtig. Während das Pferd die Kombinationen der Hindernisreihe springt, taucht es nicht über jedem Sprung, sondern reißt Kopf und Hals hoch und drückt entsprechend den Rücken weg. Dadurch wird dann zuviel Gewicht auf die Hinterhand verlagert, so daß das Pferd die Hinterbeine nicht mehr genügend anwinkeln kann und Fehler macht.

Um diesen Stilfehler abzustellen, muß man Rücken und Hinterhandmuskulatur entwickeln. (Longieren mit Chambon, Arbeit an der Hand.) Um das auch beim Freispringen zu fördern, macht man die Abstände zwischen den einzelnen Hindernissen immer kürzer. Dadurch ist das Pferd gezwungen die Hinterhand mehr unterzuschieben, wodurch wiederum der Rücken aufgewölbt und der Hals niedriger und länger getragen wird, die Nase geht weiter nach vorne.

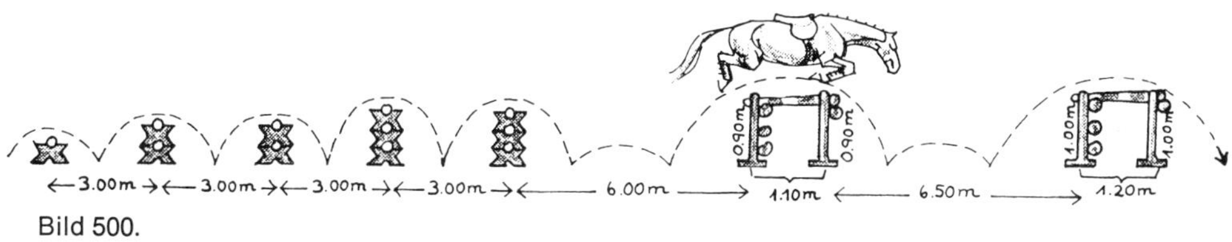

Bild 500.

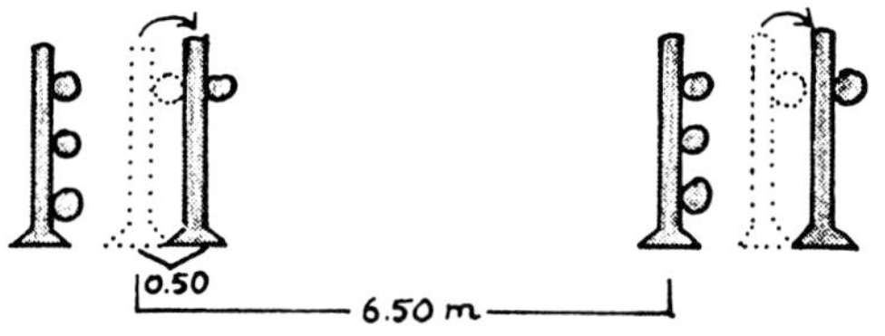

Bild 501. Falsch: Der Abstand zwischen den beiden Oxern beträgt nur noch sechs Meter.

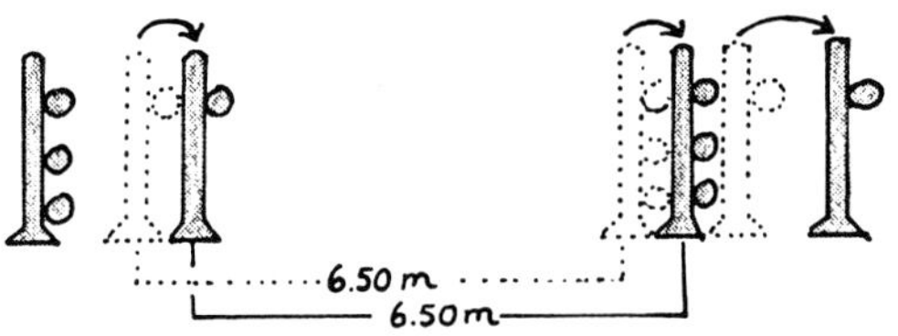

Bild 502. Richtig: Auch nach dem Verbreitern der Oxer bleibt der Abstand sechseinhalb Meter.

Außerdem baut man diesmal am Ende der Hindernisreihe zwei verhältnismäßig kleine Oxer auf, Abstand ungefähr sechseinhalb Meter. Auf jeden Fall müssen die Oxer vorne und hinten genau gleich hoch sein.

Nach und nach macht man die Oxer immer etwas breiter, im Zusammenhang damit verschiebt man auch den Abstand zwischen den beiden Oxern: Wenn man zum Beispiel den ersten Oxer um einen halben Meter breiter gemacht hat, in Richtung zum zweiten Oxer, dann muß man erst den zweiten Oxer um einen halben Meter weiter abziehen, damit der Abstand von sechseinhalb Metern bestehenbleibt — und dann diesen Oxer einen halben Meter breiter machen.

Dadurch, daß die Oxer vorne und hinten genau gleich hoch sind, verläuft die Sprungkurve so, daß der höchste Punkt in der Mitte über dem Oxer liegt. Dadurch wird das Pferd zum Basculieren erzogen. Am Anfang wird es zwar noch oft die hintere Stange abwerfen, aber es wird bald lernen, die Hinterhand anzuwinkeln.

Wenn man die Oxer breiter macht, legt man sicherheitshalber eine Stange diagonal über den Oxer. Wie schon oft erwähnt, wird bei einem Oxer hinten aus Sicherheitsgründen immer nur eine Stange genommen.

Im allgemeinen kann man also sagen, daß ein Fehlermachen immer einen bestimmten Grund hat. Einfaches Erhöhen der Hindernisse — oder womöglich ein Barren — würde das Pferd nur ängstlich machen oder zum Verweigern erziehen.

Man muß die Ursache des Fehlers herausfinden und in Freiheit, ohne jede Beeinflussung von seiten eines Reiters, korrigieren. Nur so kann man bleibende Besserung erzielen.

Nach drei bis vier Monaten des Spezialtrainings beim Freispringen muß das Pferd die Reihe flüssig, ohne zu eilen und in gleichbleibendem Rhythmus springen. Danach muß man nach und nach wieder zu den normalen Abständen zurückkehren, die das Pferd dann auch in der neu erworbenen guten Technik springen muß.

Anschließend kann man dem korrigierten Pferd die Sache erschweren, indem man einzelne Hindernisse der Reihe ausläßt, wie im Kapitel „Freispringen" beschrieben. Das Pferd darf auch dann nicht in seinen alten Stilfehler zurückfallen. Tut es das doch, muß man die Kur wiederholen, denn das Pferd war seiner selbst noch nicht sicher genug.

b) Absprungschwierigkeiten

Absprungschwierigkeiten kommen bei einem Pferd, das systematisch in der Hindernisreihe ausgebildet worden ist, nicht vor. Wenn man aber doch aus irgendeinem Grund Schwierigkeiten mit dem Absprung haben sollte, kann man das mit einem Spezialtraining beheben.

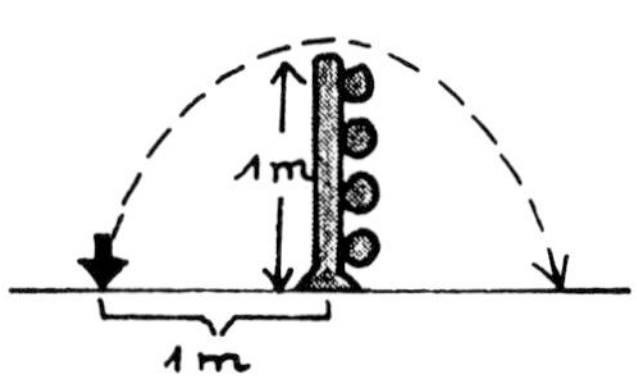

Bild 503. Der korrekte Absprung beim Steilsprung.

Erst muß man sich jedoch darüber klarwerden, wo bei den verschiedenen Hindernistypen der jeweils korrekte Absprung liegt:

Bei einem Steilsprung liegt der korrekte Absprung so weit vor der Grundlinie des Hindernisses, wie der Sprung hoch ist. Bei einem Gatter von einem Meter Höhe muß das Pferd genau einen Meter davor abdrücken.

Bei einem Oxer liegt der korrekte Absprung so weit vor der vorderen Grundlinie, wie der Oxer hoch ist, plus seiner halben Breite.

Bei einer Triplebarre liegt der Absprung so weit vor dem ersten Teil der Triplebarre, wie der erste Teil hoch ist. Das gleiche gilt für den Schweinerücken.

Bei einem Fächersprung, der rechts ein Steilsprung und links eine Triplebarre ist, liegt der Absprung in der Mitte einer Geraden, die von dem rechten Ständer so weit

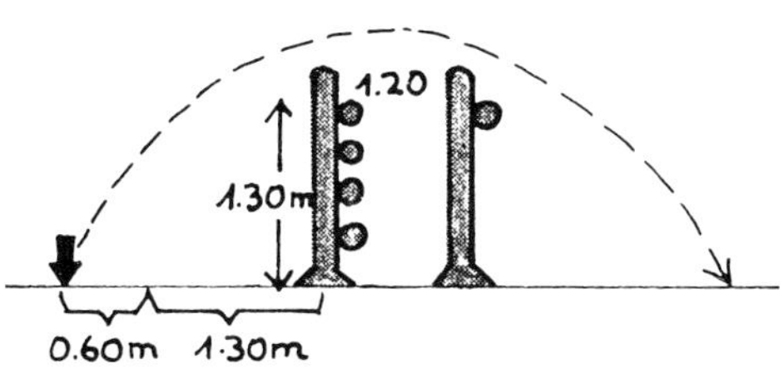

Bild 504. Der korrekte Absprung beim Oxer.

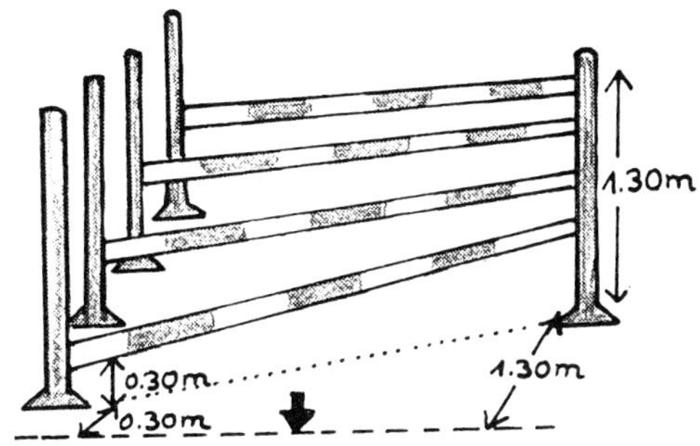

Bild 507. Der korrekte Absprung beim Fächersprung.

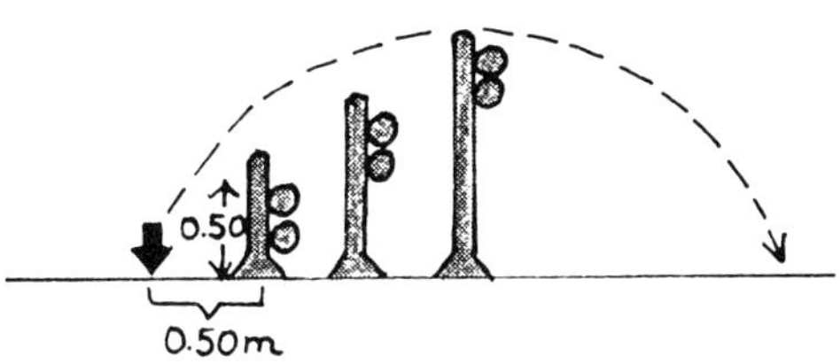

Bild 505. Der korrekte Absprung bei der Triplebarre.

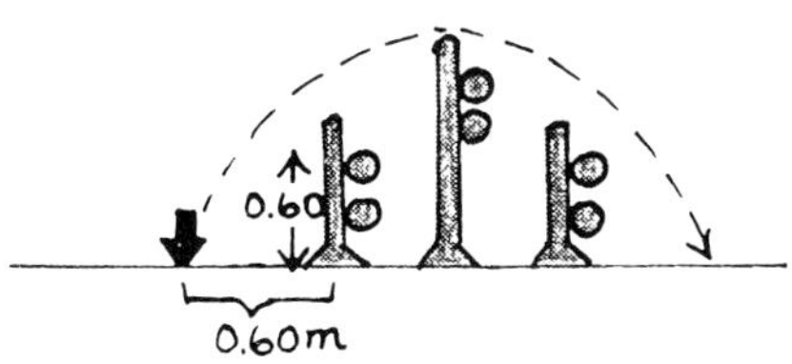

Bild 506. Der korrekte Absprung beim Schweinerücken.

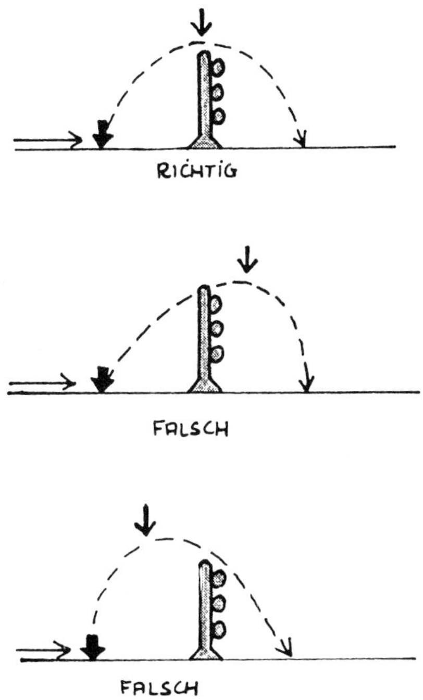

Bild 508. Verlauf der Sprungkurve.

Bild 509. Unterlaufen.

entfernt ist, wie der Sprung dort hoch ist, und von dem ersten linken Ständer so weit, wie die unterste Stange hoch ist.

Bei einem korrekt springenden Pferd beschreibt die Sprungkurve einen gleichmäßigen Halbmond, dessen höchster Punkt genau über dem höchsten Punkt des Hindernisses liegt. Bei vorne und hinten gleich hohen Hindernissen liegt der höchste Punkt über der Mitte.

Eine Sprungkurve, die zu steil oder zu flach ansteigt, ist fehlerhaft — auch wenn der Absprung richtig lag.

1. *Unterlaufen* (zu spät abspringen):

Viele Pferde, die einen kurzen Galoppsprung haben, neigen dazu, ihren Absprung zu dicht an das Hindernis zu verlegen. Sie kommen besonders bei breiten Oxern in Schwierigkeiten und machen in Kombinationen einen kleinen Zwischentritt. Das ist fehlerhaft und führt zum Verweigern und Fehlermachen. Oft wird dieses Unterlaufen auch von nervösen, ängstlichen oder einfach nur störenden Reitern anerzogen.

Wenn man ein ehrliches Pferd hat, sollte man einen Steilsprung möglichst schräg springen. Dadurch findet das Pferd leichter den richtigen Absprung und unterläuft nicht, wie es so oft beim geraden Anreiten vorkommt. Beim Schrägspringen einer Mauer entsteht ein weiterer Vorteil: Wenn das Pferd anschlägt, schieben sich die Kästen meist nur weiter zusammen und fallen nicht so leicht.

Um solch ein Pferd zu korrigieren, kann man die Hindernisreihe unter dem Reiter benutzen. Wenn das Pferd einen kurzen Galoppsprung hat, macht man die Abstände erst wieder kürzer als normal, dem kurzen Galoppsprung angepaßt. Wenn das Pferd dabei Vertrauen gefunden hat, macht man

Bild 510. Bei einem Steilsprung kann die Situation noch gerettet werden, indem man das Hindernis leicht schräg springt.

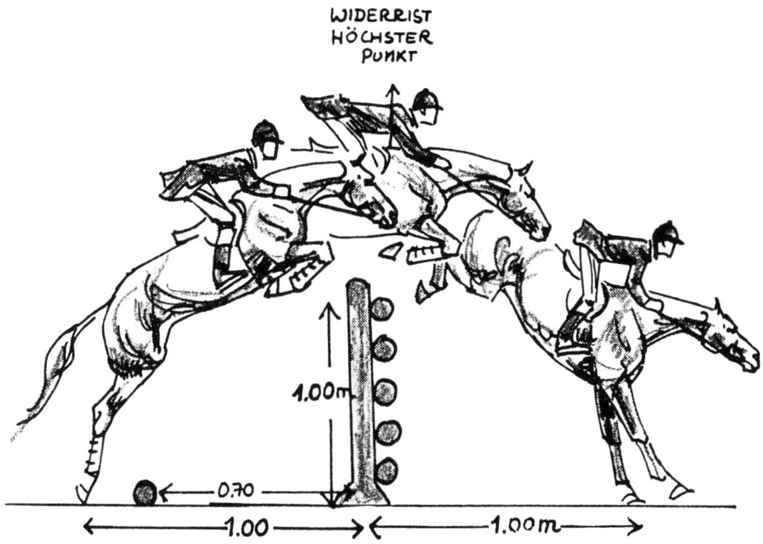

Bild 511. Die Absprungstange liegt so, daß das Pferd auf dem korrekten Punkt abspringen muß. Korrekt verlaufende Sprungkurve: Über dem Hindernis ist der Widerrist der höchste Punkt des Pferdes.

die Abstände nach und nach weiter, so daß das Pferd sich daran gewöhnt, früher abzudrücken.

Der Reiter reitet aus dem Trab an, entweder aus einer Wendung oder aus einer Geraden heraus. Er muß mit energisch vorwärtstreibenden Hilfen darauf achten, daß das Tempo während der ganzen Reihe gleichmäßig durchgehalten wird. Er darf das Pferd nicht langsamer werden lassen und ihm gestatten, womöglich wieder einen kleinen Zwischensprung einzulegen.

Bei Einzelhindernissen lehrt man das Pferd mit einer Absprungstange früher abzudrücken. Zum Beispiel: Bei einem Gatter von einem Meter Höhe müßte das Pferd einen Meter davor abdrücken. Deshalb legt man eine Absprungstange etwa 0,70 Meter bis

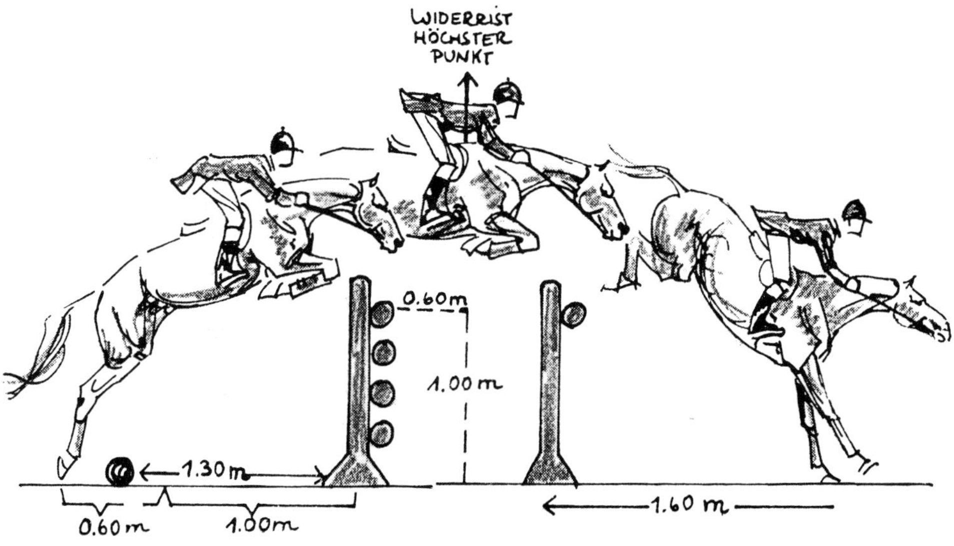

Bild 512. Korrekte Sprungkurve beim Oxer.

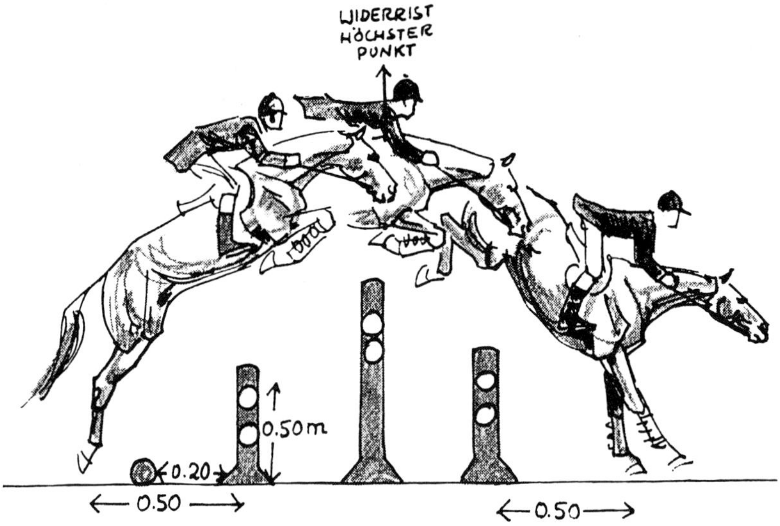

Bild 513. Korrekter Absprung beim Schweinerücken.

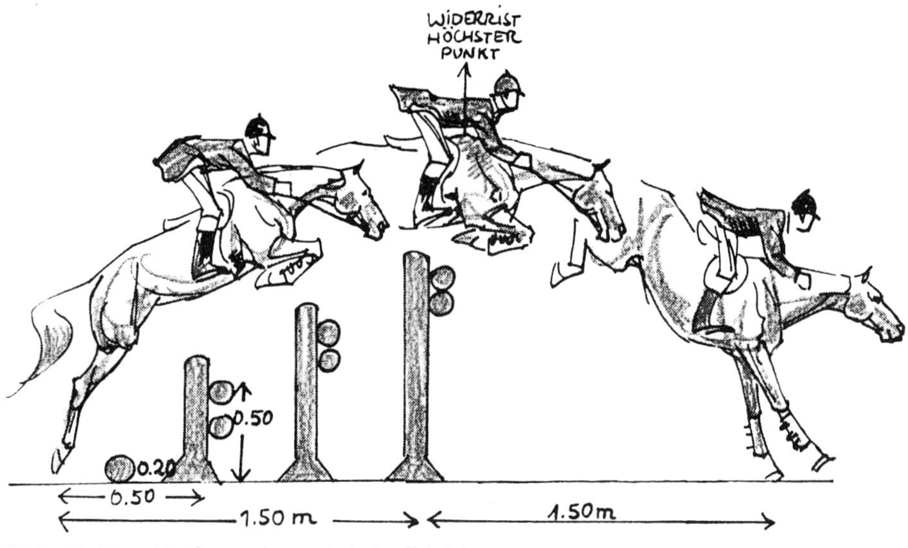

Bild 514. Korrekte Sprungkurve bei der Triplebarre.

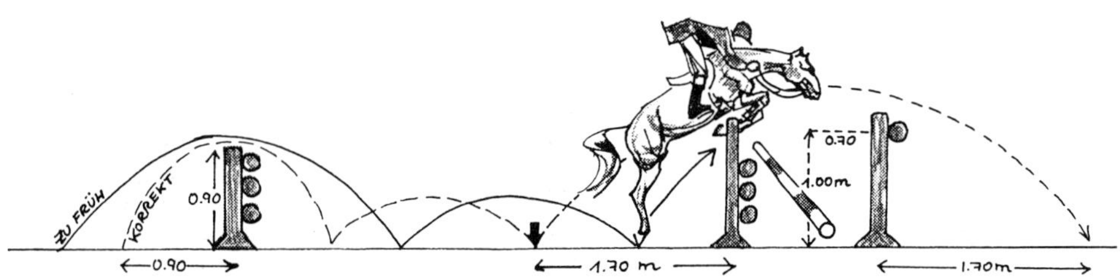

Bild 515. Das Pferd hat beim ersten Element der Kombination zu früh abgedrückt und kam dadurch zu dicht an den zweiten Sprung heran.

0,80 Meter vor das Hindernis, man läßt dem Pferd also 0,20 bis 0,30 Meter zum Abfußen. Dieses Hindernis wird im Galopp angeritten.

2. Zu früh abdrücken:

Pferde, die von Natur aus einen sehr langen Galoppsprung haben, neigen dazu, zu früh abzudrücken. Sie haben die größten Schwierigkeiten bei Kombinationen, denn sie springen vor dem ersten Teil der Kombination wie gewöhnlich zu früh ab, landen dann aber auch entsprechend zu weit hinter dem ersten Hindernis. Dadurch kommen sie zu dicht an den zweiten Sprung der Kombination heran. Das Pferd bleibt dann entweder stehen oder nimmt, wenn es doch noch abdrückt, das Hindernis mit der Vorhand mit, da der Absprung selbst für ein normal springendes Pferd viel zu dicht am Hindernis liegt. Da dies Pferd aber auch noch gewöhnt ist, zu früh abzudrücken, hat es gar keine Chancen.
Bei Einzelhindernissen wird der Fehler meistens mit der Hinterhand gemacht, besonders bei breiten Oxern.
Dennoch sind manche Pferde auch in solchen Situationen noch behende genug, ihre Flugbahn zu verlängern, so daß sie sich nicht anschlagen.
Um diesen Fehler zu korrigieren, benutzt

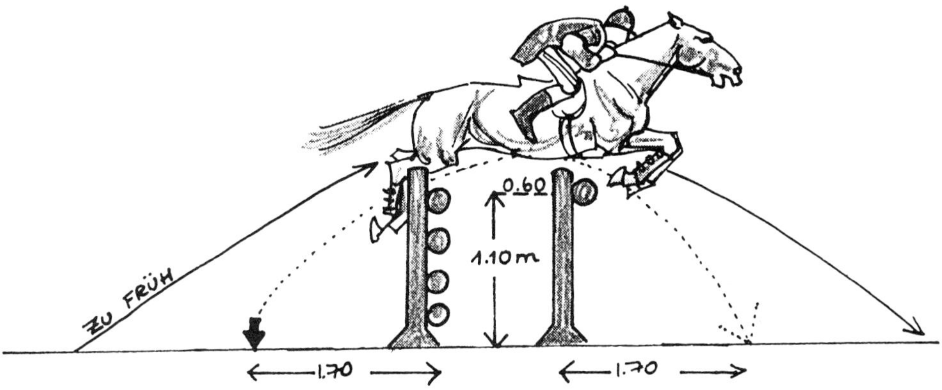

Bild 516. Das zu früh abdrückende Pferd macht bei breiten Oxern meist Hinterhandfehler, es wirft den oberen vorderen Balken ab.

Bild 517. Das Pferd hilft sich und verlängert die Sprungkurve.

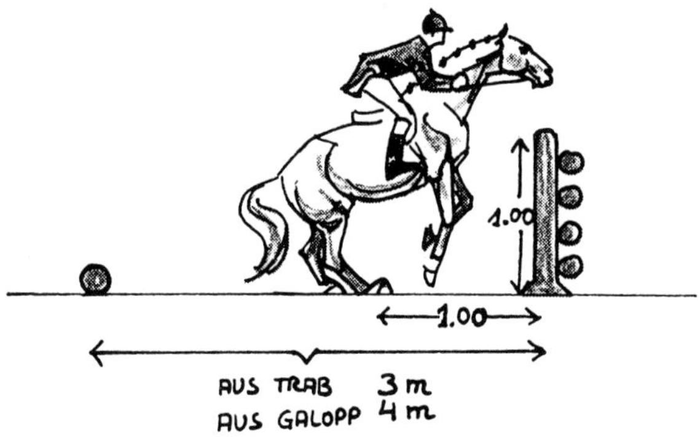

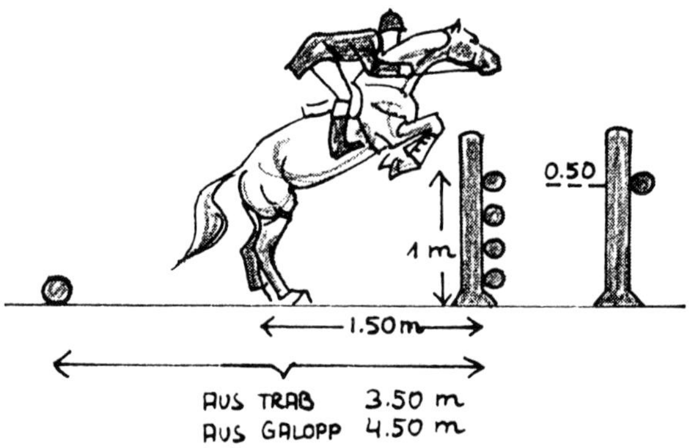

Bild 518. Mit einer Absprungstange erzieht man das zu früh abspringende Pferd.

man wieder die Hindernisreihe. Man macht jetzt die Abstände erst etwas weiter als normal, dem langen Galoppsprung des Pferdes angepaßt. Dann verkürzt man sie nach und nach, bis sie ausgesprochen kurz sind. Dadurch lernt das Pferd, sich so auszubalancieren, daß sein Galoppsprung normalisiert wird und es den korrekten Absprung selber findet. Gleichzeitig lernt es in einer gleichmäßigen Halbmondkurve zu springen, kann seinen Fehler also nicht mehr durch Verlängern des Schwebemoments ausgleichen.

Bei Einzelhindernissen reguliert man wieder mit einer Vorlegestange, nur wird sie jetzt weiter vor das Hindernis gelegt, so daß das Pferd erst über die Stange treten muß und erst dann abdrückt. So lernt es den korrekten Abstand zu finden.

Abstand der Stange bei einem Steilsprung von 1 Meter Höhe beim Anreiten

aus dem Trab	etwa 3 Meter
aus dem Galopp	etwa 4 Meter

Bei einem Oxer (Höhe 1 Meter, Breite 1 Meter) beim Anreiten

aus dem Trab	etwa 3,5 Meter
aus dem Galopp	etwa 4,5 Meter

c) Vorhandfehler

Wenn ein Pferd mit einem oder mit beiden Vorderbeinen Fehler macht, sollte man es über folgenden Aufbau schulen:

Die ersten vier Cavalettis liegen auf Trababstand, über dem ersten kleinen Hindernis fällt das Pferd in Galopp. Dann hat es einen Galoppsprung bis zum Oxer.

Je nachdem, von welcher Seite man anreitet, erreicht das Pferd den Oxer zuerst mit dem Vorderbein der betreffenden Seite. — Macht das Pferd also hauptsächlich mit dem linken Vorderbein Fehler, reitet man auf der linken Hand über die linke Reihe den Oxer an. Das Pferd erreicht den Oxer zuerst mit dem linken Vorderbein, das es besonders hoch anwinkeln muß, um den Oxer aus diesem Winkel heraus zu schaffen. Das gleiche gilt entsprechend für die andere Hand. Natürlich wird das Pferd erst einige Male die vordere Stange des Oxers abwerfen, aber da die Beine des Pferdes bandagiert sind, hat das erzieherischen Wert. Wenn das Pferd etwas geschmeidiger wird, ist es in der Lage, das jeweilige Vorderbein vermehrt anzuwinkeln.

Bei Pferden, die mit beiden Vorderbeinen Fehler machen, benutzt man diesen Aufbau gleichermaßen von beiden Seiten. Man reitet dann auf einer Acht über den Aufbau.

Wenn man nicht genügend Hindernismaterial zur Verfügung hat, kann man sich folgendermaßen helfen:

Man baut einen niederen Steilsprung, nicht höher als 0,50 m. Dann legt man zwei Absprungstangen gleichmäßig in V-Form vor dem Hindernis auf den Boden (Abstand siehe Bild 519).

Das wichtigste bei dieser Arbeit ist der gut geplante und hundertprozentig korrekte Anritt:

Das Hindernis wird im Trab angeritten, niemals im Galopp, und zwar immer genau aus dem Winkel heraus, wie auf Bild 519 ersichtlich, niemals auf der Geraden. Man reitet hauptsächlich auf der Seite an, auf der das Pferd Vorhandfehler macht. Ist es mit beiden Vorderbeinen nachlässig, reitet man auf einer Acht über das Hindernis.

Man achte darauf, daß das Pferd gerade und gegen die Mitte der Absprungstange geritten wird. Korrekt geritten müssen alle vier Hufe ihren Abdruck genau mitten zwischen der Mitte der Absprungstange und der Mitte des Hindernisses einprägen.

Bild 519.

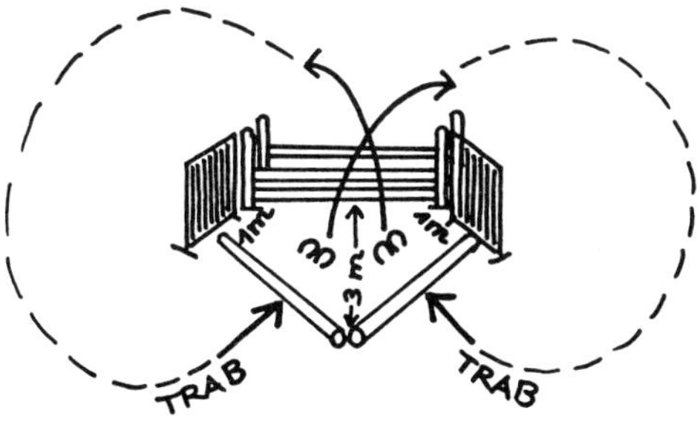

Nachdem man den Steilsprung ein paarmal gut gesprungen hat, wird das Hindernis zu einem Oxer erweitert. Jetzt wird es besonders wichtig, daß das Pferd beim Anreiten genau geführt wird, wenn nötig mit breiter Handhaltung. Der diagonale Anritt und Sprung ist an sich schon schwierig, und jedes Abweichen von der korrekten Diagonalen kann das Hindernis zu einem enorm breiten Oxer machen.

Je nach der Länge des natürlichen Trabtrittes des Pferdes überquert man die Absprungstange beim Anreiten des Oxers mehr zur V-Spitze hin, wo der Abstand zum Hindernis länger ist, oder mehr zur Seite des Hindernisses hin, wo der Abstand kürzer ist, als wenn man über die Mitte der Absprungstange reiten würde.

In der Flugphase des Sprungs, über dem Hindernis, veranlaßt man das Pferd dazu, in dem der nachfolgenden Wendung entsprechenden Galopp zu landen. Wenn man zum Beispiel auf der linken Hand angeritten ist, muß man über dem Hindernis die Hand wechseln und im Rechtsgalopp landen, da nach dem Landen auf der rechten Hand weitergaloppiert wird. Die Hilfen zum Handwechsel über dem Hindernis sind auf Seite 215 erklärt.

Nach und nach kann der Oxer etwas erweitert werden, aber er sollte in seinen Abmessungen je 1 m in der Höhe und Breite nicht überschreiten. Dadurch, daß der Oxer diagonal gesprungen wird, ist er wesentlich breiter und ein mächtiges Hindernis, da das Pferd ja auch aus dem Trab und damit aus der Hinterhand heraus abdrücken muß.

Dieser Aufbau eignet sich hervorragend nicht nur zum Korrigieren von Vorhandfehlern, sondern auch dazu, ein Pferd in den Rippen geschmeidig zu machen und die Hinterhand zu aktivieren.

Später kann man diesen Aufbau noch durch Hinzufügen zweier Einzelhindernisse erweitern (siehe Bild 521). Wenn man zum

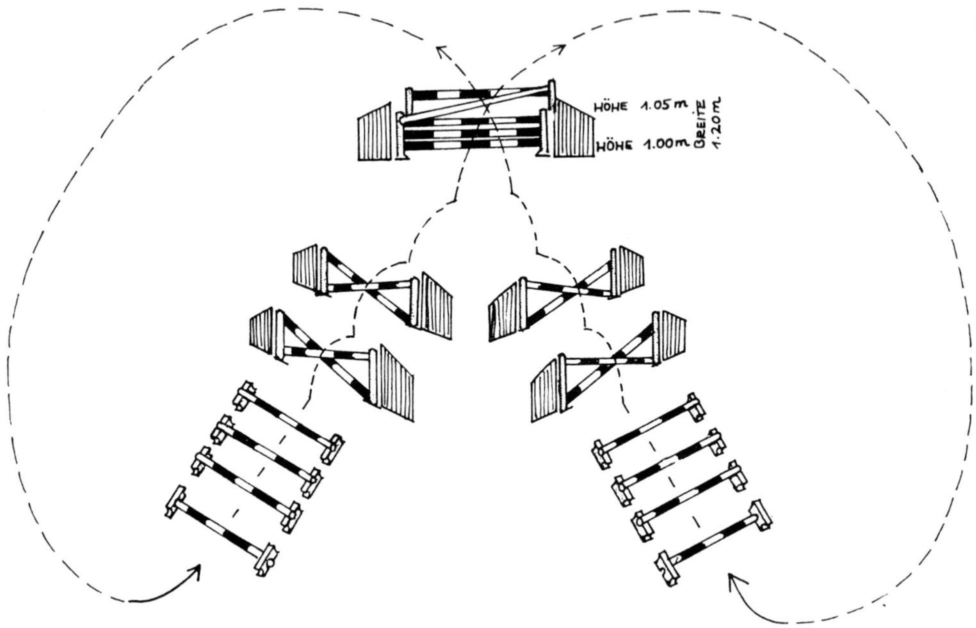

Bild 520. Auch bei diesem Aufbau läßt man von dem Oxer anfangs nur die Ständer stehen, dann baut man einen Steilsprung und erst am Ende den ganzen Oxer.

Beispiel nach dem Oxer im Linksgalopp gelandet ist und danach auf einer Linkswendung das Einzelhindernis anreitet, wechselt man über dem Einzelhindernis wieder die Hand, landet im Rechtsgalopp und reitet in einer Rechtswendung weiter (vice versa auf der anderen Hand).

Durch den fortwährenden Handwechsel über den Sprüngen von einer Wendung in die andere muß das Pferd sich der jeweiligen Wendung anpassen und wird dadurch lateral geschmeidig gemacht. Im Gegensatz zum Anreiten eines Hindernisses und nachfolgendem Landen auf einer Geraden, wo

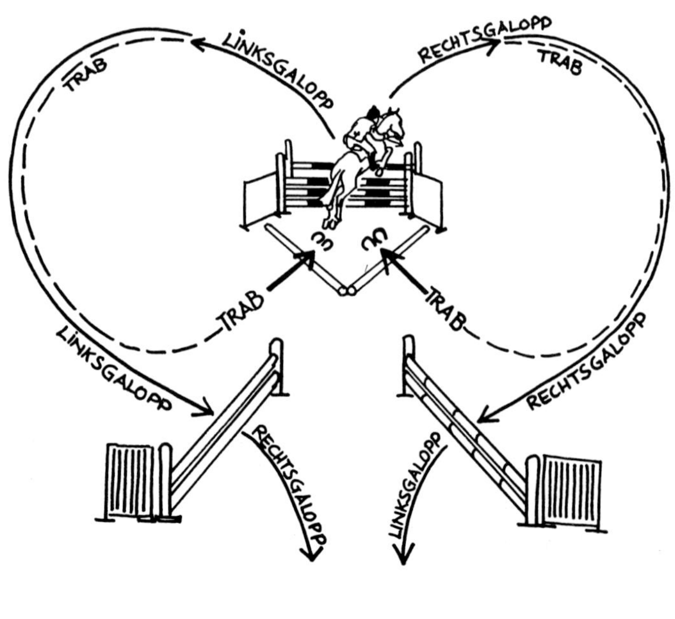

Bild 521.

das Pferd beide Hinterbeine gleichmäßig unterschieben kann, kann es beim Anreiten aus einer Wendung heraus nur das innere Hinterbein vermehrt unterbringen. Folglich kann es nur etwa die Hälfte seiner normalen Schubkraft entwickeln. Es besteht dadurch weniger die Möglichkeit, daß das Pferd beim Anreiten des Sprungs oder nach dem Landen eilig wird oder versucht wegzulaufen. Zugleich läuft es weniger Gefahr, auf die Vorhand zu kommen und wird deshalb die beiden zusätzlichen Hindernisse im Gleichgewicht angehen und somit leichter den Absprung finden. Aus dem Grunde sollten die beiden Einzelhindernisse auch Steilsprünge sein.

Besonders für ein nervöses und heftiges Pferd eignet sich dieser Aufbau. Außerdem schlage ich bei einem solchen Pferd vor, die hintere Stange des Oxers zwei Löcher niedriger zu legen als die oberste vordere Stange. Das Pferd wird die hintere Stange erst in der Flugphase über dem Oxer bemerken. Die Überraschung wird es in der Luft zögern lassen und außerdem zu vermehrter Bascule veranlassen. Korrekt ausgeführt wird diese Übung mit allen ihren Nebeneffekten, unterstützt durch beruhigendes Zureden des Reiters, das nervöse und eilende Pferd bald ruhiger machen.

Zu beachten: Diese Arbeit eignet sich nicht für sehr junge Pferde, da das schräge Anreiten für sie zu schwierig ist und das Abdrücken aus dem schrägen Anreiten heraus zu viel Kraftaufwand von der Hinterhand und besonders den Sprunggelenken erfordert. Rückenmuskulatur und Sprunggelenke würden überfordert und damit versteift.

d) Das Hindernis im Zickzack angehen

Manche Pferde gehen das Hindernis nicht in einer geraden Linie an, sondern gehen bei den letzten vier bis fünf Galoppsprüngen auf einer Zickzacklinie und suchen sich so ihren Absprung. Damit zeigen sie, daß sie zögern und unsicher sind und nicht genug vorwärts geritten werden. Meistens endet so ein Anreiten in einem Stehenbleiben oder seitlichem Hinauslaufen.

Zum Korrigieren dieses Fehlers sollte das Pferd viel mit Chambon longiert werden und gleichzeitig viel frei springen ohne Reiter. Dabei erweitert man nach und nach die Abstände zwischen den einzelnen Sprüngen, um den Galoppsprung des Pferdes beim Angehen des Sprunges zu verlängern und um es dazu zu erziehen, gerade durch die Reihe zu gehen. Wenn das Pferd anfangs wenig Selbstvertrauen hat, läßt man ein sicheres Pferd vorwegspringen.

Beim Reiten der Hindernisreihe ist es am besten, in den ersten Tagen alle Stangenhindernisse flach auf den Boden zu legen und im Schritt und Trab im leichten Sitz darüberzureiten. Dann baut man sie nach und nach auf, angefangen mit dem letzten Sprung der Reihe. Würde man mit dem ersten Hindernis anfangen, so sieht das scheue und ängstliche Pferd sich plötzlich einem fremden Hindernis gegenüber und wird verweigern. Nach ungefähr einer halben Stunde ruhiger und vorsichtiger Arbeit sollte das Pferd die ganze Reihe flüssig und mit Selbstvertrauen springen.

Um den Vorwärtsdrang eines solchen Pferdes etwas zu verbessern und um ihm etwas mehr Respekt vor den vorwärtsstrebenden Schenkelhilfen des Reiters einzuflößen, trainiert man es dreimal in der Woche auf der Zeitstrecke in einem Tempo, das 50 Meter pro Minute schneller ist als das dem Trainingsstandard des Pferdes entsprechende Tempo.

Bild 522 veranschaulicht eine andere Methode, ein scheues Pferd zu korrigieren, welches unsicher beim Absprung ist und deshalb verweigert oder im Zickzack an den Sprung herangeht:

Mit zusätzlichen Stangen baut man sich einen trichterförmigen Anritt, durch den das Pferd auf die Mitte des Hindernisses zu geführt wird. Zwei fünf Meter lange Stangen werden mit einem Ende auf die oberste vordere Stange des Hindernisses gelegt (0,60 m auseinander) und, eine V-Form bildet, mit dem anderen Ende auf den

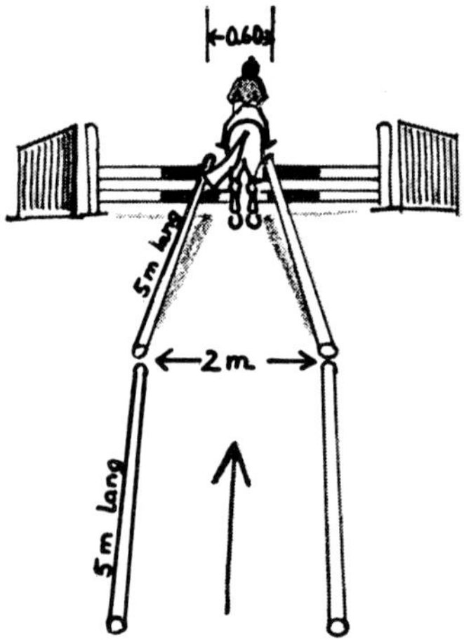

Bild 522.

Boden. Die V-Form wird noch verlängert durch zwei weitere Stangen, die auf dem Boden liegen. Diese vier Stangen bilden eine Passage, durch die das Pferd wie von einem Magneten auf die Mitte des Hindernisses „gezogen“ wird.

Beim Anreiten muß der Reiter das Pferd gut von hinten ans Gebiß herantreiben. Gleichzeitig sollen die letzten drei Galoppsprünge länger werden. Der Reiter zählt mit: Eins, zwei, drei, abdrücken.

Wenn der Reiter wirklich darauf achtet, daß die letzten drei Galoppsprünge länger werden, wobei er das Pferd gleichbleibend am Zügel hält, dann wird jedes Pferd durch diese Arbeit verbessert.

Das Hindernis sollte anfangs recht einfach sein. Nach und nach, wenn das Pferd mehr Vertrauen bekommt und Fortschritte macht, kann man es erhöhen.

e) Ein einseitig steifes Pferd

Wenn ein Pferd einseitig steif ist, hat es meistens auf der gleichen Seite auch ein steifes Sprunggelenk und ein hartes Maul. Deshalb nimmt das Pferd einem auch auf der betreffenden Seite die Hand. Meistens scheint die rechte Seite die steifere zu sein, da die meisten Reiter auf der rechten Seite stärkere Hilfen geben.

Um eine einseitige Steifheit zu beseitigen und das steife Sprunggelenk geschmeidig zu machen, aber auch als Vorbereitung für das Schrägspringen im Zeitspringen, macht man folgende Übung:

Wenn das Pferd auf der rechten Seite steif ist, baut man auf der rechten Hand an der Bande ein Cavaletti auf, und davor, im Winkel von 45 Grad, legt man eine Absprungstange. (Die Bande auf der linken Seite ist wichtig, damit man das Pferd nicht zum Hinauslaufen erzieht.)

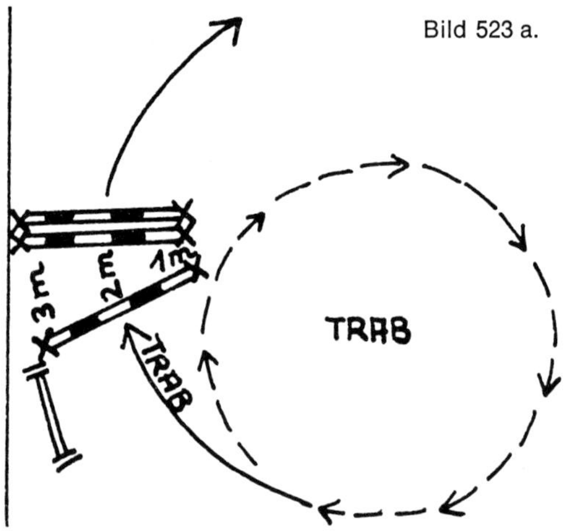

Bild 523 a.

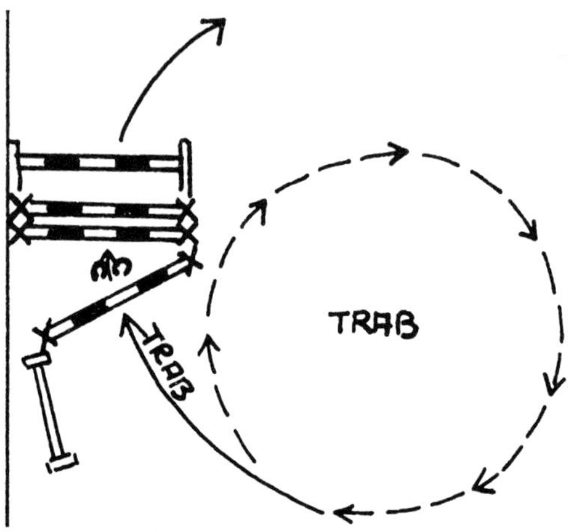

Bild 523 b. Wenn aus dem ersten Hindernis ein Oxer wird, zieht man das schräge Cavaletti entsprechend weiter vor, so daß die Hufabdrücke genau in der Mitte zwischen Cavaletti und Hindernis bleiben (bei dem ein Meter breiten Oxer etwa einen halben Meter vorziehen).

313 Man trabt auf einem Zirkel auf der rechten Hand in der Nähe, und wenn das Pferd völlig ruhig und losgelassen ist, trabt man über die Mitte der Stange und springt das Cavaletti.

Wenn das Pferd dies ruhig macht, stellt man ein zweites Cavaletti auf das erste, und wenn das Pferd auch das ruhig springt, stellt man dahinter eine Stange, so daß aus dem Hindernis ein kleiner Oxer wird. Dieser Oxer sollte nicht höher als 0,90 Meter und nicht breiter als 1 Meter sein.

Dadurch, daß das Ganze aus einem Zirkel heraus gesprungen wird, muß das Pferd das innere, rechte Hinterbein beim Absprung übertrieben unterschieben. Das ganze Pferd ist korrekt von Kopf bis Schweif rechts gebogen. (Sprungglocken sind wichtig, da das Pferd mit dem rechten Hinterbein sehr weit vorgreifen muß.)

Nachdem man diesen Oxer ein paarmal gesprungen hat, baut man an der Bande in 6,30 Meter Abstand einen Steilsprung auf, der nicht höher als 0,90 Meter sein soll.

Hat das Pferd auch dies einige Male zufriedenstellend gesprungen, baut man an der Bande hinter dem Steilsprung in 10,30 Meter Abstand einen Oxer und als nächstes ebenso auf der Geraden an der Bande in

Bild 525.

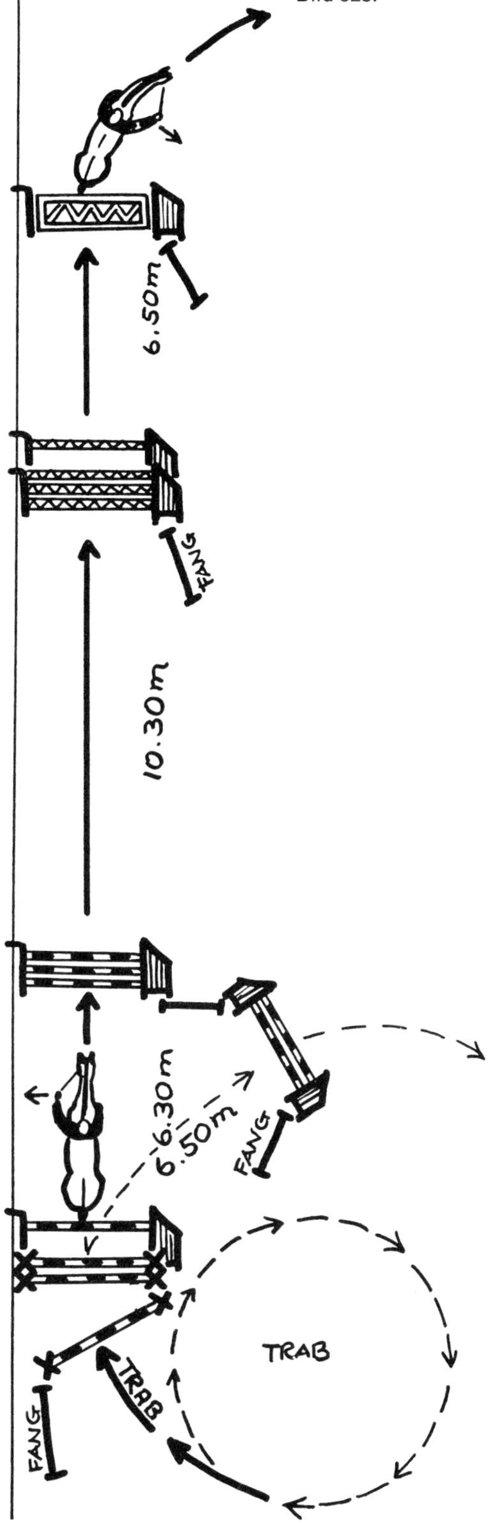

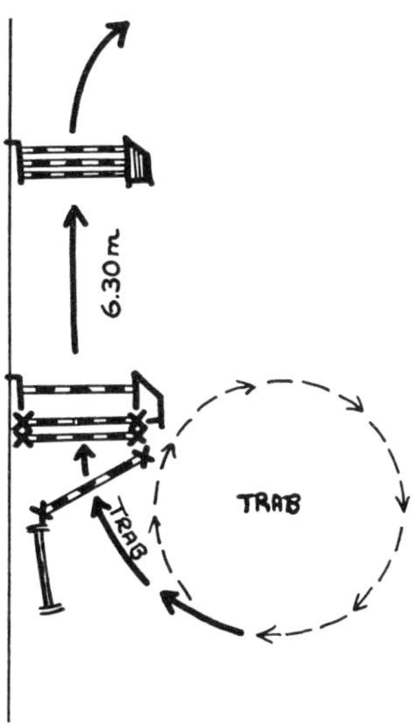

Bild 524.

6,50 Meter Abstand einen Steilsprung von 0,90 Meter Höhe.
Wie man auf der Zeichnung sehen kann, baut man dann auch einen Sprung mit Fängen auf dem Zirkel nach rechts auf, Abstand von der Mitte des ersten Oxers 6,50 Meter.
Man springt jetzt aus der Wendung abwechselnd die Gerade oder das auf dem Zirkel stehende Hindernis.
Da man über dem ersten kleinen Oxer abwechselnd entweder nach rechts abwendet oder geradeaus weiterreitet, muß man schon in der Luft über dem Sprung bestimmen, in welche Richtung man reiten will:

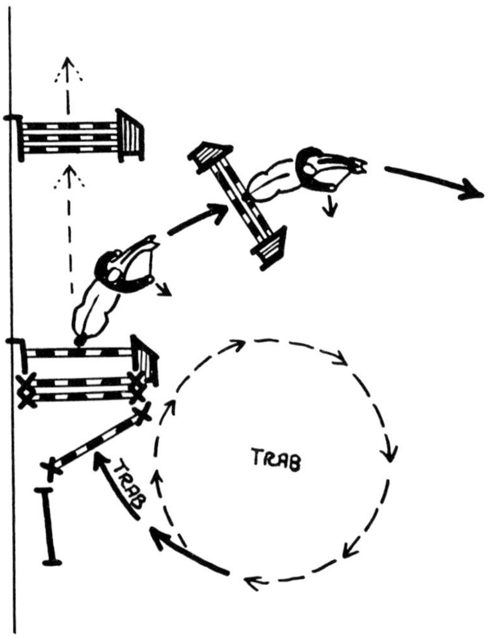

Bild 526.

Wenn man nach rechts abbiegen will, sieht der Reiter schon über dem Oxer nach rechts zu dem Steilsprung hin (Mitte anreiten). Die rechte Hand bringt er seitlich weg vom Hals und führt das Pferd so in die Wendung. Es belastet den rechten Bügel mehr, der rechte Schenkel treibt am Gurt, der linke treibt stark hinter dem Gurt, um das Pferd in die Wendung zu treiben, als Unterschied zu dem Geradeausreiten. Das Pferd wendet nicht nur nach rechts, sondern landet auch im Rechtsgalopp. (Die gleichen Hilfen gibt man übrigens über dem letzten Hindernis der Reihe.)
Wenn man, nachdem man einmal nach rechts abgewendet ist, das nächste Mal geradeaus reiten will, muß man über dem ersten Sprung klar anzeigen, daß es diesmal geradeaus und nicht wieder nach rechts gehen soll. Schon über dem ersten Sprung sieht der Reiter geradeaus auf das allerletzte Hindernis der Reihe (nicht nur auf das jeweils nächste). Die linke Hand geht seitwärts weg vom Hals nach links, der linke Bügel wird vermehrt belastet, der linke Schenkel treibt am Gurt, der rechte dagegen treibt vermehrt hinter dem Gurt. Alle diese Hilfen zeigen dem Pferd deutlich, daß es diesmal nicht wieder rechts abbiegen soll.
Ist das Pferd auf der anderen Hand steif, baut man alles auf der linken Hand an der Bande auf.
Leider machen zu viele Reiter einen Fehler: Wenn ihr Pferd hart im Maul ist, stellen sie nur diese Tatsache fest und nehmen meistens ein schärferes Gebiß. Man sollte sich jedoch immer erst darüber klarwerden, warum das Pferd hart im Maul ist. Oft ist eben ein einseitig steifes Sprunggelenk die Ursache.
Logischerweise muß das Pferd also erst auf der steifen Seite geschmeidig gemacht werden. Dazu benutzt man den hier aufgezeichneten Aufbau zusammen mit täglichem Longieren mit Chambon und Arbeit an der Hand. Nach einiger Zeit wird das Pferd dann so geschmeidig werden, daß jede Härte im Maul verschwinden wird.

f) Verweigern

Warum ein Pferd verweigert, scheint den meisten Reitern ein Rätsel zu sein. Immer wieder hört man die Klagen:
Warum hat es nur angefangen zu verweigern?

Früher hat es das nie getan, und jetzt wird es immer schlimmer.
Ich kann mich nicht mehr auf das Pferd verlassen.
Es steht immer an dem und dem Sprung.
Es springt kein Wasser.
Es ist nicht sicher in Kombinationen.
Es ist nicht sicher, wenn der Boden hart oder weich ist.
Nun, man könnte diese Aufzählung beliebig fortsetzen, denn man hört diese Beschwerden jeden Tag wieder.
Dabei kann man beobachten, wie manche Reiter ihre Pferde regelrecht zum Stehenbleiben erziehen; oft aus Unwissenheit, weil ihnen das Ganze ein Rätsel ist, weil sie nicht wissen, was sie falsch gemacht haben, warum das Pferd daraufhin verweigert und was sie tun könnten, damit es nicht wieder vorkommt.
Ich werde versuchen, dieses Rätsel hier zu lösen, damit sich die Reiter mehr Klarheit über dieses Problem verschaffen können und damit man nicht mehr so viele traurige Bilder von verweigernden Pferden sieht.

Die Sache mit dem Vertrauen

Das Wort VERTRAUEN kann man nicht groß genug schreiben, denn in ihm liegt das ganze Geheimnis. Fehlendes Vertrauen ist in den meisten Fällen der Hintergrund für ein Verweigern.
„Man kann ein Pferd zur Tränke führen, aber man kann es nicht zwingen zu trinken.“ – Man kann das Pferd nach bestem Wissen und Vermögen gegen ein Hindernis reiten, aber es ist sehr schwer, es zum Springen zu zwingen, wenn es einmal gelernt hat zu verweigern.
Ein ehrlich und gut geschultes Pferd hat Vertrauen in seinen Reiter und lernt Verweigern gar nicht erst kennen. Es springt willig und vertrauensvoll überallhin.
Verliert es dieses Vertrauen, so zeigt sich das im Springsport am deutlichsten von allen Sparten der Reiterei durch das Verweigern.
Einmal verlorenes Vertrauen wiederzugewinnen braucht Monate einfühlsamer Arbeit, und auch dann verschwindet das Mißtrauen manchmal nicht völlig.
Das Vertrauen, das jedes junge Pferd seinem Reiter anfangs entgegenbringt, muß also gehütet werden. Sollte ein junges Pferd einmal aus Versehen oder einfach aus Unerfahrenheit stehenbleiben, machen manche Reiter den schweren Fehler, daraus eine große Szene zu machen. Sie machen das Pferd nur unnötig auf die Tatsache des Stehenbleibens aufmerksam. Schlagen und Spornieren, wildes Herumreißen und so weiter sehen diese Reiter als Korrigieren an. Manche springen nach einem Verweigern ihr Pferd bis zur Bewußtlosigkeit und lassen sich womöglich von anderen Leuten über den Sprung „helfen“. Wie sehr durch solch laienhafte Behandlung das Vertrauen des Pferdes verlorengeht, kann man schon daran sehen, daß manche Pferde im Parcours verweigern, wenn die Aufbau-Helfer zu nahe an den Hindernissen stehen. In solchen Fällen kann man sehen, was das Pferd erlebt hat und wie wenig es den Menschen vertraut.
Heftige Pferde, die nach dem Landen davonstürmen und das nächste Hindernis verweigern, haben Angst. Man darf also keine Gewalt anwenden, da das noch mehr Angst hervorrufen würde.
Ein solches Pferd läßt man am besten keine Einzelhindernisse springen, sondern eine Reihe von Hindernissen ohne Zwischensprung. Dadurch kommt das Pferd ohne Gewalt auf die Hinterhand und wird langsamer, ohne daß man es im Maul anfassen muß. Nach der Reihe läßt man es einfach in eine Ecke laufen, anstatt gegenzuhalten.
Einzelhindernisse läßt man solch unkontrollierbare, heftige Pferde vom Stall weg springen, da wird jedes Pferd von sich aus langsamer; faule und desinteressierte Pferde, die deshalb stehenbleiben, läßt man in Richtung zum Stall springen. Nachdenken bei der Arbeit erspart unendlich viele Schwierigkeiten.
Deshalb benutzt man auch am Anfang

immer sehr hohe Fänge an beiden Seiten der Hindernisse. Dadurch, daß das Hindernis nun an den Seiten höher zu sein scheint, springt das Pferd gern und willig über das eigentliche Hindernis in der Mitte, da es der niedrigste Teil des gesamten Aufbaus ist.

Viele Pferde werden schon in sehr frühem Stadium zum Verweigern erzogen: Da kauft sich jemand ein junges Pferd und muß vorher oder hinterher unbedingt „ausprobieren", ob es auch springen kann oder wie hoch es kommt. „Ich habe ihn geschraubt", heißt es dann. — Nun, bei solchen Reitern liegt sowieso kein Verständnis für die Psyche des Pferdes vor, es wäre also verlorene Mühe, ihnen etwas über das Vertrauen zu erzählen. Hier fehlt zu viel grundlegendes Wissen über das Wesen der Springpferdeausbildung. Die Tatsache, daß solch ein ehrliches junges Pferd am Anfang noch zuspringt, wird sich ändern, sobald das „Schrauben" eine Höhe erreicht, die das Pferd zu dem Zeitpunkt überfordert. Dann bleibt es das erste Mal stehen, und es wird nicht das letzte Mal bleiben, da das grundsätzliche Vertrauen verlorengegangen ist.

Aber auch wenn man ein junges Pferd nicht derartig ausprobiert, kann man es auf Grund seiner Unerfahrenheit „erschrekken", indem man während des Trainings ein Hindernis plötzlich um zwei oder drei Löcher erhöht. Das Pferd bleibt nicht stehen, weil es die Höhe nicht schafft, sondern weil das Hindernis zu „plötzlich" erhöht wurde. Es sollten kleine, aber breite Hindernisse aus dem Trab gesprungen werden, die man jede Woche um ein Loch erhöht und mit denen man jedesmal wieder von vorne anfängt, also bei der niedrigsten Höhe. — Natürlich darf man auch dies nicht bis ins unendliche fortsetzen, sondern nur bis zu der Höhe, die dem Ausbildungsstand des jungen Pferdes angemessen ist.

Wenn ein junges Pferd trotz aller Vorsicht einmal stehenbleibt, darf man es nicht bestrafen, sondern man legt alle Stangen des Hindernisses auf den Boden und trabt

Bild 527. Mit Strohballen verkleidete Mauer.

Bild 528. Teilweise freigelegte Mauer.

darüber. Nach und nach baut man es langsam wieder auf, zusammen mit dem Vertrauen des Pferdes.

Ebenso kann man ein Pferd erschrecken und überfordern, wenn man verlangt, daß es ein völlig fremdes Hindernis springt, zum Beispiel eine Mauer. — Es ist richtiger, dem Pferd die Mauer erst einmal zu zeigen. Scheint das Pferd ängstlich zu sein, verkleidet man die Mauer mit Strohballen, die man dann nach und nach wegnimmt und so immer etwas mehr von der Mauer sichtbar werden läßt. So wächst das Pferd langsam in die Aufgabe hinein, verliert die Angst vor der Mauer, die es später genauso willig springen wird wie jedes einfache Stangenhindernis.

Ein intelligenter Trainer wird sein Pferd so ausbilden, daß es nicht nur gehorsam ist, sondern auch mitarbeitet: Wenn ein Pferd zum Beispiel zu Hause einen Fehler macht und ein Hindernis abwirft, soll man ihm nicht beim nächsten Mal durch Regulieren den Absprung passend machen, um das Hindernis dann fehlerfrei zu springen. Im Gegenteil, das Pferd soll von seinen eigenen Fehlern lernen und soll selber herausfinden, wann es abdrücken und wie hoch es springen muß, um das Hindernis nicht abzuwerfen. Zu Hause trainieren wir ja, die Nullfehlerritte heben wir uns lieber für das Turnier auf.

Abschließend kann zu dem Thema „Vertrauen“ gesagt werden, daß bei einem Pferd, das Vertrauen hat, und einem Reiter, der „mit Kopf“ reitet, kein Verweigern vorkommt.

Zu sehr gegengeritten:

Ein Verweigern kann noch andere Gründe haben, nämlich, daß man ein Hindernis einfach falsch angeritten hat. Ein Fehler ist zum Beispiel, beim Anreiten zu viel zu treiben, das Pferd quasi mit den treibenden Hilfen zu überfallen.
Ein solch übermäßiges Treiben bringt das Pferd aus dem Gleichgewicht. Es verlagert zu viel Gewicht auf die Vorhand und kann es zum Absprung nicht so schnell wieder nach hinten verlagern. Daher kann es die Hinterhand nicht unterschieben und wird entsprechend unsicher im Absprung. Es bleibt entweder stehen oder drückt durch den Sprung durch. Oder es drückt zu früh ab und landet dadurch mitten im Hindernis.
Dabei tut das Pferd sich natürlich weh, und es wird nicht besonders darauf bedacht sein, dieses schmerzhafte Erlebnis zu wiederholen. Deshalb bleibt es beim nächsten Mal lieber gleich stehen. (Deshalb soll man junge Pferde nie in Zeitspringen und Stechen nach Zeit reiten.)
Ein korrektes Anreiten, mit gleichmäßig vorwärtstreibenden Hilfen, im Rhythmus bleibend, ermöglicht dem Pferd, die Hinterhand zum Absprung unterzuschieben, den Rücken zu runden, mit tiefem Hals gegen das Hindernis zu gehen und sich seinen Absprung zu suchen.

Zügel weggeworfen:

Ein anderer Fehler, den man sehr oft sieht, ist der, daß der Reiter beim Anreiten oder beim Absprung die Zügel plötzlich wegwirft oder zu viel nachgibt. Auch das bringt das Pferd aus dem Gleichgewicht. Es verliert plötzlich den Kontakt mit der Reiterhand und bringt dadurch zuviel Gewicht auf die Vorhand; darum kann es die Hinterhand nicht zum Absprung unterschieben. Da nun keine Verbindung zwischen Reiterhand und Pferdemaul mehr besteht, kann das Pferd ungehindert seitlich ausbrechen oder stehenbleiben.
Wenn ein Pferd beim Anreiten zögert und trotz treibender Hilfen sein Tempo verlangsamt, ist der Reiter natürlich versucht, die Zügel nachzugeben. Dennoch ist das falsch. Solch ein Pferd muß erst einmal Respekt vor den Schenkelhilfen bekommen. Wenn der Reiter feststellt, daß das Pferd bei der täglichen Arbeit die Schenkelhilfen nicht sofort respektiert, muß er hin und wieder einmal kräftig mit den Sporen „durchkommen“. Dies sollte nicht zu oft geschehen, denn auch daran kann das Pferd sich gewöhnen, aber dafür so nachdrücklich, daß das Pferd danach die Schenkel auch ohne Sporen respektiert.
Nur wenn das Pferd den vorwärtstreibenden Schenkel respektiert, wird es beim Anreiten eines Hindernisses so gehorsam vorwärtsgehen, daß der Reiter die notwendige Anlehnung aufrechterhalten kann.
(Wenn ein Pferd den vorwärtstreibenden Schenkel nicht respektiert, ist es durch zu schwachen oder zu häufigen Sporengebrauch abgestumpft. Dieser Fehler muß als erstes behoben werden, denn solange ein Pferd den vorwärtstreibenden Schenkel nicht akzeptiert, braucht man es nicht über Hindernisse zu reiten.)

Tempo verlangsamt:

Auch dieser Fehler fordert ein Pferd zum Verweigern heraus: Anstatt den ganzen Parcours in gleichbleibendem Tempo zu reiten, machen manche Reiter den Fehler, zwischen den Hindernissen viel zu schnell zu reiten. Dadurch müssen sie große Wendungen machen und kommen nicht gerade an den nächsten Sprung heran. Dann verlangsamen sie das Tempo, sobald sie sich dem Absprung nähern. Besonders bei Oxern und Kombinationen führt das leicht zum Verweigern.

Zu weit links geritten:

Man kann auf Turnieren sehr oft beobachten, daß Reiter ein Verweigern verursachen, indem sie ein Hindernis nicht in der Mitte, sondern zu weit links anreiten. 99 Prozent aller Pferde brechen nach links aus, weil sie von Natur aus links geschmeidiger sind als rechts. Zudem machen die meisten Reiter den Fehler, das Pferd hauptsächlich auf der weicheren, linken Seite zu schulen. Ein so einseitig entwickeltes Pferd sollte man in der Mitte oder an der rechten Seite des Hindernisses anreiten. Mehr darüber in dem Abschnitt „Erneutes Anreiten".

Frisch beschlagen:

Diese Ursache eines Verweigerns ist den meisten Reitern unbekannt. Wenn das Pferd am Tag vor dem Turnier oder sogar am Turniertag selbst frisch beschlagen wird, fühlt es die neuen, noch unbequemen Eisen beim Landen, besonders auf hartem Boden.
Ich rate deshalb dazu, ein Pferd immer rechtzeitig genug beschlagen zu lassen, mindestens mehrere Tage vor dem Turnier, da es einige Tage braucht, um die neuen Eisen einzulaufen.

Gegen die Sonne springen:

Bei manchen Parcours läßt es sich leider nicht vermeiden, ein Hindernis so zu bauen, daß es gegen die Sonne gesprungen werden muß. Das läßt manches Pferd verweigern.
Deshalb sollte man das Pferd zu Hause darauf vorbereiten, indem man grell gestrichene Hindernisse hin und wieder gegen die Sonne springt. Dann ist das Pferd auf dem Turnier nicht mehr so überrascht, wenn es wirklich einmal gegen die Sonne springen muß.

Martingal:

Junge, unerfahrene Pferde tragen am Anfang der Saison meistens ihren Kopf hoch, da sie so viele fremde Dinge sehen und durch die ganze fremde Atmosphäre und die bunten Hindernisse abgelenkt werden. Das ist ganz natürlich, das Pferd würde dasselbe tun, wenn es auf der Weide ist und plötzlich etwas Fremdes sieht. Es wird von einem verständnisvollen Reiter deshalb einfach hingenommen, wenn ein junges Pferd plötzlich etwas sieht und deshalb den Kopf hochwirft.
Leider wird dies neugierige Umsehen von vielen Reitern mißverstanden. Sie versuchen mit einem Martingal oder mit Schlaufzügeln den Kopf des jungen Pferdes herunterzuziehen und sind sich nicht bewußt, daß sie einen schon verlorenen Kampf kämpfen. Da das junge Pferd entgegen seiner natürlichen Reaktion in eine gezwungene Haltung gepreßt wird, fühlt es sich mit Recht eingeengt, und seine Vorwärtsbewegung wird gehemmt. Die Folge ist bei der nächstbesten Gelegenheit ein Verweigern.
Bei jungen, unerfahrenen Pferden sollte man die etwas hohe Kopfhaltung einfach ignorieren. Wenn es sich dem Hindernis zum Absprung nähert, nimmt es den Kopf von allein etwas tiefer, da es sich seinen Absprung sucht. Mit der Zeit wird es sich an den ganzen Trubel gewöhnen und nicht mehr so viel herumgucken.

Ein nervöser Reiter:

Die nervliche Verfassung des Reiters überträgt sich auf das Pferd, und Reiter, die übereifrig oder überängstlich sind, beeinflussen die Natürlichkeit ihres Pferdes oft so, daß es schließlich verweigert.
Man kann oft beobachten, wie Reiter beim Abgehen des Parcours ein Hindernis schwierig oder unfair finden. Sie bilden sich ein, hier etwas ganz Besonderes tun zu müssen. Solche verleumdeten Hindernisse verursachen oft unnötig viele Verweigerungen.
Wenn zum Beispiel unter einem Oxer Sägemehl gestreut ist oder ein Wasserspiegel blinkt, glauben viele Reiter, daß das

das Pferd besonders ablenken müßte. — Sie werden dadurch bei diesem Sprung unsicher, und diese Unsicherheit überträgt sich sofort auf das Pferd.
Ich habe meinen Reitern bei einem solchen Hindernis oft den Rat gegeben, es einfach zu ignorieren — und siehe da, die Pferde sprangen es genauso wie jedes andere Hindernis.
Nervöse Reiter sollten sich mehr auf ihr Pferd verlassen und einen Parcours so ruhig reiten, als ob gar keine Hindernisse da wären. Die meisten Pferde denken dann gar nicht daran, stehenzubleiben.

Überarbeitung:

Gegen Ende jeder Turniersaison verweigern immer mehr Pferde, die die Saison sicher und in vollem Vertrauen begonnen haben. Die meisten Reiter sind von dem Auftreten des Verweigerns überrascht. Dabei hätten sie sich klarmachen sollen, daß sie ihrem Pferd einfach zu viel abverlangt haben. Sonntag für Sonntag springen zu müssen hat das Pferd „sauer" gemacht. Es ist steif und erschöpft und hat völlig das Interesse an der Sache verloren.
Wenn man jeden Sonntag mit dem Pferd startet, sollte man es nicht auch noch zu Hause während der Woche springen lassen, sondern viel lösende Übungen machen und das Pferd möglichst oft frei laufen lassen, damit es in natürlicher, freier Bewegung seine Muskeln lösen kann. Wenn es schon jeden Sonntag dasselbe tun muß, sollte man wenigstens zu Hause für Abwechslung sorgen, damit das Pferd die Freude an der Arbeit behält.

Erneutes Anreiten nach einem Verweigern:

Wodurch auch immer ein Verweigern entstanden sein mag, beim erneuten Anreiten darf man dem Pferd keine Chance mehr geben, den gleichen Fehler noch einmal zu machen.
Nach dem Verweigern die Peitsche zu gebrauchen ist sinnlos, da das Pferd ja schon verweigert hat.

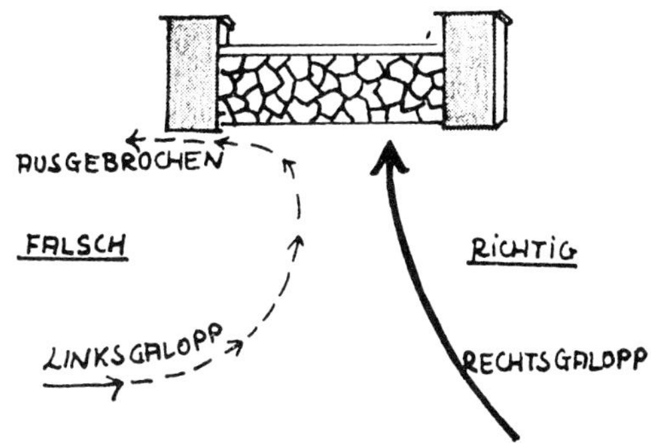

Bild 529. Erneutes Anreiten nach einem Verweigern.

Viele Reiter machen den Fehler, wenn ihr Pferd wie üblich nach links herausgelaufen ist, aus der Linkswendung im Linksgalopp wieder anzureiten. Das ist falsch und gibt dem Pferd die Möglichkeit, wieder nach links auszubrechen.
Richtig und wirksam ist es, aus einer Rechtswendung heraus im Rechtsgalopp die rechte Seite des Hindernisses anzureiten. Versucht das Pferd dann wieder nach links auszubrechen, ist es immer noch vor dem Hindernis und wird zuspringen. Diese einfache Technik ist leider viel zu wenig bekannt, so daß man immer wieder Reiter beobachten kann, die nach einem Verweigern ihr Pferd beim zweiten und dritten Mal genauso falsch gegen den Sprung bringen wie beim ersten Mal.
Das Tempo, in dem man nach dem Verweigern erneut anreitet, ist von großer Bedeutung. Manche Reiter reiten nach einem Verweigern in einem Tempo an, als ob sie das Grand National gewinnen wollten. Statt dessen soll in ruhigem Tempo von rechts erneut angeritten werden, das Pferd steht gut am Zügel, während der letzten Galoppsprünge treibt man vermehrt, ohne die Zügel hinzugeben. Dadurch bleibt dem Pferd keine andere Wahl, als diesmal gehorsam zu springen. Außerdem sollte man sicherheitshalber die Peitsche links tragen, falls das Pferd wieder versuchen sollte, nach links auszubrechen.
Nachdem wir uns überlegt haben, „warum"

ein Pferd stehenbleibt und wie man es verhindern kann, ist es sehr aufschlußreich, sich darüber klarzuwerden, „wie“ ein Pferd verweigert:

Seitliches Ausbrechen:

Am häufigsten ist beim Verweigern das seitliche Ausbrechen, und zwar fast immer nach links.
Das Pferd bricht dabei schon zwei oder drei Galoppsprünge vor dem Absprung seitwärts weg, ohne überhaupt zum Stehen zu kommen. Anschließend nimmt es dem Reiter meistens noch die Hand, da es aus Erfahrung weiß, daß es nun wahrscheinlich geschlagen oder sporniert wird. Das Pferd flüchtet also mehr, als daß es verweigert.
Wie man dies korrigiert, steht im Abschnitt „Erneutes Anreiten“.

Bild 531. Stoppen.

Bild 530. Seitliches Ausbrechen.

Stoppen:

Manche Pferde verweigern genau in dem Moment, in dem sie abspringen sollten. Sie drehen plötzlich Kopf und Hals nach links weg und kommen zum Stehen, wobei die rechte Körperseite zum Hindernis gedreht wird.
Bei solch einem Verweigern landet der Reiter meistens mitten im Hindernis ... oder auf der anderen Seite. Ein Pferd, das so verweigert, ist unsicher im Absprung und hat kein Vertrauen zum Reiter.
Am besten springt man mit dem Pferd zu Hause kleine Hindernisse, die man auf der rechten Hand aus einer Rechtswendung heraus anreitet. Vor das Hindernis legt man eine Absprungstange im Winkel von 45 Grad. (Siehe Kapitel „Einseitiges Geschmeidigmachen“). — Außerdem longiert man diese Pferde täglich eine halbe Stunde mit Chambon, hauptsächlich auf der rechten Hand, und läßt sie dreimal in der Woche freispringen (Hindernisse auf Normalabstand). Dadurch wird das Pferd gelöst, und sein Selbstvertrauen wird gestärkt, es lernt im Absprung sicherer zu werden und wird dabei vor allem nicht von einem Reiter gestört.

Bremsen:

Diese Art von Verweigern kann man sowohl bei jungen als auch bei älteren Pferden beobachten: Im Augenblick, da sie abspringen sollten, stemmen sie beide Vorderbeine bremsend in den Boden und drükken den Hals nach unten weg. Andere bremsen schon derartig während der letzten Galoppsprünge.
Bei jungen Pferden hat in diesem Fall der Reiter den Fehler gemacht, das Pferd zu schnell gegenzureiten, und hat es dadurch zu sehr auf die Vorhand gebracht.
Bei älteren Pferden trägt das Pferd durch falsches Gerittenwerden im allgemeinen zu

Bild 532. Bremsen.

Bild 533. Kopf hochwerfen.

viel Gewicht auf der Vorhand, also nicht nur beim Anreiten.
In beiden Fällen ist das Pferd vorne überlastet und kann für den Absprung nicht rechtzeitig genug sein Gewicht nach hinten verlagern. Ein so verrittenes Pferd wird im allgemeinen Vorhandfehler machen.
Zur Korrektur werden diese Pferde täglich eine halbe Stunde mit Chambon longiert und machen Arbeit an der Hand, um den Rücken elastischer zu machen. Dreimal in der Woche läßt man das Pferd außerdem freispringen, und zwar mit verkürzten Abständen, damit das Pferd lernt, seinen Schwerpunkt beim Absprung nach hinten zu verlagern.

Kopf hochwerfen:

Pferde, die ihren Kopf gewöhnlich hoch tragen, haben die Angewohnheit, beim Anreiten des Hindernisses — besonders in den letzten Galoppsprüngen — den Kopf extra hoch zu tragen. Sie können das Hindernis dann gar nicht richtig sehen und schon gar nicht den Absprung taxieren. Das endet dann gewöhnlich in einem Verweigern, und zwar sieht das folgendermaßen aus:
Durch die zu hohe Kopfhaltung verlagert das Pferd zu viel Gewicht auf die Hinterhand. Dadurch wird die Hinterhand heruntergezwungen, so daß die Hinterbeine weit untergreifen und zwischen die Vorderbeine rutschen oder manchmal sogar außen vorbeigreifen. Das Pferd sitzt mit den Sprunggelenken am Boden und rutscht beim Verweigern in dieser Sitzstellung eventuell durch das Hindernis.
Zur Korrektur wird wieder täglich eine halbe Stunde mit Chambon longiert, um dem Pferd eine tiefere Halsstellung zu geben und den Rücken aufzuwölben. Dreimal in der Woche Freispringen mit zwei vorne und hinten gleich hohen Oxern am Ende, um den Galoppsprung des Pferdes zu verlängern.
Wie man sieht, gibt es viele Gründe dafür, daß ein Pferd verweigert. Wenn ein Pferd nicht nur beim Springen scheut und leicht verweigert, sondern auch sonst vor allem möglichen Angst hat, sollte man seine Augen untersuchen lassen, denn es könnte sein, daß das Pferd einen Augenfehler hat.
Jedes Pferd kann mal aus Versehen stehenbleiben ... aber Verweigerer dürfte es nicht geben, denn sie sind immer zu Verweigerern gemacht worden. Kommt es aber doch zum Verweigern, kann man es wahrscheinlich schneller und besser auskurieren, wenn man weiß, warum das Pferd verweigert hat. Auf jeden Fall ist es unsportlich und unfair, daß immer nur dem Pferd die Schuld gegeben wird ... und nicht dem Reiter.

g) Steigen

Das Steigen entsteht meistens dadurch, daß das Pferd hinter dem Zügel geht und sich so den vorwärtstreibenden Hilfen entzieht.

Bild 534. Steigen.

Wenn das Pferd erst einmal gemerkt hat, wie hilflos der Reiter ist, wenn es sich hinter den Zügel verkriecht, wird es bald jede Möglichkeit ausnützen, nicht mehr gehorsam vorwärts zu gehen — besonders beim Einreiten in den Parcours oder beim Vorbeireiten am Ausgang.
Das Pferd wird versuchen über die Einzäunung zu springen und so den Parcours zu verlassen. Wenn es damit erst ein paarmal durchgekommen ist, stehen die Chancen für den Reiter sehr schlecht, denn es wird bald rückwärtskriechen und anfangen zu steigen.
Beim Steigen darf der Reiter nicht etwa hintenübersitzen und am Zügel ziehen, da er damit das Pferd aus dem Gleichgewicht und zu Fall bringen würde. — Der Reiter muß sich vornüberneigen und sich mit einem Arm um den Pferdehals festhalten. Die andere Hand bringt er so weit wie möglich seitwärts vom Hals weg und stellt das steigende Pferd so im Hals seitwärts-abwärts. Da der Hals die Balancierstange des Pferdes ist, wird es gezwungen, wieder auf seinen Vorderbeinen zu landen.
Sobald die Vorhand den Boden berührt, behält man die Halsstellung bei und treibt das Pferd stark mit beiden Schenkeln und mit der Peitsche vorwärts und reitet aus diesem kleinen Zirkel dann geradeaus vorwärts.
Wenn das Pferd nur gestiegen ist, weil es vor irgend etwas gescheut hat oder sich aufgeregt hat, oder wenn es einfach nur aus Unerfahrenheit steigt, dann reitet man einfach energisch vorwärts.
Im allgemeinen kann man sagen, daß das Korrigieren von verdorbenen Pferden eine langwierige und äußerst nervenraubende Angelegenheit ist. Meistens wird ja erst um Hilfe gebeten, wenn der Fall schon beinahe hoffnungslos ist. Es kostet unendliche Mühe, Geduld und Einfühlungsvermögen, und man braucht länger dazu, ein Pferd wieder in Ordnung zu bringen, als es gedauert hat, das Pferd „sauer“ zu machen. Manchmal kann man auch mit bestem Vermögen ein einmal verdorbenes Pferd nicht wieder so gut machen, wie es vorher war. Jeder Reiter kann Fehler machen — die schleichen sich immer wieder ein. Deshalb sollte man sich immer von Zeit zu Zeit von einem Fachmann korrigieren lassen.

h) Stolpern bei jungen und älteren Pferden

Das Pferd fängt gewöhnlich an zu stolpern, wenn man es zu reiten beginnt. Dann bringt das zusätzliche Reitergewicht das Pferd aus seinem angeborenen Gleichgewicht. (Siehe Kapitel „Gleichgewicht“.)
Man muß also unbedingt darauf achten, daß das junge Pferd beim Einreiten jede Möglichkeit hat, sich auszubalancieren, da das anfängliche Stolpern sonst zur Gewohnheit wird.
Der gleiche Prozeß wiederholt sich dann noch einmal, wenn man anfängt, das junge Pferd unter dem Reiter zu springen. Auch dann muß man darauf achten, daß das Pferd sich mit dem Reiter in Ruhe und ungestört ausbalancieren kann, da es sonst für eine Springausbildung verdorben ist.
Bei älteren Pferden kann Stolpern mehrere Gründe haben:

1. Schlecht beschlagene Hufe mit zu langen Zehen.
2. Zu harte und zu trockene Hufe.

3. Zu steile Fesselung.
4. Verrittensein (zu sehr auf der Vorhand).
5. Schwäche oder einfach Gehunlust.
6. Übermüdung.
7. Ein nervöser Reiter, der ständig zuviel am Zügel zieht, dadurch das Pferd in allen drei Gangarten auseinanderfallen läßt. Sobald der Reiter die Zügel nachgibt, vermißt das Pferd die gewohnte Unterstützung durch das Ziehen des Reiters und beginnt zu stolpern, da es nun mit einemmal auf seinen eigenen vier Beinen gehen muß.

Um das Stolpern bei älteren Pferden abzustellen, muß man sich zuerst darüber klarwerden, warum das Pferd stolpert. Ist das Pferd zum Beispiel auf die Vorhand geritten, muß man von vorne anfangen und das Pferd ausbalancieren. Es muß lernen, im Gleichgewicht zu gehen, und so geritten werden, daß es mehr Gewicht auf die Hinterhand bringt. Also muß die Rückenmuskulatur mit Longieren, Handarbeit und Freispringen gestärkt werden.

Die natürliche Reaktion auf ein Stolpern ist bei den meisten Reitern ein vermehrtes Annehmen der Zügel. Das ist Gift, wenn man verstanden hat, warum ein Pferd stolpert.

Fördern und Korrigieren des Reiters

Zu harte Hände

Die Hände müssen bei den meisten Reitern korrigiert werden. Harte Hände und grobe Zügelhilfen sind zu 90 Prozent die Folgen eines schlechten, unausbalancierten Sitzes.

Ein ausbalancierter, fester Sitz ist also die Grundlage für gutes Springreiten. Nur wenn der Reiter während des Sprunges völlig unabhängig im leichten Sitz sitzt, kann er das Pferd im Sprung weich am Zügel halten und – unabhängig vom Sitz – die Zügelhilfen geben.

Ohne perfekten Sitz ist der Reiter nicht nur zu hart mit der Hand, sondern fühlt sich auch unsicher, was sich automatisch auf das Pferd überträgt.

Man kann einen vorschriftsmäßigen Springsitz nicht von heute auf morgen erwerben, denn man muß erst die dazu nötige Muskulatur entwickeln. — Das kann man nur durch Reiten und durch Gymnastik (siehe Kapitel „Gymnastik“) und beim Springen ohne Zügel. (Siehe Bildfolge 399, Seite 220).

Springen ohne Zügel:

Auf einem erfahrenen älteren Pferd reitet der Reiter über die Hindernisreihe. Die Zügel werden verknotet und über den Hals gelegt, die Hände werden in die Hüften gestützt.

In diesem Sitz kann und muß der Reiter nun die Muskeln gebrauchen, die für den unabhängigen, leichten Sitz nötig sind. Um außerdem ein besseres Gefühl für den Schwung und Rhythmus der Kombinationen zu bekommen, sollte der Reiter dabei die Augen schließen. Viele, sogar routinierte Reiter haben hierbei Schwierigkeiten, was beweist, daß sie noch keinen wirklich unabhängigen Springsitz haben.

Außerdem ist dieses „freihändige“ Reiten der Hindernisreihe besonders für die Reiter lehrreich, die glauben, dem Pferd bei jedem Sprung den Absprung diktieren zu müssen. – Sie merken, daß ihr Pferd – wenn sie es noch nicht zu lange bevormundet haben – sehr gut in der Lage ist, ohne Hilfe abzuspringen.

Reiter, die die Zügel wegwerfen

Durch das Springen der Hindernisreihen korrigiert man auch die Reiter, die den Fehler machen, beim Sprung plötzlich die Zügel wegzuwerfen und sie dann beim oder nach dem Landen ebenso plötzlich wieder aufnehmen. Sie verlieren den nötigen Kontakt mit dem Pferdemaul, besonders in Kombinationen, und bringen das Pferd völlig aus dem Gleichgewicht. Das Pferd verlagert sein Gewicht auf die Vorhand, wodurch es schneller wird, um unter seinem Schwerpunkt zu bleiben. Wenn das zwischen den Sprüngen passiert, kann das Pferd bis zum nächsten Hindernis nicht so schnell sein Gleichgewicht wiederfinden. Resultat: Verweigern oder Fehlermachen.

Die stete Anlehnung (je nach Pferdetyp mehr oder weniger) muß immer erhalten bleiben, sei es im Parcours, beim Trainingsspringen, in der Hindernisreihe oder beim Traben über Cavalettis und Stangen.

Die Hände dürfen nicht festgestellt werden, also nicht auf den Mähnenkamm aufgesetzt werden, das wäre falsch verstandene „Anlehnung". Die Hände sollen seitlich neben dem Pferdehals getragen werden, ohne auch nur angelehnt zu werden. — Das scheint am Anfang schwierig zu sein, ist aber für einen unabhängigen Springsitz unbedingt nötig.

Im Sprung „fühlt" der Reiter sich mit dem Pferdemaul vorwärts-abwärts und beugt den Oberkörper dabei vor. Der Reiter muß das Gefühl dafür entwickeln, während des Anreitens, während der einzelnen Sprungphasen und während des Weiterreitens immer gleich viel Gewicht in der Hand zu haben. Das lernt der Reiter am besten in der Hindernisreihe, weil da die Hindernisse so dicht aufeinanderfolgen.

Ich habe manchen Schülern, die im Parcours immer die Zügel verloren, einen kleinen Ast mit in die Hand gegeben, den sie mir nach dem Parcours wieder vorzeigen mußten. Sie lernten dadurch die Faust geschlossen zu halten.

Den meisten Frauen und Kindern fällt die gefühlvolle Anlehnung leicht, weil sie einfach nicht die Kraft haben, an einem Pferd herumzuziehen. Besonders Kinder und Jugendliche reiten meistens einfach forsch darauflos, ohne die Sache unnötig kompliziert zu machen, wie viele Erwachsene. Man kann oft Ponys beobachten, die sich aus scheinbar unmöglichen Situationen behende retten können, weil sie nicht gestört werden. In der gleichen Situation hätten viele Reiter mehr gegengehalten, sich mehr hingesetzt oder sonst etwas „mehr" getan und das Pferd daran gehindert, sich aus der Affäre ziehen zu können.

Ungehorsam

Bei der Erziehung und dem Training eines Pferdes hat man es mit einem Lebewesen zu tun. Deshalb wird es dabei immer gute und schlechte Tage geben. Früher oder später wird das Pferd aus irgendeinem Grunde einmal ungehorsam werden. Das kann viele Gründe haben:

Wie ich schon erwähnte, haben Pferde ein kleines Gehirn. Das Pferd kann irgend etwas nicht verstanden haben. Wenn der Ausbilder dann nicht genügend Verständnis für die Psyche des Pferdes und nicht genügend Geduld hat und nicht merkt, daß der scheinbare Ungehorsam des Pferdes nur ein Mißverständnis ist — dann kann daraus leicht ein wirklicher Ungehorsam werden.

Das Pferd kann sich an dem betreffenden Tag einfach nicht wohlfühlen, oder es kann Muskelkater haben, weil es am Tag vorher zuviel gearbeitet hat. (Das sollte sowieso nicht vorkommen. Ein schweißnasses Pferd ist immer ein Armutszeugnis für den Ausbilder, gleichgültig, ob das Pferd aus Überforderung oder aus Nervosität schwitzt.)

Das Pferd kann auch gelangweilt sein, weil ein unerfahrener Trainer dieselben Dinge zu oft wiederholt.

Eine andere Ursache kann in der nervlichen Veranlagung des Pferdes liegen. Hochempfindsame und leicht erregbare Pferde brauchen einen besonders geduldigen und freundlichen Trainer. Wenn der Ausbilder diese Qualitäten nicht hat, wird ein überempfindliches Pferd zu einem nervösen Wrack und gleichzeitig ungehorsam.

Die Pferdeausbildung ist eine Aufgabe für Spezialisten. Es ist unbedingt erforderlich, daß der Ausbilder das Pferd so behandelt, daß es zur Zusammenarbeit gewillt ist. Ist es das nicht, tritt Ungehorsam auf, der Zeit und Geld kostet. — Deshalb ist es im Interesse von Pferd und Reiter, daß kein Machtkampf entsteht. Man sollte sich erst einmal fragen, ob die Schuld nicht doch vielleicht bei einem selbst liegt.

Es ist nämlich wahrscheinlich, daß man

etwas falsch gemacht oder übereilt oder nicht oft genug wiederholt hat. Durch Wiederholen prägt man dem Pferd eine Aufgabe ein, da es zwar wenig Intelligenz, aber ein ausgezeichnetes Erinnerungsvermögen hat. Das gute Gedächtnis wirkt sich aber auch nachteilig aus, wenn man irgendeinen Fehler macht, da das Pferd sich auch daran lange erinnern wird.

Mit Geduld und Erfahrung kann man das Gedächtnis eines Pferdes so weit fördern, daß es zu einem aufgeschlossenen, schnell begreifenden und lernwilligen Tier wird. Das Pferd ist der Spiegel des Trainers. Dumme Trainer haben dumme Pferde, ungeduldige Trainer haben hitzige und nervöse Pferde. Das ist eine alte Weisheit. Ein englisches Sprichwort sagt: „Laß mich dein Pferd reiten und ich werde dir sagen, wer du bist." Das sollte man sich ins Gedächtnis zurückrufen, ehe man ein Pferd wegen eines Ungehorsams bestraft.

Strafe

Dennoch weiß selbst der begabteste Ausbilder, daß es Augenblicke gibt, in denen man ein Pferd strafen muß, nicht nur während der Ausbildung, sondern auch während seiner ganzen Laufbahn.

Doch bevor man ein Pferd bestraft, muß man wissen, wie man es wirkungsvoll bestraft. Auf Grund seiner begrenzten Intelligenz ist das Pferd nicht in der Lage, vorhergegangenen Ungehorsam mit später folgender Strafe zu verbinden. Wenn ein Pferd Strafe verdient, muß diese unmittelbar auf die Tat folgen, am besten noch gleichzeitig. Es wäre ein Verbrechen, ein Pferd zehn Minuten später dafür zu bestrafen, daß es nach jemandem geschlagen hat.

Auf Grund ihres guten Gedächtnisses erinnern sich Pferde sehr lange an solche Ungerechtigkeiten, sie verlieren dadurch das Vertrauen in den Menschen. Fast alle sogenannten „Verbrecher" sind durch falsches Strafen dazu gemacht worden. Schlechte Pferdemanieren sind immer anerzogen, und selbst wenn man ein Pferd strafen muß und auch wenn man das korrekt tut, sollte man ein schlechtes Gewissen dabei haben, denn eigentlich müßte die Strafe ja der bekommen, der das Pferd so schlecht erzogen hat.

Vierter Teil

Drittes Jahr der Ausbildung

10 Die zweite Turniersaison

Vorbereitung:

Im Januar des dritten Jahres beginnt man wieder langsam mit dem Springtraining für die kommende Saison. In diesem Monat läßt man das Pferd dreimal in der Woche freispringen (über die Hindernisreihe). Das macht das Pferd nach der wohlverdienten Winterruhe wieder geschmeidig und selbstsicher. Es darf sich beim Freispringen selber seinen Absprung suchen und sich ohne das Reitergewicht ausbalancieren. Im Februar läßt man es immer noch die Hindernisreihe springen, aber unter dem Reiter. Man galoppiert nach der Reihe weiter und springt kleinere Einzelhindernisse.

Im März muß man schon etwas mehr tun, um das Pferd kräftiger und gewandter für die erhöhten Anforderungen der kommenden Saison zu machen. Mit den erhöhten Anforderungen sind nicht nur höhere Hindernisse gemeint, sondern vor allem das schnellere Tempo, in dem diese etwas schwereren Springen geritten werden. Im ersten Turnierjahr wurde das Pferd nur im Tempo von 300 Meter pro Minute geritten und trainiert. Während der zweiten Turniersaison wird das Pferd — wenn es sich qualifiziert hat — doch schon mehr oder weniger im Tempo von 350 Meter pro Minute springen müssen. Selbst wenn das nur hin und wieder in Stechen vorkommen sollte, ist es jetzt an der Zeit, das Pferd in diesem Tempo zu trainieren.

Dieses schnellere Tempo ist übrigens oft der Grund dafür, daß ein Pferd, welches in der ersten Turniersaison vielversprechend ging, jetzt bei dem schnelleren Tempo mit einemmal versagt. Wenn seine Muskulatur nicht auf dieses Tempo vorbereitet worden ist, kommt das Pferd aus dem Gleichgewicht, wird zu flach und kommt auf die Vorhand. Deshalb trainieren wir jetzt im März schon in der Zeitstrecke (abhängig von Wetter- und Bodenverhältnissen), unter anderem das Tempo von 350 Meter pro Minute. Man springt später in der Zeitstrecke auch einen kleineren Steilsprung, einen Oxer und eine Kombination, damit das Pferd sich nicht nur an das schnellere Tempo gewöhnt, sondern auch daran, aus diesem neuen Tempo heraus zu springen.

Zu den Vorbereitungen, die wir in diesen ersten drei Monaten des neuen Jahres treffen, gehört auch, daß man Ende März schon einmal auf einem fremden Platz fremde Hindernisse springt.

Wenn die Möglichkeit besteht, sollte man, bevor man die Außensaison beginnt, ein paarmal in der Halle in kleineren Parcours starten. Durch den beschränkten Raum und die vielen Wendungen wird das Pferd wendig und gehorsam.

Die zweite Turniersaison

Da das Pferd in der zweiten Turniersaison sehr wahrscheinlich öfter gestartet wird als

in der ersten, sollte man zwischen den Turnieren zu Hause so wenig wie möglich springen.
Wie im ersten Turnierjahr übt man lediglich die Hindernisse, die dem Pferd schwierig erscheinen, und zwar beim Freispringen in der Hindernisreihe.
Es ist viel wichtiger, daß das Pferd zwischen den einzelnen Turnieren systematisch in der fortgeschrittenen Spring-Dressur geschult wird. Nur so kann sein Gehorsam erhöht und die Hilfengebung verfeinert werden. (Siehe Kapitel „Spring-Dressur, zweiter Teil".)
Um das Pferd zwischen den Turnieren fit zu halten, trainiert man weiterhin in der Zeitstrecke und in hügeligem Gelände und reitet ab und zu ein wenig Schritt auf der Straße.
Nach einem Turniertag, der meistens auch noch eine lange Reise im Anhänger bedeutet, gibt man dem Pferd einen Ruhetag, an dem es bei schönem Wetter eine Stunde auf die Weide gehen darf oder eine halbe Stunde in der Halle longiert wird. Es ist nicht vorteilhaft, das Pferd an diesem Ruhetag nur im Stall stehen zu lassen, das bekommt seiner Gesundheit nicht, die Beine können anschwellen, die Muskeln werden steif, das Pferd verliert den Appetit und kann Kolik bekommen. Auch für das Gemüt des Pferdes ist eine lange Pause im Stall schädlich.
Leider haben viele Trainer und Reiter die falsche Auffassung, daß ein Pferd, wenn es in schweren Springprüfungen gestartet wird, auch zu Hause über höhere Hindernisse gesprungen werden muß. Nichts kann dem Pferd mehr schaden als zu häufiges und zu hohes Springen zwischen den Turnieren.
Nur wenn in der zweiten Hälfte dieser zweiten Turniersaison mal eine längere Pause zwischen zwei Turnieren eintreten sollte, kann man zu Hause einmal (nicht zu oft) ein etwas fortgeschritteneres Training einlegen. Und zwar am Anfang nur beim Freispringen, um dem Pferd erst das nötige Selbstvertrauen zu geben.

Ein Test:

In der aus Fängen gebauten Gasse der Hindernisreihe baut man nur einen Steilsprung von etwa 1 Meter Höhe auf und läßt ihn zweimal springen.
Dann erhöht man ihn auf 1,20 Meter, und nachdem auch dies zwei- bis dreimal in gutem Stil sicher gesprungen worden ist,

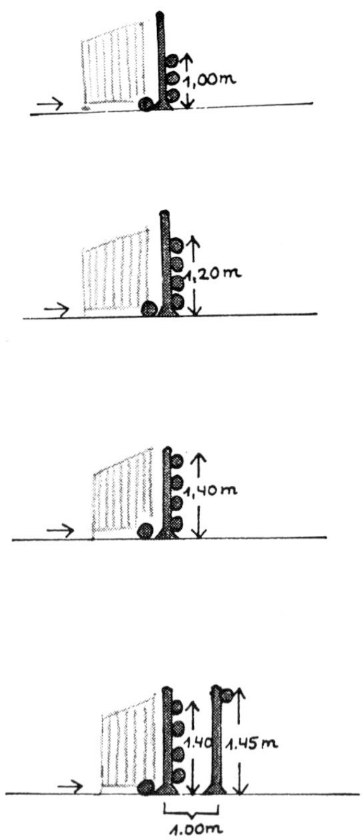

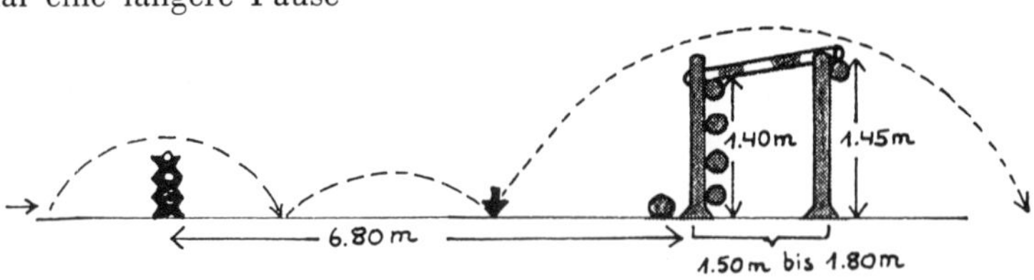

Bild 535.

erhöht man das Hindernis auf 1,30 bis 1,40 Meter und läßt auch dies ein- oder zweimal springen.
Dann baut man in etwa 1 Meter Abstand dahinter eine Stange, die 0,05 Meter höher liegen soll als der Steilsprung.
Wenn das Pferd hiermit keine Schwierigkeiten hat, kann man den Oxer nach und nach erweitern (mit diagonal darübergelegter Stange), so daß man nach zweimaligem Springen auf 1,50 Meter bis 1,80 Meter gekommen ist.
Sollte das Pferd Schwierigkeiten mit dem Absprung bekommen, wenn das Hindernis höher und breiter wird, baut man davor ein kleines Absprunghindernis, je nach Höhe und Breite des Oxers in einem Abstand von 6,50 Meter bis 6,80 Meter. Dieses Hindernis baut man nicht höher als 0,90 Meter, am handlichsten aus drei Cavalettis.
Durch dieses Taxierhindernis paßt der Absprung für das große Hindernis. Wichtig ist, daß das Pferd immer in einem losgelassenen, ruhigen Arbeitsgalopp dagegen kommt, nicht zu schnell und auch nicht zu schwunglos, am besten in einem Tempo von 300 Meter pro Minute.
Wenn das Pferd beide Hindernisse einmal gut gesprungen hat, kann man den ersten kleinen Sprung wieder wegnehmen und das Pferd noch einmal nur das große Hindernis springen lassen. Wenn dieser Sprung gut ist, hört man sofort auf – jedes „Mehr" ist schädlich.
Wenn das Pferd in irgendeinem Stadium dieses Testes Schwierigkeiten haben sollte, entweder mit der Höhe oder mit der Breite oder mit beidem, macht man das Hindernis sofort wieder niedriger und enger und gibt sich auch im Endeffekt mit weniger zufrieden. Solche Schwierigkeiten beweisen, daß das Pferd eben noch nicht soweit ist, wie man gedacht hatte.
Solch ein Test beim Freispringen sollte auf keinen Fall in der ersten Hälfte der zweiten Turniersaison gemacht werden, sondern nur gegen Ende der Saison — das kann man nicht oft genug sagen, da viele Reiter ungeduldig sind und gerne recht bald wissen möchten, ob das Pferd springen kann.
Durch diesen Test bekommt nicht nur das Pferd Selbstvertrauen, sondern der Reiter auch den Beweis, daß sein Pferd wirklich springen kann. Daß es die Begabung und Kraft hat, ein mächtiges Hindernis zu springen. Beim Freispringen läßt sich das am besten sehen, da das Pferd dann nicht von einem Reiter gestört oder unterstützt wird.
Das Pferd muß jedoch nicht nur „rüberkommen", sondern auch leicht und ohne Anstrengung springen. Nach einer Woche wiederholt man das ganze, wieder beim Freispringen und wieder ganz von vorne anfangend.
Nach zwei Monaten, in denen man diesen Test mit großen Zwischenräumen etwa drei- bis viermal (nicht mehr) ohne Reiter gemacht hat, läßt man dasselbe nun unter dem Reiter springen, indem man natürlich mit dem Aufbau auch wieder ganz von vorne anfängt.
Das Pferd hat jetzt Übung und Selbstvertrauen beim Springen des großen Hindernisses (natürlich nur, wenn der Trainer keinen Fehler gemacht hat). Der Reiter braucht jetzt nur noch darauf zu achten, daß er im richtigen Tempo anreitet, deshalb sollte man den Sprung unter dem Reiter am besten in der Zeitstrecke springen lassen.
Hin und wieder einen breiten Oxer, einen hohen Steilsprung oder eine große Kombination zu springen kann dem Pferd in diesem Trainingsstadium nicht mehr schaden — wenn es richtig gemacht wird — und gibt Pferd und Reiter Vertrauen zueinander.

Spezialisieren:

Gleichzeitig ist solch ein Test sehr aufschlußreich für den Ausbilder, der sich ja nun am Ende der zweiten Turniersaison darüber klarwerden sollte, für welchen Typ von Springprüfung er sein Pferd am geeignetsten hält. Danach muß er die weitere Laufbahn des Pferdes aufbauen.

Wenn es sich bei dem Pferd nicht um eine Ausnahme handelt, sollte man nicht erwarten, daß das Pferd in allen Typen von Springprüfungen gleichmäßig erfolgreich sein kann. — Dagegen muß man von einem guten Springreiter verlangen können, daß er alles reiten kann, von Zeitspringen bis zu Mächtigkeitsspringen.
Wenn das Pferd im Verlauf der zweiten Turniersaison so viel Veranlagung gezeigt hat, daß es das Vermögen eines Mächtigkeits-Pferdes zu haben scheint, dann sollte man es nicht in Zeitspringen starten. Um in Zeitspringen erfolgreich zu sein, muß das Pferd wie ein Steeplechaser sehr früh abdrücken und entsprechend weit hinter dem Sprung landen. Das kann sich natürlich bei einem Mächtigkeitsspringen fatal auswirken.
Leider werden viele Pferde zu früh spezialisiert. Wenn man schon nach der ersten Turniersaison eine Entscheidung fällt, kann man sich nur zu leicht täuschen. Es gibt Pferde, die in der ersten Saison so gehen, daß man glaubt, ein Wunderpferd zu haben, die dann aber in der nächsten Saison schlecht bis hoffnungslos gehen. Meistens sind diese vielversprechenden jungen Pferde gleich am Anfang überfordert und „sauer" geworden. Wenn solch ein Pferd einmal sein Interesse verloren hat, ist es sehr schwer und oft unmöglich, es wieder so gut gehen zu lassen wie in der ersten, unverdorbenen Saison.
Es gibt aber auch bekannte Beispiele, bei denen es sich genau andersherum entwickelte. Pferde, die im ersten Turnierjahr nicht besonders vielversprechend sprangen und dann nach systematischer und gekonnter Schulung so groß herauskamen, daß sie alle anderen Pferde überflügelten und über Jahre hinaus zuverlässig und sicher sprangen. Es richtet sich eben zum größten Teil danach, was aus einem Pferd gemacht wird. Dafür ist der Trainer oder der Reiter-Trainer verantwortlich. Er ist der Meister, der das Instrument spielt. Ob er das versteht, zeigt sich unfehlbar an dem Produkt seiner Arbeit. Obwohl ein Pferd in seiner Ausbildung lernen muß, das zu tun, was der Ausbilder verlangt — denn Disziplin muß sein —, ist es doch ebenso wichtig, daß eine gewisse freundschaftliche Verbindung zwischen Pferd und Reiter besteht. Das Pferd muß nicht nur seine Pflicht tun, sondern muß mit dem Trainer zusammenarbeiten „wollen". Nur ein Pferd, das „will", ist in einer schwierigen Situation zuverlässig. Diesen Willen zur Mitarbeit in dem Pferd zu wecken ist die Kunst eines begabten Ausbilders.

Training für Zeitspringen

Im Training für Zeitspringen muß das Pferd lernen, Hindernisse schräg zu springen und dabei in erhöhtem Tempo doch den richtigen Absprung zu finden. Der Reiter muß lernen, in die Richtung zu sehen, in die er nach dem Sprung wenden will, und das Pferd schon über dem Sprung in die neue Richtung zu führen.
Das Schrägspringen übt man folgendermaßen:
Man reitet auf beiden Diagonalen und wendet jeweils nach der anderen Seite, reitet also quasi auf einer großen Acht.
Man reitet im Trab an und über die vier Cavalettis, von denen das erste flach am Boden liegt, die anderen drei stehen aufrecht, Abstand etwa 1,35 Meter.
Dahinter steht auf 2,50 Meter Abstand ein kleiner Sprung aus gekreuzten Stangen, über dem das Pferd von sich aus in Galopp fällt. Auf 3 Meter Abstand steht noch ein kleiner Sprung aus gekreuzten Stangen und dahinter auf 6,60 Meter (bis zur Mitte des Oxers) ein niedriger, aber breiter Oxer. — Anfangs stehen allerdings nur die Fänge da, dann baut man den vorderen Teil des Oxers nach und nach auf, so daß es ein Steilsprung ist. Erst dann macht man einen Oxer daraus.
Das Pferd darf nicht reguliert werden, es muß sich allein seinen Absprung suchen. Die Abstände sind alle kürzer als im Turnier, da wir aus dem Trab anreiten und deshalb der Galopp zwischen den

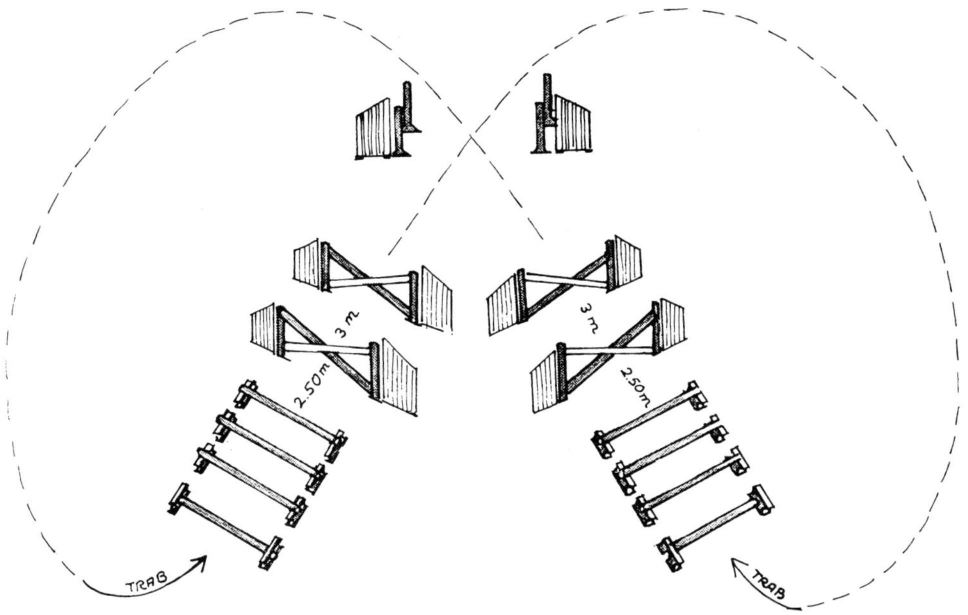

Bild 536.

Sprüngen dieser Reihe nur ein Tempo von 250 Meter pro Minute haben kann. In normalen kleinen Springen auf dem Turnier beträgt das Tempo 300 Meter pro Minute, wodurch der Galoppsprung natürlich entsprechend länger ist.

Dann nimmt man die vier Cavalettis weg und springt die drei Hindernisse weiterhin

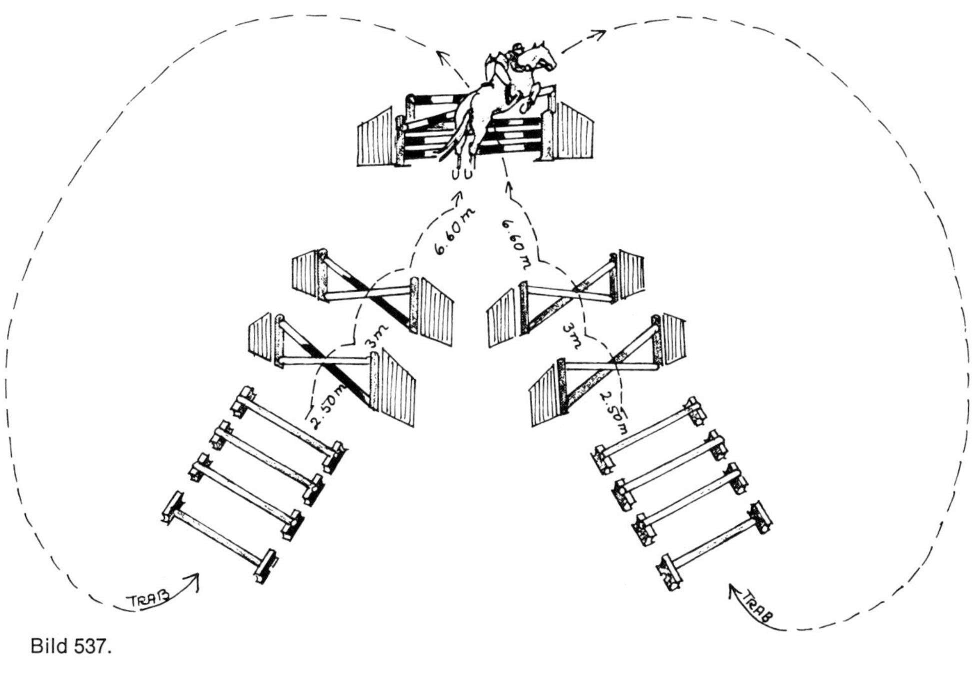

Bild 537.

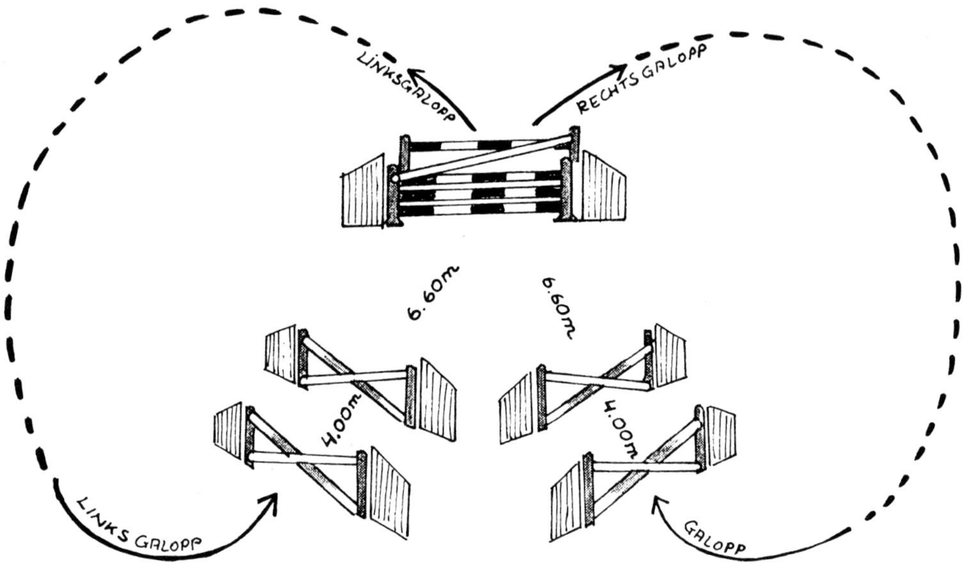

Bild 538.

aus dem Trab. Der nächste Schritt ist dann, daß man die Entfernung zwischen den ersten beiden Hindernissen auf 4 Meter erweitert und aus dem Galopp anreitet und alle drei Hindernisse von beiden Seiten aus dem Galopp springt.

Nachdem man das auch ein paarmal gesprungen hat, entfernt man den ersten Sprung und vergrößert den Abstand zwischen dem zweiten Sprung und dem Oxer auf 7,00 Meter (bis zur vorderen Mitte des Oxers) und springt beide Hindernisse ein paarmal von beiden Seiten aus dem Galopp. Danach entfernt man auch den letzten Sprung aus gekreuzten Stangen, so daß nur der Oxer stehenbleibt, und springt ihn von beiden Seiten aus dem Galopp in einem Tempo von 350 Meter pro Minute.

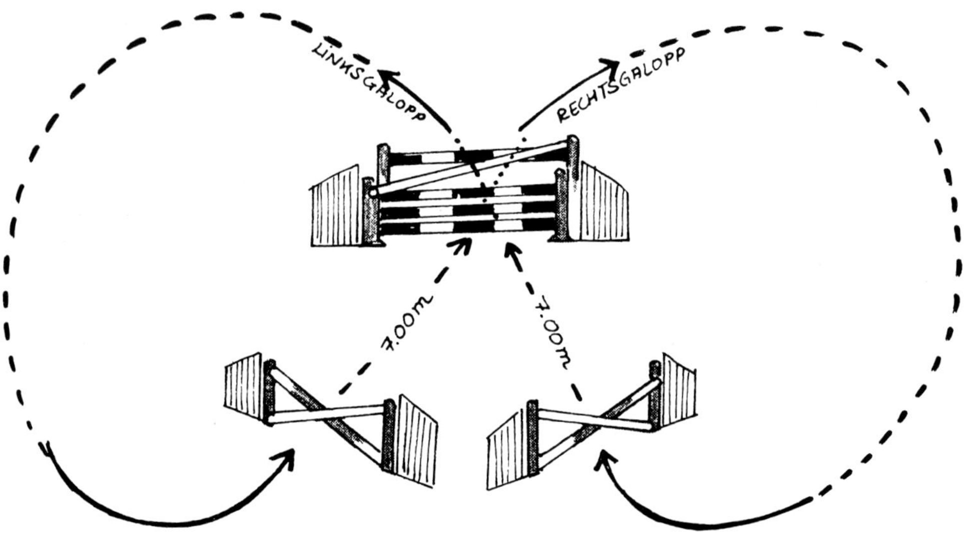

Bild 539.

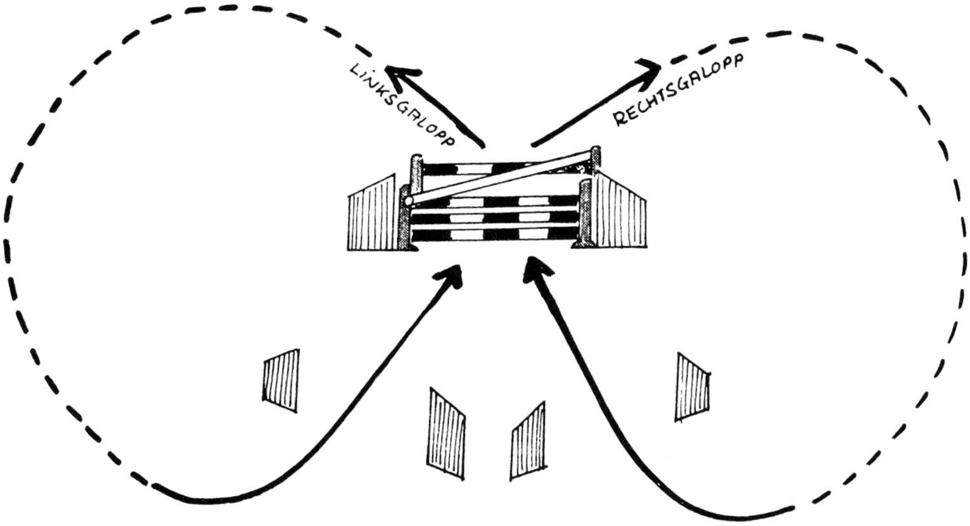

Bild 540.

Man soll jetzt während des Trainings das Tempo nicht übertreiben, denn wenn das Pferd in der Lage ist, aus der Acht heraus diesen Oxer mit korrektem Absprung zu springen, so wie es das mit den kleinen Hindernissen davor gelernt hat, dann kann es das auch in einem Zeitspringen oder Stechen in beliebigem Tempo.

Zusammen mit dem Pferd lernt der Reiter beim Springen aus der Acht heraus wichtige Dinge, sowohl für das Reiten eines Zeitspringens wie für Springreiten im allgemeinen:

Der Reiter sieht in der Jagd nach Sekunden in die Richtung, in die er wendet, und verlagert automatisch sein Gewicht nach innen. Diese Gewichtsverlagerung des Reiters zwingt das Pferd im entsprechenden Galopp zu landen.

Was der Reiter in der Eile richtig macht, sollte jeder Reiter bewußt tun, und nicht nur bei Zeitspringen, sondern in jedem Springen.

Ich erziehe meine Schüler dazu, indem ich mich in einigem Abstand hinter das Hindernis oder die Hindernisreihe stelle, und zwar jeweils auf die Seite, in die der Reiter wenden soll. Während der Reiter anreitet und springt, halte ich eine Hand hoch und strecke eine dauernd wechselnde Zahl von Fingern hoch. Der Schüler muß dann während des Anreitens und Springens fortwährend laut mitzählen, wie viele Finger ich gerade hochhalte.

Dadurch wird der Reiter gezwungen

a) den Kopf hochzuhalten
b) in die jeweilige Richtung zu sehen und den inneren Bügel vermehrt zu belasten, je nachdem, auf welcher Seite ich hinter dem Sprung stehe
c) werden sein Auge und seine Aufmerksamkeit vom Anreiten und Abspringen abgelenkt, so daß er ein Gefühl für den Rhythmus und die vor dem Absprung länger werdenden Galoppsprünge bekommt.

11 Förderung und Planung der weiteren Laufbahn

Wenn ein talentiertes Springpferd in den ersten drei Jahren seiner Laufbahn eine reelle Grundausbildung bekommen hat und planmäßig auf dem Turnier eingesetzt worden ist, dann hat man ihm eigentlich alle Wege geebnet, damit ein gutes nationales oder sogar internationales Springpferd aus ihm werden kann.

Aber selbst wenn ein Pferd die Veranlagung dazu hat und auch wenn es eine ordentliche Grundausbildung hat, hängt es noch von vielen Umständen ab, ob das Pferd auch weiter gefördert wird, um sein Können voll zu entfalten:

1. Ein erfahrener Reiter

Manches vielversprechende junge Pferd kommt nie über einen gewissen Leistungsstand hinaus. Das Pferd macht durch seine in Springprüfungen gesammelten Erfahrungen zusammen mit durchdachtem Heimtraining so große Fortschritte, daß sein Reiter – oder seine Reiterin – sich nicht in gleichem Maße verbessert.

Der Reiter hat zwar ordentliche und wertvolle Arbeit geleistet. Er hat das Pferd soweit reell gefördert, aber wenn ihm selber die Erfahrung in schweren Parcours und internationalen Springen fehlt, kann er nicht erwarten, daß sein auf diesem Gebiet auch noch unerfahrenes Pferd ihn „mitschleppt".

In so einem Fall ist es wesentlich klüger, das gute Pferd zu diesem Zeitpunkt einem Reiter mit internationaler Erfahrung zu geben. Sein Siegeswille, seine bestimmten und entschlossenen Hilfen geben dem Pferd Vertrauen über den mächtigen Abmessungen eines internationalen, schweren Springens.

Für den in internationalen Springen unerfahrenen Reiter ist es wesentlich lehrreicher und erfolgreicher, wenn er erst ein paar Saisons ein international erfahrenes Pferd reiten kann. Das Pferd ist dann sein Lehrmeister und wird ihm Selbstvertrauen und Mut geben, so daß er in späteren Jahren in der Lage sein wird, sein von ihm selbst ausgebildetes Pferd auch in internationalen Prüfungen zu reiten.

2. Geplanter Einsatz

Auch dieser Faktor ist entscheidend dafür, ob aus einem talentierten Pferd auch ein erfolgreiches Pferd wird.

Das Pferd darf auch in der weiteren Laufbahn nur in den ihm passenden Prüfungen gestartet werden. — Wenn ein Pferd zum Beispiel von Natur aus wenig Vorwärtsdrang hat, sollte man ab und zu in Zeitspringen starten, um es etwas lebhafter und flotter zu machen.

Ein nervöses und leicht erregbares Pferd muß so lange wie möglich von solchen

Springprüfungen ferngehalten werden, damit es sich nicht unnötig aufregt. Erst dann, wenn es mehr Turniererfahrung gesammelt hat und gesetzter und kontrollierbarer geworden ist, kann solch ein Pferd unter Umständen zu einem hervorragenden Zeit-Spezialisten werden.
Daß Zeitspringen nicht für alle Pferdetypen geeignet sind, kann man schon daran sehen, daß es früher noch viel mehr Mächtigkeits-Pferde gab, als noch nicht alle Championate nach Fehlern und Zeit entschieden wurden. Heute werden fast alle diese Prüfungen nach Fehlern und Zeit entschieden, deshalb werden viele gute Pferde zu früh zu flach gemacht, so daß sie nie mehr Gelegenheit haben, ihr volles Springvermögen zu entfalten . . . obwohl natürlich noch immer genauso viele Mächtigkeits-Pferde geboren werden wie früher.

3. Durchdachte Hausarbeit

Es ist ein großer Fehler zu glauben, daß man ein gutes Pferd dadurch auf große Springen vorbereitet, daß man es zu Hause über möglichst große Hindernisse springen läßt. Ob ein Pferd zu Hause 2 Meter springt, ist uninteressant. Wichtig ist, ob es auf dem Turnier gut geht — und für wie lange.
In die Klasse der schweren und internationalen Springen muß ein Pferd langsam hineinwachsen, um bleibenden Erfolg darin zu haben. Bei jedem Start lernt das Pferd etwas dazu, von Sonntag zu Sonntag sammelt es enorme Erfahrungen, die das Pferd heranreifen lassen. Unterstützt wird dieser Prozeß zu Hause von dressurmäßiger Weiterbildung und gymnastischen Übungen. Gesprungen werden sollte zu Hause so wenig wie möglich.

4. Einsatz eines Spitzenpferdes

Wenn alle bisher genannten Faktoren beachtet worden sind und das Glück dem Pferd so gut gesonnen war, daß es nicht durch Lahmheiten oder Unfälle gehandikapt ist, dann braucht es drei bis vier Turniersaisons — vier bis fünf Trainingsjahre —, um zur vollen Entfaltung seines Könnens zu kommen.
Selbst wenn das Pferd dann die Spitzenklasse erreicht hat, liegt es wiederum in der Hand des Reiters, das Pferd so einzusetzen, daß es auch Spitzenklasse bleibt und für die ganz großen Gelegenheiten topfit ist.
Das klingt einfacher, als es ist. Besonders in Ländern, in denen Springreiten ein Nationalsport ist, gibt es verhältnismäßig viele gute internationale Reiter, demzufolge auch viele hohe Geldpreise.
In solchen Ländern vertreten die berühmten Reiter und Pferde nicht nur ihr Land bei Auslandsturnieren, sondern sie reisen auch im Inland hin und her und sammeln Geldpreise. Selbst erfahrene Reiter erliegen dieser großen Versuchung und verausgaben die Kräfte ihrer Pferde, so daß es selbst einer Nation mit einer ganzen Schlange von internationalen Reitern schwerfällt, alle vier Jahre ein olympisches Team aufzustellen, das wirklich auf der Höhe seines Könnens und seiner Form steht.
Ich glaube, daß folgende FEI-Regel einem intelligenten Reiter hier viel helfen kann: Sie besagt, daß die Geldpreise so verteilt werden müssen, daß der Unterschied zwischen dem Geld für den Sieger und dem für die einzelnen Plazierten nicht zu groß sein darf. Der Reiter kann sich also mit einer Plazierung zufriedengeben, ohne sein Pferd ausreiten zu müssen, und kann dennoch einen ganz ansehnlichen Geldpreis verdienen. Dieses Gesetz soll verhindern, daß selbst große Springprüfungen zu „Hürdenrennen" werden.
Für die ganz großen Anforderungen, wie zum Beispiel die Olympischen Spiele, muß ein Pferd topfit sein. Seine physische und psychische Verfassung muß planmäßig zu solchen Höhepunkten gesteigert werden.
Der Olympische Grand Prix ist für viele Pferde der schwerste Parcours, den sie je gesprungen haben, zumal er noch auf verhältnismäßig engem Raum aufgebaut wird.

Das Pferd muß nicht nur das Können und Vermögen eines Mächtigkeits-Pferdes haben, sondern es muß auch völlig gehorsam und durchlässig sein, um auf dem engen Raum bei einem Tempo von 400 Meter pro Minute diese mächtigen Hindernisse mit schwierigen Abständen in den Kombinationen schaffen zu können. Hier kann eine Nullfehlerrunde nur von einem Superpferd mit phantastischem Mut und großer Kraft erreicht werden.

Auch der Umstand, daß der olympische Parcours beim ersten Versuch gesprungen werden muß, ist für Reiter und Pferd belastend. — Auf allen internationalen Turnieren der Welt können Pferd und Reiter sich vor dem ganz großen Ereignis erst in ein paar anderen Prüfungen „einlaufen“ und mit den Hindernissen und dem Geläuf vertraut machen. Durch diese Umstände wird der olympische Parcours selbst für sonst abgebrühte, international erfahrene Reiter und Pferde zu einer großen nervlichen Belastung.

Nur das beste Pferd in Top-Form kann hier erfolgreich sein.

12 Junioren-Reiten

Die Ausbildung des jugendlichen Reiters, selbst wenn er noch sehr jung ist und ein Pony reitet, ist im Prinzip die gleiche, wie sie in diesem Buch für den erwachsenen Reiter und sein Pferd beschrieben ist. – Ich möchte jedoch hier noch einmal darauf hinweisen, daß es dem Reitlehrer obliegt, von der allerersten Stunde an darauf zu achten, daß jedes Kind eine harte Reitkappe (Sturzhelm) trägt. Wenn ein Schüler mit der üblichen Ausrede in der Stunde erscheint, die Kappe vergessen zu haben, wird ein verantwortungsbewußter Reitlehrer den Schüler nach Hause schicken, d. h. nicht an der Reitstunde teilnehmen lassen. Es gehört zur Ausbildung des Reiters, zu erfahren und zu verstehen, was Disziplin heißt. Ich habe schon erwähnt, daß in vielen Reitschulen überhaupt nur unter der Bedingung Reitunterricht erteilt wird, daß die Schüler harte Kappen tragen, da sonst die Versicherung bei eventuellen Unfällen nicht für den Schaden aufkommt.

Es ist sehr erfreulich, daß in den letzten Jahren auch auf dem europäischen Kontinent immer mehr Kinder die Möglichkeit haben, ihre reiterliche Laufbahn auf Ponys zu beginnen. – In England und Irland ist es schon immer selbstverständlich gewesen, daß Kinder auf Ponys – und zwar auf guten Ponys – anfangen zu reiten. Auf dem Kontinent hingegen war man in Ermangelung guter Ponys gezwungen, Kinder auf großen Pferden anfangen zu lassen. Dies war sehr schwierig und nachteilig für die Entwicklung des kindlichen Körpers, insbesondere der Beine. Auf einem großen Pferd zu reiten ist für ein Kind ähnlich, als wenn man einen Erwachsenen auf einem Elefanten reiten ließe, jedenfalls was den Höhenunterschied anbetrifft. Das ist auch der Grund, warum viele Kinder Angst haben.

Ein Kind hat zu kurze Beine, um auf einem Pferd Knieschluß zu haben. Oft sind die Kinderbeine noch zu kurz, um über den Sattel hinunterzureichen. Das Kind lernt nicht, Schenkelhilfen zu geben, und hat dementsprechend weniger Kontrolle über das Pferd.

Dies alles sind Gründe, weshalb ein Kind auf einem Pony anfangen sollte zu reiten, und zwar in einem Kindersattel.

Jedes Jahr werden mehr Ponys aller Rassen in die ganze Welt exportiert: Shetland, New Forest, Welsh und die weltberühmten Connemaraponys.

Von diesen Rassen ist meiner Meinung nach das Shetlandpony als Reit- und Springpony am wenigsten geeignet. Die anderen Rassen sind für alle Sparten der Jugendreiterei bestens geeignet, ich persönlich bevorzuge das Connemarapony (siehe Bild 547, Seite 345).

Die Iren sind für ihre tiefverwurzelte Pferdeliebe und ihren Pferdeverstand bekannt. Meistens wird dies mit dem Vollblut in Verbindung gebracht, aber kein echter Pferdefreund wird sich den charakterlichen und physischen Qualitäten des Connemaraponys verschließen können. Connemara, im Westen Irlands, ist die Heimat dieser hervorragenden Ponys. Hartes Klima und harte Lebensbedingungen haben ein hartes Produkt geschaffen. Die Ponys wachsen auf kargem Boden auf, was schon übertrieben ist, da der Boden vielfach aus blankem Fels besteht. Diese Ponys haben einmalige Reitpferdequalitäten, und viele von ihnen sind durch ihr Springtalent berühmt geworden (zum Beispiel Dundrum, Vater Vollblut, Mutter eingetragene Connemarastute). Die Ponys haben im Durchschnitt 1,30 Meter bis 1,45 Meter Stockmaß; bevorzugt werden die größeren, da die Kinder und Jugendlichen ihnen nicht so schnell entwachsen.

Connemaraponys sind nicht nur wegen ihrer Ausdauer, Schnelligkeit und ihres Springvermögens, sondern besonders auch wegen ihres Temperaments als Reitpferde geeignet. Sie sind furchtlos, gutmütig und selten widersetzlich; sie sind leicht einzureiten und bereiten nur selten Schwierigkeiten.

Es gibt ein Connemara-Stutbuch; durch Selektion wird auf einen gleichbleibenden Typ geachtet. Veredelt wurde zum Teil durch englische Vollbluthengste, siehe „Little Heaven", und durch Hengste mit Araberblut. Angeschlossen sind dem Stutbuch Connemara-Zuchtgesellschaften in Amerika, Schweden, Holland, Frankreich und Deutschland.

Der junge Reiter lernt, mit dem Pony umzugehen

Es gibt Reiter, die ihr ganzes Leben lang reiten und nie gelernt haben, ein Pferd richtig aufzuzäumen. Diese traurige Tatsache ist ein Grund dafür, daß ein Jugendlicher nicht nur reiten lernen, sondern auch die Grundbegriffe der Pferdehaltung kennenlernen sollte. Besonders Stadtkindern wird es dadurch leichter gemacht, zum Pony Vertrauen zu finden.

Mit Reitunterricht allein kann man aus einem Kind keinen guten Reiter machen. Wichtiger ist, daß es lernt, mit dem Pony umzugehen, es zu verstehen und ihm Sympathie entgegenzubringen und es mit Respekt, Festigkeit und Geduld zu behandeln.

Nur wenn Freundschaft und gegenseitiges Vertrauen zwischen Kind und Pony aufgebaut werden, können sie zu einer Einheit verwachsen und sich aufeinander verlassen, wenn es später in der reiterlichen Ausbildung zu Schwierigkeiten kommen sollte. Nur wenn das Kind Vertrauen und Liebe zum Pferd hat, kann man einen guten Reiter aus ihm machen.

Damit ein Kind Vertrauen bekommt, muß es, besonders am Anfang, willige Ponys mit gutem Charakter reiten, die im Maul nicht hart sind und weiche Bewegungen haben.

Der Reitunterricht kann nur dann Erfolg haben, wenn das Pony so weit ausgebildet ist, daß es willig und in ruhigem, gleichmäßigem Tempo in allen drei Grundgangarten geht und sich leicht durchparieren läßt. Ein gut gerittenes Pony gibt dem Kind das Gefühl, daß es das Pony meistert und nicht nur Passagier ist.

Füttern des Ponys

Selbst ein Pony mit gutem Temperament kann bei zuviel Hafer und zu wenig Arbeit oder Bewegung schwierig, frech und widerspenstig werden. Viele Ponys werden leider dadurch verdorben, daß die Fütterung nicht auf die Arbeit abgestimmt wird.

Wenn ein Pony nur zum Ausreiten benutzt wird und für einen Anfänger ruhig bleiben soll, darf man ihm nur sehr wenig Hafer geben. Bei Weidegang im Sommer bekommt das Pony nur nach dem Reiten ein kleines Futter aus 2 bis 3 Pfund Weizenkleie und einer Handvoll Hafer oder „Briketts". Im Winter ist das Pony im Stall und braucht dreimal täglich eine Portion gutes Heu. Füttert man die ganze Ration auf einmal, frißt das Pony sich satt und vertritt den Rest in der Streu; das ist Verschwendung. Morgens und abends je ein kleines Futter wie oben erwähnt, ein bißchen trockenes Brot und ein paar Karotten sollten den täglichen Bedarf eines Ponys decken. Wichtig ist gute Streu und frisches Wasser.

Natürlich muß ein Pony, das regelmäßig auf Turnieren gesprungen wird, völlig anders gefüttert werden. Solch ein Pony läßt man höchstens eine Stunde täglich auf die Weide, da es sich sonst einen Grasbauch anfressen würde, und das kann sehr gesundheitsschädlich sein.

Hat man eine Weide oder eine Halle zur Verfügung, läßt man das Pony vor der Reitstunde eine halbe Stunde frei laufen, damit es für den Unterricht nicht zu frisch ist. Man kann das Pony außerdem noch eine halbe Stunde longieren (Chambon), wenn man den Eindruck hat, daß es noch zuviel Stallmut hat.

Unterricht

Ein Kind, das zum erstenmal zum Reitunterricht kommt, kann ängstlich sein, weil es noch keinen Kontakt mit Pferden gehabt hat – was besonders bei Stadtkindern häufig vorkommt. Die Angst kann jedoch durch vorsichtigen und rücksichtsvollen Unterricht überwunden werden.

Um einem ängstlichen Kind Vertrauen zu geben, nimmt man das Pony während der ersten Reitversuche an die kurze Longe. Erst wenn das Kind im Schritt und Trab einigermaßen sicher sitzt, läßt man die Longe etwas länger, bis man allmählich einen Zirkel von 12 Metern Durchmesser erreicht. Am gleichmäßigsten und sichersten wird das Pony gehen, wenn man in einem niedrigen Longierring aus Strohballen longiert.

Das Pony wird mit zwei Ausbindezügeln ausgebunden, und zwar wird der innere etwa zwei Löcher kürzer geschnallt als der äußere. Wir longieren ja nicht, um das Pony zu schulen, sondern um dem Kind Vertrauen zu geben. Die Ausbindezügel sind wichtig, da das Kind wahrscheinlich noch nicht in der Lage ist, das Pony zu kontrollieren. (Damit das Pony nicht hart im Maul wird, benutzen wir eine Gummitrense.) Außerdem brauchen wir die Ausbindezügel, weil das Pony sich während der gymnastischen Übungen möglichst wenig bewegen soll.

Von Anfang an muß der Unterricht sorgfältig und niemals übereilt gegeben werden, denn er bildet die Basis für die reiterliche Laufbahn des Kindes. Wenn das Kind sich erst einmal Fehler angewöhnt hat, sind sie später nur sehr schwer wieder zu korrigieren.

Da der Reitlehrer auch psychologisch einen sehr großen Einfluß auf das Kind hat, hängt Erfolg oder Mißerfolg der Ausbildung davon ab, ob der Reitlehrer die richtige Art hat, mit Kindern umzugehen.

Kinder folgen im allgemeinen sehr schnell dem Beispiel des Reitlehrers. Wenn er einmal ihr Vertrauen gewonnen hat, kann er sie überzeugen, daß sie in der Lage sind, alles zu tun. Jedoch muß der Reitlehrer sich vergegenwärtigen, daß dieses Vertrauen sehr leicht zu erschüttern ist, und er darf es deshalb nie mißbrauchen. Er darf zum Beispiel nie einem kindlichen Anfänger ein Pony geben, das eventuell wegläuft, oder verlangen, ein zu hohes Hindernis zu springen. Wenn Kinder erst einmal Vertrauen gefaßt haben, wollen sie meistens mehr zeigen, als sie körperlich verkraften können. Kinder sind sich der Gefahren noch nicht bewußt, und deshalb muß hier der Reitlehrer vorsichtig Grenzen setzen. Ein guter Reitlehrer versucht die Veranlagung eines Schülers zu erkennen und wird vorsichtig abwägen, wieviel er von einem Kind in den verschiedenen Phasen der Ausbildung verlangen kann.

Als erstes lernt das Kind, allein richtig auf- und abzusitzen. Hierbei muß das Pony selbstverständlich völlig stillstehen. Dann halte ich es für wichtig, daß das Kind lernt, ohne Bügel zu reiten. Wenn es später einmal die Bügel verliert, ist es immer noch in der Lage, das Pony zu kontrollieren.

Eine Reitstunde von 30 Minuten ist am

Anfang lang genug, sonst gibt es Muskelkater. Man läßt viel Schritt reiten und nur wenig Traben. Noch sind die Knochen und Muskeln des Kindes zu schwach für eine volle Reitstunde.

In den ersten 20 Minuten jeder Unterrichtsstunde sollten gymnastische Übungen gemacht werden (siehe Seite 126). Sie geben dem Kind nicht nur Selbstvertrauen, sondern festigen den Sitz, der für die ganze Ausbildung so dringend nötig ist. – Anfangs läßt man diese gymnastischen Übungen nur im Halten ausführen (das Pony muß ganz stillstehen), später dann auch im Schritt, Trab und Galopp, je nachdem, welche Fortschritte das Kind macht und wie alt es ist.

Bild 541. Für Anfänger: Zügel unter dem Nackenstück des Vorderzeugs.

Nach den gymnastischen Übungen werden die Ausbindezügel abgeschnallt. Bleibt das Pony nach dem ersten Antraben ruhig, sollte man die Zügel unter dem Nackenstück des Vorderzeuges durchführen. Wenn das Kind dann mal die Hände hochzieht oder weit auseinanderreißt, wird das Pony nicht zu sehr im Maul gestört. Das Kind weiß ja noch nicht, wie sehr es dem Pony mit den Zügeln weh tun kann.

Reitet das Kind schon etwas besser, kann man am Ende der Stunde das Pony von der Longe loslassen. Nun darf der Schüler unter Aufsicht des Reitlehrers in der Bahn reiten.

Ist das Kind kräftiger geworden und hat mehr Vertrauen bekommen, kann man es am Führzügel mit ins Gelände nehmen. Selbstverständlich muß auch der Reitlehrer ein sehr ruhiges Pferd reiten. Ist das Kind in der Lage, das Pony vollkommen zu kontrollieren, kann man den Führzügel weglassen.

Wenn das Kind stark genug geworden ist, um völlig sicher und unabhängig zu sitzen, vom Sitz unabhängig Zügelhilfen zu geben und ohne Bügel leichtzutraben, dann kann man allmählich auch über Cavaletti reiten lassen (flach auf dem Boden). Jetzt lernt das Kind den „leichten Sitz“, und allmählich werden die Anforderungen über Cavaletti erhöht, und man geht langsam zum Springen über.

Teilnahme an Springprüfungen

Die planvolle Ausbildung eines Kindes wird leider oft von ehrgeizigen Eltern durchkreuzt. Zum Teil zur Befriedigung ihrer eigenen Eitelkeit ermutigen sie die Kinder, an Turnierprüfungen teilzunehmen, zu denen den Ponys wie den Reitern oft die nötige Routine fehlt. Beide sind überfordert, und oft endet ein solcher Ritt mit Tränen. Ich habe viele Male gesehen, daß Kinder gezwungen wurden, an Ponyturnieren teilzunehmen, bis sie alle Lust am Reiten verloren hatten. Solches Forcieren ist sowohl für die geistige wie auch für die körperliche Entwicklung eines Kindes sehr schädlich.

Viele Kinder sind anfangs recht nervös, wenn sie an Turnieren teilnehmen, und brauchen lange, bis sie ihr Lampenfieber überwinden. Besonders nach einem Sturz verlieren sie alles Selbstvertrauen, und ich kann mich an Fälle erinnern, wo Kinder sich genierten, nach einem Sturz wieder aufzustehen und den Zuschauern gegenüberzutreten. Das Selbstvertrauen eines kindlichen Reiters kann sehr leicht zerbrechen. Manche Kinder hören dann ganz auf zu reiten; andere überwinden sich, weil sie nicht zugeben mögen, daß sie Angst haben.

Bild 542. Eine Gruppe irischer Schüler des Autors während einer Unterrichtsstunde in Dublin. Man beachte die gelöste und angenehme Atmosphäre bei Reitern und Pferden – alle Pferde stehen völlig ruhig am freien Zügel.

Bild 543. Der Autor gibt zwei Mitgliedern der irischen internationalen Juniorenmannschaft ein paar Tips.

Bild 544. Die 13jährige Lilian Bryner, eine italienische Schülerin des Autors, mit ihrer Anglo-Araberstute „Begonia". Pferd und Reiterin wurden zusammen von der Mutter Lilians nach diesem Buch ausgebildet. „Begonia" wurde nie von jemand anderem als Lilian geritten. Das Foto zeigt, daß exzellenter, vertrauensvoller Springstil von Pferd und Reiter nichts mit Kraft, Gewalt oder scharfen Gebissen zu tun haben braucht.

werden dann aber später, wenn sie erwachsen sind, alles hassen, was mit Pferden zusammenhängt.

Unterschiedliche Einstellung zum Pferd

In Australien, England und Irland ist es immer ein Vergnügen zu beobachten, mit welchem Kampfgeist Kinder über Parcours mit Hindernissen von 1,20 Meter Höhe und Breite reiten – als ob es nur Cavalettis seien. Sie reiten gegen Einzelhindernisse und Kombinationen, ohne die Sache zu komplizieren, ohne das Pferd aufzunehmen – sie überlassen den Ponys den Absprung und reiten einfach vorwärts. Sie reiten in schönem Fluß und Schwung. Auf diese Art bekommen diese Kinder große Turniererfahrung, die nun einmal für die Laufbahn eines Turnierreiters so ungeheuer wichtig ist. Da es unzählige Ponyturniere mit vielen verschiedenen Prüfungen gibt, haben die Kinder dieser Länder denen des europäischen Kontinents sehr viel voraus. Die Kinder hier sind praktisch mit den Pferden groß geworden und gehen viel natürlicher und gelöster mit ihnen um. Ich habe auch viele Juniorenmannschaften auf dem europäischen Kontinent ausgebildet und kann sagen, daß den Kindern dort oft das nötige Verständnis und die Verbindung zum Pferd fehlt. Das gleiche gilt für Mittelamerika. Die Ursache liegt wohl mehr in der Mentalität der Menschen dort. Die hektische Lebensweise beeinflußt auch ihre Art, mit Tieren umzugehen. Eigentümlicherweise bevorzugt man gerade in diesen Ländern hoch im Blut stehende, empfindsame Pferde. Als Resultat begegnen einem dann viele „saure" Pferde mit knirschenden Zähnen, kreisenden Schweifen, angelegten Ohren, beißende und schlagende Pferde mit schlechtem Charakter. Man sieht die abenteuerlichsten Zäumungen, häufig Hilfszügel etc.

In England, Irland und Australien hingegen haben die Menschen eine ganz andere Lebensauffassung, sind ruhiger und gelöster, und das spiegelt sich in ihrem Umgang mit Pferden. Ihre Pferde gehen selbstverständlicher und mit einem „Löwenherz". Ich habe Kinder große Vollblüter reiten sehen, und zwar ohne jede Schwierigkeiten auf einfache Trense mit englischem Reithalfter.

Aus einem ruhigen, vertrauensvollen Pony oder Pferd ein nervöses Wrack zu machen, geht sehr schnell, umgekehrt dauert es jedoch sehr lange, ein solches Pferd wieder zu beruhigen. Da es ein gutes Gedächtnis hat, vergißt es schlechte Behandlung nur sehr langsam, besonders die cleveren Ponys sind im Nu verdorben und müssen deshalb mit besonderer Sorgfalt und Sachkenntnis behandelt werden. Vom Ausbilder und Reiter wird hier viel Takt und Einfühlungsvermögen verlangt.

Training

Die Ausbildungsmethoden für ein Pony und seinen Reiter sind die gleichen wie für seinen großen Bruder Pferd: Longieren mit Chambon, Arbeit an der Hand einschließlich Rückwärtsrichten, Freispringen, Hindernisreiten unter dem Reiter etc. Die Prinzipien sind die gleichen, abgesehen von den Abständen in Kombinationen, die dem Galoppsprung des Ponys angepaßt sein müssen.

Mit Vergnügen stelle ich fest, daß die Juniorenreiterei in den letzten Jahren sehr zugenommen hat. „Bei der Jugend liegt die Zukunft", denn sie sind die Reiter von morgen.

Wie ungeheuer wichtig ein systematisches Heim-Training der Junioren ist, sieht man am Beispiel Englands. Nur wenn die Jugendlichen gewöhnt sind, Parcours vom Format einer Europameisterschaft zu springen, können sie mit ständigem Erfolg an diesen Europameisterschaften der Junioren teilnehmen. Bis 1970 gewannen die Engländer 11 von 13 Europachampionaten, an denen sie teilnahmen. Vor einigen Jahren wurden in England die „Young Riders Competitions" (Springprüfungen der schweren Klassen nur für Jugendliche) einge-

Bild 545. Paul Darragh, 12jährig, vielfach erfolgreich mit seinem Connemarapony in Juniorenspringen.

Bild 546. Heutzutage ein gewohnter Anblick in englischsprechenden Ländern. Carola Williams auf ihrem Reitpony „Pendly Statuette“. Achten Sie auf den aufmerksamen, konzentrierten Ausdruck von Pony und Reiterin.

Bild 547. Sonja Paalman mit 13 Jahren auf dem Iren „Killarney“. Damals, 1956, waren Ponyturniere in Holland noch unbekannt, und die Jugendlichen waren gezwungen, Großpferde zu reiten statt Ponys, die im Größenverhältnis besser gepaßt hätten.

Bild 548. Paul Darragh 1971 bei der Europameisterschaft der Junioren in Hickstead, wo sein Team die Goldmedaille gewann. In der Einzelwertung gewann er die Silbermedaille. Schon zuvor hatte er bei Europameisterschaften eine Silbermedaille und eine Bronzemedaille in der Einzelwertung gewonnen.

Bild 549. Das international jahrelang erfolgreiche Paar T. Wade auf „Dundrum". Das Foto zeigt, daß die Entfernung des korrekten Absprungpunkts bei einem Steilsprung ungefähr der Höhe des Hindernisses entspricht, in diesem Fall etwa zwei Meter (man beachte die starke Belastung der Fesselgelenke).

Bild 550. Das von Anthony Paalman ausgebildete irische Juniorenteam nach dem Gewinn der Goldmedaille in der Europameisterschaft in Hickstead 1971.

Fotos Peter Sweetman.

führt. Die Jugendlichen haben dort Gelegenheit, über schwere Kurse und vor allem im Tempo von 400 m/Min. zu reiten, so daß eine Europameisterschaft keine sehr großen Überraschungen bringt.
Es ist Sache des Ausbilders, dafür zu sorgen, daß den Jugendlichen alle Möglichkeiten geboten und sie sachgemäß auf große Aufgaben vorbereitet werden. Der Ausbilder muß nicht nur für einen sauberen, einheitlichen Springstil in seiner Mannschaft sorgen, sondern auch dafür, daß die Jugendlichen mit den internationalen Regeln vertraut sind, daß sie eine Parcoursskizze lesen und verstehen können, daß sie die Bedeutung einer vorgeschriebenen Parcoursbahn kennen und wissen, auf welcher Seite Wendeflaggen umritten werden etc. – Alles dies sollte zu Hause in entsprechenden Prüfungen geübt werden, bis alle Probleme mit schlafwandlerischer Sicherheit gelöst werden. Es ist besser, daß Pannen zu Hause auf Lokalturnieren passieren, als in einem internationalen Wettbewerb, wo durch den Fehler eines Jugendlichen gleich die Placierung des ganzen Teams in Gefahr gerät.

Klein anfangen

Ich habe es immer vorgezogen, Jugendliche möglichst früh in die Ausbildung zu bekommen. Sie lernen eifriger und nehmen Anregungen besser an – genauso wie ein ungerittenes Pferd leichter auszubilden ist als ein altes, verdorbenes Pferd. – Es ist ausgesprochen schwer, die Fehler eines „gemachten“, erfahrenen Reiters zu korrigieren, besonders wenn dieser mit nur einem Pferd erfolgreich war. Selbst wenn es einem gelingt, einen Senior-Reiter in einem Unterrichtskursus zu korrigieren, halten diese Verbesserungen oft nur so lange vor, bis der Reiter wieder allein reitet oder an Prüfungen teilnimmt – dann fällt er meist in seine alten Gewohnheiten zurück.
Manche Erwachsenen genieren sich, einen Lehrer um Rat zu fragen, und wenn sie es tun, dann mit beträchtlichen Vorbehalten. Oft haben sie Monate, wenn nicht Jahre dazu gebraucht, Untugenden oder falsche Muskeln zu entwickeln. Gelingt es dem Trainer dann nicht, eine „wunderbare Heilung“ herbeizuführen, dann taugt er in den Augen des Reiters nichts.
Als Entschuldigung für die eigene Unfähigkeit, ein Pferd bis zur Spitzenklasse zu bringen oder dort zu halten, führen Reiter immer wieder die Entschuldigung an, ihre Pferde seien eben noch nicht so weit, oder sie hätten noch nicht die richtigen Pferde. – Man kann jedoch beobachten, daß diese Reiter auch nach Jahren immer noch Pferde haben, die nicht so weit sind, oder daß sie immer noch nach dem passenden Pferd suchen.
Ich finde es auch nicht richtig, daß Pannen im Parcours nur auf „Pech gehabt“ geschoben werden. Sicher kann jeder mal Pech haben, aber man sollte doch objektiv sein und versuchen, eventuelle Fehler bei sich zu suchen. Jeder internationale Reiter weiß, wie schwierig es heute ist, an die Spitze zu kommen – und an der Spitze zu bleiben. Beide, Pferd und Reiter, müssen fortwährend in bester Form sein, denn die Konkurrenz ist so groß, daß eine fehlerfreie Runde über einen schweren Kurs in guter Zeit heute oft nur für eine niedrige Placierung reicht.
Jeder junge Reiter sollte sich darüber im klaren sein, daß nur jahrelange harte Arbeit ihn in die internationale Spitzenklasse bringen und dort halten kann. Die Anforderungen, die heute an ein internationales Springpferd gestellt werden, sind gewaltig, und es muß auf diese spezialisierten und zum Teil trickreichen Aufgaben entsprechend vorbereitet werden.

Junioren-Mannschaft

Wenn man eine starke Juniorenmannschaft herausbringen will, muß man lange im voraus planen. Ein Juniorenteam an internationalen Prüfungen teilnehmen zu lassen, kostet eine Menge Geld, und diese Ausgaben können nur dann vertreten werden, wenn die Jugendlichen mit Ernst bei der Sache sind und wenn sich wenigstens hin und wieder Erfolge einstellen. Dieser Tatsache müssen sich auch die Jugendlichen bewußt sein. Sie dürfen die Ausbildungskurse nicht als Ferien betrachten.

Aber gerade weil man bei den Jugendlichen noch so viel Begeisterung und ernsthafte Einsatzbereitschaft entwickeln kann, macht mir persönlich gerade die Ausbildung von Juniorenteams so viel Freude. Aus dem Juniorenteam von heute kann das Seniorenteam von morgen werden. Man kann nicht erwarten, daß die großen Springreiter von heute ewig die Fahne ihres Landes hochhalten werden. Und der Nachwuchs kann nur aus den Reihen der Junioren kommen, denen man deshalb die sorgfältigste Ausbildung zukommen lassen sollte. Ihnen muß jede Möglichkeit gegeben werden, auch international Erfahrungen zu sammeln. Jeder Sportler sollte nach der Spitze streben, und die Spitze ist es, sein Land international erfolgreich zu vertreten. Heute reicht es nicht mehr aus, nur „dabeigewesen zu sein". Nichts hat so viel Erfolg wie der Erfolg. Aber es gibt keinen kurzen Weg zum Erfolg, jedenfalls nicht auf die Dauer. Das Training unter guter Anleitung muß fortgesetzt werden, selbst wenn die Jugendlichen internationalen Erfolg errungen haben. Die Anforderungen, die heute an die Jugendlichen gestellt werden, steigen ständig, nicht nur auf reiterlichem Gebiet. Deshalb sollten die Eltern dafür sorgen, daß ihre Kinder die besten Ausbilder bekommen – auch im Reiten. Wenn die Eltern geschickt und sorgfältig die reiterliche Laufbahn ihres Kindes geplant haben, können sie mit Recht stolz sein, wenn ihr Kind zu internationalen Ehren im Springsport gelangt.

Fünfter Teil

Parcoursbau

13 Parcoursgestaltung

Obwohl sich dieses Buch hauptsächlich mit der Ausbildung des Springpferdes und Springreiters beschäftigt, soll in diesem Teil des Buches auch die Parcoursgestaltung und alles, was damit zusammenhängt, behandelt werden.
Erfreulicherweise wird der Pferdesport, besonders die Springreiterei, in den meisten Ländern immer beliebter, ... aber gleichzeitig geht die Zahl der Fachleute und Handwerker dieses Sportes bedauerlicherweise immer weiter zurück, zum Beispiel die der Beschlagschmiede, der Sattler und der berufsmäßigen Parcoursgestalter. — Ich habe in verschiedenen Ländern immer wieder festgestellt, jedenfalls auf kleineren Turnieren, daß trotz aller Bemühungen die Grundbegriffe und Feinheiten der Parcoursgestaltung wenig bekannt sind.
Dieses Kapitel über Parcoursgestaltung sollte jedoch nicht nur die interessieren, die auf Turnieren selber Parcours zu bauen haben, sondern auch den Springreiter. — Er sollte wissen, wie ein gut entworfener Parcours aussehen muß und welche Schwierigkeiten ein schlecht gestalteter Parcours in sich birgt. Der Springreiter sollte sich wenigstens so weit auskennen, daß er im Training zu Hause Kombinationen mit korrekten Abständen und auf vorgeschriebenen Linien aufbauen kann. Geschieht das zu Hause laienhaft, kann man sich und seinem Pferd viel Schaden zufügen, so daß der beste und lehrreichste Parcours auf dem Turnier diese Fehler nicht wettmachen kann.
Jeder Springreiter — selbst wenn er nie in die Lage kommen sollte, selber einen Parcours bauen zu müssen — sollte dieses Kapitel sorgfältig beachten, um beim Training davon profitieren zu können. Schließlich soll der Parcours auf dem Turnier nur abschließend erweisen, ob das Pferd in der Woche seine Lektionen richtig gelernt hat.

Berufsmäßige Parcoursgestaltung erfordert Spezialisten, eine Menge Wissen, Nachdenken und Zeit. Nur so kann ein Parcours entstehen, der den Reitern und Pferden Vertrauen gibt und ihre Erfahrungen erweitert. Den berühmten Parcoursgestaltern der verschiedenen Länder braucht das nicht gesagt zu werden, ... wie man auf allen großen internationalen Turnieren bewundernd feststellen kann. Sie haben gutes Hindernis- und Pferdematerial zur Verfügung und können ihr Wissen voll ausnutzen.
Die Meister können sich aber — schon aus Zeitgründen — nicht auch allen kleineren Turnieren widmen. Die kleineren Turniere mit ihren zahlreichen Anfängerspringprüfungen und oft geringem Hindernismaterial sind aber die Basis für den großen Sport, Ausgangspunkt für die meisten großen Pferde und Reiter. Deshalb sollte gerade diesen Turnieren größte Aufmerksamkeit geschenkt werden.

Bild 551. Der Miniatur-Parcours des Autors, den er für seine Vorlesungen über Parcoursbau und im Unterricht mit seinen Schülern verwendet.

Besonders am Anfang jeder Turniersaison ist es wichtig, daß die Parcours korrekt und einladend aufgebaut werden, daß die Hindernisse faire Grundlinien haben, an dem für sie geeignetsten Platz stehen und „schön voll" aussehen. Schließlich ist ein gut gebauter Parcours ein wichtiger Teil der Ausbildung des Pferdes, wohingegen ein schlecht präsentierter Parcours Monate ernsthafter Ausbildung ruinieren kann.
Ich würde mich freuen, wenn meine Anregungen in der Breitenarbeit Beachtung fänden und das Niveau der leider oft unwissentlich vernachlässigten kleineren Turniere heben könnten.

Bestandsaufnahme

Erste Voraussetzung für den Parcoursbau ist die Bestandsaufnahme. Hierzu gehört, daß man sich das Terrain ansieht, auf dem das Turnier abgehalten werden soll. Dabei sind folgende Faktoren wichtig:

1. Welche Größe der eigentliche Turnierplatz hat (70 zu 120 Meter ist ideal)
2. ob das Geläuf hart oder weich ist
3. ob es flach oder hügelig ist
4. wie der Boden sich bei eventuellen Regenfällen verhält
5. von welcher Richtung die Sonne während der Hauptspringprüfung scheint
6. wo Eingang und Ausgang sind
7. wo die Ehrentribüne steht
8. wo und wie groß der Abreiteplatz ist
9. wie weit er vom Turnierplatz entfernt liegt
10. ob am Eingang ein Einritt eingerichtet werden kann
11. Aufstellung des vorhandenen Hindernismaterials
12. ob ein Wassergraben vorhanden ist. Wenn nicht, wo der günstigste Platz auf ebenem Boden wäre, um einen Graben anzulegen, so daß noch ein Hindernis davor und dahinter aufgebaut werden kann

13. welche Pferde und Reiter erwartet werden
14. welche Springprüfungen geplant sind.

Wenn es sich um ein ländliches Turnier handelt, wo meistens eine große Weide oder ein großer Platz zur Verfügung steht, müßte der Parkplatz für die Pferdetransporter möglichst nahe am Abreiteplatz liegen.

In Ländern, in denen englisch gesprochen wird, werden auf einem Turnier genauso viele Ponyspringen wie „Pferde"springen abgehalten. Das ganze Arrangement muß also zweimal gemacht werden, sowohl für die Pferde und ihre Zuschauer als auch für die Ponys und ihr „Gefolge". Zwischen den beiden Turnierplätzen ist also genügend Raum für zwei Zuschauermengen zu lassen.

Wenn keine Möglichkeit besteht, das Gelände persönlich vorher anzusehen, sollten von der Organisation die entsprechenden Informationen erbeten werden.

Vorbereitung und Entwurf eines Parcours

Jetzt kann der Parcoursgestalter mit seiner Hausarbeit beginnen, mit dem eigentlichen Planen und Entwerfen der verschiedenen Parcours. Dabei müssen alle Informationen, die vorher eingeholt worden sind, mit in Betracht gezogen werden.

Ist das Geläuf hügelig, muß der Parcours so angelegt werden, daß der Teilnehmer möglichst nicht bergab springen muß. Wenn das Pferd dazu gezwungen wird, kommt es genau wie auf glattem, schlüpfrigem Boden zu nahe an die Hindernisse heran und läuft Gefahr, in die Hindernisse hineinzurutschen.

Außerdem verkürzt das abfallende Geläuf den Galoppsprung, und das ist ja genau das Gegenteil von dem, was beim Training eines Springpferdes erzielt werden soll. Ist zum Beispiel eine Kombination bergab gebaut worden, werden viele Pferde am zweiten oder dritten Teil der Kombination verweigern.

Schweres Geläuf verkürzt den Galoppsprung, man sollte das bei den Abständen in Kombinationen berücksichtigen. Bei schwerem Geläuf sollten alle Hindernisse nicht ganz so hoch und breit aufgebaut werden, wie es die Klasse des jeweiligen Springens bei normalem Geläuf verlangen würde.

Ansteigender und harter Boden verlängert den Galoppsprung. Deshalb habe ich in Australien und Mexiko, wo der Boden meistens hart ist, die Abstände in Kombinationen immer ungefähr 30 Zentimeter länger als normal gebaut.

Es ist wichtig, die Hindernisse so zu bauen, daß die Pferde möglichst nicht gegen die Sonne springen müssen.

Alle Hindernisse müssen lose, also so gebaut sein, daß sie abzuwerfen sind. Die Hindernisse sollen fair sein; es sollen keine unnötigen Überraschungen und Tricks in ihnen versteckt sein.

Die vordere Breite der Hindernisse sollte möglichst breit sein, um so breiter, je höher das Hindernis ist.

Jedes Hindernis sollte möglichst nicht mehr als eine Buntfarbe haben, um einen farblich einheitlichen Eindruck zu erzielen.

Die Farben sind so zu wählen, daß sie sich gut vom jeweiligen Hintergrund abheben und gut über den ganzen Platz verteilt sind.

Bild 552. Mit Strohballen und etwas Grün kann man ein Hindernis „voll" machen.

Bild 553. Unschönes, leer wirkendes Hindernis, das besonders für junge Pferde schwer zu springen ist.

Steilsprünge sollten mit Weitsprüngen gut abwechseln.
Die Hindernisse sollen voll wirken. Besonders in leichten Springen für junge Pferde und Reiter ist eine faire Grundlinie wichtig, damit das Pferd lernt, den richtigen Absprung zu finden. (Auf kleineren Turnieren, wo das Material meistens knapp ist, können die Hindernisse unten gut mit Strohballen ausgefüllt werden.) Steht wenig Material zum Hindernisbau zur Verfügung, kann man sich überhaupt viel mit Strohballen, frischem Grün und Blumen helfen.
Künstliche Grasmatten bringen eine willkommene Abwechslung in den Hindernispark. Man hängt die Matten über eine Stange oder eine Mauer, muß sie aber befestigen, damit der Wind sie nicht bewegen kann und die Pferde damit unnötig scheu macht.
Ein paar Säcke voll Sägemehl sind immer nützlich, um den Boden unter einer Triplebarre oder einem Fächersprung interessanter zu machen.
Falls infolge ungünstigen Wetters die Absprung- und Landestellen schlecht werden, sollte Sand bereitgehalten werden (Torfmull wird bei Nässe schlüpfrig).
Die Linienführung des Parcours sollte so angelegt werden, daß die Pferde lernen, flüssig und zügig vorwärtszugehen. Eingang und Ausgang liegen zweckmäßigerweise an verschiedenen Stellen, damit das hereinkommende Pferd durch das hinausgehende nicht verleitet wird, auf der Hinterhand kehrtzumachen (das passiert besonders leicht bei jungen und verdorbenen Pferden).
Wenn Eingang und Ausgang getrennt sind, wird außerdem Zeit gespart, da der nächste Reiter schon auf den Platz reiten kann, wenn der letzte seinen Parcours beendet. Außerdem müssen Eingang und Ausgang hinter jedem Pferd geschlossen werden, damit im Fall eines Sturzes das Pferd nicht den Platz verlassen kann und somit disqualifiziert wird.
Daß ein Parcours Pferde zum Springen „verleiten" soll, muß schon bei der Planung bedacht werden. Die meisten Pferde springen willig und gern zum Eingang hin. Bei den Parcours, die ich entwerfe, lasse ich deshalb immer die ersten beiden Hindernisse in Richtung „Heimat" springen. Aus demselben Grunde sollen auch die beiden ersten Hindernisse besonders einladend und niedriger als der Rest der Hindernisse

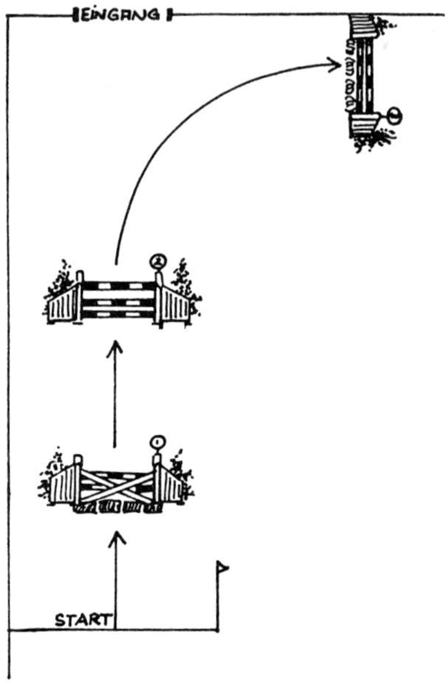

Bild 554. Richtig: Die ersten Hindernisse werden zum Eingang hin gesprungen.

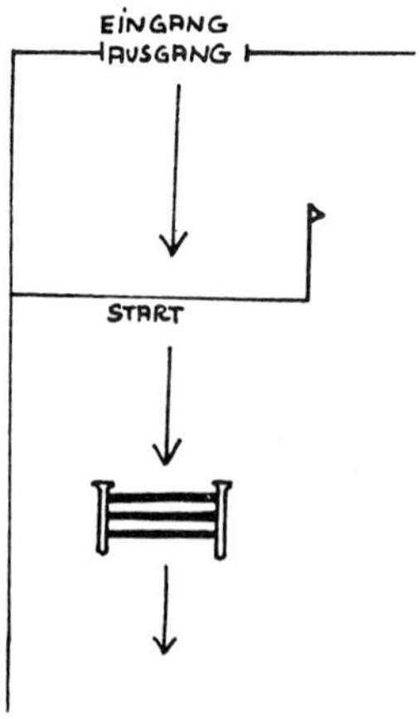

Bild 555. Falsch: Es muß vom Eingang weg gestartet werden, zudem ist das erste Hindernis leer und wenig einladend.

sein, zum Ende hin sollen die Hindernisse dann allerdings schwieriger werden. Besonders bei jungen und schwierigen Pferden ist der Kampf schon halb gewonnen, wenn die ersten Hindernisse überwunden sind. Deshalb ist es unfair, den Start so anzulegen, daß die Pferde gerade aus dem Sattelplatz oder Eintritt heraus starten müssen, denn es verleitet die Pferde dazu, am Eingang zu kleben. Leider sind trotzdem einige Parcoursgestalter der Ansicht, damit in der Abwicklung eines Turniers Zeit sparen zu können. Zählte man aber einmal zusammen, wieviel Zeit sie auf steigende und am ersten Sprung verweigernde Pferde verschwenden, würde die Ansicht wahrscheinlich schnell geändert werden.

Nachdem man also die ersten zwei Hindernisse zum Eingang hin geplant hat, wird das dritte Hindernis in einer neuen Richtung aufgebaut. Es soll aber auch nicht zu nahe am Eingang stehen und muß vom vorhergehenden Sprung weit genug entfernt sein (mindestens 42 Meter), um dem Reiter genügend Platz zum Wenden und zur Vorbereitung auf den Sprung in der neuen Richtung zu geben. — Da dieses dritte Hindernis der erste Sprung ist, der vom Eingang weg gesprungen wird, soll auch dies Hindernis einladend sein.

Aufbau und Anordnung dieser ersten drei oder vier Hindernisse sind besonders für Anfängerspringen wichtig; sie geben Pferden und Reitern Sicherheit und erziehen die Pferde dazu, Spaß am Parcoursspringen zu finden.

Um eine Springprüfung glatt und flüssig ablaufen zu lassen, sollte in der Folge der Hindernisse mit den zwei- und dreifachen Kombinationen nicht zu früh angefangen werden. Um einladend zu wirken, ist es zweckmäßig, die Kombinationen zum Eingang hin zu springen. Zwischen dem letzten Einzelhindernis und dem ersten Hindernis der Kombination sollen mindestens 60 Meter liegen, so daß der Reiter genügend Zeit hat, sein Pferd auf der Geraden in vier bis fünf Galoppsprüngen auf die Kombination vorzubereiten.

Bild 556. Ein einladendes erstes Hindernis einer Kombination für junge Pferde.

Bild 557. Aus demselben Material kann man für ein darauffolgendes schweres Springen einen Oxer bauen.

Eine zwei- oder dreifache Kombination mit korrekten Abständen hat großen erzieherischen Wert, da sie das junge Pferd lehrt, sich innerhalb der Kombination seinen Absprung selbst zu suchen. (Solange der Reiter sich nicht einmischt.) Das hängt jedoch davon ab, ob der erste Teil der Kombination einladend aufgebaut ist. Ein Steilsprung oder ein Oxer als erster Teil einer Kombination würde bei vielen jungen Pferden unnötige Schwierigkeiten hervorrufen. Der erste Teil einer Kombination für junge Pferde sollte so aussehen:

Vier Strohballen als Grundlinie und Absprunghilfe, zwei gekreuzte Naturstangen, dahinter eine Hürde mit Naturstange darüber. Wird die Kombination für junge Pferde so eingeleitet, werden sie kaum verweigern, denn wenn sie den ersten Teil der Kombination gut springen, braucht der Reiter nur noch den Rhythmus beizubehalten und wird dann glatt durch die ganze Kombination kommen. Aus dem gleichen Material kann dann im nächsten schwereren Springen ein Oxer als erster Teil der Kombination gemacht werden.

Beim Planen des Parcours wäre auch schon zu bedenken, daß die schwierigen Hindernisse des Parcours, zum Beispiel eine drei- oder vierfache Kombination und die Hindernisse, die im Stechen verwendet werden

Bild 558. Einladendes kleines Hindernis.

Bild 559. Hürde mit Stangen.

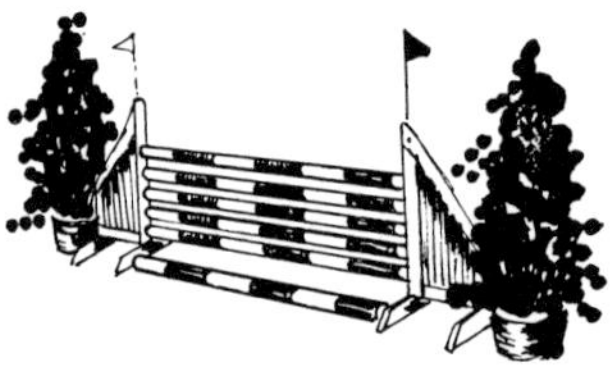

Bild 560. Einfaches Stangenhindernis.

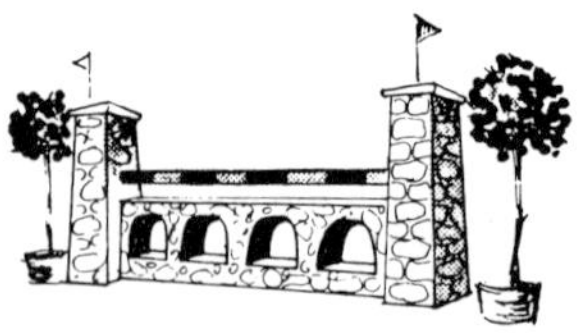

Bild 561. Mauer mit Stange.

Bild 562. Die Amerikanische Triplebarre wirkt voller als die normale.

Bild 563. Natur-Rick.

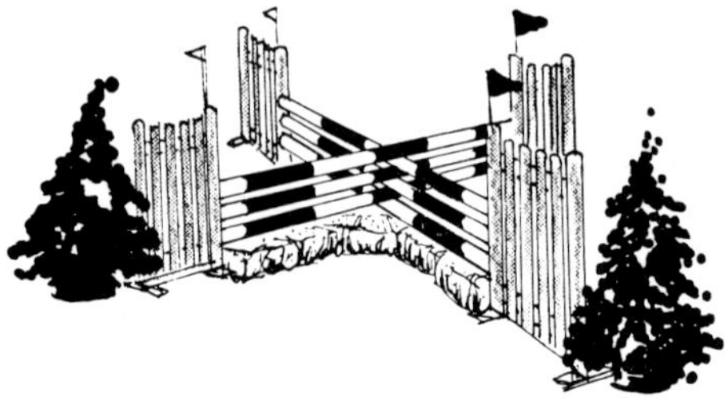

Bild 564. Spinne.

Bild 565. Oxer.

Bild 566. Schweinerücken.

Bild 567. Triplebarre.

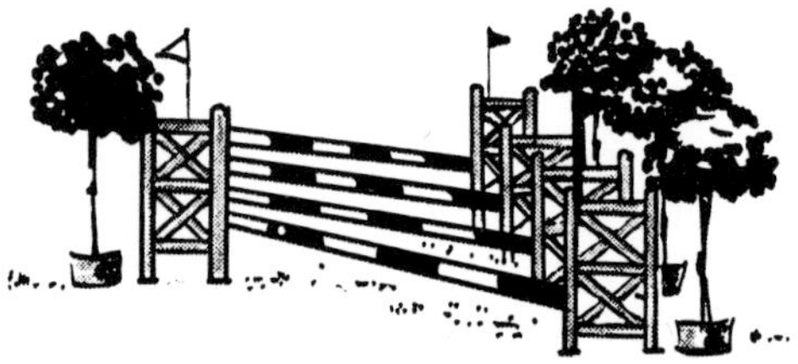

Bild 568. Fächersprung, der in Wendungen aufgebaut wird – hier in einer Linkswendung.

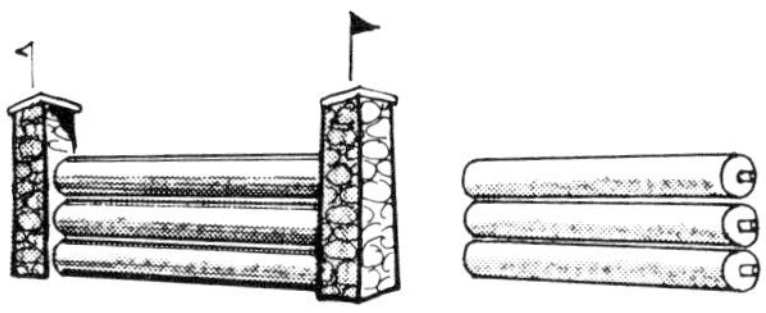

Bild 569. Elefantensprung mit Mauerpfeilern.

Bild 570. Elefantensprung als Triplebarre.

Bild 571. Feldsteinmauer.

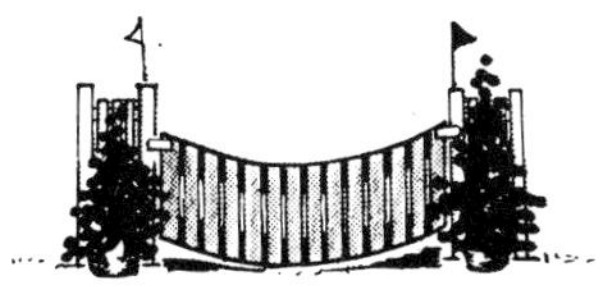

Bild 572. Stockholmer Tor, ein gebogenes Gatter, das oben und unten Auflagen hat.
a) Für leichte Springen.

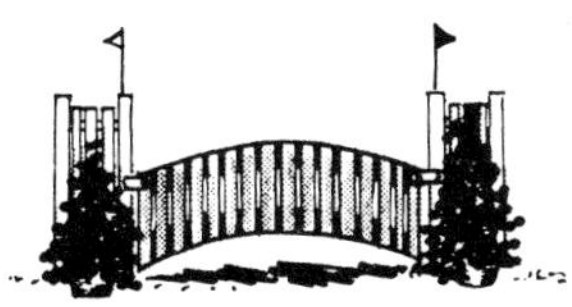

b) Für schwere Springen.

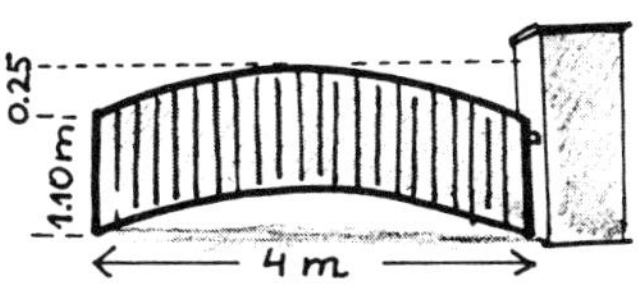

c) Die Abmessungen des Stockholmer Tors.

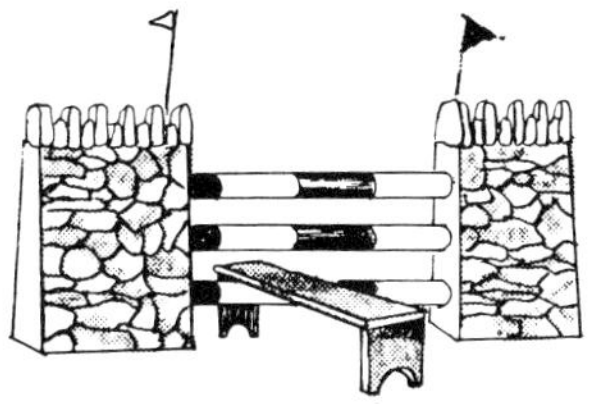

Bild 573. Enger Sprung mit Gartenbank.

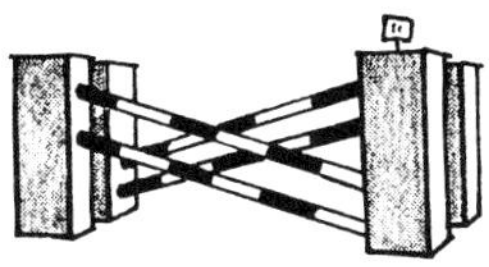

Bild 574. Dieses Hindernis hat keine Grundlinie, eignet sich deshalb nicht so gut für junge Pferde. Noch schwieriger ist es zu springen, wenn man in die Mitte eine niedrige Mauer stellt, da diese eine falsche Grundlinie bildet.

Bild 575. Schwieriger Oxer ohne Grundlinie.

Bild 576. Der „Twister".

Bild 577. Oxer, von beiden Seiten zu springen.

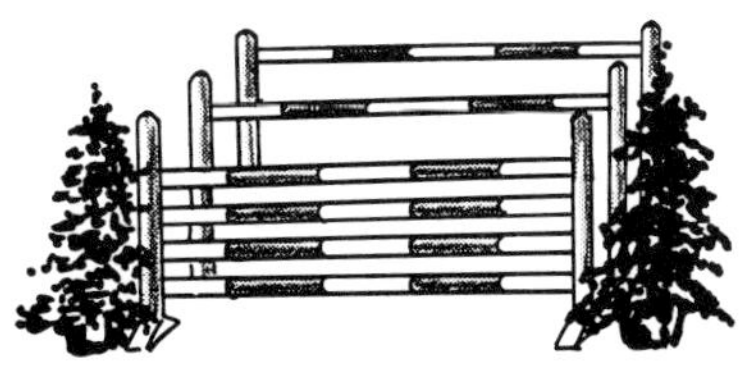

Bild 578. Extra breiter Oxer.

sollen, immer so gebaut werden, daß sie von der Haupttribüne aus gut zu sehen sind.
(Eine Kombination sollte man interessehalber immer im Stechen lassen.) Zu den Vorbereitungen gehört es auch, zwei Hindernisse für den Abreiteplatz zur Verfügung zu stellen, am besten einen Steilsprung und einen Oxer. An den Hindernissen muß auf einer Warntafel angezeigt werden, daß die Hindernisse nur von einer Seite gesprungen werden dürfen und von welcher Seite. Das ist wichtig, um Unfälle zu vermeiden und zu gleicher Zeit unerlaubtes Barren auszuschließen (... indem der Oxer von der falschen Seite gesprungen wird). Die Löcher für die Auflage sollten bei den Ständern der Probesprünge nicht höher als 1,20 Meter gehen, so kann man von vornherein ausschließen, daß die Reiter unsinnigerweise auf dem Abreiteplatz zu hoch springen.

Typ der Springprüfung

Da der Parcoursgestalter darüber informiert ist, welche Pferde und Reiter am Start zu erwarten sind, kann er sich ungefähr ausrechnen, welche Anforderungen an die Teilnehmer gestellt werden dürfen. Damit das Turnier sowohl für die Zuschauer als auch für die Reiter möglichst interessant und abwechslungsreich wird, sollte man sich mit den Veranstaltern darüber einigen, daß möglichst viel verschiedene Typen von Springprüfungen abgehalten werden, und welche unter den gegebenen Umständen am besten geeignet sind.
Bei der Wahl der Springprüfung ist es wichtig, sich nach dem Geläuf, Typ und Standard der teilnehmenden Pferde und nach dem Geschmack von Reitern und Zuschauern zu richten. So sind in einem Pferdezuchtland wie Irland Puissancespringen und Barrierenspringen sehr selten. In Ländern, die sich in dem „Herausbringen" von Springpferden spezialisieren, sind dagegen die verschiedenen Typen schwerer Springprüfungen üblich. In warmen Ländern wie Australien und Mexiko werden Zeitspringen über niedrigere Hindernisse abgehalten als in Ländern mit weicherem Boden. — In Ländern, in denen das Jagdreiten ein Nationalsport ist, sind Springprüfungen über Naturhindernisse wie Steinmauern und große Wälle beliebt (siehe Dublin und Belfast).
Unter einigen hier gemachten Vorschlägen möge der Veranstalter und Parcoursgestalter sich die unter den gegebenen Umständen günstigsten Prüfungen aussuchen: Springprüfung nach Fehlern und Zeit, Zeitspringen, Punktespringen, Paarspringen, Wahlspringen, Glücksjagdspringen, verschiedene Stafettenspringen, Zweipferdespringen, Mächtigkeitsspringen, Barrierenspringen und so weiter.
Der Sinn eines schweren Springens ist, das Können von Pferd und Reiter zu prüfen. Gehen in einem solchen Springen zu viele Pferde fehlerfrei, wird die Sache langweilig. Sind es zu wenig Pferde, ist das ein Zeichen dafür, daß der Parcours zu schwer war. Beim Springen mit Stechen sind drei bis vier Nullfehlerritte mehr im ersten Umlauf, als Geldpreise ausgeschrieben sind, ein günstiges Verhältnis. Bei sechs Geldpreisen ergeben zehn Nullfehlerrunden im ersten Umlauf ein interessantes Stechen.
Um das Können von Pferd und Reiter zuverlässig zu testen, um wirklich den Besten siegen zu sehen, sollten die Schwierigkeiten eines Parcours gleichmäßig verteilt werden. Ein Parcours mit nur einer oder zwei Klippen ist mehr ein Glücksspiel, bei dem auch ein weniger guter Reiter siegen kann. Bei den Klippen eines schweren Parcours sollte es sich aber nur um „ehrliche" Schwierigkeiten handeln. Die lassen sich durch Abwechslung von Steilsprüngen und Oxern oder zum Beispiel durch einen Steilsprung oder Oxer vor oder (und) hinter einem Wassergraben schaffen. Der Abstand vom Wassergraben bis zum nachfolgenden Hindernis sollte 21 Meter, 24 Meter, 27 Meter und so weiter betragen. Je nach Standard der Pferde kann diese Schwierigkeit erleichtert werden durch Verlängerung des Ab-

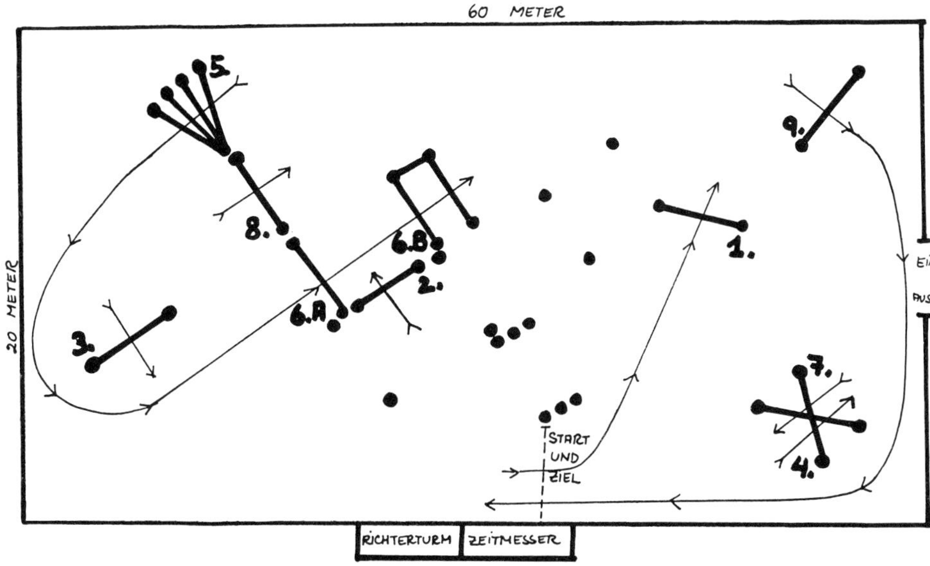

Bild 579. Leichtes Springen: 9 Hindernisse, 10 Sprünge. Stechen über Hindernisse 1, 2, 3, 4, 6 A, 6 B und 7.

standes um je 2 Meter. Da die meisten weniger erfahrenen Pferde nach dem Wassergraben flach werden, erleichtert die größere Distanz den Absprung vor dem nachfolgenden Hindernis.

Von künstlich in den Parcours hineingedachten Problemen halte ich nicht viel. So gibt es zum Beispiel Parcoursgestalter, die alle Hindernisse des Parcours so bauen, als ob es sich um eine einzige Kombination handele. Das erzeugt unnötige Abstandsschwierigkeiten, die sowohl für den Reiter als auch für die Pferde entmutigend sind. Man kann auch schwere Springprüfungen interessant und klippenreich aufbauen, ohne zu solchen Tricks greifen zu müssen.

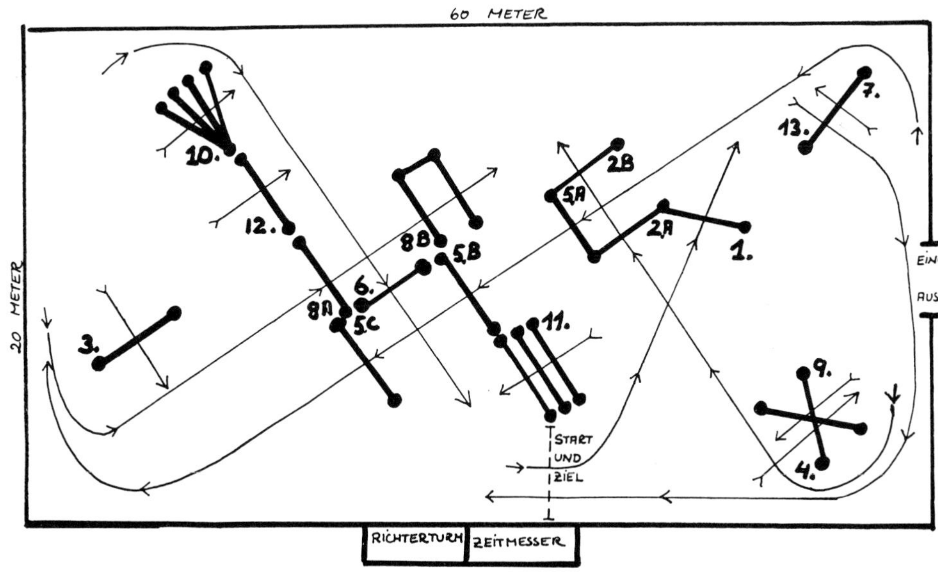

Bild 580. Schweres Springen: 13 Hindernisse, 17 Sprünge. Stechen über Hindernisse 1, 11, 6, 5 A, 5 B, 5 C, 10 und 9.

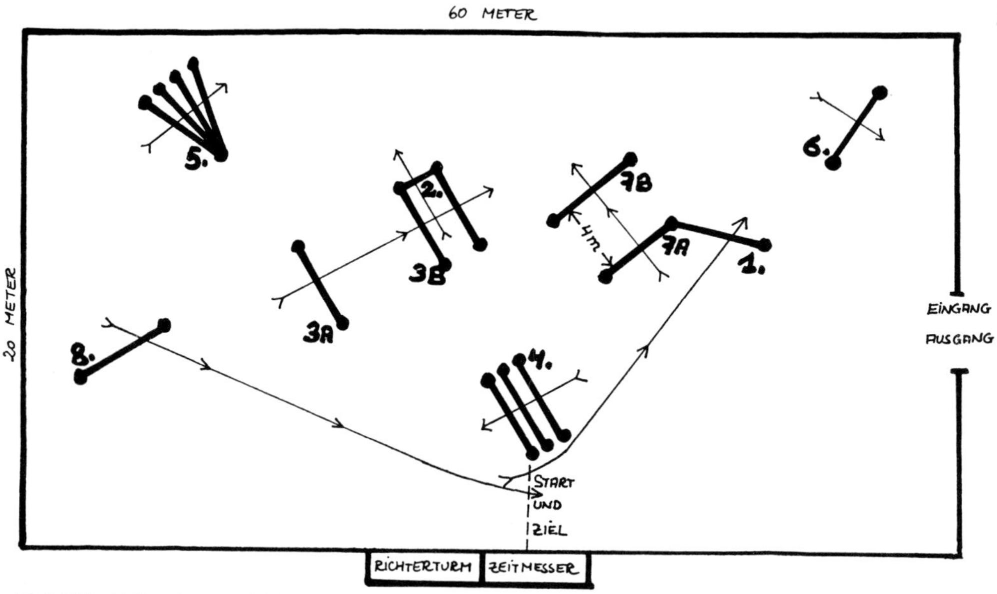

Bild 581. Zeitspringen: 8 Hindernisse, 10 Sprünge.

Beim Entwerfen eines Parcours wären alle diese Umstände und Überlegungen zu berücksichtigen. Wenn auf einem Hallenturnier zum Beispiel an einem Tag drei verschiedene Springprüfungen abgehalten werden, sollte man alle drei Parcours so anlegen, daß man sie ohne großen Zeitverlust zwischen den Prüfungen umbauen kann (siehe folgende drei Beispiele für ein leichtes, ein schweres und ein Zeitspringen in einer Halle von 20 × 60 Meter).
Gleichzeitig mit der Parcoursskizze ist eine Aufstellung von allem benötigten Material erforderlich (siehe Beispiel am Ende dieses Kapitels), mit Reservehindernissen und Werkzeug für eventuelle schnelle Reparaturen, wieviel Helfer vor dem Turnier für den Aufbau und am Turniertag selber für den Hindernisdienst benötigt werden.
Bevor man mit dem eigentlichen Parcoursbau beginnt, sollten diese Pläne und Informationen der Organisation übermittelt werden, so daß die einzelnen Hindernisteile schon auf dem Turnierplatz an den entsprechenden Stellen abgeladen werden können.

Bau des Parcours

Gutes Handwerkszeug erleichtert auch dem Parcoursgestalter seine Arbeit erheblich. Er benötigt:

1. eine Meßlatte,
2. ein Meßband,
3. ein Meßrad,
4. einen Plan des Pacours mit genauen Angaben über Höhe und Weite der einzelnen Hindernisse,
5. bunte Kreide, mit der vor den Prüfungen an den Ständern die Höhe der Auflagen markiert wird, je Prüfung in einer Farbe. Dadurch kann viel Zeit und Arbeit erspart werden, wenn während der Prüfung ein Hindernis völlig umgeworfen wird. Von den Hilfsmannschaften ist nicht zu erwarten, daß sie aus dem Kopf wissen, welche Höhe das Hindernis vor dem Abwurf hatte. Meistens handelt es sich bei den Helfern um Laien, denen die farbigen Markierungen eine willkommene Hilfe sind.

Vor dem Aufbau der Hindernisse werden von jedem Hindernis erst nur zwei Ständer und eine Stange jeweils an den Stellen aufgebaut, an denen die Hindernisse geplant sind. So kann man an Ort und Stelle einen klaren Überblick über den ganzen Parcours gewinnen und mißt mit Schritten die ungefähren Abstände zwischen den provisorischen Hindernissen. Man achtet schon jetzt darauf, daß Weitsprünge (Oxer, Wassergraben) und Kombinationen genug Anlauf haben, und vor allem darauf, daß alle Wendungen fair zu reiten sind. Nach jeder Wendung muß der Reiter noch genug Platz haben, das nächste Hindernis gerade anzureiten. Ich baue alle meine Parcours so auf, daß der Reiter — wenn er die Wendungen korrekt reitet — den ganzen Parcours in einem einheitlichen Tempo durchgaloppieren kann und nicht durch unfaire Wendungen oder Abstände gezwungen wird, diesen Fluß zu unterbrechen. Ein Parcours soll als ein einheitliches Unternehmen betrachtet und geritten werden, der Aufbau darf den Reiter nicht nötigen, seinen Ritt durch Regulieren und Tempowechsel zu zerhakken. — Ist geprüft worden, daß die provisorischen Hindernisse alle am richtigen Platz stehen und daß der Parcours sich gut reiten läßt, kann das Hindernis vollständig aufgebaut werden.

Jedes Hindernis muß rechts eine rote und links eine weiße Begrenzungsflagge haben, zwischen denen das Hindernis zu nehmen ist. Die Flaggen müssen so unabhängig vom Hindernis und den Fängen stehen, daß sie, falls das Hindernis abgeworfen wird, nicht in Mitleidenschaft gezogen werden. Diese Flaggen werden auch dazu benutzt, ein Hindernis, das im Parcours nicht gesprungen wird, klar auszukreuzen.

Ist das erste Hindernis fertig, wird mit dem Meßrad der genaue Abstand vom hinteren Rand des ersten Hindernisses bis zum vorderen Rand des zweiten Hindernisses gemessen. Dabei ist darauf zu achten, daß alle Einzelhindernisse in einem Abstand voneinander stehen, der sich durch drei teilen läßt. Der durchschnittliche Galoppsprung ist drei Meter lang. Demnach dürften bei einem flüssigen Ritt keine Absprungprobleme auftauchen.

Das gleiche gilt auch für Wendungen: man folgt mit dem Meßrad genau der Linie, der der Reiter bei seinem Ritt folgen soll. Wenn er also die Ecken korrekt durchreitet, trifft er das nächste Hindernis im richtigen Abstand an.

Die Abstände in Kombinationen werden mit dem Meßband gemessen, und zwar von der hinteren unteren Linie bis zur vorderen unteren Linie des nächsten Kombinationsteiles. (Mehr über die Abstände in Kombinationen in dem Kapitel „Kombinationen".)

Dann sind alle Hindernisse deutlich und klar zu numerieren. Die Nummern rechts oben auf dem Hindernis, damit der Reiter sie im Parcours rechtzeitig erkennen kann.

Bild 582. Zwischen den Begrenzungsflaggen muß das Hindernis gesprungen werden.

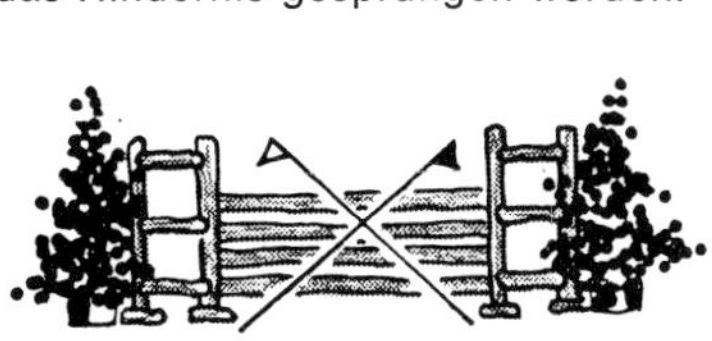

Bild 583. Wenn das Hindernis im Parcours nicht gesprungen wird, wird es mit den Flaggen ausgekreuzt.

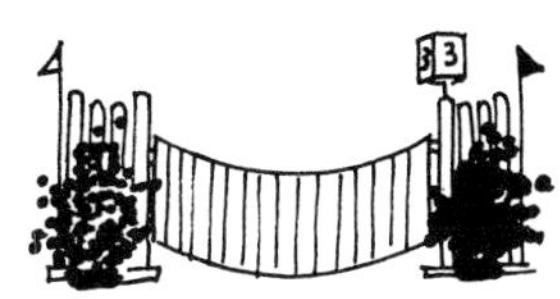

Bild 584. Diesen Nummernwürfel kann man von allen Seiten gut sehen.

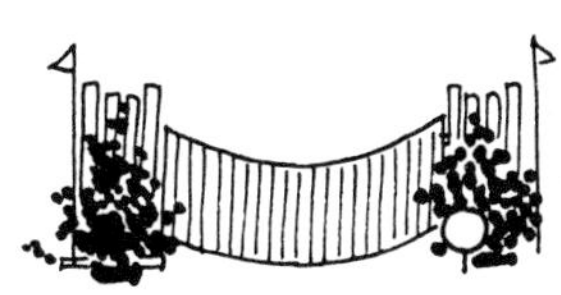

Bild 585. Diese Numerierung hilft eigentlich nur bei der Parcoursbesichtigung.

Nummern, die unten vor dem Hindernis stehen, können beim Reiten oft erst zu spät erkannt werden und helfen eigentlich nur bei der Parcoursbesichtigung.
Die ganze Länge des Parcours wird berechnet, nachdem der Parcours so Schritt für Schritt genau nach Plan aufgebaut worden ist. Der Abstand vom Start bis zum ersten Hindernis soll nicht mehr als 25 Meter und nicht weniger als sechs Meter betragen, vom letzten Hindernis bis zum Ziel nicht mehr als 25 Meter und nicht weniger als 15 Meter.
Diese Abstände werden zu den Abständen zwischen den einzelnen Hindernissen addiert, die bei dem Abmessen mit dem Meßrad notiert worden sind. Alles zusammen ergibt die Gesamtlänge des Parcours. (Logischerweise müßten ja auch noch die Abmessungen der Weitsprünge zur Gesamtlänge des Parcours addiert werden. Da das aber ja nur zur Berechnung der Zeit geschieht, sind die Abmessungen der Weitsprünge nicht ausschlaggebend, das Pferd legt die Entfernung im Sprung wesentlich schneller zurück als im Galopp.) Nach demselben System wird die Länge des Parcours für das Stechen gemessen, der nicht weniger als sechs Hindernisse enthalten soll.
Die günstige maximale Gesamtlänge eines Parcours ergibt sich aus der Zahl der Hindernisse multipliziert mit 60. — Hat ein Parcours zum Beispiel zehn Hindernisse, sollte die Gesamtlänge des Parcours nicht mehr als 600 Meter betragen. Das ist allerdings nur eine Begrenzung nach oben hin, die wirkliche Länge eines Parcours richtet sich nach dem Typ der Springprüfung und nach dem Standard der Pferde. Ein Springen für junge Pferde sollte nicht länger als ungefähr 500 Meter sein, weil diese im allgemeinen noch ziemlich unentwickelt sind, so daß sie einem längeren Parcours nicht in einheitlichem Tempo bis zu Ende gewachsen sind.
Von großem Vorteil hat es sich meiner Erfahrung nach erwiesen, wenn der Parcoursbauer seinen Entwurf daheim maßstabgetreu nachbaut. Er kann sich dadurch einen guten Überblick verschaffen und spart viel Zeit.
Auf einer Platte aus Preßspan oder einem ähnlichen Material wird im Maßstab 1:50 oder 1 : 100 der Turnierplatz bzw. die Halle aufgezeichnet. Am besten verwendet man dazu Kreide, die man nachher wieder wegwischen kann. Die Sprünge werden aus kleinen Holzklötzchen im selben Maßstab angefertigt, oder man verwendet einfach in der Größe passende Streichholzschachteln. Man kann diesen Miniaturparcours also ganz einfach herstellen; wenn man Zeit und Lust hat, kann man natürlich auch eine schönere Ausführung mit grünem Rasen und gestrichenen Hindernissen basteln (siehe Bild 551, Seite 352).
Wenn der Parcoursbauer mit seinem Entwurf zufrieden ist, legt er die zu reitende Linie vom Start bis zum Ziel mit einem Bindfaden aus. Die Länge wird anschließend genau gemessen und auf das Originalmaß umgerechnet. So kennt man schon vor dem Turnier die Längen seiner Parcours, kann sich zum Beispiel Mindest- und Höchstzeiten ausrechnen und braucht am Turniertag nicht mehr mit dem Rad messen.

Die vorgeschriebene Linie

Geschickte Linienführung macht eine Springprüfung interessant. Das gewohnte „einmal außen herum und dann durch die Diagonale" ist langweilig — nicht nur für die Reiter, sondern auch für die Zuschauer. Mit vielen Richtungsänderungen dagegen kann eine Springprüfung abwechslungsreich und lehrreich sein, nur müssen, besonders für junge Pferde, alle Wendungen groß und fair zu reiten sein.
Es liegt in der Hand des Parcoursgestalters, für den ganzen oder einen Teil des Parcours eine vorgeschriebene Linie anzusetzen. Hierbei handelt es sich um einen vorgeschriebenen Weg, den der Reiter beim Absolvieren des Parcours zu reiten hat. Er ist gleichzeitig die Linie, auf der die Länge des Parcours gemessen worden ist.

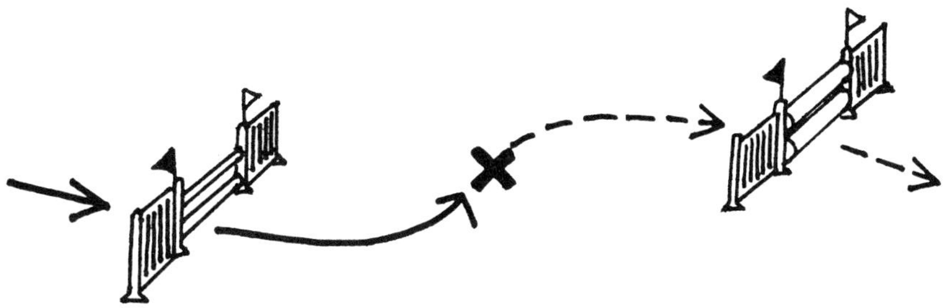

Bild 586. Eine unfaire Parcourslinie: Die beiden Hindernisse liegen nicht auf korrekter Linie. Das Pferd muß nach dem ersten Sprung für die Linkswendung im Linksgalopp landen. Nur ein erfahrenes Pferd wird in der Lage sein, bei X einen fliegenden Galoppwechsel zu machen. Ein junges Pferd wird das Gleichgewicht verlieren und im Außen- oder Kreuzgalopp durch die Wendung gehen. Dadurch bekommt es Absprungprobleme am nächsten Hindernis.

Dem Reiter wird die Bahn vorgeschrieben, damit er nicht in Versuchung kommt, unfaire Wendungen zu reiten und sein Pferd falsch gegen den nächsten Sprung zu bringen. Außerdem wird der Reiter dazu erzogen, „mit Kopf" zu reiten. Wer das nicht tut — oder nicht kann — und eine falsche Bahn einschlägt, wird disqualifiziert. Diese Zwischenfälle sind zugegebenermaßen eine willkommene Abkürzung bei der Abwicklung eines scheinbar endlos langen Springens.

Will man keine Linie vorschreiben, können Kegel benutzt werden, die den gleichen Zweck erfüllen. In den markierten Wendungen müssen sie umritten werden. Dadurch wird der Reiter zu korrekten Wendungen gezwungen, was besonders vor Kombinationen wichtig ist. Wer einen Kegel auf der falschen Seite umreitet, wird mit Disqualifikation bestraft; wer einen Kegel umwirft, erhält vier Strafpunkte.

Zeitberechnung

Ist die genaue Länge des Parcours bekannt, läßt sich die Zeit berechnen, die ein Reiter für seinen Ritt benötigt.

1. Ein Anfängerspringen für junge Pferde sollte nie schneller als in einem Tempo von 300 Metern pro Minute geritten werden.
2. Ein mittelschweres Springen wird in einem Tempo von 350 Metern pro Minute geritten.
3. Ein schweres Springen wird nicht schneller als in einem Tempo von 375 Meter pro Minute geritten. (Das in Nationenpreisen und Olympischen Spielen verlangte Tempo von 400 Meter pro Minute sollte deshalb nur in solchen Prüfungen verlangt werden, die als unmittelbare Vorbereitung für einen Nationenpreis oder ein Olympisches Jagdspringen abgehalten werden.)

Es ist äußerst wichtig, daß die verschiedenen Typen und Klassen von Springprüfungen genau in dem für sie geeigneten Tempo ausgeschrieben und geritten werden. Das Pferd wächst mit zunehmender Erfahrung und Alter Schritt für Schritt in eine höhere Klasse und ein entsprechend schnelleres Tempo hinein. — Leider wird das in vielen Ländern außer acht gelassen: In Deutschland werden zum Beispiel alle Anfängerspringen im ersten Umlauf nach Fehlern und Zeit entschieden. Wenn der Reiter sich plazieren will — was er ja muß, wenn er sein Pferd für eine höhere Klasse qualifizieren will —, muß er den leichten Parcours im Renntempo durchrasen. Dieses falsche System bei leichten Springprüfungen macht junge Pferde schon am Anfang ihrer Karriere flach, läßt sie auf die Vorhand kommen und verführt sie, flüchtig zu springen. Selbst wenn ein Pferd eine

gute Grundausbildung genossen hat und anfangs in gutem Stil springt, wird sich das bei der Jagd nach Sekunden schnell ändern — noch bevor der gute Stil gefestigt ist und bevor das Pferd reif genug geworden ist, um auch ein schnelleres Springen in gutem Stil gehen zu können.
Ein noch schlechteres System, Anfängerprüfungen zu entscheiden, habe ich in Mexiko kennengelernt. Dort sind diese Parcours erstens viel zu lang (sie dauern zwei Minuten), und der Reiter wird gezwungen, diesen niedrigen langen Kurs in einem Tempo von 400 Meter pro Minute zu reiten, also im Tempo eines Olympischen Jagdspringens. Im Fall eines Stechens muß der ganze Parcours noch einmal durchgesprungen werden. Und all das bei dem harten Boden.
Die Turnierorganisatoren der Länder, die ihre leichten Springen so entscheiden und dadurch viele junge Pferde und Reiter schon am Anfang ihrer Laufbahn ruinieren, sollten sich einmal ansehen, wie in England und Irland solche Anfängerspringen entschieden werden und wie dort die guten Pferde wirklich eine Chance haben, sich in schönem Stil für höhere Klassen zu qualifizieren.
— Hier werden Anfängerprüfungen nie nach Zeit entschieden. Wenn in einem leichten Springen zum Beispiel zehn Pferde fehlerlos gegangen sind, läßt man diese Pferde noch einmal einen gekürzten, erhöhten Parcours springen. Bleiben dann zum Beispiel noch fünf Pferde fehlerfrei, werden die ausgeschriebenen fünf ersten Geldpreise gleichmäßig als fünf erste Preise verteilt. Nur in etwas schwereren Springen darf dann im ersten oder zweiten Stechen die Zeit als entscheidender Faktor eingeführt werden.
Ich bin der festen Überzeugung, daß dies der einzig richtige Weg ist, um junge Pferde und Reiter heranzubilden und für schwere Springen zu qualifizieren. So wird auf jeden Fall verhindert, daß das Pferd gezwungen wird, zu „rennen", bevor es laufen gelernt hat.

Mindestzeit — Höchstzeit

Ich lasse alle Springprüfungen mit einer Mindest- und einer Höchstzeit reiten. Dadurch gewöhnen sich die Reiter von Anfang an daran, im vorgeschriebenen Tempo zu reiten und keine unnütze Zeit zu verschwenden. Lernen sie das, werden sie davon später in großen Springen profitieren, wenn die Zeiten viel knapper bemessen werden und eine verschwendete Sekunde schon den Sieg kosten kann.

Mindestzeit:

Wenn das Tempo eines Springens 300 Meter pro Minute beträgt und der Parcours 600 Meter lang ist, beträgt die Mindestzeit zwei Minuten. In einem leichten Springen gibt man immer ein paar Sekunden mehr dazu, um den Reiter nicht dazu zu verführen, zu schnell zu reiten und sein Pferd zu übereilen. Ein Überschreiten der Mindestzeit wird mit einem Viertelstrafpunkt pro Sekunde bestraft.

Höchstzeit:

Die Höchstzeit ist die Zeitgrenze, die der Reiter im Parcours nicht überschreiten darf. Sie ist in allen Springen doppelt so lang wie die Mindestzeit, in unserem Beispiel also vier Minuten. Wer diese Zeitgrenze überschreitet, wird disqualifiziert.
Wenn diese Zeitgrenzen auch schon in leichten Springen eingeführt werden, verhindert man, daß Reiter, die zwar ohne Springfehler geblieben sind, aber in jeder Ecke durchpariert haben oder riesige Wendungen geritten haben, mit glatten und flüssig gerittenen Nullfehlerrunden gleichgestellt werden.

Die Parcoursskizze

Nach allen diesen Berechnungen kann die endgültige Parcoursskizze fertiggestellt werden.
Aus der Skizze müssen folgende Einzelheiten zu entnehmen sein:

1. Nummer der Prüfung,
2. Richtverfahren,
3. Parcourslänge,
4. verlangtes Tempo,
5. Mindestzeit, Höchstzeit,
6. wie viele Hindernisse und wie viele Sprünge der Parcours enthält,
7. Start und Ziellinie, Eingang und Ausgang,
8. vorgeschriebene Linie oder Kegel,
9. Pfeile, die anzeigen, in welcher Richtung die Hindernisse zu springen sind,
10. zwei Pfeile, wenn das Hindernis von beiden Seiten gesprungen wird,
11. Einzelheiten für ein Stechen: Zahl und Nummern der Hindernisse, vorgeschriebene Linie, Kegel, Zeit,
12. Richterturm und Zeitmesser.

Für jede Springprüfung müssen drei Parcoursskizzen vorliegen, eine für den Richterturm, die andere — wetterfest — für eine Tafel auf dem Abreiteplatz und eine für den Parcoursgestalter. Die Skizze auf dem Abreiteplatz muß mindestens eine Stunde vor Beginn der Prüfung angeschlagen werden.

Dann ist es Aufgabe des hauptamtlichen Richters, den Parcours abzunehmen, das heißt Höhe und Breite der Hindernisse, Zeitbemessung und Linienführung zu begutachten, für deren Richtigkeit er verantwortlich zeichnet.

Erst dann wird der Parcours zur Besichtigung freigegeben.

In England und Irland wird in Anfängerprüfungen erlaubt, daß die Reiter sich den Parcours auf den Pferden ansehen, die sie in der betreffenden Prüfung reiten werden. Ich halte das bei jungen Pferden für eine sehr große Hilfe, die ihnen Vertrauen in die neue Umgebung gibt. Schließlich soll in diesen leichten Springen ja unser Nachwuchs geschult und auf größere Aufgaben vorbereitet werden.

Parcoursgestaltung für ein Hallenturnier

Alle Ratschläge für Vorbereitungen und Gestaltung eines Außenturniers gelten auch für ein Hallenturnier. Nur ist der Entwurf des Parcours in der Halle noch schwieriger als der auf einem freien Platz. Durch die räumliche Enge wird jeder Quadratmeter ausschlaggebend. Der Parcoursgestalter muß größte Sorgfalt walten lassen, denn wenn ein Parcours auf so engem Raum schlecht angelegt ist und Haarnadelkurven hat, können die teilnehmenden Pferde schnell verdorben werden. Das ist auch der Grund, warum ich in einer kleinen Halle keine Zeitspringen abhalten mag, die Anstrengung für die Fessel- und Sprunggelenke der Pferde ist zu groß, ganz abgesehen davon, daß das Maul durch die schnellen Wendungen auf kleinem Raum bestimmt leidet.

Je kleiner die Halle ist, je schwieriger wird es sein, einen interessanten Parcours zu bauen und dennoch genug Raum zu lassen, daß jedes Hindernis einzeln angeritten werden kann, daß der Reiter die Ecken gut durchgaloppieren kann und nie gezwungen wird, den Fluß des Rittes zu unterbrechen. Unabhängig davon, wie klein die Halle ist, muß der Reiter mindestens drei Galoppsprünge auf einer Geraden zum Anreiten eines Einzelhindernisses haben.

Der Hufschlag sollte möglichst frei gelassen und die Hindernisse mehr auf die Mitte der Bahn konzentriert werden. Das erlaubt freiere Linienführung. Wenn überhaupt, dann darf höchstens eine lange Seite zugebaut werden.

Kombinationen sollten nur auf der Diagonalen oder an der einen langen Seite aufgebaut werden. Zum Anreiten der Kombination müssen dem Reiter mindestens vier Galoppsprünge auf der Geraden gegeben werden. Wenn er die Ecken vorschriftsmäßig ausreitet, hat er damit Platz genug für eine dreifache Kombination. — Bei Kombinationen in der Halle muß bedacht werden, daß kein Pferd schneller als in einem Tempo von etwa 250 Meter pro Minute durch die Ecke galoppieren kann, gleichgültig, welches Tempo für die Prüfung vorgeschrieben ist.

Wenn das vorgeschriebene Tempo der Prüfung also 300 oder 350 Meter pro Minute ist, muß der Reiter nach dem Durchreiten der Ecke, anstatt das Pferd aufzunehmen, mit aller Kraft vorwärtsreiten, um auf den vier Galoppsprüngen bis zur Kombination das vorgeschriebene Tempo von 300 oder 350 Meter pro Minute wieder zu erreichen. Nur wenn er dazu in der Lage ist und wenn er das Tempo dann auch durch die ganze Kombination aufrechterhält, dann kann er mit den Abständen der Kombinationen in der Halle fertig werden.

Bei großen internationalen Hallenturnieren werden die Kombinationen deshalb zum Prüfstein für Können und Reaktionsfähigkeit von Pferd und Reiter. Interessant ist, zu beobachten, wie die erfahrenen internationalen Reiter mit diesem Problem fertig werden. Sie sind es ja gewöhnt, in knapp bemessener Zeit ihre Parcours zu reiten, und deshalb routiniert genug, das vorgeschriebene Tempo auch in einem Hallenparcours aufrechtzuerhalten. Nur so können sie die breiten Oxer und die weiten Kombinationsabstände auf so engem Raum meistern.

Von jungen Pferden und Reitern kann soviel Erfahrung jedoch noch nicht erwartet werden. Von ihnen ist noch nicht zu verlangen, daß sie in der Halle ausbalanciert durch die Ecke galoppieren können und dann auf wenigen Galoppsprüngen energisch das Tempo zulegen. Die meisten jungen Pferde verlieren in der Ecke ihren Schwung und kommen dann wesentlich langsamer als bei einem Außenturnier in die Kombination hinein. — Deshalb mache ich es bei leichten Springen in der Halle einfacher, indem ich den ersten Abstand der Kombination um etwa 30 Zentimeter abkürze. Anderenfalls würde den Pferden bestimmt für den dritten Teil der Kombination der Schwung fehlen.

Für Kombinationen in der Halle gilt genau wie für Kombinationen bei Außenturnieren die Regel, daß nach dem Aufbauen die Kombination von Anfang bis Ende eine aufsteigende Oberlinie aufweisen muß, das heißt, die Hindernisse müssen zum Ende der Kombination hin höher werden.

Abreiteplatz bei Hallenturnieren:

Bei der Organisation von Hallenturnieren bei Nacht können besondere Schwierigkeiten entstehen, wenn kein beleuchteter Abreiteplatz vorhanden ist oder wenn das Wetter so schlecht und kalt ist, daß der Abreiteplatz draußen nicht benutzt werden kann.

In solchen Fällen ist den Reitern Gelegenheit zu geben, vor Beginn jeder Springprüfung ihre Pferde in der Halle abzureiten. Meistens lasse ich den Hufschlag sowieso frei, sollte aber eine lange Seite bebaut sein, müssen für diese Abreitezeit die Stangen der Hindernisse auf dem Hufschlag herausgenommen werden. Bevor die Reiter die Bahn verlassen müssen, baue ich ihnen noch einen Probesprung auf, der allerdings später nicht im Parcours vorkommen darf. Ich lasse ihn erst einmal als Steilsprung springen und mache dann einen Oxer daraus, den die Reiter auch noch einmal springen dürfen. Dann müssen die Reiter die Bahn verlassen, nur der erste darf zum Start gleich in der Halle bleiben.

Ein solches Abreiten ist eine Notlösung, unter Umständen aber immer noch besser als gar kein Abreiten oder draußen im Dunkeln Probesprünge machen zu müssen.

367 Bild 587. Parcoursskizze für das Turnier in Schloß Rathfarnham.

Parcoursskizze für das Turnier in **Schloß Rathfarnham** Datum: **27. 7. 1968**

Prüfung Nr. **3**

1. Umlauf:	Table **A**	Parcourslänge **764 m**	Vorgeschr. Tempo: **350 m/min.**
	Mindestzeit **131 sec.**	Höchstzeit **262 sec.**	Zeitfehler **¼ Pt. per sec.**
	Hindernisse **15**	Sprünge **18**	Vorgeschr. Linie von **9** bis **Ziel**
2. Umlauf	– oder Stechen = Hindernisse Nr. **6, 7, 8, 9, 4A, 4B, 5**		
	Table **A**	Parcourslänge **338 m**	Vorgeschr. Tempo **350 m/min/sec.**
	Mindestzeit **58 sec.**	Höchstzeit **116 sec.**	Zeitfehler **¼ Pt. per sec.**
	Hindernisse **6**	Sprünge **7**	Vorgeschr. Linie von bis

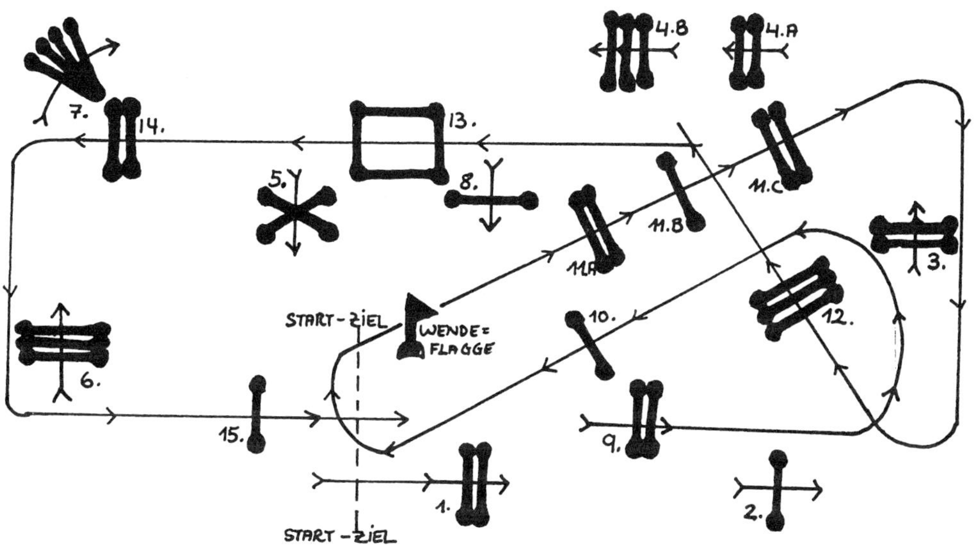

1. Umlauf

	Max. Höhe	Max. Breite
1.	1,20 m	1,35 m
2.	1,20 m	
3.	1,30 m	1,60 m
4.A	1,30 m	1,40 m
B	1,30 m	1,90 m
5.	1,30 m	2,10 m
6.	1,30 m	1,80 m
7.	1,20 m	2,10 m
8.	1,35 m	0,75 m
9.	1,35 m	1,75 m
10.	1,35 m	
11.A	1,30 m	1,70 m
B	1,35 m	
C	1,35 m	1,80 m
12.	1,35 m	2,10 m
13.	0,60 m	5,00 m
14.	1,30 m	1,50 m
15.	1,35 m	

2. Umlauf/Stechen

	Erhöht		Verbreitert	
	1.	2.	1.	2.
4.A	0,07		0,15	
B	0,07			
5.	0,07			
6.	0,07		0,15	
7.	0,07		0,07	
8.	0,07			
9.			0,15	

Hindernismaterial für das Turnier in **Schloß Rathfarnham** Datum: **27. 7. 1968**

No.	Hindernis	Fänge	Stangen	Gatter	Mauer	Planken	Fässer	Hürde	Triple-barre	Auflagen normal	flach	Pfeiler	Elefanten-sprung-rollen	Flaggen	Absprung-stangen
1	Aufw. Sprung	4	3 grün	1 grün			4 grün	1		4	2			4	
2	Planken					4 rot					8	2 rot		2	1 rot
3	Rom Sprung	4	4 schwarz-w.							8				4	
4 A	Oxer	4	5 blau-w.				4 blau	1		10				4	
4 B	Tripleb.	6	5 blau-w.							10				4	
5	Spinne	4	5 gelb-w.							10				4	
6	Schweiner.	6	8 schwarz-w.							16				4	
7	Fächer	5	5 rot-w.							10		2 rot		3	
8	Mauer				1 rot									2	
9	Oxer	4	1 rot-w.			4 rot				2	8			4	
10	Gatter	2		1 natur							2			2,1 rot	1 natur
11 A	Oxer	4	5 blau-w.					1		10				4	
11 B	Steilspr.	2	4 blau-w.							8				2	
11 C	Oxer	4	5 blau-w.					1		10				4	
12	Tripleb.	2							1		6		3	4	
13	Wasser	2						1 (klein)						4	1 weiß
14	Oxer	4	5 grün-w.					1		10				4	
15	Gatter			1 (olymp.)							2	2 rot		2	
	Summe	57	55	3	1	8	8	6	1	108	28	6	3	62	3

Probesprungmaterial: 6 Fänge, 8 Stangen, 16 Auflagen

Sonstiges: 6 künstliche Grasmatten, 1 Kokosmatte, 2 Startpfosten, 2 Zielpfosten, Werkzeugkasten, Ersatzhindernismaterial

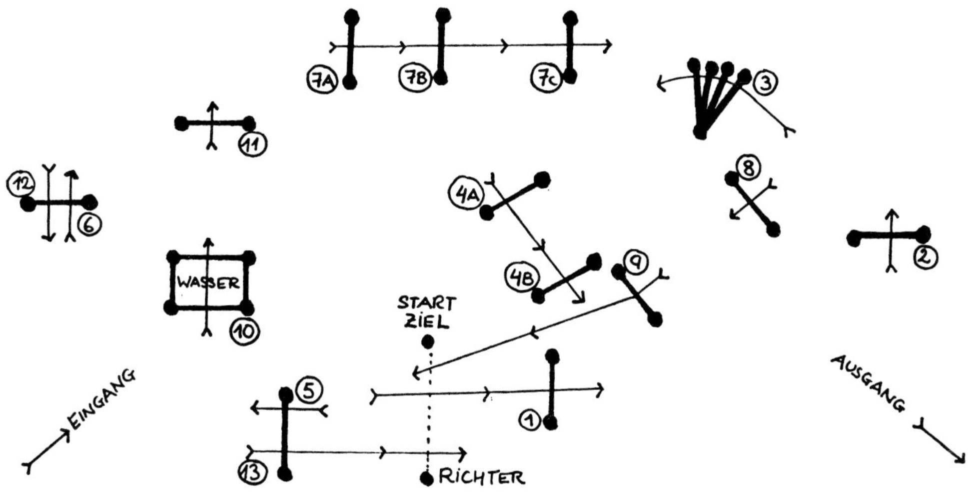

Bild 588. Außenturnier. Leichtes Springen: 9 Hindernisse, 12 Sprünge, Stechen dasselbe. Schweres Springen: 13 Hindernisse, 16 Sprünge, Stechen 5, 6, 7 A, 7 B, 7 C, 8, 9, 10, 11, 12, 13.

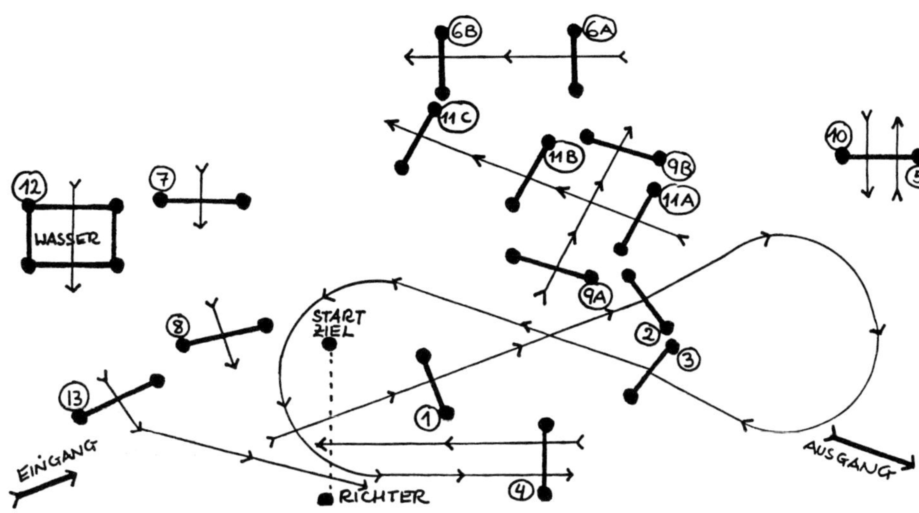

Bild 589. Außenturnier. Leichtes Springen: 8 Hindernisse, 9 Sprünge, Stechen dasselbe. Schweres Springen: 13 Hindernisse, 17 Sprünge, Stechen 1, 2, 3, 4, 11 A, 11 B, 11 C, 12, 13.

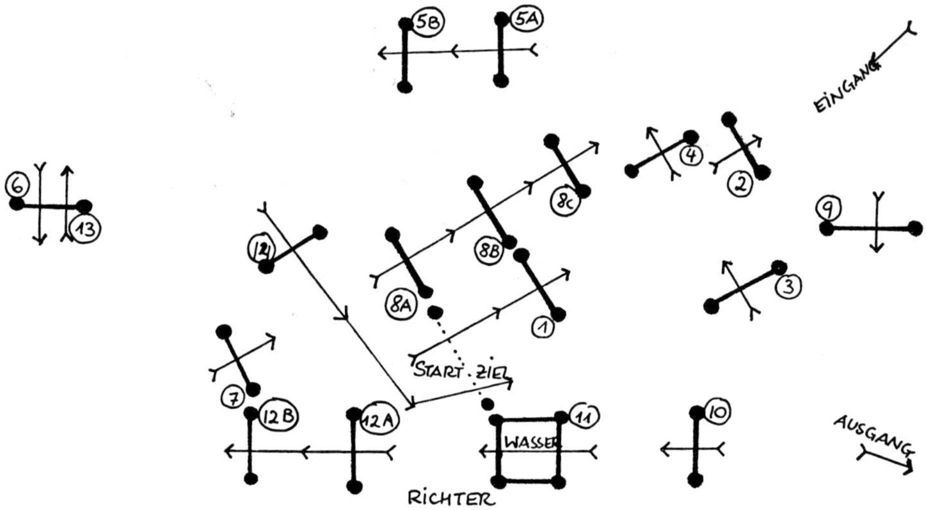

Bild 590. Außenturnier. Leichtes Springen: 7 Hindernisse, 8 Sprünge, Stechen dasselbe. Schweres Springen: 14 Hindernisse, 18 Sprünge, Stechen 1, 5 A, 5 B, 8 A, 8 B, 8 C, 9, 10, 11, 12 A, 12 B, 14.

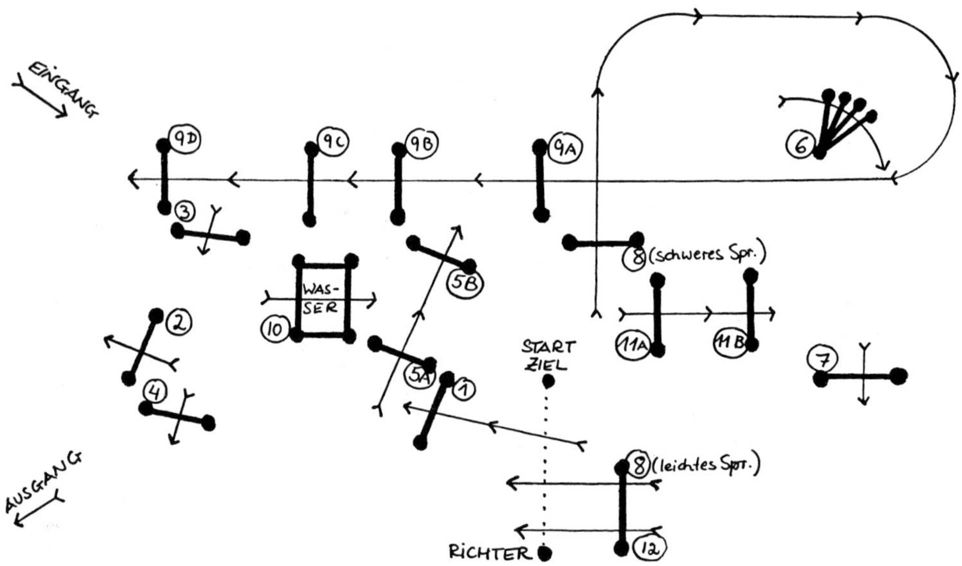

Bild 591. Außenturnier. Leichtes Springen: 8 Hindernisse, 9 Sprünge, Stechen dasselbe. Schweres Springen: 12 Hindernisse, 17 Sprünge, Stechen 1, 2, 3, 4, 5 A, 5 B, 9 A, 9 B, 9 C, 9 D, 10, 11 A, 11 B, 12.

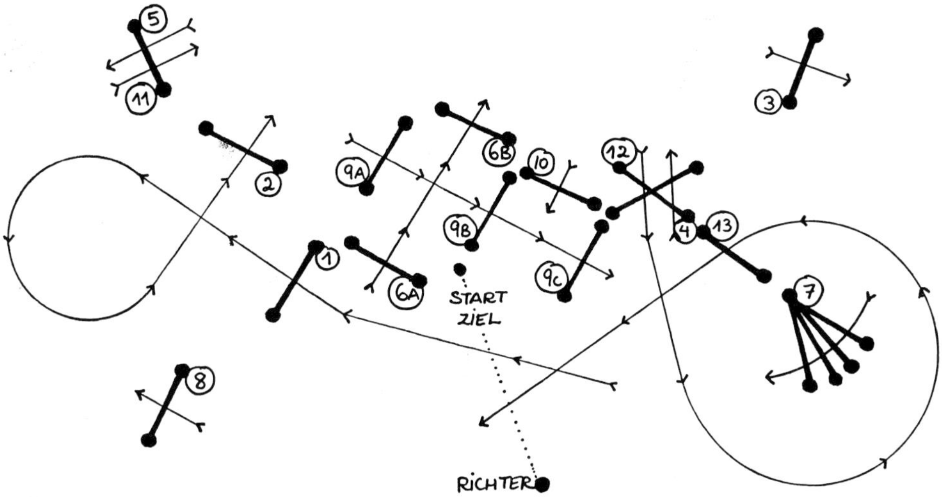

Bild 592. Hallenturnier (20 m × 60 m).
Leichtes Springen: 7 Hindernisse, 8 Sprünge, Stechen dasselbe.
Schweres Springen: 13 Hindernisse, 16 Sprünge, Stechen 4, 5, 6 A, 6 B, 13, 8, 9 A, 9 B, 9 C, 10.

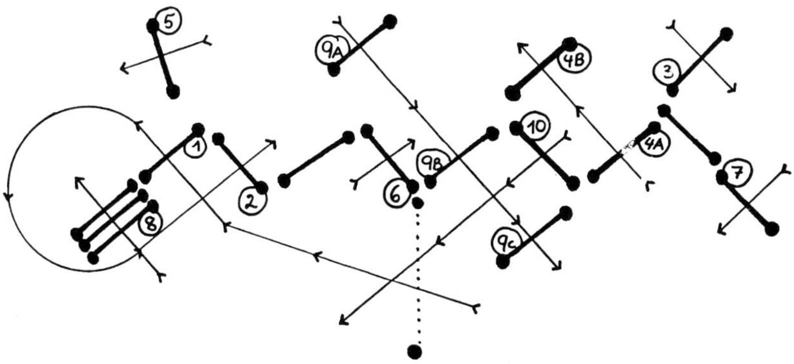

Bild 593. Hallenturnier (20 m × 60 m).
Leichtes Springen: 7 Hindernisse, 8 Sprünge, Stechen dasselbe.
Schweres Springen: 10 Hindernisse, 13 Sprünge, Stechen 1, 6, 7, 8, 9 A, 9 B, 9 C, 10.

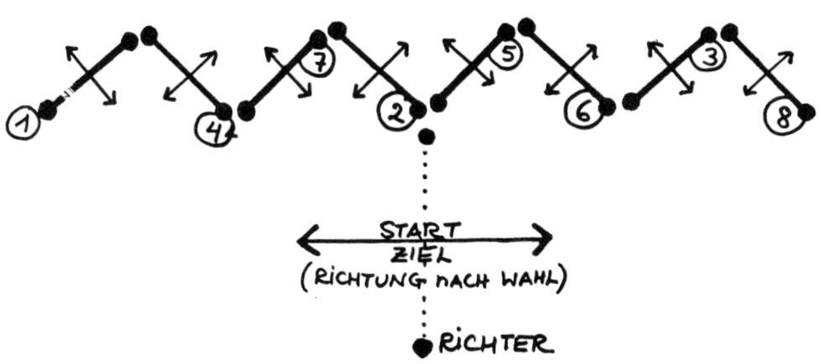

Bild 594. Wahlspringen (übriggeblieben von Parcours Bild 593): 8 Hindernisse, 8 Sprünge.

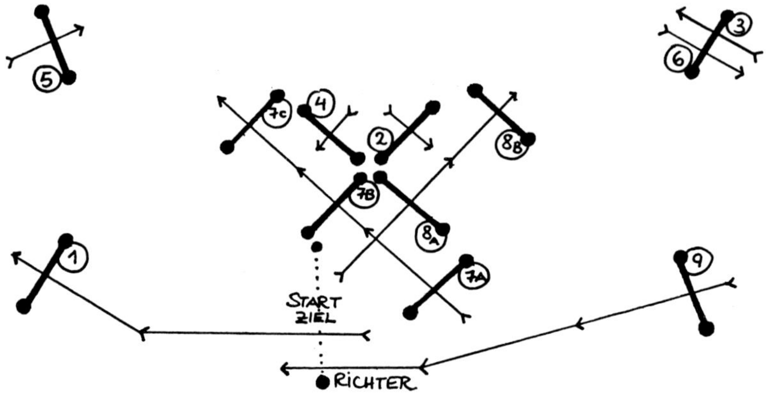

Bild 595. Hallenturnier (20 m × 60 m).
Schweres Springen: 9 Hindernisse, 12 Sprünge, Stechen 3, 4, 5, 6, 7 A, 7 B, 7 C, 8 A, 8 B, 9.

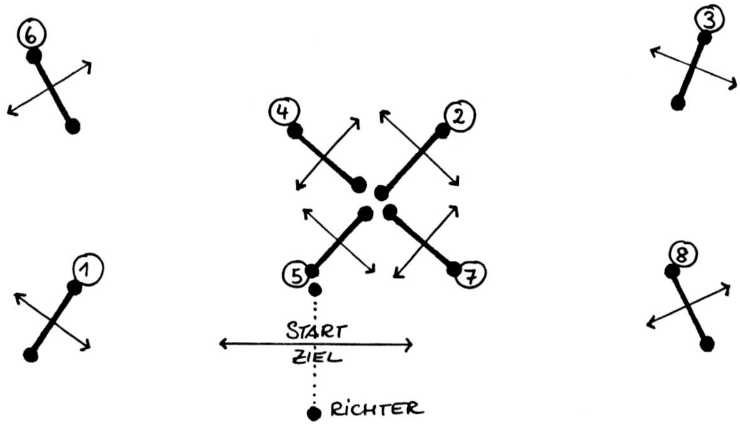

Bild 596. Wahlspringen (übriggeblieben von Parcours Bild 595): 8 Hindernisse, 8 Sprünge, Durchreiten der Start- und Ziellinie nach Wahl.

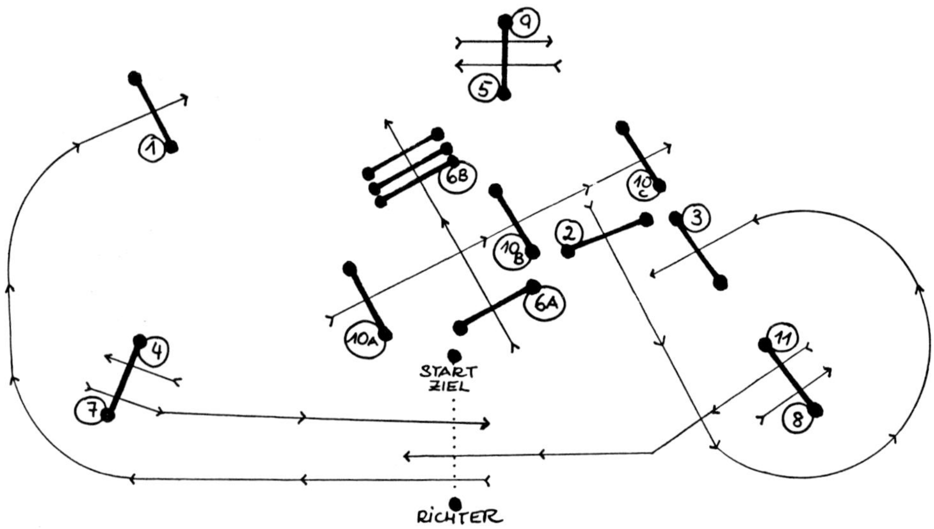

Bild 597. Hallenturnier (20 m × 60 m).
Leichtes Springen: 7 Hindernisse, 8 Sprünge, Stechen dasselbe.
Schweres Springen: 11 Hindernisse, 14 Sprünge, Stechen 3, 4, 5, 6 A, 6 B, 10 A, 10 B, 10 C, 11.

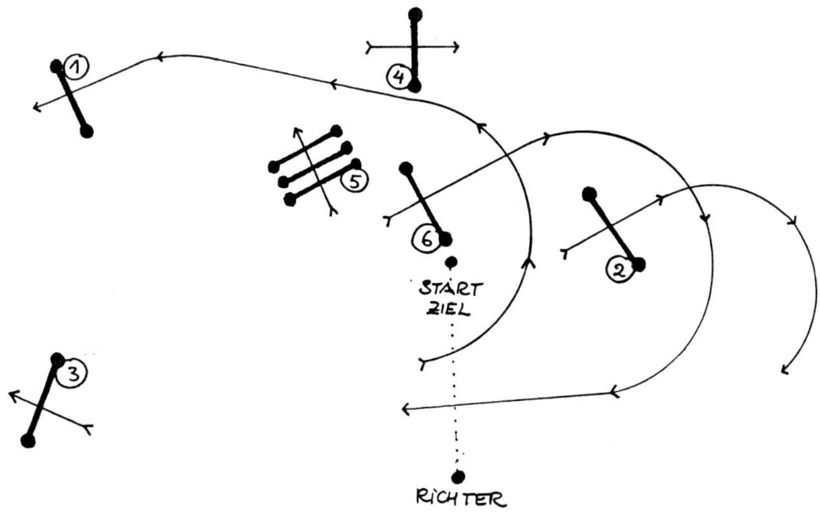

Bild 598. Puissance-Springen (übriggeblieben von Parcours Bild 597): 6 Hindernisse, 6 Sprünge.
Erstes Stechen: Sprung 3 wahlweise, 4, 5, 6.
Zweites Stechen und weitere: Sprung 4 wahlweise, 4, 6.

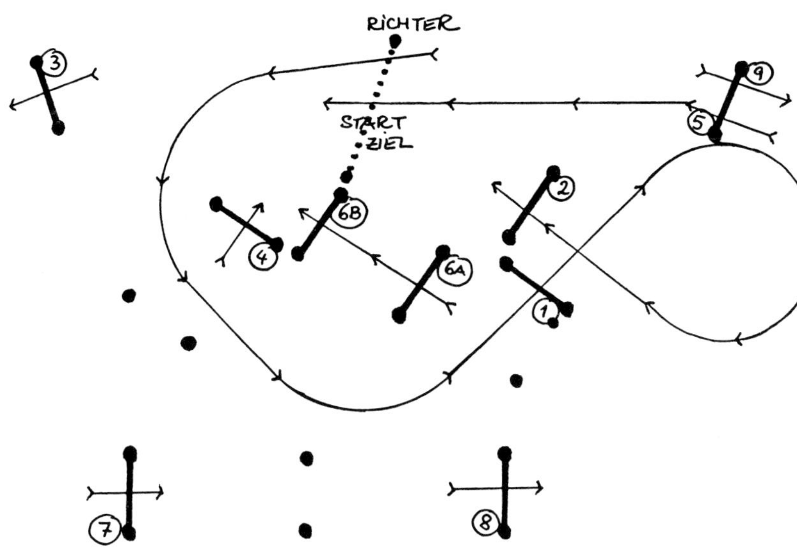

Bild 599. Hallenturnier (20 m × 60 m).
Leichtes Springen: 9 Hindernisse, 10 Sprünge, Stechen 3, 4, 5, 6 A, 6 B, 7, 8, 9.

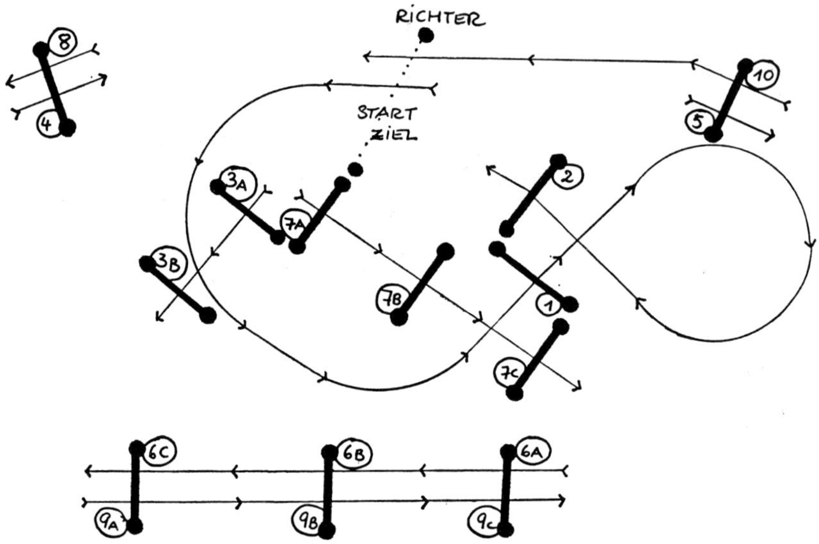

Bild 600. Schweres Springen nach Parcours Bild 599: 10 Hindernisse, 17 Sprünge, Stechen 5, 6 A, 6 B, 6 C, 8, 9 A, 9 B, 9 C, 10.

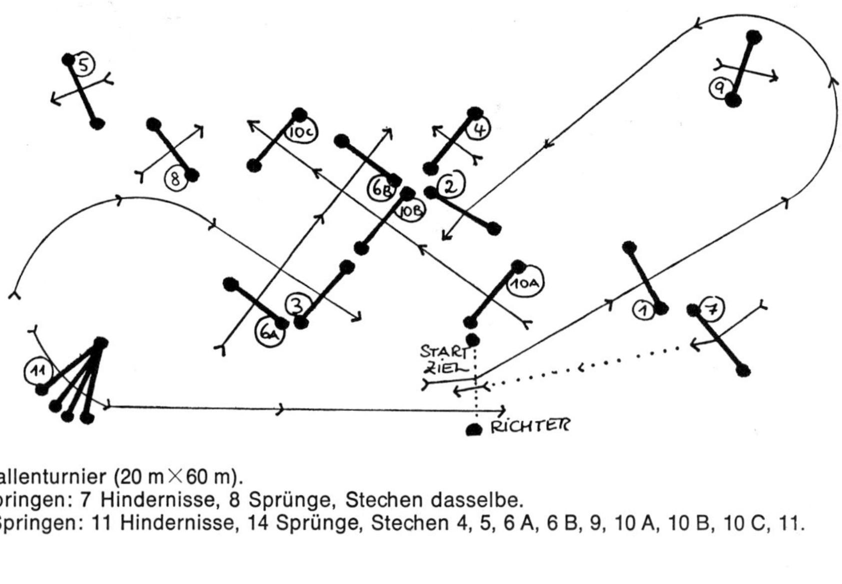

Bild 601. Hallenturnier (20 m × 60 m).
Leichtes Springen: 7 Hindernisse, 8 Sprünge, Stechen dasselbe.
Schweres Springen: 11 Hindernisse, 14 Sprünge, Stechen 4, 5, 6 A, 6 B, 9, 10 A, 10 B, 10 C, 11.

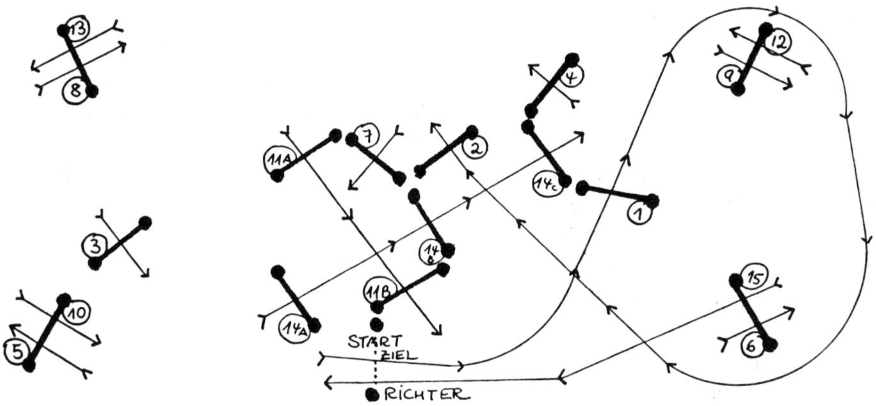

Bild 602. Hallenturnier (20 m × 60 m).
Leichtes Springen: 13 Hindernisse, 14 Sprünge, Stechen 1, 15, 10, 11 A, 11 B, 12, 13.
Schweres Springen: 15 Hindernisse, 18 Sprünge, Stechen 1, 15, 10, 11 A, 11 B, 12, 13, 14 A, 14 B, 14 C, 15.

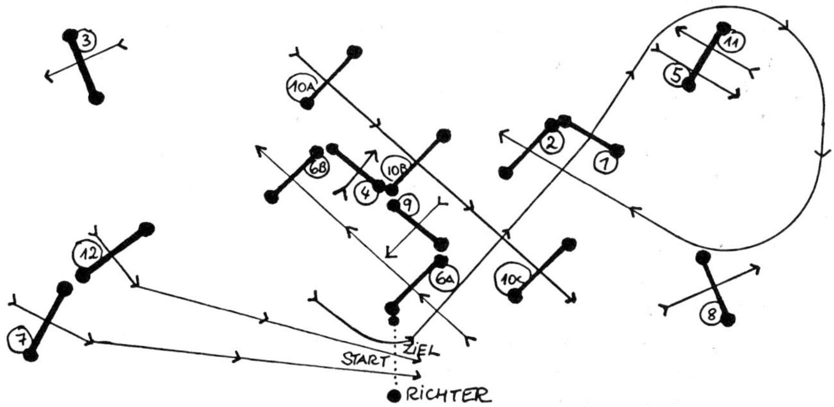

Bild 603. Hallenturnier (20 m × 60 m).
Leichtes Springen: 7 Hindernisse, 8 Sprünge, Stechen dasselbe.
Schweres Springen: 12 Hindernisse, 15 Sprünge, Stechen 8, 9, 10 A, 10 B, 10 C, 11, 3, 4, 6 A, 6 B, 7.

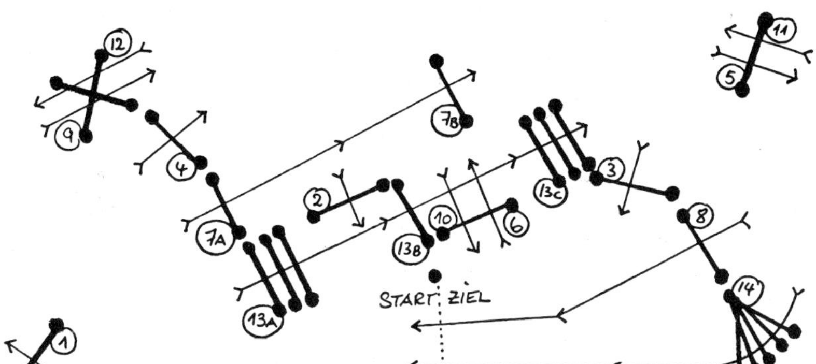

Bild 604. Hallenturnier (20 m × 60 m).
Leichtes Springen: 8 Hindernisse, 9 Sprünge, Stechen dasselbe.
Schweres Springen: 14 Hindernisse, 17 Sprünge, Stechen 1, 10, 11, 12, 13 A, 13 B, 13 C, 14.

Der Zickzack-Parcours als Trainingsabschluß

Ganz gleich in welchem Teil der Welt ich auch als Trainer arbeite, immer lasse ich meine Schüler am Schluß des Springkurses über den „Zickzack-Parcours“ A und C gehen (Bild 605 a und Bild 606 a). Ich will dabei die springtechnischen Fähigkeiten von Pferd und Reiter testen, denn erfahrungsgemäß haben viele Reiter und Pferde die gleichen Schwierigkeiten. Meiner Meinung nach ist das Training über diesen Kurs und der folgende Abschlußtest von ausschlaggebender Bedeutung und großem Nutzen für Pferde und Reiter aller Leistungsklassen. Es geht um die Balance über dem Sprung und das Gleichgewicht zwischen Reiter und Pferd. Beide lernen eine der wichtigsten Techniken, um eine „Wendung überm Sprung“ zu machen: nämlich jeweils im richtigen, d. h. im gewünschten Galopp zu landen. Das ist ein Haupterfordernis bei Springprüfungen, nicht nur um einen flüssigen und harmonischen Umlauf zu erzielen, sondern auch um sich in Zeitspringen und speziell im Stechen Vorteile zu verschaffen.
Wenn das Pferd im gewünschten Galopp gelandet ist, hat sein Körper die richtige Biegung für die nun folgende Wendung. Nachdem das Pferd das Hindernis überwunden hat, ist es in der Lage, die Ecke abzuschneiden und den kürzesten Weg zu nehmen, ohne daß der Reiter irgendwelche übermäßigen oder gar gewaltsamen Zügelhilfen geben müßte.
Das ist ebenso logisch wie natürlich: Wenn ein Pferd eine Wendung nach rechts machen muß und im Rechtsgalopp landet, dann ist sein Körper vom Kopf bis zum Schweif nach rechts gebogen. Landet es nun aber im linken, d. h. im falschen, oder im Kreuzgalopp, dann ist sein Körper in die Gegenrichtung gebogen. Das hat unweigerlich zur Folge, daß das Pferd eine besonders große Wendung machen und sich aufs Gebiß legen wird, um sein Gleichgewicht wiederzufinden. Hierbei gehen natürlich wertvolle Sekunden verloren.
Wenn wir nach dem Landen eine Wendung zu machen haben, müssen wir daher dafür sorgen, daß das Pferd im gewünschten Galopp landet. Das gilt ganz besonders für den Umlauf beim Stechen. Diese wichtige Entscheidung dürfen wir niemals dem Pferd überlassen.
In meiner langjährigen Erfahrung habe ich es bei verschiedenen wichtigen Springen immer wieder erlebt, daß jemand gerade wegen dieses Fehlers seinen Sieg in einer größeren Prüfung verschenkt hat. Ich möchte auch noch einen anderen wesentlichen Punkt betonen, der sich ebenfalls auf den Zeitgewinn beim Stechen bezieht.
Ein Beispiel: Im ersten Umlauf einer Springkonkurrenz muß der Reiter nach dem Überwinden eines bestimmten Hindernisses eine Wendung nach rechts machen, um der Linienführung des Parcours entsprechend zum nächsten Hindernis zu kommen.
Im zweiten Umlauf, dem Stechen über einen verkürzten Parcours, wird jedoch die Linienführung geändert. Nach dem betreffenden Sprung soll man nun nach links abwenden. In einem solchen Fall muß der Reiter bei diesem Sprung ganz besonders aufmerksam sein. Denn ungefähr 90% aller Pferde erinnern sich an den ersten Umlauf und richten sich darauf ein, nach rechts abzuwenden. Also landen sie im Rechtsgalopp. Wenn dies geschieht, so ist es ein Fehler, der wieder wertvolle Sekunden kostet.
Der „Zickzack-Parcours“ A (Bild 605 a) ist geeignet für eine Halle von 20 × 40 m. Er besteht aus sechs Einzelhindernissen. Dieser Parcours kann rasch umgebaut werden zum Kurs B (Bild 605 b). Dieser besteht aus sechs Hindernissen mit zehn Sprüngen, darunter zwei Doppelsprünge und ein Dreifachsprung. Wenn er korrekt aufgebaut ist, gewährleistet er einen äußerst flüssigen Umlauf.
Der Kurs C (Bild 606 a) paßt in eine Halle von 20 × 60 m. Er besteht aus acht Einzelhindernissen. Dieser Parcoursaufbau soll besonders den beiden folgenden Trainingszielen dienen:
Erstens gibt es hier zwei sehr scharfe Wen-

dungen nach rechts – von Hindernis Nr. 5 zu Nr. 6, und von Hindernis Nr. 7 zu Nr. 8. Diese beiden Wendungen sind besonders wichtig für das Training von Pferden, die in normalen Springen Schwierigkeiten mit dem Abwenden nach rechts haben, und es gibt viele Pferde, denen dies schwerfällt.

Zweitens können alle Reiter hierbei sehr viel lernen: Beim „Wenden überm Sprung" überm Hindernis Nr. 5 in Richtung auf Nr. 6 sowie bei Nr. 7 zu Nr. 8 muß der Reiter – wie zuvor erklärt – die korrekten Hilfen geben, um im gewünschten Rechtsgalopp zu landen. Der Reiter sollte, sobald das Pferd unmittelbar nach der Landung mit dem rechten Vorderfuß aufkommt, beginnen, die Galoppsprünge zu zählen. Korrekterweise sollte das Pferd zwischen diesen beiden Hindernissen fünf- bis sechsmal aufkommen, den letzten Galoppsprung beim Absprung eingeschlossen. Die genaue Zahl der Galoppsprünge richtet sich natürlich nach dem Tempo und nach der natürlichen Länge des Galoppsprungs, die bei jedem Pferd verschieden ist.

Wie ich zuvor erwähnt habe, nutze ich den „Zickzack-Parcours" als abschließende Prüfung im Training. Dabei gibt es keine „erlaubte Zeit" oder ein Zeitlimit, es wird vielmehr weiterhin unter normalen Bedingungen geritten. Der Reiter erhält jedoch zusätzlich jedesmal 4 Punkte, wenn sein Pferd im gewünschten Galopp landet. Das heißt: Bei sechs Hindernissen im Parcours kann er bei korrektem Umlauf 24 Punkte bekommen. Landet er im falschen oder im Kreuzgalopp, gibt es keine Punkte, aber auch keine Minuspunkte. Muß der Reiter ausscheiden, darf er dennoch den Kurs beenden – damit es ihm weiterhin Spaß macht.

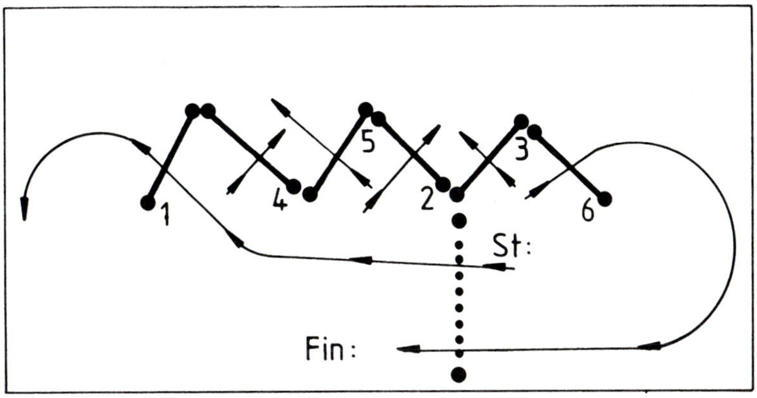

Bild 605 a. Zickzack-Parcours Typ A für eine Halle von 20 m × 40 m.

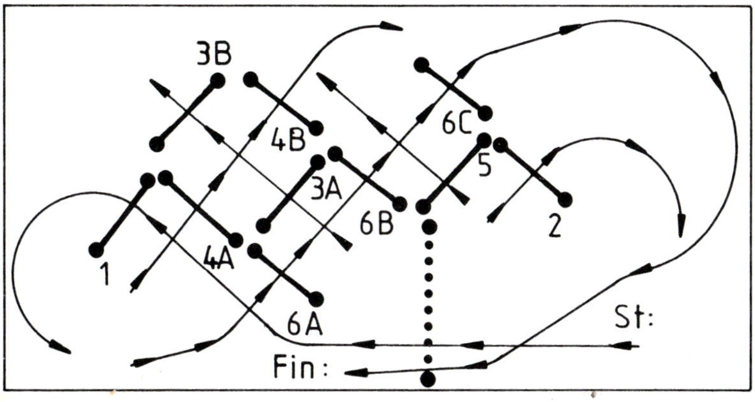

Bild 605 b. Parcours Typ B, aus Typ A heraus entwickelt, für eine Halle von 20 m × 40 m.

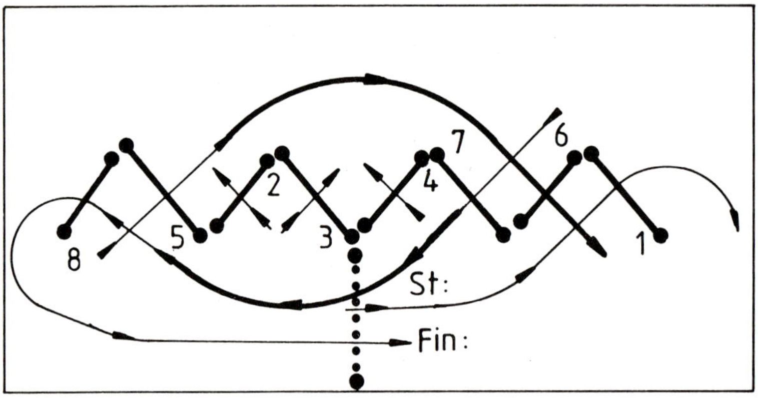

Bild 606 a. Zickzack-Parcours Typ C, für eine Halle von 20 m × 60 m.

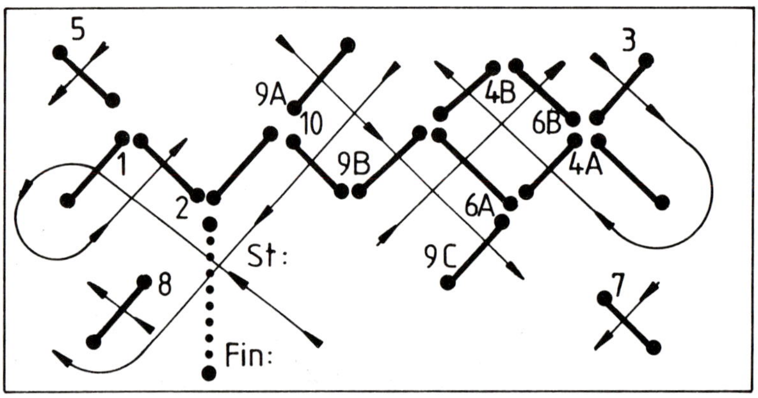

Bild 606 b. Parcours Typ D, aus Typ C heraus entwickelt, für eine Halle von 20 m × 60 m.

Bild 607 a. Trainingsparcours für eine Halle von 20 m × 40 m.

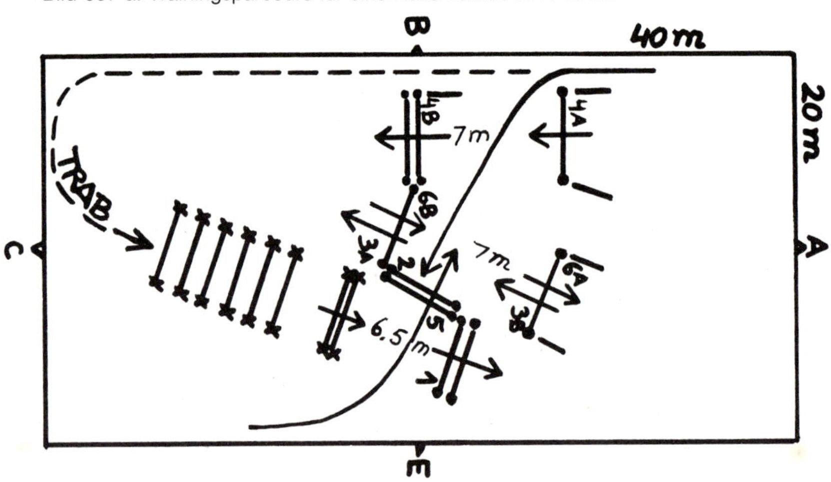

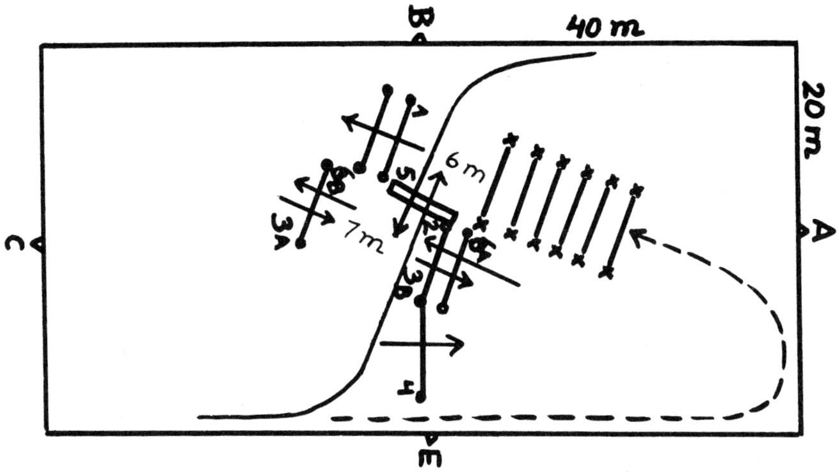

Bild 607 b. Trainingsparcours für eine Halle von 20 m × 40 m.

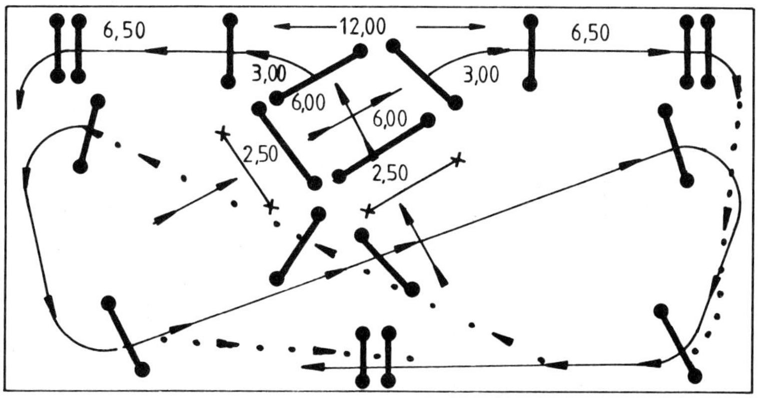

Bild 607 c. Trainingsparcours für eine Halle von 20 m × 40 m.
Material: 2 Cavalettis, 48 Stangen, 36 Ständer

Bild 607 d. Trainingsparcours für eine Halle von 20 m × 40 m.
Material: 4 Cavalettis, 26 Stangen, 26 Ständer

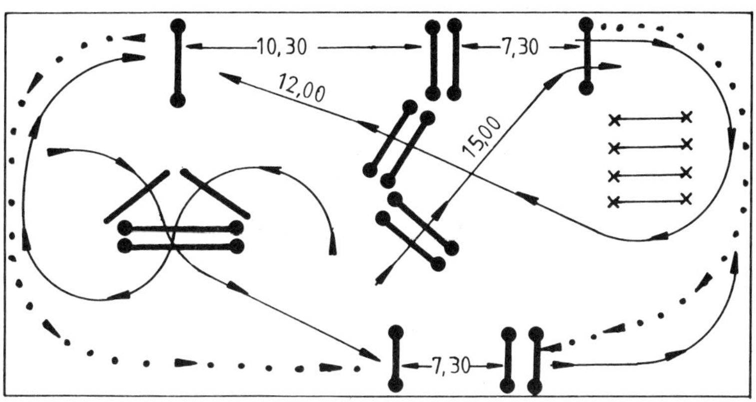

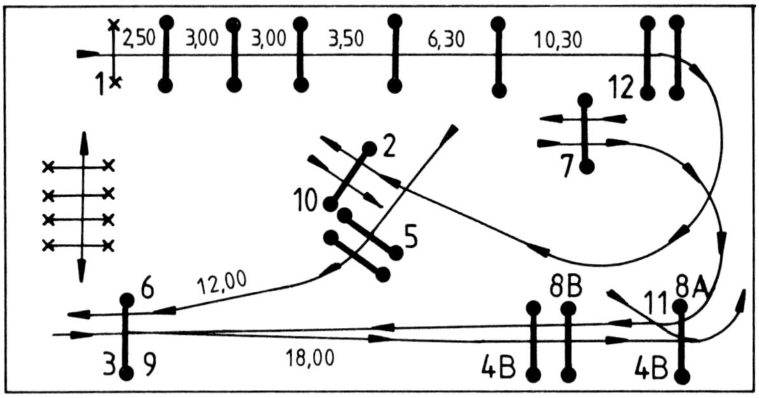

Bild 607 e. Trainingsparcours für eine Halle von 20 m × 40 m.
Material: 5 Cavalettis, 30 Stangen, 30 Ständer

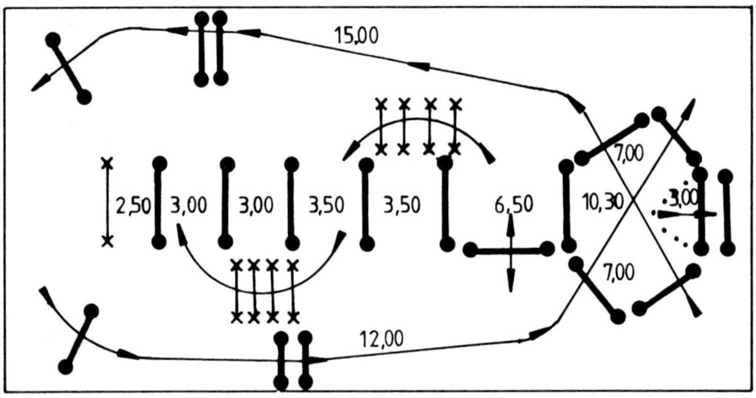

Bild 607 f. Trainingsparcours für eine Halle von 20 m × 40 m.
Material: 9 Cavalettis, 34 Stangen, 38 Ständer

Bild 607 g. Trainingsparcours für eine Halle von 20 m × 40 m.
Material: 4 Cavalettis, 24 Stangen, 24 Ständer

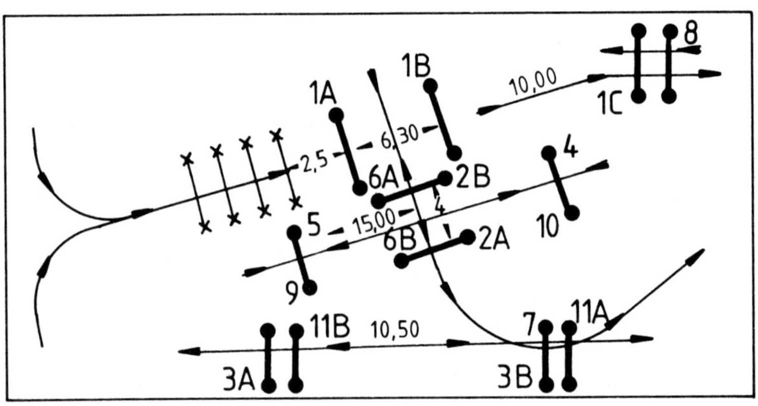

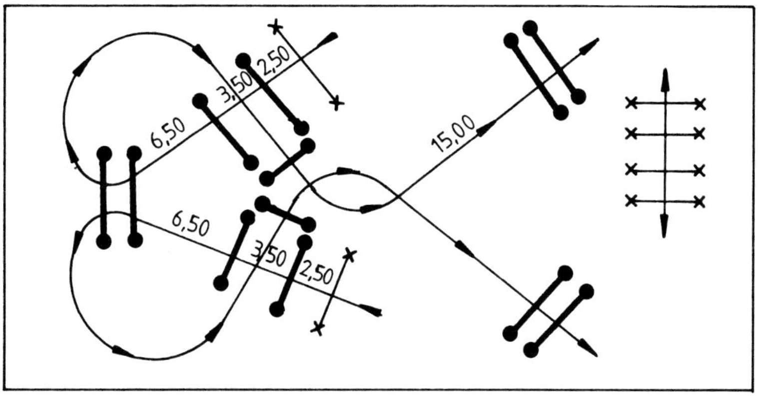

Bild 607 h. Trainingsparcours für eine Halle von 20 m × 40 m.
Material: 6 Cavalettis, 18 Stangen, 24 Ständer

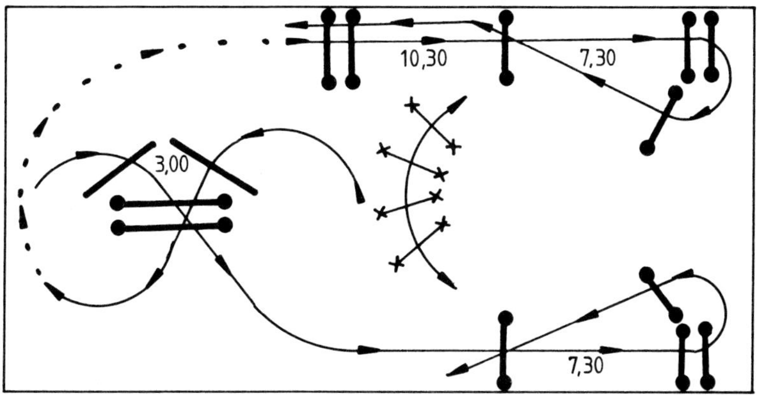

Bild 607 i. Trainingsparcours für eine Halle von 20 m × 40 m.
Material: 4 Cavalettis, 24 Stangen, 24 Ständer

Bild 607 k. Trainingsparcours für eine Halle von 20 m × 40 m.
Material: 4 Cavalettis, 16 Stangen, 20 Ständer

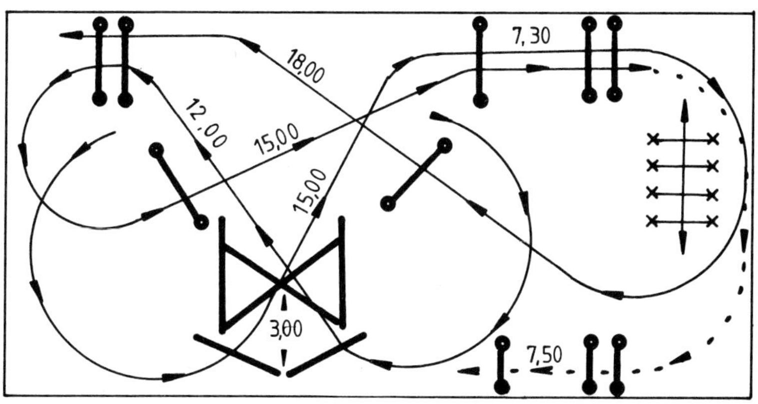

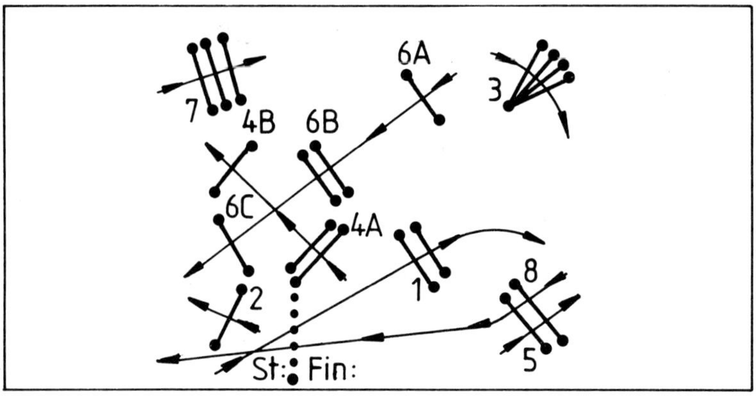

Bild 608 a. Turnierparcours für eine Halle von 20 m × 40 m.

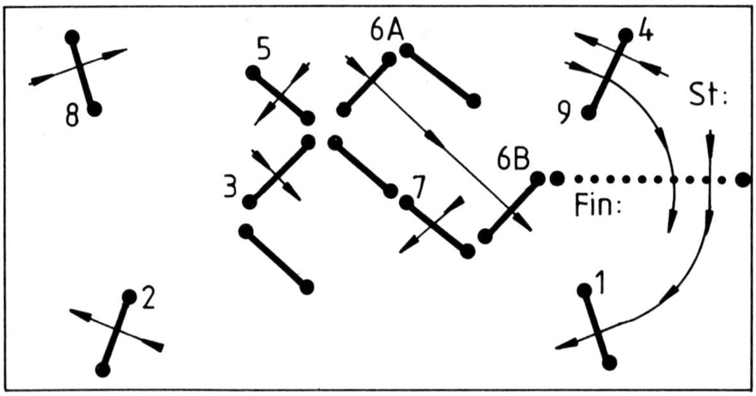

Bild 608 b. Turnierparcours für eine Halle von 20 m × 40 m.

Bild 608 c. Turnierparcours für eine Halle von 20 m × 40 m, aus dem Aufbau von Bild 608 b entwickelt.

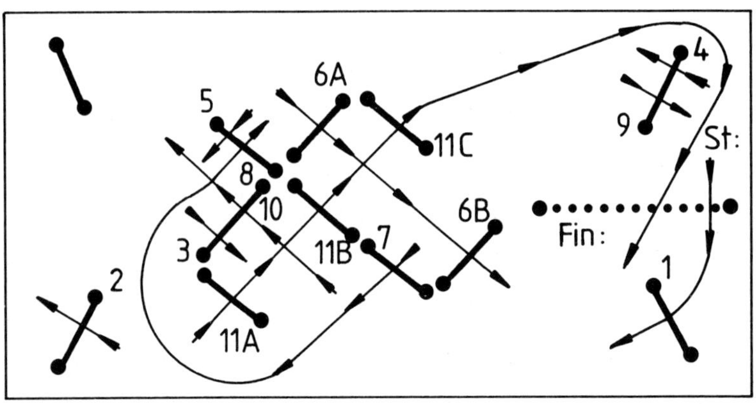

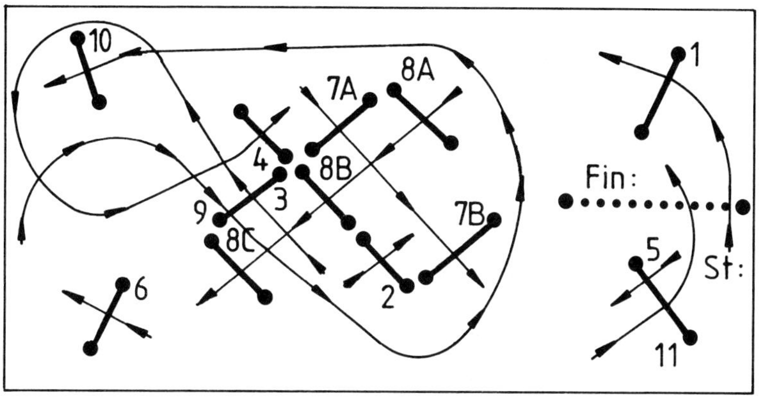

Bild 608 d. Turnierparcours für eine Halle von 20 m × 40 m, aus dem Aufbau von Bild 608 b und c entwickelt.

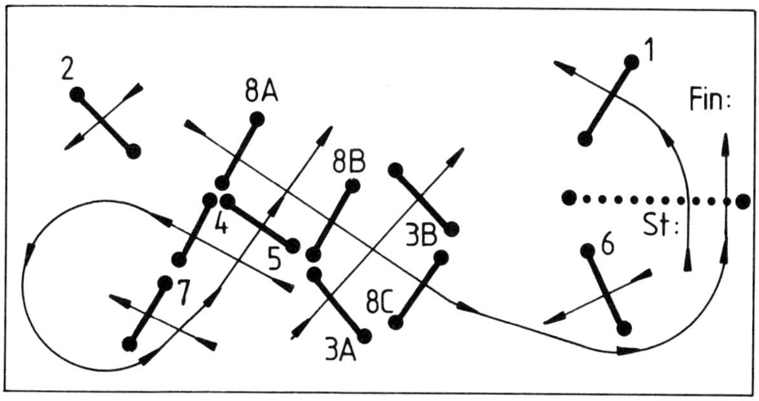

Bild 608 e. Turnierparcours für eine Halle von 20 m × 40 m.

Bild 608 f. Turnierparcours für eine Halle von 20 m × 40 m.

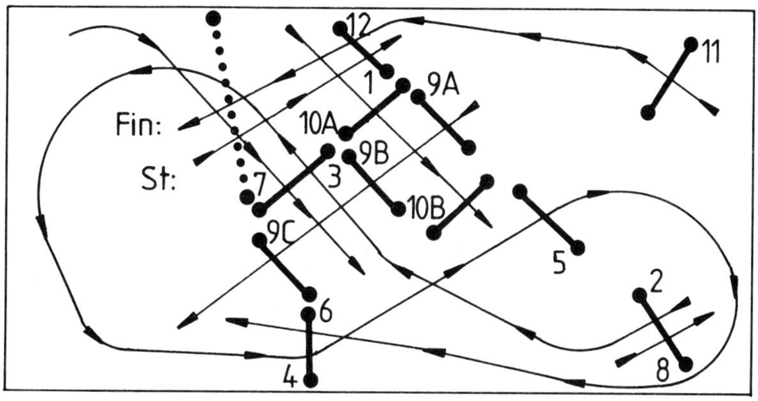

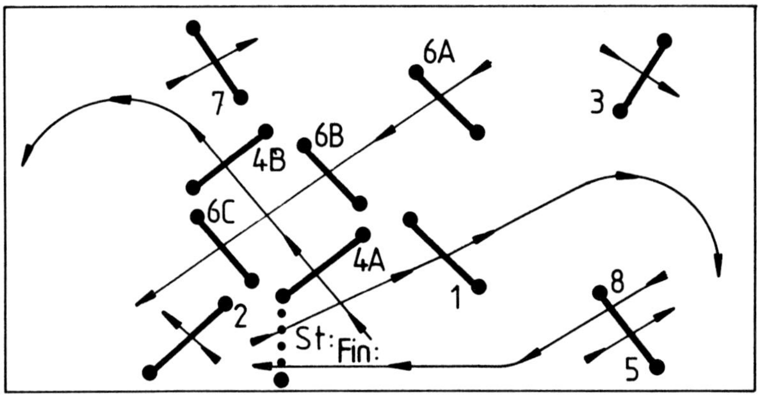

Bild 608 g. Turnierparcours für eine Halle von 20 m × 40 m.

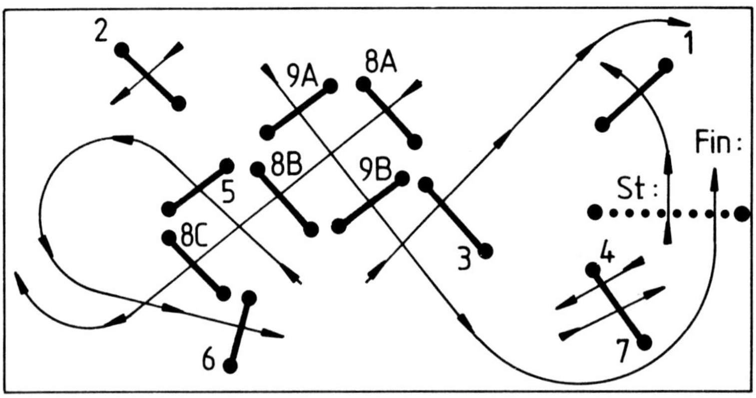

Bild 608 h. Turnierparcours für eine Halle von 20 m × 40 m.

Bild 608 i. Turnierparcours für eine Halle von 20 m × 40 m.

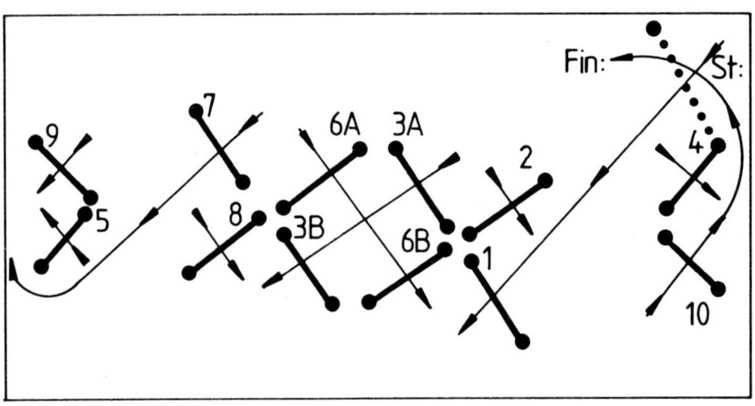

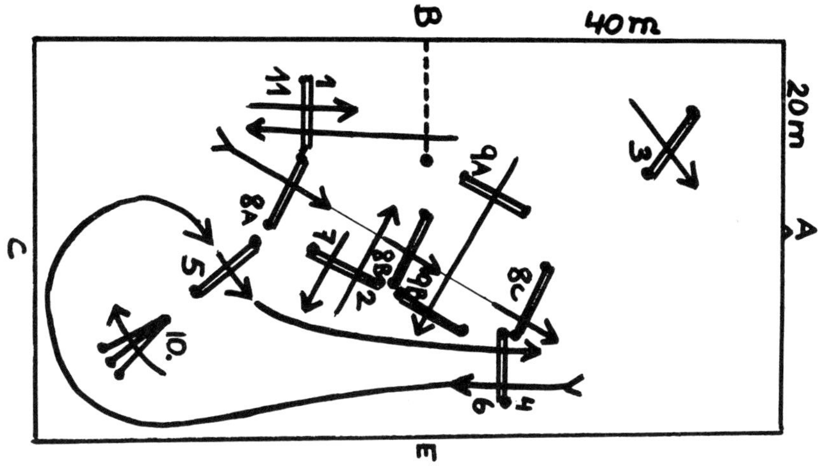

Bild 608 k. Turnierparcours für eine Halle von 20 m × 40 m.

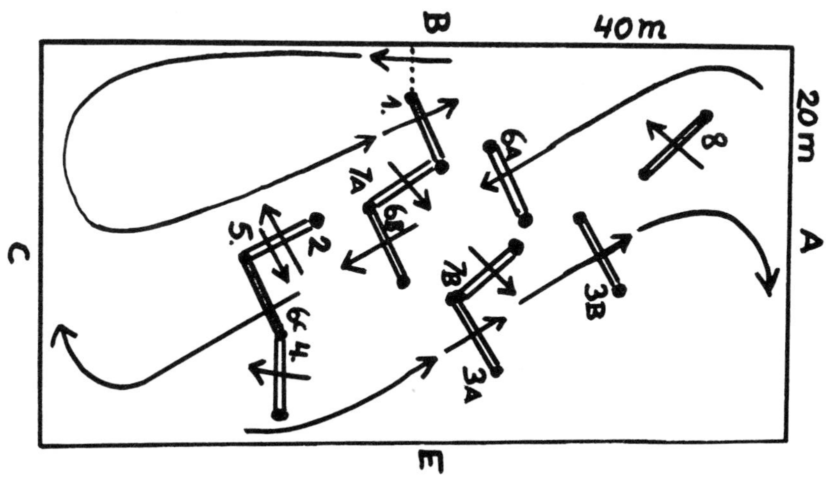

Bild 608 l. Turnierparcours für eine Halle von 20 m × 40 m.

14 Organisationsfragen

Vorschläge, wie man Verspätungen bei der Abwicklung eines Turniers verhindern kann

Bei den meisten kleineren und ländlichen Turnieren, die oft unter schwierigen Umständen aufgezogen werden und keinen ausgebildeten Organisationsstab zur Verfügung haben, kommt es häufig vor, daß sich die Abwicklung des Turnierprogramms zeitlich verspätet. Oft verlassen die Zuschauer schon ihre Plätze, bevor die Hauptprüfung des Tages begonnen hat. Auf solchen Turnieren haben die Richter oft ein ermüdendes Amt, besonders wenn sie in mehreren Prüfungen nacheinander tätig sind. Sie werden dann dazu neigen, die Entscheidung abzukürzen, indem sie die Hindernisse zu sehr erhöhen. Das führt besonders bei ländlichen Turnieren, auf denen hauptsächlich junge Pferde vorgestellt werden, zu Nachteilen und Überforderungen.

Unten folgen verschiedene Wege, wie diese immer wieder auftretenden Verzögerungen abgestellt werden können:

1. Der Parcoursgestalter muß vor der Prüfung die Helfer der Aufbaumannschaften, die ja meistens nicht „vom Fach“ sind, genau unterweisen, wie sie ein einmal abgeworfenes Hindernis schnell und richtig wieder aufbauen.
2. Für jedes Hindernis muß ein Helfer zur Verfügung stehen, der nur für dieses eine Hindernis verantwortlich ist.
3. Wenn ein Hindernis von beiden Seiten gesprungen wird, sind zwei Helfer nötig, die das Hindernis möglichst schnell wieder aufbauen, damit es steht, wenn der Reiter es von der anderen Seite anreitet.
4. Der Parcoursgestalter muß an den Ständern mit farbiger Kreide markieren, welche Höhe die Auflagen der Stangen in den verschiedenen Prüfungen haben. Wird ein Hindernis umgeworfen, so daß die Auflagen herausfallen, können die Helfer es korrekt wieder aufbauen.
5. Die Helfer dürfen nicht zu nahe an den Hindernissen stehen, da das manche Pferde zum Verweigern veranlaßt, was wiederum Zeit kostet.
6. Eingang und Ausgang des Platzes sollten getrennt sein. Dadurch wird eine Menge Zeit gespart. Während ein Reiter seinen Parcours beendet, kann der nächste schon in den Parcours reiten und sich startbereit halten.
7. Die ersten Hindernisse sollten zum Ausgang (oder Eingang) hin gesprungen werden, dadurch wird Verweigern und Kleben verhütet, was Zeit kosten würde.
8. Einführung von einer vorgeschriebenen Linie oder Kegeln und von Mindest- und Höchstzeit erspart Zeit in der Abwicklung eines Turniers, da die Reiter gezwungen sind, flüssig zu reiten.
9. Richterturm und Zeitmesser müssen so aufgestellt werden, daß Start und Ziel gut zu erfassen sind.

15 Kombinationen

Laut FEI-Vorschrift darf auf Turnieren, die unter diesem Reglement abgehalten werden, der Abstand zwischen zwei Hindernissen einer Kombination nicht weniger als sieben Meter und nicht mehr als 12 Meter betragen. Ausnahmen sind in wenigen, bestimmten Prüfungen erlaubte Abstände von 3,50 Meter bis vier Meter, also ohne Zwischensprung. Alle Abstände werden von der hinteren Grundlinie eines Hindernisses bis zur vorderen Grundlinie des nächsten Hindernisses gemessen.
Zwischen diesem Minimum und Maximum bleibt jedoch viel Spielraum, für den es keine Vorschrift gibt, hier bleibt es dem Parcoursgestalter überlassen, die Abstände zu berechnen, wie auch bei Turnieren, die nicht unter FEI-Regeln abgehalten werden.
Die Abstände in den Kombinationen hängen von vielen Umständen ab:

1. von Höhe und Breite der Hindernisse,
2. welche Hindernistypen die Kombination bilden, und in welcher Reihenfolge,
3. um welche Klasse von Springprüfung es sich handelt (leicht oder schwer),
4. in welchem Tempo der Parcours geritten werden muß,
5. wieviel Galoppzwischensprünge gemacht werden müssen,
6. von schwerem oder hartem Boden.
7. von eventuellem Gefälle im Gelände.

Überlegt man sich, wie viele Faktoren auf die Abstände einer Kombination Einfluß haben, wird man einsehen, warum es keine festgelegten Vorschriften geben kann, wie weit die Teile einer Kombination auseinander stehen müssen.
Im allgemeinen sollten die Abstände so sein, daß die Kombination für junge Pferde einladend und leicht zu springen ist. — In schweren Springen wird jedoch das Können von beiden, von Pferd und Reiter, geprüft.
Deshalb kann der Parcoursgestalter hier absichtlich — ohne unfair zu sein — die Abstände in den Kombinationen verlängern oder verkürzen. Dann liegt die Entscheidung beim Reiter, wie er mit diesem Problem fertig wird, ob sein Pferd einen langen oder einen kurzen Galoppsprung hat und ob er demzufolge das Tempo verkürzen oder zulegen muß.

Werden in den Parcours zweifache Kombinationen oder eine zweifache und eine dreifache Kombination oder aber eine vierfache Kombination eingebaut, muß daran gedacht werden, daß sich alle Kombinationen in der Zahl der Zwischensprünge und in der Reihenfolge der Hindernistypen voneinander unterscheiden.

Kombinationen in leichten Springen

In einem leichten Springen baue ich als erste Kombination meistens eine zweifache

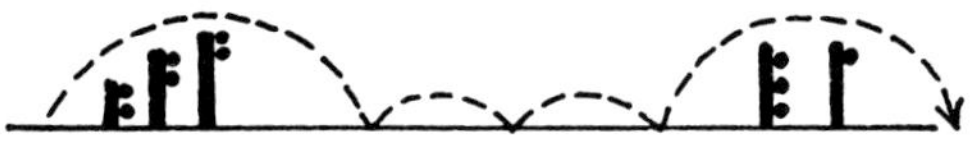

Bild 609.

Bild 610.

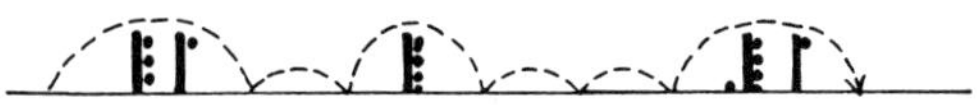

Bild 611.

mit zwei Zwischensprüngen auf. In solch einer einfachen Kombination kann das junge Pferd leicht sein Tempo durchhalten und wird deshalb keine Schwierigkeiten haben (Bild 609).
Als zweite Kombination im Verlauf des Parcours baue ich meistens eine dreifache, die im ersten Teil zwei und im zweiten Teil nur einen Zwischensprung hat (Bild 610). Wird die dreifache Kombination so aufgebaut, können selbst junge Pferde, durch die zwei Zwischensprünge im ersten Teil, ihr Tempo beibehalten und dann noch genug Schwung für den zweiten Teil der Kombination haben. Wenn der Reiter mit treibenden Hilfen darauf achtet, daß der Rhythmus bestehenbleibt, birgt solch eine dreifache Kombination keine Schwierigkeiten und gibt den jungen Pferden Mut und Selbstvertrauen für spätere, schwierigere Aufgaben.
Wird die dreifache Kombination für junge Pferde jedoch anders herum gebaut, so daß im ersten Teil nur ein Zwischensprung gemacht werden kann und im zweiten Teil zwei (Bild 611), verliert das Pferd – aus Unerfahrenheit – über dem ersten Teil der Kombination soviel Schwung und Tempo, daß es den zweiten Teil der Kombination kaum mit zwei Zwischensprüngen schaffen wird und in Versuchung kommt, einen kleinen Galoppsprung einzuschmuggeln oder sogar zu verweigern oder seitlich auszubrechen. Deshalb ist der Aufbau einer solchen dreifachen Kombination für junge Pferde nicht zu empfehlen.
Aus demselben Grund ist es unfair, für junge Pferde als erstes Hindernis einer Kombinaticn einen Oxer aufzubauen, dem ein Steilsprung folgt.
Das junge Pferd muß sein Tempo zulegen, um den breiten Oxer zu schaffen, und ist dann nur schwerlich in der Lage, sich noch vor dem dicht darauf folgenden Steilsprung wieder aufzunehmen, um noch rechtzeitig genug vor dem Steilsprung abzudrücken (Bild 611).

Leichte Springen.
Tempo: 300 m/Min. Maximale Höhe: 1,30 m. Maximale Breite: 1,35 m.

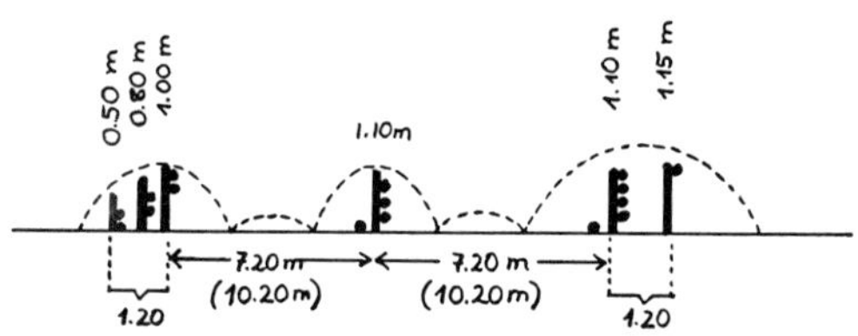

Bild 612.

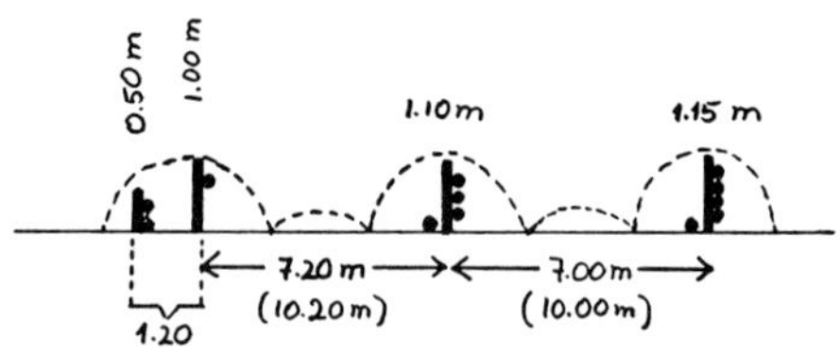

Bild 613.

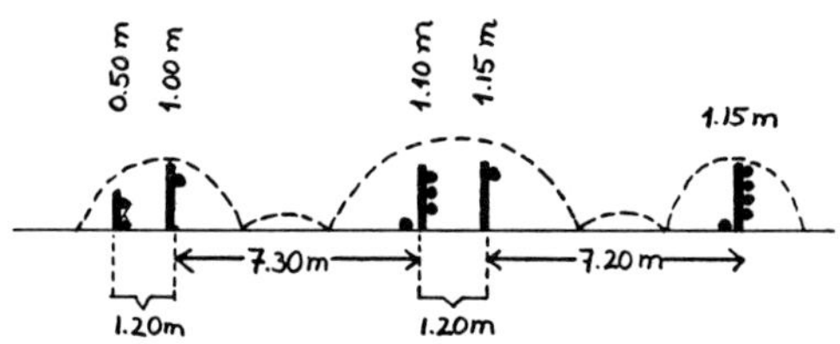

Bild 614.

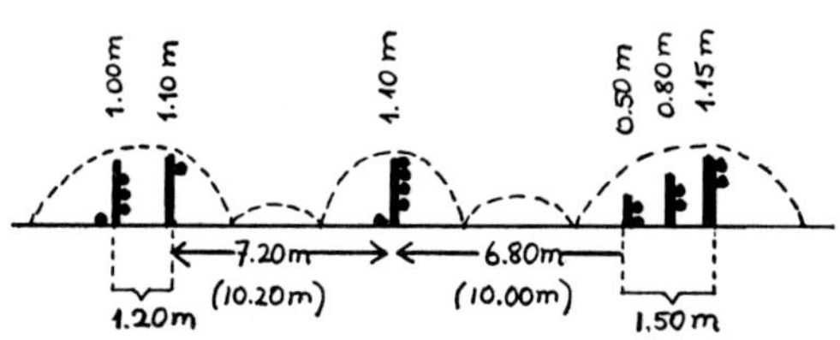

Bild 615.

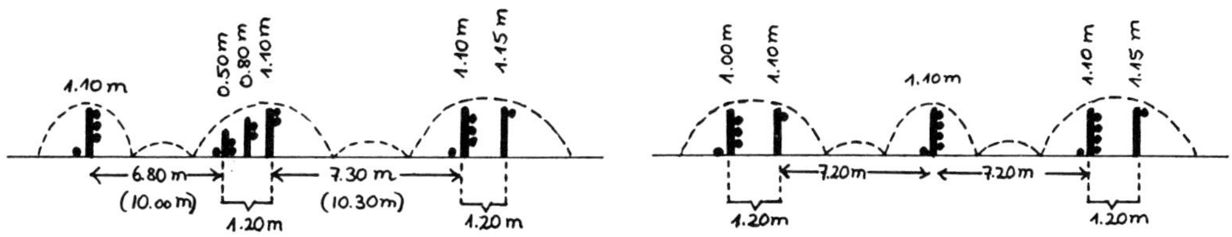

Bild 616.

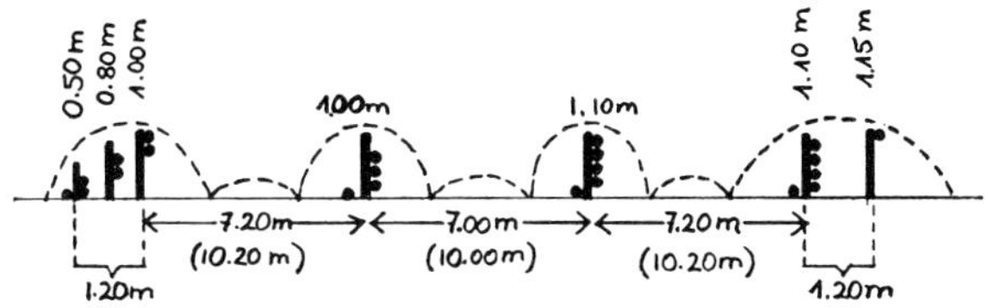

Bild 617.

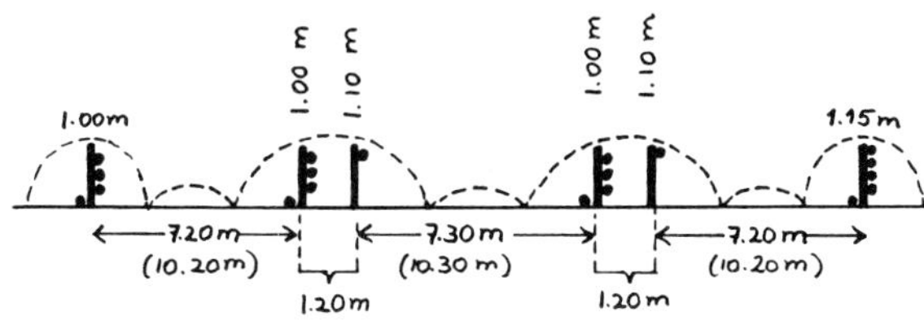

Bild 618.

Kombinationen in schweren Springen

In schweren Springen können Kombinationen genau anders herum aufgebaut werden, damit sie wirklich Schwierigkeiten bergen. Wenn man in einem schweren Parcours zum Beispiel eine zweifache und eine dreifache Kombination plant, baut man im Verlauf des Parcours erst die dreifache und dann die zweifache. Um es noch schwieriger zu machen, kann die Länge der Galoppzwischensprünge unterschiedlich sein. Die zweifache Kombination kann zum Beispiel aus zwei mächtigen, vorne und hinten gleich hohen Oxern mit zwei Galoppzwischensprüngen bestehen.

Schwere Springen.
Tempo: 350 m/Min. Maximale Höhe: 1,50 m.
Maximale Breite: 2,00 m.

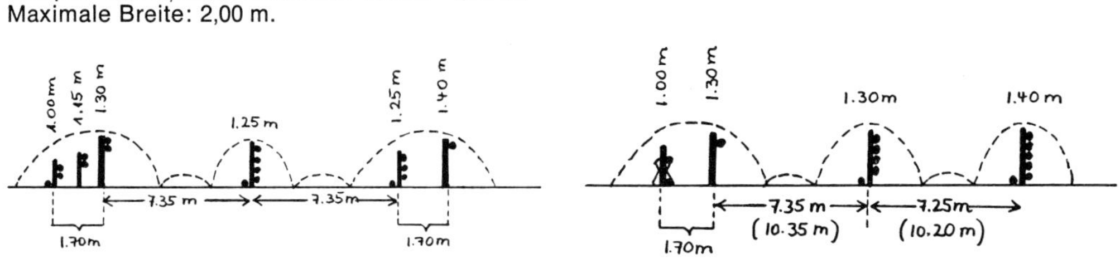

Bild 619.

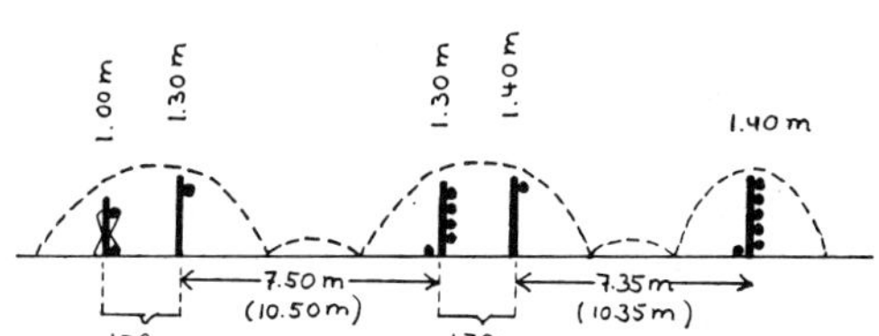

Bild 620.

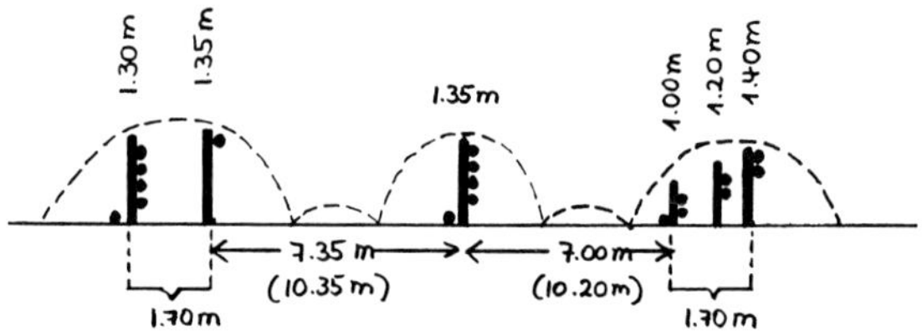

Bild 621.

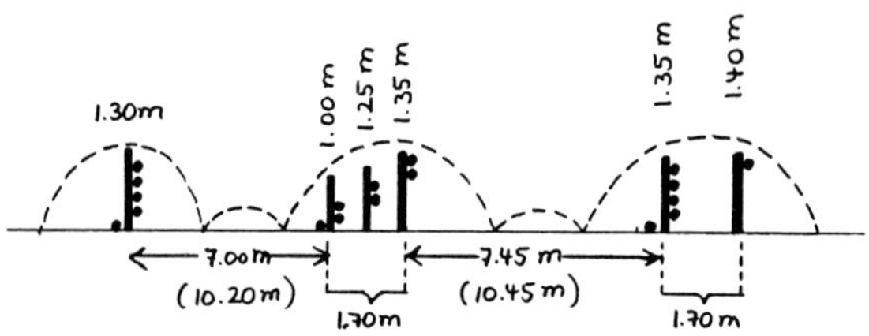

Bild 622.

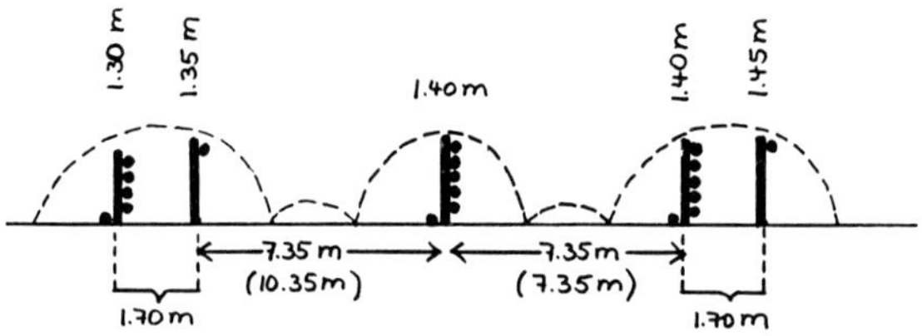

Bild 623.

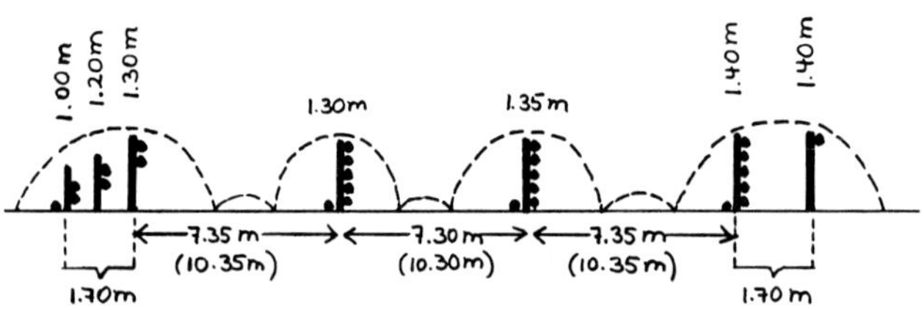

Bild 624.

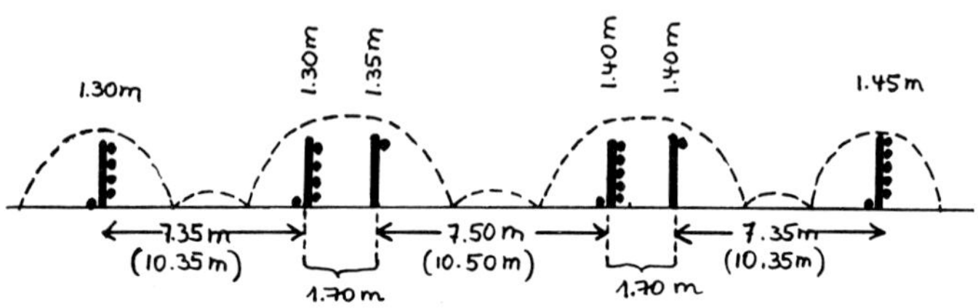

Bild 625.

Preis der Nationen, Olympische Spiele.
Tempo: 400 m/Min. Maximale Höhe: 1,60 m.
Maximale Breite: 2,20 m.

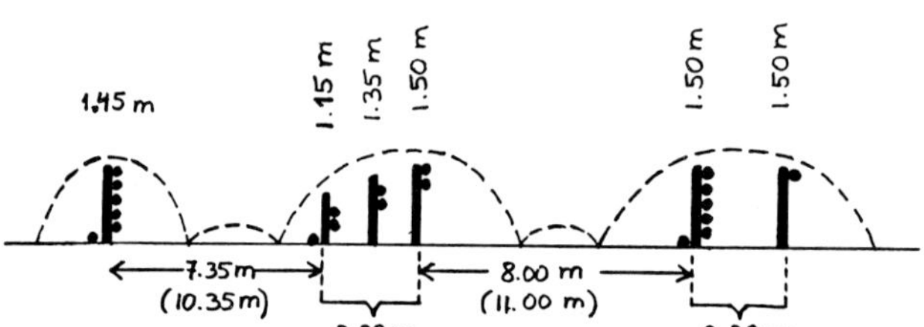

Bild 626.

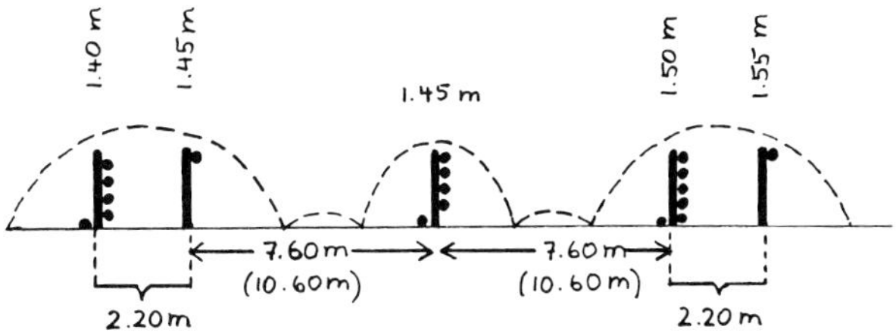

Bild 627.

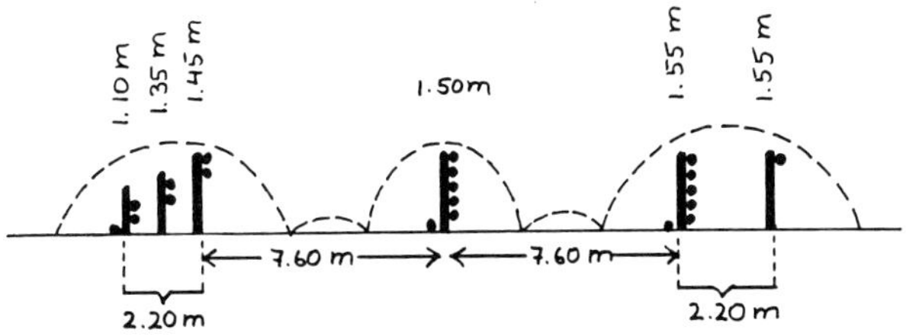

Bild 628.

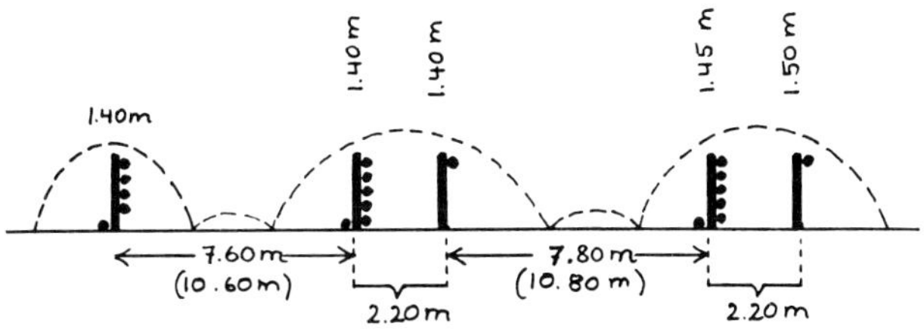

Bild 629.

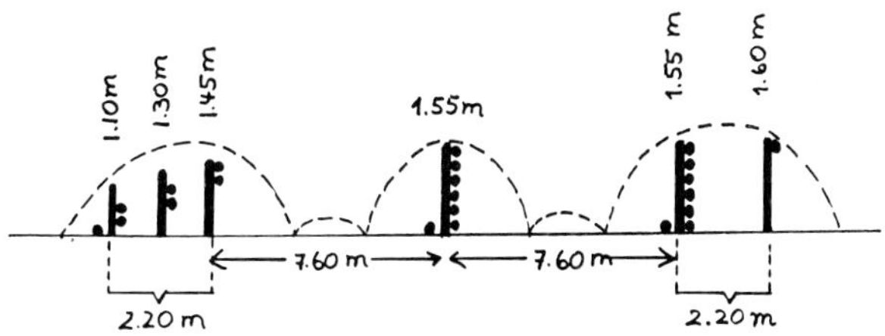

Bild 630.

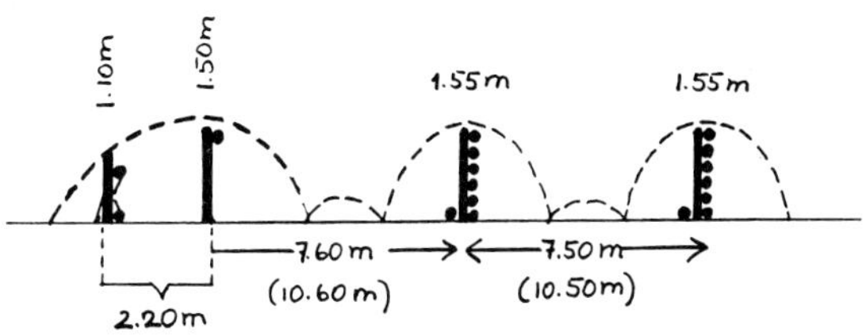

Bild 631.

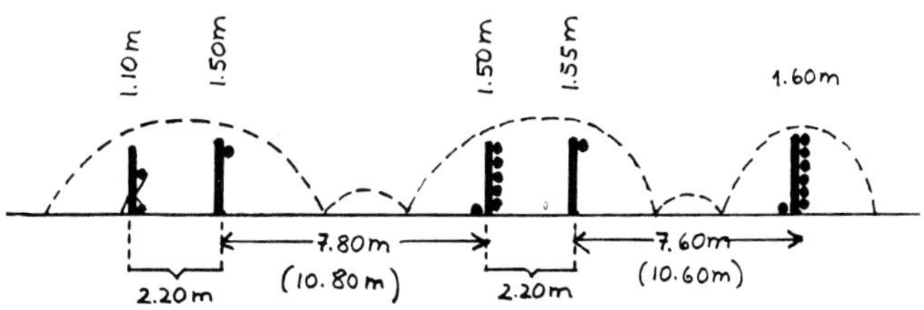

Bild 632.

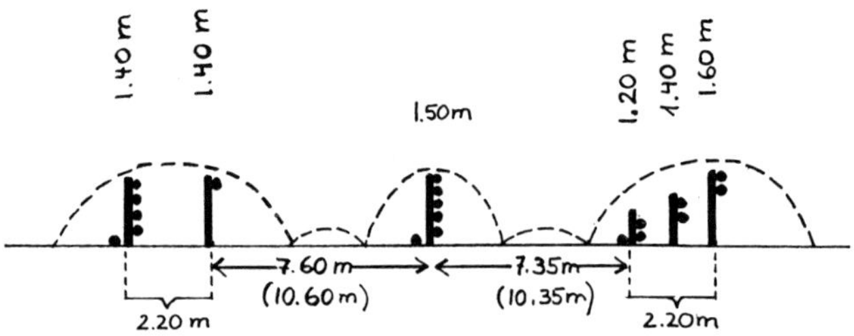

Bild 633.

Ponyspringen für Ponys bis 1,35 Meter Stockmaß

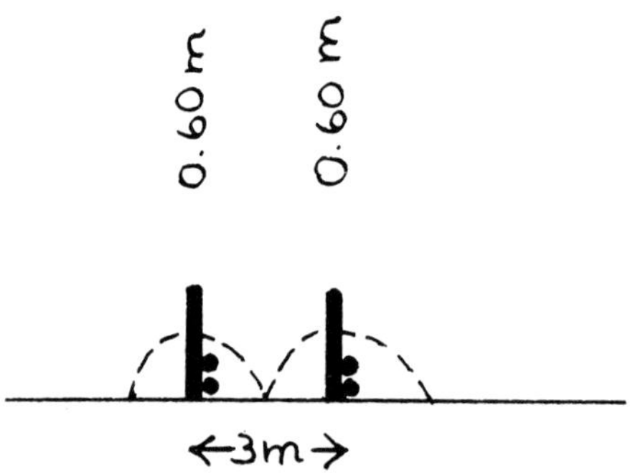

Bild 634.

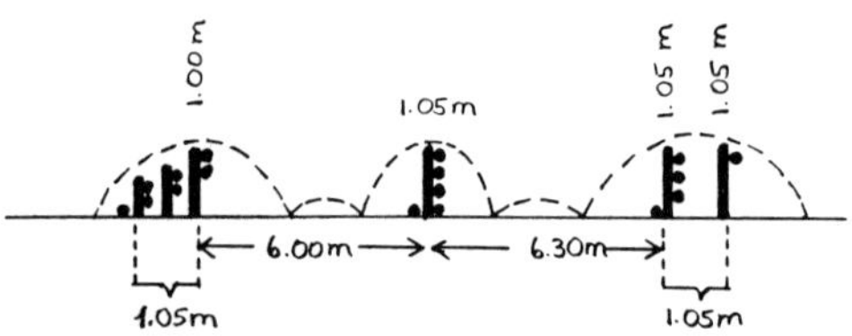

Bild 635.

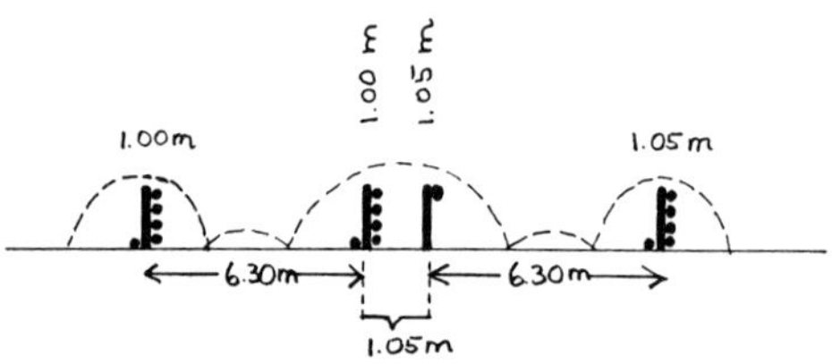

Bild 636.

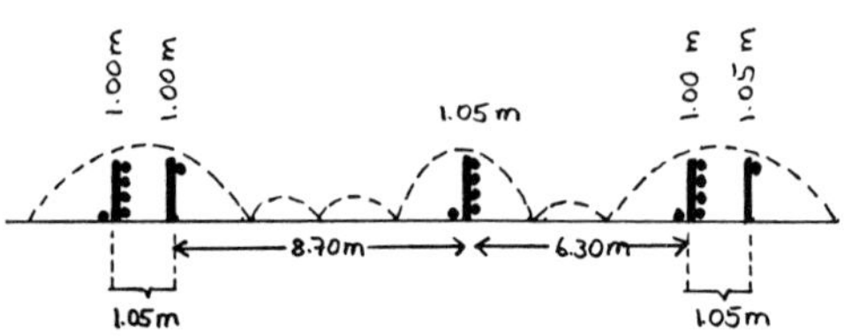

Bild 637.

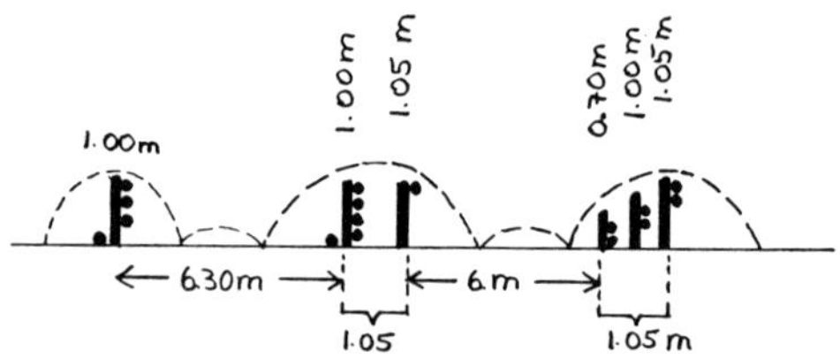

Bild 638.

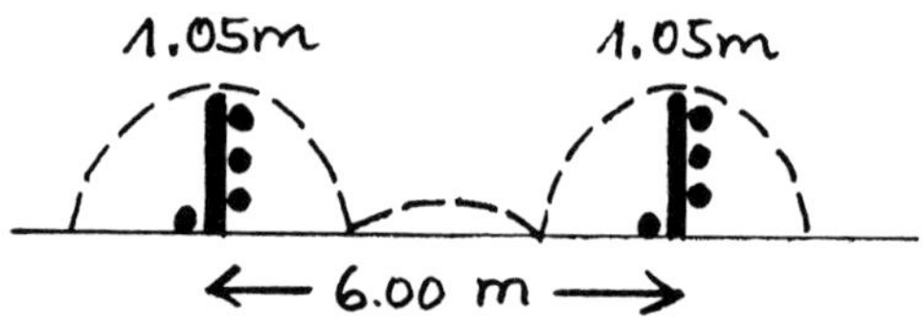

Bild 639.

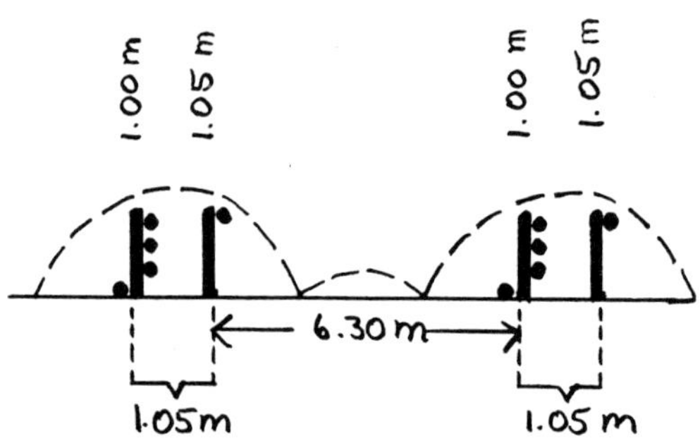

Bild 640.

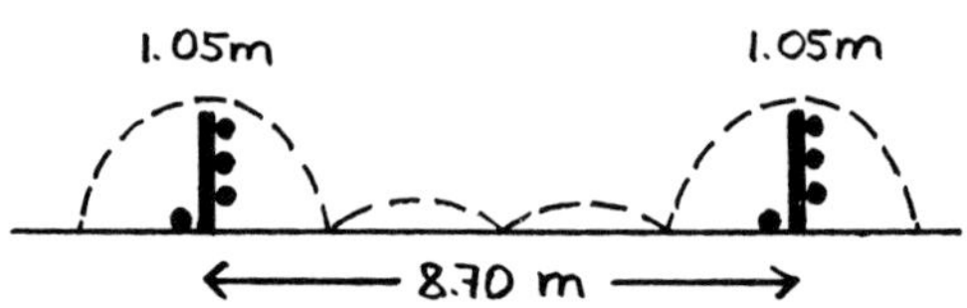

Bild 641.

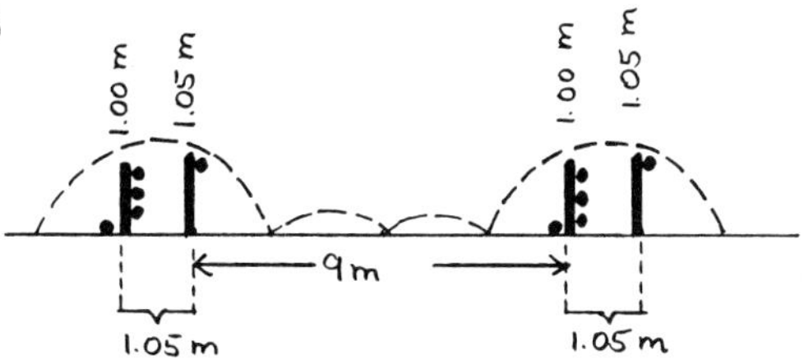

Bild 642.

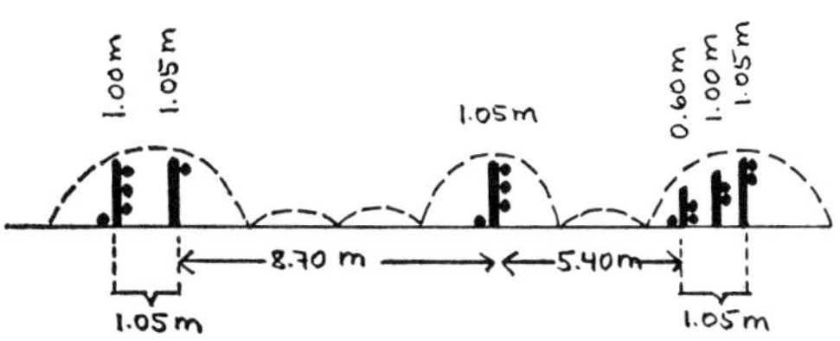

Bild 643.

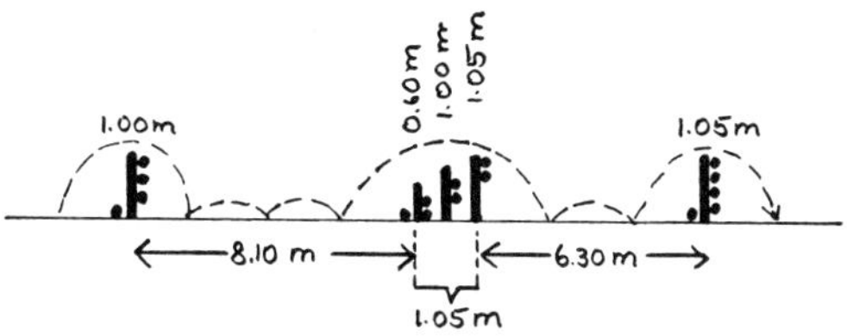

Bild 644.

Tempo

Beim Abmessen der Kombinationsabstände muß der Parcoursgestalter auch auf das Tempo der Prüfung Rücksicht nehmen, denn bei den verschiedenen Tempi sind die einzelnen Galoppsprünge auch verschieden lang. Beim Tempo von 300 Meter pro Minute ist ein durchschnittlicher Galoppsprung etwa drei Meter lang; bei einem Tempo von 350 Meter pro Minute schon etwa 3,30 Meter und beim Tempo von 400 Meter pro Minute etwa 3,60 Meter.

Es ist einleuchtend, daß deshalb in einem Anfängerspringen mit einem Tempo von 300 Meter pro Minute die Abstände in der Kombination kürzer sein müssen als bei einem schweren Springen, das in einem Tempo von 375 oder 400 Meter pro Minute geritten wird. Es haben also nicht nur Höhe und Breite der Hindernisse, sondern auch das jeweilige Tempo Einfluß auf die Abstände in Kombinationen.

16 Barrierenspringen

In Europa besteht ein Barrierenspringen aus einer Reihe von sechs Hindernissen vom gleichen Typ (die Hindernisse stehen in gerader Linie). Laut FEI-Vorschrift sollen sie auf „etwa“ elf Meter Abstand stehen. Alle Hindernisse sollen Stangenhindernisse sein. Das Springen wird in mehreren Runden ausgetragen, in jeder Runde werden die Hindernisse erhöht, bis eine Entscheidung fällt.

Aber wie schon im Kapitel über Kombinationen erwähnt, gibt es auch für das Barrierenspringen — eine sechsteilige Kombination — keine starre Regel, denn der korrekte Abstand richtet sich wie immer nach der Höhe der Hindernisse.

Bei einem Barrierenspringen, das zum Beispiel aus sechs gleich hohen Steilsprüngen besteht, ist der Abstand zwischen allen sechs Hindernissen der gleiche.

Bei einem Barrierenspringen, das aus sechs Steilsprüngen besteht, von denen der erste der niedrigste ist und die folgenden immer etwas höher werden — der letzte Sprung muß der höchste sein —, muß der Abstand zwischen den einzelnen Hindernissen abhängig von ihrer zunehmenden Höhe auch größer werden.

Wenn zum Beispiel die beiden ersten Hindernisse 1,10 Meter hoch sind, dann liegt der korrekte Absprung 1,10 Meter vor dem Hindernis, und das Pferd landet entsprechend 1,10 Meter hinter dem Hindernis. — Ist das erste Hindernis 1,10 Meter hoch und das zweite 1,20 Meter, dann liegt der korrekte Absprung für den zweiten Steilsprung 1,20 Meter vor dem Hindernis, und das Pferd landet entsprechend 1,20 Meter hinter dem Hindernis. Dadurch muß der Abstand im zweiten Fall vor und nach dem zweiten zehn Zentimeter höheren Hindernis auch je zehn Zentimeter erweitert werden. Wenn das Pferd den letzten Steilsprung von 1,60 Meter korrekt springt, muß es auch 1,60 Meter vorher abdrücken, braucht also einen größeren Abstand als für ein 1,10 Meter hohes Hindernis.

So kann man sich ausrechnen, daß die Abstände in einem Barrierenspringen von der Höhe der Hindernisse abhängig sind. Daran muß der Parcoursgestalter denken, wenn er ein Barrierenspringen mit verschieden hohen Steilsprüngen aufbaut.

Macht er dagegen den Fehler und macht alle Abstände gleich lang, etwa 11 Meter lang, und die Hindernisse sind nur 1,20 Meter oder 1,30 Meter hoch, dann kann nur ein Pferd mit einem sehr langen Galoppsprung diesen Abstand mit nur zwei Zwischensprüngen schaffen — und muß auch dann noch in sehr schnellem Tempo gehen. Ein Pferd mit einem normalen oder kurzen Galoppsprung wird einen kleinen dritten Galoppsprung einlegen müssen.

Aber auch wenn der Parcoursgestalter weiß, wie er die Abstände korrekt — entsprechend der Höhe der Hindernisse — setzen muß, bereitet sich ihm doch noch eine andere Schwierigkeit dadurch, daß die Hindernisse im ersten Umlauf wesentlich niedriger sind und erst Runde um Runde erhöht werden. — Um korrekt zu sein, müßten die Hindernisse nach jedem Umlauf weiter auseinandergezogen werden. Da das aber auf einem Turnier aus Zeitgründen nicht möglich ist, muß der Parcoursgestalter sich ausrechnen, in welcher Höhe das Barrierenspringen ungefähr entschieden werden wird. (Er weiß ja, welche Pferde teilnehmen werden.) Er muß also von Anfang an die Hindernisse auf den für die zu erwartende letzte Runde korrekten Abstand stellen. Für die ersten Runden mit ihren noch niedrigen Hindernissen sind die Abstände dann zwar etwas zu lang, dies kann aber von den Reitern in den ersten Runden durch energisches Vorwärtsreiten ausgeglichen werden.

In Amerika besteht ein Barrierenspringen aus sechs gleich hohen Triplebarre-Hindernissen, die nach amerikanischem Muster in jeder Höhe zwei Stangen haben und dadurch schon „voll" wirken. In jeder Runde des Springens müssen alle Hindernisse gleichmäßig erhöht werden. Alle sechs Hindernisse sind also gleich hoch und gleich weit, demzufolge sind die Abstände zwischen den einzelnen Hindernisse immer gleich groß.

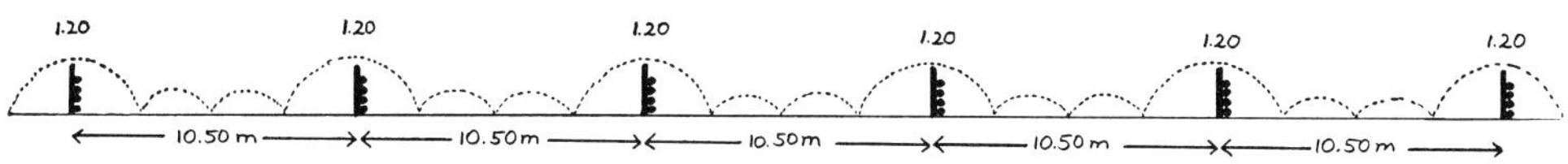

Bild 645. Barrierenspringen.

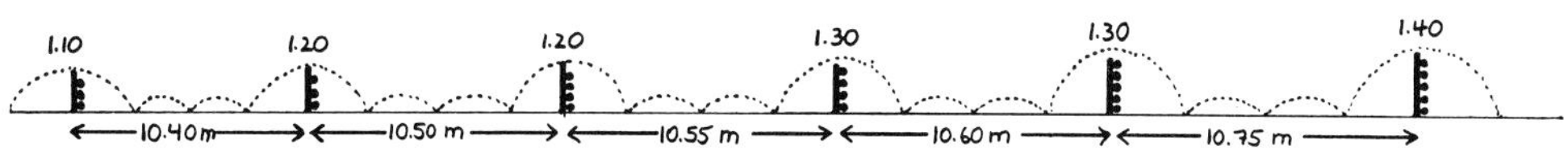

Bild 646. Barrierenspringen.

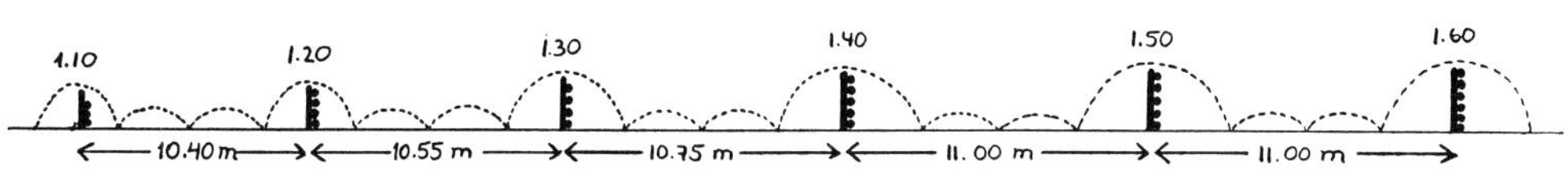

Bild 647. Barrierenspringen.

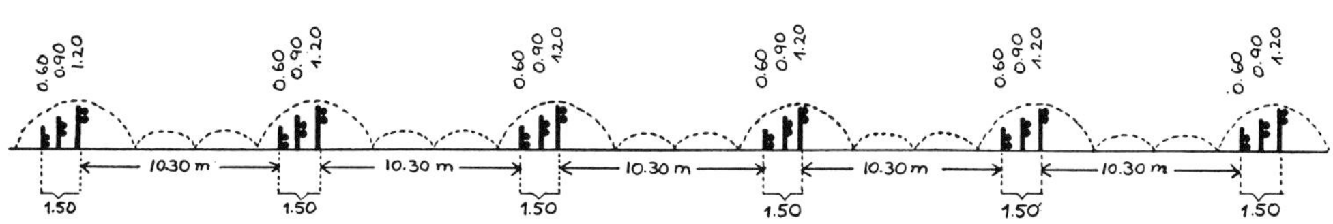

Bild 648. Amerikanisches Barrierenspringen.

17 Anlegen eines Wassergrabens

Australischer Wassergraben

In Australien lernte ich einen neuen Typ des Wassergrabens kennen, wie er viel in Ländern mit hartem Geläuf benutzt wird: Dieser Wassergraben wird nicht ausgehoben, sondern „aufgebaut".
Wie die Zeichnung zeigt, wird der Rahmen aus 6 Stücken Schaumstoff zusammengesetzt (siehe Abmessungen). So kann man die Abmessungen des Wassergrabens beliebig den Anforderungen anpassen. Man kann den Graben zum Beispiel einfach verbreitern, indem man an jeder Breitseite ein weiteres Stück Schaumstoff hinzufügt. An der Landeseite ist der Schaumstoff abgeschrägt.
Weiterhin braucht man ein 6,50 Meter × 6,50 Meter großes Stück schwarze wasserdichte Plastikfolie (dick), die den Boden des Wassergrabens und den Schaumstoffrahmen ganz bedeckt und außen um die Schaumstoffstücke geschlagen werden kann.
– Der Boden des Wassergrabens unter der Plastikfolie muß eine dicke Schicht Sägemehl bekommen; erstens kann man damit den Untergrund gleichmäßig ebnen, und zweitens verhindert man, daß die Plastikhaut beschädigt wird, wenn ein Pferd mit Stollen in den Wassergraben tritt.
An der Absprungseite verwendet man wie bei einem richtigen Wassergraben eine um 45° geneigte Hürde, und an den Seiten bedeckt man den Schaumstoffrahmen mit künstlichen Grasmatten, damit das Ganze einen natürlichen Eindruck macht.
An der Landeseite bedeckt man den abgeschrägten Schaumstoffrahmen mit 6 Kokosmatten, und der Grabenrand wird wie normal mit einem weißen Band begrenzt. Man benötigt ca. 700 Liter Wasser zum Füllen des Grabens.
Da Turniere oft auf Fußballplätzen oder anderen Grasplätzen abgehalten werden, die sonst nicht dem Reitsport zur Verfügung stehen, muß der Parcourgestalter oft

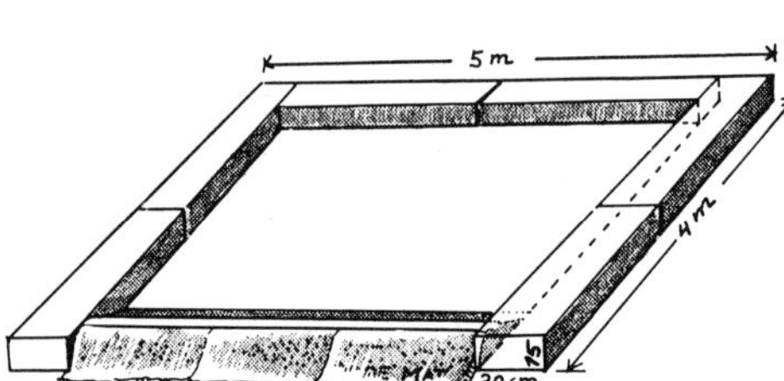

Bild 649. Der Wassergraben im Rohbau.

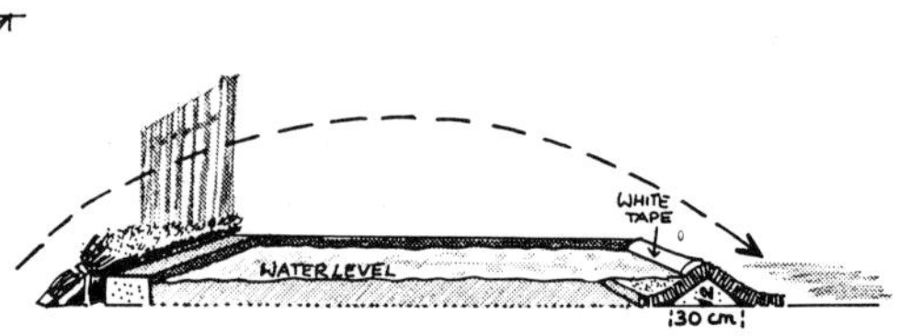

Bild 650. Der fertige Wassergraben.

auf einen Wassergraben verzichtet, da die Grasnarbe nicht beschädigt werden darf, man also keinen Wassergraben ausheben kann. Dieser Australische Wassergraben hingegen läßt sich mit wenig Aufwand in kurzer Zeit überall „aufbauen" und hinterläßt nach dem Turnier keine Spuren.
Außerdem kann der Parcoursgestalter ihn immer da aufbauen, wo er gut in seinen Plan paßt. Bei dem herkömmlichen „festen" Wassergraben muß er seinen Parcours um diesen herum aufbauen. Außerdem läßt sich dieser Graben auch ohne weiteres bei Hallenturnieren verwenden.
Ich habe die Erfahrung gemacht, daß die Pferde diesen Graben williger springen als einen normalen herkömmlichen Graben, da der Wasserspiegel höher als das Geläuf liegt.
Der Wassergraben bereitet den meisten Reitern und Pferden so viele Schwierigkeiten, weil sie nicht genug Erfahrung im Springen eines Wassergrabens haben. Leider ist auf den meisten Plätzen kein Wassergraben vorhanden, und viele scheuen davor zurück, für einen einzigen oder wenige Turniertage einen richtigen Wassergraben anzulegen. Das ist jedoch nicht be-

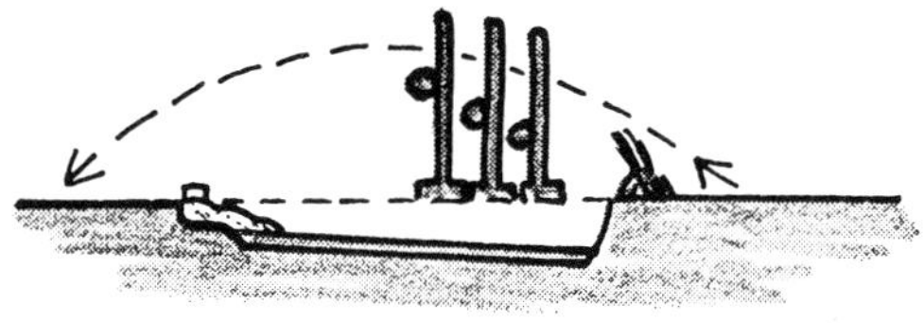

Bild 651.

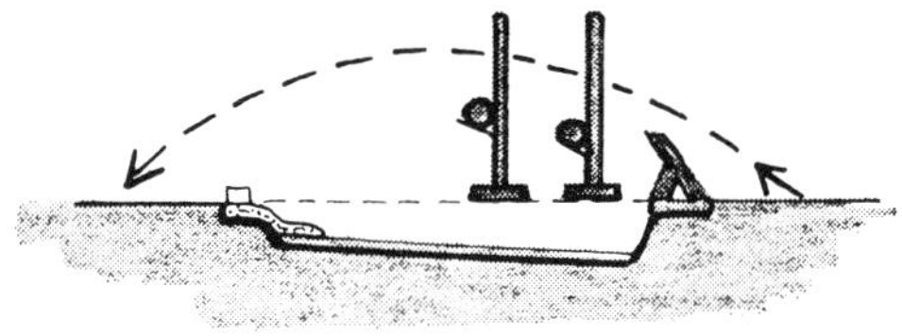

Bild 652.

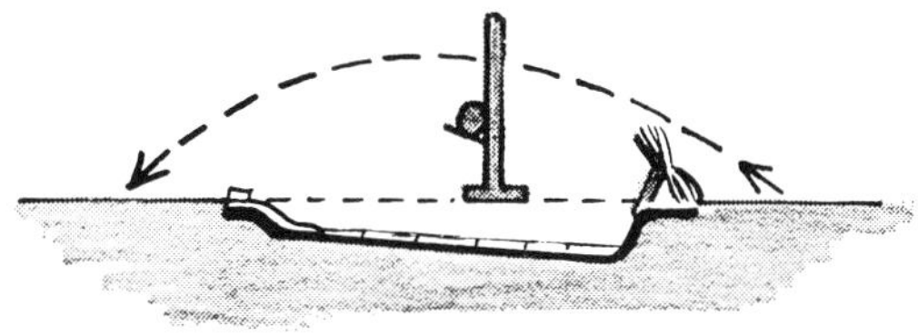

Bild 653.

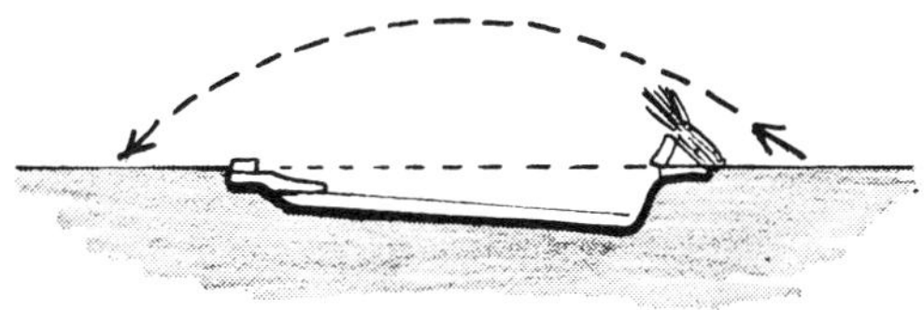

Bild 654.

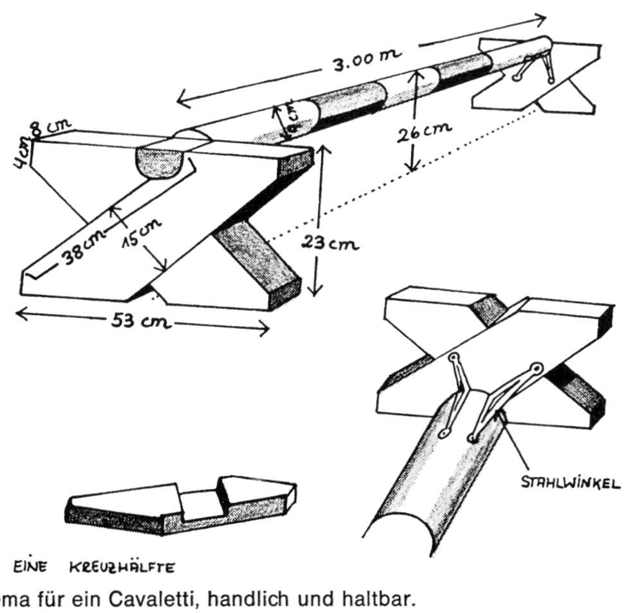

Bild 655. Schnittschema für ein Cavaletti, handlich und haltbar.

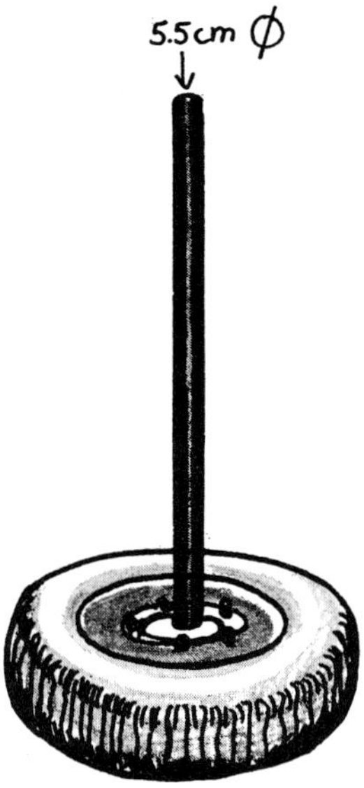

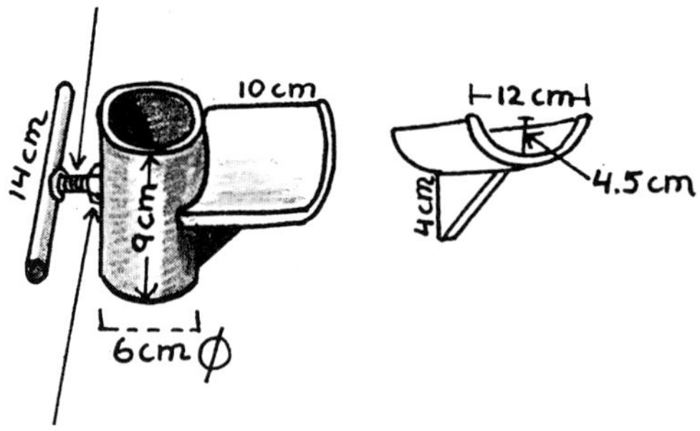

Bild 656. Ein praktischer und leichter Ständer für den Alltagsgebrauch. Man montiert ein Metallrohr auf ein altes Wagenrad. Das Rohr für die Auflage muß weit genug sein, daß es über den Ständer gleiten kann. Durch die Schraube ist die Höhe der Auflage stufenlos verstellbar, und man braucht keine Löcher zu bohren.

sonders schwierig, und man sollte möglichst auf allen Turnieren einen Graben anlegen, damit Pferde und Reiter Gelegenheit haben, sich an den Wassergraben zu gewöhnen, bevor sie ihn später in großen Springprüfungen nehmen müssen.

Alle vier Ecken des Grabens müssen links mit zwei weißen und rechts mit zwei roten Flaggen markiert werden.

Wie ich schon im Kapitel „So springt man einen Wassergraben“ erklärt habe, baue ich bei leichten Springen über dem Graben immer eine Triplebarre. Das ist für die jungen, unerfahrenen Pferde einladend, da sie nur die Hürde mit der Triplebarre sehen und so automatisch das Wasser springen lernen, auch in der korrekten Sprungkurve, was sich besonders später bei breiteren Gräben bezahlt machen wird.

In der Mitte der Saison lasse ich dann die Triplebarre teilweise weg, so daß nur noch der Graben mit der Hürde und einer Stange über der Mitte des Grabens zu springen ist. Gegen Ende der Saison fällt auch diese Stange weg. Ich kann dann sicher sein, daß alle jungen Pferde gelernt haben, den Wassergraben in schönem Stil mit Vertrauen zu springen. Auf diese Weise versuchen die Pferde nicht, den Graben zu durchlaufen oder in einer zu flachen Kurve zu springen, was bei breiteren Gräben Fehler verursacht.

Wassergraben in der Halle

Bei Hallenturnieren kann ein Wassergraben nach demselben Schema angelegt werden. Nur bringt der lose Boden in der Halle einen Nachteil mit sich. Die ersten Pferde, die den Wassergraben springen, haben noch eine faire Chance, weil das Wasser dann noch sauber und klar ist. Wenn aber erst einmal ein paar Pferde den Parcours hinter sich haben, ist der Wasserspiegel meistens mit Staub bedeckt, so daß er für die folgenden Pferde nicht wie ein blanker Wasserspiegel aussieht, sondern mehr wie der übrige Hallenboden, und die Pferde dazu verleitet, ihn zu durchlaufen. Deshalb baue ich in der Halle lieber einen künstlichen Wassergraben, obgleich das unter FEI-Regeln verboten ist.

Für einen künstlichen Wassergraben braucht kein Boden ausgehoben zu werden, es genügt, ein Stück Dachpappe mit dickem Zellophan bedeckt auf den Boden zu legen. Das gibt dem Graben einen richtigen Wasserspiegeleffekt. Wenn die Zellophanschicht staubig werden sollte, fegt man sie einfach ab. Ansonsten wird der Graben wie der Wassergraben bei Außenturnieren mit Hecke, Latten und Flaggen fertig gemacht.

Bild 657. Eine einfache Art, sich selbst eine Bürste zu bauen: In ein dickes Brett bohrt man in regelmäßigen Abständen Löcher, in die man kleine Bäumchen steckt; das Brett wird weiß gestrichen. Man kann die Bürste z. B. als Grundlinie, als Fang oder zum Auffüllen eines Hindernisses verwenden.

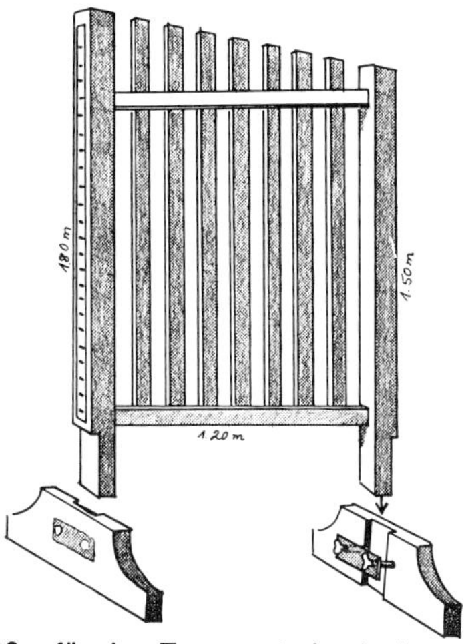

Bild 659. Füße, für den Transport abnehmbar.

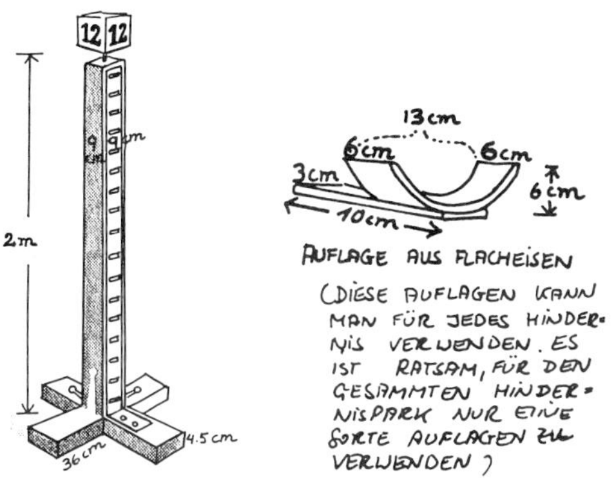

Bild 658. Ständer mit fortlaufendem Stahlband.

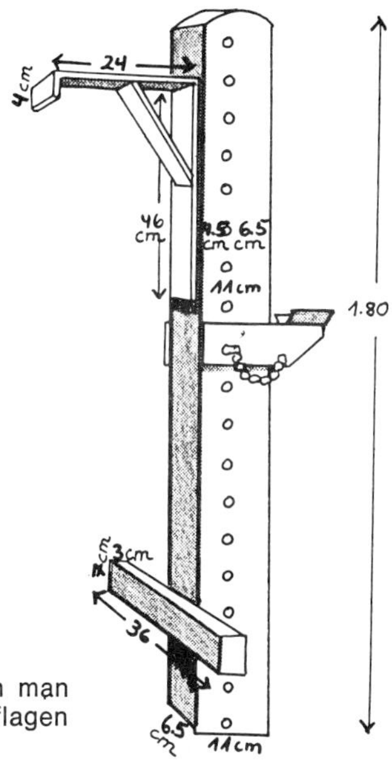

Bild 660. Hängender Ständer an der Bande (auch hier kann man natürlich an der Vorderseite Löcher bohren lassen für die Auflagen aus Flacheisen).

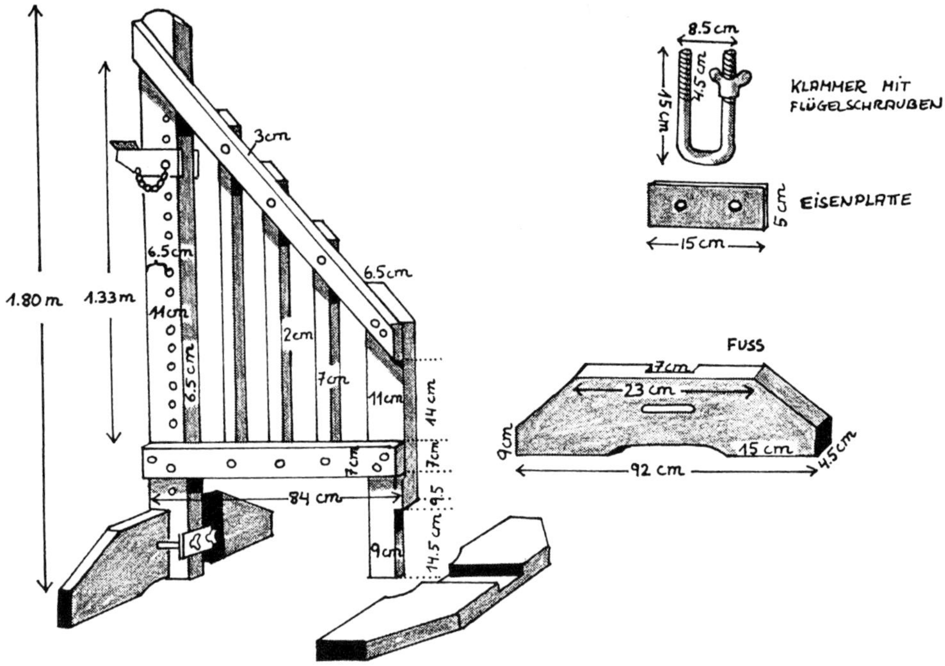

Bild 661. Zerlegbarer Ständer der britischen Pferdesportgesellschaft.

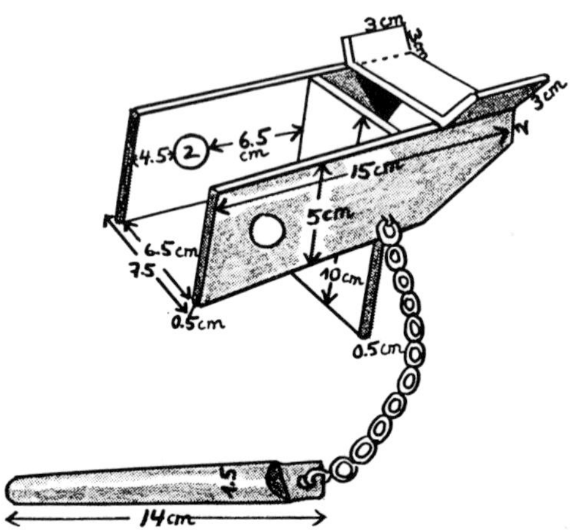

Bild 662. Auflage für den zerlegbaren Ständer.

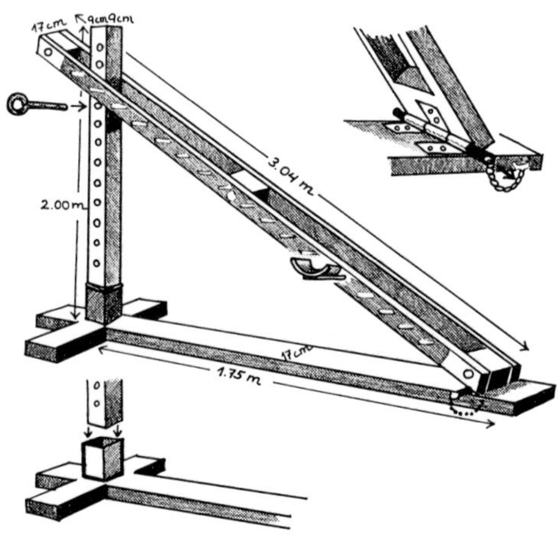

Bild 663. Zum Auseinandernehmen für den Transport.

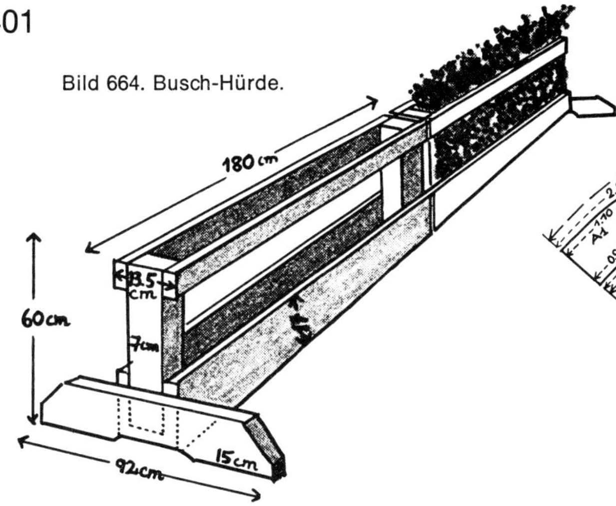

Bild 664. Busch-Hürde.

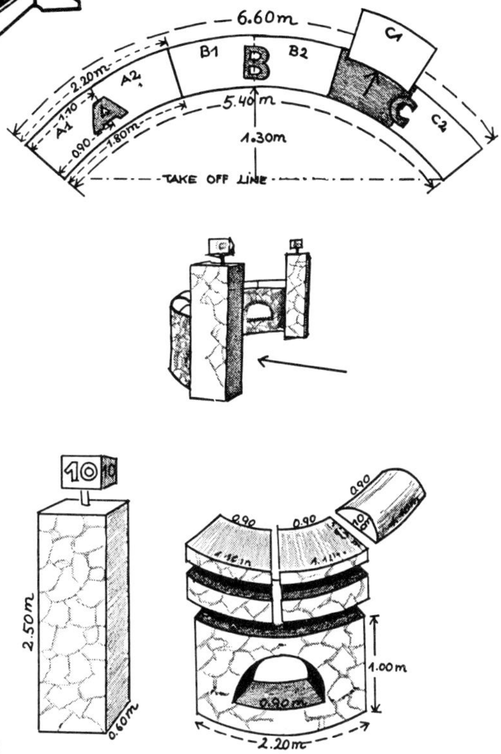

Bild 667. Mauer der Olympischen Spiele in London 1948.

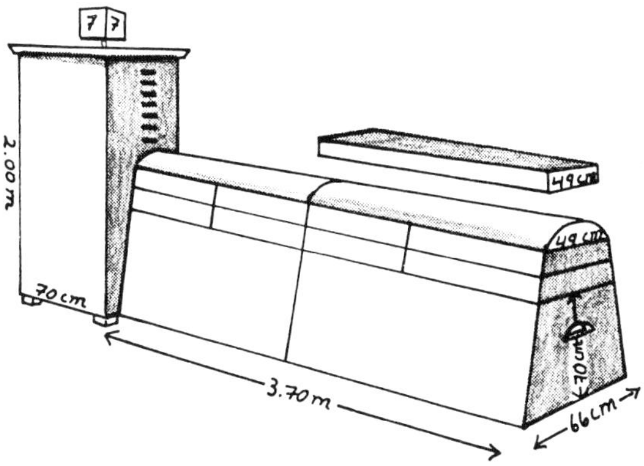

Bild 665. Mauer. Beliebig viele Kästen können dazwischengesetzt werden. Die Pfeiler kann man auch für andere Hindernisse verwenden.

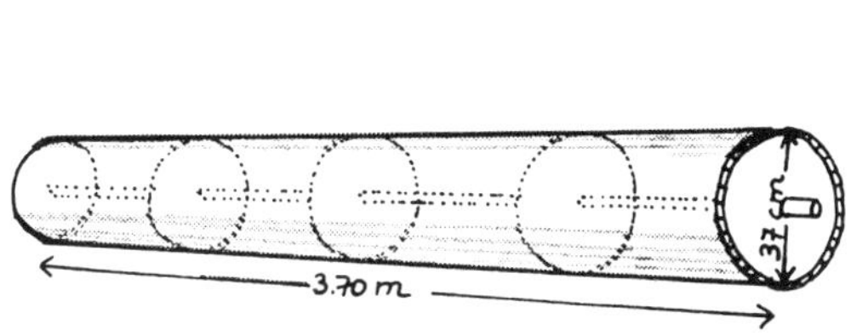

Bild 666. Die Rolle des Elefantensprungs wird aus vielen 3,70 m langen Latten zusammengesetzt. Man benützt 3 bis 6 kreisrunde Verstärkerplatten, die die Größe der Endplatten haben. Durch die ganze Rolle führt man ein Stahlrohr, das an den Enden herausragt und so als Aufhänger dient.

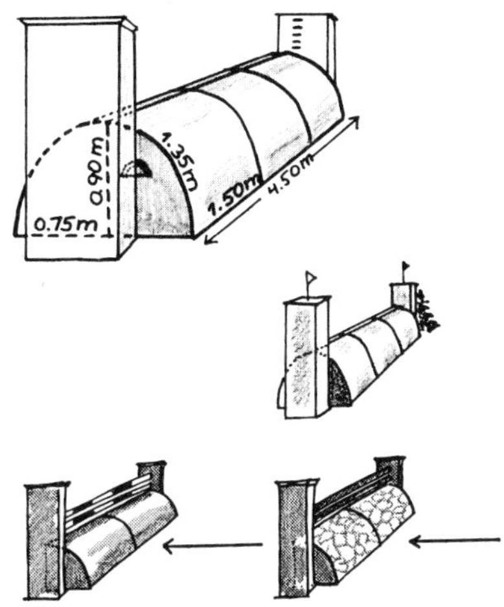

Bild 668. Die Mexikanische Mauer besteht aus 6 Einzelteilen. Da jedes Teil nur 1,50 m breit und mit zwei Grifflöchern versehen ist, ist sie leicht zu transportieren, und man kann sie gut zu einer eindrucksvollen Kombination umbauen.

18 Der Springplatz

Der Boden des Springplatzes muß bei jeder Witterung federnd und rutschfest sein. Am wichtigsten ist, daß die Oberfläche weder hart noch tief, schwer oder staubig wird, und auch während längerer Regenperioden darf der Boden nicht schlammig werden. Der natürliche Untergrund ist der entscheidende Faktor für die Qualität eines „All-Wetter-Springplatzes“. Deshalb sollten folgende Punkte besondere Beachtung finden:

1. Die Art des Unterbodens,
2. die Lage (von Bäumen, Gebüsch oder Gebäuden umsäumt),
3. extreme Beeinflussung durch das Wetter (Wind und Sonne),
4. Möglichkeit einer wirksamen Entwässerung.

Überprüfen Sie auch, ob unterirdische Quellen vorhanden sind, die Schwierigkeiten machen könnten, wenn sich der Grundwasserspiegel hebt.

Der Springplatz sollte eben sein und auf dem höchsten Punkt des zur Verfügung stehenden Geländes liegen. Ein schräger oder hügeliger Platz eignet sich schlecht zum Springen. Falls der Springplatz nicht vollkommen eben ist, sollte man nicht zuviel abgraben. Wenn grobes Material zum Aufschütten tiefer gelegener Stellen verwendet wird, müssen anschließend mindestens 3 cm Erde aufgetragen werden. Danach sollten diese Stellen ordentlich gewalzt werden.

Größe

In der Hauptsache wird der Springplatz zum Springtraining verwendet werden. Er sollte aber auf alle Fälle so groß sein, um darauf einen kompletten Parcours aufbauen zu können. Die Maße 30 m × 60 m sind vollkommen ausreichend, auch um Springprüfungen durchzuführen.

Entwässerungssystem

Der Haupt-Entwässerungsgraben sollte in einem Abstand von 50 cm von der Umgrenzung des Platzes außen um alle vier Seiten gezogen werden, 1 m tief und 50 cm breit sein. Er hat zwei Aufgaben: erstens das Wasser aus der Drainage aufzunehmen und zweitens den Springplatz vor einsickerndem Wasser aus dem umgebenden Gelände zu schützen. Der Graben sollte nicht mit Steinen gefüllt, sondern offengelassen werden. Der Springplatz muß dann natürlich aus Sicherheitsgründen eingezäunt sein. Nur vor dem Eingang werden größere Rohre hineingelegt und aufgeschüttet, um einen Übergang zu schaffen. Dies gilt auch für die Entwässerungsgräben um den Longierring und um die Halle. Die Entwässerungsgräben sollten vom Mittelpunkt des Platzes schräg zum Haupt-Entwässerungsgraben hin abfallen.

Die Oberflächendrainage

Man hebt 10 Gräben in der Länge und 20 Gräben in der Breite des Platzes aus. Sie

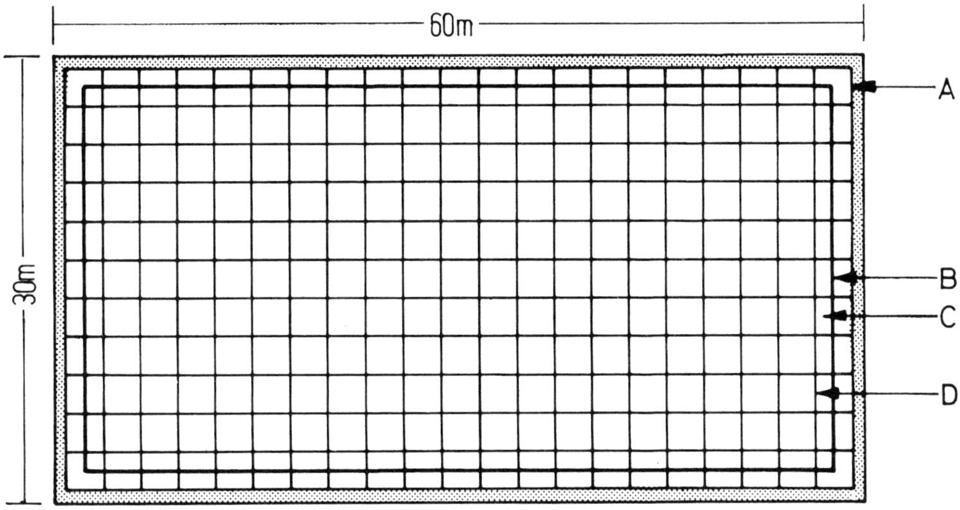

Bild 669. Entwässerungssystem für einen wetterfesten Springplatz. A Haupt-Entwässerungsgraben, 1 m tief und 1,5 m breit; B Einzäunung; C Hufschlag; D Oberflächendrainage.

leiten das Wasser in den Haupt-Entwässerungsgraben außerhalb des Platzes und sollten 50 cm tief sowie 30 cm breit sein. Aufgefüllt werden sie mit Natursteinen (Ziegelsteine lehne ich ab), zuerst mit einem Durchmesser von ca. 30 cm, dann ca. 10 cm. Die letzte Schicht besteht aus 10 cm Schlacke (siehe Bild 670).

Bild 670. Füllung der Entwässerungsgräben.

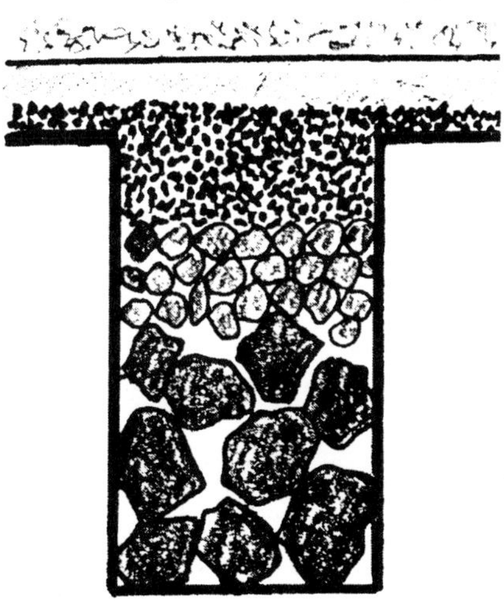

Der Hufschlag

Der erste Entwässerungsgraben sollte 50 cm innerhalb des Hufschlags liegen, nicht direkt darunter. Der Hufschlag wird mehr beansprucht als andere Teile des Platzes, dadurch wird ein Graben, der genau darunter liegt, zusammengedrückt und blokkiert. Das führt dazu, daß das Wasser nicht zum äußeren Graben abgeleitet wird, und außerdem senkt sich der Hufschlag und wird uneben.

Die Beschichtung des Bodens

Der ganze Boden wird jetzt mit 5 cm Schlacke bedeckt, die sehr gründlich gewalzt werden muß. Dann folgen 4 cm grober, weißer Flußsand. Ich erlaube hier 1 cm mehr Sand als in der Halle, da er sich in den Schlackenboden mehr hineinarbeitet als in den Lehmboden. Zuletzt wird der Boden mit 5 cm Sägespänen beschichtet, die nicht nur für eine federnde Oberfläche sorgen, sondern den Boden auch feucht halten. Jetzt wird der fertige Boden gespritzt und noch einmal gewalzt.

Um Staubentwicklung zu vermeiden, muß

der Boden immer feucht gehalten werden. Außerdem ist tägliches Rechen mit der Hand angebracht, damit der Platz eben bleibt. Nicht nur der Hufschlag, sondern auch die Absprung- und Landestellen bei den Hindernissen müssen geebnet werden, um den Platz frei von Mulden und Buckeln zu halten. Natürlich wird der Boden mit der Zeit abgenützt, so daß man gelegentlich Sand und Sägespäne zusetzen muß. Dabei ist jedoch streng darauf zu achten, daß der Boden nicht zu tief wird, das würde sich sehr negativ auf das Springtraining auswirken.

Der feste Longierring

In Australien und Mittelamerika sind feste Longierringe ein gewohnter Anblick. Besonders in Rennställen wird dieser Ring gerne benützt, insbesondere zum Anreiten junger Pferde. Er ist ja in der Tat eine große Hilfe, vorausgesetzt er verfügt über folgende Eigenschaften:

1. Eine gute Drainage,
2. einen guten „All-Wetter-Boden“,
3. eine Bande oder Ähnliches,
4. einen Durchmesser von nicht mehr als 13 m.

Das Drainage-Muster ist dem des Springplatzes ähnlich. Der einzige Unterschied besteht darin, daß beim Longierring die Gräben kreisförmig mit einem Kreuz in der Mitte angelegt sind. Von dem Kreuz in der Mitte sollte die Drainage wieder schräg zum Haupt-Entwässerungsgraben hin abfallen. Die Tiefe der Gräben sollte folgendermaßen abgestuft sein:

Kreuz im Mittelpunkt	35 cm
erster Graben	50 cm
zweiter Graben	60 cm
Haupt-Graben	100 cm

Für den Boden wird das gleiche Material verwendet wie für den Springplatz. Eine Bande (oder etwas Ähnliches) ist wichtig, da die meisten Pferde dazu neigen, sich auf die Longe zu legen. Wenn der Longierring einen größeren Durchmesser als 13 m hat, zum Beispiel 15 oder 18 m, gehen die zwei wichtigsten Vorteile des Longierens verloren. Erstens bringt man das Pferd nicht zur erwünschten Biegung in der Rippenpartie und erreicht nicht das vermehrte Untertreten des inneren Hinterbeines, zweitens – wenn man in einem Longierring mit 18 m Durchmesser mit der richtigen Longenlänge von 6 m longiert – wird das Pferd nicht von der Bande unterstützt, und es lernt, sich auf die Longe zu legen. Ein richtig angelegter Longierring garantiert hundertprozentigen Erfolg, da man ein Pferd dort nicht nur longieren, sondern auch in allen Gangarten reiten kann. Man

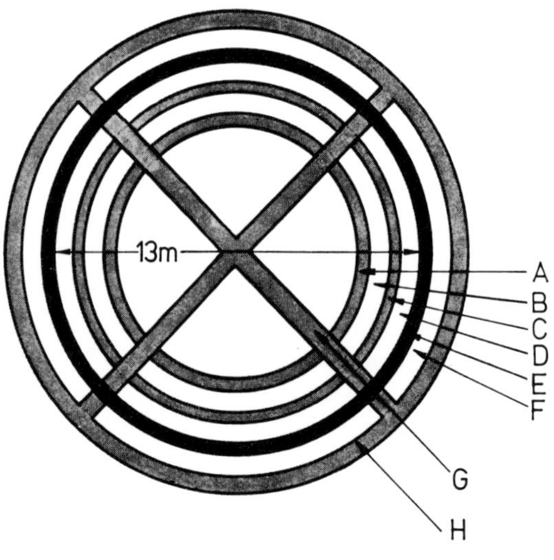

Bild 671. Entwässerungssystem für den festen Longierring. A Erster Graben, 50 cm tief und 30 cm breit; B Zwischenraum vom ersten zum zweiten Graben, 50 cm breit; C zweiter Graben, 60 cm tief und 30 cm breit; D Hufschlag, 50 cm zwischen zweitem Graben und Bande; E Bande; F Abstand zwischen Bande und Haupt-Entwässerungsgraben 50 cm; G Entwässerungskreuz, in der Mitte 35 cm tief, zum Haupt-Entwässerungsgraben hin bis auf eine Tiefe von 70 cm abfallend; beim Entwässerungskreuz sollte man Rohre verwenden, weil sonst die Gräben unter dem Hufschlag verstopft und der Hufschlag an den Stellen uneben werden könnte; H Haupt-Entwässerungsgraben, 1 m tief und 50 cm breit, bleibt offen.

405 sollte bedenken, daß eine durchschnittliche Zirkusmanege dieselbe Größe hat, und es ist erstaunlich, wie viele Pferde darin gleichzeitig vorgestellt werden können. Für kleine Reitbetriebe oder Privatleute, die keine Halle und keinen Reitplatz zur Verfügung haben, ist ein guter Longierring, in dem man bei jeder Witterung arbeiten kann, eine große Hilfe. Besonders für den Anfängerunterricht ist er praktisch, weil die Pferde auf einem umgrenzten Raum bedeutend ruhiger sind als auf einer freien Wiese. Auch während einer Trockenperiode im Sommer, wenn der Boden steinhart ist, oder im Winter, wenn die Wiesen morastig sind, lernt man den Wert eines „All-Wetter-Longierrings" besonders zu schätzen.

19 Der Bau einer Reithalle

Viele ambitionierte Pferdeleute investieren ein Vermögen in den Bau einer Reithalle. Wir sollten ihnen dankbar sein für ihren Einsatz und ihre Opfer zugunsten der Weiterentwicklung des Pferdesports. Ich gebrauche das Wort „Opfer" absichtlich, da sich diese Investition in den meisten Fällen nicht amortisiert. Um so mehr ist es zu bedauern, daß solche Idealisten mangels praktischer Erfahrung oft Hallen bauen, die voller technischer Mängel sind. Meine jahrelange Arbeit auf drei Kontinenten hat es mir möglich gemacht, aus allen positiven Erfahrungen meinen eigenen „Cocktail zu mixen". Ich hoffe, dem Pferdesport dadurch einen Dienst erweisen zu können.

Die folgenden vier Punkte sind sehr wichtig. Ich betone, daß der Baugrund sorgfältig auf Besonderheiten untersucht werden muß, bevor der Bau beginnt.

1. Es ist nicht ratsam, eine Halle auf morastigem Boden zu bauen, besonders wenn keine Entwässerungsgräben vorhanden sind, das Wasser also nicht abfließen kann. Eine Senke oder ein anderer Platz, an dem die Gefahr einer Überflutung besteht, kommt als Baugrund nicht in Frage.
2. Eine andere Gefahr, die es vor dem Bau auszuschließen gilt, ist die der unterirdischen Quellen unter dem Baugrund. Sie könnten später große Schwierigkeiten verursachen, wenn sich einmal der Grundwasserspiegel hebt und Wasser durch den Boden in die Halle eindringt.
3. Um die Außenwand sollte ein offener Entwässerungsgraben angelegt werden, um die Halle vor einsickerndem Wasser aus dem umgebenden Gelände zu bewahren. Dieser Graben wird auch einen Großteil des vom Dach rinnenden Regenwassers aufnehmen und so die Mauern vor Unterspülung schützen.
4. Auf dem europäischen Kontinent, wo ja seit Generationen Reithallen gebaut werden, sieht man oft ein Teer- oder Betonfundament. Dieses Fundament ist nicht nur eine Absicherung vor eventuell vorhandenen unterirdischen Quellen, sondern es verhindert auch Bodenunebenheiten, besonders wenn in der Halle viel gesprungen wird. Wenn man in Betracht zieht, daß ein Pferd etwa 750 kg wiegt, kann man sich vorstellen, welchen Anforderungen der Boden standhalten muß.

Die Lage

Die Halle soll so nah wie möglich bei den Stallungen liegen. Dies hat besonders bei schlechtem Wetter große Vorteile. Mir persönlich sind am liebsten Stall und Halle unter einem Dach, vorausgesetzt, daß die Frischluftzufuhr gewährleistet ist.

Die Größe

Die Größe der Halle hängt natürlich von dem Zweck ab, dem sie dienen soll. Für den Privatgebrauch sind die Maße 20 m × 40 m passend. Das ist eine praktische Größe für das Freispringen in der Hindernisreihe, wogegen es in einer größeren Halle schwieriger ist, das freispringende Pferd zu kontrollieren. Eine kleine Tribüne kann an der Mitte der langen Seite gebaut werden, um eventuelle Zuschauer aufzunehmen. Wenn man Springprüfungen abhalten will, ist es passender, eine Halle mit den Maßen 20 m × 60 m zu bauen. Außerdem ist dann eine große Tribüne an der langen Seite notwendig. Auch die ausreichende Raumhöhe über dem Hufschlag ist wichtig, da ja auch hier Hindernisse gebaut werden, vor allem zum Freispringen. Eine Höhe von ca. 5 m ist ausreichend.

Das Dach

Ich empfehle, eine waagrechte zweite Decke unter das Hallendach einzuziehen. Diese Decke kann aus hellem Holz, Spanplatten oder einem anderen gebräuchlichen leichten Material gefertigt sein. Die helle Farbe ist wichtig, weil dadurch die Halle optisch aufgehellt und die Beleuchtung gleichmäßiger wird. Die zweite Hallendecke macht die Luft im Sommer kühler und im Winter wärmer. Diese Isolierung hat also in heißen wie auch in kalten Ländern ihre Wirkung. Sehr wichtig ist hierbei ein Entlüftungsschlitz, ein ca. 15 cm breiter offener Streifen zwischen Decke und Dach. Er sollte direkt über der Decke liegen und um alle vier Wände herumgeführt werden, um die Entlüftung zu gewährleisten. Dieser Schlitz muß so konstruiert sein, daß er bei schlechtem Wetter und Kälte geschlossen werden kann. So wird die Wärme in der Halle gespeichert, und der Hallenboden gefriert nicht so leicht.
Fenster oder transparente Platten im Hallendach sind sehr ungünstig. Oft wird beim Planen einer Halle übersehen, daß dadurch Schatten und Lichtflecken entstehen, die das Pferd irritieren, und daß schon bei geringem Sonnenschein ein „Glashaus-Effekt" entsteht. Besonders unerträglich wird die Hitze, wenn der Hallenboden regelmäßig gespritzt wird, die Luft also feucht ist. Energien von Reiter und Pferd werden auf diese Weise unnötig verschwendet.

Beleuchtung und Fenster

Die Fenster sollten groß und direkt unter der Decke angebracht sein und um alle vier Wände herumlaufen. Sie sollten leicht zu öffnen und zu schließen sein, damit der Halle genügend Frischluft zugeführt wird. Allerdings ist darauf zu achten, daß bei Regen und Wind kein Wasser in die Halle laufen kann. Die hoch angesetzten Fenster werfen keine falschen Schatten auf den Boden, was beim Springen sicherer ist. Um die Halle im Sommer kühl zu halten, ist es praktisch, an den Fenstern der Sonnenseite Vorhänge oder Jalousien anzubringen.
Spiegel sollten beim Freilaufenlassen oder Freispringen der Pferde aus Sicherheitsgründen verhängt werden. Ich habe selbst schon erlebt, daß Pferde mitten hineingesprungen sind. Ein nur an einer Schiene hängender Vorhang bewegt sich, wenn das Pferd vorbeiläuft, und es erschrickt. Um das zu vermeiden, sollte der Vorhang vor dem Spiegel oben und unten mit einer Führschiene versehen sein. Im Winter sollten die Spiegel geheizt werden können, um zu verhindern, daß sie anlaufen. Wenn die Tribüne zur Halle hin verglast ist oder zum Beispiel an die Halle ein Restaurant mit Blick auf die Bahn anschließt, sollten die Scheiben unbedingt mit der oberen Kante der Bande abschließen. So ist das Risiko geringer, daß das Pferd durch das Glas schlägt oder springt. Die elektrische Beleuchtung ist so anzubringen, daß keine falschen Schatten entstehen. Ich empfehle Neon-Röhren, die auch sehr ökonomisch sind. Glühbirnen geben nicht genügend Licht.

Die Bande

Eine Bande um die Halle herumlaufen zu lassen ist nicht nur sicherer, sie hält auch

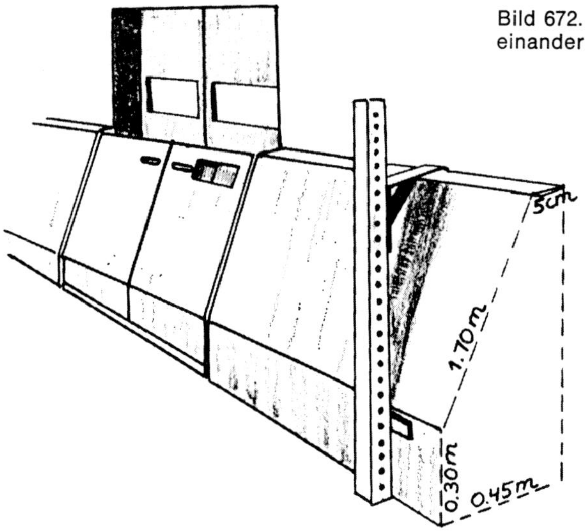

Bild 672. Schräge Bande und unabhängig voneinander zu öffnende Banden- und Hallentür.

das Pferd davon ab, sich gegen die Wand zu lehnen. Der senkrechte Teil unten reicht 10 cm in den Boden und ragt 20 cm heraus. Er sollte mit einem Holzschutzmittel imprägniert werden. Darunter liegt ein Beton-Fundament mit einem wasserdichten Abschluß zwischen Holz und Beton. So vermeidet man, daß Feuchtigkeit ins Holz zieht. Dieser senkrechte Teil der Bande sorgt dafür, daß das Pferd vom schrägen Teil gebührend wegbleibt. Eine von oben bis ganz unten schräge Bande ohne dieses Fußteil ist nicht nur bei Springprüfungen, sondern auch beim Anreiten und bei der Ausbildung junger Pferde gefährlich. Junge Pferde sind zu Beginn der Ausbildung noch ungeschickt und versuchen, sich gegen die Bande zu lehnen. Dabei kann das Pferd mit einem Huf auf das untere Ende der Schräge treten, an der Bande abrutschen und stürzen. Es ist schon passiert, daß ein Reiter auf diese Weise zwischen Pferd und Bande eingeklemmt wurde. Die Latten der gesamten Bande sollten immer senkrecht verlaufen.

Der Raum zwischen Bande und Wand sollte oben flach abgeschlossen sein. Darauf kann man dann die beweglichen Ständer für die Hindernisse montieren (siehe Bild 672). Diese Ständer sind nicht nur praktisch beim Freispringen und beim Springtraining, sondern sie nehmen auch weniger Platz weg als die herkömmlichen. Der Hohlraum zwischen Bande und Wand kann als Lager für Hindernisteile verwendet werden. Zu diesem Zweck baut man an jeder langen Seite der Halle im schrägen Teil der Bande zwei bewegliche Abschnitte ein.

Das Tor

Die Haupt-Doppeltüren sind normalerweise in Höhe der Buchstaben A und C angebracht. Sie sollten so hoch und breit sein, daß der LKW, der Sand und Sägespäne liefert, hindurchfahren kann. Ein getrennter Ein- und Ausgang ist besonders für Springprüfungen praktisch. An der Tür sollte auch eine Alarmglocke und ein Telefon installiert sein, damit bei einem Unfall sofort Hilfe gerufen werden kann. Der Haupteingang sollte auf der wettergeschützten Seite liegen; ein weiterer, kleiner Ausgang zur Tribüne oder zu den Ställen ist sehr nützlich. Alle Türen sollten mit verglasten „Gucklöchern“ versehen sein, damit man sich versichern kann, ob der Hufschlag frei ist, bevor man die Halle betritt. Das Tor und die Bandentür sollten voneinander unabhängig zu öffnen sein, das große

Tor nach außen, die Bandentür nach innen. Am unteren Rand der Bandentür montiert man einen Abschluß aus Gummi, um die Verletzungsgefahr zu verringern. Der Vorteil von zwei voneinander unabhängigen Türen zeigt sich besonders im Sommer, wenn man bei geschlossenen Bandentüren alle Außentore öffnen kann, um frische Luft hereinzulassen.

Der Boden

Der Boden ist der wichtigste Teil der Halle. Wie bereits erwähnt, ist ein Beton- oder Teerfundament ideal. Falls der natürliche Untergrund jedoch aus Lehm besteht und eben ist, braucht man kein spezielles Fundament. Ist dies nicht der Fall, kann man auch den Untergrund mit einer 5 cm dicken Lehmschicht bedecken. Der Lehmboden wird dann gewalzt und braucht mindestens eine Woche zum Trocknen (sonst vermischt er sich mit der nächsten Bodenschicht). Es folgt nun eine 3 cm dicke Schicht gewaschener Flußsand. Verwenden Sie keinen dunklen Sand, er schluckt zuviel Licht und stört auch sehr, wenn zum Beispiel eine Springprüfung gefilmt werden soll. Nachdem der Sand gewalzt ist, werden noch 5 cm Sägespäne aufgetragen. Sägemehl ist nicht zu empfehlen. Es stollt im Pferdehuf auf und bildet leicht harte Klumpen im Boden, was schwere Stürze verursachen kann. Der ganze Boden hat nun eine Tiefe von 13 cm, was bei durchschnittlicher Benützung der Halle genügt. Ist der Boden abgenützt, schüttet man gelegentlich weitere 2 cm Sand und 3 cm Sägespäne auf. Man sollte mit Sand allerdings grundsätzlich vorsichtig sein. Er macht den Boden stumpf und schwer, und die Pferde überanstrengen sich beim Springen sehr schnell. Bei den Sägespänen muß man mit einem ungefähren Bedarf von 300 Säcken dreimal im Jahr rechnen.

Die Pflege des Bodens

Der zuvor erwähnte Bodenbelag sorgt für eine rutschfeste und federnde Oberfläche. Es ist jedoch von größter Bedeutung, daß der Boden täglich geebnet wird, besonders an den Absprung- und Landestellen und am Hufschlag. Man wirkt damit einer übermäßigen Beanspruchung der Pferdebeine entgegen. Tägliches Rechen mit der Hand ist die beste Lösung, zusätzlich sollte die ganze Oberfläche einmal wöchentlich mit dem Traktor durchgeeggt und dann mit dem Bahnplaner geebnet werden.

Salz

Die Anwendung von Salz, um den Boden feucht zu halten und vor Frost zu schützen, ist vollkommen falsch. Man muß sich nur vor Augen halten, welch schwere Schäden es an unseren Autos verursacht, wenn es auf vereisten Straßen gestreut wird, um sich vorstellen zu können, wie schädlich es für Pferdebeine ist. Die Hufe werden hart und brüchig, und es verursacht auch Entzündungen in der Fesselbeuge. Man kann diese Symptome zum Beispiel auch bei Pferden feststellen, die regelmäßig ins Meerwasser gehen.

Torf

Obwohl in vielen Hallen Torf traditionell verwendet wird, bin ich persönlich dagegen. Meiner Erfahrung nach ist es kein gutes Material für einen Boden. Torf macht den Boden extrem staubig, was nicht nur unangenehm für den Reiter ist, sondern auch schlecht für die Atmung und die Augen der Pferde. Wenn man ihn aber künstlich feucht hält, wird der Boden rutschig und verbreitet einen unangenehmen Geruch. Der Boden ist dunkel und absorbiert zuviel Licht. Außerdem stollt Torf auf.

Die Bewässerung des Bodens

Zum Spritzen des Hallenbodens ist es rat sam, zwei Wasseranschlüsse an der Mitte der langen Seiten (bei B und E) zu installieren. Die Wasserhähne sollten hinter zwei kleinen Türen hinter dem senkrechten Teil der Bande angebracht und die Scharniere dieser Türchen versenkt sein. Am besten spritzt man den Boden von Hand mit einem Schlauch. Wenn man eine „Hochdruck-Maschine" installiert und die gleiche Schlauchdicke wie die Feuerwehr verwendet, ist es nicht zeitraubend. Hat man dies alles nicht zur Verfügung, sollte man sehr früh am Morgen spritzen, da um diese Zeit der Wasserdruck am größten ist. Besonders im Sommer ist es von Vorteil, so früh zu spritzen, dadurch bleibt die Halle länger kühl und frisch.

Beregnungsanlagen funktionieren in den meisten Fällen nicht zufriedenstellend, besonders wenn das Wasser sehr kalkhaltig ist. Der Kalk verstopft bald einen Teil der Düsen, und die anderen überwässern dann den Boden an bestimmten Stellen. Dort entsteht ein weicher „Matsch", und wenn das Wasser bis zum Lehmfundament durchsickert, kann es schwere Schäden verursachen, da sich der aufgeweichte Lehm dann mit dem Bodenbelag vermischt. Das kann auch passieren, wenn man Rasensprenger verwendet und nicht oft genug versetzt, weil man sie vergißt.

Die richtige Zusammensetzung und die ständige Pflege des Bodens sind von grundlegender Bedeutung, denn sie garantieren eine rutschfeste und federnde Oberfläche. Dies gibt den Pferden beim Absprung festen Halt, verhindert eine übermäßige Beanspruchung der Beine beim Landen und ermutigt das Pferd zum Springen.

Sachregister